Rasen im Recht

Europäische Hochschulschriften Recht

European University Studies in Law

Publications Universitaires Européennes de Droit

Band/Volume **6786**

Dominik Berndt

Rasen im Recht

Strafbarkeit, Kriminologie und Psychologie von illegalen Kraftfahrzeugrennen sowie Einzelraserei

PETER LANG
Berlin - Bruxelles - Chennai - Lausanne - New York - Oxford

Bibliografische Information der Deutschen Nationalbibliothek
Die Deutsche Nationalbibliothek verzeichnet diese Publikation in der Deutschen Nationalbibliografie; detaillierte bibliografische Daten sind im Internet über http://dnb.d-nb.de abrufbar.

Zugl.: Halle-Wittenberg, Univ., Diss., 2023

3
ISSN 0531-7312
ISBN 978-3-631-91808-1
EBOOK 978-3-631-91809-8
E-PUB 978-3-631-91810-4
DOI 10.3726/b21777

Verlegt durch: Peter Lang GmbH, Berlin, Deutschland

info@peterlang.com http://www.peterlang.com

Diese Publikation wurde begutachtet.

der Familie
gewidmet

VORWORT

Schon in jungen Jahren interessierte ich mich sehr für Autos und Polizei(arbeit). Durch zahlreiche Vorfälle mit deren unterschiedlichen juristischen Aufarbeitungen sowie umfangreichen Gesetzesänderungen auf dem Gebiet der Raserei in den vergangenen Jahren bot sich im Rahmen meines juristischen Promotionsvorhabens die einmalige Möglichkeit, dieses gesellschaftlich wichtige und für mich heute noch immer sehr interessante Thema wissenschaftlich aufzuarbeiten. Dabei wollte ich das Rasen im Straßenverkehr nicht nur juristisch und kriminologisch, sondern auch interdisziplinär aus psychologischer, soziologischer und verkehrstechnischer Sicht umfassend untersuchen. Am Ende soll so eine Art „Lexikon des Rasens" stehen, das Theorie und Praxis verbindet.

Diese Arbeit wurde im Mai 2023 an der Juristischen und Wirtschaftswisensschaftlichen Fakultät der Martin-Luther-Universität Halle-Wittenberg als juristische Dissertation angenommen. Für die Veröffentlichung konnten Rechtsprechung und Literatur bis zum Ende des Jahres 2022, dem Jahr der Einreichung der Arbeit, berücksichtigt werden.

Dank gebührt Herrn Professor Dr. Joachim Renzikowski für seine wissenschaftliche Betreuung, durch dessen zahlreiche kritische Anmerkungen die Arbeit an Qualität und Präzision gewonnen hat. Vor allem bedanke ich mich aber für seine prägende Lehre zum eigenen Denken mit kritischem Hinterfragen von allem und jedem seit dem ersten Semester des Jurastudiums an der Martin-Luther-Universität in Halle a. d. Saale.

Der Konrad-Adenauer-Stiftung (Begabtenförderung) danke ich nicht nur für die finanzielle Förderung im Rahmen meines Promotionsstipendiums, sondern insbesondere auch für die persönlich große Bereicherung durch ihre ideelle Förderungen mit Seminaren, Exkursionen und natürlich den anderen Stipendiaten schon seit meiner Studienzeit.

Herzlich möchte ich all meinen Freunden für ihre enorme Unterstützung danken. Sie haben auf teilweise ganz unterschiedliche Weise – von Diskussionen zu meinem Thema über Zuhören und Mutmachen bis hin zum Ablenken vom Jurazirkus – mit dafür gesorgt, dass ich mich selbst von den größten Unwägbarkeiten nicht habe unterkriegen lassen und diese Promotion erfolgreich beende.

Den größten Dank möchte ich meinen lieben Eltern aussprechen, die mich immer mit allem unterstützen. Egal ob durch ein offenes Ohr, Ratschläge oder einen Schubser in die richtige Richtung kann ich mich immer auf sie verlassen. Das war während der anstrengenden Zeit meines Promotionsvorhabens besonders wertvoll. Höchster Respekt gebührt dabei meinem Vater, der die schwierige Aufgabe des (mehrfachen) Korrekturlesens meiner Arbeit als Nicht-Jurist bravourös übernommen hat.

Am Ende steht so eine Veröffentlichung, die mein gefühltes Lebensprojekt der Promotion gebührend abschließt.

INHALTSÜBERSICHT

INHALTSVERZEICHNIS

RASEN IM RECHT

A. Ein Rennen mit weitreichenden Folgen

Am 1. Februar 2016 kurz nach Mitternacht im Zentrum Berlins:
Der 24-jährige N wollte die K, mit der er zuvor den Abend in einem Steak-Restaurant und einer Bar verbracht hatte, mit seinem Auto nach Hause bringen. Seinen hochmotorisierten Mercedes-Benz CLA 45 AMG hatte er erst vor einigen Wochen geleast. Im Verlauf der Heimfährt hielt N wegen einer roten Ampel an der Kreuzung des Adenauerplatzes. Kurze danach hielt auch der 26-jährige H mit seinem Audi A6 3.0 TDI auf der Spur links neben N an und spielte mit dem Gaspedal, um auf sich aufmerksam zu machen.
Beim Blick in das jeweils andere Fahrzeug erkannten H und N, dass sie sich aus einer Shisha-Bar kannten, die beide häufiger aufgesucht hatten und wo auch andere junge Männern mit einer Vorliebe für schnelle Autos sowie anderen teuren Lifestyle-Produkten verkehrten. Sowohl N als auch H fuhren gerne schnell und ohne Rücksicht auf Verkehrsregeln oder andere Verkehrsteilnehmer. So wurden bereits in der Vergangenheit rote Ampeln ignoriert, Geschwindigkeitsvorgaben innerorts teilweise um das Doppelte überschritten und Rennen gegen andere Gleichgesinnte gefahren. H trug wegen seines Fahrstils sogar den Spitznamen „Transporter" in Anlehnung an den gleichnamigen Actionfilm aus Frankreich.
Als die Ampel auf Grün umschaltete, fuhren H und N zügig los, hielten dann aber hinter der Kreuzung nebeneinander mitten auf der Fahrbahn an, um sich durch die geöffneten Seitenscheiben miteinander zu unterhalten. Als beide durch das Hupen anderer Fahrzeuge zur Weiterfahrt aufgefordert wurden, gab H, der zuvor erneut mit dem Gas gespielt hatte, Vollgas. N sah dies als Aufforderung zu einem Stechen zwischen ihnen an und beschleunigte ebenfalls maximal. Aufgrund der deutlich stärkeren Motorisierung von Ns Mercedes mit 380 PS gegenüber Hs Audi mit 224 PS kam N nach 300 m als erster an der nächsten roten Ampel zum Stehen.
Der danach neben ihm anhaltende H forderte N durch Aufheulenlassen seines Motors direkt zu einer Revanche heraus. N ließ sich darauf ein und so rasten beide beim Umschalten der Ampel wieder los. Erneut war N schneller und hielt nach 270 m an der nächsten roten Ampel an. H blieb dort jedoch nicht stehen, sondern überfuhr mit hoher Geschwindigkeit die Haltelinie, um N zu einer längeren Wettfahrt herauszufordern. Nach kurzem Zögern ließ sich N auf die weitere Wettfahrt ein und nahm stark beschleunigend die Verfolgung des H über den Kurfürstendamm auf. Mit hoher Geschwindigkeit holte N den nicht viel langsamer fahrenden H fast ein, als zwei Fußgängerinnen, die gerade von der Mittelinsel aus die Straße kreuzen

wollten, verängstigt hinter das Geländer des Eingangs zum U-Bahnhof Uhlandstraße sprangen, um nicht von den Fahrzeugen erfasst zu werden. N und H setzten ihre Wettfahrt auf dem Kurfürstendamm dicht bei- und nebeneinander mit sehr hohen Geschwindigkeiten von deutlich über 100 km/h bei erlaubten 50 km/h gen Osten fort. Dabei wurden auch rote Ampeln ignoriert und jeder versuchte sich von dem anderen entscheidend abzusetzen, um das Rennen zu gewinnen. Kurz vor der Kurve am Breitscheidplatz konnte N seinen Konkurrenten überholen, weshalb H die Kurve mit annähernd der Grenzgeschwindigkeit von 130 km/h durchfuhr. Die noch in der Kurve befindliche Ampel wurde gleichfalls bei Rot überfahren, wobei H noch ein auf der Mittelspur stehendes Taxi über die rechte Abbiegespur umfahren musste. Auf der von ihm nun befahrenen rechten Spur befand sich in nur 40 m Entfernung nach dem Kurvenausgang eine abgesperrte Baustelle, der H entweder nach rechts über die Busspur oder links hinter dem noch immer führenden N ausweichen musste. Da die folgende Strecke der Tauentzienstraße ausschließlich gerade verlief, musste H das Risiko nochmals steigern, um den besser motorisierten Mercedes des N überholen und das Rennen doch noch für sich entscheiden zu können. Deshalb beschleunigte H seinen Audi mit Vollgas, obwohl er wie auch N bereits die nächste rote Ampel an der 250 m entfernten Kreuzung sah, deren kreuzende Nürnberger Straße man wegen der seitlichen Bebauung und Bepflanzung nach rechts nicht einsehen konnte. H holte auf, was N bemerkte und deshalb ebenfalls wieder Vollgas gab, um vorn zu bleiben. Zirka 100 m vor der Kreuzung fuhr N mittlerweile 130 km/h, wobei H weiter aufholte. Beide hätten zu diesem Zeitpunkt mit einer Vollbremsung noch rechtzeitig vor der roten Ampel zum Stehen kommen können. N ging wegen der noch immer Rot zeigenden Ampel für eine Sekunde vollständig vom Gas, wohingegen H weiter maximal beschleunigte. Da H so weiter aufholte und auch N das Rennen unbedingt gewinnen wollte, trat N das Gaspedal seines Mercedes aber wieder beständig bis zum Anschlag durch. 35 m vor der Kreuzung betrug Ns Vorsprung nicht einmal mehr zwei Fahrzeuglängen und verringerte sich weiter. Keine 20 m weiter löste er nochmals das Gaspedal reflexartig für den Bruchteil einer Sekunde, nur um es direkt wieder voll durchzudrücken.

Annähernd auf gleicher Höhe raste N auf der linken Spur mit 134 km/h und H auf dem rechten Busfahrstreifen mit mehr als 160 km/h über die Haltelinie der Kreuzung – noch immer bei Rotlicht. In diesem Augenblick fuhr gerade der 69-jährige Rentner W in seinem älteren Jeep Wrangler mit vorgeschriebener Geschwindigkeit bei Grünlicht von rechts in die Kreuzung ein, um die von H und N befahrene Straße zu kreuzen. Auf der Kreuzung stieß H ungebremst mit der Front seines Audi auf Höhe der Vorderachse in die linke Seite des Jeeps. Dabei drang der Audi über einen halben Meter in die Fahrerseite des anderen

Fahrzeugs ein und unterfuhr dieses. Dadurch wurde der Jeep quer in die Luft geschleudert, wobei er nach links um die Längsachse zu rotieren begann. Nach 25 m landete das Fahrzeug mit der Fahrerseite auf der Straße und rutschte weiter, bis es erst nach knapp weiteren 50 m kurz vor der nächsten Einmündung zur Passauer Straße zum Liegen kam.

Der Mercedes des N verfehlte den Jeep auf der Kreuzung nur knapp, wurde aber von dem durch die Kollision nach links gedrückten Audi an der rechten Fahrzeugseite getroffen und gleichfalls nach links abgelenkt. Dadurch stieß der Mercedes mit seiner linken Fahrzeugfront gegen einen Ampelmast auf der Mittelinsel und knickte diesen überfahrend um. Sowohl Hs Audi als auch Ns Mercedes prallten anschließend mit weiterhin hohen Geschwindigkeiten gegen die direkt links von der Fahrbahn stehenden Hochbeete mit Graniteinfassung auf der Mittelinsel. Dabei hob der Mercedes ab, flog einige Meter durch die Luft und blieb nach weiterem Auslauf auf einem Hochbeet auf der anderen Seite der Mittelinsel liegen. Der Audi stieß noch mehrmals gegen die steinernen Hochbeete und kam erst gute 50 m weiter auf der Straße zum Stehen.

Der Jeep wurde infolge des Zusammenstoßes mit dem Audi im Bereich des Aufpralls links massiv eingedrückt, das linke Vorderrad und die Motorhaube abgerissen sowie das Dach stark deformiert. Auch der Audi und der Mercedes wurden schwer beschädigt. Durch die verschiedenen Kollisionen wurden nicht nur ganze Fahrzeugteile abgerissen, sondern auch einzelne Granitblöcke aus den Hochbeeten herausgeschlagen, die zusammen mit weiteren Teilen und Splittern bis zu 70 m weit flogen und Passanten am Straßenrand teilweise nur knapp verfehlten.

H und N konnten ihre Fahrzeuge nach dem Unfall selbstständig und nur leicht verletzt verlassen. K wurde als Beifahrerin im Mercedes erheblich verletzt, musste aber nur zwei Tage im Krankenhaus bleiben. Dagegen erlitt W durch die Kollision des Audis mit seinem Jeep infolge der stumpfen Gewalteinwirkungen schwerste multiple Verletzungen, sodass er direkt an der Unfallstelle verstarb.[1]

---

1 - Das beschriebene Geschehen stellt die wahren Gegebenheiten des sogenannten Berliner Raserfalls auf dem Kurfürstendamm zusammenfassend dar und beruht auf entsprechenden Feststellungen des Landgerichts Berlins: LG Berlin, (535 Ks) 251 Js 52/16 (8/16), Urteil vom 27.02.2017, Rn. 3 ff. – im Internet abrufbar: www.juris.de (Stand: 11.04.2020) und LG Berlin, (532 Ks) 251 Js 52/16 (9/18), Urteil vom 26.03.2019 (unveröffentlicht), S. 4 ff.; LG Berlin, (529 Ks) 251 Js 52/16 (6/20), Urteil vom 02.03.2021, Rn. 6 ff. – im Internet abrufbar: www.juris.de (Stand: 28.12.2022).
- Beachte zu allen Fußnoten die formalen Erläuterungen auf S. 280.

B. Die Untersuchung des Rasens

Es sind Vorfälle wie diese, die deutschlandweit für Aufsehen sorgen. Dabei ist die Betroffenheit und Entrüstung groß, auch weil es jeden hätte treffen können. Und unweigerlich kommen die Fragen auf, wie es zu solchen Raserfällen kommen und was dagegen getan werden kann.

Die komplexen Antworten auf diese Fragen handeln vom Menschen, seiner Natur, seiner Psyche, dem gemeinsamen Zusammenleben, Gesellschaftsstrukturen, staatlicher Macht, Recht und Kriminalität.

Aus all diesen und noch weiteren Blickwinkeln untersucht die vorliegende juristische Dissertation „Rasen im Recht" das menschliche Verhalten, Kraftfahrzeuge auf öffentlichen Straßen unter grober Missachtung der Verkehrsregeln wie Rennmaschinen auf Rennstrecken zu bewegen. Dabei wird nicht nur abstrakt eine Antwort auf das „Warum?" solchen Fehlverhaltens gegeben. Vielmehr wird weitergehend die in diesem Kontext bestehende neue Rechtslage seit Oktober 2017 im Vergleich zur vorherigen analysiert, hinterfragt und fortentwickelt. Darauf aufbauend wird erforscht, welche Auswirkungen die alten und neuen Maßnahmen gegen das Rasen haben (können) und welche weitergehenden Verbesserungsmöglichkeiten es gibt.

Konkret wird im ersten Kapitel das hier zu untersuchende Fehlverhalten, das allgemein als „Rasen" bezeichnet werden kann, genauer eingegrenzt und definiert. Daran anschließend wird der Frage nachgegangen, wie weit das Rasen verbreitet ist, welche Folgen es tatsächlich hat und wie es von der Gesellschaft wahrgenommen wird. Sowohl für die Frage nach dem „Warum?" als auch nach den Gegenmaßnahmen gilt es sodann herauszufinden, welche Personen ein solches Verhalten zeigen und vor allem was sie dazu veranlasst. Dabei müssen nicht nur das gesellschaftliche Umfeld und die Lebensverhältnisse, sondern vor allem auch das psychische Innenleben der Personen untersucht werden, um möglichst umfassend alle Motive und Gründe für das Verhalten zu ermitteln. Zum Ende dieses Kapitels werden als Bestandsaufnahme die wichtigsten Maßnahmen herausgearbeitet, die der Staat in der Vergangenheit gegen Raserei getroffen hat.
Im zweiten Kapitel wird die Raserei aus rechtlicher Sicht analysiert. Dabei steht die neue Rechtslage nach der Gesetzesänderung[2] vom Oktober 2017 im

2 Gemäß dem Sechsundfünfzigsten Strafrechtsänderungsgesetz – Strafbarkeit nicht genehmigter Kraftfahrzeugrennen im Straßenverkehr vom 30.09.2017 (BGBl. I 2017, S. 3532).

Vordergrund, wobei die vorherige damit verglichen wird. Allgemein wird nach Straf-/Ahndungsvorschriften (im engeren Sinne), fahrerlaubnisrechtlichen Vorschriften und Vorschriften der Einziehung als Normen mit verschiedenartigen Regelungsinhalten differenziert. Bei ersteren bezieht sich die Untersuchung hauptsächlich auf die straßenverkehrsbezogenen Bereiche des StGB und dort insbesondere auf den neuen § 315d StGB[3], dessen Strafgrund und Tatbestandsmerkmale besondere Aufmerksamkeit erhalten. Bei den Strafbarkeiten treten auch strafrechtsdogmatische Problemfelder des allgemeinen Teils zutage, vor allem die Abgrenzung von Vorsatz und Fahrlässigkeit, die genauen Anforderungen der Mittäterschaft sowie die Möglichkeit und Voraussetzungen einer wirksamen Zustimmung zur eigenen Rechtsgutsgefährdung und -verletzung. Im zweiten Bereich der fahrerlaubnisrechtlichen Vorschriften werden dazugehörige Sanktionen für Raser nach dem StVG und StGB behandelt. Der dritte Bereich der Einziehungsvorschriften geht auf Grundlage der seit Juli 2017 bestehenden neuen Gesetzeslage auf dem Gebiet der Vermögensabschöpfung[4] der Frage nach, ob und unter welchen Voraussetzungen eine Einziehung der zum Rasen eingesetzten Fahrzeuge möglich ist. Zum Kapitelende wird sanktionsübergreifend die mögliche Sanktionsintensität nach alter und neuer Rechtslage verglichen.

Aufbauend auf den Erkenntnissen der ersten beiden Kapitel wird im dritten aus kriminologischer Sicht analysiert, welche Auswirkungen die Maßnahmen gegen Raserei in der Realität haben können. Die einzelnen Sanktionen und die sonstigen Maßnahmen werden dafür auf ihre potenziellen Wirkungen untersucht. Gleichzeitig werden sie sowohl auf rechtlicher als auch tatsächlicher Ebene hinsichtlich möglicher Optimierungen in den Blick genommen und konkrete Verbesserungsvorschläge gemacht. Am Kapitelende kann im Rahmen einer Gesamtwirkung gesagt werden, wie aussichtsreich all diese Maßnahmen gegen die Raserei sind.

Inhaltlich schließt die Arbeit mit einem zusammenfassenden Gesamtergebnis und wirft zuletzt noch einen Blick in die Zukunft.

---

3 Zur besseren Lesbarkeit wird für die §§ des StGB im Folgenden auf die Gesetzesangabe verzichtet (siehe dazu auch S. 280).

4 Gemäß dem Gesetz zur Reform der strafrechtlichen Vermögensabschöpfung vom 13.04.2017 (BGBl. I 2017, S. 872).

C. Rasen als gesellschaftliches Phänomen und Problem

Was ist nun unter dem Begriff des „Rasens" als menschliches Verhalten genau zu verstehen und wie sehr betrifft es unsere heutige Gesellschaft?

I. Der Begriff des „Rasens"

Das Wort „rasen", wohlgemerkt als Verb, beschreibt einerseits den Vorgang des sehr schnellen (Fort-) Bewegens und andererseits eine besonders aufbrausende Form der Aufregung.[5] Meist wird es nach erster Bedeutung im Kontext mit hohen Geschwindigkeiten von Fahrzeugen verwendet, worum es auch hier gehen soll. Dabei kann sich jede Person etwas unter „rasen" vorstellen, wobei der Begriff im Recht nicht verwendet wird. Das könnte der Schwierigkeit geschuldet sein, über die allgemeine Wortbedeutung hinaus eine konkretere Beschreibung oder gar Definition zu finden.

Da der Begriff des „Rasens" in dieser Arbeit als Sammelbegriff für sämtliches Verhalten im Zusammenhang mit überhöhter Geschwindigkeit im öffentlichen Straßenverkehr verwendet wird, bedarf es einer genaueren Begriffsklärung.
Die problematische Frage dabei ist, ab wann sich ein Fahrzeug schnell genug fortbewegt, dass es nicht nur (normal) schnell, sondern so (sehr) schnell ist, dass es rast. Für die Ermittlung dieser Geschwindigkeitsgrenze sollte zuerst ein möglichst konkreter Anknüpfungspunkt gefunden werden. Die Verwendung des Begriffs in der Alltagssprache oder den Medien ist dafür eher unbrauchbar, weil es an einem auch nur halbwegs einheitlichen Wortgebrauch fehlt und die Streuung der einbezogenen Geschwindigkeitsbereiche sehr weit ist.[6] Die gesetzlichen Regeln des Straßenverkehrs für die maximal erlaubte Geschwindigkeit ermöglichen hingegen eine klarere Grenzziehung. Grundsätzlich darf nach

---

5 *Duden*, „rasen"; *DWDS*, „rasen".

6 So wird der Begriff des Rasens mitunter schon für jede Geschwindigkeitsüberschreitung verwendet (bspw.: *GMX (Online)*, Fast die Hälfte der Verkehrstoten starb durch Raser; *Dubisthalle.de (Online)*, 43 Raser auf der A14 erwischt), wohingegen er an anderer Stelle für hohe Überschreitungen gebraucht wird (bspw.: *Stuttgarter Nachrichten (Online)*, Umweltminister missachtet Tempolimit; *rbb24 (Online)*, Raser fährt mit 77 Stundenkilometern durch 30er-Zone; *Westfalenpost (Online)*, Siegen: Raser mit 161 km/h).

§ 3 I 1, 2 (auch i.V.m. § 1) StVO nur so schnell gefahren werden, dass das Fahrzeug unter den gegebenen Bedingungen allzeit sicher beherrscht wird. Häufig werden diese allgemeinen Bestimmungen durch konkrete Regeln ergänzt, die auch unter optimalen Bedingungen eine maximal zulässige Geschwindigkeit festlegen (so insb. nach § 3 III StVO und nach §§ 45 I 1, 39 II, 41 I StVO mittels Verkehrszeichen). Situationsabhängig kann eine nach § 3 I StVO auch deutlich darunter liegende angepasste Geschwindigkeit verlangt werden,[7] so z. B. bei geringer Sicht, schlechter Witterung, engen Kurven oder anderen gefährlichen Straßengegebenheiten. Insofern kann rechtlich zwischen dem Fahren mit nicht angepasster Geschwindigkeit und dem Überschreiten der maximal zulässigen Höchstgeschwindigkeit unterschieden werden (so auch: lfd.-Nr. 8 und 11 der Anlage zu § 1 I BKatV[8]). Hält sich ein Fahrer an diese Vorgaben, fährt er vorschriftsmäßig. Dies entspricht grundsätzlich der einzuhaltenden Sorgfaltspflicht im Straßenverkehr, weshalb es sich um normales und nicht zu schnelles Fahren handelt. Dementsprechend erfordert Rasen zumindest eine Geschwindigkeit, die über der erlaubten liegt.[9] Dies wird auch durch den allgemeinen Wortgebrauch gestützt, als nur dann von rasen die Rede ist, wenn die zulässige Höchstgeschwindigkeit überschritten wird.

Ein konkreter Anknüpfungspunkt ist so zwar gefunden, allerdings stellt dieser nur die Grundvoraussetzung des Rasen-Begriffs dar, weil nicht jede regelwidrige Geschwindigkeitsübertretung ein sehr schnelles Fahren ist. Schon die Überschreitung der erlaubten Geschwindigkeit um 1 km/h ist eine Regelverletzung, die im Vergleich zur vorgeschriebenen Geschwindigkeit aber nicht ins Gewicht fällt. Für die Grenze zwischen normalem zu schnellem Fahren und Rasen helfen deutsche Gesetze mangels spezifischer Regelungen wenig weiter, doch findet man eine genaue Regelung in Art. 90 des Schweizer Straßenverkehrsgesetzes (SVG). Demnach ist eine doppelt so hohe Geschwindigkeit bei erlaubten 50 oder mindestens 80 km/h (Art. 90 IV SVG) als „besonders krasse Missachtung der zulässigen Höchstgeschwindigkeit" anzusehen (Art. 90 III SVG). Das sind zwar konkrete Grenzwerte, die ebenso für das Rasen herangezogen werden könnten, doch stellt sich dabei wiederum die Frage, warum bei

7 Hentschel/König/Dauer – *König*, § 3 StVO Rn. 11 ff.; B/H/H/J – *Burmann*, § 3 StVO Rn. 31 ff.; NK-GVR – *Gutt*, § 3 StVO Rn. 2 ff.; Bachmeier/Müller/Rebler – *Schröder*, § 3 StVO Rn. 2 ff.

8 Verordnung über die Erteilung einer Verwarnung, Regelsätze für Geldbußen und die Anordnung eines Fahrverbotes wegen Ordnungswidrigkeiten im Straßenverkehr (Bußgeldkatalog-Verordnung – BKatV).

9 Stützend: *Studer*, in: Raser, 33 (35 ff.); *AZ (Online)*, Raser; siehe auch schon Fußnote 6.

1 km/h unterhalb dieser Grenzwerte kein Rasen vorliegen soll. Selbst das SVG trägt dieser Überlegung Rechnung, indem es die Grenzwerte nach Art. 90 IV SVG als Zumindest-Regelung ausgestaltet und Art. 90 III SVG auch bei geringeren Geschwindigkeiten erfüllt sein kann. Damit werden aber doch offene und keine abschließenden konkrete Geschwindigkeitsgrenzen getroffen. Letztere haben neben einer begründeten Grenzwertbestimmung auch das Problem, dass sie in bestimmten Fällen zu wenig Spielraum bieten. Beispielhaft kann das eine Konstellation veranschaulichen, in der auf einem Streckenabschnitt mit an sich zulässiger Höchstgeschwindigkeit von 50 km/h enge und nicht einsehbare Kurven verlaufen, deren sichere Durchfahrt bei Regen gemäß § 3 I StVO jedoch nur mit angepassten 40 km/h möglich ist. Würde dort nun 70 km/h gefahren, wäre dies zwar eine Geschwindigkeitsüberschreitung von 75 %, die trotzdem deutlich unter den schweizerischen Grenzwerten läge. Selbst wenn die erhöhte Geschwindigkeit zu einem Kontrollverlust über das Fahrzeug führte, wäre dies danach kein Rasen. Zwar könnten selbstverständlich geringere Schwellenwerte herangezogen werden, doch bliebe das Problem der begründeten Grenzfindung und des fehlenden Spielraums gleichfalls bestehen.
Somit ist es nicht möglich, eindeutige Kriterien zu finden, die eine abschließende Grenzziehung zwischen (normalem) Zu-schnell-Fahren und Rasen anhand konkreter Geschwindigkeiten ermöglichen. Auch wenn klare Grenzwerte den Vorteil von Eindeutigkeit und Rechtssicherheit haben, womit sie gegenüber allgemeinen Formulierungen grundsätzlich vorzugswürdig sind, muss hier darauf verzichtet werden. Da nicht jede Überschreitung der erlaubten Höchstgeschwindigkeit Rasen darstellt, kann anstatt der konkreten Grenzgeschwindigkeiten eine vergleichbare, allgemeinere Schwelle herangezogen werden. Die aus vielen anderen Rechtsvorschriften bekannte Erheblichkeit reicht zwar von der Wortbedeutung her etwas weiter als „sehr schnell“ der allgemeinen Begriffsumschreibung des Rasens, ermöglicht dafür aber eine solide Grenzziehung sowie größere Flexibilität in Zweifelsfällen.

Eine besondere Beachtung erfordern in diesem Zusammenhang die zirka 75 % der deutschen Bundesautobahnen[10] sowie sonstige Streckenabschnitte, auf denen keine konkreten Geschwindigkeitsbeschränkungen vorgeschrieben sind. Dort gilt nach § 3 III Nr. 2 lit. c S. 2 u. 3 StVO i.V.m. § 1 I AB-Rg-VO[11] die

10 *BASt*, Tempolimits auf Bundesautobahnen, S. 2 ff.

11 Verordnung über eine allgemeine Richtgeschwindigkeit auf Autobahnen und ähnlichen Straßen (Autobahn-Richtgeschwindigkeits-V) vom 21.11.1978 (BGBl. I 1978, S. 1824).

Richtgeschwindigkeit von 130 km/h, die lediglich eine Empfehlung darstellt, weshalb das Fahren mit höheren Geschwindigkeiten grundsätzlich erlaubt ist.[12] Allerdings entfaltet § 3 I (auch i.V.m. § 1) StVO hier ebenfalls Wirkung und schreibt mit der jederzeit sicheren Fahrzeugbeherrschung eine maximal erlaubte Geschwindigkeit vor, deren Überschreitung rechtswidrig und damit verboten ist.[13] Unter diesen Voraussetzungen kann also auch auf Strecken ohne konkrete Geschwindigkeitsbeschränkung zu schnell gefahren werden.

Unbedeutend für den Begriff des Rasens ist, mit welcher Kraftfahrzeugart (Automobil, Motorrad, Quad, Elektro-Fahrrad) und wie genau der Geschwindigkeitsverstoß begangen wird. Letzteres meint die konkreten sonstigen Umstände der Fahrt: Das alleinige Zu-schnelle-Fahren ist bei Erheblichkeit ebenso ein Rasen, wie ein illegales Straßenrennen gegen andere oder die Flucht vor der Polizei im Rahmen einer Verfolgungsjagd.

Insgesamt ist unter „Rasen" jedes menschliche Verhalten zu verstehen, bei dem der Fahrer mit seinem Kraftfahrzeug im öffentlichen Straßenverkehr die erlaubte Geschwindigkeit erheblich überschreitet.

II. Verbreitung, Folgen und gesellschaftliche Wahrnehmung der Raserei

Das Rasen hat also verschiedene Erscheinungsformen. Fraglich ist, wie weit die Raserei verbreitet ist, welche Folgen sie hat und wie sie in der Gesellschaft wahrgenommen wird.

1. Verbreitung der Raserei

Zur Verbreitung des Rasens in Deutschland existieren keine umfänglichen bzw. repräsentativen Statistiken und auch aus den Unfallzahlen oder der Anzahl der registrierten Geschwindigkeitsverstöße kann nicht verlässlich auf die tatsächliche Verbreitung der Raserei geschlossen werden.

---

12 Stützend: Hentschel/König/Dauer – *König*, § 3 StVO Rn. 55b; B/H/H/J – *Burmann*, § 3 StVO Rn. 59.

13 Stützend: Hentschel/König/Dauer – *König*, § 3 StVO Rn. 55b; *Dahlke/Hoffmann-Holland*, KriPoZ 2018, 306 (307).

Grobe Schätzungen gehen davon aus, dass zu jeder Zeit um die 50 % der Fahrer die vorgeschriebene Geschwindigkeit überschreiten.[14] Werden dem tatsächliche, wenn auch nicht repräsentative, Zahlen aus umfangreichen Messungen an 190 innerstädtischen Straßen in vier deutschen Großstädten über jeweils 24 Stunden[15] gegenübergestellt, fällt der Anteil der Geschwindigkeitsübertretungen deutlich geringer aus: Berechnungen auf dieser Grundlage ergeben, dass von den insgesamt 2.150.566 gemessenen Fahrzeugen lediglich zirka 16 % die zulässige Höchstgeschwindigkeit überschritten haben. Zu beachten ist dabei allerdings, dass wegen einer angenommenen Toleranz von 5 km/h eine Geschwindigkeitsübertretung erst ab einer Überschreitung von mindestens 6 km/h registriert wurde. Des Weiteren blieben andere Überschreitungen der erlaubten Höchstgeschwindigkeit, wie z. B. nicht an die Witterungsverhältnisse angepasste Geschwindigkeiten, ebenfalls unberücksichtigt. Insofern lag der Anteil der tatsächlich zu schnell fahrenden Fahrer über den ermittelten 16 %.[16]
Auch wenn das hier zu untersuchende Rasen die erhebliche Überschreitung der erlaubten Geschwindigkeit erfordert, was nur bei wenigen dieser Geschwindigkeitsüberschreitung gegeben ist, zeigen die Messungen auch extreme Geschwindigkeiten, die mitunter deutlich mehr als doppelt so hoch wie erlaubt ausfielen (Höchstwerte: 137 bei erlaubten 50 km/h und 115 bei erlaubten 30 km/h). Auffällig ist, dass nachts vergleichsweise wesentlich höhere Geschwindigkeiten gefahren wurden als am Tag und auch die Höchstwerte fast durchweg bei Dunkelheit erreicht wurden.[17]

Bei einer europaweiten Untersuchung gaben 19 % der befragten deutschen Fahrer an, allgemein im Vergleich zu anderen schneller zu fahren. Außerdem berichteten 20 % auf Autobahnen, 16 % auf Landstraßen und 7 % in geschlossenen Ortschaften oft, sehr oft oder immer die zulässige Höchstgeschwindigkeit (ohne Toleranz) zu überschreiten.[18]

---

14 *OECD/ECMT*, Speed Management, S. 53 f.; *ETSC*, Managing Speed, S. 12.

15 *UDV*, Geschwindigkeitsmessungen in Berlin, S. 2 ff.; *UDV*, Geschwindigkeitsmessungen in Köln, S. 2 ff.; *UDV*, Geschwindigkeitsmessungen in München, S. 2 ff.; *UDV*, Geschwindigkeitsmessungen in Hamburg, S. 2 ff.

16 Für die ausführliche Berechnung siehe Anhang 2 unter H.II. [S. 456].

17 *UDV*, Geschwindigkeitsmessungen in Berlin, S. 17; *UDV*, Geschwindigkeitsmessungen in Köln, S. 11 ff.; *UDV*, Geschwindigkeitsmessungen in München, S. 11 ff.; *UDV*, Geschwindigkeitsmessungen in Hamburg, S. 7 u. 15 ff.

18 - *INRETS*, Satre 3, S. 50 ff.
- Für Landstraßen wurden die Kategorien „Main roads between towns“ und „Country roads“ aus der Umfrage gleichgewichtet zusammengefasst.

Schon die Differenz zwischen diesen 7 % und den soeben anhand tatsächlicher Messungen errechneten 16 % für Geschwindigkeitsverstöße in geschlossenen Ortschaften zeigt die Besonderheiten und die damit zusammenhängenden Probleme bei selbstbelastenden Befragungen. Regelmäßig wird nämlich das eigene unrechtmäßige bzw. nicht gewünschte Verhalten – hier: zu schnelles Fahren – von den Befragten relativiert (sog. soziale Erwünschtheit), sodass in der Realität von einer größeren Häufigkeit ausgegangen werden muss.[19]
Auch wenn die beiden Erhebungen nicht in direktem Zusammenhang zueinander stehen (unterschiedliche Untersuchungen mit verschiedenen Personen; nicht alle befragten, zu schnell Fahrenden fahren „immer" zu schnell etc.), hindert das nicht, sie in Verbindung zueinander zu setzen. So kann jedenfalls ungefähr aus den anderen Befragungswerten auf das durchschnittliche tatsächliche Fahrverhalten von deutschen Kraftfahrzeugführern bei den anderen Straßenarten geschlossen werden.[20]

---

19 *Häder*, Empirische Sozialforschung, S. 222 f.; *Diekmann*, Empirische Sozialforschung, S. 382 ff.; *Gerrig/Dörfler/Roos*, Psychologie, S. 50; *Werth/Denzler/Mayer*, Sozialpsychologie, S. 40; *B/K-G/R/B/S*, Abschlussbericht, S. 13 ff.; *Hippius/Joswig*, in: Empirische Verkehrspsychologie, 92 (107); *Herzberg/Schlag*, ZfSp 2/37 (2006), 73 (83).

20 Der Anteil der zu schnell Fahrenden nach der Befragung (*INRETS*, Satre 3, S. 52) bestimmt sich aus Fahrern, die angaben, „oft", „sehr oft" oder „immer" zu schnell zu fahren. Das bedeutet, dass nur ein Teil davon durchweg (also „immer") zu schnell fährt. An sich ist dies für die Berechnung des Abweichungsfaktors zwischen Selbstangabe und Realität auf Basis der Daten für die Stadt problematisch, weil vom Anteil der tatsächlich gemessenen zu schnell Fahrenden (16 %) real alle zu schnell waren und demnach ein statistisch kleinerer Befragungswert für das durchweg zu schnelle Fahren (< 7 %) anzusetzen wäre. Die direkte Verwendung der Befragungswerte für den Stadtbereich (mit „oft", „sehr oft" und „immer") bei der Gegenüberstellung der tatsächlichen Messwerte eignet sich zur Ermittlung des realen Faktors also nur bedingt. Folglich kann der Abweichungsfaktor mit den verfügbaren Daten nur näherungsweise bestimmt werden und die damit ermittelten Werte geben die gesuchten tatsächlichen nur ungefähr wieder. Allerdings wird durch dieses Vorgehen gleichzeitig auch der zu hohe Ausgangswert aus der Befragung im Ergebnis relativiert. Insofern kann der hier ermittelte Abweichungsfaktor trotz seiner Genauigkeitsbegrenzung auf die Befragungswerte für die anderen Straßentypen angewendet werden und führt – unter der ebenfalls vereinfachenden Annahme, dass der Anteil am Immer-zu-schnell-Fahren auf allen Straßentypen relativ gleich ist – für die tatsächliche Verbreitung von Geschwindigkeitsverstößen zumindest zu einem begründeten Näherungswert.

Die Abweichung unter den zu schnell Fahrenden zwischen den Messwerten in der Stadt und den Befragungswerten für diesen Bereich beträgt zirka 9,7 %,[21] wobei angenommen wird, dass nur die Angaben zum ordnungsgemäßen Fahren teilweise fehlerhaft und die Abweichungen auf allen Straßen verhältnismäßig gleich ausfallen. Demnach fahren auf Landstraßen tatsächlich zirka 24,1 % und auf Autobahnen zirka 27,8 % der Fahrzeugführer zu schnell.[22] Diese Werte sind wegen ihrer Ermittlung naturgemäß nochmals weniger präzise als die auf tatsächlichen Messungen beruhenden 16 % des innerörtlichen Verkehrs. Da es aber keine tatsächlichen Messungen für Landstraßen und Autobahnen gibt, bleibt nur dieser Weg, um hier zumindest Näherungswerte für das zu schnelle Fahren zu ermitteln. Werden nun alle Werte für Geschwindigkeitsverstöße auf den verschiedenen Straßentypen gleich gewichtet, erhält man eine durchschnittliche Gesamthäufigkeit an Geschwindigkeitsverstößen von zirka 22,6 % aller Fahrten.

Um mit diesem Wert die ungefähre Verbreitung der Raserei zu ermittelten, muss einerseits berücksichtigt werden, dass sich dieser mit seinen zugrundeliegenden Daten einerseits nur auf die Überschreitung der maximal zulässigen Höchstgeschwindigkeit und nicht auf eine ansonsten nicht angepasste Geschwindigkeit bezieht. Fälle von nicht angepasster Geschwindigkeit fallen unter normalen Bedingungen meistens mit dem Überschreiten der zulässigen

---

21 - Vereinfachte, direkt prozentuale Abweichung: 9 %.
- Exakter Anteil der Falschangaben und sonstigen Abweichungen:

$$\frac{0{,}16-0{,}07}{1-0{,}07}=\frac{0{,}09}{0{,}93}=\frac{9}{93}\approx 0{,}0968=9{,}68\ \%.$$

22 Die Berechnung erfolgt anhand des ermittelten Anteils der Falschangaben und sonstigen Abweichungen der innerstädtischen Werte (9/93 ≈ 9,7 %) jeweils multipliziert mit dem Anteil der nicht zu schnell Fahrenden in den Befragungen für Landstraßen und Autobahnen, addiert um den Anteil der jeweils angegebenen zu schnell Fahrenden:

- für die Landstraße: $\frac{9}{93}\cdot(1-0{,}16)+0{,}16\approx 0{,}241=24{,}1\ \%$

- für die Autobahn: $\frac{9}{93}\cdot(1-0{,}2)+0{,}2\approx 0{,}278=27{,}8\ \%.$

Diese Berechnungsergebnisse unterscheiden sich nur wenig von der vereinfachten Ermittlung anhand der direkt prozentualen Abweichung von 9 %, die insgesamt für Landstraßen 25 % und für Autobahnen 29 % an Zu-schnell-Fahrten ergeben.

Höchstgeschwindigkeit zusammen, treten bei schwierigen Straßen- bzw. schlechten Wetterbedingungen demgegenüber aber häufiger in selbstständiger Form auf. Andererseits erfordert das Rasen definitionsgemäß die erhebliche Überschreitung der erlaubten Geschwindigkeit, welche allgemeingültig nicht konkret beziffert werden kann.[23] Da die tatsächlich gefahrenen Geschwindigkeiten in ihrer Gesamtheit regelmäßig einer Normalverteilung (Gauß'sche Glockenfunktion)[24] folgen – sich also die Geschwindigkeiten zumeist im näheren Bereich der vorgeschriebenen/angemessenen bewegen und große Geschwindigkeitsabweichungen weniger häufig/wahrscheinlich sind – macht die Raserei als erhebliche Geschwindigkeitsüberschreitung nur einen kleinen Teil an den gesamten Geschwindigkeitsverstößen aus.[25]
Zur Ermittlung der Gesamtverbreitung des Rasens müsste folglich der zuvor ermittelte Wert der Häufigkeit an Geschwindigkeitsverstößen von 22,6 % einerseits – wegen der nicht erfassten Fälle rein unangepasster Geschwindigkeit – etwas erhöht und andererseits – wegen der für das Rasen notwendigen erheblichen Geschwindigkeitsüberschreitung – stark verringert werden. Welche Größe diese Faktoren besitzen, entzieht sich aber bisher wissenschaftlichen Erkenntnissen, weshalb hier aus anderen bekannten Daten Rückschlüsse auf das Rasen gezogen werden müssen. Da Fahrverbote im Rahmen von Geschwindigkeitsverstößen nur bei schwerwiegenderen Geschwindigkeitsüberschreitungen angeordnet werden,[26] lassen sie sich hier zumindest zur statistischen Erfassung mit den für das Rasen notwendigen erheblichen Geschwindigkeitsüberschreitungen gleichsetzen. Zwar existiert kein gesamtdeutsches Lagebild zur (anteiligen) Anordnung von Fahrverboten wegen überhöhter Geschwindigkeit, doch führt die Jahresstatistik 2019 des Bayerischen Polizeiverwaltungsamtes 1.110.945 ordnungswidrige Geschwindigkeitsverstöße im Berichtsjahr auf, aus denen 45,5 % aller verhängten Fahrverbote (Gesamtanzahl: 72.406)

---

23 Siehe: C.I. [S. 27].

24 Allgemein zur Normalverteilung: *F/H/K/P/T*, Statistik, S. 83 ff. u. 271 ff.; *Papula*, Mathematik für Ingenieure, S. 371 ff.; *Hedderich/Sachs*, Angewandte Statistik, S. 269 ff.; *Gerrig/Dörfler/Roos*, Psychologie, S. 66 f.

25 Siehe grundsätzlich stützend die Messergebnisse aus den tatsächlichen Stadtmessungen: *UDV*, Geschwindigkeitsmessungen in Berlin, S. 5 ff.; *UDV*, Geschwindigkeitsmessungen in Köln, S. 5 ff.; *UDV*, Geschwindigkeitsmessungen in München, S. 5 ff.; *UDV*, Geschwindigkeitsmessungen in Hamburg, S. 5 ff.

26 - Siehe dazu: Tabelle 1 lit. c) des Anhangs zu Nummer 11 der Anlage zu § 1 Absatz 1 Bußgeldkatalogverordnung.
- Siehe weiter zur Rechtsgrundlage: D.II.1.a)aa) [S. 115] und D.II.2.b) [S. 398].

folgten.[27] Damit wurde 2019 in Bayern bei fast 3 % aller erfassten ordnungswidrigen Geschwindigkeitsverstöße ein Fahrverbot angeordnet.[28] Es bestehen keine ernsthaften Bedenken, diesen Wert auf ganz Deutschland zu übertragen. Geht man also davon aus, dass annähernd 3 % aller Geschwindigkeitsübertretungen Raserei darstellen,[29] ergibt sich als Endergebnis für die Verbreitung des Rasens am Gesamtverkehr auf Deutschlands Straßen ein Anteil von zirka 0,7 %.[30] Dabei beschreibt dieser Wert aufgrund der begrenzten Datenlage und des offenen Raserbegriffs weniger eine exakte Konstante als vielmehr eine möglichst konkrete Größenordnung.
Zusammenfassend lässt sich sagen, dass Rasen einerseits zwar kein völliges Randphänomen darstellt, andererseits jedoch nur verhältnismäßig wenig verbreitet ist. Wegen der recht hohen Verkehrsdichte auf Deutschlands Straßen tritt es absolut gesehen aber immer mal wieder zutage.

Seltener und auch weniger sichtbar, weil sie vermehrt nachts stattfinden, sind sog. illegale Straßenrennen, bei denen mindestens zwei Fahrzeuge auf öffentlichen Straßen gegeneinander um die Wette fahren. Solche Rennen können allgemein als besonders exzessives Rasen zu Wettkampfzwecken bezeichnet werden. Sie starten meist spontan und obwohl sie mit zunehmender Tendenz vermehrt in Innenstädten stattfinden, wird dabei nicht selten in den dreistelligen Geschwindigkeitsbereich vorgedrungen. Die wenigen organisierten illegalen Straßenrennen sind demgegenüber vorwiegend von eher professioneller Vorbereitung, vielen Teilnehmern sowie Start- und/oder Preisgeldern geprägt

---

27 *Bayerisches Polizeiverwaltungsamt (Online)*, Jahresstatistik 2019.

28 Zur Berechnung wird die Anzahl aller Fahrverbote mit dem Anteil der Fahrverbote für Geschwindigkeitsüberschreitungen multipliziert und dann durch die Anzahl aller Geschwindigkeitsverstöße dividiert: $\frac{72.406 \cdot 0,455}{1.110.945} \approx 0,02965 \approx 3\%$.

29 Indem der Anteil von Fahrverboten an allen Geschwindigkeitsverstößen für die Raserei hier zugrunde gelegt wird, wird insofern nur das Hellfeld der ordnungswidrigen Geschwindigkeitsverstöße berücksichtigt. Zum Dunkelfeld und zu strafbaren Geschwindigkeitsverstößen existieren nämlich keine (vergleichbaren) statistischen Daten. Es ist aber nicht davon auszugehen, dass sich durch solche weiterführenden Daten grundlegende Abweichungen vom hier ermittelten Ergebnis ergäben.

30 Zur Berechnung wird der herangezogene Wert für den Anteil der Raserei an allen Geschwindigkeitsverstößen mit dem zuvor ermittelten Durchschnittswert zur Häufigkeit von Geschwindigkeitsverstößen am Gesamtverkehr (22,6 %) multipliziert: $0,02965 \cdot 0,226 \approx 0,0067 \approx 0,7\%$.

und weisen teilweise sogar internationale Bezüge auf. Rennen sollen von den Sicherheitsbehörden unbemerkt stattfinden, wobei bei den organisierten teilweise versucht wird, sie nach außen hin wie legale Veranstaltungen, z. B. als Schnitzeljagden, darzustellen.[31]
Statistisch genau erfasst werden illegale Straßenrennen in Deutschland aber nicht: Weder weisen die offiziellen Straßenverkehrsunfallstatistiken dieses Phänomen bei Unfällen separat aus, noch gibt es umfassende Zahlen zur Verbreitung oder polizeilichen Feststellungen derselben. Zwar registrieren einige Polizeibehörden solche Vorfälle genauer, so z. B. die Polizei Köln (77 Anzeigen wegen illegaler Straßenrennen von Januar bis Oktober 2016)[32] und die Polizei NRW (230 solcher Anzeigen in 2015), doch gibt selbst die Bundesregierung zu, dass kein bundesweites Lagebild zu diesem Komplex existiert.[33] Wegen einer Strafgesetzesänderung werden seit Ende 2017 mittlerweile vermehrt Zahlen zu Strafverfahren wegen verbotener Kraftfahrzeugrennen von den Bundesländern erhoben. Allerdings sind die neueren Erfassungen, welche inhaltlich eine stark steigende Tendenz strafbarer Raserei ausweisen,[34] an dieser Stelle nur begrenzt aussagekräftig. Denn sie umfassen zumeist neben originär illegalen Straßenrennen mit mehreren Beteiligten auch strafbare Fälle der Raserei einzelner Personen. Außerdem handelt es sich bei diesen Zahlen nur um eingeleitete Verfahren und nicht zwingend um (später) rechtskräftig bewiesene Vorwürfe. Demgegenüber erfasst zwar das Kraftfahrtbundesamt die rechtskräftig bestätigten Vorwürfe von Kraftfahrzeugrennen in ganz Deutschland – mit ebenfalls stark steigender Tendenz –, doch wird ebenso nicht zwischen den

---

31 *Baldarelli*, DPolBl 2/17, 2 (2); *Schlanstein*, DPolBl 2/17, 3 (6); *Brings/Fuchs*, DPolBl 2/17, 20 (22); *Zeit (Online)*, Autorennen, S. 4; *rbb24 (Online)*, Raser-Statistik; *SZ (Online)*, Illegale Luxusrallye; *Der Tagesspiegel (Online)*, Rowdy-Autorallye; *SZ (Online)*, Straßenrennen Modball.

32 *Brings/Fuchs*, DPolBl 2/17, 20 (22).

33 BT-Drs. 18/8993, S. 1 u. 3.

34 - 2018: Nordrhein-Westfalen = 474; Berlin = 279.
- 2019: Nordrhein-Westfalen = 659; Berlin = 390; Bayern = 294.
- 2020: Nordrhein-Westfalen = 1.515; Berlin = 750; Bayern = 560.
- Quellen: Bayerischer Landtag-Drs. 18/13580, S. 2 f.; *Polizei NRW (Online)*, Verkehrsunfallstatistik; *Polizei Berlin (Online)*, Verkehrssicherheitslage 2020, S. 27; *Statista (Online)*, Anzahl illegaler Autorennen; *Der Tagesspiegel (Online)*, Raser-Bilanz; *SZ (Online)*, Mehr Raser auf Deutschlands Straßen; *rbb24 (Online)*, Raser-Statistik.

beiden verschiedenen Formen der Raserei unterschieden.[35] Wegen ihrer unterschiedlichen Erscheinungsformen sollten sie aber besser statistisch getrennt erfasst werden. Für alle Zahlen gilt, dass Rennen an sich nur selten von der Polizei entdeckt werden, womit die Dunkelziffer sehr groß ist, und die statistische Zunahme der Verfahren auch mit auf eine zuletzt erhöhte polizeiliche Kontrolldichte zurückzuführen sein wird.[36] Trotz fehlender exakter Statistiken kann zumindest anhand der bekannten Zahlen, einer entsprechenden Internetrecherche[37] und unter Berücksichtigung des großen Dunkelfelds festgehalten werden, dass illegale Straßenrennen als – bedeutend kleinerer – Teil der Raserei mit nicht zu vernachlässigender Häufigkeit auftreten. Dabei sind sie nicht nur hierzulande ein Problem, sondern eine weltweite Erscheinung[38].

Insgesamt ist Raserei auf Deutschlands Straßen durchaus präsent, doch stellt sie trotz ihrer Alltäglichkeit nur einen äußerst geringen Anteil am gesamten Verkehrsverhalten dar.

2. Folgen der Raserei

Die vom Rasen ausgehenden Gefahren hängen von der Wahrscheinlichkeit eines Unfalls und den möglichen Unfallfolgen ab. Neben der Verkehrssituation sind dafür vor allem folgende physikalische Faktoren maßgeblich:

---

35 - 2018: 127 (*Kraftfahrtbundesamt (Online)*, Zugang in das Fahreignungsregister 2018).
- 2019: 384 (*Kraftfahrtbundesamt (Online)*, Zugang in das Fahreignungsregister 2019).
- 2020: 895 (*Kraftfahrtbundesamt (Online)*, Zugang in das Fahreignungsregister 2020).

36 Stützend: BT-Drs. 18/8993, S. 1; *Eisenberg/Kölbel*, Kriminologie, Rn. 52/17; *Brings/Fuchs*, DPolBl 2/17, 20 (22 f.); *Jäker*, DPolBl 2/17, 9 (9); *SZ (Online)*, Mehr Raser auf Deutschlands Straßen; *Berliner Morgenpost (Online)*, Autorennen.

37 Beispielhaft sei an dieser Stelle auf die Internet-Suchmaschinen Google und Bing im Bereich „News“ mit dem Suchbegriff „Illegales Straßenrennen“ verwiesen, wo diverse aktuelle Berichterstattungen zu diesem Thema zu finden sind: *Google News (Online)*, Illegales Straßenrennen; *Bing News (Online)*, Illegales Straßenrennen.

38 *Franzke*, Kriminalistik 2017, 362 (362); *Wong*, Behavioral Medicine 2/38 (2012), 54 (54); *Vingilis/Smart*, Traffic Injury Prevention 2/10 (2009), 148 (149); *Knight/Cook/Olson*, Injury Prevention 10 (2004), 53 (53); *Leal/Watson/Armstrong*, in: Canadian Road Safety Conference, [S. 1 f.].

1. Je höher die Geschwindigkeit (v) ist, desto mehr Wegstrecke (s) wird in der gleichen Zeit (t) zurückgelegt $(s = v \cdot t)$.[39] D. h., um die gleiche Fahraktion innerhalb der gleichen Wegstrecke durchzuführen, müsste die Informationsverarbeitung, Reaktion und Durchführung durch den Fahrer entsprechend schneller erfolgen.
2. Je höher die (Ausgangs-) Geschwindigkeit ist, desto mehr Wegstrecke wird bei gleicher negativer Beschleunigung (a_n) für den Bremsvorgang benötigt $\left(s = \frac{v^2}{2 \cdot a_n}\right)$.[40] D. h., um die Geschwindigkeit in der gleichen Wegstrecke auf den gleichen Wert zu reduzieren, müsste im Vergleich zu einer langsameren Ausgangsgeschwindigkeit eine stärkere negative Beschleunigung (Bremsung) erfolgen.
3. Je größer die bewegte Masse (m) ist, desto mehr Kraft (F) wirkt bei gleicher richtungsändernder Beschleunigung (a_r) auf sie $(F = m \cdot a_r \mid a_r = \frac{F}{m})$.[41] D. h., um die gleiche Bewegungsänderung als Beschleunigung wie bei einer geringeren Masse zu erreichen, müsste eine entsprechend größere Kraft wirken.
4. Je höher die Geschwindigkeit bzw. je größer die bewegte Masse ist, desto größer ist die kinetische Energie $(E = \frac{1}{2} \cdot m \cdot v^2)$.[42] D. h., für die gleiche Auf-

---

39 Zu den physikalischen Grundlagen: *Tipler/Mosca/Kersten/Wagner*, Physik, S. 32 ff.; *Hering/Martin/Stohrer*, Physik für Ingenieure, S. 9 u. 21; *Schnabel*, Grundlagen der Straßenverkehrstechnik, S. 19 ff.

40 - Mit: $a = \frac{v}{t}$.

- Zu den physikalischen Grundlagen: *Tipler/Mosca/Kersten/Wagner*, Physik, S. 43 ff.; *Hering/Martin/Stohrer*, Physik für Ingenieure, S. 9 u. 22 ff.; *Schnabel*, Grundlagen der Straßenverkehrstechnik, S. 19 ff.

41 Zu den physikalischen Grundlagen: *Tipler/Mosca/Kersten/Wagner*, Physik, S. 88 ff.; *Hering/Martin/Stohrer*, Physik für Ingenieure, S. 33 ff.; *Taylor*, Klassische Mechanik, S. 36 ff.

42 Zu den physikalischen Grundlagen: *Tipler/Mosca/Kersten/Wagner*, Physik, S. 177; *Hering/Martin/Stohrer*, Physik für Ingenieure, S. 54 ff.; *Taylor*, Klassische Mechanik, S. 142.

prallenergie wie bei einer entsprechend geringeren Geschwindigkeit bzw. Masse müsste im Falle einer Kollision der jeweils andere Faktor entsprechend kleiner sein.

Mit höherer Geschwindigkeit und größerer Masse des Fahrzeugs erhöht sich demnach die Unfallwahrscheinlichkeit, denn es steigen die Fahranforderungen und gleichzeitig verringert sich die Fahrzeugbeherrschung. Auch die Schwere der Unfallfolgen hängt von der Geschwindigkeit und der Masse ab, denn sie bestimmen die kinetische Energie des Fahrzeugs, die bei einem Unfall umgewandelt wird und entsprechend auf die Unfallbeteiligten einwirkt. Dabei hat die steigende Geschwindigkeit einen besonders großen Einfluss, weil ihre Erhöhung (aufgrund der Zweierpotenz) für eine exponentielle Zunahme der kinetischen Energie sorgt. Die OECD[43] und der ECMT[44] schätzen deshalb, dass bis zu einem Drittel der tödlichen Verkehrsunfälle in Europa zumindest auch durch zu hohe Geschwindigkeit verursacht werden. Insofern wird überhöhte Geschwindigkeit allgemein als das größte Problem der Verkehrssicherheit europaweit angesehen.[45] Diese erhöhten Gefahren des Rasens bestehen in verschärfter Form für illegale Straßenrennen, weil die gefahrenen Geschwindigkeiten regelmäßig nicht nur besonders hoch sind, sondern auch mehrere Fahrzeuge parallel rasen und dabei zumeist noch weitere Verkehrsverstöße begangen werden.[46]

Allein im Jahr 2019 wurden in Deutschland insgesamt 2.685.661 Straßenverkehrsunfälle polizeilich registriert. In 2.385.518 Fällen blieb es bei Sachschäden, davon waren 69.189 schwerwiegende Unfälle mit Sachschäden, und lediglich in 300.143 Fällen wurden auch Personen verletzt. Die Unfälle mit Personenschäden führten zu insgesamt 387.276 Verunglückten, wovon die meisten (318.986 Personen) nur leicht verletzt wurden. Die Zahl der schwerverletzten Personen lag bei 65.244 und 3.046 Todesopfer waren 2019 auf Deutschlands Straßen zu beklagen.[47]

---

43 *OECD*: Organisation für wirtschaftliche Zusammenarbeit und Entwicklung (Organisation for Economic Co-operation and Development).

44 *ECMT*: Europäischer Verkehrsministerrat (European Conference of Ministers of Transport).

45 *OECD/ECMT*, Speed Management, S. 13 u. 35 ff.; *ETSC*, Managing Speed, S. 4 ff.; *Global Road Safety Partnership*, Speed management, S. 3 ff.; *Schlanstein*, DPolBl 2/17, 3 (4); *Vollrath/Krems*, Verkehrspsychologie, S. 126 f.

46 Stützend: *W/S/V*, AAaP 103 (2017), 85 (89); *Schlanstein*, DPolBl 2/17, 3 (3 ff.); *Brings/Fuchs*, DPolBl 2/17, 20 (21 f.).

47 - *Statistisches Bundesamt*, Verkehrsunfälle 2019, S. 44 ff.

Eine zusätzliche Sonderauswertung dieser Daten durch das Statistische Bundesamt ergibt für Unfälle, die Kraftfahrzeugführer jedenfalls auch durch überhöhte Geschwindigkeit herbeigeführt haben, folgendes Bild: Es kam 2019 zu 53.716 Geschwindigkeitsunfällen mit Personen- und/oder schwerwiegenden Sachschäden, was einem Anteil von 14,5 % an allen vergleichbaren Unfällen entspricht. In 17.873 (25,8 %) Fällen blieb es bei schwerwiegenden Unfällen mit Sachschäden und in 35.843 (11,9 %) Fällen kam es zu Personenschäden mit insgesamt 50.225 (13 %) Verunglückten. Es wurden 36.736 (11,5 %) Personen leicht und 12.556 (19,2 %) Personen schwer verletzt. 933 Menschen wurden durch Geschwindigkeitsunfälle getötet, was einem Anteil von 30,6 % aller Todesopfer der Verkehrsunfälle im Jahr 2019 entspricht.[48]

Wie häufig dabei das Rasen die Unfallursache bildet, lässt sich mangels seiner statistischen Erfassung auch hier nur schwer sagen, was erst recht für die Unterkategorie der illegalen Straßenrennen gilt. Denn das Rasen erfordert die erhebliche Überschreitung der erlaubten Geschwindigkeit, was keineswegs Grund jedes Geschwindigkeitsunfalls war, sodass der Anteil der Raserunfälle deutlich unter den Werten der Sonderauswertung liegt. Zur weiteren Berechnung kann hier ohne genauere Daten nur auf den schon ermittelten Wert des Anteils der Raser an allen Geschwindigkeitsüberschreitungen von 3 % zurückgegriffen werden.[49] Gerade hinsichtlich schwererer Unfälle ist dieser Anteil aber einerseits zu niedrig, weil Unfälle mit solchen Folgen regelmäßig viel kinetische Energie voraussetzen, die vor allem von Fahrzeugen mit (solch) hohen Geschwindigkeiten ausgeht. Andererseits ist dieser Anteil zu hoch. Denn bei der Bestimmung des Anteils der Raserei an allen Geschwindigkeitsverstößen ist eine allein nicht angepasste Geschwindigkeit ohne Überschreitung der

---

- Die Verkehrsunfallstatistik des Jahres 2019 wurde auch deshalb herangezogen, weil sie noch nicht durch die Auswirkungen der Corona-Pandemie auf den Verkehr beeinflusst war.

48 - *Statistisches Bundesamt*, Sonderauswertung zu der Frage: „Wie viele Verkehrsunfälle und damit einhergehend wie viele Verunglückte (inkl. Verletzungsschwere) wurden 2019 durch zu hohe Geschwindigkeit als Unfallursache von Kraftfahrzeugführern (mit) verursacht?" (unveröffentlicht).
- Die auf eine Nachkommastelle gerundeten Prozentangaben stellen den Anteil der jeweiligen Folge von Geschwindigkeitsunfällen an den entsprechenden Folgen aller Verkehrsunfälle 2019 dar. Sie ergeben sich aus den absoluten Zahlen zu Geschwindigkeitsunfällen gemäß der Sonderauswertung im Verhältnis zu den jeweils entsprechenden absoluten Zahlen aller Verkehrsunfälle 2019.

49 Siehe dazu: C.II.1. [S. 30].

vorgeschriebenen Höchstgeschwindigkeit kaum berücksichtigt, doch spielt sie bei der Erfassung des Fehlverhaltens des Fahrers in der Unfallstatistik eine bedeutende Rolle. Da beide Abweichungen insofern entgegensetzt sind, gleichen sie im Ergebnis die unvermeidlichen Ungenauigkeiten der hier gesuchten Zahlen zu den Folgen der Raserei teilweise aus.
Demnach ist es 2019 infolge von Raserei zu 1.611 Unfällen mit Personen- und/oder schwerwiegenden Sachschäden gekommen, was einen Anteil von 0,44 % an allen Verkehrsunfällen 2019 ausmacht. Die prozentualen Werte erscheinen auf den ersten Blick vernachlässigbar, doch sorgten Raserunfälle absolut gesehen für insgesamt 1.507 Verunglückte, wovon 1.102 Personen leicht und 377 Personen schwer verletzt wurden. Fast 1 % der 2019 im Straßenverkehr getöteten Personen lassen sich dabei auf Raserei zurückführen, was 28 Todesopfer bedeutet. Zwar stellen auch diese Werte lediglich möglichst konkrete Größenordnungen dar, doch darf Raserei als Unfallursache wegen der hohen Fahrgeschwindigkeiten erst recht hinsichtlich schwerer Unfälle und ihrer Folgen nicht unterschätzt werden.

Die volkswirtschaftliche Analyse der Raserunfälle mit Ermittlung der materiellen Unfallfolgen muss ebenfalls ohne spezifische Daten zum Rasen auskommen. Insofern erfolgt sie mittels Unfallfolgenanalyse[50] auf Basis der bisher ermittelten Daten zu Raserunfällen in Verbindung mit den Durchschnittswerten zu den volkswirtschaftlichen Kosten von Straßenverkehrsunfällen für das Jahr 2019 in Deutschland[51]. Die konkreten Berechnungen[52] ergeben Unfallkosten durch das Rasen von fast 175 Mio. Euro für 2019, was einen Anteil von ca. 0,5 % an den jährlichen Gesamtunfallkosten des Straßenverkehrs ausmacht. Auch bei diesem Ergebnis handelt es sich lediglich um eine möglichst konkrete Größenordnung, die aber in absoluten Zahlen zeigt, welche großen negativen Folgen Raserei für die deutsche Volkswirtschaft hat.

Wie viel von alledem auf illegale Straßenrennen zurückgeht, lässt sich mangels spezifischer Erfassung nicht sagen. Mit den wenigen verfügbaren Daten kann nur ein räumlich begrenzter Eindruck skizziert werden. So kam es laut Polizei in Nordrhein-Westfalen 2017 zu 32 Unfällen infolge illegaler Straßenrennen

50 Stützend: *UDV*, Regelverstöße im Straßenverkehr, S. 33 ff.
51 *BASt*, Volkswirtschaftliche Kosten.
52 Für die ausführliche Berechnung siehe Anhang 3 unter H.III. [S. 458].

und 2018 zu ca. 75 Unfällen.[53] Laut Polizei Berlin standen 2020 in der Hauptstadt 53 Unfälle im Zusammenhang mit Straßenrennen. Für Bayern berichtet das Innenministerium von 77 Verletzten und 7 Toten im Jahr 2020 bei Unfällen infolge von verbotenen Kraftfahrzeugrennen, zu denen aber auch strafbare Raserei einer Einzelperson gezählt wird.[54] Da bei Rennen mit mehreren Fahrzeugen meist besonders hohe Geschwindigkeiten erreicht werden, ist regelmäßig davon auszugehen, dass solche Unfälle verhältnismäßig schwer ausfallen und die Schadensfolgen entsprechend groß sind.

Insgesamt kann so trotz der nicht exakten Datenlagen festgehalten werden, dass Rasen als Unfallursache einen nicht zu vernachlässigenden Anteil an Unfällen im deutschen Straßenverkehr ausmacht und noch weitgehender sowohl immaterielle (Personenschäden) als auch materielle Folgen (Kosten) in bedeutsamem Umfang nach sich zieht.

3. Gesellschaftliche Wahrnehmung der Raserei

Fragt man danach, ob und wie die Bevölkerung das Rasen allgemein wahrnimmt, muss auf die Grundsätze der Wahrnehmung zurückgegriffen werden, weil auch zu dieser Frage keine statistischen Erhebungen vorliegen.
Die Wahrnehmung eines Phänomens durch eine Person bzw. durch die Gesellschaft allgemein hängt maßgeblich von den persönlichen Erfahrungen, den Erfahrungen des näheren Umfelds und der medialen Berichterstattung ab. Letztere gewinnt mehr Einfluss, wenn keine oder nur wenige entsprechenden Erfahrungen vorhanden sind.[55]

Wie festgestellt, tritt das alleinige Rasen im Vergleich zu illegalen Straßenrennen deutlich häufiger auf Deutschlands Straßen auf und Menschen werden so auch öfter persönlich damit konfrontiert. Da die allermeisten Personen in irgendeiner Weise am Straßenverkehr teilnehmen, erhalten selbst die Nicht-Kraftfahrzeugführer in aller Regel einen direkten Eindruck vom Verkehrsgeschehen.

---

53 *Welt (Online)*, Illegale Straßenrennen; *Deutsche Welle (Online)*, Illegale Autorennen; *WDR (Online)*, Unfälle durch illegale Autorennen; *Bönig*, Verbotene Kraftfahrzeugrennen, S. 6.

54 Bayerischer Landtag-Drs. 18/13580, S. 2 f.

55 Stützend: *Kunz/Singelnstein*, Kriminologie, 23/14 ff.; *Eisenberg/Kölbel*, Kriminologie, Rn. 24/27 ff.; *Bussmann*, Wirtschaftskriminologie, Rn. 939 f.; *Göppinger*, Kriminologie, Rn. 28/34 ff.; *Studer*, in: Raser, 33 (64 f.); *Brandenstein/Kury*, NZV 2005, 225 (225); *Ostendorf*, HRRS 2009, 158 (160); *Krell*, HRRS 2018, 237 (237).

Dementsprechend ist es wahrscheinlich, dass fast jede Person schon einmal mit Raserei in Kontakt gekommen ist und das umso häufiger, je öfter sie am Straßenverkehr teilnimmt. Die unmittelbarsten persönlichen Erfahrungen mit Raserei sammeln naturgemäß die Kraftfahrzeugführer. Deshalb und weil sie zirka die Hälfte der deutschen Bevölkerung stellen[56], sind ihre Aussagen in dieser Hinsicht besonders aussagekräftig.

Zusätzlich zu den bereits herangezogenen Ergebnissen der europaweiten Befragung[57] gaben in einer nachfolgenden Umfrage nur 1 % der deutschen Autofahrer an, dass sie „sehr oft" oder „immer" innerhalb des nächsten Monats in der Stadt 20 km/h schneller fahren würden als erlaubt.[58] Bei einer Umfrage in Deutschland sagten dagegen 15,7 % der Befragten, die zulässige Höchstgeschwindigkeit in den letzten drei Monaten „oft" oder „sehr oft" übertreten zu haben und 11,8 % wären im vorgegebenen Szenario (Stadtfahrt) „eher wahrscheinlich" oder „sehr wahrscheinlich" 65 anstatt 50 km/h gefahren.[59] Demgegenüber nahmen 60,2 % bei dieser Erhebung solche Geschwindigkeitsverstöße bei anderen „oft" oder „sehr oft" wahr.[60] Mit annährend dem gleichen Anteil von 61 % stellten die deutschen Befragten bei der ersten europaweiten Untersuchung Überschreitungen der vorgeschriebenen Geschwindigkeit von anderen Fahrern „oft", „sehr oft" oder „immer" fest.[61] Zwar gaben in der zweiten europaweiten Befragung im Durchschnitt nur zirka 31,8 % der Deutschen an, dass andere Fahrer zu schnell fahren, allerdings umfassen diese Werte nur die höheren Häufigkeiten von „sehr oft" und „immer".[62]
Diese Ergebnisse zeigen ein deutliches Auseinanderfallen zwischen der Wahrnehmung des eigenen Fahr(fehl)verhaltens und dem der anderen Fahrer. Rein

56 In Deutschland gab es 2019 mehr als 40,1 Millionen allgemeine Fahrerlaubnisse (*Kraftfahrtbundesamt (Online)*, Fahrerlaubnisse Jahresbilanz 2019) und mehr als 57,3 Millionen zugelassene Kraftfahrzeuge (*Kraftfahrtbundesamt (Online)*, Bestand nach Fahrzeugklassen und Aufbauarten 2019).

57 Siehe dazu: C.II.1. [S. 30].

58 *IFSTTAR*, Satre 4, S. 70.

59 *UDV*, Regelverstöße im Straßenverkehr, S. 29 f. u. 88 f.

60 *UDV*, Regelverstöße im Straßenverkehr, S. 29 f.

61 *INRETS*, Satre 3, S. 53 f.

62 - *IFSTTAR*, Satre 4, S. 70 ff.
- Anmerkung: Der Durchschnittswert wurde zu gleichen Teilen aus den Werten für die unterschiedlichen Straßentypen ermittelt, wobei „main roads between towns" und „country roads" wie bereits unter C.II.1. [S. 30]. als Landstraßen zusammengefasst wurden.

statistisch gesehen ist es wegen der nicht kleinen Stichprobenumfänge, der Problematiken um Angaben bei selbstbelastenden Umfragen[63] und der ermittelten Verbreitung des Zuschnellfahrens (ca. 22,6 %)[64] unwahrscheinlich, dass diese wahrgenommene Differenz auch in der Realität so umfassend besteht. Im Einklang mit der sog. selektiven Wahrnehmung[65] ist davon auszugehen, dass Fahrer ihr eigenes Fehlverhalten weniger wahrnehmen und sich für regeltreuer halten als sie es tatsächlich sind.[66] Gleichzeitig fällt ihnen das Fehlverhalten anderer Fahrer schon wegen der Abweichung vom erwarteten Normalverhalten besonders auf und wird häufiger oder auch nur fälschlicherweise als Regelbruch wahrgenommen.[67] Die Wahrnehmung der Fahrzeugführer geht also von einer nochmals höheren Verbreitung des Zu-schnellen-Fahrens aus, als sie es nach dem hier ermittelten Näherungswert tatsächlich ist. Nichts anderes ist von den Betrachtungen durch nicht fahrzeugführende Verkehrsteilnehmer zu erwarten, weil sie ihre Rückschlüsse ausschließlich aus der Beobachtung anderer Fahrzeuge ziehen.

Gemäß der Unfallstatistik beruhten in Deutschland 2019 ca. 14,5 % der erfassten Verkehrsunfälle mit Personen- und/oder schwerwiegenden Sachschäden auf Fahren mit zu hoher Geschwindigkeit.[68] Gleichzeitig betrachteten 81 % der in der ersten europaweiten Untersuchung Befragten aus Deutschland Zuschnelles-Fahren „oft“, „sehr oft“ oder „immer“ als Ursache für Unfälle.[69] Insofern sieht die Bevölkerung Geschwindigkeitsverstöße fälschlicherweise weit häufiger als Unfallursache an, als sie es tatsächlich sind. Das zweifelsohne vorhandene Problem der Unfälle infolge überhöhter Geschwindigkeit wird so von der Allgemeinheit deutlich größer wahrgenommen und damit in seiner Bedeutung überschätzt.

---

63 Siehe: C.II.1. [S. 30] mit Fußnote 19.

64 Siehe: C.II.1. [S. 30].

65 Die selektive Wahrnehmung beschreibt die Tatsache, dass der Mensch nur einen Ausschnitt seiner Umgebung sinnlich wahrnehmen kann und insbesondere bei der folgenden Einordnung dieser Informationen diverse Variablen – z. B. Emotionen, Erfahrungen, Erwartungen – das subjektive Ergebnis beeinflussen (siehe folgende Fußnote 66).

66 Stützend: *Klammer*, Empirische Sozialforschung, S. 193 ff.; *Häder*, Empirische Sozialforschung, S. 321 f.; *Lamnek/Krell*, Qualitative Sozialforschung, S. 523 f.; *Diekmann*, Empirische Sozialforschung, S. 382 ff.

67 Stützend: *Klammer*, Empirische Sozialforschung, S. 193 ff.; *Häder*, Empirische Sozialforschung, S. 321 f.; *Lamnek/Krell*, Qualitative Sozialforschung, S. 523 f.; *Diekmann*, Empirische Sozialforschung, S. 382 ff.

68 Siehe: C.II.2. [S. 37].

69 *INRETS*, Satre 3, S. 57 f.

Alleinige Raserei ist als erhebliche Geschwindigkeitsüberschreitung naturgemäß im Anteil des Zu-schnellen-Fahrens enthalten. Allerdings ist die hier zugrunde gelegte Raserdefinition weder allgemein anerkannt noch erst recht nicht im Bewusstsein der Bevölkerung verankert. Auch ihr entsprechender Spielraum trägt zu der Schwierigkeit bei, die gesellschaftliche Wahrnehmung der Raserei genauer zu bestimmen. Es dürfte aber naheliegen, dass Personen wegen des im allgemeinen Sprachgebrauch häufig inflationär benutzten Begriffs der Raserei durchaus ein nicht erhebliches Zu-schnelles-Fahren als rasen einstufen und es damit anteilig vermehrt wahrnehmen. Wenn die Bevölkerung schon das einfache Zuschnellfahren hinsichtlich der Verbreitung und Folgen erheblich überschätzt, dürfte dies erst recht auch für den Anteil des Rasens gelten, denn es ist als erhebliche Geschwindigkeitsüberschreitung besonders auffällig und erfährt so eine noch stärkere Fokussierung bzw. Prägung in der Wahrnehmung.
Der Einfluss der Medien auf die Wahrnehmung der Bevölkerung sollte in diesem Zusammenhang trotz der persönlichen Erfahrung nicht unterschätzt werden. Naheliegend berichten die Medien wegen der weniger schlagzeilenträchtigen Reichweite von einfachen Geschwindigkeitsüberschreitungen weit weniger als von Raserei, was ebenfalls für folgenlose Fälle im Vergleich zu Fällen mit Unfallfolgen gilt. Die vermehrten Berichte von – insbesondere aufsehenerregender – Raserei werden insofern die bestehende Wahrnehmung der Bevölkerung von einer entsprechenden Verbreitung verstärken. Denn selbst bei geringerer Berichtsfrequenz zu diesem Themenkomplex wird sich der Medienkonsument in seiner Wahrnehmung bestätigt fühlen, weil seine persönlichen Erfahrungen auf der Straße nicht weniger werden und noch eine zusätzliche allgemeine Informationsquelle ohne Relation hinzukommt.[70]

Zwar können Verkehrsteilnehmer auch illegale Straßenrennen direkt beobachten oder zumindest durch lautstarke Motorengeräusche akustisch wahrnehmen. Doch sind solche Rennen weit weniger verbreitet als sonstige Raserei oder gar einfaches Zuschnellfahren, womit der Großteil der Bevölkerung kaum weitergehende Erfahrungen mit Rennen gesammelt haben wird. Deshalb kommt den Medien für die Wahrnehmung dieser Erscheinung eine besondere Bedeutung zu.

---

70 Stützend: *Holte*, in: 58. Deutscher Verkehrsgerichtstag, 125 (138); *Klein*, in: 58. Deutscher Verkehrsgerichtstag, 145 (149 f.); *Eisenberg/Kölbel*, Kriminologie, Rn. 24/27 ff.; *Bussmann*, Wirtschaftskriminologie, Rn. 939 f.; *Göppinger*, Kriminologie, Rn. 28/34 ff.; *Brandenstein/Kury*, NZV 2005, 225 (225 f.); *Krell*, HRRS 2018, 237 (237).

Dort ist in jüngerer Vergangenheit fast täglich von Vorfällen die Rede, bei denen zumindest der Verdacht von illegalen Straßenrennen besteht.[71] Besonders intensiv wird über illegale Straßenrennen mit schwerwiegenden Unfallfolgen berichtet: Beispielhaft[72] zu nennen sind der Rennunfall 2015 vom Auenweg in Köln, bei dem eine junge Radfahrerin von einem der Fahrzeuge tödlich erfasst wurde,[73] der deutschlandweit besonders aufsehenerregende tödliche Unfall 2016 auf dem Berliner Kurfürstendamm aus der Einleitung,[74] der ebenfalls tödliche Unfall 2017 in Mönchengladbach,[75] der Unfall bei Deggendorf mit einem Toten und einem Schwerverletzten im Jahr 2018,[76] der Unfall 2019 in Moers mit ebenfalls einem unbeteiligten Todesopfer,[77] der Unfall 2020 in Dresden, bei dem ein Kind sein Leben verlor,[78] der Unfall 2021 in Mühlheim mit einem ebenfalls getöteten Fußgänger[79] und der Unfall bei Barsinghausen im Jahr 2022, bei dem zwei Kinder starben und weitere Unbeteiligte schwer verletzt wurden.[80]

Alle Presseberichte über Straßenrennen haben gemeinsam, dass sie regelmäßig von einer vorhergehenden polizeilichen Aufdeckung abhängig sind, weil die Presse kaum von diesen verborgenen Aktivitäten erfährt. Somit liegen die tatsächlichen Fallzahlen wegen der Dunkelziffer deutlich über den berichteten. Darüber hinaus sind Gerichtsprozesse zu solchen Vorfällen ebenfalls häufiger

---

71 Stützend: *Fuchs*, in: Verkehrsüberwachung, 28 (28) und Fußnote 37.

72 Übersicht über weitere Fälle: *Brings/Fuchs*, DPolBl 2/17, 20 (20 f.); *Gib Acht im Verkehr*, Illegale Autorennen; *Berliner Zeitung (Online)*, Chronologie.

73 - Siehe ausführlicher später: D.II.1.c)aa) [261].
- *Express (Online)*, Auenweg in Köln; *Express (Online)*, 19-jährige Radlerin; *Express (Online)*, Illegales Rennen.

74 - *Der Spiegel (Online)*, Unfall vor dem KaDeWe; *Focus (Online)*, Tödliche Unfälle in Berlin.
- Siehe zu den Einzelheiten des Falles D.II.1.c)ee) [S. 290] und zum Strafverfahren C.IV.3. [S. 108].

75 *Tagesschau (Online)*, Mönchengladbach; *RP Online*; Ein Fahrer flüchtig.

76 *Merkur.de (Online)*, Raserunfall von Kalteck; *SZ (Online)*, Raser zu fünf Jahren Haft verurteilt.

77 *Express (Online)*, Das Todes-Rennen von Moers; *RP Online*, Illegales Autorennen in Moers.

78 *T-Online*, Ermittlungen in Dresden; *Focus (Online)*, Unglück in Dresden.

79 *SZ (Online)*, Verdacht auf illegales Autorennen nach tödlichem Unfall; *BR24 (Online)*, Prozess um mutmaßliches Autorennen mit Todesfall.

80 *Stern (Online)*, Zwei Kinder sterben nach Unfall in Niedersachsen; *NDR (Online)*, Unfall bei Barsinghausen.

Gegenstand von Berichten.[81] Daneben existieren noch zahlreiche TV-Dokumentationen, die diesen Themenkomplex sowohl aus Sicht der Betroffenen als auch der Polizei analysieren.[82] In den letzten Jahren haben illegale Straßenrennen eine solche Aufmerksamkeit erlangt, dass über sie und die Gegenmaßnahmen in der Öffentlichkeit intensiv diskutiert wird.
Zusammengenommen kann insbesondere wegen der häufigen und umfassenden medialen Berichterstattung sowie wegen des sich (dadurch) entwickelten öffentlichen Diskurses zu diesem Thema auch ohne statistisches Zahlenwerk recht gut auf die Wahrnehmung der Bevölkerung geschlossen werden: Illegale Straßenrennen kommen demnach nicht selten vor und führen immer wieder zu schweren Unfällen.[83] Die geringe oder fehlende Erfahrung der meisten Menschen mit illegalen Straßenrennen ist der medial geprägten Wahrnehmung dabei nicht abträglich, weil die Rennen nach dem allgemeinen Verständnis heimlich stattfinden und so kaum anderen Informationsquellen zur Verfügung stehen.

Insgesamt nimmt die Bevölkerung Rasen als nicht seltene Erscheinung wahr und stuft es mit seinen Folgen als ernsthaftes Problem ein. Besonders illegale Straßenrennen tragen in der letzten Zeit zu dieser Wahrnehmung bei und werden teilweise sogar als das Kernproblem angesehen. Verglichen mit der tatsächlichen Verbreitung und den Folgen erweist sich diese gesellschaftliche Wahrnehmung allerdings als deutlich zu weitgehend. Trotzdem ist das Phänomen der Raserei nicht nur in der Wahrnehmung der Bevölkerung, sondern auch tatsächlich[84] als relevantes gesellschaftliches Problem einzustufen.

III. Die Raser

Rasen wurde definiert als menschliches Verhalten, bei dem der Fahrer die erlaubte Geschwindigkeit mit seinem Kraftfahrzeug im öffentlichen Straßenverkehr erheblich überschreitet. Bisher standen das Rasen selbst, also das sich im Straßenverkehr zu schnell bewegende Fahrzeug und die resultierenden Folgen, im Vordergrund. Doch an sich rast nicht das Fahrzeug, sondern der

81 Beispielhaft: *MSN (Online)*, Prozess nach tödlichem Autorennen; *BR24 (Online)*, Raserprozess in München; *Zeit (Online)*, Prozess in Kleve; *Merkur.de (Online)*, Raserunfall von Kalteck.

82 Beispielhaft: *ZDF (Online)*, Zu schnell in den Tod; *Bayerischer Rundfunk (Online)*, Die Story; *Der Spiegel (Online)*, Tödliche Raserei.

83 Zustimmend: *Bönig*, Verbotene Kraftfahrzeugrennen, S. 7.

84 Siehe: C.II.1. [S. 30] und C.II.2. [S. 37].

Mensch, der es mit seinem Verhalten im Rahmen der physikalischen Grenzen nach Belieben pilotiert und damit ganz allein über Geschwindigkeit und Fahrmanöver entscheidet. Im Folgenden geht es nun um diese menschliche Komponente des Rasens und es wird untersucht, welche Personen rasen und vor allem, was sie zu dieser Verhaltensentscheidung veranlasst.

1. Auffällige Personen/-gruppen und ihre Charakteristika

So wie es im Strafrecht nicht den Täter(-typ) gibt,[85] gibt es im Straßenverkehr auch nicht den Raser(-typ). Insofern können diese Begriffe zwar Personen bezeichnen, die sich in einer bestimmten Weise verhalten, doch geben sie keine Auskunft darüber, was diese Menschen auszeichnet. Auch wenn jeder Mensch als Individuum ganz individuelle Eigenschaften und Merkmale besitzt, schließt dies nicht aus, dass sich gleich verhaltende Personen gewisse persönliche Gemeinsamkeiten haben können.

Das allen Rasern gemeinsame Verhalten ist – wenig überraschend – das Rasen. Wie bereits erwähnt, kann das allerdings auf sehr unterschiedliche Weise erfolgen. So kann ein Fahrer einerseits mit seinem Fahrzeug allein für sich rasen (Einzelraserei), also ohne dass andere aktiv daran beteiligt sind. Oder er rast andererseits mit bzw. gegen andere Fahrer, sodass mehrere an der Raserei als illegales Straßenrennen beteiligt sind. Gemäß seiner Raseraktivität ist ein Raser also entweder als Einzelraser oder als Rennfahrer einzustufen, was sich je nach Situation und Verhalten im konkreten Fall bestimmt. Insofern kann es an einer klaren Trennung fehlen, wenn der Fahrer allgemein beide Formen der Raserei praktiziert.
Da Rasen in Form von Rennen zahlenmäßig weit weniger verbreitet ist als das Einzelrasen, kann allein deshalb als gesichert gelten, dass es deutlich mehr Einzelraser als Rennfahrer gibt. Diese Annahme wird auch durch die objektiven Voraussetzungen gestützt. Denn während der Fahrer für die Einzelraserei lediglich ein Fahrzeug und eine beliebige Straße benötigt, ist für ein Rennen daneben mindestens ein Gleichgesinnter notwendig.

Bevor im Folgenden genauer herausgearbeitet wird, was die Raser allgemein als Einzelraser und als Rennfahrer auszeichnet, ist festzuhalten, dass dazu keine vollumfassenden und in jeder Hinsicht fundierten Untersuchungen existieren.

---

85 LK – *Dannecker/Schuhr*, Anh. § 1 StGB Rn. 17b; Lackner/Kühl – *Kühl*, Vor § 211 StGB Rn. 19; Schönke/Schröder – *Eisele*, Vor §§ 13 ff. StGB Rn. 3 u. 105/106; MüKo-StGB – *Joecks/Erb*, Einleitung Rn. 42 ff.

Es muss also auf verschiedene Untersuchungen, Statistiken und die praktischen Eindrücke der Sicherheits-/Polizeibehörden zurückgegriffen werden, aus denen dann entsprechende Schlüsse gezogen werden können.

a) Geschlecht und Alter

Wird der Blick auf die individuellen Eigenschaften und Merkmale gerichtet, fallen viele Gemeinsamkeiten und einige Unterschiede auf: Das Geschlecht der Raser ist in den meisten Fällen männlich und unter den Rennfahrern ist dieser Anteil sogar so hoch ausgeprägt, dass kaum eine Frau ein Rennen fährt.[86] Dementsprechend ist ihr Anteil bei den Einzelrasern demgegenüber höher, dürfte sich aber auf einem niedrigen Niveau bewegen. Weiter gestützt wird diese Geschlechtsverteilung auch durch die im Fahreignungsregister (ehemals Verkehrszentralregister) registrierten Personen, bei denen über Jahre hinweg die männliche Fraktion über drei Viertel ausmacht.[87] Daraus können insofern Rückschlüsse gezogen werden, als dass in den letzten Jahren knapp zwei Drittel der entsprechenden Eintragungen der Verkehrsverstöße wegen Geschwindigkeitsübertretungen erfolgten,[88] auch wenn davon – wie gesehen[89] – nur ein kleiner Anteil als Raserei einzustufen ist.

Die Altersstruktur der Raser ist insbesondere von jüngeren Fahrern geprägt (18 bis 25 bzw. 30 Jahre) und gerade im Bereich des Rennfahrens machen sie den Großteil der Rennfahrer aus, wohingegen sich ältere Fahrer selten an solchen Aktivitäten beteiligen.[90] Vergleicht man diese Befunde mit den Zahlen zur

86 *Schlanstein*, DPolBl 2/17, 3 (4); *Brings/Fuchs*, DPolBl 2/17, 20 (21); *Huguenin*, in: 7. ADAC/BASt-Symposium, [S. 3]; *Bächli-Biétry*, in: Raser, 122 (122); *NZZ (Online)*, Fehlendes Einfühlungsvermögen; *FAZ (Online)*, Mit hundert durch die Stadt, S. 2; *Focus (Online)*, Interview mit Nico Klassen; *ADAC (Online)*, Illegale Autorennen; *S/M/S*, Australasian Psychiatry 2/20 (2012), 166 (166); *W/S/V*, AAaP 103 (2017), 85 (86 ff.); *Knight/Cook/Olson*, Injury Prevention 10 (2004), 53 (54 f.); *Vaaranen/Wieloch*, Young 1/10 (2002), 42 (42 ff.).

87 *Kraftfahrtbundesamt (Online)*, Bestand im Fahreignungsregister 2019.

88 *Kraftfahrtbundesamt (Online)*, Zugang in das Fahreignungsregister 2011 bis 2020.

89 Siehe: C.II.1. [S. 30].

90 *Jäker*, DPolBl 2/17, 9 (9); *Baldarelli*, DPolBl 2/17, 2 (2); *Bächli-Biétry/Mayer*, in: Jahrbuch 2006, 11 (12 u. 23 f.); *Raithel*, Jugendliches Risikoverhalten, S. 13 ff.; *SWP (Online)*, Interview; *NZZ (Online)*, Interview; *Der Spiegel (Online)*, Tödliches Vergnügen; *Welt (Online)*, Illegale Autorennen; *Polizei Köln (Online)*, Null Toleranz; *U.S. DoJ*, Street Racing, S. 2 f.; *Wong*, Behavioral Medicine 2/38 (2012), 54 (56 ff.); *N/M-A/R*, JoSR 1/3 (2012), 67 (67 ff.); *Leigh*, CIiCJ 3/7 (1995), 388 (388); siehe auch Fußnote 86.

Altersverteilung der im Fahreignungsregister eingetragenen Fahrer, scheinen sie auf den ersten Blick widersprüchlich zu sein. Denn der Anteil der Bis-24-Jährigen beträgt dort nur ca. 7 %,[91] wobei Geschwindigkeitsverstöße über 60 % der Neueintragungen ausmachen.[92] Allerdings muss bei diesen Zahlen berücksichtigt werden, dass Rasen als erhebliche Geschwindigkeitsüberschreitung nur einen Teil dieser Verstöße ausmacht, deren exakte Verteilung unbekannt ist. Daneben sind nur ca. 11 % aller Fahrerlaubnisinhaber nicht älter als 24 Jahre.[93] Außerdem ist die allgemeine Kontrolldichte für Verkehrsverstöße in Deutschland recht gering, womit nur eine geringe Wahrscheinlichkeit für eine Entdeckung besteht.[94] Für Fahrer, denen erst vor kürzerem die Fahrerlaubnis erteilt wurde und wozu überwiegend die jungen Erwachsenen gehören,[95] ist damit im Vergleich zu ihren tatsächlichen Verstößen schon an sich eine deutliche statistische Unterrepräsentation anzunehmen, die sich mit steigendem Alter und zunehmender Fahrpraxis relativiert. Folglich widerlegen diese Statistiken die vor allem aus der Praxis stammende Altersverteilung von Rasern nicht.

Insgesamt sind Raser vermehrt junge Männer. Der Rest der Raser besteht zum größten Teil aus älteren Männern, deren Altersverteilung wahrscheinlich ähnlich gleichmäßig zu der Altersverteilung der allgemeinen Fahrerlaubnisinhaber[96] und den im Fahreignungsregister eingetragenen Fahrern[97] ist. Demgegenüber sind nur sehr wenige Raser weiblich, deren Altersverteilung mit der der männlichen Fraktion vergleichbar ausfällt. An illegalen Straßenrennen als spezifische Form der Raserei beteiligen sich in den allermeisten Fällen ebenfalls junge Männer.

b) Lebensumstände

Wird die Hauptrasergruppe der jungen Erwachsenen genauer untersucht, lassen sich – insbesondere für die Rennfahrer – zahlreiche Merkmale ausfindig machen, die die meisten verbinden:

---

91 *Kraftfahrtbundesamt (Online)*, Bestand im Fahreignungsregister 2019.

92 *Kraftfahrtbundesamt (Online)*, Zugang in das Fahreignungsregister 2011 bis 2020.

93 *Kraftfahrtbundesamt (Online)*, Bestand im Fahreignungsregister 2019.

94 Stützend: *Lipphard*, in: Verkehrsüberwachung, 8 (9); *Herzberg*, in: Verkehrspsychologie, 177 (188); *Raithel*, Unfallursache, S. 192; *Brandenstein/Kury*, NZV 2005, 225 (229); *B/K-G/R/B/S*, Abschlussbericht, S. 14 u. 47.

95 *Kraftfahrtbundesamt (Online)*, Fahrerlaubniserteilungen 2019.

96 *Kraftfahrtbundesamt (Online)*, Bestand an allgemeinen Fahrerlaubnissen 2019.

97 *Kraftfahrtbundesamt (Online)*, Bestand im Fahreignungsregister 2019.

Tatsächlich besitzen viele der jungen Raser einen Migrationshintergrund, der vor allem auf die Türkei, südosteuropäische oder arabische Länder zurückgeht, und teilen somit ähnliche Mentalitäten.[98] Des Weiteren stammen die meisten jungen Erwachsenen unabhängig von ihrer Herkunft aus Familien mit (eher) geringem sozialen Status, d. h., die Elternteile haben keine oder nur eine gering qualifizierte Aus-/Bildung und entsprechende Beschäftigung, womit sie nur über geringe finanzielle Mittel verfügen.[99] Die meisten Raser gehen ähnlich zu ihren anderen Familienmitgliedern lediglich einer gering qualifizierten Beschäftigung nach oder sind arbeitslos und haben so ebenfalls nur ein niedriges Einkommen.[100] Wie auch allgemein ist dieser niedrige soziale Status zumeist auf eine geringe schulische Ausbildung zurückzuführen (häufig nur Haupt- oder gar kein Schulabschluss), die im weiteren Lebenslauf zu fehlenden Aufstiegsmöglichkeiten führt.[101] Gleichwohl befinden sich unter den Rasern einige Schüler zumeist berufsbildender Schulen sowie selten Studenten und gut Ausgebildete, wovon gerade letztere über eine bessere Finanzkraft verfügen.[102] Den allermeisten jüngeren Rasern gemeinsam ist ihre Wohnsituation im

---

98 *Brings/Fuchs*, DPolBl 2/17, 20 (21); *Baldarelli*, DPolBl 2/17, 2 (2); *Bächli-Biétry/Mayer*, in: Jahrbuch 2006, 11 (12 f.); *NZZ (Online)*, Interview; *FAZ (Online)*, Mit hundert durch die Stadt, S. 2; *Welt (Online)*, Illegale Autorennen; *AZ (Online)*, Raser; *Berliner Kurier (Online)*, Kudamm; *SZ (Online)*, Kampf gegen illegale Autorennen; *Raithel/Widmer*, Deviantes Verkehrsverhalten, S. 83 u. 100.

99 *Bächli-Biétry*, in: Raser, 122 (126); *FAZ (Online)*, Mit hundert durch die Stadt, S. 2; *AZ (Online)*, Raser; *Vingilis/Smart*, Traffic Injury Prevention 2/10 (2009), 148 (150); *Vaaranen/Wieloch*, Young 1/10 (2002), 42 (55); *Wong*, Behavioral Medicine 2/38 (2012), 54 (56 ff.).

100 *Brings/Fuchs*, DPolBl 2/17, 20 (21); *Berliner Zeitung (Online)*, Illegale Autorennen; *Welt (Online)*, Illegale Autorennen; *FAZ (Online)*, Mit hundert durch die Stadt, S. 2; *Vaaranen/Wieloch*, Young 1/10 (2002), 42 (55); *Vingilis/Smart*, Traffic Injury Prevention 2/10 (2009), 148 (151); *Wong*, Behavioral Medicine 2/38 (2012), 54 (56 ff.); *Leigh*, CiiCJ 3/7 (1995), 388 (389).

101 Stützend: *AZ (Online)*, Raser; *SZ (Online)*, Kampf gegen illegale Autorennen; *Berliner Zeitung (Online)*, Illegale Autorennen; *Der Spiegel (Online)*, Verkehrspsychologe; *Vaaranen/Wieloch*, Young 1/10 (2002), 42 (55); *Wong*, Behavioral Medicine 2/38 (2012), 54 (56 ff.).

102 Stützend: *Vingilis/Smart*, Traffic Injury Prevention 2/10 (2009), 148 (150); *Wong*, Behavioral Medicine 2/38 (2012), 54 (56 ff.); *Leigh*, CIiCJ 3/7 (1995), 388 (389); *Focus (Online)*, Interview mit Nico Klassen.

Elternhaus,[103] sodass sich nur wenige von ihren Familien gelöst haben und auf eigenen Beinen stehen.

Die neben den jungen Erwachsenen deutlich kleinere Gruppe der älteren Raser ist besonders inhomogen. Dazu existieren kaum konkrete Feststellungen bzw. verlässliche Daten, weshalb sich diese Gruppe im Gegensatz zu den jungen Erwachsenen nicht genau charakterisieren lässt. Zwar können einige naheliegende Spezifizierungen vorgenommen werden, so z. B. dass unter den Rasern deutlich mehr unter Zeitdruck stehende Geschäftsleute sind als betagte Rentner. Doch gerade wegen der Inhomogenität dieser Gruppe muss allgemein von verschiedenen persönlichen Lebensumständen und einer durch alle sozialen Schichten gehenden Struktur ausgegangen werden.[104]

c) Die Raserfahrzeuge

Vielen der Raser und insbesondere den Rennfahrern ist eine autozentrierte Persönlichkeit gemeinsam: Das Automobil[105] übt schon an sich und gerade mit dem Erreichen hoher Geschwindigkeiten eine große Faszination aus. Häufig identifizieren sich die Raser mit dem Fahrzeug, was sogar in eine tiefere (Liebes-)Beziehung mit ihm münden kann.[106] Wenig überraschend sind deshalb bei den Rasern besonders Wagen deutscher Autohersteller (wie Audi, BMW, Mercedes)

---

103 *Brings/Fuchs*, DPolBl 2/17, 20 (21); *Focus (Online)*, Streng geheim und lebensgefährlich; *Berliner Zeitung (Online)*, Illegale Autorennen; *Welt (Online)*, Illegale Autorennen; *SZ (Online)*, Kampf gegen illegale Autorennen; *U.S. DoJ*, Street Racing, S. 3.

104 Stützend: *Focus (Online)*, Interview mit Nico Klassen; *Jäker*, DPolBl 2/17, 9 (9 u. 12); *AZ (Online)*, Raser; *FAZ (Online)*, Mit hundert durch die Stadt, S. 2 f.; *Vingilis/Smart*, Traffic Injury Prevention 2/10 (2009), 148 (150 f.); *U.S. DoJ*, Street Racing, S. 2.

105 Allgemein ist das Auto das mit Abstand am meisten verbreitete Kraftfahrzeug (*Kraftfahrtbundesamt (Online)*, Bestand nach Fahrzeugklassen und Aufbauarten 2019), was auch im Zusammenhang mit der Raserei gilt. Deshalb bildet das Rasen mit einem Auto die Grundlage dieser Arbeit. Die Ausführungen zu Automobilen gelten dabei grundsätzlich auch für andere bei der Raserei benutzte Kraftfahrzeuge wie z. B. Motorräder.

106 *TAZ (Online)*, Psychologin über notorische Raser; *SWP (Online)*, Interview; *Focus (Online)*, Streng geheim und lebensgefährlich; *Der Spiegel (Online)*, Tödliches Vergnügen; *FAZ (Online)*, Mit hundert durch die Stadt, S. 2; *Welt (Online)*, Illegale Rennen; *Vaaranen/Wieloch*, Young 1/10 (2002), 42 (50 f.).

mit leistungsstarker Motorisierung beliebt, bei denen es sich häufig um Fahrzeuge der Oberklasse bzw. Sportwagen der neuesten oder neueren Generation handelt.[107]

Zwar werden als günstige Alternative durchaus auch vergleichbare Fahrzeuge älteren Baujahrs verwendet, doch fahren selbst Fahrer mit geringen finanziellen Mitteln häufig teure Premiummodelle.[108] Nicht selten sind sie nämlich gar nicht die Eigentümer, sondern leihen sich die Fahrzeuge von Familienmitgliedern, Freunden bzw. Bekannten, mieten sie kostengünstig für kurze Zeit bei Autovermietungen bzw. Carsharing-Anbietern oder leasen sie – mitunter gemeinsam mit Gleichgesinnten – für geringere und mit Rabatt herabgesetzte Leasingraten über die Autoherstellerbanken, sodass die Fahrzeuge selbst mit geringen finanziellen Mitteln bezahlbar sind.[109] Aber auch das Gegenteil kann beobachtet werden, nämlich dass Luxusfahrzeuge bewusst mit Vermögen aus illegalen Quellen erworben werden.[110] Zwar ist ein solches Vorgehen in kriminellen Kreisen (gerade bei organisierter bzw. Clan-Kriminalität) keineswegs unüblich, doch dienen die Fahrzeuge dabei in erster Linie der Geldwäsche und weniger der Raserei.[111]

Sofern möglich werden die eigenen Wagen häufig zusätzlich getunt; meist wird das originale Aussehen beibehalten (OEM Optik) und es werden vor allem technische Veränderungen in Form von zusätzlichen Leistungssteigerungen,

---

107 *Schärer*, DPolBl 2/17, 17 (17 f.); *Klein*, in: 58. Deutscher Verkehrsgerichtstag, 145 (148); *Runter vom Gas (Online)*, Stopp den Rasern; *Berliner Zeitung (Online)*, Illegale Autorennen; *Zeit (Online)*, Autorennen, S. 5; *SZ (Online)*, Kampf gegen illegale Autorennen; *Berliner Zeitung (Online)*, Illegale Autorennen; *Focus (Online)*, Interview mit Nico Klassen.

108 *Brings/Fuchs*, DPolBl 2/17, 20 (21); *Klein*, in: 58. Deutscher Verkehrsgerichtstag, 145 (148); *Berliner Zeitung (Online)*, Illegale Autorennen; *Zeit (Online)*, Autorennen, S. 5 f.; *Welt (Online)*, Illegale Autorennen; *Focus (Online)*, Interview mit Nico Klassen.

109 *Zeit (Online)*, Autorennen, S. 5 f.; *Klein*, in: 58. Deutscher Verkehrsgerichtstag, 145 (148); *Welt (Online)*, Illegale Rennen; *Berliner Zeitung (Online)*, Illegale Autorennen; *Welt (Online)*, Illegale Autorennen; *Hamburger Morgenpost (Online)*, Kampf gegen Poser und Raser, S. 2; *Focus (Online)*, Interview mit Nico Klassen.

110 Stützend: *Der Tagesspiegel (Online)*, Bilanz zu organisierter Kriminalität; *Focus (Online)*, Razzia; *Berliner Morgenpost (Online)*, Auktion; *U.S. DoJ*, Street Racing, S. 1 ff.; *Vingilis/Smart*, Traffic Injury Prevention 2/10 (2009), 148 (149).

111 Stützend: *SZ (Online)*, Kampf gegen illegale Autorennen; *Der Tagesspiegel (Online)*, Bilanz zu organisierter Kriminalität; *Focus (Online)*, Verfolgungsjagd; *Berliner Morgenpost (Online)*, Auktion; *U.S. DoJ*, Street Racing, S. 1 ff.; *Vingilis/Smart*, Traffic Injury Prevention 2/10 (2009), 148 (149).

Fahrwerktieferlegungen und insbesondere Auspuffanpassungen für lautere Motorengeräusche vorgenommen.[112] Allgemein investieren so viele Raser – und von ihnen besonders Rennfahrer – viel Zeit, Mühe und vor allem Geld in die eigenen Fahrzeuge.[113]

d) Allgemeine Fahrweise, Verkehrssanktionen und Unfallbeteiligung

Ein recht einheitliches Bild lässt sich auch für die Fahrweise der Raser zeichnen. Mit Fahrweise ist vor allem der allgemeine Fahrstil während des normalen Autofahrens (also die Art und Weise, wie eine Person das Fahrzeug grundsätzlich fährt)[114] und weniger die konkrete Fahrweise während des Rasens gemeint. Fahrer, die beständig mit höheren Geschwindigkeiten fahren, riskant überholen, dicht auffahren oder auch Verkehrszeichen/-signale missachten, besitzen einen aggressiven bzw. riskanten Fahrstil, der sich konkret in solchem Verkehrsverhalten äußert.[115] Es überrascht wenig, dass ein solcher Fahrstil gerade bei Rasern stark ausgeprägt ist, auch wenn davon ebenfalls andere Fahrzeugführer betroffen sind.[116] Erneut ist es insbesondere die Hauptrasergruppe der jungen Erwachsenen, von denen im Vergleich zu anderen Rasern nochmals weniger einen normalen oder defensiveren Fahrstil zeigen.[117] Hinzu kommt, dass sie altersbedingt vermehrt erst seit Kurzem im Besitz der Fahrerlaubnis

112 *Schärer*, DPolBl 2/17, 17 (17 f.); *Brings/Fuchs*, DPolBl 2/17, 20 (21); *Klein*, in: 58. Deutscher Verkehrsgerichtstag, 145 (148); *Runter vom Gas (Online)*, Stopp den Rasern; *Welt (Online)*, Illegale Autorennen; *Focus (Online)*, Interview mit Nico Klassen.

113 Stützend: *Der Spiegel (Online)*, Tödliches Vergnügen; *Runter vom Gas (Online)*, Stopp den Rasern; *U.S. DoJ*, Street Racing, S. 3; *Vaaranen/Wieloch*, Young 1/10 (2002), 42 (52).

114 *BASt*, Nutzerseitiger Fehlgebrauch, S. 14; *Herzberg*, in: Verkehrspsychologie, 177 (190); *Duden*, „Fahrstil".

115 *W/H/P*, ZfPPuP 4/2011, 311 (312); *Walter*, Verkehrspsychologie, S. 7 f.; *Shope/Bingham*, AJoPM 35 (2008), S261 (S266).

116 Stützend: *Walter*, Verkehrspsychologie, S. 4 u. 7 f.; *W/H/P*, ZfPPuP 4/2011, 311 (312); *Herzberg*, in: Verkehrspsychologie, 177 (190 f.); *Schlanstein*, DPolBl 2/17, 3 (4); *AZ (Online)*, Raser; *Zeit (Online)*, Autorennen, S. 7.

117 *Schlanstein*, DPolBl 2/17, 3 (4); *Herzberg/Schlag*, ZfSp 2/37 (2006), 73 (79); *W/H/P*, ZfPPuP 4/2011, 311 (311); *Raithel/Widmer*, Deviantes Verkehrsverhalten, S. 18 f.; *Herzberg*, in: Verkehrspsychologie, 177 (190 f.); *Shope/Bingham*, AJoPM 35 (2008), S261 (S266).

sind und dementsprechend wenig(er) Fahrerfahrung und -fähigkeiten vorzuweisen haben.[118]

Ein aggressiver bzw. riskanter Fahrstil mit dazugehörigen Fahrmanövern beinhaltet in vielen Fällen das Brechen von Verkehrsregeln, womit Raser statistisch belegt entsprechend mehr Verkehrsverstöße begehen als andere Autofahrer.[119] Diese Verstöße sowie die daraus folgenden erhöhten Sanktionierungen der Raser[120] beziehen sich wegen der überwiegenden Kontrollart auf Deutschlands Straßen vor allem auf die Überschreitung der zulässigen Höchstgeschwindigkeit.[121] Gerade für Rennfahrer kommen daneben noch häufig Verstöße gegen Fahrzeugzulassungsvorschriften wegen unzulässiger Umbauten (vor allem nach StVZO) und Verursachungen unnötiger Emissionen durch Lärm oder Abgase (nach § 30 I 1 StVO) hinzu.[122] Auch wenn einige Raser zuvor nicht oder kaum verkehrsauffällig wurden, zeigt das nur, dass es hier ebenfalls Ausnahmen von der Regel gibt und bei einer geringen Kontrolldichte nicht wenige Regelbrüche unentdeckt bleiben.

Eine überproportional große Beteiligung von Rasern an Unfällen lässt sich ebenfalls belegen, denn sie waren vergleichsweise häufiger an Unfällen beteiligt und weisen für die Zukunft ein höheres Risiko für eine Unfallbeteiligung auf.[123] Das gilt erst recht für die Hauptrasergruppe, weil junge Erwachsene schon allgemein im Verhältnis zu den anderen Personengruppen besonders

---

118 *Schlanstein*, DPolBl 2/17, 3 (4); *Polizei Köln (Online)*, Null Toleranz; *Runter vom Gas (Online)*, Stopp den Rasern; siehe Fußnote 95.

119 *Herzberg*, in: Verkehrspsychologie, 177 (191); *Herzberg/Schlag*, ZfSp 2/37 (2006), 73 (79); *Leal/Watson*, AAaP 43 (2011), 1547 (1547 ff.); *C/P/K*, AAaP 43 (2011), 1323 (1323 ff.); *Knight/Cook/Olson*, Injury Prevention 10 (2004), 53 (54); *W/S/V*, AAaP 103 (2017), 85 (86 ff.).

120 Siehe dazu auch schon: C.III.1.a) [S. 49].

121 Stützend: *Kraftfahrtbundesamt (Online)*, Zugang in das Fahreignungsregister 2011 bis 2020; *UDV*, Regelverstöße im Straßenverkehr, S. 27 u. 32.

122 *Brings/Fuchs*, DPolBl 2/17, 20 (21 f.); *Runter vom Gas (Online)*, Stopp den Rasern; *TAZ (Online)*, Illegale Autorennen; *Vingilis/Smart*, Traffic Injury Prevention 2/10 (2009), 148 (149 u. 153); *Leal/Watson*, AAaP 43 (2011), 1547 (1547 ff.).

123 *Walter*, Verkehrspsychologie, S. 3 ff.; *Herzberg/Schlag*, ZfSp 2/37 (2006), 73 (79 f.); *Herzberg*, in: Verkehrspsychologie, 177 (190 f.); *AAA Foundation*, How risky is it?, S. 10 f. u. 71 ff.; *Leal/Watson*, AAaP 43 (2011), 1547 (1547 ff.); *C/P/K*, AAaP 43 (2011), 1323 (1323 ff.); *V/S/W*, AAaP 50 (2013), 1 (1); *Knight/Cook/Olson*, Injury Prevention 10 (2004), 53 (54); *W/S/V*, AAaP 103 (2017), 85 (86 ff.).

stark von einer erhöhten Unfallbeteiligung und einem erhöhten -risiko betroffen sind.[124]

e) *Sonstige Strafauffälligkeiten*

Die Öffentlichkeit nimmt Raser vermehrt als notorische Regelbrecher wahr, wobei gerade den Rennfahrern mitunter auch andere kriminelle Verhaltensweisen vorgeworfen werden.[125] Untersuchungen zu Strafauffälligkeiten von Rasern sind kaum vorhanden und die Datenlage ist damit dünn. Einige Untersuchungen deuten tatsächlich darauf hin, dass vor allem die Rennfahrer in weitere illegale Aktivitäten verwickelt sind, um (mit Diebstahl – auch von Fahrzeugen selbst –, Hehlerei und Geldwäsche etc.) die finanziellen Mittel für ihre Fahrzeuge zu erlangen.[126] Andere Quellen konnten, abgesehen von gewissen Verkehrsstraftaten, hingegen keine besonderen strafrechtlichen Auffälligkeiten von Rennfahrern feststellen[127].

Allerdings gibt es einige weiterführende Grundsatzuntersuchungen zum Verhältnis zwischen riskantem Fahrverhalten sowie Verkehrsunfällen auf der einen und Straftaten auf der anderen Seite. Diese kommen zusammenfassend zu dem Schluss, dass Personen mit einer riskanten Fahrweise, die zu einer höheren Unfallzahl führt, auch eine signifikant erhöhte Anzahl von Strafdelikten vorzuweisen hätten. Dementsprechend könne aus einer riskanteren Fahrweise mit höherer Unfallbeteiligung auf eine höhere Straftatbegehung – und umgekehrt – geschlossen werden.[128]
Legte man dies den bisherigen Erkenntnissen über die homogenere Personengruppe der Rennfahrer und ihres allgemein noch risikoreicheren Fahrens

---

124 *Raithel*, Unfallursache, S. 34 ff.; *Herzberg/Schlag*, ZfSp 2/37 (2006), 73 (79); *Raithel/Widmer*, Deviantes Verkehrsverhalten, S. 18; *Schlanstein*, DPolBl 2/17, 3 (7); *C/P/K*, AAaP 43 (2011), 1323 (1323 ff.); *Rundmo/Iversen*, Safety Science 42 (2004), 1 (2); *Knight/Cook/Olson*, Injury Prevention 10 (2004), 53 (54).

125 Stützend: *Bächli-Biétry*, in: Raser, 122 (122 ff.); *Leigh*, CIiCJ 3/7 (1995), 388 (388); *SR3 (Online)*, Nassweiler bremst Raser und Kriminelle aus.

126 *U.S. DoJ*, Street Racing, S. 1 ff.; *W/S/V*, AAaP 103 (2017), 85 (86 ff.); *Vingilis/Smart*, Traffic Injury Prevention 2/10 (2009), 148 (149 f.).

127 *Runter vom Gas (Online)*, Stopp den Rasern; *Der Spiegel (Online)*, Tödliches Vergnügen; *Leigh*, CICIiiCJ 3/7 (1995), 388 (388 u. 390).

128 *Banse*, in: Fehlverhalten als Unfallfaktor, 23 (25 ff.); *Eisenberg/Kölbel*, Kriminologie, Rn. 57/47; *Göppinger*, Kriminologie, Rn. 27/48; *Kaiser*, Kriminologie, Rn. 77/20 f.; Enzyklopädie der Psychologie – *Schöch/Mettke-Lenz*, Bd. D/VI/2 S. 494 f.

gegenüber den Einzelrasern zugrunde, könnte übereinstimmend mit der öffentlichen Wahrnehmung tatsächlich eine höhere Kriminalitätsrate der Rennfahrer angenommen werden.

Ohne spezifischere Studienergebnisse lassen sich aber keine allgemeingültigen Aussagen über die Straffälligkeiten von Rennfahrern und Einzelrasern treffen. So muss davon ausgegangen werden, dass es durchaus einschlägig vorbestrafte Raser gibt, andere bisher aber noch gar nicht strafrechtlich auffielen und wiederum andere nur geringfügig (insb. verkehrs-) straffällig wurden.

f) Gesundheit

Ein auf den ersten Blick für das Rasen wenig relevantes Merkmal ist die Gesundheit. In aller Regel wird Gesundheit im Straßenverkehr mit der Fahreignung und auch der Fahrtüchtigkeit – erste als grundlegende Voraussetzung, zweite als in der konkreten Situation erforderliche physische und psychische Fähigkeit zum sicheren Fahren[129] – in Verbindung gebracht. Unabhängig davon, ob Raser nun allgemein geeignet und konkret fähig zum Führen von Kraftfahrzeugen sind, zeigen Untersuchungen, dass unter ihnen und insbesondere bei den Rennfahrern deutlich häufiger Persönlichkeitsstörungen (wie z. B. Borderline-, dissoziale und narzisstische Persönlichkeitsstörung, Hyperaktivität, Aufmerksamkeitsstörung) bzw. zumindest entsprechende Persönlichkeitsakzentuierungen verbreitet sind.[130] Teilweise konnte sogar ein deutlich unter dem Niveau des Durchschnitts liegender allgemeiner Gesundheitszustand von Rennfahrern festgestellt werden.[131] Insofern ist für Raser im Vergleich zur sonstigen Bevölkerung eine Tendenz für vermehrte psychische (krankhafte) Auffälligkeiten bzw. ein schlechterer Gesundheitszustand feststellbar.

---

129 *C-R/R/Z*, Verkehrspsychologie, S. 81 f.; *Ludwig*, Verkehrstherapie, S. 179 f.

130 - *Jäker*, DPolBl 2/17, 9 (10 f.); *Ludwig*, Verkehrstherapie, S. 89 ff.; *NZZ (Online)*, Fehlendes Einfühlungsvermögen; *W/H/P*, ZfPPuP 4/2011, 311 (313 ff.); *Holte*, in: 58. Deutscher Verkehrsgerichtstag, 125 (130); *Banse*, in: Fehlverhalten als Unfallfaktor, 23 (25 ff.); *Shope/Bingham*, AJoPM 35 (2008), S261 (S267); *S/M/S*, Australasian Psychiatry 2/20 (2012), 166 (166).
- Siehe zu den Persönlichkeitsstörungen und -neigungen ausführlich im Eizelnen später: C.III.2.b)bb)(2) [S. 78].

131 *S/M/S*, Australasian Psychiatry 2/20 (2012), 166 (166); *W/S/V*, AAaP 103 (2017), 85 (86).

g) Ergebnis

Insgesamt handelt es sich bei Rasern in der Regel um autozentrierte und geschwindigkeitsaffine Männer, die mit ihren zumeist leistungsstarken und hochwertigen Fahrzeugen einen generell aggressiv(er)en Fahrstil an den Tag legen und damit auch schon häufig verkehrsauffällig geworden sind. Des Weiteren sind sie in verhältnismäßig viele Verkehrsunfälle verwickelt und haben eine vergleichsweise schlechtere mentale Gesundheit.
Gerade unter den Rennfahrern sind die meisten von ihnen zwischen 18 und 30 Jahre alt, besitzen einen türkischen, südosteuropäischen oder arabischen Migrationshintergrund und stammen aus Familien mit einem geringeren sozialen Status. Sie wohnen meist noch Zuhause bei den Eltern, besitzen keine gute Schul-/Ausbildung, haben nur eine geringqualifizierte Beschäftigung oder sind arbeitslos und ihre finanziellen Mittel sind eng begrenzt.

Nochmals muss betont werden, dass sich auch mit dieser Analyse kein vollkommen einheitliches Bild der Raser zeichnen lässt. Neben der sich teilweise unterscheidenden Arten des Rasens (Einzelraserei – Rennfahren) und der lückenhaften Datenlage liegen mögliche Abweichungen in der Person der Raser selbst sowie in deren unterschiedlichen Lebensumständen begründet.

2. Gründe und Motive der Raserei

Welche Gründe und Motive eine Person zum Rasen veranlassen, ist noch deutlich komplexer.
Zur Systematisierung kann zwischen äußeren – also von außen auf den Menschen wirkende – und inneren – also in der Person liegende – Faktoren unterschieden werden, die für das Rasen verantwortlich sein können. Um die relevanten Faktoren besser identifizieren und darstellen zu können, werden die genannten Bereiche noch weiter untergliedert. Allgemein muss dabei berücksichtigt werden, dass die Zuordnungen der Faktoren nicht immer zwingend sind, weil einerseits der Charakter vieler nicht eindeutig ist und sie sich andererseits gegenseitig beeinflussen (können). Zusätzlich kann es auch zwischen den Kategorien selbst zu Überschneidungen kommen.
Des Weiteren existieren zu vielen Entscheidungsfaktoren verschiedene Erklärungsansätze, ob und ggf. wie sie auf die menschliche Entscheidungsfindung einwirken. Trotz intensiver wissenschaftlicher Forschung können nur selten eindeutige bzw. unbestrittene Ergebnisse für oder gegen solche Erklärungen gefunden werden. Statt die theoretischen Tiefen der Verhaltensforschung zu

ergründen, wird hier in aller Regel auf den aktuellen Forschungsstand mit den vorherrschenden Ansätzen zu den entsprechenden Entscheidungsfaktoren zurückgegriffen und diese hinsichtlich der Raserei entsprechend eingeordnet.

a) Außenfaktoren

Als äußere Faktoren werden im Folgenden solche analysiert, die den Entscheidungsprozess zum Rasen zumindest schwerpunktmäßig aus der Umgebung des Menschen heraus mitgestalten.

aa) Fahrumgebung

Die Umgebung beim Fahren sind einerseits die Straßengegebenheiten, Witterungs-, Licht- und Verkehrsverhältnisse sowie andererseits die Eigenschaften des pilotierten Fahrzeugs. Diese Fahrbedingungen können geschwindigkeitsfördernd oder geschwindigkeitshemmend wirken. Auf einer geraden und gut ausgebauten Straße bei trockenem und sonnigem Wetter am Tag, bei einwandfreier Sicht sowie ohne Verkehr und sonstige Hindernisse kann schon rein physikalisch wesentlich schneller gefahren werden als auf einer kurvigen und schmalen Straße mit Bäumen am besonders abschüssigen Straßenrand, bei Starkregen in der Nacht mit schlechter Sicht sowie viel Verkehr und weiteren Hindernissen. Doch können diese Fahrbedingungen nicht nur rein tatsächlich, sondern auch motivational auf den Fahrer wirken, sodass wahrgenommene gute Bedingungen das Fahren mit einer höheren Geschwindigkeit deutlich fördern und zwar unabhängig davon, ob die Geschwindigkeitswahl bewusst oder unbewusst erfolgt.[132]

Ähnliche Auswirkungen haben die Eigenschaften des gefahrenen Fahrzeugs. Mit einem stark motorisierten Fahrzeug, guter Straßenlage und elektronischen Fahrassistenzsystemen bei gleichzeitig hohem Fahrkomfort kann für die gleiche Geschwindigkeit verhältnismäßig zurückhaltender gefahren werden als mit einem weniger guten Fahrzeug. Das hochwertige Fahrzeug erleichtert es

132 *Raithel/Widmer*, Deviantes Verkehrsverhalten, S. 18 f.; *UDV*, Regelverstöße im Straßenverkehr, S. 74 ff. u. 90; *C-R/R/Z*, Verkehrspsychologie, S. 237 ff.; *Kämpfe/Weller/Schlag*, in: Verkehrspsychologie, 30 (33); *UDV*, Geschwindigkeitsmessungen in Berlin, S. 11; *UDV*, Geschwindigkeitsmessungen in Köln, S. 10; *UDV*, Geschwindigkeitsmessungen in München, S. 11; *UDV*, Geschwindigkeitsmessungen in Hamburg, S. 15; *Shope/Bingham*, AJoPM 35 (2008), S261 (S268); *U.S. DoJ*, Street Racing, S. 8.

dem Fahrer schnell(er) zu fahren und beeinflusst so ebenfalls unbewusst wie bewusst die Geschwindigkeitswahl.[133]

Nicht selten sind Autofahrer mit anderen Personen im Auto unterwegs. Dabei können die Mitfahrer wegen der abgeschirmten Fahrgastzelle direkt mit dem Fahrer interagieren und ihn zu einer bestimmten Fahrweise raten oder auffordern. Neben dieser unmittelbaren Beeinflussungsmöglichkeit kann der Fahrer auch indirekt schon durch die bloße Anwesenheit von Mitfahrern beeinflusst werden, weil er ihren Fahrerwartungen entsprechen bzw. sich vor ihnen möglichst gut präsentieren möchte. Auch wenn solche Einflüsse keineswegs zwingend sind, konnte in Untersuchungen festgestellt werden, dass bestimmte Mitfahrer signifikant für eine riskantere Fahrweise mit höherer Unfallwahrscheinlichkeit sorgen. Dieser Mitfahrer-Effekt ist besonders stark bei jungen (männlichen) Fahrern feststellbar. So können weibliche wie männliche Mitfahrer ähnlichen Alters in der konkreten Situation – auch nur unbewusst – maßgeblichen Einfluss auf das Verhalten des Fahrers haben und damit zum Rasen beitragen. Demgegenüber sorgen andere Mitfahrer, wie z. B. Eltern, für eine meist risikoärmere Fahrweise. Für ältere Fahrer scheinen diese Mitfahrer-Effekte kaum oder gar nicht relevant zu sein.[134]

bb) Zeitfaktor

Ein weiterer begünstigender Faktor für das Rasen und auch sonstige Geschwindigkeitsüberschreitungen könnte der (vermeintliche) Zeitvorteil sein. Durch eine höhere Geschwindigkeit wird in der gleichen Zeit eine längere Wegstrecke zurückgelegt und dementsprechend bei der gleichen Strecke Zeit eingespart.[135] Auch wenn die Zeitersparnis rechnerisch umsetzbar ist, lässt sich in der Fahrpraxis selbst bei hohen Geschwindigkeitsübertretungen wegen der Straßen- und Verkehrssituationen in aller Regel nicht einmal dieser meist geringe Zeitvorteil[136]

---

133 *UDV*, Regelverstöße im Straßenverkehr, S. 75; *C-R/R/Z*, Verkehrspsychologie, S. 150; *bfu*, Verhalten Einstellungen und Unfallerfahrungen, S. 24; *Raithel*, Unfallursache, S. 34 ff.

134 *Brings/Fuchs*, DPolBl 2/17, 20 (22); *Vollrath/Krems*, Verkehrspsychologie, S. 103; *Schupp/Schlag*, in: Empirische Verkehrspsychologie, 112 (113 ff.); *W/H/P*, ZfPPuP 4/2011, 311 (311); *Shope/Bingham*, AJoPM 35 (2008), S261 (S268); *C/P/K*, AAaP 43 (2011), 1323 (1324); *U.S. DoJ*, Street Racing, S. 8.

135 Entsprechend zu den physikalischen Grundlagen: C.II.2. [S. 37].

136 Beispiel: Wird bei einer Strecke von 20 Kilometern auf einer Bundesstraße statt mit erlaubten 100 km/h mit überhöhten 120 km/h gefahren, reduziert sich die Fahrzeit rechnerisch von 12 nur um 2 auf dann 10 Minuten.

vollständig realisieren. Trotzdem nehmen Fahrer den Zeitvorteil allgemein als bedeutend größer und auch andere Verkehrsverstöße als in aller Regel lohnend wahr, was sie zu regelwidrigem Fahren veranlassen kann.[137]
Damit in Verbindung steht der Aspekt Zeitdruck. In der heutigen schnelllebigen Gesellschaft ist Zeitdruck (als Stressfaktor) weit verbreitet und betrifft nicht nur die besonders dem Termindruck ausgesetzten Berufsgruppen der Selbstständigen, Geschäftsleute oder Berufsfahrer. Stehen Fahrer in einer konkreten Situation unter Zeitdruck, ist das Motiv des Zeitvorteils als Auslöser bewiesenermaßen besonders stark ausgeprägt. In der Folge legen einige Fahrer ein am möglichst schnellen Vorankommen orientiertes Fahrverhalten an den Tag, sodass es bei besonders schneller Fahrt zur Einzelraserei kommen kann.[138]

cc) Sanktionen für Regelverstöße

Der Straßenverkehr ist einer der am meisten regulierten Alltagsbereiche. Viele dieser Vorschriften (z. B. StVG, StVO) sind mit Sanktionen versehen, die den Fahrer bei einer Regelmissachtung treffen sollen. Durch diese Nachteilszufügung bzw. schon durch ihre Androhung sollen Fahrer gemäß dem verhaltenspsychologischen Grundsatz der Bestrafung zur Regeleinhaltung gebracht werden. Diese möglichen Nachteile werden nach der Rational-Choice-Theorie im Rahmen einer persönlichen Abwägung in Form der Kosten-Nutzen-Analyse mit den für einen möglichen Regelverstoß (wahrgenommenen) Vorteilen gewichtet und nehmen so Einfluss auf die bewusst beste Entscheidung. Gemäß der Art und Intensität der Regelmissachtung erfolgt im Straßenverkehrsrecht die Verhängung einer leichteren Buße oder schwereren Strafe, ggf. mit Fahrverbot oder Entziehung der Fahrerlaubnis. Je geringer diese Nachteile für einen Regelbruch ausfallen, desto eher überwiegen im Rahmen der Abwägung des Fahrers die (wahrgenommenen) Vorteile, was ein regelwidriges Verhalten begünstigt.[139]

---

137 Stützend: *Walter*, Verkehrspsychologie, S. 54 f.; *Herzberg*, in: Verkehrspsychologie, 177 (188); *Manssen*, ZfV 2010, 28 (29); *UDV*, Verkehrsregelakzeptanz, S. 112; *BASt*, Begutachtungsleitlinien, S. 55; siehe auch Fußnote 138.

138 *Graf von Bernstorff*, Verkehrszeichen 4/29 (2013), 27 [S. 2]; *Walter*, Verkehrspsychologie, S. 54; *Raithel*, Unfallursache, S. 86 ff. u. 214; *Herzberg/Schlag*, ZfSp 2/37 (2006), 73 (77 f.); *UDV*, Verkehrsregelakzeptanz, S. 16 f. u. 53 ff.; *Herzberg*, in: Verkehrspsychologie, 177 (188).

139 *UDV*, Regelverstöße im Straßenverkehr, S. 59 u. 70 f.; *Schade*, in: Verkehrsüberwachung, 11 (12); *Kunz/Singelnstein*, Kriminologie, Rn. 12/12 ff.; *Meier*, Kriminologie, Rn. 3/15 ff.; *Rehbinder*, Rechtssoziologie, Rn. 115; *Kunz/Mona*, Rechtsphilosophie, Rn. 7/70 ff.; *Müller*, in: FS Geppert, 405 (410 ff.).

Für die Abwägung ebenfalls bedeutsam ist die Durchsetzung der Sanktion. Wenn ein Nachteil für eine Normverletzung zwar angedroht, aber regelmäßig doch nicht vollstreckt wird, verliert die Bestrafung real ihre mögliche Abschreckungswirkung und muss insofern nur noch mit geringer Wahrscheinlichkeit gefürchtet werden. Im Rahmen der Abwägung sinkt so die Gewichtung des Nachteils weiter oder strebt gar gegen Null. Entscheidend für eine Sanktionierung und ihre Vollstreckung ist als Grundvoraussetzung die Entdeckung des Fehlverhaltens durch den Staat. Gerade im Straßenverkehr finden aber viele Regelverstöße statt, wobei gleichzeitig die Dichte an Kontrollen gering ist.[140] Die tatsächliche und ebenso wahrgenommene Wahrscheinlichkeit einer konkreten Entdeckung des eigenen Fehlverhaltens ist somit für den Fahrer sehr klein, womit auch allgemein eine entsprechend geringe Wahrscheinlichkeit für eine Sanktionierung der Verkehrsverstöße einhergeht. Die objektiv wie auch subjektiv geringe Entdeckungswahrscheinlichkeit im Straßenverkehr sorgt also für eine deutliche Abschwächung der Präventivwirkung der angedrohten Sanktion.[141]

Es ist klar, dass nicht bei jeder menschlichen Entscheidung eine rationale Abwägung der beschriebenen Form stattfindet. Daneben kann der Rational-Choice-Ansatz von anderen Faktoren beeinflusst oder gar überlagert werden und ist dann nur ein Entscheidungsfaktor von vielen. Trotzdem ist er für den Straßenverkehr grundsätzlich als durchaus wichtig einzustufen, weil viele Fahrer im Straßenverkehr tatsächlich recht kalkuliert vorgehen.[142]

dd) Persönlichkeitsbeeinflussende Außenfaktoren

Bestimmte Außenfaktoren können die Entwicklung der Persönlichkeit des Menschen beeinflussen und in der Folge auch seine konkreten Entscheidungen mit lenken. Solche Faktoren liegen vor allem im menschlichen Zusammenleben in Form von Familie, Freunden und Bekannten, Kultur und (sonstigen)

---

140 Siehe schon: C.II.1. [S. 30]. und C.III.1.a) [S. 49].

141 *UDV*, Regelverstöße im Straßenverkehr, S. 59 f. u. 70 f.; *Schade*, in: Verkehrsüberwachung, 11 (12 f.); *BASt*, Begutachtungsleitlinien, S. 55; *Meier*, Kriminologie, Rn. 3/18 u. 9/83; *Kunz/Singelnstein*, Kriminologie, Rn. 12/27 f.; *Raiser*, Rechtssoziologie, S. 259; *Müller*, in: FS Geppert, 405 (410 ff.).

142 *UDV*, Regelverstöße im Straßenverkehr, S. 59 f. u. 70 f.; *Müller*, in: FS Geppert, 405 (410 ff.); *Schade*, in: Verkehrsüberwachung, 11 (12 ff.); *Kunz/Singelnstein*, Kriminologie, Rn. 12/28 ff.; *Rehbinder*, Rechtssoziologie, Rn. 115.

gesellschaftlichen Strukturen begründet. Es ist möglich, dass diese Variablen des allgemeinen Lebens mit für Raserei verantwortlich sein können.

(1) Erziehung

Viele Einzelraser und noch mehr die Rennfahrer sind junge männliche Erwachsene im Alter zwischen 18 und 25 Jahren.[143] In diesem Altersbereich haben sie ihre natürliche Entwicklung von der jugendlichen zu einer erwachsenen Persönlichkeit noch nicht oder gerade erst abgeschlossen. Doch selbst bei Rasern mit höherem Alter kann die schon weit zurückliegende Phase der kindlichen und jugendlichen Persönlichkeitsentwicklung noch Auswirkungen haben. Denn in diesen Lebensabschnitten sind Kinder und Jugendliche besonders offen für äußere Einflüsse und orientieren sich stark an ihrer Umgebung, sodass ihr Verhalten häufig entsprechend beeinflusst wird.[144]

Bereits die fortlaufende Erziehung durch Eltern, Lehrer und andere Personen legt einen Grundstein für die (spätere) Persönlichkeit. Eines der klarsten Beispiele dafür ist das grundsätzliche Einhalten von Regeln, das zuhause und in den Betreuungs-/Ausbildungsstätten mehr oder weniger strikt durchgesetzt wird und die Person so entsprechend nachhaltig prägen kann. Diese Prägung ist naturgemäß nicht abschließend und wird durch weitere Faktoren beeinflusst, doch kann sie sich trotzdem auch im Erwachsenenalter nachhaltig auswirken. In der Folge kann Erziehung mit all ihren Einflussfaktoren im Kinder- und Jugendalter auch nur mittelbar das Verkehrsverhalten durch Beeinflussung bestimmter Persönlichkeitseigenschaften sowohl positiv (= Regeleinhaltung) als auch negativ (= Regelverstoß) beeinflussen. Dieser Erziehungseffekt besteht selbstverständlich allgemein bzgl. unzähliger Persönlichkeitsvariablen und kann sich nicht nur auf das Verhalten im Straßenverkehr auswirken.[145]

Welche dieser Variablen die Raserei noch begünstigen können, wird bei den inneren Entscheidungsfaktoren analysiert.[146]

---

143 Siehe: C.III.1.a) [S. 49].

144 Stützend: *Myers*, Psychologie, S. 156 ff. u. 752 ff.; HPP – *Petillon*, S. 782 ff.; HPP – *Hurrelmann/Erhart/Ravens-Sieberer*, S. 789 ff.; *Bächli-Biétry*, in: Raser, 122 (125 f.); *Verkehrstechnisches Institut*, Von der Play-Station auf die Autobahn, S. 14 f.

145 Stützend: *Myers*, Psychologie, S. 756 ff.; HPP – *Petillon*, S. 782 ff.; HPP – *Hurrelmann/Erhart/Ravens-Sieberer*, 789 ff.; *Walter/Neubacher*, Jugendkriminalität, Rn. 50 ff. u. 64; *Walter*, Verkehrspsychologie, S. 81; *Verkehrstechnisches Institut*, Von der Play-Station auf die Autobahn, S. 14 f. u. 22; *Shope/Bingham*, AJoPM 35 (2008), S261 (S267 f.); *Wong*, Behavioral Medicine 2/38 (2012), 54 (54 f. u. 61).

146 Siehe dazu später: C.III.2.b) [S. 73]

(2) Modelllernen und Erlernen erwartbaren Verhaltens

In die gleiche Richtung wie die Erziehung zielt das sog. Modelllernen bzw. das Erlernen des erwartbaren Verhaltens, wobei es gewisse Abweichungen gibt. Dieses Lernen findet ebenfalls vor allem in der Entwicklungsphase statt, indem der junge Mensch das Verhalten von anderen Personen um ihn herum (auch unbewusst) wahrnimmt, analysiert und bewertet. Im Verlauf dieses sich immer wiederholenden Prozesses entwickelt die Person mit der Zeit eine immer konkretere Vorstellung davon, welches Verhalten situationsentsprechend allgemein üblich ist und deshalb von seinem Umfeld erwartet wird. Diese Entwicklung kann sich wiederum auf die eigene Verhaltenswahl auswirken und sie sogar prägen.[147]

Auch in diesem Bereich sind die Eltern maßgeblich beteiligt, da sie ihrem Kind von klein auf sowohl bewusst als auch unbewusst durch eigenes Verhalten zeigen, wie auf bestimmte Situationsanforderungen zu reagieren ist. Dieses Vorbildverhalten ist sehr nachhaltig, weil Kinder besonders orientierungsbedürftig sind und von Natur aus eine sehr enge Bindung zu ihren Eltern haben. Mit steigendem Alter wird die elterliche Vorbildfunktion aber immer mehr durch den Einfluss von externen Personen abgelöst und spätestens mit der Pubertät geht der Einfluss der bisherigen Autoritätspersonen stark zurück.[148]

Zu den neuen Orientierungspersonen gehören dann insbesondere Freunde und andere Peergroup-Mitglieder, die im Alltag und in der Freizeit ständig präsent sind. Die Jugendlichen gehen mit ihnen wegen ähnlicher Interessen, Erfahrungen und Problemen eine enge Bindung als Gleichgesinnte ein, um so Teil der Gruppe(n) und dort anerkannt zu werden. Das kann ihnen aber nur gelingen, wenn sie sich am Verhalten der anderen Gruppenmitglieder orientieren und übereinstimmende erwartbare Verhaltensweisen an den Tag legen. Innerhalb der Gruppe entsteht so ein starkes Zusammengehörigkeitsgefühl, das oft zu einer einflussreichen Gruppendynamik führt. Diese Dynamik kann sich selbst

---

147 *Myers*, Psychologie, S. 318 ff.; *Gerrig/Dörfler/Roos*, Psychologie, S. 246 f.; HPP – *Schermer*, S. 545 ff.; HPP – *Hurrelmann/Erhart/Ravens-Sieberer*, S. 790 ff.; *Werth/Denzler/Mayer*, Sozialpsychologie, S. 254; *Walter/Neubacher*, Jugendkriminalität, Rn. 50 ff.; *Shope/Bingham*, AJoPM 35 (2008), S261 (S267 f.).

148 *Myers*, Psychologie, S. 318 ff. u. 753 ff.; HPP – *Schermer*, S. 549 f.; HPP – *Hurrelmann/Erhart/Ravens-Sieberer*, S. 790 ff.; *Walter/Neubacher*, Jugendkriminalität, Rn. 50 ff. u. 64; *Neubacher*, Kriminologie, Rn. 6/1; *Walter*, Verkehrspsychologie, S. 81; *Verkehrstechnisches Institut*, Von der Play-Station auf die Autobahn, S. 14 f.; *Shope/Bingham*, AJoPM 35 (2008), S261 (S267 f.).

unter Freunden bis zu einem Gruppenzwang verdichten, sodass die Gruppe vom Jugendlichen ein bestimmtes gruppenkonformes Verhalten erwartet, obwohl er es selbst nicht ausführen will. Nicht selten wird der Druck so groß, dass sich der Jugendliche diesem beugt, um nicht das Gesicht zu verlieren oder gar von der Gruppe verstoßen zu werden.[149]

Auf den Straßenverkehr bezogen heißt das, dass das vorgelebte bzw. erwartete Verkehrsverhalten von Eltern, Freunden usw. positive wie auch negative Auswirkungen auf den jungen Fahrer haben kann. Schnelles und aggressives Fahrverhalten dieser Personen oder eine entsprechende Erwartung kann folglich bei jungen Fahrern zur Raserei beitragen. Selbst wenn die Entwicklungsphase bei den älteren Fahrern bereits abgeschlossen ist, kann das zuvor erlernte Verhalten als persönliche Prägung nachwirken.[150]

(3) Gesellschaftliche Gruppen

Die meisten Menschen interagieren unabhängig von ihrem Alter regelmäßig mit Freunden, Kollegen und Gleichgesinnten. Auch wenn deren Einfluss außerhalb der Entwicklungsphase nicht mehr so groß und nachhaltig ist, spielt er dennoch eine bedeutsame Rolle. Kommt eine Person mit bestimmten Interessen, Vorstellungen und ggf. Werten mit anderen Personen zusammen, die diese teilen, entsteht auch hier eine Peergroup. Ist diese Gruppe weiter ausgedehnt und besteht eine Verbindung zu ähnlichen Gruppen, kann insgesamt von einer Szene oder bei noch umfassenderer Verbreitung in der Gesellschaft und einer eigenen Wertsetzung von einer Subkultur gesprochen werden. Szenen und Subkulturen können als übergeordnete Instanzen mit ihren (Grund-) Ausrichtungen in ähnlicher Weise wie – und ggf. vermittelt über – entsprechende Peergroups die Verhaltenserwartungen ihrer Mitglieder oder auch schon bloßer Sympathisanten festlegen. Je nach Gewicht, Vernetzung, Zusammenhang und

149 Handbuch Peerforschung – *Griese*, S. 57 ff.; *Myers*, Psychologie, S. 157, 214 f. u. 753 f.; *Walter/Neubacher*, Jugendkriminalität, Rn. 161 u. 255 ff.; *Neubacher*, Kriminologie, Rn. 6/1; *Raithel*, Unfallursache, S. 63 f.; *Verkehrstechnisches Institut*, Von der Play-Station auf die Autobahn, S. 15 u. 22; *Shope/Bingham*, AJoPM 35 (2008), S261 (S268); *C/P/K*, AAaP 43 (2011), 1323 (1324); *Wong*, Behavioral Medicine 2/38 (2012), 54 (54 u. 61).

150 Stützend: *Shope/Bingham*, AJoPM 35 (2008), S261 (S267 f.); *C/P/K*, AAaP 43 (2011), 1323 (1323 f.); *Wong*, Behavioral Medicine 2/38 (2012), 54 (54 u. 61); *OECD/ECMT*, Speed Management, S. 140; *Raithel*, Unfallursache, S. 57 ff.; *Verkehrstechnisches Institut*, Von der Play-Station auf die Autobahn, S. 14 f. u. 22; *Walter/Neubacher*, Jugendkriminalität, Rn. 49 ff.

Organisationsgrad der Szene bzw. Subkultur können diese Erwartungen auf die Verhaltensentscheidungen der Mitglieder von leicht anregend bis schwer druckausübend einwirken.[151]

Im Bereich des Straßenverkehrs existieren mehrere solcher Szenen, wobei es in den sog. Raser-Szenen in erster Linie um Geschwindigkeit, riskante Fahrmanöver und Rennen mit Fahrzeugen geht. Eher selten besitzen sie eine feste Organisationsstruktur, sondern sind viel häufiger ein loser bis nur zufälliger Zusammenschluss entsprechender Geschwindigkeitsenthusiasten. Deshalb sind verabredete Treffen eher selten, sodass illegale Raserei und gerade Rennen meist spontan zufällig stattfinden.[152]
Wie es die Charakteristika der Raser[153] schon vermuten lassen, sind die Szenen ganz überwiegend durch Männer geprägt. Der Mann als solcher wird dort gemäß dem klassischen Bild allein über seine Stärke, Durchsetzungskraft, Mut und ähnlich traditionelle männliche Attribute definiert. Das demonstriert er auch und gerade im Vergleich zu anderen mit seiner Fahrweise und seinem Fahrzeug. Es findet geradezu eine stereotypische Erhöhung des starken Mannes als absolutes Ideal statt, was manchmal in seiner Verehrung bzw. der seines Fahrzeugs gipfeln kann. Zwar existiert ein ähnliches Männlichkeitsideal des starken Beschützers durchaus in bestimmten gesellschaftlichen Zusammenhängen und ebenfalls hat das Automobil gerade in Deutschland einen hohen Stellenwert. Allerdings ist beides im Allgemeinen weit weniger stark ausgeprägt als in der Raser-Szene. Des Weiteren ist für die Raser-Szene charakteristisch, dass Straßenverkehrsregeln konsequent missachtet werden sowie die Polizei als schwache Staatsgewalt eingestuft wird und generell als Feind gilt. Mit diesen eigenen Anschauungen, Idealen und Werten können die existierenden Raser-Szenen und die dazugehörigen Mitglieder als eigene Raser-Subkultur begriffen werden, in der das Rasen als gesellschaftlich abweichendes Verhalten

151 Stützend: *Petermann/Niebank/Scheithauer*, Entwicklungswissenschaft, S. 201 ff.; Handbuch Peerforschung – *Griese*, S. 57 ff.; *Berk*, Entwicklungspsychologie, S. 85 u. 568 ff.; *Aronson/Wilson/Akert*, Sozialpsychologie, S. 268 ff.; *Kaiser*, Kriminologie, Rn. 28/14; *Kunz/Singelnstein*, Kriminologie, Rn. 10/16 ff.; *Eisenberg/Kölbel*, Kriminologie, Rn. 7/19 u. 7/21; *Jäker*, DPolBl 2/17, 9 (11); *Schärer*, DPolBl 2/17, 17 (17).

152 *Schärer*, DPolBl 2/17, 17 (17 f.); *Brings/Fuchs*, DPolBl 2/17, 20 (21); *FAZ (Online)*, Mit hundert durch die Stadt, S. 1 ff.; *Der Spiegel (Online)*, Tödliches Vergnügen; *Deutschlandfunk (Online)*, Raser-Szene in Deutschland; *Vaaranen/Wieloch*, Young 1/10 (2002), 42 (42 ff.).

153 Siehe dazu: C.III.1. [S. 48].

zur Kompensation und Aufwertung des ansonsten meist niedrigen sozialen Status der Raser fungiert[154]. Mitglieder von Raser-Peergroups, -Szenen bzw. -Subkultur unterliegen entsprechenden Verhaltenseinflüssen und können so zu vermehrter Raserei veranlasst werden. Gleichzeitig gibt es gewisse Überschneidungen mit den Cruiser-/Poser-Szenen, deren Fahrern es zwar an sich um Tuning und Auffallen mit ihren Fahrzeugen geht, doch stehen einige von ihnen den Raser-Gruppierungen als Sympathisanten nahe.[155]

(4) Kultur

Die Kultur ist zwar allgegenwärtig, doch lässt sie sich nur schwer genau beschreiben. Versteht man sie als ein Grundgerüst von Ansichten, Werten und Normen, welches das Verhalten und Zusammenleben der Menschen leitend umgibt, wird ihre verhaltensbeeinflussende Wirkung deutlich. Insbesondere durch die explizite oder implizite Setzung von Verhaltenserwartungen ist die kulturelle Wirkung nicht auf bestimmte Lebenssituationen oder ein Alter begrenzt. Die grundsätzliche Kulturprägung einer Person erfolgt in der Regel ebenfalls vor allem im Rahmen der kindlich-jugendlichen Persönlichkeitsentwicklung und hat so nachhaltige Auswirkungen auf das Verhalten.[156]

Die Deutschen haben zum Automobil aus historischen, sportlichen, wirtschaftlichen und produktqualitativen Gründen („Made in Germany") ein besonderes Verhältnis und noch heute gilt das Auto in Deutschland zumeist als Statussymbol. Gleichzeitig nimmt man es mit der Regeleinhaltung im

---

154 Kriminologisch folgend aus der von A. Cohen (mit)begründeten Theorie der Subkultur: *Cohen*, Abweichung und Kontrolle, S. 185 f.; *Cohen*, Kriminelle Jugend, S. 48 ff. u. 91 ff.; *Bock*, Kriminologie, Rn. 181; *Bussmann*, Wirtschaftskriminologie, Rn. 881 f. und trotz Kritik auch stützend *Göppinger*, Kriminologie, Rn. 10/16 u. 10/22; *Eisenberg/Kölbel*, Kriminologie, Rn. 7/19 ff.; *Kunz/Singelnstein*, Kriminologie, Rn. 10/16 ff.

155 BT-Drs. 18/10145, S. 1 u. 7; *Jäker*, DPolBl 2/17, 9 (10 f.); *Schärer*, DPolBl 2/17, 17 (17 f.); *Brings/Fuchs*, DPolBl 2/17, 20 (21 f.); *Raithel*, Unfallursache, S. 69 ff.; *FAZ (Online)*, Mit hundert durch die Stadt, S. 3; *Der Spiegel (Online)*, Tödliches Vergnügen; *Vaaranen/Wieloch*, Young 1/10 (2002), 42 (42 ff.); *Vingilis/Smart*, Traffic Injury Prevention 2/10 (2009), 148 (149 ff.); *C/P/K*, AAaP 43 (2011), 1323 (1324); *Leigh*, CIiCJ 3/7 (1995), 388 (392 f.).

156 Enzyklopädie der Psychologie – *Lonner*, Bd. C/VII/1 S. 122 ff.; *Myers*, Psychologie, S. 42 u. 158 f.; *Gerrig/Dörfler/Roos*, Psychologie, S. 121 f.; *Schneider/Lindenberger*, Entwicklungspsychologie, S. 79 ff.; *Eisenberg/Kölbel*, Kriminologie, Rn. 51/1 u. 51/3; *Kaiser*, Kriminologie, Rn. 28/13.

Straßenverkehr nicht immer so genau und versteht vor allem die Vorschriften zur Höchstgeschwindigkeit und zum Abstand mehr als Richtlinien. Frei nach dem Motto: „20 km/h drüber ist okay."[157]
Wird der Blick gen Süden bzw. Osten vor allem auf die Türkei, Südosteuropa und den arabischen Raum geworfen, zu deren Regionen viele Raser einen mehr oder weniger engen Bezug haben,[158] lässt sich feststellen, dass Ansehen und Ehre der (männlichen) Person und Familie einen kulturell viel höheren Stellenwert einnehmen als hierzulande. Insofern wird einerseits materiellen Dingen wie dem Automobil als persönliche Aufwertung eine noch größere Anerkennung zuteil. Andererseits wird staatlichen Regeln, ihrer Einhaltung und Durchsetzung eine vergleichsweise geringe Bedeutung beigemessen. Stattdessen kann ein abweichendes Verhalten das eigene Ansehen als ehrenhafte und starke Person steigern. Eine solche Kultur lässt sich im Vergleich zu der allgemein anders geprägten deutschen Kultur mit verhältnismäßig mehr Verstößen im Straßenverkehr – vor allem auch hinsichtlich der Geschwindigkeit – und dazugehöriger größerer Therapieresistenz der Fahrer in Verbindung bringen. Daraus lässt sich schlussfolgern, dass Kulturen, bei denen das allgemeine Ansehen der Person über den staatlichen Regeln steht bzw. Straßenfahrzeugen eine bedeutende Rolle zukommt, durch ihre verhaltensbeeinflussende Wirkung Raserei begünstigen können.[159]

(5) Medien und Vorbilder

Allgegenwärtig und kulturrelevant sind auch die Medien, die heutzutage in digitaler Form sehr stark in das Leben hineinwirken. Medien vermitteln über Filme, Videos, Werbung, Musik und Sportsendungen ein meist positives Bild von Fahrzeugen und hohen Geschwindigkeiten. Solche Darstellungen sind regelmäßig durch Sportlichkeit, Action, Tempo, Männlichkeit, Leidenschaft und Luxus geprägt und werden mit anderen Dingen wie Berühmtheit, Reichtum, Villen, Luxusgegenständen, Reisen, Partys und besonders attraktiven Menschen in Verbindung gesetzt. Dafür bedienen sich Medien häufig positiver

---

157 *Walter*, Verkehrspsychologie, S. 1 ff. u. 86 f.; *Verkehrstechnisches Institut*, Von der Play-Station auf die Autobahn, S. 14.

158 Siehe dazu: C.III.1.b) [S. 50].

159 *Eisenberg/Kölbel*, Kriminologie, Rn. 51/9 f.; *Bächli-Biétry/Mayer*, in: Jahrbuch 2006, 11 (36 ff.); *Raithel/Widmer*, Deviantes Verkehrsverhalten, S. 100; *Jäker*, DPolBl 2/17, 9 (11); *Brings/Fuchs*, DPolBl 2/17, 20 (21); *Bächli-Biétry*, in: Raser, 122 (126 ff.); *Shope/Bingham*, AJoPM 35 (2008), S261 (S268); *Leigh*, CIiCJ 3/7 (1995), 388 (392 f.).

Risikodarstellungen bis hin zu Risikoglorifizierungen mit nicht selten verschiedenen Arten von Gewalt.[160]

Unabhängig von der Medienart werden die dargestellten Informationen vom Medienkonsumenten aufgenommen und verarbeitet, was damit zusammenhängende Kognitionen, Wahrnehmungen, Emotionen und ggf. Auf-/Erregungen auslöst. Diese werden zumindest indirekt auch durch den sog. Priming-Effekt beeinflusst, bei dem der aufgenommene Reiz bereits zuvor gebildete Assoziationen im impliziten Gedächtnis aktiviert und so die folgenden Reaktionen in eine bestimmte, mit der Assoziation zusammenhängende Richtung lenken kann. Auf diese Weise fördern die Medieninhalte die Zugänglichkeit von entsprechenden Kognitionen und Emotionen. Untersuchungen konnten dies für risiko- und gewaltgeprägte Medieninhalte zeigen und ebenfalls feststellen, dass der Konsument dadurch – in Kombination mit Wiederholungseffekten – zu einer riskanteren und aggressiveren Selbstwahrnehmung gelangt, was mit einer Veränderung seines Selbstbilds einhergehen kann. Des Weiteren konnte in diesem Zusammenhang eine veränderte persönliche Neigung nachgewiesen werden, die eine erhöhte Risikobereitschaft zur Folge hatte. Diese psychischen Veränderungen können zu einem riskanteren und aggressiveren Verhalten führen. Erwiesenermaßen neigen Jugendliche dabei stärker zu diesen Reaktionen, ebenso fallen sie bei aggressiver veranlagten Personen vergleichsweise stärker aus. Diese möglichen Veränderungen der Psyche sind nicht allein auf das in den Medien transportierte Thema beschränkt, sondern der Reiz kann allgemeiner wirken.[161]

---

160 Stützend: *Walter*, Verkehrspsychologie, S. 1 ff.; *BASt*, Rennspiele am Computer, S. 7; *Fuchs*, in: Verkehrsüberwachung, 28 (28); *Verkehrstechnisches Institut*, Von der Play-Station auf die Autobahn, S. 15 ff.; *Vingilis/Smart*, Traffic Injury Prevention 2/10 (2009), 148 (148 u. 150 f.); *F/G/M/K*, PSPB 10/35 (2009), 1395 (1395 ff.); *F/V/G/V*, Risk Analysis 5/31 (2011), 699 (699 f.); *C/P/K*, AAaP 43 (2011), 1323 (1324); *U.S. DoJ*, Street Racing, S. 2; siehe auch beispielhaft D.II.1.c)ee)(2)(b)(cc) [S. 335] mit Fußnote 965.

161 - *Myers*, Psychologie, S. 322 ff. u. 629 ff.; *Krahé*, in: Das sogenannte Böse, 281 (297); *Jäger*, in: FS Kühne, 3 (3 ff.); *F/V/G/V*, Risk Analysis 5/31 (2011), 699 (699 ff.); *F/G/M/K*, PSPB 10/35 (2009), 1395 (1395 ff.); *F/K/G/F*, JoEP 1/13 (2007), 22 (22 ff.); *Fischer/Greitemeyer*, PSPB 9/32 (2006), 1165 (1165 ff.); *Greitemeyer*, JoESP 1/47 (2011), 28 (28 ff.); *G/A/Y/I*, PSPB 6/35 (2009), 752 (753 ff.); *A/B/D/H*, PSiPI 3/4 (2003), 81 (81 ff.).
- Beachte zu alledem weiterführend das umfassende General Aggression Model (GAM).

In diesem Zusammenhang spielt auch das Modelllernen eine wichtige Rolle.[162]

Einen großen Einfluss auf die Medienfolgen hat die Art des konsumierten Medienprodukts. Passive Medien, bei denen lediglich Reize aufgenommen werden (wie z. B. bei Filmen, Bildern, Musik), haben ein geringeres Veränderungspotenzial als aktive Medien, bei denen mit dem Medium interagiert wird (wie z. B. bei Computer-/Videospielen). Je realistischer die Darstellungen sowie Verhaltensmöglichkeiten im aktiven Medium ausfallen und je interaktiver es ausgestaltet ist, desto mehr verschwimmt der Unterschied zwischen virtueller und realer Welt und desto größer wird das Einwirkpotenzial. Gerade Rennspiele zeichnen sich häufig durch Realitätsnähe und hohe Interaktivität aus, besonders bei Steuerung mittels Lenkrad- und Pedaleinheit, wobei viele im virtuellen Straßenverkehr ablaufen. In Untersuchungen konnte beim und direkt nach dem Spielen von Rennspielen auch im Vergleich zu neutralen Videospielen ein erhöhter Blutdruck, eine höhere Herzfrequenz und eine stärkere elektrodermale Aktivität (mit erhöhter Hautleitfähigkeit) gemessen werden. Diese physiologischen Reaktionen belegen eine durch Rennspiele erhöhte Auf- und Erregung, welche die Handlungsentscheidung mit beeinflussen können. Des Weiteren wurde festgestellt, dass die Spiele durch Gewöhnung und reduzierte Hemmung gegenüber risikoreichen Situationen und Verhaltensweisen eine entsprechend riskantere Einstellung fördern und zu einer veränderten Selbstwahrnehmung führen können. Dieser Effekt ist bei aggressiven Rennspielen mit Verkehrsregelbrüchen und Kollisionen (insb. bei Belohnung) wesentlich stärker ausgeprägt. Bei Personen, die häufig Rennspiele spielen, konnte statistisch sogar teilweise ein über dem sonstigen Durchschnitt liegendes riskanteres und wetteifernderes Fahren sowie eine erhöhte Anzahl von Unfallbeteiligungen in der Realität nachgewiesen werden.[163]

---

162 - Siehe dazu: C.III.2.a)dd)(2) [S. 64].
- *Myers*, Psychologie, S. 345 f. u. 629 ff.; *Gerrig/Dörfler/Roos*, Psychologie, S. 246 ff.; HPP – *Schermer*, S. 549 f.; HAGuK – *Vollbrecht*, S. 72 ff.; *Krahé*, in: Das sogenannte Böse, 281 (297); *Jäger*, in: FS Kühne, 3 (3 ff.).

163 *F/V/G/V*, Risk Analysis 5/31 (2011), 699 (700 ff.); *F/G/M/K*, PSPB 10/35 (2009), 1395 (1396 ff.); *F/K/G/F*, JoEP 1/13 (2007), 22 (22 ff.); *Deng/Chan/Wu/Wang*, Injury Prevention 21 (2015), 238 (238 ff.); *V/S/W*, AAaP 50 (2013), 1 (1 ff.); *Beullens/Roe/Van den Bulck*, Journal of Adolescent Health 43 (2008), 87 (87 ff.); *Shope/Bingham*, AJoPM 35 (2008), S261 (S268).

Allerdings zeigen andere Untersuchungen keine oder nur geringe konkrete Auswirkungen solcher Rennspiele auf die Spieler und ihr Verhalten.[164] Des Weiteren wurden die Langzeitfolgen selbst bei den positiven Studien kaum untersucht und es kann ohnehin nicht mit Sicherheit gesagt werden, ob nun Rennspiele zu riskantem/aggressivem Fahren beitragen oder nur riskant/aggressiv Fahrende vermehrt gerne solche Rennspiele spielen.[165]
Gleichwohl ist insgesamt von einer möglichen Beeinflussung des Verkehrsverhaltens durch Videorennspiele auszugehen: Die positiven Studien zu diesen Folgen sind nicht nur umfangreicher, überzeugender und in deutlicher Überzahl, sondern können sich auch auf entsprechende theoretische Erklärungen stützen. Dazu gehört vor allem der bereits dargestellte und allgemein anerkannte Medieneffekt, der bei aktiven Medien verstärkt ausgeprägt ist und von dem insbesondere Jüngere, welche die Mehrheit dieser Spieler und gleichzeitig auch der Raserei bilden, besonders betroffen sind. Des Weiteren stützen Untersuchungen zu sozial ausgerichteten Videospielen diese Betrachtung, indem sie feststellten, dass solche Spiele das Sozialverhalten positiv beeinflussen und gleichzeitig Aggressionen mindern können.[166] Nicht zuletzt gaben Straßenrennfahrer in einer Befragung selbst an, dass sie Rennspielen eine große Bedeutung bei ihrer persönlichen Entwicklung hinsichtlich des (riskanten) Fahrverhaltens beimessen.[167] Demnach nehmen Videorennspiele bei der durch Medien ausgelösten möglichen Verhaltensbeeinflussung im Straßenverkehr eine wichtige Stellung ein.

Medien können das menschliche Verhalten aber nicht nur auf diese unbewusste Weise beeinflussen, sondern der Konsument kann sich auch bewusst(er) daran orientieren. Gerade jüngere Menschen haben während ihrer Entwicklung häufig ganz individuelle Vorbilder, denen sie nachzueifern versuchen. Es sind zumeist die Medien, die diese Vorbilder zeichnen und aus denen sie

164 *BASt*, Rennspiele am Computer, S. 80 ff.; *WD des BT*, Führt die Nutzung gewalttätiger Computerspiele zu Aggressionen?, S. 5 ff.; *Coyne/Stockdale*, CBaSN 1/24 (2021), 11 (13 ff.).

165 Stützend: *F/K/G/F*, JoEP 1/13 (2007), 22 (25 u. 30); *V/S/W*, AAaP 50 (2013), 1 (6); *Myers*, Psychologie, S. 32 f.; *Sestir/Bartholow*, JoEP 6/46 (2010), 934 (934); *Coyne/Stockdale*, CBaSN 1/24 (2021), 11 (11 f.).

166 *Sestir/Bartholow*, JoEP 6/46 (2010), 934 (934 ff.); *Greitemeyer/Osswald*, JoEP 4/45 (2009), 896 (896 ff.); *G/A/Y/I*, PSPB 6/35 (2009), 752 (753 ff.).

167 *Verkehrstechnisches Institut*, Von der Play-Station auf die Autobahn, S. 19; *F/G/M/K*, PSPB 10/35 (2009), 1395 (1396); *F/K/G/F*, JoEP 1/13 (2007), 22 (22).

gewonnen werden. Vorbilder können aus den verschiedensten Bereichen stammen (z. B. Film, Musik, Sport, aber auch dem Alltag) und müssen nicht einmal reale Personen sein (z. B. James Bond, Batman, Ash Ketchum). Das in diesem Zusammenhang zumeist vorherrschende Männlichkeitsideal, welches für die (jüngeren) Männer als erstrebenswert gilt und mit dem sie sich identifizieren wollen, ist von Coolness, Reichtum, Mut, Stärke, Potenz und aggressiven Tendenzen geprägt.[168] Deshalb überrascht es nicht, dass die Vorbildwahl häufig auf männliche Vorbilder fällt, die diese Ideale verkörpern. Meist leben diese Personen riskantes und aggressives Fahren vor, was in aller Regel auch positiv dargestellt wird. Die Jüngeren verinnerlichen mehr oder weniger aktiv diese als erstrebenswert wahrgenommenen Verhaltensweisen, um ihren Vorbildern näherzukommen.[169]

Zusammenfassend können Medien allgemein Einfluss auf den Konsumenten nehmen, als dass sie seine Selbstwahrnehmung und Einstellung verändern, was sich in einem veränderten Verhalten niederschlagen kann. Selbstverständlich tritt eine solche Veränderung nicht als Automatismus des Medienkonsums auf. Vielmehr ist sie nur eine mögliche Folge, die vom Umfang des Konsums, der Medienart, dem Medieninhalt sowie insbesondere von den persönlichen Veranlagungen und Lebensumständen des Konsumenten abhängt.[170] Trotzdem lässt sich festhalten, dass Medien mit positiven Darstellungen von Kraftfahrzeugen, Geschwindigkeit, Risiko bzw. Gewalt das Verhalten im Straßenverkehr beeinflussen können. Medien und Vorbilder haben somit zumindest das Potenzial, Raserei zu fördern.

ee) Weitere Außenfaktoren und Zusammenfassung

Für andere äußere Faktoren, die hier nicht erörtert wurden, konnten im Allgemeinen keine rasereifördernden Wirkungen nachgewiesen werden; so z. B. rein

---

168 Siehe dazu schon C.III.2.a)dd)(3) [S. 65] und später C.III.2.b)bb)(9) [S. 96].

169 Stützend: *Vaaranen/Wieloch*, Young 1/10 (2002), 42 (45); *Matz*, Vorbilder in den Medien, S. 65; *Wegener*, Medien, S. 70 ff., 113 ff. u. 370 ff.; Handbuch Mediensozialisation – *Süss/Hipeli*, S. 143 u. 147; *Myers*, Psychologie, S. 629 ff.; *Tahir/Sa'ari/Johare*, IJoARiBaSS 7/7 (2007), 70 (71).

170 Weiter stützend: *Krahé*, in: Das sogenannte Böse, 281 (288 u. 303); *A/B/D/H*, PSiPI 3/4 (2003), 81 (96 ff.); *BASt*, Rennspiele am Computer, S. 80 f.; *Myers*, Psychologie, S. 632 f.; *WD des BT*, Führt die Nutzung gewalttätiger Computerspiele zu Aggressionen?, S. 5 ff.

wirtschaftliche Aspekte zur Verbesserung der eigenen finanziellen Lage[171]. Das schließt allerdings nicht aus, dass je nach Einzelfall doch noch weitere äußere Faktoren eine Rolle spielen können.

Insgesamt können die Umgebung und Bedingungen beim Fahren, die Fahrzeit, mögliche Sanktionen für Regelbrüche, die Persönlichkeitsentwicklung und Gesellschaftseinflüsse (in Form von Erziehung, Erlernen erwartbaren Verhaltens, Gesellschaftsgruppen sowie Kultur), der Medienkonsum und Vorbilder als äußere Einflussfaktoren einzeln oder in Kombination mehr oder weniger stark die menschliche Entscheidungsfindung zu rasen fördern.

b) Innenfaktoren

Bei den Innenfaktoren handelt es sich um Entscheidungsfaktoren, die schwerpunktmäßig in der Person selbst liegen bzw. von ihr selbst ausgehen.

aa) Einfluss des Körpers

Wie bereits festgestellt, sind Raser zumeist Männer. Nun könnte also einfach das männliche Geschlecht als körperliches Merkmal ausgemacht werden, das Raserei offensichtlich begünstigt. Allerdings wäre diese Schlussfolgerung wenig erkenntnisreich, weil einerseits unzählige Verhaltensunterschiede zwischen Mann und Frau existieren und andererseits so auch keine Aussage über die genauen organischen Gründe dafür getroffen würde.

Ein Grund dieser Verhaltensunterschiede liegt in dem Organ, das die menschlichen Entscheidungen steuert: dem Gehirn. Wird das weibliche mit dem männlichen Gehirn verglichen, stellt man überwiegend Gemeinsamkeiten und eher wenige anatomische Unterschiede fest. Einer dieser wenigen Unterschiede ist das im Hypothalamus (Teilgebiet des Zwischenhirns) liegende Kerngebiet des Nucleus praeopticus medialis. Dieser Nervenzellkern ist beim männlichen Gehirn wesentlich stärker ausgebildet und beeinflusst das Verhalten maßgeblich hinsichtlich Sexualtrieb, Aggression und Dominanz. Demgegenüber ist im weiblichen Kern keine solche Verschaltung vorhanden und die entsprechenden Bereiche werden getrennt voneinander in verschiedenen Nervenzellkernen angesteuert. Das ist eine (mögliche) neuroanatomische Begründung dafür, warum Sexualtrieb, Aggression und Dominanz bei

171 Stützend: *Raithel*, Unfallursache, S. 112 f.; *Jäker*, DPolBl 2/17, 9 (9 ff.); *Focus (Online)*, Streng geheim und lebensgefährlich.

Männern grundsätzlich nicht nur mehr zusammenhängen, sondern auch stärker ausgeprägt sind.[172]
Hinzu kommt, dass die Aktivität im Nucleus praeopticus medialis wesentlich vom Hormon Testosteron abhängt. Der Testosterongehalt im Körper eines Mannes liegt deutlich über dem einer Frau und ist darüber hinaus geschlechtsspezifisch bei jüngeren im Vergleich zu älteren Männern über 30 nochmals deutlich erhöht. Eine höhere Konzentration von Testosteron im Blut kann demnach für eine stärkere Ausprägung von Sexualtrieb, Aggression und Dominanz des (jungen) Mannes sorgen. Unter Umständen wirkt Testosteron auch hemmend auf andere Areale des Gehirns (wie die Amygdala), die für die Meidung von Gefahren mit verantwortlich sind.[173]

Ein weiterer neuronaler Aspekt, der hier eine Rolle spielt, ist die Entwicklung des Gehirns in jüngerem Alter. Neuere neurowissenschaftliche Erkenntnisse zeigen, dass die natürliche Hirnentwicklung erst ab einem Alter von ca. 25 Jahren vollständig abgeschlossen ist, was insbesondere den präfrontalen Cortex betrifft. Dieser ist unter anderem maßgeblich mit für Planung, Bewertung und Ausführung von Handlungen verantwortlich und sorgt durch entsprechende Regulation für eine in persönlicher und sozialer Hinsicht situationsangemessene Handlungssteuerung. Bei einer noch nicht abgeschlossenen Entwicklung kann es deshalb zu einer geringeren Kontrolle von Impulsen und Emotionen sowie zu einer schlechteren Abschätzung der eigenen Handlungsfolgen kommen.[174]
Außerdem bildet der Präfrontalcortex einen wichtigen Teil des neuronalen Belohnungssystems, wobei davon ausgegangen wird, dass dieses System

---

172 *Förstl/Hautzinger/Roth*, Neurobiologie psychischer Störungen, S. 44 ff.; *Trepel*, Neuroanatomie, S. 186; *Jäker*, DPolBl 2/17, 9 (10); *Spektrum (Online)*, Lexikon der Neurowissenschaft, „Geschlechterunterschiede aus neurowissenschaftlicher Sicht"; *Das Erste (Online)*, W wie Wissen; *Welt (Online)*, Neuropsychologie.

173 *Förstl/Hautzinger/Roth*, Neurobiologie psychischer Störungen, S. 24 ff. u. 44; *Jäker*, DPolBl 2/17, 9 (10); Handbuch Jugend – *Koenig/Kaess*, S. 53 ff.; Enzyklopädie der Psychologie – *Christiansen*, Bd. C/I/3 S. 150 f. u. 179 ff.; *Myers*, Psychologie. S. 70 u. 627; *Trepel*, Neuroanatomie, S. 209 f.; *Raithel*, Jugendliches Risikoverhalten, S. 47 f.; *Welt (Online)*, Gehirn im Umbau; *OECD/ECMT*, Young Drivers, S. 69.

174 *Förstl/Hautzinger/Roth*, Neurobiologie psychischer Störungen, S. 94; *Trepel*, Neuroanatomie, S. 226 f.; *Myers*, Psychologie, S. 207 f.; *Müsseler/Rieger*, Allgemeine Psychologie, S. 274 ff.; Handbuch Jugend – *Schmidt/Weigelt*, S. 38; *Welt (Online)*, Gehirn im Umbau; *C/P/K*, AAaP 43 (2011), 1323 (1323); *V/S/W*, AAaP 50 (2013), 1 (4); *Shope/Bingham*, AJoPM 35 (2008), S261 (S267); *OECD/ECMT*, Young Drivers, S. 69.

während der Gehirnentwicklung anders arbeitet. So ist die Belohnungssensitivität reduziert, wodurch wiederum das Stimulationsbedürfnis erhöht ist. Im Vergleich zu einem vollständig entwickelten Gehirn ist für den gleichen Grad an subjektivem Glücksgefühl als Belohnung ein größerer äußerlicher Reiz erforderlich.[175]

Mit diesen Erkenntnissen zu den besonderen physischen Eigenschaften von Männern und Jugendlichen lässt sich erklären, wie sie Raserei fördern können und warum deshalb gerade jüngere Männer rasen: Die starke Ausprägung des Nucleus praeopticus medialis sowie der erhöhte Testosteronspiegel tragen zu einem aggressiveren, dominanteren und sexualbezogeneren Verhalten des Mannes bei. Bei den Jüngeren kommen noch eine gehirnentwicklungsbedingte geringere Impuls-/Emotionskontrolle, schlechtere Handlungsfolgenabschätzung und ein größerer Reizbedarf des Belohnungssystems hinzu, was zu einem vermehrten Körperdrang nach neuen und riskanten Erfahrungen führt. Das Rasen im Straßenverkehr ist ein Verhalten, das von seiner Art und Wirkung gerade diesen körperbedingten Tendenzen weitgehend entspricht und dazugehörige Reize vermittelt[176].

bb) Einfluss der Psyche

Wie die somatische und psychische Ebene zusammenhängen und wie sie sich genau auf die Verhaltenssteuerung des Menschen auswirken, ist noch nicht endgültig geklärt.[177] Gleichwohl lassen sich bestimmte psychische Einflussfaktoren ausmachen, die das Rasen fördern können.

---

175 *Förstl/Hautzinger/Roth*, Neurobiologie psychischer Störungen, S. 94; Handbuch Jugend - *Schmidt/Weigelt*, S. 37 ff.; *Myers*, Psychologie, S. 207 f.; *Müsseler/Rieger*, Allgemeine Psychologie, S. 275 u. 285; *Welt (Online)*, Gehirn im Umbau; *V/S/W*, AAaP 50 (2013), 1 (4); *Vingilis/Smart*, Traffic Injury Prevention 2/10 (2009), 148 (152); *OECD/ECMT*, Young Drivers, S. 69.

176 Siehe insofern zur Art und Wirkung der Raserei entsprechend schon C.III.2.a) dd)(3) [S. 65] und noch folgend C.III.2.b)bb)(5) [S. 85], (8) [S. 95], (9) [S. 96] und (10) [S. 100].

177 Stützend: *Gerrig/Dörfler/Roos*, Psychologie, S. 4 ff.; *Becker-Carus/Wendt*, Allgemeine Psychologie, S. 4 ff.; *Myers*, Psychologie, S. 7 ff. u. 50; *Petermann/Niebank/Scheithauer*, Entwicklungswissenschaft, S. 3 ff.; *Bussmann*, Wirtschaftskriminologie, Rn. 854 ff.

(1) Gefühle, Emotionen, Affekte, Stimmungen

Gefühle, Emotionen, Affekte und Stimmungen werden klassischerweise der Psyche zugeordnet, gleichwohl sie auch körperliche Ursachen bzw. Folgen haben können. In der Theorie werden sie zwar begrifflich unterschieden, doch ist ihr jeweiliges Verständnis gerade wegen ihrer Zusammenhänge nicht abschließend anerkannt. Da insbesondere die genauen Unterschiede zwischen Gefühlen und Emotionen ungeklärt sind, werden beide Begriffe – wie häufig vereinfacht – auch hier synonym verwendet.[178]

Allgemein spielen solche Faktoren beim Verhalten des Menschen eine sehr wichtige Rolle und können es in eine bestimmte Richtung lenken.[179] Gerade das Verkehrsverhalten ist aufgrund der im Straßenverkehr vorherrschenden Anonymität, Isolation im Fahrzeug, geringen Kommunikationsmöglichkeiten, räumlichen Enge und des hohen Frustrationspotenzials stark emotionsgeprägt. Die zumeist negativen Emotionen (wie Stress, Anspannung, Aufregung und Ärger) können so besonderen Einfluss auf das Fahrverhalten haben. Dabei spielen Gefühle infolge von Vorkommnissen beim Fahren selbst (z. B. Fehlverhalten anderer, Stau, Wartezeiten) wie auch infolge von verkehrsexternen Umständen (z. B. Streit in der Familie, beruflicher Misserfolg und Zeitdruck) eine Rolle. Ausschlaggebend ist die konkrete Gefühlslage beim Fahren, wobei die direkt durch den Verkehr ausgelösten Gefühlsregungen meist als Affekte in diesem Moment besonders intensiv sind. Dabei können Verhaltensreaktionen infolge von Emotionen von Person zu Person unterschiedlich stark ausfallen. In einigen Fällen reagiert eine Person darauf mit entsprechend gefühlsbezogenem Verhalten (= Gefühlen freien Lauf lassen), in anderen Fällen folgt dagegen ein gefühlsunabhängiges Verhalten (= Beherrschung). Für den Bereich des Straßenverkehrs konnte wissenschaftlich nicht nur gezeigt werden, dass Ärger und Stress – häufig einhergehend mit Anspannung und Aufregung – die normalen Fahrfunktionen wie Aufmerksamkeit, Informationsverarbeitung,

---

178 *Spektrum (Online)*, Lexikon der Neurowissenschaft, „Emotionen“; *Spektrum (Online)*, Lexikon der Psychologie, „Affekt“; *Müsseler/Rieger*, Allgemeine Psychologie, S. 188 ff.; *Gerrig/Dörfler/Roos*, Psychologie, S. 436 ff.; *Myers*, Psychologie, S. 496 ff.; *Becker-Carus/Wendt*, Allgemeine Psychologie, S. 540 ff.

179 *Spektrum (Online)*, Lexikon der Neurowissenschaft, „Emotionen“; Enzyklopädie der Psychologie – *Schneider*, Bd. C/IV/4 S. 122 ff.; *Myers*, Psychologie, S. 496 ff.; *Müsseler/Rieger*, Allgemeine Psychologie, S. 196 ff.; *Gerrig/Dörfler/Roos*, Psychologie, S. 436 u. 446 f.; *Raithel*, Unfallursache, S. 130 f.; *Bussmann*, Wirtschaftskriminologie, Rn. 856.

Folgenabschätzung und Fahrmotorik negativ beeinträchtigen. Vielmehr wurde ein Zusammenhang zwischen Emotionen und Fahrweise dergestalt belegt, dass die negativen Gefühlsregungen, meist vermittelt über den Mediator Aggressivität, zu einer aggressiveren und riskanteren Fahrweise führen können. Einen solchen Einfluss auf die Fahrweise können aber nicht nur negative, sondern auch bestimmte positive Emotionen wie Freude, Geschwindigkeitsgenuss und Nervenkitzel haben. Demgegenüber ist ein gegenteiliger Effekt zugunsten von risikoarmen Fahren durch bestimmte hemmende Emotionen wie Besorgnis und Angst möglich.[180]

Erklären lässt sich dieses Verhalten auf Grundlage des Reflective-Impulsive Model (RIM): Das Modell besteht aus zwei Mentalsystemen, die gegensätzlich agieren (auf vs. ab) und sich grundsätzlich zumindest annähernd in Homöostase befinden. Das aufsteigende System (auch Bottom-up- und Impulssystem genannt, das in der Amygdala bzw. dem ventralen Striatum verortet wird) löst bei entsprechenden Reizen unbewusst Erregung (nach oben) aus. Das absteigende System (auch Top-down- und reflexives System genannt, das im Präfrontalkortex verortet wird) beinhaltet dagegen bspw. die im Leben erlernten sozialen Regeln, verinnerlichten Werte und gesammelten ähnlichen Erfahrungen, welche sodann der Erregung (nach unten) entgegenwirken, wodurch das aufsteigende System gehemmt wird. Je nachdem welches System im konkreten Fall stärker ist und wie viel es überwiegt, erfolgt ein entsprechend emotionsbasiertes/unüberlegtes oder emotionsunabhängiges/überlegtes Verhalten. Die Systemstärken hängen einerseits von der konkreten Situation und dem physiologischen Kontext ab. Andererseits beruhen sie auf individuellen genetischen Veranlagungen, neurologischen Beeinträchtigungen, sozialbedingten Einwirkungen, sonstigen Lebenseinflüssen und der Persönlichkeitsentwicklung, womit sie von Person zu Person unterschiedlich sind. Wichtig ist dabei, dass diese Prozesse nicht als statisch, sondern vielmehr als dynamisch zu begreifen sind.[181]

---

180 *Graf von Bernstorff*, Verkehrszeichen 4/29 (2013), 27 [S. 2 f.]; *Bächli-Biétry*, in: Raser, 122 (127 ff.); *Herzberg/Schlag*, ZfSp 2/37 (2006), 73 (77 f.); *W/H/P*, ZfPPuP 4/2011, 311 (316 ff.); *Herzberg*, in: Verkehrspsychologie, 177 (184 ff.); *Raithel/Widmer*, Deviantes Verkehrsverhalten, S. 18 f.; *Schmidt*, in: Fehlverhalten als Unfallfaktor, 59 (59 ff.); *Vollrath/Krems*, Verkehrspsychologie, S. 126 f.; *Spiegel*, Die obere Hälfte des Motorrads, S. 142; *Rhodes/Pivikc*, AAaP 43 (2011), 923 (924 ff.); *Rundmo/Iversen*, Safety Science 42 (2004), 1 (1 ff.).

181 *Strack/Deutsch*, PSPR 3/4 (2004), 220 (221 ff.); *Jäncke*, in: Fehlverhalten als Unfallfaktor, 28 (28 ff.); *Wagner/Keller*, ZVS 3/2016, 31 (35 f.); *Banse/Schmidt/Imhoff*, in: Reflective and impulsive determinants, 239 (239 ff.).

Die Validität dieser Erklärungen für den Straßenverkehr und damit der Einfluss von Emotionen auf das Fahrverhalten konnte wissenschaftlich wie folgt belegt werden: Bei einer verstärkten Anregung des absteigenden Systems durch äußere Elektrostimulation (in Form der TDCS) entsprechender Hirnareale wurde von den Probanden im Simulator deutlich zurückhaltender und regelkonformer gefahren als ohne sie. Des Weiteren konnte anderweitig gezeigt werden, dass die Aktivität des absteigenden Systems mit Zunahme der Fahrgeschwindigkeit signifikant abnahm, womit das aufsteigende System vermehrt das Verhalten auf Emotionsbasis leitete.[182]

Bestimmte negative Emotionen (insb. Ärger, Stressgefühl) und positive (insb. Fahrfreude, Nervenkitzel) können also aggressives/riskantes Fahren und damit Raserei fördern. Dabei kann eine höhere (Ausgangs-) Fahrgeschwindigkeit den Emotionseinfluss weiter verstärken. Letzteres ist eine Art selbstverstärkender Effekt, sodass es paradoxerweise durch schnelles Fahren zu noch schnellerem Fahren kommen kann.

(2) Persönlichkeitsneigungen und -störungen

Ob und ggf. wie stark ein Mensch auf bestimmte Reize und damit auch durch sie ausgelöste Emotionen reagiert, hängt maßgeblich mit von seinen psychischen Persönlichkeitsneigungen ab. Diese Neigungen werden durch die genetische Veranlagung sowie die Persönlichkeitsentwicklung bestimmt und führen bei entsprechender Ausprägung zu bestimmten Verhaltenstendenzen.[183]
In der Theorie können solche Neigungen im Rahmen des soeben dargestellten RIM als verstärkte Ausprägungen des auf- oder absteigenden Systems verstanden werden. Daran anknüpfend überrascht es nicht, dass Personen mit einer vergleichsweise größeren Neigung zu Ärger, Stress und Aggressivität in Untersuchungen ein riskanteres Fahrverhalten an den Tag legten als

182 *Jäncke*, in: Fehlverhalten als Unfallfaktor, 28 (30 ff.); *B/K/G/J*, BBF 34/4 (2008), [S. 3 ff.]; *Jäncke/Brunner/Esslen*, NeuroReport 11/19 (2008), 1127 (1128 ff.).

183 *Spektrum (Online)*, Lexikon der Psychologie, „Neigung"; *Schneider*, Facharzt Psychiatrie, S. 461 f.; *Petermann/Niebank/Scheithauer*, Entwicklungswissenschaft, S. 322 ff.; *Aronson/Wilson/Akert*, Sozialpsychologie, S. 433 ff.; *Zinner*, in: Das sogenannte Böse, 63 (68); *Bliesener*, in: Das sogenannte Böse, 149 (171); *Raithel*, Unfallursache, S. 42 f.

Vergleichspersonen.[184] Demnach können bestimmte Persönlichkeitsneigungen beim Fahren risiko- bzw. aggressivitätserhöhend wirken und so Raserei fördern.

Neigungen und Verhaltenstendenzen können so stark ausgeprägt sein, dass sie in bestimmten Situationen ständig dominant sind und das darauffolgende Handeln im sozialen Verhaltenskontext unangemessen ist. In solchen Fällen können sie krankhaft sein und auf eine Persönlichkeitsstörung hindeuten. Solche psychische und Verhaltensstörungen können organische oder nicht organische Gründe haben und werden hierzulande gemäß (F00 bis F99 der) ICD-10-GM klassifiziert[185]. Diese psychischen Störungen bzw. entsprechende Akzentuierungen konnten bereits mit Rasern in Verbindung gebracht werden,[186] wobei organisch bedingte Störungen (ICD-Klasse F0 und dabei wohl am ehesten noch die organische Persönlichkeitsstörung nach F07.0) die absolute Ausnahme sind. Bei den nicht organischen Störungen wurden neben Hyperaktivität und Aufmerksamkeitsstörungen (F90) insbesondere Borderline- (F60.3), dissoziale (F60.2) und narzisstische Persönlichkeitsstörungen (F60.8) ermittelt. Störungen der Klasse F60 haben unter anderem gemeinsam, dass bei mehreren Funktionsbereichen in Einstellungen und Verhalten (wie Impulskontrolle, Affektivität, Wahrnehmung, Denken und zwischenmenschlichen Beziehungen) eine deutliche Abweichung und Unausgeglichenheit besteht, die zu tiefwurzelnden anhaltenden und in vielen sozialen oder persönlichen Situationen unangepassten Verhaltensmustern führen. Der dissozialen und Borderline-Persönlichkeitsstörung ist eine mehr oder weniger stark ausgeprägte emotionale Instabilität gemein, die zu emotionsbasiertem Handeln unter Missachtung sozialer Regeln und geringer Beachtung der Konsequenzen führt. Daneben sind auch zwischenmenschliche Beziehungen von deutlicher Instabilität geprägt, was ebenfalls beim Narzissmus typisch auftritt. Bei letzterem liegen

---

184 *W/H/P*, ZfPPuP 4/2011, 311 (313 ff.); *Banse*, in: Fehlverhalten als Unfallfaktor, 23 (23 ff.); *Schmidt*, in: Fehlverhalten als Unfallfaktor, 59 (59); *Holte*, in: 58. Deutscher Verkehrsgerichtstag, 125 (130); *B/K-G/R/B/S*, Abschlussbericht, S. 12 f.; *Herzberg/Schlag*, ZfSp 2/37 (2006), 73 (79 f.); *Shope/Bingham*, AJoPM 35 (2008), S261 (S267); *C/P/K*, AAaP 43 (2011), 1323 (1324).

185 „ICD-10" steht dabei für die 10. Version der von der Weltgesundheitsorganisation (WHO) herausgegebenen „Internationale statistische Klassifikation der Krankheiten und verwandter Gesundheitsprobleme" („International Statistical Classification of Diseases and Related Health Problems"), die für Deutschland angepasst ist („GM" als „German Modulation"); hier in der Version 2022.

186 Siehe dazu: C.III.1.f) [S. 57].

die konkreten Symptome jedoch vielmehr in der selbstverliebten Sicht auf die eigene Person, bei der sie allgemein im absoluten Mittelpunkt steht. Die eigenen Fähigkeiten werden massiv überhöht und Gefühle anderer gelten, wie bei der dissozialen Störung, als unbedeutend (= mangelnde Empathiefähigkeit). Beständig wird nach Bestätigung und exzessiver Bewunderung gesucht.[187]
Gerade die Symptome emotionaler Instabilität, geringer Beachtung sozialer Regeln und Konsequenzen, mangelnder Empathie sowie Bewunderungsverlangen zeigen deutlich auf, dass entsprechende Persönlichkeitsstörungen Raserei als rücksichtsloses Verkehrsverhalten begünstigen und demzufolge bei Rasern auch vermehrt festzustellen sind. Dabei ist zu beachten, dass eine klare Grenze zwischen den Krankheiten und Symptomen meist nur schwer zu ziehen ist und die Übergänge fließend sind.[188] Andererseits bedarf es für eine Begünstigung der Raserei keiner vollständigen Ausformung der psychischen Störungen, sondern es können bereits entsprechende Akzentuierungen[189] bzw. Neigungen der Persönlichkeit genügen.[190]

(3) Einstellungen, Selbstwahrnehmung, Gewohnheiten, Lerneffekte

Jeder Mensch hat bestimmte Einstellungen, die sich im Laufe seines Lebens durch äußere und innere Faktoren – vor allem persönliche Erfahrungen – entwickelt haben und seine grundsätzliche Reaktionshaltung auf gewisse Situationen mitbestimmen.[191]
Im Rahmen dieser persönlichen Einstellungen wurden wissenschaftlich Unterschiede zwischen den Geschlechtern festgestellt. Dabei offenbarte sich bei Männern eine engere und positivere Einstellung zu Risiko (größere allgemeine

187 *Schneider*, Facharzt Psychiatrie, S. 462 ff.; *Jäker*, DPolBl 2/17, 9 (10 f.); *Ludwig*, Verkehrstherapie, S. 89 ff.; *NZZ (Online)*, Fehlendes Einfühlungsvermögen; *Raithel/Widmer*, Deviantes Verkehrsverhalten, S. 20 f.; *Holte*, in: 58. Deutscher Verkehrsgerichtstag, 125 (130); *Banse*, in: Fehlverhalten als Unfallfaktor, 23 (24 f.); *Schmidt*, in: Fehlverhalten als Unfallfaktor, 59 (59); *W/H/P*, ZfPPuP 4/2011, 311 (313).

188 *Schneider*, Facharzt Psychiatrie, S. 468; *Gerrig/Dörfler/Roos*, Psychologie, S. 551 ff.; *Myers*, Psychologie, S. 654 ff.

189 Beachte dazu auch: ICD-10-GM Z73.

190 Stützend: *Jäker*, DPolBl 2/17, 9 (10 f.); *Ludwig*, Verkehrstherapie, S. 89 ff.; *Raithel/Widmer*, Deviantes Verkehrsverhalten, S. 20 f.; *Banse*, in: Fehlverhalten als Unfallfaktor, 23 (24 f.); *Graf von Bernstorff*, Verkehrszeichen 4/29 (2013), 27 [S. 2].

191 *Spektrum (Online)*, Lexikon der Psychologie, „Einstellungen"; *Aronson/Wilson/Akert*, Sozialpsychologie, S. 218 ff.; *Myers*, Psychologie, S. 598 ff.; *Becker-Carus/Wendt*, Allgemeine Psychologie, S. 12; *UDV*, Regelverstöße im Straßenverkehr, S. 64; *Walter*, Verkehrspsychologie, S. 80; *Raithel*, Unfallursache, S. 162.

Risikobereitschaft), Wettkampf, Action und Regelbruch. Nochmals stärker lassen sich diese Beobachtungen bei Jugendlichen und jungen Erwachsenen allgemein und insbesondere bei deren männlichen Vertretern feststellen. Ihre risikofreudige und regelkonträre Einstellung ist maßgeblich auf die Herausforderungen der stattfindenden Persönlichkeitsentwicklung zurückzuführen.[192] Es ist nicht nur auffällig, dass diese Gruppen der (jungen) Männer mit ihrer risikoreichen Einstellung vom Geschlecht und Alter her mit der absoluten Mehrheit der Raser übereinstimmen. Vielmehr noch zeigen weitere wissenschaftliche Untersuchungen, dass eine allgemeine und verkehrsbezogene riskantere Einstellung bzw. eine positivere Sichtweise auf entsprechendes Verhalten im Straßenverkehr mit riskanterem Fahren einhergeht. Es kann also davon ausgegangen werden, dass verstärkte Ausprägungen dieser Einstellungen riskantes Fahren fördern können.[193]

Häufig deckt sich eine solche Einstellung auch mit dem Selbstverständnis bzw. Selbstbild der Person. Das bedeutet für den Straßenverkehr, dass sich Personen mit einer positiveren Einstellung zugunsten des riskanten Fahrens selbst meist eher als riskante Fahrer sehen bzw. als solche wirken wollen und dieses Selbstverständnis wiederum mit zu riskanterem Fahren beitragen kann.[194]

Daneben beruhen viele, gerade alltägliche Verhaltensweisen des Menschen auf seinen Gewohnheiten, die sich mit der Zeit unter verschiedenen Einflüssen ausgebildet haben. Gewohnheit ist die Tendenz, unter ähnlichen Ausgangsbedingungen ein ähnliches wiederholendes Verhalten auszuführen, was in aller Regel unbewusst und ohne großen kognitiven Einsatz erfolgt. Die allgemeine

---

192 - *Raithel*, Unfallursache, S. 39 ff.; *C-R/R/Z*, Verkehrspsychologie, S. 98; *Franzke*, Kriminalistik 2017, 362 (366 ff.); *Verkehrstechnisches Institut*, Von der Play-Station auf die Autobahn, S. 20 ff.
- Siehe dazu schon C.III.2.a)dd) [S. 62] und später C.III.2.b)bb)(5) [S. 85] mit Fußnote 206.

193 *Raithel*, Unfallursache, S. 162; *UDV*, Regelverstöße im Straßenverkehr, S. 73 f.; *Ludwig*, Verkehrstherapie, S. 71; *Kämpfe/Weller/Schlag*, in: Verkehrspsychologie, 30 (33); *Raithel/Widmer*, Deviantes Verkehrsverhalten, S. 18; *Bächli-Biétry*, in: Raser, 122 (127 f.); *F/K/G/F*, JoEP 1/13 (2007), 22 (29 f.); *F/G/M/K*, PSPB 10/35 (2009), 1395 (1406 f.); *V/S/W*, AAaP 50 (2013), 1 (1 ff.); *Shope/Bingham*, AJoPM 35 (2008), S261 (S267); *Tahir/Sa'ari/Johare*, IJoARiBaSS 7/7 (2007), 70 (71 ff.).

194 Stützend: *Huguenin*, in: 7. ADAC/BASt-Symposium, [S. 3]; *N/M-A/R*, JoSR 1/3 (2012), 67 (67 f. u. 74 ff.); *V/S/W*, AAaP 50 (2013), 1 (1 ff.); *Tahir/Sa'ari/Johare*, IJoARiBaSS 7/7 (2007), 70 (71 ff.).

Relevanz des verhaltenssteuernden Einflusses von Gewohnheiten ist offenkundig und wegen der verinnerlichten Automatismen beim Fahren besonders ausgeprägt. Gewohntes Verhalten kann aber auch aktiv unterdrückt bzw. verändert werden. Das ist indes ein bewusster und meist schwieriger Prozess, weil Gewohnheiten, gerade bei tiefgehender Verwurzelung, gegenüber neuen Verhaltensweisen sehr resistent sind. Im Straßenverkehr kann also ein gewohnheitsmäßig riskanter Fahrstil zu eben solchem riskanten Fahren in einer konkreten Situation beitragen. Dies gilt besonders für die Fälle, in denen der Fahrer sein Verhalten nicht bewusst steuert. Hinzu kommt, dass Gewohnheiten bei einem damit übereinstimmenden Verhalten durch Bestätigung weiter gefestigt werden und sich insofern selbst verstärken.[195]

In ähnlicher Weise entfaltet auch der Lerneffekt eine verhaltensbestärkende Wirkung durch Ausführung des entsprechenden Verhaltens: Der Mensch hat das mehr oder weniger unbewusste natürliche Ziel, mit seinem Tun Vorteile zu erreichen und kann sich deshalb dem Prinzip der Konditionierung nicht entziehen.[196] Eine positive Folge ist für den Menschen angenehm und erstrebenswert, sie bestärkt ihn so in seinem Tun; eine negative bewirkt das Gegenteil. Folgt nun auf eine bestimmte Handlung regelmäßig ein vorteiliges Ergebnis, verstärkt sich die Handlungsausführung selbst. Längerfristig kann dadurch ein Lerneffekt entstehen, der das menschliche Verhalten nachhaltig zugunsten dieser Vorteilserzielung verändert, was weitergehend in entsprechende Anpassungen der Gewohnheiten und Einstellungen münden kann. Da gerade im Straßenverkehr die ständig wahrgenommenen Vorteile der Regelbrüche (Zeitvorteile etc.) die nur seltenen Nachteile (Sanktionen etc.) deutlich überwiegen, kann der Lerneffekt eine Verstärkung und eine grundsätzliche Veränderung zugunsten des vorteiligen Verhaltens bewirken. So können zukünftige Regelbrüche durch vorherige vorteilhafte begünstigt werden und das nicht nur ausgelöst durch eigenes Verhalten. Denn selbst die Wahrnehmung eines

---

195 *Myers*, Psychologie, S. 290 ff.; *Spektrum (Online)*, Lexikon der Psychologie, „Gewohnheit"; *UDV*, Regelverstöße im Straßenverkehr, S. 69, 74 u. 82 f.; *Wagner*, in: Fehlverhalten als Unfallfaktor, 48 (49); *Herzberg*, in: Verkehrspsychologie, 177 (190); *Schade*, in: Verkehrsüberwachung, 11 (11); *BASt*, Begutachtungsleitlinien, S. 55.

196 Siehe dazu auch schon: C.III.2.a)cc) [S. 61].

vermeintlich vorteilhaften Regelbruchs anderer kann Einfluss auf die eigene Wahrnehmung und Bereitschaft der Vorteilserzielung nehmen.[197]

Insgesamt können entsprechende Einstellungen, Selbstwahrnehmungen, Gewohnheiten und Lerneffekte riskantes und aggressives Fahren begünstigen, womit auch die Raserei gefördert werden kann.

(4) Regelakzeptanz und Reiz des Verbotenen

Obwohl die Einhaltung von Regeln häufig keine direkten Vorteile und manchmal sogar Nachteile nach sich zieht, halten die meisten Menschen sie doch grundsätzlich ein. Nicht nur die sonst möglichen Sanktionen und bestimmte Persönlichkeitsmerkmale, sondern ebenfalls drohende Missbilligungen im sozialen Umfeld mit ihren Folgen können zur Regelbefolgung beitragen[198]. Einer der stärksten Faktoren zur Regeleinhaltung überhaupt ist die individuelle Akzeptanz einer Regel, d. h., dass die Person eine positive Haltung gegenüber dem Regelungsgehalt hat und die Regelintention teilt. Regelakzeptanz bezieht sich nicht nur auf Regeln in Form von Rechtsnormen, sondern gilt auch für soziale Normen. Steht eine gesellschaftlich akzeptierte Sozialnorm mit einer entsprechenden Rechtsnorm im Einklang, bestärken sich beide gegenseitig und sorgen für eine größere Akzeptanz. Gerade diese Normübereinstimmung kann dazu beitragen, dass eine Person von einer Regel überzeugt ist und sie sogar verinnerlicht (Internalisierung), was eine besonders starke Form der Regelakzeptanz ist. Bestehen zwischen beiden Normen dagegen Widersprüche, wirkt dies jeweils akzeptanzmindernd. Langfristig folgt daraus u. U. eine Normanpassung der Sozialnorm durch die Gesellschaft oder der Rechtsnorm durch den Staat. Wie soeben festgestellt, haben (junge) Männer aus verschiedenen Gründen eine Einstellung, die

---

197 *Wagner*, in: Fehlverhalten als Unfallfaktor, 48 (49); *Raithel*, Unfallursache, S. 187; *UDV*, Verkehrsregelakzeptanz, S. 17 u. 112 f.; *UDV*, Regelverstöße im Straßenverkehr, S. 70 ff.; *Schlag/Heger*, in: Verkehrspsychologie, S. 11 (22 f.); *Bächli-Biétry*, in: Raser, 122 (138); *Walter*, Verkehrspsychologie, S. 82 ff.; *Grieger/Hohenstein*, in: Verkehrsüberwachung, 57 (57); *Myers*, Psychologie, S. 290 ff.

198 - Folgend aus der allgemeinen sozialen Kontrolle: *Kaiser*, Kriminologie, Rn. 29/10 f.; *Bussmann*, Wirtschaftskriminologie, Rn. 941 f.; *Meier*, Strafr. Sanktionen, S. 2 f.; *Rehbinder*, Rechtssoziologie, Rn. 40 u. 42.
- Folgend aus der von T. Hirschi begründeten kriminologischen Kontroll-/Bindungstheorie: *Hirschi*, Causes of Delinquency, S. 16 ff.; *Neubacher*, Kriminologie, Rn. 8/32 ff.; *Bock*, Kriminologie, Rn. 152; *Bussmann*, Wirtschaftskriminologie, Rn. 713 ff. und trotz Kritik auch stützend *Kaiser*, Kriminologie, Rn. 27/16 ff.; *Meier*, Kriminologie, Rn. 3/76 ff.

Risikoverhalten bzw. Regelmissachtung vergleichsweise positiver sieht – sowohl allgemein wie auch im Verkehr. Insofern besitzen sie in rechtlicher wie auch sozialer Hinsicht eine geringere Regelakzeptanz.[199]
Hinzu kommen die Besonderheiten des Straßenverkehrs, bei dem zwar viele normierte Verkehrsregeln gesellschaftlich etabliert sind (vom einfachen Rechts-vor-links bis hin zum schwerwiegenden Verbot des Wendens auf Autobahnen), doch sind es andere dagegen weniger. Gerade die Geschwindigkeits- und auch Abstandsregeln sind weniger gefestigt und ein Verstoß gegen sie gilt häufig als harmloses Kavaliersdelikt.[200] Je massiver ein solcher Regelverstoß ist, desto mehr verblasst zwar diese Relativierung, doch wirkt die Grundhaltung trotzdem fort. Die geringe Ausprägung der sozialen Norm, dass Geschwindigkeitsbeschränkungen strikt einzuhalten sind, hat bei den Fahrern einen negativen Einfluss auf die Akzeptanz dieser Regel.[201]
Hinzu kommt die geringe Kontrolldichte und die damit einhergehende seltene Sanktionierung solcher Regelbrüche (geringe objektive Entdeckungs- und Sanktionswahrscheinlichkeit). Daraus folgt eine verstärkte Wahrnehmung der Fahrer, dass ein Regelbruch unentdeckt und sanktionslos bleibt (geringe subjektive Entdeckungs- und Sanktionswahrscheinlichkeit). Die fehlende Durchsetzung bestehender Rechtsnormen trägt zu ihrer geringeren Akzeptanz bei und zwar nicht nur in rechtlicher Hinsicht, sondern auch hinsichtlich der dazugehörigen sozialen Norm.[202]

---

199 - *Rehbinder*, Rechtssoziologie, Rn. 115 ff.; *Raiser*, Rechtssoziologie, S. 260 ff.; *UDV*, Regelverstöße im Straßenverkehr, S. 64 ff.; *UDV*, Verkehrsregelakzeptanz, S. 14 ff.; *Wagner*, in: Fehlverhalten als Unfallfaktor, 48 (49); *Schade*, in: Verkehrsüberwachung, 11 (12 ff.); *B/K-G/R/B/S*, Abschlussbericht, S. 46 ff.; *Jäker*, DPolBl 2/17, 9 (9); *Huguenin*, in: 7. ADAC/BASt-Symposium, [S. 3]; *Myers*, Psychologie, S. 763 ff.; *Tahir/Sa'ari/Johare*, IJoARiBaSS 7/7 (2007), 70 (70 ff.).
- Siehe zur Einstellung von (jungen) Männern im Einzelnen: C.III.2.b)bb)(3) [S. 80].

200 Siehe schon: C.III.2.a)dd)(4) [S. 67].

201 *UDV*, Verkehrsregelakzeptanz, S. 14 ff. u. 35 f.; *UDV*, Regelverstöße im Straßenverkehr, S. 72 f. u. 89, 99 ff.; *Walter*, Verkehrspsychologie, S. 86 f.; *Schade*, in: Verkehrsüberwachung, 11 (12); *Grieger/Hohenstein*, in: Verkehrsüberwachung, 57 (57); *Zeit (Online)*, Autorennen, S. 7.

202 - Siehe schon: C.III.2.a)cc) [S. 61].
- *UDV*, Verkehrsregelakzeptanz, S. 15 ff. u. 116; *UDV*, Regelverstöße im Straßenverkehr, S. 111 f.; *Grieger/Hohenstein*, in: Verkehrsüberwachung, 57 (57); *Schade*, in: Verkehrsüberwachung, 11 (12 f.); *Wagner*, in: Fehlverhalten als Unfallfaktor, 48 (49); *Brings/Fuchs*, DPolBl 2/17, 20 (22); *Müller*, in: FS Geppert, 405 (412 ff.); *Meier*, Kriminologie, Rn. 9/83 ff.; *Raiser*, Rechtssoziologie, S. 259.

Eine geringere Akzeptanz von Straßenverkehrsregeln kann riskantes Fahren mit dem Bruch von Verkehrsregeln fördern und dementsprechend auch mit zur Raserei beitragen.

Doch selbst bei bestehender Regelakzeptanz gibt es ein Phänomen, das die Regeln überlagern und zu einem regelbrüchigen Verhalten führen kann: Es ist der Reiz des Verbotenen als Reaktanz. Bei dieser gerade unter Jugendlichen und jungen Erwachsenen anzutreffenden Erscheinung wird die Verhaltensalternative zwar durch das Verbot eingeschränkt, doch damit einhergehend die so entzogene Freiheit aufgewertet. Die Wirkung ähnelt dem Prinzip der Preisbildung am Markt, indem der Preis durch Verknappung des Angebots steigt und die Ware begehrenswerter wird. Daneben erscheint die Zuwiderhandlung dann interessanter und spannender; ein Empfinden von Freiheit, Aufregung und Abenteuer wird durch die Verbotsmissachtung geschaffen. All das gehört mit zur Persönlichkeitsentwicklung der Jüngeren und treibt sie an. Aber auch ältere Personen können sich diesem Phänomen nicht immer entziehen. Im Straßenverkehr kann der Reiz des Verbotenen so dazu führen, dass Verkehrsregeln gebrochen werden und mitunter auch gerast wird.[203]

(5) Sensation Seeking

Das Rasen stellt die Fahrer vor fahrerische Herausforderungen, ihr Fahrzeug auf der Straße zu halten. Schon die persönliche Erfahrung zeigt, dass dies durchaus zu einem individuellen Empfinden von Spannung, Aufregung, Action und Abenteuer führen kann. Ein solcher Nervenkitzel oder Kick ist für viele Menschen eine positive und erstrebenswerte Empfindung, weshalb sie Handlungsentscheidungen beeinflussen kann.[204]

Das anerkannte biopsychologische Modell des Sensation Seeking beschreibt diese Erscheinung, warum einige Personen mehr, andere weniger solche intensiven Sinneseindrücke anstreben und mit ihrem Verhalten zu erleben versuchen. Sensation Seeking wird definiert als eine Eigenschaft der Persönlichkeit, die sich durch das Verlangen nach neuen, wechselnden, intensiven und komplexen Erlebnissen und Erfahrungen ausdrückt. Charakteristisch, aber nicht zwingend ist das Eingehen von Risiken, sodass Sensation Seeking zwar häufig mit

---

203 *Werth/Denzler/Mayer*, Sozialpsychologie, S. 286 ff.; *Kunz/Singelnstein*, Kriminologie, Rn. 12/14; *Spektrum (Online)*, Lexikon der Psychologie, „Reaktanztheorie“; *Raithel/Widmer*, Deviantes Verkehrsverhalten, S. 21; *Raithel*, Unfallursache, S. 71 f.; *Leigh*, CIiCJ 3/7 (1995), 388 (391 f.).

204 Siehe dazu auch schon C.III.2.b)bb)(1) [S. 76] und (6) [S. 88] sowie später (8) [S. 95].

riskantem Verhalten eng verbunden ist, nicht aber damit gleichgesetzt werden kann. Ausgangspunkt des Modells ist die physiologisch bestätigte Annahme, dass der Mensch für angemessene Reaktionen auf die von außen wirkenden verschiedenen Reize ein mittleres optimales Erregungsniveau benötigt. Dieses liegt zwischen dem Punkt tiefster (z. B. Schlaf) und höchster Erregung (z. B. Panik). Die daraus folgenden Stimulationen im Gehirn werden regelmäßig als angenehm, wohltuend, erfreulich – eben bevorzugt optimal – wahrgenommen, wenn sie ungefähr auf mittlerem Erregungsniveau liegen. Stärkere Abweichungen nach unten sorgen für Langeweile, stärkere Abweichungen nach oben für Angst. Das mittlere/optimale Erregungsniveau ist aber nicht bei allen Menschen gleich. Bei einigen befindet sich dieser Optimalpunkt näher am Tiefpunkt, sodass sie ein generell niedrigeres optimales Erregungsniveau haben. Dementsprechend fühlen sie sich bei weniger Erregung eher wohl, bei größerer eher unwohl und versuchen letztere deshalb zu vermeiden. Umgekehrt fühlen sich Personen mit einem optimalen Stimulationsniveau näher am Hochpunkt eher bei zusätzlicher Erregung wohl und suchen entsprechende Situationen auf, weil sie sich ansonsten eher gelangweilt bzw. unwohl fühlen. Diese Unterschiede können einerseits mit genetischen und hormonellen Abweichungen, andererseits mit unterschiedlichen Persönlichkeitsentwicklungen und Umwelteinflüssen erklärt werden. Je höher folglich das optimale Erregungsniveau liegt, desto größer ist das Verlangen nach stärkeren Stimuli durch neue, wechselnde, intensive und komplexe Erlebnisse und Erfahrungen. Dieser Grad des Sensation Seeking einer Person kann anhand der sogenannten Sensation-Seeking-Skala (SSS-V) ermittelt werden, die sich aus vier Subskalen mit jeweils zehn alternativen Items zusammensetzt: Thrill and Adventure Seeking (TAS: Tendenz Abenteuer und Spannung durch aufregendes und riskantes Verhalten zu erleben), Experience Seeking (ES: Tendenz durch Erweiterung des Bewusstseins neue Erfahrungen zu sammeln), Disinhibition (DIS: Tendenz der Erfahrungssuche durch Enthemmung im meist sozialen Kontext), Boredom Susceptibility (BS: Tendenz der Abneigung gegenüber Langeweile und monotonen Situationen als Ruhelosigkeit).[205]

---

205 *Zuckerman*, Sensation Seeking, S. 94 ff.; Handbook of individual differences – *Zuckerman*, S. 455 f. u. 462 f.; *Ruch/Zuckerman*, in: Risikoverhaltensweisen, 97 (97 ff.); *Hippius/Joswig*, in: Empirische Verkehrspsychologie, 92 (92 ff.); *Jäker*, DPolBl 2/17, 9 (10 f.); *Raithel*, Jugendliches Risikoverhalten, S. 47 ff.; *Herzberg/Schlag*, in: Sensation Seeking, S. 163 f.; *W/H/P*, ZfPPuP 4/2011, 311 (318 f.); *Wong*, Behavioral Medicine 2/38 (2012), 54 (59).

Wissenschaftlich konnte gezeigt werden, dass Männer höhere Werte von Sensation Seeking besitzen als Frauen und auch Jüngere mehr davon betroffen sind als Ältere. Letzteres ist maßgeblich auf die Persönlichkeitsentwicklung zurückzuführen, bei der sich die Jüngeren mit ihren eigenen Fähigkeiten ausprobieren, um sich besser kennenzulernen und frei zu entfalten. Konkret konnte für das Fahren im Straßenverkehr geschlechtsunabhängig belegt werden, dass Personen mit einer höheren Ausprägung von Sensation Seeking signifikant schneller und riskanter fahren als Personen mit einer geringeren Ausprägung. Dabei konnte auch ein konkreter Zusammenhang von gefahrener höherer Spitzengeschwindigkeit und registrierten Verkehrsverstößen mit jeweils einem höheren Wert auf der SSS-V nachgewiesen werden. Ein Zusammenhang mit einer erhöhten Unfallbeteiligung liegt zwar ebenfalls nahe, konnte bisher aber nicht durchweg belegt werden. Besonderen Einfluss hat die TAS-Subskala, denn ihre Werte sind in den Untersuchungen zumeist besonders erhöht und so maßgebliche Ursache für den insgesamt erhöhten SSS-V-Wert. Auf dieser Grundlage kann davon ausgegangen werden, dass schnelles und riskantes Fahren dem Fahrer jenen Nervenkitzel mit Spannung, Aufregung und Abenteuer (i.S.d. TAS und Sensation Seeking) vermitteln kann. Dass ein solches Sensation Seeking meist mit Risiken verbunden ist und zu schweren Folgen führen kann, ist den Handelnden häufig bewusst. Das schreckt aber nur wenig ab, weil diese Risiken meist den Kick des Sensation Seeking ausmachen und als persönliche Herausforderung empfunden werden, an die eigenen Grenzen – und manchmal auch darüber hinaus – zu gehen.[206]

Insgesamt ist Sensation Seeking als Persönlichkeitsmerkmal – und dabei insbesondere das Thrill and Adventure Seeking (TAS) – regelmäßig bei Fahrern verstärkt ausgeprägt, die zur Gruppe der Raser[207] gehören. Man kann also davon ausgehen, dass die Raser ein überdurchschnittlich hohes optimales Erregungsniveau besitzen und zur Befriedigung ihres erhöhten Stimulationsbedürfnisses vermehrt nach Nervenkitzel und den persönlichen Grenzen suchen. Sensation

206 *Zuckerman*, Sensation Seeking, S. 122 ff. u. 206 f.; *Ruch/Zuckerman*, in: Risikoverhaltensweisen, 97 (101 ff.); Handbook of individual differences – *Zuckerman*, S. 460; *Hippius/Joswig*, in: Empirische Verkehrspsychologie, 92 (93 ff.); *Raithel*, Jugendliches Risikoverhalten, S. 47 ff.; *Herzberg/Schlag*, in: Sensation Seeking, S. 163 ff.; *Jäker*, DPolBl 2/17, 9 (10 f.); *Brings/Fuchs*, DPolBl 2/17, 20 (21); *W/H/P*, ZfPPuP 4/2011, 311 (318 f.); *C/P/K*, AAaP 43 (2011), 1323 (1324 ff.); *Wong*, Behavioral Medicine 2/38 (2012), 54 (59 u. 61); *Tahir/Sa'ari/Johare*, IJoARiBaSS 7/7 (2007), 70 (71 ff.).

207 Siehe: C.III.1. [S. 48].

Seeking mit dem begehrten Kick-Gefühl ist damit ein Faktor, der sowohl in bewusster als auch unbewusster Weise Raserei fördern kann.

(6) Flow-/Rauschzustand

Wohl jeder Mensch strebt danach, Glück zu empfinden. Wann ein solches Gefühl eintritt, ist von Person zu Person unterschiedlich und hängt von vielen Faktoren ab.

Tatsächlich kann ein solches Glücksgefühl als Zustand bei bestimmten Tätigkeiten auftreten. Dabei ist man tief in die Tätigkeit versunken, geht in ihr auf, ja man verschmilzt geradezu mit ihr. So werden Handlung und Bewusstsein eins; Zeit und Raum scheinen aufgehoben. Die eigene Konzentration ist nur auf die Tätigkeit gerichtet, die Außenwelt scheint zu verschwinden und es tritt ein Tunnelblick auf, bei dem die eigene Wahrnehmung auf ein entsprechend enges, handlungsrelevantes Stimulus-Feld begrenzt ist. Man reflektiert sich in diesem Moment weder selbst noch die ausgeführte Tätigkeit, vielmehr besteht eine Sicht der vollständigen Kontrolle der Situation mit bzw. trotz ihrer möglichen Gefahren.[208]
Dieser Glückzustand mit seinen Folgen wird als Flow bezeichnet und kann als eine Art Tätigkeitsrausch verstanden werden. Grundvoraussetzung dafür ist, dass ein Gleichgewicht zwischen Anforderungen der Tätigkeit und Fähigkeiten des Handelnden besteht, denn nur auf diesem schmalen Grat zwischen Unterforderung (Folge: Langeweile, Routine) und Überforderung (Folge: Stress, Angst) kann der Mensch in der Tätigkeit wirklich aufgehen. Des Weiteren muss er sich diesen Anforderungen gewachsen fühlen und eine entsprechende Leistungsbereitschaft mitbringen. Bei der Tätigkeit selbst bedarf es eindeutiger Handlungsanforderungen und einer unmittelbaren, klaren Rückmeldung zum Erfüllen derselben. Das Ausmaß eines Flows kann von einem Mikro-Flow (eher kurzfristiger und wenig tiefgehender Zustand) über einen normalen Flow bis hin zu einem tiefen Flow (besonders tiefer und eher länger anhaltender Zustand) reichen. Das Erreichen und die Intensität eines Flows hängen von der Person selbst, den Umgebungsvariablen sowie vom Erfüllungsgrad der

---

208 *Csíkszentmihályi*, Das flow-Erlebnis, S. 58 ff.; Enzyklopädie der Psychologie – *Rheinberg*, Bd. C/IV/4 S. 104 ff.; *Warwitz*, Sinnsuche im Wagnis, S. 209 ff.; *Myers*, Psychologie, S. 478 f., 869 u. 892; *Spiegel*, Die obere Hälfte des Motorrads, S. 136 ff. u. 292; *Jäker*, DPolBl 2/17, 9 (10); *Raithel*, Unfallursache, S. 91; *Schmalt/Langens*, Motivation, S. 85.

sonstigen Voraussetzungen ab. Je intensiver der Flow ausfällt, desto stärker sind auch die Folgen des Flow-Zustands.[209]
Tätigkeiten, bei denen ein Flow nachgewiesen wurde, waren z. B. (Extrem-) Skifahren, (Extrem-) Klettern, medizinisches Operieren, Musizieren, künstlerisches Handwerken und Schachspielen, wobei dies stets gute Kompetenzen auf dem entsprechenden Handlungsgebiet erforderte. Auch das Fahren von Fahrzeugen kann die Voraussetzungen eines Flows erfüllen und deshalb die geschilderten Folgeerscheinungen auslösen. Dabei wird in aller Regel eine hohe Fahrgeschwindigkeit benötigt, da die Fahrfähigkeiten ansonsten nicht genug gefordert werden, was auch (ggf. unabhängig von einem Flow) zu einem Geschwindigkeitsrausch führen kann. Aufgrund der direkteren Straßenlage und dem unmittelbareren Fahrgefühl passiert dies beim Fahren eines Motorrads einfacher als beim Fahren eines Autos. Der Flow beim Fahren kann sowohl den Hobby-Motorradfahrer und den einfachen Raser treffen, doch aufgrund der meist noch höheren Geschwindigkeiten insbesondere auch den Rennfahrer und sogar Polizeibeamte bei Einsatz-/Verfolgungsfahrten.[210]

Dabei kann der Flow neben dem Glücksgefühl auch negative Folgen haben: Durch den gleichzeitigen Tunnelblick mit der verengten Wahrnehmung auf das handlungsrelevante Stimulus-Feld, der sich so auflösenden Außenwelt, dem Glauben an die vollständige Kontrolle der Situation mit all ihren Risiken und dem Glücksgefühl selbst als Handlungsbestätigung können Gefahren bei der Tätigkeit unterschätzt oder gar ausgeblendet werden. Gerade das Meistern kritischer Situationen vermag den Handelnden in seinem Tun weiter zu bestärken und zu noch größerem Einsatz anzuregen. Dies kann zu einem Selbstverstärkungseffekt führen, der in eine immer größere Risikobereitschaft mit womöglich sogar vollständiger Enthemmung mündet. Allgemein wird dem Handelnden oft gar nicht bewusst, dass er sich mit seinem Tun bereits im Grenzbereich befindet, der schon durch eine minimale Steigerung überschritten werden kann. Das gilt besonders im Straßenverkehr, weil hier die elektronischen

209 *Csíkszentmihályi*, Das flow-Erlebnis, S. 58 ff.; Enzyklopädie der Psychologie – *Rheinberg*, Bd. C/IV/4 S. 104 ff.; *Warwitz*, Sinnsuche im Wagnis, S. 209 ff.; *Myers*, Psychologie, S. 478 f., 869 u. 892; *Spiegel*, Die obere Hälfte des Motorrads, S. 136 ff. u. 292; *Raithel*, Unfallursache, S. 91; *Schmalt/Langens*, Motivation, S. 85.

210 *Csíkszentmihályi*, Das flow-Erlebnis, S. 58 ff.; *Jäker*, DPolBl 2/17, 9 (10); *Spiegel*, Die obere Hälfte des Motorrads, S. 136 ff.; *Warwitz*, Sinnsuche im Wagnis, S. 68 u. 209 ff.; *Raithel*, Unfallursache, S. 91; Enzyklopädie der Psychologie – *Rheinberg*, Bd. C/IV/4 S. 105 ff.; *Myers*, Psychologie, S. 478 f.; *Vollrath/Krems*, Verkehrspsychologie, S. 126 f.

Sicherheits- und Assistenzsysteme des Fahrzeugs eine vermeintlich sichere Verschiebung des Grenzbereichs ermöglichen, was – ebenso wie glückliche Zufälle – vom Fahrer meistens nicht wahrgenommen wird. Wird der Flow vom Handelnden nicht beherrscht, kann das dazu führen, dass eine zur Abwendung der Gefahr notwendige Handlung nicht vorgenommen, sondern die Tätigkeit stattdessen einfach fortgeführt oder gar intensiviert wird und es dadurch zu einem Unfall kommt.[211]
Natürlich ist es nicht so, dass der Fahrer bei jeder Raserei automatisch in einen Flow gerät. Doch ist die Wahrscheinlichkeit bei illegalen Straßenrennen aufgrund der hohen Geschwindigkeiten, dem Wettkampfcharakter und der fokussierten Aufmerksamkeit besonders erhöht, solange das Fahrzeug beherrscht wird und es zu keinem unvorhergesehenen Ereignis kommt.[212] Tritt der Flow beim Fahren ein, löst er je nach Intensität mehr oder weniger die beschriebenen Folgen beim Fahrer aus, was in der Konsequenz zu einem (noch) risikobereiteren Fahren führen kann. Insofern ist der Flow weniger ein die Raserei auslösender als eher ein sie noch weiter intensivierender Faktor.

(7) Risikounterschätzung, Risikobewusstsein, Überschätzung eigener Fähigkeiten und Kontrollillusion

Selbst vermeintlich rationales Verhalten des Menschen wird von unbewussten Entscheidungsprozessen beeinflusst. Ein Paradebeispiel dafür ist die Risikoeinschätzung, bei der das Risiko als Wahrscheinlichkeit und Schwere der Realisierung einer bestimmten Gefahr ermittelt und bewertet wird. Tatsächlich ergibt sich diese Risikoeinschätzung einerseits aus realen Gegebenheiten (im Straßenverkehr bspw. die Straßen- und Sichtverhältnisse), andererseits aus subjektiven Aspekten wie der Wahrnehmung und Bewertung dieser Gegebenheiten (bspw. ist es nur feucht oder sehr nass und ist Nässe wenig oder sehr gefährlich); auch die ausgelösten Emotionen (bspw. Aufregung, Angst) spielen dabei eine Rolle. Insofern ist selbst das Ergebnis einer bewussten Analyse unbewusst beeinflusst und damit auch von der Person mit ihren individuellen Eigenschaften

---

211 *Spiegel*, Die obere Hälfte des Motorrads, S. 138 f. u. 146; *Kudlacek*, Das Flow-Erleben beim Autofahren, S. 88 ff.; Enzyklopädie der Psychologie – *Rheinberg*, Bd. C/IV/4 S. 114 f.; *Jäker*, DPolBl 2/17, 9 (10); *BASt*, Nutzerseitiger Fehlgebrauch, S. 7 u. 11; *SWP (Online)*, Interview.

212 Stützend: *Jäker*, DPolBl 2/17, 9 (10); *Spiegel*, Die obere Hälfte des Motorrads, S. 138 f. u. 146; Enzyklopädie der Psychologie – *Rheinberg*, Bd. C/IV/4 S. 114 f.; *Vollrath/Krems*, Verkehrspsychologie, S. 126 f.

abhängig. Gleichzeitig spielt das Bewusstsein über die Risiken für die Verhaltensentscheidung eine wichtige Rolle, was schon unter dem Gesichtspunkt des allgemeinen Vorteilsstrebens deutlich wird.[213]

Wissenschaftliche Untersuchungen für den Straßenverkehr konnten vermehrte Auffälligkeiten von bestimmten Fahrergruppen feststellen, die eine eindeutige Tendenz erkennen lassen: Obwohl männliche Fahrer statistisch gesehen ein deutlich höheres allgemeines Unfallrisiko haben, schätzten sie dieses im Vergleich zu Fahrerinnen geringer ein. Im Einklang mit den tatsächlichen Gegebenheiten stufen junge Fahrer zwar die Unfallwahrscheinlichkeit der eigenen Personengruppe deutlich über dem Niveau der älteren Fahrer ein. Dennoch sehen sie ihr persönliches Risiko auf dem Niveau der älteren Fahrer und damit deutlich unter dem allgemeinen Risiko ihrer Altersgruppe. Teilweise lässt sich eine ähnliche Tendenz auch bei älteren Fahrern feststellen, wonach das persönliche Unfallrisiko geringer eingeschätzt wird als das Risiko der eigenen Personengruppe. Eine mögliche Erklärung kann in einem unterschiedlichen Quellenbezug liegen. Für die Bewertung des Risikos kann einerseits auf externe Quellen, wie die Berichterstattung in den Medien zu Unfällen sowie Statistiken, und andererseits auf interne Quellen, wie die eigene Erfahrung beim Autofahren, zurückgegriffen werden. Persönliche Fahrerfahrungen wirken für die eigene Person unmittelbarer und deutlich aussagekräftiger als externe (statistische) Berichte, die eher allgemeine Aussagen zu treffen scheinen. Denn man ist ja selbst sein nächster Beobachter. Wenn man selbst noch nicht in einen Unfall verwickelt war, warum sollte es einen dann in Zukunft treffen – nur weil es anderen passiert? Solche und ähnliche, unbewusste Annahmen führen dazu, dass bei der Risikobeurteilung für die eigene Person verstärkt interne und für die der Personengruppe verstärkt externe Quellen herangezogen werden. Bei jungen Fahrern kommen noch die geringe Fahrpraxis und -erfahrung hinzu. Sie haben meist kaum kritische Situationen erlebt, was bei gefährlichen Gegebenheiten noch eher zu einem völligen Übersehen der Gefahr oder einer

213 - *C-R/R/Z*, Verkehrspsychologie, S. 96 f.; *Spiegel*, Die obere Hälfte des Motorrads, S. 140 ff.; *Wagner*, in: Fehlverhalten als Unfallfaktor, 48 (49); *Walter*, Verkehrspsychologie, S. 32; *Graf von Bernstorff*, Verkehrszeichen 4/29 (2013), 27 [S. 2]; *Raithel/Widmer*, Deviantes Verkehrsverhalten, S. 18; *Wagner/Keller*, ZVS 3/2016, 31 (35 f.); *OECD/ECMT*, Young Drivers, S. 90; *Rhodes/Pivikc*, AAaP 43 (2011), 923 (924); *Matthews/Moran*, AAaP 18 (1986), 299 (299 f.).
- Siehe zum menschlichen Streben nach eigenen Vorteilen bereits: C.III.2.b)bb)(3) [S. 80].

Fehleinschätzung der Unfallwahrscheinlichkeit führen kann. Zusätzlich ist bei kritischen Situationen das Unfallrisiko für sie wegen ihrer noch nicht vollumfassend erworbenen Fahrfähigkeiten erhöht. All das hat zur Folge, dass – insbesondere junge – Männer beim Fahren regelmäßig eine vergleichsweise geringere und dem tatsächlichen Risiko nicht entsprechende Risikobeurteilung haben.[214]

Daneben wurde festgestellt, dass Fahrerinnen im Hinblick auf Unfälle häufiger und intensiver besorgt sind und bei ihnen dazugehörige negative Emotionen vermehrter auftreten. Gegenteiliges war insbesondere bei den jungen männlichen Fahrern zu beobachten, bei denen vielmehr positive Emotionen verstärkt fahrbeeinflussend wirkten. Die verschiedenen Emotionen sind wohl ein Grund, warum das Risikobewusstsein einen unterschiedlichen Einfluss auf die Fahrweise von Frauen und Männern zu haben scheint. Eine geringere Wirkung des Risikobewusstseins lässt sich auch im Vergleich zwischen jungen und älteren Fahrern beobachten. Wie schon beim Geschlechterunterschied beruht dies neben den emotionalen Aspekten auch auf den bei jungen bzw. männlichen Fahrern dominanteren Persönlichkeitsfaktoren, die das Risikobewusstsein negativ überlagern (z. B. Suche nach neuen Erfahrungen mit intensiven Reizerlebnissen, Demonstration von Mut und Männlichkeit).[215]

Bei der Analyse der Einstufung der eigenen Fahrfähigkeiten zeigt sich ein ganz ähnliches Bild: Männer halten sich Frauen gegenüber für fahrerisch überlegen und haben größeres Vertrauen in ihre Fahrfähigkeiten. Jüngere Fahrer gestehen zwar älteren Fahrern generell besseres Fahrkönnen zu, stufen aber ihr eigenes auf einem Niveau deutlich oberhalb ihrer Altersgruppe ein. Gleiches gilt für das Vertrauen in

---

214 *Vollrath/Krems*, Verkehrspsychologie, S. 95 f. u. 103; *BASt*, Einflussfaktoren, S. 28 ff.; *Matthews/Moran*, AAaP 18 (1986), 299 (299 ff.); *Rhodes/Pivikc*, AAaP 43 (2011), 923 (923 ff.); *Rundmo/Iversen*, Safety Science 42 (2004), 1 (1 ff.); *Finn/Bragg*, AAaP 18 (1986), 289 (289 ff.); *Harré/Foster/O'Neill*, British Journal of Psychology 96 (2005), 215 (216 ff.).

215 - *Rhodes/Pivikc*, AAaP 43 (2011), 923 (924 ff.); *Rundmo/Iversen*, Safety Science 42 (2004), 1 (3 ff.); *Harré*, Developmental Review 2/20 (2000), 206 (208); *Raithel*, Unfallursache, S. 40 f. u. 72 f.; Enzyklopädie der Psychologie – *Leutner/Brünken/Willmes-Lenz*, Bd. D/VI/2 S. 10 f.
- Siehe zu den das Risikobewusstsein negativ überlagernden Faktoren insbesondere schon C.III.2.a)dd)(3) [S. 65], C.III.2.a)dd)(5) [S. 68], C.III.2.b)aa) [S. 73] und C.III.2.b)bb)(5) [S. 85] sowie später C.III.2.b)bb)(9) [S. 96].

die eigenen Fahrfähigkeiten. Ebenso vertrauen ältere Fahrer sich selbst mehr als ihrer Altersgruppe allgemein.[216]
Raser halten sich für überdurchschnittlich gute oder sogar großartige Autofahrer und haben dabei ein noch größeres Vertrauen in ihr eigenes Fahrkönnen. Besonders ausgeprägt ist diese Selbstsicht bei Fahrern, die an illegalen Straßenrennen teilnehmen.[217]
Die Selbsteinschätzung weicht von den realen Gegebenheiten und den statistischen Unfallwahrscheinlichkeiten deutlich ab, womit die Fahrer ihre Fahrfähigkeiten und somit sich selbst teilweise deutlich überschätzen. Wie bereits bei der Risikobewertung wird auch hier verstärkt an interne Quellen, respektive die eigenen Fahrerfahrungen angeknüpft. Dabei sind Raser allgemein sehr von sich als Person überzeugt und haben regelmäßig ein großes Selbstbewusstsein. Sie meinen besonders cool und sportlich zu sein, was nach ihrem Selbstbild nur mit heraussagenden Fahrfähigkeiten auf der Straße übereinstimmen kann. Dazu passt die häufig anzutreffende geringe Selbstreflexionsfähigkeit, bei der das eigene Verhalten nicht hinterfragt, sondern vielmehr durch Bestehen kritischer Situationen – sofern diese überhaupt als solche wahrgenommen werden – bestätigt und auf die eigenen Fähigkeiten projiziert wird, selbst wenn der positive Ausgang nur Glück war. Besonders junge Fahrer sind davon betroffen. Eine geringe Fahrerfahrung steht dem nicht entgegen, weil auch aus der Beherrschung normaler Fahrsituationen recht leicht der Eindruck gewonnen werden kann, mit den eigenen Fahrfähigkeiten ebenso allen schwierigeren Situationen gewachsen zu sein. Negative Lernerfahrungen bleiben regelmäßig aus, weil für Unfälle viele verschiedene Bedingungen zusammentreffen müssen, was tatsächlich nur selten passiert.[218]

---

216 *Matthews/Moran*, AAaP 18 (1986), 299 (300 ff.); *Horswill/Waylen/Tofield*, JoASP 1/34 (2004), 177 (187 ff.); *Harré/Foster/O'Neill*, British Journal of Psychology 96 (2005), 215 (216 ff.); *Rundmo/Iversen*, Safety Science 42 (2004), 1 (2 f.); *OECD/ECMT*, Young Drivers, S. 92.

217 *Rechberger*, DPolBl 2/2017, 23 (25); *Baldarelli*, DPolBl 2/17, 2 (6); *Bächli-Biétry*, in: Raser, 122 (126 f. u. 131 f.); *Huguenin*, in: 7. ADAC/BASt-Symposium, [S. 3]; *SWP (Online)*, Interview; *Der Spiegel (Online)*, Tödliches Vergnügen; *Vaaranen/Wieloch*, Young 1/10 (2002), 42 (53).

218 *Vollrath/Krems*, Verkehrspsychologie, S. 95 ff.; *Bächli-Biétry*, in: Raser, 122 (126 ff.); *Huguenin*, in: 7. ADAC/BASt-Symposium, [S. 1 ff.]; *Graf von Bernstorff*, Verkehrszeichen 4/29 (2013), 27 [S. 2 f.]; *SWP (Online)*, Interview; *Der Spiegel (Online)*, Tödliches Vergnügen; *Spiegel*, Die obere Hälfte des Motorrads, S. 143 ff.; *Matthews/Moran*, AAaP 18 (1986), 299 (310 ff.); *OECD/ECMT*, Young Drivers, S. 90 ff.

Die Annahme einer geringen Unfallwahrscheinlichkeit oder gar -immunität wird zusätzlich durch die Vorstellung einer starken, nicht der Realität entsprechenden Kontrollierbarkeit der Situation gestützt. Diese sog. Kontrollillusion kann besonders in Konstellationen auftreten, deren Ausgang von menschlichen Fähigkeiten abhängt, wozu das Autofahren zählt. Allerdings sind die Fahrfähigkeiten nur bis zu einem bestimmten Grad für den unfallfreien Ausgang einer Situation verantwortlich, weil irgendwann die physikalischen Grenzen erreicht werden und jederzeit zufällige Ereignisse auftreten können. Doch je ähnlicher eine Zufalls- einer Fähigkeitssituation ist, desto mehr orientiert sich der Mensch an seinen Fähigkeiten. Außerdem wird häufig nicht oder nur unzureichend zwischen un- und kontrollierbaren Gegebenheiten unterschieden, sodass der für das Ergebnis verantwortliche Zufall vernachlässigt oder geleugnet und das Ergebnis hauptsächlich allein den Fähigkeiten zugeschrieben wird (z. B. Mühe geben beim Würfeln). Überhaupt neigt der Mensch in natürlicher und anerzogener Weise dazu, positive Ergebnisse grundsätzlich mit seinen darauf gerichteten Handlungen zu assoziieren, selbst wenn andere Faktoren dazu beigetragen haben (gutes Ergebnis = gute Handlung).[219]
Für den Straßenverkehr konnte die Kontrollillusion wissenschaftlich bestätigt werden. Denn unabhängig von Geschlecht und Fahrerfahrung stuften Personen die Unfallwahrscheinlichkeit als Fahrer im Vergleich zu ihrer Beifahrerposition signifikant geringer ein. Außerdem schätzten sie die Unfallwahrscheinlichkeit bei gleichem objektivem Risiko signifikant höher ein, wenn sie in einer offensichtlich wenig kontrollierbaren Verkehrssituation unterwegs waren, und signifikant geringer ein, wenn die Situation offensichtlich gut kontrollierbar war.[220]
Dementsprechend wirkt sich die Kontrollierbarkeit einer Situation auf die Risikobeurteilung aus, was nicht nur für den Straßenverkehr gilt. So sorgt die Kontrollillusion für eine Unterschätzung des tatsächlichen Risikos. Je größer die Kontrollillusion ist, desto stärker unterschätzt ein Fahrer sein Unfallrisiko.

219 *Langer*, JoPaSP 2/32 (1975), 311 (311 ff.); *Taylor/Brown*, Psychological Bulletin 2/103 (1988), 193 (196 f.); *McKenna*, British Journal of Psychology 84 (1993), 39 (41 f. u. 47 f.); *Thompson*, CDiPS 6/8 (1999), 187 (187 ff.); *Stewart*, in: Fehlverhalten als Unfallfaktor, 33 (33); *Ebbert*, Kontrollillusionen, S. 3 ff.; *SZ (Online)*, Die Welt im Griff.

220 *McKenna*, British Journal of Psychology 84 (1993), 39 (42 ff.); *Stewart*, in: Fehlverhalten als Unfallfaktor, 33 (33); *Finn/Bragg*, AAaP 18 (1986), 289 (295 f.); *Matthews/Moran*, AAaP 18 (1986), 299 (310).

Werden daneben noch die eigenen Fähigkeiten überschätzt, wird dieser Effekt zusätzlich verstärkt.[221]

Insgesamt sorgen die Überschätzung der eigenen Fahrfähigkeiten, die vor allem durch Kontrollillusion und Fehleinschätzung anderer Faktoren ausgelöste Risikounterschätzung sowie ein geringes Risikobewusstseins im Straßenverkehr dafür, dass Fahrer fälschlich von einer zu geringen Unfallwahrscheinlichkeit ausgehen. Grundsätzlich will jeder Fahrer zu jeder Zeit einen Unfall vermeiden, schon weil Unfallfolgen immer negativ sind. Da sich der Fahrer hier aber in größerer Sicherheit wähnt bzw. sich des Risikos nicht bewusst ist, sinkt die Bereitschaft für risikoarmes Fahren. Somit können die Überschätzung eigener Fahrfähigkeiten, die Risikounterschätzung sowie ein gering ausgeprägtes Risikobewusstsein riskantes Fahren und damit auch Raserei fördern.

(8) Selbst- und Gegenwartsfixierung

Trotz erkannter Gefahren nehmen einige Personen keinen Abstand von ihrem Verhalten, weil ihnen die möglichen Konsequenzen nicht wichtig sind. Für ihre Verhaltensentscheidungen steht in dem Moment nur die eigene Person mit ihrem aktuellen Verlangen im Mittelpunkt. Teilweise besteht schon an sich eine geringe innere Bereitschaft, die eigenen Handlungskonsequenzen zu berücksichtigen oder die notwendige Weitsicht kann überhaupt nur schwer aufgebracht werden. Meist geht diese starke Ich-Orientierung mit mangelnder Empathiefähigkeit und geringer Gefühlsbeteiligung gegenüber anderen Personen einher. Hinzu kommt häufig eine geringe Selbstreflexionsfähigkeit, was insgesamt ein mangelhaftes Verantwortungsbewusstsein offenbart. Zusammenfassend zählt nur das „Ich" im „Hier und Jetzt", was man als Selbst- und Gegenwartsfixierung bezeichnen kann. Diese Fixierung ist vor allem für Jugendliche und junge Erwachsene charakteristisch. Denn zur Erfüllung der zahlreichen Anforderungen ihrer jugendlichen Persönlichkeitsentwicklung (z. B. Selbstfindung, Abenteuersuche und Grenzerfahrung) führen sie Risikopraktiken aus, bei denen das persönliche Erleben im konkreten Moment und die damit einhergehenden Wirkungen entscheidend sind. Eine auf die Zukunft gerichtete Konsequenzbetrachtung für sich und andere ist dabei häufig unbedeutend oder gar hinderlich. Diese sowie andere Besonderheiten der jugendlichen Persönlichkeitsentwicklung sind in dem Alter normal-natürliche und

221 Stützend: *McKenna*, British Journal of Psychology 84 (1993), 39 (40 ff.); *Langer*, JoPaSP 2/32 (1975), 311 (327); *Stewart*, in: Fehlverhalten als Unfallfaktor, 33 (33); *Ebbert*, Kontrollillusionen, S. 24 f.

keine pathologischen Erscheinungen und wachsen sich in der Regel mit zunehmendem Alter wieder aus. Altersunabhängig können daneben bestimmte Persönlichkeitsneigungen und -störungen zu einer Selbst- und Gegenwartsfixierung führen.[222]

Wie sonst sind auch diese Merkmale von Person zu Person unterschiedlich stark ausgeprägt, wobei im Straßenverkehr die meisten Fahrer davon nicht betroffen sind. Doch gerade bei den Rasern hat die jugendliche Persönlichkeitsentwicklung häufig einen großen Einfluss auf ihr Verhalten. Regelmäßig besitzen sie auch stärkere Persönlichkeitsneigungen bzw. -störungen, die eine Selbst- und Gegenwartsfixierung begünstigen. Beim risikoreichen Fahren kommen noch die empfundenen positiven Reize (z. B. Geschwindigkeitsrausch, Abenteuer und Action) hinzu, die die Fixierung nochmals verstärken. In der Konsequenz sorgt diese starke Selbst- und Gegenwartsfixierung bei der Verhaltensentscheidung für die Abwertung bzw. Gleichgültigkeit der möglichen zukünftigen negativen und gleichzeitig für eine Aufwertung der eigenen gegenwärtigen positiven Handlungsfolgen. Beim Fahren spielt dann die Beeinträchtigung der Verkehrssicherheit mit möglichen Gefährdungen oder Schädigungen anderer Personen und sich selbst keine (bedeutende) Rolle mehr. Folglich können Selbst- und Gegenwartsfixierung zur Raserei beitragen.[223]

(9) Selbstdarstellung und Selbstwert

Die Raser sind zu einem weit überwiegenden Teil junge Erwachsene, die in der Gesellschaft zumeist einen niedrigeren sozialen Status haben. Durch die

---

222 - *Raithel*, Unfallursache, S. 70 ff.; *Bächli-Biétry*, in: Raser, 122 (125 ff.); *Raithel/Widmer*, Deviantes Verkehrsverhalten, S. 18 ff.; *Holte*, in: 58. Deutscher Verkehrsgerichtstag, 125 (129 f.); *Graf von Bernstorff*, Verkehrszeichen 4/29 (2013), 27 [S. 2 f.]; *NZZ (Online)*, Fehlendes Einfühlungsvermögen.
- Siehe zu entsprechenden Persönlichkeitsneigungen und -störungen: C.III.2.b)bb)(2) [S. 78].

223 - Stützend: *Bächli-Biétry*, in: Raser, 122 (128 ff.); *Raithel*, Unfallursache, S. 71 ff.; *Holte*, in: 58. Deutscher Verkehrsgerichtstag, 125 (129 f.); *Jäker*, DPolBl 2/17, 9 (9 ff.); *Raithel/Widmer*, Deviantes Verkehrsverhalten, S. 18 f.; *NZZ (Online)*, Fehlendes Einfühlungsvermögen; *Deutschlandfunk (Online)*, Psychologe über Illegale Autorennen; *Focus (Online)*, Interview mit Nico Klassen; *C/P/K*, AAaP 43 (2011), 1323 (1324).
- Siehe zur Persönlichkeitsentwicklung insb. schon C.III.2.a)dd)(2) [S. 64], C.III.2.b)aa) [S. 73] und später C.III.2.b)bb)(9) [S. 96] sowie zu den Persönlichkeitsneigungen und -störungen C.III.2.b)bb)(2) [S. 78].

geringe Schulbildung, den mangelnden Berufserfolg, die geringen finanziellen Mittel, die Unselbstständigkeit und das geringe Ansehen der gesamten Familie fehlt diesen Personen die soziale Anerkennung. Das kann durch den häufig bestehenden Migrationshintergrund der jungen Raser noch verstärkt werden.[224]

Einerseits versuchen sich die Betroffenen gegen diese Abwertung zu wehren und sich dabei gegen die bestehenden Strukturen aufzulehnen. Für junge Menschen ist ein solcher Widerstand gegen Gesellschaft, Staat und Autoritätspersonen durch abweichendes Verhalten eine regelmäßige Erscheinung ihrer natürlichen Persönlichkeitsentwicklung. Dabei demonstrieren sie gleichzeitig ihr Selbstverständnis, als Erwachsene wahrgenommen und behandelt zu werden, weil sie sich von niemandem etwas vorschreiben lassen und nur selbst ihr eigener Herr sein wollen. Das (auch extensive) Brechen von Regeln, wie es etwa bei illegalen Straßenrennen stattfindet, ist ein wichtiges Ventil dieses Widerstands.[225]
Andererseits suchen junge Menschen in dieser Phase der Identitäts-, Selbstständigkeits- und Wertesuche – gerade auch aufgrund der dabei bestehenden Verunsicherung und fehlenden Orientierung – intensiv nach Akzeptanz und Bestätigung. Da sie diese aber weniger in der allgemeinen Gesellschaft finden können, sind Gleichaltrige und Gleichgesinnte die bevorzugten Bezugspersonen. Innerhalb solcher Peergroups, Szenen und Subkulturen will sich jeder im besten Licht darstellen und nicht nur akzeptiert, sondern auch angesehen oder gar bewundert werden. Um das zu erreichen, muss man anderen imponieren und sich gegen sie durchsetzen. Besonders risikoreiches Verhalten und noch mehr ein Obsiegen bei direkten konfrontativen Vergleichen erzeugt die dafür notwendigen Erfolge. Der Besitz wertvoller materieller Güter – insbesondere eines entsprechenden Fahrzeugs – wertet ebenfalls das Ansehen der eigenen Person auf.[226]

---

224 Siehe dazu insgesamt: C.III.1. [S. 48].

225 *Raithel*, Unfallursache, S. 70 ff.; *DVR*, Gefühlswelten, S. 71 f.; *Jäker*, DPolBl 2/17, 9 (9); *Brings/Fuchs*, DPolBl 2/17, 20 (21); *Schneider/Lindenberger*, Entwicklungspsychologie, S. 863 ff.; *Vingilis/Smart*, Traffic Injury Prevention 2/10 (2009), 148 (148 150 ff.); *Wong*, Behavioral Medicine 2/38 (2012), 54 (54 u. 58 ff.); *Tahir/Sa'ari/Johare*, IJoARiBaSS 7/7 (2007), 70 (71 u. 73).

226 - *Raithel*, Unfallursache, S. 63 ff.; *Jäker*, DPolBl 2/17, 9 (9 ff.); *Bächli-Biétry*, in: Raser, 122 (125 ff.); *Brings/Fuchs*, DPolBl 2/17, 20 (21); *Huguenin*, in: 7. ADAC/BASt-Symposium, [S. 2 f.]; *Raithel/Widmer*, Deviantes Verkehrsverhalten, S. 18 f.; *NZZ (Online)*, Fehlendes Einfühlungsvermögen; *Vingilis/Smart*, Traffic Injury

Diese Phänomene erscheinen aus heutiger Sicht vielleicht veraltet, sind aber in der menschlichen Evolution begründet. Früher musste sich vor allem der Mann als starkes Geschlecht gegenüber der Umwelt, anderen Spezies und menschlichen Konkurrenten durchsetzen, um erfolgreich zu überleben. Durch Stärke, Anpassung, Geschick und Einfallsreichtum konnte er dies in einem ständigen Wettkampf mit seiner Umgebung erreichen und die Unterlegenen evolutionär ausstechen. Auch wenn sich bekanntermaßen viele evolutionsbedingte Eigenschaften des Menschen mit fortschreitender Zeit relativiert bzw. ausgewachsen haben, sind heute noch gewisse Reste davon vorhanden. Zu diesen lässt sich auch der männliche Trieb der Vergleichskämpfe mit Konkurrenten zählen.[227] Heutzutage sind die Möglichkeiten für solche Wettkämpfe allerdings deutlich beschränkter. Vor allem körperliche Auseinandersetzungen wurden und werden nicht nur erheblich sozial missbilligt, sondern vom Staat als Straftat verfolgt. Als eine moderne Alternative dazu hat sich die Raserei und davon vor allem illegale Straßenrennen herausgebildet. Nur wer sich darauf einlässt und genug Risiko eingeht, kann diesen Wettkampf zur Selbstprofilierung gewinnen – frei nach dem Motto: „Wer bremst – verliert!“ Gleichzeitig beweist der Fahrer so Mut und Furchtlosigkeit. Denn selbst wenn die Situation aus seiner Sicht kontrollierbar zu sein scheint,[228] bleibt das Unterfangen für ihn doch gefährlich, nicht zuletzt auch wegen eines möglichen Eingreifens der Polizei. Wie auch Stärke demonstriert eine solche Tapferkeit große Männlichkeit, weil beides in der Evolutionsgeschichte wichtige männliche Eigenschaften waren. All das gilt in gewisser Weise noch heute als Männlichkeitsideal – vor allem während der jugendlichen Entwicklungsphase – und zwar nicht nur bei Männern, sondern ebenfalls bei Frauen.[229] Denn evolutionär wirken solche Eigenschaften eines Mannes, die ihn als guten Beschützer auszeichnen, auf sie grundsätzlich attraktiv. Das versuchen sich die Raser zunutze zu machen, indem sie diese Männlichkeit mit ihrer schnellen und riskanten Fahrweise zur

---

Prevention 2/10 (2009), 148 (150 f.); *Wong*, Behavioral Medicine 2/38 (2012), 54 (54 u. 61); *Vaaranen/Wieloch*, Young 1/10 (2002), 42 (46 ff.).
- Siehe zum Einfluss von Gleichaltrigen und Gleichgesinnten in Peergroups, Szenen und Subkulturen bereits: C.III.2.a)dd)(2) [S. 64] und (3) [S. 65].

227 *Müsseler/Rieger*, Allgemeine Psychologie, S. 238 f.; Enzyklopädie der Psychologie – *Franck*, Bd. C/I/6 S. 701 u. 704 ff.; Enzyklopädie der Psychologie – *Agthe/Aydin/Pfundmair/Frey/Kayser*, Bd. C/VI/2 S. 389 ff.; *Werth/Denzler/Mayer*, Sozialpsychologie, S. 211; *BASt*, Einflussfaktoren, S. 56; *Jäker*, DPolBl 2/17, 9 (9 f.); *Huguenin*, in: 7. ADAC/BASt-Symposium, [S. 3]; *C/P/K*, AAaP 43 (2011), 1323 (1324 u. 1329).

228 Siehe dazu: C.III.2.b)bb)(7) [S. 90].

229 Siehe dazu: C.III.2.a)dd)(3) [S. 65] und (5) [S. 68].

Schau stellen, um Frauen auf sich aufmerksam zu machen und sie zu beeindrucken. Mit ihren meist hochwertigen und sportlichen Fahrzeugen präsentieren sie gleichzeitig ihren vermeintlichen Wohlstand und Status, was allgemein begehrenswert wirkt. So befriedigen sie nicht nur ihre eigenen sexuellen Triebe, sondern steigern mit dem größeren Ansehen bei beiden Geschlechtern ihren Selbstwert und beweisen sich selbst, was für männliche Männer sie sind.[230]

Die Raser höheren Alters befinden sich zwar nicht mehr in der jugendlichen Entwicklungsphase, doch teilen sie grundsätzlich viele der soeben beschriebenen Ziele der jüngeren. Obwohl die älteren Raser in aller Regel im Leben meist durchaus erfolgreich und anerkannter Teil der Gesellschaft sind sowie Staat und Gesellschaftsstrukturen akzeptieren, begehren sie zusätzliche Aufmerksamkeit und Ansehen anderer. Das bezieht sich nicht nur auf das nähere Umfeld bzw. die Gruppen von Gleichgesinnten, sondern erstreckt sich ebenfalls auf unbekannte Dritte. Wie bei den Jüngeren kann das nicht nur durch Rasen geschehen, sondern ebenso durch das Zur-Schau-Stellen der meist hochwertigen Fahrzeuge als Objekte der Begierde und das Darbieten ihrer Leistung durch lautstarke Motorengeräusche, nicht selten in Verbindung mit lauter Musik: sog. Posen. Entsprechende Selbstdarstellungen dienen auch hier dem Imponieren, Hervorrufen von Bewunderung und Steigern des eigenen Ansehens. Gleichzeitig soll so die Zufriedenheit mit sich selbst als Person erhöht werden.[231]

Die Suche nach der eigenen Identität, der Wunsch nach Anerkennung, die Steigerung des Ansehens, ein Aufbegehren gegen die sie herabsetzenden Gesellschaftsstrukturen sowie die Erhöhung des eigenen Selbstwerts sind Aspekte, die viele Fahrer mit ihrer Raserei mehr oder weniger bewusst bezwecken. Besonders illegale Straßenrennen bestätigen die damit zusammenhängenden und evolutionär bedingten Triebe nach Wettkampf sowie Zur-Schau-Stellen

---

230 *Raithel*, Unfallursache, S. 40 f. u. 69 ff.; Enzyklopädie der Psychologie – *Rheinberg*, Bd. C/IV/4 S. 115; *Myers*, Psychologie, S. 151 f.; *Müsseler/Rieger*, Allgemeine Psychologie, S. 238 f.; *BASt*, Einflussfaktoren, S. 56; *Jäker*, DPolBl 2/17, 9 (9 ff.); *Brings/Fuchs*, DPolBl 2/17, 20 (21); *Raithel/Widmer*, Deviantes Verkehrsverhalten, S. 18 f.; *Franzke*, Kriminalistik 2017, 362 (366 f.); *C/P/K*, AAaP 43 (2011), 1323 (1324 u. 1329); *Vaaranen/Wieloch*, Young 1/10 (2002), 42 (49 ff.); *Vingilis/Smart*, Traffic Injury Prevention 2/10 (2009), 148 (151).

231 *Jäker*, DPolBl 2/17, 9 (9 ff.); *Graf von Bernstorff*, Verkehrszeichen 4/29 (2013), 27 [S. 2 f.]; *Warwitz*, Sinnsuche im Wagnis, S. 68; *Müsseler/Rieger*, Allgemeine Psychologie, S. 238 f.; *NZZ (Online)*, Fehlendes Einfühlungsvermögen; *FAZ (Online)*, Mit hundert durch die Stadt, S. 2 f.; *Vaaranen/Wieloch*, Young 1/10 (2002), 42 (49).

idealer Männlichkeit als stark, mutig, potent und eigenem Besitztum. Dafür ist es essentiell, Personen aus dem näheren Umfeld (Peergroups, Gleichgesinnte) und andere zu beeindrucken. Der Persönlichkeitsentwicklung jüngerer Fahrer kommt dabei eine zentrale Rolle zu. So kann das Streben nach größerem Ansehen und höherem Selbstwert zur Raserei führen.

(10) Freude am Fahren

Ein allseits bekanntes Motiv spielt ebenfalls eine wichtige Rolle: der Spaß. Spaß ist ein Gefühl, das jeder Mensch gerne erlebt und das die Tätigkeit positiv erscheinen lässt. Macht etwas Spaß, tut der Mensch es gerne. Aufgrund der vielen positiven Sinneseindrücke des schnellen Fahrens, haben Schnellfahrer daran Spaß.[232]
Bei Personen in der jugendlichen Entwicklungsphase kommt dem Spaßfaktor allgemein eine gesteigerte Rolle zu. Aufgrund ihres größeren Stimulationsbedürfnisses und der Suche nach persönlicher Orientierung neigen Jüngere ohne besondere Aktivitäten schnell zum Empfinden von Langeweile und suchen vermehrt nach intensiven Erlebnissen. Dies ist übrigens ein weiterer Grund für die vielen gemeinsamen Aktivitäten der Jüngeren mit ihresgleichen. Wenn eine Aktivität nicht nur den gesuchten Spaß, sondern daneben noch ein Gefühl von Freiheit vermittelt, wird sie als besonders bereichernd empfunden. Dadurch verstärkt sich auch die Empfindung des Spaßes als Handlungsmotiv weiter.[233]

Auch der Flow als Aufgehen in einer Tätigkeit enthält bei dem empfundenen Glückszustand naturgemäß das Spaßelement. Dabei geht der Flow aber nach seiner Art und Intensität über das schlichte Spaßempfinden und einen möglichen Geschwindigkeitsrausch hinaus.[234]

---

232 *Becker-Carus/Wendt*, Allgemeine Psychologie, S. 530; *Werth/Denzler/Mayer*, Sozialpsychologie, S. 204 f.; *DVR*, Gefühlswelten, S. 51 f., 58 f. u. 100; *Vollrath/Krems*, Verkehrspsychologie, S. 126 f.; *Bächli-Biétry*, in: Raser, 122 (130); *Raithel/Widmer*, Deviantes Verkehrsverhalten, S. 19; *NZZ (Online)*, Fehlendes Einfühlungsvermögen.

233 - Beachte dazu die BS-Subskala des Sensation Seeking unter C.III.2.b)bb)(5) [S. 85] und siehe dazu außerdem C.III.2.b)aa) [S. 73], C.III.2.b)bb)(1) [S. 76] sowie C.III.2.b)bb)(8) [S. 95].
- Stützend: *Bächli-Biétry*, in: Raser, 122 (130 f.); *Raithel/Widmer*, Deviantes Verkehrsverhalten, S. 18 f.; *Raithel*, Unfallursache, S. 65 f. u. 89 f.; *DVR*, Gefühlswelten, S. 51 ff.; *BASt*, Einflussfaktoren, S. 18, 23 ff. u. 46; *Barthelmess*, NZV 2019, 289 (289 f.); *NZZ (Online)*, Fehlendes Einfühlungsvermögen.

234 Siehe dazu: C.III.2.b)bb)(6) [S. 88].

Insgesamt ist Spaß als Freude am Fahren, häufig in Verbindung mit einem Gefühl von Freiheit und Geschwindigkeit, ein wichtiger Grund, warum sich Personen gleich welchen Alters bewusst entscheiden zu rasen.

(11) Verbesserung der Fahrfähigkeiten

Bewegt man sich schnell und riskant im Straßenverkehr fort, werden die eigenen Fahrfähigkeiten verstärkt beansprucht, was ganz besonders für Fahrten nahe am physikalischen Grenzbereich gilt. Die fahrerischen Fähigkeiten sind von Person zu Person sehr unterschiedlich und hängen von vielen Faktoren – insbesondere aber der Fahrerfahrung – ab. Wo etwa eine unerfahrene Person das Fahrzeug bei einer schnelleren Kurvendurchfahrt nur mühevoll auf der Fahrbahn halten kann, vermag es ein geübter (Profi-) Fahrer noch bei deutlich höherer Geschwindigkeit sicher durch die Kurve zu steuern. Gerät ein Fahrer mit geringerer Fahrerfahrung öfter in diese anspruchsvolleren Fahrsituationen bzw. sucht er sie mit Lernintention auf, sammelt er entsprechende Fahrerfahrungen. Mit der Zeit tritt dadurch ein Übungseffekt ein, was zu einer Verbesserung seiner Fahrfähigkeiten führt. Durch das größere Fahrkönnen kann der Fahrer dann nicht nur unter normalen Verkehrsbedingungen mit mehr Reserven sicherer fahren, sondern das Fahrzeug auch mit höheren Geschwindigkeiten souveräner bewegen.[235]
Die durch solche Übungseffekte eröffnete Möglichkeit, das eigene Fahrkönnen durch Training in der Praxis zu verbessern, dürfte für einige Raser ein bewusstes Motiv zum Rasen sein. Gerade wenn sie sich mit ihrem Fahrkönnen profilieren wollen, müssen ihre Fahrfähigkeiten vor allem für illegale Straßenrennen möglichst groß sein, was einige zu einem zielgerichteten Training veranlassen wird.

c) Grenzen der Untersuchung

Bei der Untersuchung der Gründe und Motive zu rasen konnte nur teilweise genauer zwischen Einzelraserei und illegalen Straßenrennen differenziert werden. Vor allem weil die Übergänge dazwischen fließend sind, ist eine strikte Trennung weder allgemein für die theoretischen Erklärungen noch konkret nach den wissenschaftlichen Untersuchungen durchweg verlässlich möglich.

---

235 Stützend: *Spiegel*, Die obere Hälfte des Motorrads, S. 147 f.; *Vollrath/Krems*, Verkehrspsychologie, S. 54 f. u. 127; Enzyklopädie der Psychologie – *Rheinberg*, Bd. C/IV/4 S. 111 f.; *OECD/ECMT*, Young Drivers, S. 83 ff.; *Katila/Keskinen/Hatakka*, AAaP 6/28 (1996), 785 (785 ff.).

Gleichwohl können illegale Straßenrennen im Grundsatz als gesteigerte Form der einfachen Raserei verstanden werden[236].
Auch wurde sehr häufig die Formulierung des riskanten bzw. aggressiven Fahrens verwendet, wovon ebenso die meisten der herangezogenen wissenschaftlichen Untersuchungen sprechen. Was darunter ganz genau zu verstehen ist, wird allerdings nirgends abschließend geklärt. Es ist davon auszugehen, dass damit einhellig ein Verkehrsverhalten in Form des nicht geringfügig zu schnellen Fahrens, aber etwa auch des gefährlichen Überholens und zu dichten Auffahrens gemeint ist. Solches Fahrverhalten verstößt in jedem Fall gegen die Verkehrsregeln. Wegen der Bedeutung von „riskant" und „aggressiv" muss weiter davon ausgegangen werden, dass es sich grundsätzlich um zumindest schwerere Verkehrsverstöße handelt. Da beim Rasen als sehr schnelle Fortbewegung eines Kraftfahrzeugs nicht nur die Geschwindigkeitsvorschriften verletzt, sondern in der Regel noch andere Verkehrsverstöße begangen werden, bestehen insgesamt kaum Bedenken, aus riskantem bzw. aggressivem Fahren Rückschlüsse auf das Rasen zu ziehen.[237]

Viele der herangezogenen statistischen Untersuchungen zeigen Korrelationen – vermehrt sogar mit hoher Signifikanz – zwischen den hier untersuchten Faktoren und riskantem/aggressivem Fahren bzw. der Raserei. Gleichzeitig sind zahlreiche der hier zugrunde gelegten allgemeinen Annahmen wissenschaftlich anerkannt und die Bedeutungen sowie Wirkungen der ermittelten Faktoren lassen sich auf wissenschaftlich theoretischer Ebene begründen. Dessen ungeachtet gilt der allgemeine wissenschaftliche Grundsatz: Korrelation ist *keine* Kausalität.[238] Daraus folgt, dass keiner der hier untersuchten Faktoren als für die Raserei zwingend kausal angesehen werden kann, sondern lediglich

236 Siehe: C.I. [S. 27]. und C.II. [S. 30].

237 Selbst wenn diese Annahme in Frage gestellt würde, handelt es sich bei riskantem/aggressivem Fahren trotzdem klassischerweise in erster Linie um ein zu schnelles Fahren. Obwohl ein lediglich wenig riskantes/aggressives Zuschnellfahren mangels Erheblichkeit kein Rasen nach der hier entwickelten Definition darstellte, bliebe am Ende noch immer ein belastbarer (Groß-) Teil des riskanten/aggressiven Fahrens ein Rasen. Die Aussagekraft entsprechender Analysen des riskanten/aggressiven Fahrens würde dadurch mitunter zwar etwas verringert, doch ergäben sich wegen der weiterhin gültigen Grundsätze im Ergebnis keine grundlegenden Abweichungen bei den jeweiligen Rasereifaktoren.

238 *Myers*, Psychologie, S. 32 f.; *Becker-Carus/Wendt*, Allgemeine Psychologie, S. 4 f. u. 24 f.; *Werth/Denzler/Mayer*, Sozialpsychologie, S. 6 f.; *Spektrum (Online)*, Lexikon der Psychologie, „Korrelation".

eine wahrscheinliche Ursache darstellt. Schon aus der Natur von Verhaltensentscheidungen und der Individualität des Menschen ergibt sich, dass weder die ermittelten Charakteristika noch die Gründe und Motive auf jeden Raser zutreffen (müssen), sondern sich vielmehr von Person zu Person und von Situation zu Situation unterscheiden (können).

d) Ergebnis

Insgesamt kann das Rasen nur multifaktoriell und individuell erklärt werden: Die Verhaltensentscheidung zu rasen beruht auf einem komplexen Zusammenwirken von diversen Entscheidungsfaktoren aus den Bereichen tatsächliche bzw. wahrgenommene Umgebung (z. B. Fahrumgebung, Risikounterschätzung, Sanktionen), Persönlichkeitsentwicklung (z. B. Erziehung, Medien, Lerneffekte), Biologie (z. B. Genetik, Gehirnanatomie, Hormonstatus, Evolution), Psyche (z. B. Emotionen, Persönlichkeitsneigungen/-störungen, Flow), soziales Umfeld (z. B. gesellschaftliche Gruppen, erwartbares Verhalten, Kultur), Persönlichkeit (z. B. Einstellungen, Sensation Seeking, Selbstfixierung, Regelakzeptanz) sowie persönliche Absichten (z. B. Freude am Fahren, Selbstprofilierung und -aufwertung). Dabei kann ein Faktor je nach Ausprägung bzw. Dominanz rasereifördernd, neutral oder mitunter sogar rasereihemmend wirken.

IV. Praktische Maßnahmen gegen Raserei

Seine Bürger vor Schäden zu bewahren, ist Ziel und zugleich grundgesetzliche Aufgabe des Staates.[239] Der Schutz im heute hochfrequenten und schnellen Straßenverkehr ist ein wichtiger Bereich, was anhand der Verbreitung und den erheblichen Folgen von Verkehrsunfällen[240] deutlich wird. Der Befolgung der Verkehrsvorschriften wird dabei eine große Bedeutung beigemessen und es werden zahlreiche staatliche Maßnahmen zu ihrer Einhaltung ergriffen. Viele dieser Maßnahmen richten sich gegen Geschwindigkeitsverstöße und erfassen so gleichzeitig auch die Raserei. Daneben existieren noch einige Schwerpunktmaßnahmen, die gezielt auf Einzelraserei und illegale Straßenrennen ausgerichtet sind.

---

239 BVerfGE 88, 203 (254 f.); BVerfG, NJW 2013, 847 (848); BVerfG, BeckRS 2019, 12856; Sachs – *Sachs*, Vor Art. 1 GG Rn. 35 ff.; Epping/Hillgruber – *Lang*, Art. 2 GG Rn. 74 ff.; Jarass/Pieroth – *Jarass*, Vor Art. 1 GG Rn. 4 f.; *UDV*, Regelverstöße im Straßenverkehr, S. 11 u. 56.

240 Siehe: C.II.1. [S. 30]. und C.II.2. [S. 37].

1. Maßnahmen der Straßenbehörden

Die häufigste Methode, um für sichereres Fahren auf einer Straße zu sorgen, ist die konkrete Anordnung einer zulässigen Höchstgeschwindigkeit nach §§ 45 I 1, 39 II, 41 I StVO mittels Verkehrszeichen Nr. 274 (der Anlage 2 zu § 41 I StVO), die unterhalb der allgemeinen Höchstgeschwindigkeitsgrenzen des § 3 III StVO liegt. So wird neben den weiterhin gültigen allgemeinen Bestimmungen des § 3 I StVO eine niedrigere erlaubte Geschwindigkeit für den Streckenabschnitt festgelegt, die die Verkehrsteilnehmer zu einer entsprechend langsameren Fahrt bewegen soll.
Angeordnet werden solche Geschwindigkeitsgrenzen durch die nach § 44 I StVO (ggf. i.V.m. Landesrecht) zuständigen Straßenverkehrsbehörden. Dieselben Behörden sind auch berechtigt, Gefahrenzeichen nach §§ 45 I 1, 39 II, 40 I, VI, VII StVO mittels Verkehrszeichen (z. B. Nr. 101, Nr. 105, Nr. 133 der Anlage 1 zu § 40 VI und VII StVO) an kritischen Orten aufzustellen. Damit soll der Verkehrsteilnehmer vor entsprechenden Gefahren gewarnt werden, damit die Geschwindigkeit angepasst und so sicherer gefahren wird.

Daneben hat die bauliche Ausgestaltung einer Straße einen bedeutenden Einfluss auf die gefahrenen Geschwindigkeiten. Je nach Straßenart, -führung, -komfort und möglichen -hindernissen können höhere Fahrgeschwindigkeiten physikalisch wie auch motivational begünstigt oder gehemmt werden.[241] Deshalb achtet die nach jeweiligem Landesrecht zuständige Straßenbauverwaltung regelmäßig schon beim Bau einer Straße auf eine geschwindigkeitsangepasste und sichere Straßengestaltung. Des Weiteren werden bei bereits bestehenden Straßen an geeigneten Stellen Hindernisse wie Verkehrsinseln, Fahrbahnverengungen, Bodenschwellen und Rüttelstreifen errichtet, die eine zu schnelle Durchfahrt erschweren und so zu einer Geschwindigkeitsreduktion führen sollen.[242]

Die Allgemeine Verwaltungsvorschrift zur StVO (VwV-StVO) regelt in ihrer Vorschrift zu § 44 StVO in I. und II. sogar explizit, dass die Straßenverkehrs- und Straßenbaubehörden geeignete Maßnahmen zu ergreifen haben, um Verkehrsunfälle und so mittelbar auch Raserei zu verhindern. Zwischen allen beteiligten Behörden soll eine enge Zusammenarbeit erfolgen.

---

241 Siehe dazu: C.III.2.a)aa) [S. 59].

242 Stützend: *Bundeministerium für Verkehr*, Bauliche Maßnahmen zur Verkehrsberuhigung; *Schnabel*, Grundlagen der Straßenverkehrstechnik, S. 508 ff. u. 579 ff.; *UDV*, Verkehrsregelakzeptanz, S. 111 f.; *C-R/R/Z*, Verkehrspsychologie, S. 30; *Baldarelli*, DPolBl 2/17, 2 (3).

2. Maßnahmen der Polizei und anderer Sicherheitsbehörden

Neben der Durchsetzung der Verkehrsvorschriften ist die Polizei ebenfalls für die Verhinderung von Unfällen im Straßenverkehr zuständig.

Verbreitetste Maßnahme sind Geschwindigkeitskontrollen durch die Polizei bzw. die sonst nach Landesrecht zuständigen Sicherheitsbehörden (§ 26 I StVG, § 36 I Nr. 1 OWiG), um für das Einhalten der maximal erlaubten Geschwindigkeit zu sorgen. Meist werden dazu stationäre oder mobile Messgeräte mit unterschiedlicher Messtechnik (Radar, Lichtschranke, Laser, Helligkeitssensor) verwendet, die bei Messungen einer über dem eingestellten Grenzwert liegenden Geschwindigkeit auslösen und bei integrierten Fotoapparaturen ein Bild der betroffenen Fahrzeuge mit den Fahrzeugführern aufnehmen. Eine weitere Möglichkeit der Geschwindigkeitsmessung ist das Nachfahren mit einem Polizeifahrzeug. Verfügt das Polizeifahrzeug über ein Police-Pilot-System (geeichter digitaler Tachometer, Videokameras, Steuergerät) werden die Geschwindigkeit bei der Messung automatisch ermittelt und der Fahrtverlauf aufgezeichnet. Ohne ein solches System muss der Beamte die Geschwindigkeit des anderen Fahrzeugs anhand des eigenen Tachowerts und der Abstandsänderung schätzen. Bei allen Messverfahren sind je nach technischer Genauigkeit Toleranzen vom ermittelten Wert abzuziehen.[243]
Geschwindigkeits- und sonstige Verkehrsverstöße werden häufig auch nur zufällig bei normalen Streifenfahrten entdeckt. Solche Fahrten finden nicht nur in Streifenwagen zur Demonstration von Polizeipräsenz statt, sondern erfolgen ebenso in – meist mit einem Police-Pilot-System oder einfachen Videosystemen – ausgerüsteten Zivilfahrzeugen, um verdeckt zu ermitteln. Bei einem festgestellten Verstoß oder einem Anfangsverdacht für unzulässige Fahrzeugumbauten kann der Fahrer angehalten und mit seinem Fahrzeug kontrolliert werden (§ 36 V StVO, § 163 I 2 StPO[244]).[245]

---

243 *Blindenbacher*, in: Verkehrsüberwachung, 16 (17 ff.); *Brings/Fuchs*, DPolBl 2/17, 20 (21 ff.); NK-GVR – *Krumm*, Anhang zu § 3 StVO Rn. 1 ff.; B/H/H/J – *Burmann*, § 3 StVO Rn. 85 ff.; Hentschel/König/Dauer – *König*, § 1 StVG Rn. 56b ff.

244 Sofern es sich bei der im Raum stehenden Tat um eine Ordnungswidrigkeit handelt, wie es im Straßenverkehr zumeist der Fall ist, sind die Normen der StPO über § 46 I OWiG anwendbar.

245 Stützend: *Blindenbacher*, in: Verkehrsüberwachung, 16 (18 f.); *Brings/Fuchs*, DPolBl 2/17, 20 (21 ff.); *ADAC (Online)*, Illegale Autorennen; *Autobild (Online)*, Soko Autoposer.

Werden dabei am Fahrzeug unzulässige Veränderungen (wie z. B. zu laute Abgasanlagen, zu tiefe Tieferlegungen, zu starke Leistungssteigerungen) bzw. andere Fahrzeugmängel festgestellt, können die Polizeibeamten dem Fahrer die Weiterfahrt untersagen und sogar das Fahrzeug abschleppen lassen. Voraussetzung dafür sind aber so schwerwiegende Mängel, dass entweder die Betriebserlaubnis/EU-Typengenehmigung[246] des Fahrzeugs erloschen sein muss[247] oder vom Fahrzeug Gefahren für andere ausgehen können[248]. Die Polizei kann ein Abschleppen des Fahrzeugs ansonsten zur Beweissicherung für eine mit diesem in Verbindung stehende Ordnungswidrigkeit oder Straftat durch Sicherstellung[249] durchführen, wobei immer der Verhältnismäßigkeitsgrundsatz zu beachten ist. Für folgende Maßnahmen informiert die Polizei die dafür zuständige Behörde, die dann ggf. selbst tätig wird (z. B. Betriebsuntersagung nach § 5 I FZV).

Unabhängig vom Fahrzeug kann die Polizei den Führerschein des Fahrers vor Ort sicherstellen. Dies ist möglich zur Beweissicherung (§§ 94 I, II, 98 I 1 StPO), bei Gefahr im Verzug im Sinne einer Gefährdung der Allgemeinheit durch zukünftige schwerwiegende Verkehrsverstöße eines insofern zum Führen von

---

246 Die Begrifflichkeiten sind in § 2 Nr. 4, 5 und 6 FZV erläutert, wobei nach aktuellem EU-Recht (nun) die EU-Typengenehmigung die (frühere) EG-Typengenehmigung darstellt.

247 Die Polizei wird dann repressiv zur Aufklärung von Ordnungswidrigkeiten tätig: Die Betriebserlaubnis des Fahrzeugs erlischt gemäß § 19 II 2 StVZO unter entsprechenden Voraussetzungen kraft Gesetz, womit das Kraftfahrzeug auf öffentlichen Straßen grundsätzlich nicht mehr in Betrieb genommen werden darf (§ 19 V 1 StVZO). Jede Zuwiderhandlung stellt eine Ordnungswidrigkeit nach § 24 I StVG i.V.m. § 69a II Nr. 1b StVZO dar. Das gleiche gilt gemäß § 19 VII StVZO für die EU-Typengenehmigung. Da die Polizeibeamten bei der Fahrzeugkontrolle vor Ort aber nur begrenzte Untersuchungsmöglichkeiten haben, kann das Fahrzeug schon bei Verdacht zur Beweissicherung nach § 94 I, II, 98 I 1 StPO sichergestellt werden, um eine spätere sachverständige Überprüfung des Fahrzeugs gemäß § 19 II 7 StVZO zu ermöglichen.

248 Die Polizei wird dann (in ihrer Eilkompetenz) präventiv zur Gefahrenabwehr tätig: Die Untersagung der Weiterfahrt wird auf die Ermächtigung der polizeilichen Generalklausel und das Abschleppen auf die Ermächtigung der Sicherstellungsvorschriften nach dem jeweiligen Landesrecht zur Gefahrenabwehr gestützt.

249 Der Begriff der Sicherstellung wird hier als Oberbegriff für eine einfache Sicherstellung nach § 94 I StPO und eine Beschlagnahme nach §§ 94 I, II, 98 I 1 StPO verwendet.

Kraftfahrzeugen ungeeigneten Fahrers (§§ 94 I, II, III, 98 I 1, 111a I StPO i.V.m. § 69 StGB) oder zur unmittelbaren Gefahrabwehr (nach Landesrecht).[250]

Werden Verstöße gegen Verkehrsvorschriften festgestellt, leiten die Behörden Verfahren gegen die betreffenden Personen wegen entsprechender Ordnungswidrigkeiten (vor allem nach § 24 I StVG i.V.m. § 49 StVO; i.V.m. § 69a StVZO oder i.V.m. § 48 FZV) oder Straftaten (z. B. nach § 315c, § 316) ein, die am Ende regelmäßig eine Geldbuße oder Strafe zur Folge haben. Durch die zuständige Behörde werden daneben ggf. noch fahrerlaubnisrechtliche Maßnahmen ergriffen (z. B. Eintragung von Punkten, Entziehung der Fahrerlaubnis)[251].

Einige Polizeibehörden haben Sondereinheiten eingerichtet, deren Aufgabe und Expertise speziell auf die Bekämpfung von Raserei und illegalen Straßenrennen bzw. des oft damit zusammenhängenden Tunings und Posens[252] gerichtet ist. Vorreiter ist die Polizei Köln, die bereits 2015 die SOKO „Rennen“ ins Leben rief. Einige andere Großstädte sind mit ähnlichen Sondereinheiten nachgezogen, so bspw. die SOKO „Autoposer“ in Hamburg (2017), die „AG Tuning“ in Düsseldorf (2017), die SOKO „KART“ in Frankfurt a. M. (2018). Gerade solche spezialisierten Einheiten versuchen die Raser zu entdecken oder gar die Raser-Szenen zu infiltrieren, um Rechtsverstöße von vornherein zu verhindern, Raser auf frischer Tat dingfest zu machen oder zumindest Informationen über sie zu gewinnen. Auch ohne Sondereinheiten führt die Polizei durchaus gezielte Kontrollen sowie mitunter Schwerpunkt-/Großkontrollen gegen Raser und Poser durch. Besonderes Augenmerk wird auf schwere Verkehrsverstöße, illegales Tuning und Überschreitungen der Lautstärke gelegt.[253]

---

250 Stützend: BGHSt 22, 385 (387 ff.); OLG Stuttgart, NJW 1969, 760 (761); NK-GVR – *Kerkmann*, § 111a StPO Rn. 17 ff.; MüKo-StVR – *Krafka*, § 111a StPO Rn. 27; Löwe-Rosenberg – *Hauck*, § 111a StPO Rn. 67 u. 72; Meyer-Goßner/Schmitt – *Köhler*, § 111a StPO Rn. 15 f.; BeckOK-StPO – *Huber*, § 111a Rn. 12; *Baldarelli*, DPolBl 2/2017, 12 (16).

251 Siehe zu den rechtlichen Aspekten der fahrerlaubnisrechtlichen Maßnahmen ausführlich später: D.II.2. [S. 397].

252 Siehe dazu: C.III.2.a)dd)(3) [S. 65] und auch C.III.2.b)bb)(9) [S. 96].

253 *Brings/Fuchs*, DPolBl 2/17, 20 (21 ff.); *Schärer*, DPolBl 2/17, 17 (18 ff.); *Autobild (Online)*, Soko Autoposer; *WDR (Online)*, Unfälle durch illegale Autorennen; *Welt (Online)*, Ein Jahr Soko Autoposer; *ADAC (Online)*, Illegale Autorennen; *Welt (Online)*, Illegale Autorennen.

Wie intensiv die Sicherheitsbehörden allgemein gegen Verkehrsverstöße und konkret gegen Raser vorgehen, ist von Behörde zu Behörde unterschiedlich. Schon die Einrichtung der aufgezählten polizeilichen Sondereinheiten mit ihren entsprechenden Schwerpunkten in nur einigen deutschen Großstädten und die Wahl sowie Intensität der getroffenen Maßnahmen zeigen hierbei große Abweichungen – insbesondere bei der Verfolgung von Rasern. Dies liegt nicht daran, dass die Probleme der Raserei auf bestimmte Städte oder Regionen begrenzt sind, gleichwohl es mehr und weniger stark betroffene Orte gibt. Denn selbst die Kölner Polizei räumt ein, dass sie das konkrete Ausmaß des Rasens und die dortige Raser-Szene erst dann ausgemacht hat, als sie mit ihrer Sonderkommission zielgerichtet ermittelte.[254] Der Verfolgungsdruck auf Raser und Rennfahrer hängt so neben personellen und finanziellen Verfolgungsaspekten auch erheblich davon ab, wie ernst diese Probleme von den Behörden genommen werden.

3. Maßnahmen der Justiz

Haben die Sicherheitsbehörden Verstöße gegen ordnungswidrigkeitsbewehrte Verkehrs- oder Strafvorschriften festgestellt, kann es zu einer Beteiligung von Staatsanwaltschaft und Gericht kommen. Nach dem Legalitätsgrundsatz wird die Justiz bei Straftaten immer tätig (§ 152 II StPO). Bei Ordnungswidrigkeiten gilt hingegen der Opportunitätsgrundsatz, demgemäß die Verfolgung im pflichtgemäßen Ermessen der Verfolgungsbehörde liegt (§ 47 I 1 OWiG). Nur wenn das Verfahren nicht vorher eingestellt wird und der Betroffene Einspruch gegen den Bußgeldbescheid einlegt, wird die Justiz tätig (§§ 68 f. OWiG). Wenn es im Straßenverkehrsbereich zu Verfahren mit Beteiligung der Justiz kommt, sind diese in aller Regel zwar verhältnismäßig häufig, aber meist wenig umfangreich (Massenverfehlungen)[255].

Teilweise erfolgt die Bearbeitung der Verfahren gegen Raser bei den Justizbehörden in Schwerpunkteinheiten der Staatsanwaltschaften.[256] Solche Konzentrationen sind aber eher die Ausnahme, weil schon die Anzahl bzw. der Umfang

254 *Brings/Fuchs*, DPolBl 2/17, 20 (22); *FAZ (Online)*, Mit hundert durch die Stadt, S. 3.

255 LK – *König*, § 315c StGB Rn. 1 u. § 316 StGB Rn. 1; *Kaiser*, Kriminologie, Rn. 77/1 u. 77/8; *Reiff*, Straßenverkehrsdelinquenz in Deutschland, S. 119; *Neubacher*, Kriminologie, Rn. 18/2 f.; *Klesczewski*, in: 58. Deutscher Verkehrsgerichtstag, 173 (174); *Schlanstein*, in: Verkehrsüberwachung, 22 (23); *Winkelmann*, BerlAnwBl 2020, 109 (109); *Wehrli*, Der Risikotäter im Straßenverkehr, S. 10 u. 41.

256 *Winkelmann*, BerlAnwBl 2020, 109 (109); *Brings/Fuchs*, DPolBl 2/17, 20 (22).

dieser Verfahren sehr unterschiedlich ist und es für eine Spezialisierung häufig an entsprechenden Kapazitäten fehlt. Eine allgemeine Tendenz zur Konzentration oder Spezialisierung des Justizapparats gegen Raser kann im Gegensatz zur Polizei nicht ausgemacht werden.

Wurden durch das Rasen Personen geschädigt, werden die dazugehörigen Strafverfahren gerade bei illegalen Straßenrennen sehr umfassend geführt. In der Vergangenheit endeten sie jedoch nicht selten mit Verurteilungen des Täters zu weniger als zwei Jahren Freiheitsstrafe und deren Aussetzung zur Bewährung, selbst dann, wenn unbeteiligte Passanten getötet wurden. Nur in wenigen Fällen wurden Freiheitsstrafen ohne Bewährung verhängt. Ebenso bewegte sich die Länge der im Rahmen von Fahrerlaubnisentziehungen (§ 69) verhängten Sperren für die Neuerteilung (§ 69a I) eher im mittleren Bereich der zeitigen Höchstgrenze.[257] Dieses durchaus als zurückhaltend einzustufende Vorgehen der Justiz wurde erst durch den Raserfall vom Berliner Kurfürstendamm teilweise aufgebrochen, indem die zuständige Staatsanwaltschaft bei einem Straßenrennen wohl erstmals wegen eines vorsätzlichen Tötungsdeliktes ermittelte und die Raser entsprechend anklagte. Schon im Ermittlungsverfahren ging damit die Untersuchungshaft der Tatverdächtigen einher. Spätestens nachdem die 35. Strafkammer des Landgerichts Berlin zu der gleichen Tatbewertung kam und die Angeklagten zu lebenslanger Freiheitsstrafe wegen Mordes verurteilte, folgten auch andere Staatsanwaltschaften und Gerichte diesem Vorgehen in ähnlich gelagerten Fällen. Insofern hat zumindest bei schweren Fällen der Raserei eine

257 - AG Köln, 643 Ls 308/15 10 Js 22/15, Urteil vom 12.01.2016 – im Internet abrufbar: www.justiz.nrw/BS/nrwe2 (Stand: 30.11.2018); LG Köln, 117 KLs 19/15, Urteil vom 14.04.2016 – im Internet abrufbar: www.justiz.nrw/BS/nrwe2 (Stand: 30.11.2018); darauffolgend BGH, 4 StR 415/16, Urteil vom 06.07.2017 – im Internet abrufbar: www.bundesgerichtshof.de (Stand: 30.11.2018); LG Köln, 113 KLs 34/15, Urteil vom 23.05.2016 – im Internet abrufbar: www.justiz.nrw/BS/nrwe2 (Stand: 30.11.2018); LG Hagen, 46 KLs 25/16, Urteil vom 03.07.2017 – im Internet abrufbar: www.justiz.nrw/BS/nrwe2, (Stand: 30.11.2018); LG Hamburg, 709 Ns 28/17, Urteil vom 05.01.2018 – im Internet abrufbar: www.juris.de (Stand: 30.11.2018); *Focus (Online)*, Tödliches Autorennen; *SVZ (Online)*, Toter bei Raser-Unfall.
- Siehe zu den rechtlichen Aspekten von Fahrerlaubnisentziehungen und Sperren (§§ 69 f.) ausführlich später: D.II.2. [S. 397].

gewisse Trendwende hin zu einer grundsätzlich schärferen Strafverfolgung durch die Justiz stattgefunden.[258]

4. Maßnahmen sonstiger Institutionen

In letzter Zeit sind Entwicklungen auszumachen, die auf eine engere Zusammenarbeit zwischen den mit Raserei beschäftigten staatlichen Institutionen zielen. Durch abgestimmte Maßnahmen und Arbeitsprozesse von den Straßenbehörden, über die Polizei, den anderen Sicherheitsbehörden, über die Fahrerlaubnisbehörden, die Staatsanwaltschaften bis hin zu den Gerichten sollen ein höherer (Verfolgungs-) Druck aufgebaut, die Verfahren beschleunigt und nachhaltigere Konsequenzen für das Rasen durchgesetzt werden. Allerdings ist eine solche enge behördliche Kooperation noch eher die Ausnahme als die Regel. Positives Beispiel ist dabei erneut Köln, aber auch Berlin.[259]

Insbesondere im Rahmen dieser verstärkten Zusammenarbeit finden aber nicht nur Maßnahmen zur Rechtsdurchsetzung statt, sondern es werden auch weiterführende Ansätze verfolgt, um das Problem des Rasens einzudämmen. Dazu gehören Aufklärungsveranstaltungen z. B. an Schulen und Kampagnen gegen Raserei. Beispielhaft zu nennen ist die umfangreiche Kampagne „Null Toleranz gegen Raser“ mit dem Hashtag „#ichrasenicht“, bei der durch Print- und Online-Medien vor allem aus jugendlicher Sicht nachdrücklich die Gefahren des Rasens vor Augen geführt werden und um Mithilfe der Bevölkerung (in Akutfällen über den Notruf 110) gebeten wird. Ähnliche Kampagnen werden auch für andere Gefahren des Straßenverkehrs eingesetzt, um zu sensibilisieren

---

258 Stützend: LG Berlin, (535 Ks) 251 Js 52/16 (8/16), Urteil vom 27.02.2017 – im Internet abrufbar: www.juris.de (Stand: 14.05.2018); nach erfolgreicher Revision darauffolgend LG Berlin, (532 Ks) 251 Js 52/16 (9/18), Urteil vom 26.03.2019 (unveröffentlicht); darauffolgend BGH, 4 StR 482/19, Urteil vom 18.06.2020, Rn. 19 ff. – im Internet abrufbar: www.bundesgerichtshof.de (Stand: 25.09.2020); BGH, 4 StR 158/17, Urteil vom 01.03.2018, Rn. 8 ff. – im Internet abrufbar: www.bundesgerichtshof.de (Stand: 14.05.2019); *Der Tagesspiegel (Online)*, Nach tödlichem Straßenrennen in Berlin; *Der Spiegel (Online)*, Urteil gegen YouTube-Raser; *Autobild (Online)*, Raser-Urteile; *Welt (Online)*, Taxi-Dieb verursacht Unfall; *Zeit (Online)*, Prozess in Kleve.

259 *Winkelmann*, BerlAnwBl 2020, 109 (109); *Baldarelli*, DPolBl 2/17, 2 (3); *Schärer*, DPolBl 2/17, 17 (18 ff.); *Brings/Fuchs*, DPolBl 2/17, 20 (22); *Polizei Köln (Online)*, Null Toleranz; *Stadt Köln (Online)*, Null Toleranz für Raser; *TAZ (Online)*, Illegale Autorennen.

und angepasstes Fahrverhalten zu fördern – so z. B. die bundesweite Kampagne „Runter vom Gas". Nichtstaatliche Organisationen wie der TÜV oder ADAC sind bei solchen Projekten regelmäßig mit eingebunden oder werden eigenständig tätig.[260]

5. Zusammenfassung

Insgesamt ist das Vorgehen gegen Einzelraserei und illegale Straßenrennen durch viele Ansätze verschiedener staatlicher Institutionen geprägt. Die Intensität hängt dabei in erster Linie von der Priorisierung und Ernstnahme des Problems durch die Behörden sowie von der Zusammenarbeit aller Institutionen ab. In letzter Zeit gibt es positive Entwicklungen hin zu einer Bekämpfung der Raserei, die den Namen nicht nur symbolisch trägt, sondern mit hohem personellen und materiellen Aufwand sowie einem umfassenden Konzept in immer mehr Gebieten Deutschlands gegen Raserei vorgeht. Mehrheitlich ist Raserei aber noch ein Phänomen, das trotz seiner Gefährlichkeit und Folgen regelmäßig keine besondere Aufmerksamkeit und gezielte Gegenmaßnahmen durch den Staat erfährt.

260 *Brings/Fuchs*, DPolBl 2/17, 20 (22); *Polizei Köln (Online)*, Null Toleranz; *Stadt Köln (Online)*, Null Toleranz für Raser; *Polizei NRW (Online)*, Crash Kurs NRW; *Runter vom Gas (Online)*, Startseite; *Gib Acht im Verkehr (Online)*, No Game!; *Tune it! Safe! (Online)*, Startseite.

D. Rasen nach neuer und alter Rechtslage

Lange Zeit war dies auch die vorherrschende allgemeine Meinung in der Politik und insbesondere in der Bundesregierung: Weder bedürfe es für illegale Straßenrennen einer Gesetzesänderung, weil die (damaligen) Vorschriften die Allgemeinheit hinreichend schützten, noch ständen solche Verkehrsverstöße im Vordergrund der gemeinsamen Verkehrsarbeit von Bund und Ländern.[261]

Erst der Gesetzesantrag der Bundesländer Nordrhein-Westfalen und Hessen zum „Entwurf eines Strafrechtsänderungsgesetzes – Strafbarkeit nicht genehmigter Kraftfahrzeugrennen im Straßenverkehr" im Bundesrat sollte im Juli 2016 daran etwas ändern.[262] Nach Beratungen in den zuständigen Fachausschüssen und im Plenum verabschiedete der Bundesrat im September 2016 einen entsprechenden Gesetzentwurf, der beim Bundestag eingebracht wurde.[263] Dieser Entwurf erfuhr im Verlaufe des Gesetzgebungsprozesses im Bundestag durch Ausschuss- und Plenarberatungen zahlreiche Änderungen, die dann in die im Juni 2017 beschlossene Endfassung mündeten.[264] Nach Verkündung trat das „Sechsundfünfzigste Strafrechtsänderungsgesetz – Strafbarkeit nicht genehmigter Kraftfahrzeugrennen im Straßenverkehr" am 13. Oktober 2017 in Kraft.[265]

I. Die Gesetzesänderungen im Allgemeinen

Das neue Gesetz enthält im Wesentlichen Änderungen in drei Rechtsbereichen: Ordnungswidrigkeiten/Straftaten, Fahrerlaubnis und Einziehung.[266]

Durch Einführung des neuen § 315d StGB werden Ausrichtung, Durchführung von und Teilnahme an illegalen Straßenrennen fortan als Straftat eingestuft,

---

261 BT-Drs. 18/8993, S. 3 f.

262 BR-Drs. 326/16.

263 BR-Drs. 362/16 (Beschluss) und BT-Drs. 18/10145.

264 BT-Drs. 18/12936, S. 3 ff.; BT-Drs. 18/10145, S. 5 f.; BT-Plenarprotokoll 18/243, 24902 (24909).

265 - BGBl. I 2017, S. 3532.
- Siehe zum gesamten Gesetzgebungsverfahren: http://dip.bundestag.de/vorgang/strafrechtsänderungsgesetz-strafbarkeit-nicht-genehmigter-kraftfahrzeugrennen-im-straßenverkehr/75243 .

266 BGBl. I 2017, S. 3532.

bei dessen Verwirklichung neben Geld- auch Freiheitsstrafen verhängt werden können. Kommt es bei der Raserei zu weiterführenden Folgen, kann im schwersten Falle zu einer Freiheitsstrafe von bis zu zehn Jahren verurteilt werden. Unter bestimmten Voraussetzungen unterfällt auch die Einzelraserei der neuen Norm des § 315d. Als Konsequenz dieser Hochstufung solcher Raserei von Ordnungswidrigkeiten hin zu Straftaten mussten entsprechende Normen im Straßenverkehrsrecht geändert bzw. aufgehoben werden (bspw. § 29 I StVO).

Des Weiteren wurde im StGB die Entziehung der Fahrerlaubnis nach § 69 II dahingehend geändert, dass für § 315d die neue Nr. 1a geschaffen wurde. Vergleichbare fahrerlaubnisrechtliche Anpassungen erfuhr auch die FeV[267], in die § 315d als Straftat in Anlage 12 Nr. 1.1 (zur Fahrerlaubnis auf Probe) und Anlage 13 Nrn. 1.6, 2.1.6 (zum Fahreignungs-Bewertungssystem) eingefügt wurde.

Vollkommen neu ist der § 315 f, der nun explizit die Möglichkeit der Einziehung für Kraftfahrzeuge vorsieht, mit denen § 315d I Nr. 2 und 3 verwirklicht wird. Dafür sind auch die umfassenden Neuregelungen der allgemeinen Einziehungsvorschriften des 7. Titels des StGB (§§ 73 ff.) und damit zusammenhängender Gesetze (vor allem §§ 111b ff., 421 ff. und 459g ff. StPO) durch das ab Juli 2017 geltende „Gesetz zur Reform der strafrechtlichen Vermögensabschöpfung“[268] auf Grundlage der „Richtlinie 2014/42/EU des Europäischen Parlaments und des Rates vom 3. April 2014 über die Sicherstellung und Einziehung von Tatwerkzeugen und Erträgen aus Straftaten in der Europäischen Union“[269] bedeutsam.

Insgesamt beinhaltet das ab dem 13. Oktober 2017 geltende 56. Strafrechtsänderungsgesetz also wesentliche Änderungen, die illegalen Straßenrennen und bestimmten Formen der Einzelraserei eine höhere Bedeutung beimessen. Dadurch sollen den Sicherheitsbehörden und der Justiz beim Vorgehen gegen Raserei erweiterte Kompetenzen und stärkere Sanktionsmöglichkeiten eingeräumt werden.[270]

---

267 Verordnung über die Zulassung von Personen zum Straßenverkehr (Fahrerlaubnis-Verordnung – FeV).

268 BGBl. I 2017, S. 872; BT-Drs. 18/11640.

269 ABl. L 127 vom 29.04.2014, S. 39 ff.

270 BT-Drs. 18/10145, S. 1.

II. Die Rechtslage im Konkreten

Die konkrete Erarbeitung der neuen Rechtslage mit dem Vergleich zur alten vor der Gesetzesänderung gliedert sich thematisch in die drei Felder Ordnungswidrigkeiten/Straftaten, Fahrerlaubnis und Einziehung.

1. Strafen und Ahndungen für Raserei

Jede Sanktionsnorm aus dem Ordnungswidrigkeiten- und Strafrecht setzt als Anknüpfungspunkt eine Handlung voraus.[271] Diese Handlung ist im Folgenden das Rasen als menschliches Verhalten, bei dem der Fahrer mit seinem Kraftfahrzeug im öffentlichen Straßenverkehr die erlaubte Geschwindigkeit erheblich überschreitet.[272] Nur wenn sich Unterschiede zwischen der Einzelraserei und einem illegalen Straßenrennen ergeben, wird für das Rasen entsprechend differenziert. Für die Handlung wird hier grundsätzlich von einem rechtswidrigen und vorwerfbaren/schuldhaften Verhalten ausgegangen.

Die Untersuchung zu den Strafen und Ahndungen ist nach den eintretenden Folgen der Raserei gegliedert: Raserei ohne Folgen, Raserei mit konkreter Gefährdung und Raserei mit Schädigungserfolg. Entsprechend werden die relevanten Rechtsnormen und deren Varianten eingeordnet, wobei die Zuwiderhandlungen im Verlauf grundsätzlich immer schwerwiegender werden.

a) Raserei ohne Folgen

Vermehrt bleibt die Raserei ohne Folgen, d. h., es kommt weder zu einem Unfall noch zu einer konkreten Gefährdung fremder Personen oder Sachen. Neben Verstößen gegen ordnungswidrigkeitsbewährte Verkehrsvorschriften kommen für die Raser Strafbarkeiten nach § 240 I und vor allem nach § 315d I in Betracht.

aa) Ordnungswidrigkeiten

Wird gerast, überschreitet der Fahrer die erlaubte Höchstgeschwindigkeit. Er verstößt so gegen die allgemeine Regel des § 3 I StVO (angepasste Geschwindigkeit), die Vorgaben des § 3 III StVO (zulässige Höchstgeschwindigkeit

---

271 Lackner/Kühl – *Heger*, Vor § 13 StGB Rn. 7; LK – *Walter*, Vor §§ 13 ff. StGB Rn. 37 ff.; KK – *Rengier*, Vor §§ 8 ff. OWiG Rn. 3 ff.; *Wessels/Beulke/Satzger*, StR AT, Rn. 132 ff.; *Kühl*, StR AT, Rn. 2/3; B/W/M/E (AT) – *Eisele*, Rn. 9/34 ff.

272 Siehe: C.I. [S. 27].

unter günstigsten Umständen) oder die mittels Verkehrszeichen für den Streckenabschnitt getroffene Anordnung der §§ 45 I 1, 39 II, 41 I StVO i.V.m. Zeichen 274(.1) der Anlage 2 StVO (zulässige Höchstgeschwindigkeit durch Verkehrszeichen).
Handelt der Fahrer dabei vorsätzlich oder fahrlässig, begeht er eine Ordnungswidrigkeit nach § 24 I StVG i.V.m. §§ 49 I Nr. 3, 3 I/III StVO oder i.V.m. §§ 49 III Nr. 4, 41 I StVO. Gemäß § 24 III Nr. 5 StVG kann sie mit einer Geldbuße von bis zu 2.000 € bei Vorsatz und bis zu 1.000 € bei Fahrlässigkeit (§ 17 II OWiG) geahndet werden. Erfolgt die Zuwiderhandlung unter gewöhnlichen Umständen, was beim Rasen fraglich ist, sind stattdessen (auf Grundlage des § 26a StVG) die nach § 1 I 1, II BKatV in Form des Bußgeldkatalogs festgesetzten Beträge als Regelsätze für die Geldbußen der jeweiligen Ordnungswidrigkeiten festzusetzen. Sie sind bei vorsätzlichem Handeln gemäß § 3 IVa BKatV zu verdoppeln. Regelsätze von bis zu 55 € gelten dabei als Verwarnung/-sgeld (§ 1 I 2 BKatV) mit den Besonderheiten des § 2 BKatV.
Für Geschwindigkeitsverstöße sind die Regelsätze unter den laufenden Nrn. 8 bis 11 der Anlage zu § 1 I BKatV aufgeführt. Je nach Schwere der Höchstgeschwindigkeitsüberschreitung sieht Tabelle 1 zur Nr. 11(.3) unter Buchstabe c) für Kraftfahrzeuge (ohne Anhänger) bis 3,5 t Gesamtmasse (i.S.v. § 3 III Nr. 2 lit. c StVO) weiter abgestufte Regelsätze vor. Demnach reicht die Bandbreite bei einem Verwarngeld von 20 € für eine Geschwindigkeitsüberschreitung um bis zu 10 km/h außerorts bis hin zu einem Bußgeld von 1.600 € für eine vorsätzliche Überschreitung um mehr als 70 km/h innerorts.
Nicht selten werden beim Rasen auch noch andere Verkehrsvorschriften verletzt, wie bspw. Regeln zum Abstand (§ 4 I StVO), zur Vorfahrt/zum Halten (§ 8; §§ 39 II, 41 I; § 37 StVO) bzw. zum Überholen (§ 5 StVO). Diese sind ebenfalls nach § 24 I StVG i.V.m. § 49 I/III StVO ordnungswidrigkeitsbewährt und ziehen entsprechende Geldbußen – auch gemäß der BKatV – nach sich.

Im Rahmen illegaler – also nicht nach § 29 II 1 StVO genehmigter – Straßenrennen werden solche Verkehrsverstöße zumeist von jedem der Fahrer und dabei mehrfach begangen. Die Teilnahme an einem illegalen Straßenrennen stellt dabei über die einzelnen Verkehrsverstöße hinaus noch einen separaten Rechtsverstoß dar. Nach alter Rechtslage war dies ein Verstoß gegen § 29 I StVO a. F., in dem es schlicht hieß: „Rennen mit Kraftfahrzeugen sind verboten.“ Gemäß § 24 I StVG i.V.m. §§ 49 II Nr. 5, 29 I StVO a. F. war dies eine Ordnungswidrigkeit, die nach Nr. 248 der Anlage zu § 1 I BKatV a. F. bei gewöhnlichen Tatumständen mit 400 € Geldbuße geahndet wurde.

Auch die Veranstaltung eines illegalen Straßenrennens, ohne als Fahrer daran teilzunehmen, war nach § 29 I, II 1 StVO ohne entsprechende Erlaubnis untersagt. Sie wurde gemäß § 24 I StVG i.V.m. §§ 49 II Nr. 6, 29 II 1 StVO a. F. und Nr. 249 der Anlage zu § 1 I BKatV a. F. im Regelfall mit 500 € Geldbuße geahndet. Fanden diese Ordnungswidrigkeiten nicht unter gewöhnlichen Umständen statt, konnte der Bußgeldrahmen des § 24 III Nr. 5 StVG auch unabhängig von der BKatV ausgeschöpft werden. Bei einer gleichzeitigen Verwirklichung von mehreren Ordnungswidrigkeit durch dieselbe Handlung als Tateinheit bestimmt sich die verhängte Geldbuße – unter Berücksichtigung der Gesetzeskonkurrenzen – gemäß § 19 I, II 1 OWiG nach dem Gesetz mit der höchsten Geldbußenandrohung.[273] Dies gilt grundsätzlich auch für Geldbußen nach (§ 3 V) der BKatV. Bei tatmehrheitlichen Verwirklichungen werden die Geldbußen nach § 20 OWiG jeweils gesondert festgesetzt.

An dieser Ahndbarkeit einfacher Geschwindigkeits-, Abstands-, Vorfahrtsverstöße etc. hat das 56. Strafrechtsänderungsgesetzes nichts geändert. Allerdings wurde das Verbot von Kraftfahrzeugrennen des § 29 I StVO a. F. aufgehoben sowie die damit zusammenhängenden Vorschriften des § 49 II Nr. 5 StVO a. F. und die Nrn. 248 f. der Anlage zu § 1 I BKatV a. F. gestrichen.
Dementsprechend enthält das Ordnungswidrigkeitenrecht jetzt keine explizite Verbotsregelung für illegale Straßenrennen mehr. Stattdessen ergibt sich ein solches Verbot aus dem neu eingeführten § 315d StGB, der die Ausrichtung, Durchführung und Teilnahme an nicht erlaubten Kraftfahrzeugrennen unter Strafe stellt. Ebenso strafbar sind demnach bestimmte Formen der Einzelraserei, die zuvor nicht insgesamt erfasst wurden. Lediglich die einzelnen, dabei begangenen Verkehrsverstöße konnten als entsprechende Ordnungswidrigkeiten geahndet werden. Insofern wurde das Rasen von einer Ordnungswidrigkeit zu einer Straftat hochgestuft.

bb) Nötigung – § 240 StGB

Trotz Ausbleibens konkreter Gefährdungen und Schädigungsfolgen waren Rennen und Einzelraserei in bestimmten Fällen schon früher strafbewehrt.

---

273 NK-GVR – *Mielchen*, § 19 OWiG Rn. 1 ff.; *Krenberger/Krumm*, § 19 OWiG Rn. 7 u. 25 ff.; Göhler – *Gürtler/Thoma*, Vor § 19 OWiG Rn. 3 ff.; BeckOK-OWiG – *Sackreuther*, § 19 Rn. 28 ff.

Eine Strafbarkeit nach § 240 wegen Nötigung kommt dafür in Betracht,[274] wenn ein Raser mit seinem Fahrzeug einem anderen Verkehrsteilnehmer ein bestimmtes Verhalten aufzwingt. Indem § 240 im Straßenverkehr Anwendung findet, wird durch den Schutz der individuellen Willensbildungs- und -betätigungsfreiheit der Verkehrsteilnehmer auch mittelbar die Verkehrssicherheit gefördert. Gerade im Bereich des Straßenverkehrs ist der verfassungskonforme[275] Nötigungstatbestand besonders von Kasuistik geprägt. Wichtige Fallgruppen für eine Nötigung sind dabei das Drängeln, Ausbremsen, Verhindern des Überholens, Schneiden und Zufahren auf ein anderes Fahrzeug oder eine Person.[276]

Im Rahmen der Raserei führen Raser nicht selten solches Verkehrsverhalten gegenüber anderen Verkehrsteilnehmern aus. Bei illegalen Straßenrennen kann es auch zwischen den Rasern zu solchen Fahrmanövern kommen. Strafbar macht sich ein Raser aber nur, wenn er die andere Person durch sein Verhalten rechtswidrig mit Gewalt oder durch Drohung mit einem empfindlichen Übel zu einer Handlung, Duldung oder Unterlassung nötigt (vollendete Nötigung) oder zumindest nötigen will (versuchte Nötigung).

---

274 - Stützend: *Mitsch*, DAR 2017, 70 (70 f.); *Piper*, NZV 2017, 70 (70); *Jansen*, NZV 2017, 214 (214 f.).
- Die Nötigung ist wegen des Nötigungserfolgs ein Erfolgsdelikt (BeckOK-StGB – *Valerius*, § 240 Rn. 5). Trotzdem wird § 240 im Zusammenhang mit dem Rasen an dieser Stelle als „Raserei ohne Folgen" behandelt, weil hier als Folgen der Raserei nur konkrete Gefährdungen oder Schädigungen eines Opfers durch Beinahe-/Unfälle angesehen werden. Die Beeinträchtigung der Willensbildungs- und -betätigungsfreiheit des Opfers durch eine vollendete Nötigung ist hingegen von solchen Folgen grundsätzlich unabhängig.

275 BVerfGE 73, 206 (233 ff.); BVerfGE 76, 211 (216 f.); BVerfGE 92, 1 (13 ff.); BVerfG, NJW 2002, 1031 (1032 ff.); BGHSt 37, 350 (353 ff.); BGHSt 59, 218 (222 f.); Hentschel/König/Dauer – *König*, § 240 StGB Rn. 1a ff.; NK-GVR – *Sandherr/Kastenbauer*, § 240 StGB Rn. 1 ff.; *Fischer*, § 240 StGB Rn. 2 f.; Matt/Renzikowski – *Eidam*, § 240 StGB Rn. 3 ff.; Schönke/Schröder – *Eisele*, § 240 StGB Rn. 1 ff.; LK – *Altvater*, § 240 StGB Rn. 95; *Wessels/Hettinger/Engländer*, StR BT 1, Rn. 354 ff.; *Rebler*, DAR 2011, 372 (372 ff.).

276 *Fischer*, § 240 StGB Rn. 2 ff.; Hentschel/König/Dauer – *König*, § 240 StGB Rn. 1a ff.; NK-GVR – *Sandherr/Kastenbauer*, § 240 StGB Rn. 3 ff. u. 28 ff.; MüKo-StVR – *Franke*, § 240 StGB Rn. 9 ff.; BeckOK-StGB – *Valerius*, § 240 Rn. 29 ff.; Lackner/Kühl – *Heger*, § 240 StGB Rn. 9; *Maatz*, NZV 2006, 337 (340 ff.); *Rebler*, DAR 2011, 372 (376 ff.).

Vor allem das Merkmal der Gewalt ist problematisch. Als Gewalt wird herrschend der durch angewendete körperliche Kraft beim Opfer physisch wirkende Zwang definiert, der der Überwindung von erwartetem oder geleistetem Widerstand dient. Insbesondere im Straßenverkehr wird dafür eine Einwirkung von gewisser Intensität und Dauer gefordert, um einerseits in Abgrenzung zu rein ordnungswidrigem Verhalten Bagatellfälle auszuschließen und andererseits der Eigendynamik des Straßenverkehrs gerecht zu werden. Maßgeblich ist nicht die körperliche Kraftentfaltung des Handelnden, sondern die entstehende physische Zwangswirkung beim Opfer, die auch vorliegt, wenn sie infolge einer psychisch vermittelten Angstreaktion als physische Körperbeeinflussung auftritt. Des Weiteren kommt es für die Gewalt auf einen durch das Verhalten erhöhten Gefährdungsgrad im Verkehrsraum an. Im konkreten Fall sind dafür die Geschwindigkeit, der Fahrzeugabstand, die sonstige Fahrweise, der Einsatz von Signalgebern und die sonstigen Situationsumstände heranzuziehen.[277] Fährt z. B. ein Einzelraser mit hoher Geschwindigkeit dicht auf ein vorausfahrendes Fahrzeug auf, hupt mehrfach und hält beständig den geringen Abstand, damit das Fahrzeug den Weg frei macht und er es überholen kann, wird der andere Fahrer dadurch in eine psychische Drucksituation gebracht. Indem der Raser fortwährend und sehr dicht mit maximaler Geschwindigkeit auf das andere Fahrzeug auffährt, wirkt er andauernd und intensiv auf das Opfer ein. Unter dieser starken Einwirkung kann das Opfer in Furcht geraten, sodass es infolge von Furchtreaktionen zu einer physischen Körperbeeinflussung kommen kann, worunter die normale, verkehrssichere Fahrweise des Opfers leidet. Indem der Raser durch sein starkes Drängeln körperliche Kraft anwendet, um das andere Fahrzeug zu überholen, kommt es beim Opfer zu physisch wirkendem Zwang. Gleichgültig ob dieses Geschehen inner- oder außerorts stattfindet, wird der Gefährdungsgrad im Verkehrsraum durch das Raserverhalten deutlich erhöht. Damit übt der Raser Gewalt aus.[278]

277 BGHSt 19, 263 (265 ff.); BGH, NJW 1995, 2643 (2643 f.); LK – *Altvater*, § 240 StGB Rn. 7 ff. u. 128 ff.; *Fischer*, § 240 StGB Rn. 8 ff. u. 27 ff.; Matt/Renzikowski – *Eidam*, § 240 StGB Rn. 14 ff.; NK-GVR – *Sandherr/Kastenbauer*, § 240 StGB Rn. 7 ff.; Hentschel/König/Dauer – *König*, § 240 StGB Rn. 4; MüKo-StVR – *Franke*, § 240 StGB Rn. 4 f.; *Rengier*, StR BT 2, Rn. 23/2 ff.; *Wessels/Hettinger/Engländer*, StR BT 1, Rn. 357 ff; *Rebler*, DAR 2011, 372 (373 f.).

278 Vergleichbar zu einem Fall ohne Raserbezug: OLG Köln, NStZ-RR 2006, 280 (280 f.) und bestätigt durch BVerfG, SVR 2007, 269 (269).

Die Drohung als das Inaussichtstellen eines künftigen, empfindlichen Übels hat im Straßenverkehr bei dem zugrunde gelegten Gewaltverständnis keine nennenswerte Relevanz.[279]

Die Nötigungshandlung des Rasers muss zu einem Nötigungserfolg, also einer Handlung, Duldung oder Unterlassung des Opfers, führen (§ 240 I). Fährt im Beispielsfall der Fahrer des bedrängten Fahrzeugs zur Seite, damit der Raser ihn überholen kann, wurde der Wille des Opfers durch die Gewalt gebeugt und die vom Raser gewünschte Handlung als Nötigungserfolg erreicht. Gibt das Opfer der Nötigungshandlung hingegen nicht nach, indem es im Beispiel trotz Drängelns stoisch weiterfährt, bleibt nur Raum für eine versuchte Nötigung (§§ 240 I, III, 22, 23 I).

Besonderheiten können sich bei illegalen Straßenrennen ergeben, wenn Raser nötigende Fahrmanöver gegenüber ihren Rennkontrahenten durchführen. Insbesondere das Bedrängen des Führenden durch den Verfolger und das konträre Verhindern des Überholens des Verfolgers durch den Führenden sind übliche Vorgehensweisen beim Renngeschehen, um die Rennführung zu übernehmen bzw. zu behalten. Für die Tatbestandsmäßigkeit muss beachtet werden, dass der genötigte Rennfahrer freiwillig am Rennen teilnimmt. Insofern steht ein den Tatbestand ausschließendes Einverständnis des Genötigten im Raum, wofür es nach herrschender Meinung jedenfalls der wesentlichen Voraussetzungen wie bei einer rechtfertigenden Einwilligung bedarf.[280] Da § 240 die Rechtsgüter der Willensbildungs- und -betätigungsfreiheit schützt, wobei die Verkehrssicherheit nur als Nebenfolge gefördert wird, kann der Genötigte als Rechtsgutsinhaber über die betroffenen Rechtsgüter wirksam disponieren.[281] Entscheidend für das Einverständnis ist aber, dass der Wille des genötigten Rennteilnehmers nicht nur von seiner Absicht zum Fahren dieses Rennens geprägt ist, sondern dass er dabei den ihn potenziell nötigenden Rennaktionen des Gegners zugestimmt hat. Solche Rennmanöver gegenüber den Konkurrenten, sind bei einem illegalen Straßenrennen nicht unüblich, auch weil sie für das Siegen häufig

---

279 NK-GVR – *Sandherr/Kastenbauer*, § 240 StGB Rn. 12; Hentschel/König/Dauer – *König*, § 240 StGB Rn. 5; MüKo-StVR – *Franke*, § 240 StGB Rn. 6; LK – *Altvater*, § 240 StGB Rn. 77 ff.; *Fischer*, § 240 StGB Rn. 30 ff.; *Rengier*, StR BT 2, Rn. 23/39 ff.

280 NK-StGB – *Toepel*, § 240 Rn. 129; Matt/Renzikowski – *Eidam*, § 240 StGB Rn. 53; MüKo-StGB – *Sinn*, § 240 Rn. 104; LK – *Altvater*, § 240 StGB Rn. 89; Lackner/Kühl – *Heger*, § 240 StGB Rn. 4; Schönke/Schröder – *Eisele*, § 240 StGB Rn. 33; *Wessels/Beulke/Satzger*, StR AT, Rn. 557 ff.

281 Stützend: NK-StGB – *Toepel*, § 240 Rn. 129; MüKo-StGB – *Sinn*, § 240 Rn. 104.

notwendig sind. Daher kann grundsätzlich davon ausgegangen werden, dass die Rennfahrer beim Verabreden ihres Rennens nicht nur allgemein mit der Missachtung von Verkehrsregeln, sondern ebenso mit nötigendem Verhalten konkludent einverstanden sind. Bewegt sich das nötigende Verhalten des Rasers in diesem Rahmen – was ohne weitergehende Absprachen z. B. nicht der Fall sein wird, wenn der Verfolger dem Führenden ins Heck fährt, um ihn zu überholen –, liegt mangels entgegenstehendem Willen des genötigten Rennkonkurrenten regelmäßig ein tatbestandsausschließendes Einverständnis vor. Eine strafbare Nötigung entfällt dann.

Erfüllt der Raser den objektiven Tatbestand, ist für eine Strafbarkeit gemäß der allgemeinen Regel des § 15 auf subjektiver Ebene Vorsatz erforderlich. Vorsatz ist das Wissen über alle objektiven Tatumstände eines Straftatbestands und das Wollen seiner Erfüllung. Dabei wird zwischen drei Vorsatzgraden/-formen unterschieden: dolus directus 1. Grades als Absicht, dolus directus 2. Grades als sicheres Wissen sowie dolus eventualis alias Eventualvorsatz als In-Kauf-Nehmen und schwächste Vorsatzform.[282]
Für § 240 I genügt nach herrschender Meinung Eventualvorsatz, der sich auf das Nötigungsmittel und den Nötigungserfolg beziehen muss.[283] Bei objektiv gewaltsamen Verkehrsverhaltensweisen i.S.d. § 240 I liegt beim Fahrer in aller Regel Vorsatz vor.

Die Rechtswidrigkeitsvoraussetzung der Verwerflichkeit ist sowohl dogmatisch als auch inhaltlich umstritten. Eine Tat ist gemäß § 240 II rechtswidrig, wenn

---

282 - Das hier zugrunde gelegte Vorsatzverständnis deckt sich grundsätzlich mit der herrschenden Meinung. Welche Voraussetzungen der Vorsatz im Einzelnen aufweisen muss (begriffliche Definition) und wie dazugehörige Sachverhaltsaspekte festgestellt werden (Anwendung des normativen Begriffs auf den Fall) wird ausführlich später unter D.II.1.c)ee)(2) [S. 292] erarbeitet. Denn beim Vorsatz geht es im Zusammenhang mit der Raserei vor allem um die Frage des Tötungsvorsatzes, weshalb die Grundlagen dort erörtert werden. Entsprechende Erkenntnisse münden in das Vorsatzverständnis, das hier und der gesamten Arbeit zugrunde liegt.
- RGSt 51, 305 (311); BGHSt 64, 54 (58 ff.); MüKo-StGB – *Joecks/Kulhanek*, § 16 Rn. 13 ff.; *Fischer*, § 15 StGB Rn. 2 ff.; Matt/Renzikowski – *Gaede*, § 15 StGB Rn. 3 ff.; *Joecks/Jäger*, § 15 StGB Rn. 7 ff.; Lackner/Kühl – *Kühl*, § 15 StGB Rn. 3 ff.; B/W/M/E (AT) – *Eisele*, Rn. 11/1 ff.; *Wessels/Beulke/Satzger*, StR AT, Rn. 311 ff.

283 BGHSt 5, 245 (246); Lackner/Kühl – *Heger*, § 240 StGB Rn. 16; *Fischer*, § 240 StGB Rn. 53; Hentschel/König/Dauer – *König*, § 240 StGB Rn. 8; BeckOK-StGB – *Valerius*, § 240 Rn. 42; A/W/H/H (BT) – *Hilgendorf*, Rn. 9/89.

die Nötigungshandlung zu dem angestrebten Zweck als verwerflich erscheint. Diese Mittel-Zweck-Relation muss dafür sozial unerträglich sein und wird anhand einer objektiven Gesamtwürdigung der relevanten Umstände des Einzelfalls bestimmt.[284]
Gleichwohl die Bestimmung der Verwerflichkeit bei diesen konturarmen Anforderungen nicht leicht fällt, lassen sich doch zumindest die im Zusammenhang mit der Raserei nötigenden Verkehrsverstöße regelmäßig als verwerflich einstufen.

Insgesamt macht sich ein Raser mit seiner Raserei nur dann nach § 240 I strafbar, wenn er durch weitergehende Verkehrsmanöver andere Verkehrsteilnehmer nötigt. Da für eine Verurteilung vom Gericht auch die konkrete Verkehrssituation mit dem genauen Nötigungshergang aufgeklärt werden muss, ist eine Nötigung im Straßenverkehr mitunter schwer zu beweisen. Nach alter Rechtslage bestand bei illegalen Straßenrennen und Einzelraserei ohne nötigendes Verkehrsverhalten und weitere Folgen Straflosigkeit, womit lediglich die Sanktionierung für die begangenen Ordnungswidrigkeiten möglich war.

cc) Raserei – § 315d I StGB

Mit dem 56. Strafrechtsänderungsgesetz und dem neu eingeführten § 315d (I) hat der Gesetzgeber illegale Straßenrennen (Nr. 1 und 2) sowie unter bestimmten Voraussetzungen das Einzelrasen (Nr. 3) ohne weitere Folgen von einer Ordnungswidrigkeit zu einer Straftat hochgestuft. Solche Verhaltensweisen werden damit nicht mehr lediglich als verwaltungsakzessorische Ordnungswidrigkeit in Form von Verstößen gegen das Verbot von Kraftfahrzeugrennen als übermäßige Straßenbenutzung (§ 29 I StVO a. F.) bzw. gegen die Regeln zu erlaubten Höchstgeschwindigkeiten angesehen.
Mit § 315d I Nr. 1 bis 3 stellt der Bundesgesetzgeber entsprechende Handlungen im Straßenverkehr als abstrakte Gefährdungsdelikte in Form von schlichten

284 BVerfGE 73, 206 (237 ff. u. 253); BGHSt 2, 194 (195 f.); BGHSt 18, 389 (391); BGHSt 35, 270 (275 ff.); Schönke/Schröder – *Eisele*, § 240 StGB Rn. 15 ff.; *Fischer*, § 240 StGB Rn. 38 ff.; Matt/Renzikowski – *Eidam*, § 240 StGB Rn. 56 ff.; S/S/W-StGB – *Schluckebier*, § 240 Rn. 15 u. 17; BeckOK-StGB – *Valerius*, § 240 Rn. 47 ff.; Hentschel/König/Dauer – *König*, § 240 StGB Rn. 6 f.; *Rengier*, StR BT 2, Rn. 23/1a u. 23/57 ff.; *Wessels/Hettinger/Engländer*, StR BT 1, Rn. 378 ff.; A/W/H/H (BT) – *Hilgendorf*, Rn. 9/74 ff.; *Roxin/Greco*, AT 1, Rn. 10/44 ff.; *Rebler*, DAR 2011, 372 (374 f.).

Tätigkeitsdelikten[285] unter Strafe. D. h., dass für die Erfüllung des objektiven Tatbestands lediglich die entsprechende Tathandlung ausgeführt werden muss und es dafür keines weiteren Erfolgs (wie einer Rechtsgutsverletzung oder einer konkreten Gefährdung) bedarf, sodass die Strafbarkeit recht weit geht.[286] Der Strafrahmen reicht von Geldstrafe bis zu zwei Jahren Freiheitsstrafe, womit eine erhebliche Verschärfung der Sanktionsart und Sanktionsstärke gegenüber den früheren Ordnungswidrigkeitsdelikten erfolgt.

(1) Teilnahme an Kraftfahrzeugrennen – § 315d I Nr. 2 StGB

§ 315d I Nr. 2 bestraft Kraftfahrzeugführer, die im Straßenverkehr an einem nicht erlaubten Kraftfahrzeugrennen teilnehmen.

(a) Grundlagen der Strafbarkeit

Bevor der Normtatbestand inhaltlich konkret beleuchtet wird, stellt sich die grundlegende Frage, ob die Teilnahme an einem nicht erlaubten Kraftfahrzeugrennen überhaupt strafwürdig ist. Wenn das der Fall ist, muss weiter geklärt werden, ob der gesetzte Strafrahmen auch angemessen ist. Insofern geht es um die Verfassungsmäßigkeit des § 315d I Nr. 2. Dabei muss allgemein zwischen den einzelnen Nummern des § 315d I als verschiedene Tatvarianten unterschieden werden, weil ansonsten die Besonderheiten jeder Variante mit der jeweils zugrundeliegenden Tathandlung nicht ausreichend berücksichtigt würden.

(aa) Allgemeine Maßstäbe der Strafwürdigkeit

So wie es regelmäßig ein Automatismus zu sein scheint, dass der Gesetzgeber mit härteren Sanktionen auf (vermeintlich) neue oder verstärkt vorkommende unerwünschte Verhaltensweisen reagiert, so scheint es ebenso regelmäßig ein Automatismus zu sein, dass solch härtere Sanktionen von vielen Vertretern

---

285 BeckOK-StGB – *Kulhanek*, § 315d Rn. 1; Schönke/Schröder – *Hecker*, § 315d StGB Rn. 1; MüKo-StGB – *Pegel*, § 315d Rn. 3; *Blanke-Roeser*, JuS 2018, 18 (18); *Ruhs*, SVR 2018, 286 (287); *Jansen*, NZV 2017, 214 (215); *Kusche*, NZV 2017, 414 (414).

286 - Konkret zu § 315d: *Piper*, NZV 2017, 70 (74); *Dahlke/Hoffmann-Holland*, KriPoZ 2018, 306 (306); *Zieschang*, JA 2016,721 (722)
- Zu den abstrakten Gefährdungsdelikten allgemein: *Roxin/Greco*, AT 1, Rn. 2/68 ff.; *Kuhlen*, GA 1994, 347 (362 ff.); *Schünemann*, GA 1995, 201 (213 f.); *Jakobs*, ZStW 107 [1995], 843 (855 ff.); *Herzog*, Gesellschaftliche Unsicherheit, S. 70 ff.

prinzipiell abgelehnt werden.[287] Trotzdem ist jeder Automatismus auf seine eigene Weise falsch.

Dem Gesetzgeber muss klar sein, dass die mit den härteren Sanktionen primär verfolgte Abschreckungswirkung als negative Spezial- und Generalprävention eine Verhaltensentscheidung nur teilweise beeinflusst. Kriminalität und sonstiges unerwünschtes Verhalten allein mit härteren Sanktionen reduzieren zu können, ist schlicht eine Wunschvorstellung.[288]
Dennoch schließt diese Erkenntnis nicht jede schärfere Sanktionierung als ineffektiv oder ineffizient aus. Denn vom Abschreckungseffekt abgesehen, drückt eine höhere Strafe eine stärkere Missbilligung der Verhaltensweise durch den Gesetzgeber aus. Man könnte dies als symbolisches Strafrecht[289] bzw. allgemeiner als Symbolpolitik bezeichnen. Tatsächlich treffen diese Begrifflichkeiten abgesehen von ihren mitunter negativen Konnotationen in ihrer eigentlichen Wortbedeutung zu, weil der Staat durch die schärfere Sanktion ein nachdrückliches Signal sendet, dass ein Verhalten als erhöht sozialschädlich angesehen und nicht akzeptiert wird. Diese Bekräftigung der Normgeltung kann als Außenwirkung positiven Einfluss auf das gesellschaftliche Rechtsbewusstsein nehmen, wodurch eine höhere Normakzeptanz und Bereitschaft zur Normbefolgung entstehen kann. Gesellschaftliche Missstände und Fehlentwicklungen vermögen so korrigiert zu werden. Die positive Generalprävention ist dabei essentieller Bestandteil des gesellschaftlichen Grundvertrauens in den Staat und die Erfüllung seiner Schutzaufgaben.[290]

---

287 - Allgemein zu diesem Spannungsverhältnis stützend: *Meier*, Kriminologie, Rn. 9/93 f.; *Streng*, Strafr. Sanktionen, Rn. 9; *Kunz/Mona*, Rechtsphilosophie, Rn. 8/47a f.; *Ostendorf*, HRRS 2009, 158 (158 ff.).
- Zu diesem Spannungsverhältnis im Zusammenhang mit § 315d stützend: *Weigend*, in: FS Fischer, 569 (569); *Kubiciel/Hoven*, NStZ 2017, 439 (445); *Hoven*, DPolBl 2/17, 26 (28).

288 - Siehe dazu schon: C.III.2.a)cc) [S. 61].
- Stützend: *Kunz/Singelnstein*, Kriminologie, Rn. 12/19 ff., Rn. 20/24 f. u. Rn. 20/49 f.; *Meier*, Kriminologie, Rn. 3/19 ff. u. 9/75 ff.; *Müller*, in: FS Geppert, 405 (408 ff.); *Ceffinato*, ZRP 2016, 201 (201).

289 Siehe ausführlich zum symbolischen Strafrecht: *Díez Ripollés*, ZStW 113 [2001], 516 (516 ff.).

290 - BVerfGE 45, 187 (254 ff.); BGHSt 24, 40 (44 ff.); BGHSt 24, 64 (66); *Fischer*, § 46 StGB Rn. 2a; Schönke/Schröder – *Stree/Kinzing*, Vor §§ 38 ff. StGB Rn. 3 u. 6; *Wessels/Beulke/Satzger*, StR AT, Rn. 23; *Kunz/Singelnstein*, Kriminologie, Rn. 20/4 ff.; *Streng*, Strafr. Sanktionen, Rn. 24 ff.; *Meier*, Strafr. Sanktionen, S. 6

Es lässt sich also festhalten, dass eine Sanktionierung bzw. deren Intensivierung weder per se unangebracht noch per se zielführend ist. Vielmehr sollte ihre Wirkung auf das betreffende Verhalten kriminologisch möglichst genau bestimmt werden. Zwar ist eine solche Prognose in aller Regel schwer zu treffen,[291] doch können bestimmte Untersuchungen[292] jedenfalls eine solide Grundlage dafür liefern. Die Prognose ist dann als Grad des präventiven Rechtsgüterschutzes für die Beurteilung der Sanktionsnotwendigkeit des betreffenden Verhaltens heranzuziehen.[293]

Ob eine Sanktion für ein Verhalten verhältnismäßig ist, bestimmt sich aber erst im zweiten Schritt nach der Sanktionswirkung als (Rechts-) Folge. Zuerst muss nämlich das strafrechtliche Verbot des sanktionierten Verhaltens selbst begründet werden. Zwar soll das Strafrecht allgemein möglichst umfassend die individuellen und kollektiven Rechtsgüter schützen,[294] doch ist es wegen seiner

---

u. 22 ff.; *Bussmann*, Wirtschaftskriminologie, Rn. 933 ff.; *Kunz/Mona*, Rechtsphilosophie, Rn. 8/52 ff.; *Raiser*, Rechtssoziologie, S. 223 ff.; *Müller*, in: FS Geppert, 405 (410 ff.); *Jansen*, NZV 2017, 214 (219).
- Siehe dazu auch: C.III.2.b)bb)(4) [S. 83].

291 *Meier*, Kriminologie, Rn. 9/69 ff.; *Göppinger*, Kriminologie, Rn. 30/42 ff.; *Kunz/Singelnstein*, Kriminologie, Rn. 12/36 f. u. 20/10 ff.; *Streng*, Strafr. Sanktionen, Rn. 58 ff. u. 324 ff.; *Ceffinato*, ZRP 2016, 201 (201); *Kubiciel/Hoven*, NStZ 2017, 439 (445).

292 Zu solchen Untersuchungen gehören vor allem belastbare Statistiken (z. B. Vorher-Nachher-Vergleich von ähnlichen Sanktionsveränderungen, Befragungen im Hell- und Dunkelfeld). Aber auch allgemeinere Erkenntnisse zu den Tätercharakteristika (siehe z. B. hier C.III.1. [S. 48]), den Gründen für das sanktionierte Verhalten (siehe z. B. hier C.III.2. [S. 58]) und die grundsätzlichen Sanktionswirkungen in bestimmten Bereichen (siehe z. B. hier C.III.2.a)cc) [S. 61]) sind für die Prognose bedeutsam.

293 Diese kriminologische Analyse und Bewertung der präventiven Auswirkungen des § 315d in der Praxis erfolgen später unter E.I. [S. 421].

294 - BVerfGE 21, 391 (403); BVerfGE 25, 269 (286); BVerfGE 45, 187 (254 f.); NK-StGB – *Hassemer/Neumann*, Vor § 1 Rn. 108 ff.; MüKo-StGB – *Freund*, Vor § 13 Rn. 37 ff.; Matt/Renzikowski – *Renzikowski*, Einleitung StGB Rn. 4 f.; Lackner/Kühl – *Heger*, Vor § 13 StGB Rn. 3 f.; *Fischer*, Vor § 13 StGB Rn. 12; *Müller*, in: FS Geppert, 405 (406 f.); *Rönnau*, JuS 2009, 209 (209 ff.).
- Anmerkung: Der etablierte Rechtsgutsbegriff ermöglicht eine an sich zutreffende Beschreibung des strafrechtlichen Schutzobjekts und damit auch der Grundlage entsprechender Sanktionierungen. Präziser müsste allerdings von „Freiheiten" (i.S.d. Freiheiten des Einzelnen) gesprochen werden, weil sie gleichermaßen

Eingriffsintensität nach dem Verhältnismäßigkeitsprinzip nur ultima ratio.[295] Die tatbestandliche Handlung muss somit ein solch gewichtiges Unrecht verkörpern, dass darauf mit dem scharfen Schwert des Strafrechts reagiert werden darf.[296] Der Unrechtsgehalt eines Verhaltens erschöpft sich dabei in seinem Handlungsunwert/-unrecht (d. h., wie genau die Handlung vollzogen wird) und Erfolgsunwert/-unrecht (d. h., ob und wie Rechtsgüter gefährdet bzw. verletzt werden)[297].

Die übergeordnete Aufgabe des Strafgesetzgebers liegt darin, das friedliche Zusammenleben der Menschen sicherzustellen und auf bedeutsame gesellschaftliche Missstände und Fehlentwicklungen korrigierend einzuwirken.[298] Da solche aber kaum zweifelsfrei auszumachen und zu lösen sind, ergibt sich

---

Anfang wie Ende allen staatlichen Vorgehens sind und so auch die Rechtsgüter bilden. (Stützend: MüKo-StGB – *Pegel*, § 315c Rn. 1; SK-StGB – *Wolters*, § 315c Rn. 2; Matt/Renzikowski – *Renzikowski*, Einleitung StGB Rn. 9 u. 11 ff.; *Kühl*, StR AT, Rn. 3/3 ff.).

295 - BVerfGE 10, 89 (117); BVerfGE 23, 127 (133 f.); BVerfGE 45, 187 (228 u. 259 f.); BVerfGE 96, 245 (249); Sachs – *Sachs*, Art. 20 GG Rn. 145 ff.; Jarass/Pieroth – *Jarass*, Art. 20 GG Rn. 112 ff.; Schmidt-Bleibtreu – *Hofmann*, Art. 20 GG Rn. 77; Matt/Renzikowski – *Renzikowski*, Einleitung StGB Rn. 5 f. u. 14; Lackner/Kühl – *Heger*, Vor § 13 StGB Rn. 3; LK – *Weigend*, Einleitung StGB Rn. 1 ff.; *Degenhart*, Staatsrecht 1, Rn. 419 ff; *Müller*, in: FS Geppert, 405 (406 f.).
- „Ultima ratio" meint allgemein wie im Sinne des Strafrechts nur, dass es das letzte mögliche Mittel ist. Auch wenn umstritten ist, woraus dieses Prinzip genau folgt und ob ihm eine inhaltlich eigenständige Bedeutung im Strafrecht zukommt, kann der allumfassende Verhältnismäßigkeitsgrundsatz diese Streitigkeiten auflösen. (Siehe allgemein dazu: *Jahn/Brodowski*, ZStW 129 [2017], 363 (366 ff.)).

296 BVerfGE 27, 18 (28 ff.); BVerfGE 90, 145 (184 ff., 201 f. u. 215); BVerfGE 96, 245 (249); Lackner/Kühl – *Heger*, Vor § 13 StGB Rn. 3 u. 5; MüKo-StGB – *Joecks/Erb*, Einleitung StGB Rn. 22 f.; *Müller*, in: FS Geppert, 405 (407 f.); *Jansen*, NZV 2017, 214 (219).

297 Schönke/Schröder – *Eisele*, Vor §§ 13 ff. StGB Rn. 57 ff.; NK-StGB – *Streng*, § 46 Rn. 56 ff.; *Roxin/Greco*, AT 1, Rn. 10/88 u. 10/96 ff.; *Wessels/Beulke/Satzger*, StR AT, Rn. 29; *Kühl*, StR AT, Rn. 3/3 ff.; *Kindhäuser/Zimmermann*, StR AT, Rn. 6/6; *Stratenwerth*, in: FS Schaffstein, 177 (177 ff.); *Gallas*, in: FS Bockelmann, 155 (155 ff.); *Sinn*, GA 2003, 96 (105 ff.); *Kühl*, in: FS Kühne, 15 (23); *Mylonopoulos*, Verhältnis von Handlungs- und Erfolgsunwert, S. 18.

298 BVerfGE 123, 267 (408); *Meier*, Strafr. Sanktionen, S. 1 ff.; *Kunz/Singelnstein*, Kriminologie, Rn. 20/1; *Raiser*, Rechtssoziologie, S. 186 ff.; *Wessels/Beulke/Satzger*, StR AT, Rn. 8 f.; *Jakobs*, ZStW 107 [1995], 843 (844 ff.); *Ceffinato*, ZRP 2016, 201 (201); *Hoven*, DPolBl 2/17, 26 (28); *Schuster*, Stellungnahme im BT, S. 4.

daraus ein weites Ermessen des Staates. In den Grenzen seiner Schutzpflichten und den Erfordernissen der Eingriffsrechtfertigung steht dem Gesetzgeber bei der Einstufung und Sanktionierung menschlichen Verhaltens – als Straftat, Ordnungswidrigkeit oder sanktionsunwürdiger Regelverstoß – ein großer Ermessensspielraum zu.[299]

(bb) Gesetzesbegründung

Die Einführung des § 315d begründet der Gesetzgeber einerseits mit der Zunahme illegaler Straßenrennen, bei denen auch Unbeteiligte Opfer würden, und einer vielerorts etablierten Raser-Szene, die solche Rennen spontan oder organisiert als Freizeitbeschäftigung durchführte. Andererseits entständen schon wegen der hohen Geschwindigkeiten sowie den dadurch möglichen Kontrollverlusten über ein Fahrzeug erhebliche Risiken für andere Verkehrsteilnehmer. Gerade beim Renngeschehen sei dies besonders ausgeprägt, weil sich die Fahrer gegenseitig zu immer riskanterem Fahren verleiteten und ihre Aufmerksamkeit nicht nur dem Straßenverkehr, sondern auch dem Renngegner gewidmet sei. Für höchstwertige Rechtsgüter wie Gesundheit und Leben bestehe so ein großes Gefährdungspotenzial, das sich jederzeit realisieren könne. Des Weiteren seien diese Gefahren sowie der Unrechtsgehalt mindestens mit der strafbaren Trunkenheitsfahrt nach § 316 vergleichbar. Um umfassend vor Straßenrennen zu schützen und die allgemeine Sicherheit des Straßenverkehrs zu gewährleisten, sei die Strafbarkeit dieses Verhaltens als abstraktes Gefährdungsdelikt geboten. Denn die bisherigen Sanktionsmöglichkeiten hätten sich in der Praxis nicht als abschreckend und allgemein als nur unzureichend erwiesen. Nur „[...] durch die Einführung eines entsprechenden Straftatbestands im Strafgesetzbuch sowie flankierende Ergänzungen bereits bestehender Regelungen [...]“[300] könne der bisherige „[...] unbefriedigende Zustand, der nicht sämtliche strafwürdige Verhaltensweisen in angemessener Weise erfasst“[301], beseitigt werden.[302]

---

299 BVerfGE 25, 269 (286 f.); BVerfGE 27, 18 (28 ff.); BVerfGE 45, 272 (288 f.); Lackner/Kühl – *Heger*, Vor § 13 StGB Rn. 3 ff.; LK – *Weigend*, Einleitung StGB Rn. 1 ff. u. 19 ff.; KK – *Mitsch*, Einleitung OWiG Rn. 112 ff. u. § 17 OWiG Rn. 5 ff.; KK – *Rogall*, § 1 OWiG Rn. 3 ff.; Göhler – *Gürtler/Thoma*, Vor § 1 OWiG Rn. 6 ff. u. § 21 OWiG Rn. 1 ff.; *Müller*, in: FS Geppert, 405 (407 f.); *Wessels/Beulke/Satzger*, StR AT, Rn. 4 ff.; *Klesczewski*, OWiR, Rn. 1 ff., 236 ff. u. 320 ff.

300 BT-Drs. 18/10145, S. 1.

301 BT-Drs. 18/10145, S. 2 u. 8.

302 In chronologischer Reihenfolge: BR-Drs. 362/16, S. 1 ff.; BT-Drs. 18/10145, S. 1 f. u. 7 ff.; BT-Drs. 18/12964, S. 4 ff.; BT-Drs. 18/12964, S. 1 f.

(cc) Strafwürdigkeit nicht erlaubter Kraftfahrzeugrennen

Ein wichtiger Punkt der Gesetzesbegründung für § 315d I Nr. 2 ist die angenommene Zunahme von illegalen Straßenrennen und die Etablierung von Raser-Szenen vielerorts, was wohl der maßgebliche Auslöser für das gesamte Gesetzesvorhaben war. Dieser sicherlich vor allem durch die vermehrte Medienberichterstattung zu diesem Phänomen hervorgerufene Eindruck entspricht zwar der Wahrnehmung der Bevölkerung, doch existieren noch immer keine wirklich belastbaren Statistiken dazu. Selbst die polizeilich registrierten Fälle zeigen unabhängig vom bestehenden Dunkelfeld aufgrund unterschiedlich intensiver und örtlich begrenzter Verfolgung lediglich Problemausschnitte und sind nicht repräsentativ, zumal daneben eine Langzeiterfassung – insbesondere vor der Gesetzesänderung – fehlt. Ohne verlässliche Daten lässt sich aber nicht feststellen, wie sich die Zahl der Straßenrennen und ihre Folgen in der Vergangenheit entwickelt haben; gleiches gilt für die Raser-Szenen. Dementsprechend ist die Begründung des Gesetzes statistisch nicht belastbar und somit hinfällig, weil Wahrnehmungen keine Fakten ersetzen.[303]

Fehlende Fallzahlen schließen aber – entgegen anderslautender Kritik[304] – nicht per se die Legitimation für eine Sanktionierung bzw. ihre Verschärfung aus.[305] Denn entscheidend sind für die Strafwürdigkeit das von der Norm erfasste Unrecht und der bezweckte Rechtsgüterschutz. Der Gesetzgeber begründet § 315d I Nr. 2 vor allem mit dem Schutz von Unbeteiligten und des Straßenverkehrs allgemein, was mit der Normstellung der gemeingefährlichen Straftaten im 28. Abschnitt des StGB und zugleich hinter den ebenfalls straßenverkehrsbezogenen §§ 315b f. übereinstimmt. Letztendlich geht es aber auch bei diesem Allgemeinrechtsgut um den Schutz der potenziell betroffenen Individualrechtsgüter, also Leben, Gesundheit und Eigentum der Verkehrsteilnehmer[306].

---

303 - Stützend: BT-Drs. 18/8993, S. 1 u. 3; *Fischer*, § 315d StGB Rn. 3; BeckOK-StGB – *Kulhanek*, § 315d Rn. 5; *Ceffinato*, ZRP 2016, 201 (201); *Piper*, NZV 2017, 70 (72); *Momsen*, KriPoZ 2018, 76 (76); *FAZ (Online)*, Immer mehr Raser; *SZ (Online)*, Auf Deutschlands Straßen.
- Siehe zur Verbreitung und Folgen sowie zur gesellschaftlichen Wahrnehmung und medialen Berichterstattung von illegalen Straßenrennen: C.II. [S. 30].

304 *Piper*, NZV 2017, 70 (72); *Ceffinato*, ZRP 2016, 201 (201 f.).

305 Stützend: BeckOK-StGB – *Kulhanek*, § 315d Rn. 5; *Fischer*, § 315d StGB Rn. 3 f.; *Momsen*, KriPoZ 2018, 76 (76); *Kusche*, NZV 2017, 414 (418); *Bönig*, Verbotene Kraftfahrzeugrennen, S. 11.

306 Siehe insofern bereits: Fußnote 294.

Bei illegalen Straßenrennen wird grundsätzlich erheblich zu schnell gefahren. Wie bereits erläutert, steigen mit einer höheren Geschwindigkeit sowohl das Risiko für einen Unfall als auch die Schwere seiner Folgen massiv. Je schneller gefahren wird, desto weniger kann der Fahrer das Fahrzeug in der konkreten Verkehrssituation beherrschen. Ähnlich unbeherrschbar sind die konkreten Folgen eines Kontrollverlusts über das Fahrzeug, die nicht nur auf das zu schnell fahrende Fahrzeug mit seinen Insassen begrenzt sind, sondern daneben unbeteiligte Personen treffen können. Dazu zählen neben den noch verhältnismäßig gut geschützten Insassen eines Autos, die besonders verletzbaren Motorrad-, Radfahrer und Fußgänger. Gerade bei letzteren braucht es für schwere oder tödliche Unfallfolgen nicht einmal hoher Kollisionsgeschwindigkeiten. All das lässt sich nicht nur an den physikalischen Gesetzmäßigkeiten ablesen, sondern wird ebenso durch die Unfallstatistiken zum zu schnellen Fahren gestützt.[307] Das vom Gesetzgeber angeführte gegenseitige Verleiten zu immer riskanteren Fahrmanövern und die sinkende Aufmerksamkeit der Rennfahrer auf den sonstigen Straßenverkehr lassen sich ebenfalls belegen. Denn die Teilnehmer eines illegalen Straßenrennens wollen sich miteinander messen und den jeweils anderen besiegen. Dafür gehen die Fahrer immer höhere Risiken ein und provozieren sich so gegenseitig zu einer immer gefährlicheren Fahrweise. Hinzu kommt das mögliche Auftreten eines Flows, bei dem sich der einstellende Tunnelblick negativ auf die Wahrnehmung und ein an die Gefahren angepasstes Verhalten des Betroffenen auswirken kann. Selbst ohne einen Flow sinkt aufgrund der hohen Geschwindigkeiten und der Fokussierung auf den Rennkonkurrenten die Aufnahmefähigkeit von Informationen der gesamten Verkehrssituation, wobei zugleich die Fahranforderungen steigen. Ungeachtet dessen stellen mehrere an einem Straßenrennen beteiligte, zu schnelle Fahrzeuge ein größeres Gefährdungsrisiko dar als nur ein einzelnes, zu schnelles Fahrzeug. Die vom Gesetzgeber ins Feld geführte hohe abstrakte Gefährdung höchstwertiger Rechtsgüter wie Gesundheit und Leben durch Straßenrennen ist insgesamt zutreffend.[308]

---

307 - Siehe dazu: C.II.2. [S. 37].
- Weiter stützend: BT-Drs. 18/10145, S. 7 u. 9; BGHZ 154, 316 (324 f.); Schönke/Schröder – *Hecker*, § 315d StGB Rn. 1; *Kusche*, NZV 2017, 414 (415 f.); *Kubiciel*, jurisPR-StrafR 16/2016, Anm. 1; *Kubiciel*, jurisPR-StrafR 13/2017, Anm. 2; *Bönig*, Verbotene Kraftfahrzeugrennen, S. 96.

308 - Siehe zur Verengung der Wahrnehmung und weiterführend zum Flow: C.III.2.b) bb)(6) [S. 88].

Damit stellt die Teilnahme an illegalen Straßenrennen wegen der großen abstrakten Gefahren auch ohne Rechtsgutsverletzung erhebliches Unrecht dar. Dabei zeichnet sich der Handlungsunwert auch dadurch aus, dass die Fahrer das Rennen bewusst und gewollt durchführen und in aller Regel schwerwiegende Verkehrsregelverstöße begehen. Ein fahrlässiges Handeln mag in dieser Hinsicht zwar entgegen der Gesetzesbegründung[309] von vornherein nicht denklogisch ausgeschlossen sein, ist praktisch aber irrelevant.[310] Die Fahrer wissen also, was sie tun und sind sich darüber hinaus zumindest grundsätzlich der durch ihr Rennen erzeugten Gefahren bewusst. Trotzdem so zu handeln, zeugt von Egoismus und Unbekümmertheit gegenüber möglichen Konsequenzen auch für andere.[311]

Der Gesetzgeber sieht diese Gefährdungs- und Unrechtspotenziale als zumindest mit einer strafbaren Rauschfahrt[312] nach § 316 vergleichbar. Auch diese Norm ist ein abstraktes Gefährdungsdelikt zum Schutz der Straßenverkehrssicherheit mit entsprechenden Individualrechtsgütern. Allerdings greift § 316 nicht bei jeder Rauschfahrt, sondern erst, wenn beim Fahrer infolge des Rausches Fahruntüchtigkeit eintritt.[313] Indem das Rauschmittel die

---

- Weiter stützend: Schönke/Schröder – *Hecker*, § 315d StGB Rn. 1; *Weigend*, in: FS Fischer, 569 (570); *Mitsch*, JuS 2013, 20 (23); *Piper*, NZV 2017, 70 (73); *Jansen*, NZV 2017, 214 (219); *Kusche*, NZV 2017, 414 (418); *Hoven*, DPolBl 2/17, 26 (28); *Eisele*, KriPoZ 2018, 32 (34).

309 BT-Drs. 18/10145, S. 10 f.; so auch *Eisele*, KriPoZ 2018, 32 (37) und *Preuß*, NZV 2017, 105 (111).

310 So an sich auch *Bönig*, Verbotene Kraftfahrzeugrennen, S. 129 u. 226, die jedoch zugleich eine Strafbarkeit für eben jene fahrlässige Rennteilnahme als zweite Variante des § 315d I Nr. 2 zu befürworten scheint.

311 - Siehe dazu insbesondere: C.III.2.b)bb)(8) [S. 95].
- Weiter stützend: *Steinle*, Verbotene Kraftfahrzeugrennen, S. 100 ff.; *Hoven*, DPolBl 2/17, 26 (29).

312 Der in der Überschrift des § 316 verwendete Begriff der „Trunkenheitsfahrt" passt nicht zu der 2. Var. in Abs. 1 des Konsums anderer berauschender Mittel wie synthetischer Drogen, die bekanntermaßen nicht getrunken werden, weshalb umfassender von „Rauschfahrt" gesprochen werden sollte.

313 - Für die Alkoholvariante des § 316 wird ab einem Grenzwert von 0,3 ‰ Blutalkoholkonzentration eine relative und ab 1,1 ‰ eine absolute Fahruntüchtigkeit des Kraftfahrzeugführers angenommen (siehe folgende Fußnote 314).
- Ein fahrtüchtiges Fahren unter Einfluss von berauschenden Mitteln wird als Ordnungswidrigkeit nach § 24a I StVG eingestuft, wenn der Fahrer bei Alkoholkonsum mindestens eine Blutalkoholkonzentration von 0,5 ‰ oder eine Atemluftalkoholkonzentration von 0,25 mg/l hat.

Wahrnehmungs- und Steuerungsfähigkeit des Fahrzeugführers so sehr beeinträchtigt, dass der fahruntüchtige Fahrer sein Fahrzeug nicht mehr so steuern kann, wie es notwendig ist, wird er den Anforderungen an ein sicheres Fahren im Straßenverkehr nicht mehr gerecht. Nur dann besteht wegen der stark erhöhten Unfallgefahr eine solch hohe abstrakte Gefahr für die Verkehrssicherheit, dass das Verhalten strafwürdiges Unrecht darstellt.[314]
Beim schnellen Fahren im Rahmen eines Straßenrennens nach § 315d I Nr. 2 sind die Fahrfähigkeiten der Fahrer zwar nicht beeinträchtigt, doch steigen die Fahranforderungen für eine unfallfreie Fahrt wegen der hohen Geschwindigkeiten und der unübersichtlicheren Verkehrslage durch den Rennkontrahenten stark an. Dies kann sich so weit steigern, dass der Fahrer den Anforderungen nicht mehr genügt bzw. der physikalische Grenzbereich überschritten wird, was zu einem Kontrollverlust über das Fahrzeug führt. Dann entscheiden allein die Physik und der Zufall über den Ausgang der Situation. Diese insofern eingeschränkten Steuerungsmöglichkeiten werden vom Fahrer vorsätzlich herbeigeführt, indem er bewusst unter Missachtung von Verkehrsregeln mit hoher Geschwindigkeit am Rennen teilnimmt, wohingegen für eine strafbare Rauschfahrt nach § 316 II bereits Fahrlässigkeit genügt. Damit ist der Handlungsunwert des Fahrens eines Straßenrennens mit einer Trunkenheitsfahrt nicht nur vergleichbar, sondern kann diesen auch übersteigen. Für die Gefährlichkeit gilt ähnliches, wobei schon die am Straßenrennen beteiligten Fahrzeuge allein aufgrund ihrer Anzahl eine höhere Gefährdung darstellen können als ein einzelnes im Rausch bewegtes Fahrzeug. Insofern liegen sowohl das Gefährdungs- als auch das Unrechtspotenzial solcher Rennen mindestens auf dem Niveau des § 316 und werden es häufig sogar deutlich übersteigen. Letzteres gilt übereinstimmend mit der Gesetzesbegründung[315] erst recht, wenn es sich um große Rennen mit mehr als zwei beteiligten Fahrzeugen handelt.[316]

---

314 BGHSt 21, 157 (159 ff.); BGHSt 25, 246 (251 f.); BGHSt 37, 89 (91 ff.); Schönke/Schröder – *Hecker*, § 316 StGB Rn. 1 ff.; LK – *König*, § 316 StGB Rn. 2 ff.; MüKo-StGB – *Pegel*, § 316 Rn. 32 ff.; *Fischer*, § 316 StGB Rn. 2 ff.; BeckOK-StGB – *Kudlich*, § 316 Rn. 1 f. u. 7; *Maurach/Schroeder/Maiwald*, StR BT 2, Rn. 53/33 ff.; *Rengier*, StR BT 2, Rn. 43/1 u. 43/5 ff.

315 BT-Drs. 18/10145, S. 9.

316 - Weiter stützend: *Piper*, NZV 2017, 70 (73); *Preuß*, NZV 2017, 105 (110); *Jansen*, NZV 2017, 214 (219); *Dahlke/Hoffmann-Holland*, KriPoZ 2017, 35 (36); *Eisele*, KriPoZ 2018, 32 (34 u. 38); *Jansen*, Stellungnahme im BT, S. 2; *Steinle*, Verbotene Kraftfahrzeugrennen, S. 86 u. 105 f.

Darüber hinaus stellt der Gesetzgeber illegale Straßenrennen § 315c insofern gegenüber, als dass die abstrakte Gefährlichkeit mit den sog. sieben Todsünden des § 315c I Nr. 2 mindestens vergleichbar und jede Rennteilnahme von sich aus grob verkehrswidrig und rücksichtslos sei.[317] Allgemein handelt grob verkehrswidrig, wer einen besonders schweren Verkehrsverstoß begeht; rücksichtslos, wer seine Verkehrspflichten gegenüber anderen aus selbstsüchtigen Gründen missachtet oder alle Bedenken dagegen gleichgültig gar nicht aufkommen lässt.[318] Betrachtet man die sieben Todsünden des § 315c I Nr. 2 genauer, fällt bei den Buchstaben a) bis e) auf, dass dieses Verkehrsverhalten typisch für das schnellste Vorankommen und Gewinnen von Straßenrennen ist. Das Missachten der Vorfahrt (lit. a) erfolgt regelmäßig, um nicht abbremsen zu müssen, ein falsches Überholen (lit. b), um an dem Rennkonkurrenten vorbeizukommen. Ein falsches oder zu schnelles Fahren kann sich bei den aufgezählten Straßenlagen (lit. c, d, e) aus der Situation des Rennens heraus ergeben. Andere nicht untypische Fahrmanöver – wie das Driften durch Kurven oder das bewusst erst späte und damit starke Bremsen vor Kreuzungen, Kurven, Hindernissen u. Ä. – werden zwar von § 315c I Nr. 2 nicht erfasst, sind diesen Varianten aber doch sehr ähnlich und nicht unbedingt minder gefahrträchtig. Die abstrakte Gefährlichkeit der Verkehrsverstöße wird bei Rennen nochmals durch die Anzahl der Fahrzeuge und die höheren Geschwindigkeiten gesteigert.[319]

Obwohl die bei einem Straßenrennen begangenen Verstöße meist sehr schwerwiegend sind, müssen sie entgegen der gesetzgeberischen Sichtweise nicht immer grob verkehrswidrig sein. Das ist bspw. der Fall, wenn ein Rennen auf einer vierspurigen Straße außerorts stattfindet, bei dem beide Fahrzeuge aus dem Stand von der auf grün schaltenden Ampel aus stark beschleunigen, das rechte Fahrzeug unter Missachtung von § 5 I StVO rechts überholt, sich

---

- Dagegen kritisch: *Ceffinato*, ZRP 2016, 201 (201); *Piper*, NZV 2017, 70 (72 f.); *Zehetgruber*, NJ 2018, 360 (362); *Zieschang*, JA 2016, 721 (726); *DAV*, Stellungnahme im BT, S. 8 f.

317 BT-Drs. 18/10145, S. 9 f.

318 BGHSt 5, 392 (395); *Fischer*, § 315c StGB Rn. 12 ff.; MüKo-StGB – *Pegel*, § 315c Rn. 78 ff.; Lackner/Kühl – *Heger*, § 315c StGB Rn. 19; BeckOK-StGB – *Kudlich*, § 315c Rn. 38 ff.; Schönke/Schröder – *Hecker*, § 315c StGB Rn. 26 ff.; *Kindhäuser/Schramm*, StR BT 1, Rn. 65/7 f.

319 Stützend: *Zieschang*, JA 2016,721 (722); *Dahlke/Hoffmann-Holland*, KriPoZ 2017, 35 (36); *Zehetgruber*, NJ 2018, 360 (361 in Fn. 5); *von Boetticher*, Stellungnahme im BT, S. 4; *Jansen*, Stellungnahme im BT, S. 2; *Bönig*, Verbotene Kraftfahrzeugrennen, S. 17 f.

anschließend vor das andere Auto auf die linke Spur setzt (Verstoß gegen § 2 I, II StVO), beide ihre nur mäßig über der vorgeschriebenen Höchstgeschwindigkeit liegende Fahrgeschwindigkeit wegen der nahenden nächsten roten Ampel dann wieder verringern und das Rennen mit Stillstand am Rotlicht beenden. In diesem Beispiel werden zwar Verkehrsregeln gebrochen und sogar i.S.v. § 315c I Nr. 2 lit. b falsch überholt[320], doch trotz des Renncharakters der Fahrt waren die Verstöße nicht schwerwiegend und damit nicht grob verkehrswidrig. Unabhängig davon handeln die Teilnehmer eines Straßenrennens grundsätzlich rücksichtslos, denn selbst in dem verhältnismäßig weniger gefahrträchtigen Beispielsfall haben beide Fahrer die ihnen obliegenden Verkehrspflichten zugunsten des gegenseitigen Wettkampfs und den daraus für sie erwachsenden persönlichen Vorteilen missachtet.[321] Im Ganzen ist der Annahme des Gesetzgebers zuzustimmen, dass illegale Straßenrennen ihrer abstrakten Gefährlichkeit nach mit den Verkehrsverstößen des § 315c I Nr. 2 mindestens vergleichbar sind und die Fahrer dabei rücksichtslos und meist grob verkehrswidrig handeln.

Insgesamt stellt die Teilnahme an einem illegalen Kraftfahrzeugrennen im Straßenverkehr strafwürdiges Unrecht dar. Selbst wenn die Bestrafung von abstrakt gefährlichen Verhaltensweisen aufgrund der Vorverlagerung der Strafbarkeit allgemein nicht unproblematisch und damit Zurückhaltung geboten ist,[322] so ist die Strafbarkeit nach § 315d I Nr. 2 durch den Rechtsgüterschutz gerechtfertigt.[323]

---

320 Stützend: Schönke/Schröder – *Hecker*, § 315c StGB Rn. 18; MüKo-StGB – *Pegel*, § 315c Rn. 56.

321 Stützend: BeckOK-StGB – *Kulhanek*, § 315d Rn. 14; *Ceffinato*, ZRP 2016, 201 (201); *Piper*, NZV 2017, 70 (72); *Hoven*, DPolBl 2/17, 26 (29); *Eisele*, KriPoZ 2018, 32 (33).

322 *Roxin/Greco*, AT 1, Rn. 2/68 ff.; *Herzog*, Gesellschaftliche Unsicherheit, S. 70 ff.; *Kuhlen*, GA 1994, 347 (362 ff.); *Schünemann*, GA 1995, 201 (213 f.); *Jakobs*, ZStW 107 [1995], 843 (855 ff.); *Zieschang*, JA 2016,721 (722); *Piper*, NZV 2017, 70 (74) *Ruhs*, SVR 2018, 286 (287).

323 - Insgesamt zustimmend: *Fischer*, § 315d StGB Rn. 4; Schönke/Schröder – *Hecker*, § 315d StGB Rn. 1; BeckOK-StGB – *Kulhanek*, § 315d Rn. 5; *Weigend*, in: FS Fischer, 569 (570 ff.); *Steinle*, Verbotene Kraftfahrzeugrennen, S. 99 ff.; *Bönig*, Verbotene Kraftfahrzeugrennen, S. 59, 118 u. 221; *Piper*, NZV 2017, 70 (73 f.); *Preuß*, NZV 2017, 105 (110 f.); *Jansen*, NZV 2017, 214 (219 f.); *Kusche*, NZV 2017, 414 (418); *Mitsch*, DAR 2017, 70 (71 ff.); *Mitsch*, DAR 2017, 677 (677); *Baldarelli*, DPolBl 2/17, 2 (2); *Hoven*, DPolBl 2/17, 26 (28 f.); *Dahlke/Hoffmann-Holland*, KriPoZ 2017, 35 (36 f.); *Eisele*, KriPoZ 2018, 32 (33 f. u. 38); *Walter*, KriPoZ 2018, 39 (39 u. 43); *Ruhs*, SVR 2018, 286 (290); *Krell*, HRRS 2018, 237 (239); *Zehetgruber*, NJ 2018, 360 (366); *Kulhanek*, Jura 2018, 561 (561); *Fuchs*, Stellungnahme im BT, S. 2 f.;

(dd) Strafrahmen

Der Strafrahmen des § 315d I Nr. 2 reicht von Geldstrafe bis zu zwei Jahren Freiheitsstrafe und wurde vom Gesetzgeber wegen der höheren abstrakten Gefährlichkeit und des Unrechtsgehalts bewusst über dem der Rauschfahrt nach § 316 angesetzt.[324] Im ursprünglichen Gesetzesantrag im Bundesrat war sogar eine Höchststrafe von drei Jahren Freiheitsstrafe vorgesehen,[325] welche dann in den Ausschussberatungen nach unten korrigiert wurde.[326] Damit entspricht der Strafrahmen dem der vorsätzlich-fahrlässigen und rein fahrlässigen Straßenverkehrsgefährdung nach § 315c III sowie dem fahrlässigen gefährlichen Eingriff in den Straßenverkehr nach § 315b V. Zugleich liegt er unterhalb einer vorsätzlich-fahrlässigen Verwirklichung von § 315b IV (max. drei Jahre Freiheitsstrafe), einer rein vorsätzlichen Tat nach § 315b I und § 315c I (max. fünf Jahre Freiheitsstrafe) sowie eines vorsätzlichen qualifizierten gefährlichen Eingriffs in den Straßenverkehr nach §§ 315b I, III, 315 III (max. zehn Jahre Freiheitsstrafe). Es stellt sich die Frage, ob die Höchststrafe des § 315d I Nr. 2 von zwei Jahren Freiheitsstrafe angemessen ist und sich die Norm insofern in das bestehende System der Verkehrsstraftaten einfügt.

Da illegale Straßenrennen sowohl einer Rauschfahrt (§ 316) als auch den Verkehrsverstößen des § 315c I Nr. 2 hinsichtlich der abstrakten Gefährlichkeit und des Unrechts in nichts nachstehen, ist hier schon allein deshalb eine Höchststrafe von einem Jahr Freiheitsentzug unproblematisch angemessen.[327] Allerdings verlangen sämtliche Tatvarianten des § 315b und § 315c eine konkrete Gefährdung infolge des Fehlverhaltens, bei dem der Schadenseintritt nur

---

von Boetticher, Stellungnahme im BT, S. 1 ff.; *Franke*, Stellungnahme im BT, S. 1; *Jansen*, Stellungnahme im BT, S. 1; *Schuster*, Stellungnahme im BT, S. 3 ff.; *Kubiciel*, jurisPR-StrafR 16/2016, Anm. 1; *Kubiciel*, jurisPR-StrafR 13/2017, Anm. 2; *Mayer*, jurisPR-StrafR 16/2018, Anm. 2.

- Insgesamt ablehnend: *Ceffinato*, ZRP 2016, 201 (201 f.); *Zieschang*, JA 2016,721 (722); *DAV*, Stellungnahme im BT, S. 4 ff.; *Müller*, Stellungnahme im BT, S. 3 ff.

324 BT-Drs. 18/10145, S. 5 u. 9.

325 BR-Drs. 362/16, S. 4.

326 BR-Drs. 362/1/16, S. 1, 6 u. 10; BR-Drs. 362/16 (B), S. 8 u. 14.

327 - Stützend: *Dahlke/Hoffmann-Holland*, KriPoZ 2017, 35 (36 f.); *Preuß*, NZV 2017, 105 (110); *Eisele*, KriPoZ 2018, 32 (33 f. u. 38); *Walter*, KriPoZ 2018, 39 (39 u. 43); *Jansen*, Stellungnahme im BT, S. 2.

- Dagegen kritisch: *Piper*, NZV 2017, 70 (72 f.); *Zehetgruber*, NJ 2018, 360 (362); *DAV*, Stellungnahme im BT, S. 8 f.

noch vom Zufall abhängt (sog. Beinaheunfall).[328] Einen konkreten Gefahrerfolg fordert § 315d I Nr. 2 gerade nicht, weshalb sein Unrecht hinter diesen Normen zurückbleibe.[329] Für eine Strafbarkeit nach § 315b V und § 315c III Nr. 2 reicht aber schon fahrlässiges Handeln mit einer fahrlässigen Gefahrverursachung. Illegale Straßenrennen und die damit einhergehenden Verkehrsverstöße werden indes vorsätzlich begangen. § 315d I Nr. 2 beinhaltet also einen größeren Handlungsunwert, der den fehlenden Erfolgsunwert kompensieren kann. Damit ist der Unrechtsgehalt der Teilnahme an einem illegalen Straßenrennen mit dem einer Tat nach § 315b V und § 315c III Nr. 2 vergleichbar.

Nun könnte gegen den Strafrahmen von § 315d I Nr. 2 eingewendet werden, dass § 315c III mit der gleichen Strafandrohung nicht zwischen der Vorsatz-Fahrlässigkeits-Kombination (Nr. 1) und einer rein fahrlässigen Begehung (Nr. 2) unterscheidet.[330] Dagegen sieht § 315b mit Abs. 4 und 5 entsprechend differenzierte Strafrahmen vor. Durch den vorsätzlichen (Verkehrs-) Regelbruch schafft der Täter bewusst eine erhöhte abstrakte Gefahr, die fahrlässig in eine konkrete Gefährdung mündet, womit der Handlungsunwert gegenüber der rein fahrlässigen Begehung schwerwiegender ist. Dieses höhere Gesamtunrecht sollte deshalb beim gesetzlichen Strafrahmen differenzierend berücksichtigt werden, was bei § 315c I, III fälschlicherweise nicht getan wird.[331] Im systematischen Einklang wären für die Vorsatz-Fahrlässigkeits-Kombination wie bei § 315b I, IV drei Jahre Freiheitsstrafe als Strafrahmenobergrenze gerechtfertigt.[332] Insofern steht der Strafrahmen von § 315c III (Nr. 1) nicht dem identischen von § 315d I Nr. 2 entgegen.

328 BGH, NJW 1995, 3131 (3131); Lackner/Kühl – *Heger*, § 315c StGB Rn. 22; Schönke/Schröder – *Hecker*, § 315c StGB Rn. 33; MüKo-StGB – *Pegel*, § 315c Rn. 98; BeckOK-StGB – *Kudlich*, § 315c Rn. 57; *Fischer*, § 315c StGB Rn. 15 f.; *Rengier*, StR BT 2, Rn. 44/10 ff.

329 Deshalb den Strafrahmen von § 315d I Nr. 2 ablehnend: *Dahlke/Hoffmann-Holland*, KriPoZ 2017, 35 (36 f.); *Piper*, NZV 2017, 70 (72 f.); *Zieschang*, JA 2016, 721 (726); *DAV*, Stellungnahme im BT, S. 8 f.

330 Den Strafrahmen von § 315d I Nr. 2 im Vergleich zu § 315c III deshalb ablehnend: *Dahlke/Hoffmann-Holland*, KriPoZ 2017, 35 (36 f.); *Zieschang*, JA 2016, 721 (726); *DAV*, Stellungnahme im BT, S. 8 f.

331 Stützend: Schönke/Schröder – *Hecker*, § 315c StGB Rn. 40; LK – *König*, § 315c StGB Rn. 194 u. § 315a StGB Rn. 35; *Müller*, in: FS Geppert, 405 (419 ff.); *Mitsch*, DAR 2017, 677 (677); *Walter*, KriPoZ 2018, 39 (39); *Müller*, Stellungnahme im BT, S. 7.

332 Siehe für eine entsprechende Anpassung des § 315c III (Nr. 1) den Änderungsvorschlag unter H.I. [S. 445] mit Fußnote 1303.

Somit hat die Teilnahme an illegalen Straßenrennen einen höheren Unwert als eine Rauschfahrt nach § 316 und ist mit Taten nach § 315b V und § 315c III Nr. 2 ungefähr gleichauf. Hingegen bleibt der Gesamtunrechtsgehalt der Rennteilnahme mangels Erfolgsunwerts deutlich hinter dem eines konkreten Erfolgsdelikts nach § 315b I und § 315c I zurück. Insgesamt lässt sich für den gesuchten unrechtsangemessenen Strafrahmen des § 315d I Nr. 2 folgende systematische Einordnung vornehmen: § 316 (max. 1 J.) < § 315c III Nr. 2 (max. 2 J.) = § 315b V (max. 2 J.) ≈ ***§ 315d I Nr. 2*** < § 315c III Nr. 1 (tatsächlich: max. 2 J.; angemessen: max. 3 J.) = § 315b IV (max. 3 J.) < § 315c I (max. 5 J.) = § 315b I (max. 5 J.) < §§ 315b I, III, 315 III (max. 10 J.).
Diese Einstufung von illegalen Straßenrennen entspricht ungefähr der Rechtslage in der Schweiz. Dort unterfallen Straßenrennen regelmäßig Art. 90 II Straßenverkehrsgesetz (SVG Schweiz), welcher im Höchstmaß eine dreijährige Freiheitsstrafe vorsieht.[333] Gleichwohl die Schweiz zu den Ländern mit den schärfsten Sanktionen für Verkehrsverstöße gehört, stützt dies auch die deutsche Neuregelung.
Aufgrund des verwirklichten Unrechts, der Gesetzessystematik und des bezweckten Rechtsgüterschutzes ist für die Teilnahme an nicht erlaubten Kraftfahrzeugrennen nach § 315d I Nr. 2 somit ein Strafrahmen von maximal zwei Jahren Freiheitsstrafe angemessen.[334]

(ee) Zwischenergebnis

Insgesamt begegnet der Gesetzgeber dem Phänomen der illegalen Straßenrennen mit der Hochstufung und Einführung des neuen, mit bis zu zwei Jahren Freiheitsstrafe bewährten, § 315d I Nr. 2 zweifelsohne im Rahmen seines strafgesetzgeberischen Ermessens. Das bei der Teilnahme an einem illegalen Straßenrennen verwirklichte Unrecht ist wegen des vorsätzlichen und zugleich rücksichtslosen Verhaltens sowie der hohen abstrakten Gefahren für höchstwertige Rechtsgüter so groß, dass die frühere Sanktionierung als bloße Ordnungswidrigkeit überhaupt nicht angemessen war. Wie es der Gesetzgeber

---

333 Zu den genauen Normvoraussetzungen: Schweizer BGE 131 IV 133, S. 136.

334 - Insgesamt zustimmend: *Preuß*, NZV 2017, 105 (110 f.); *Jansen*, NZV 2017, 214 (214 f.); *Eisele*, KriPoZ 2018, 32 (33 f. u. 38); *Walter*, KriPoZ 2018, 39 (39); *Schuster*, Stellungnahme im BT, S. 6; *Jansen*, Stellungnahme im BT, S. 2; *Kubiciel*, jurisPR-StrafR 16/2016, Anm. 1; *Bönig*, Verbotene Kraftfahrzeugrennen, S. 231.
- Diesen Strafrahmen als zu hoch ablehnend: *Ceffinato*, ZRP 2016, 201 (201 f.); *Piper*, NZV 2017, 70 (72 f.); *Dahlke/Hoffmann-Holland*, KriPoZ 2017, 35 (36 f.); *Zehetgruber*, NJ 2018, 360 (362); *DAV*, Stellungnahme im BT, S. 8 f.

selbst richtig feststellt, beseitigt der neue § 315d I Nr. 2 diesen nun vergangenen „unbefriedigenden Zustand, der nicht sämtliche strafwürdige Verhaltensweisen in angemessener Weise erfasst“[335] – zumindest in der Theorie.

(b) Im Straßenverkehr

Alle Varianten des neuen § 315d setzen als erstes Tatbestandsmerkmal ein Verkehrsverhalten „im Straßenverkehr“ voraus. Wegen der gemeinsamen Schutzrichtung und Systematik der gemeingefährlichen Straftaten des 28. Abschnitts ist das Straßenverkehrsmerkmal bei § 315d das gleiche wie bei den anderen Straßenverkehrsdelikten (§§ 315b f., 316 f.)[336]
Straßenverkehr meint in diesem Sinne den öffentlichen Verkehrsraum. Er umfasst alle öffentlichen Straßen, Wege und Plätze sowohl im fließenden als auch ruhenden Verkehr und zwar unabhängig von der Verkehrsart. Öffentlich ist der Verkehrsraum, wenn er der Allgemeinheit grundsätzlich zur Nutzung durch den Verfügungsberechtigten ausdrücklich (kraft Widmung) oder stillschweigend (kraft Duldung) freigegeben wird und ihr zugänglich ist, wobei es auf die tatsächlichen Gegebenheiten ankommt.[337]
Zum Straßenverkehr gehören demzufolge alle staatlichen Straßen, Rad- und Fußwege, aber u. a. auch Tankstellen, Parkhäuser, Parkplätze und Wege zu Bahnhöfen, Flughäfen, Geschäften (teilweise abhängig von den Öffnungszeiten der Einrichtung). Anderes gilt hingegen für reine Privatgrundstücke, -parkplätze, -zufahrten, nur für einen begrenzten Personenkreis zugängliche Örtlichkeiten (z. B. Betriebs-, Behördengelände) und Grünstreifen.[338]

Raserei findet in aller Regel auf öffentlichen Straßen oder Flächen statt, ist aber auch auf großen Privatgrundstücken, Werksgeländen oder ganz abseits

---

335 BT-Drs. 18/10145, S. 2 u. 8.

336 MüKo-StGB – *Pegel*, § 315d Rn. 5; Schönke/Schröder – *Hecker*, § 315d StGB Rn. 2; JurisPK-StVR – *Weiland*, § 315d StGB Rn. 22; BeckOK-StGB – *Kulhanek*, § 315d Rn. 10; *Preuß*, NZV 2017, 105 (109); *Jansen*, NZV 2017, 214 (215).

337 - BGHSt 4, 188 (189); BGHSt 16, 7 (9 ff.); JurisPK-StVR – *Weiland*, § 315d StGB Rn. 22; LK – *König*, § 315b StGB Rn. 4 ff. u. § 315c StGB Rn. 4; Schönke/Schröder – *Sternberg-Lieben*, § 142 StGB Rn. 15; MüKo-StGB – *Pegel*, § 315c Rn. 5 ff.; Hentschel/König/Dauer – *König*, § 1 StVO Rn. 13 f.; B/H/H/J – *Heß*, § 1 StVO Rn. 5 ff. - Beachte dazu die Regelung II. der VwV-StVO zu § 1 StVO.

338 Stützend: LK – *König*, § 315b StGB Rn. 7 f.; MüKo-StGB – *Pegel*, § 315c Rn. 7; Schönke/Schröder – *Sternberg-Lieben*, § 142 StGB Rn. 15; Hentschel/König/Dauer – *König*, § 1 StVO Rn. 14 ff.; B/H/H/J – *Heß*, § 1 StVO Rn. 8 ff.; NK-GVR – *Herbers/Lempp*, § 1 StVO Rn. 9 f.; MüKo-StVR – *Bender*, § 1 StVO Rn. 14.

der Straße („offroad") möglich. Obwohl die davon ausgehenden Gefahren für andere Personen (z. B. Zuschauer, zufällig vorbeikommende Passanten) abseits des öffentlichen Verkehrsraums nicht zwingend geringer sein müssen, unterfällt solche Raserei nicht § 315d. Das mag man kritisieren. Doch da schon die Regeln der StVO grundsätzlich nur für den öffentlichen Straßenverkehr gelten[339] und den Straßenverkehrsstraftaten eine einheitliche Gesetzessystematik zugrunde liegt, kann § 315d davon nicht abweichen. Findet die Raserei außerhalb des öffentlichen Verkehrsraums statt, bleibt so nur Raum für nicht verkehrsbezogene Straftaten.

(c) Kraftfahrzeuge

Im Unterschied zu § 315c und § 316 setzt § 315d zwingend ein Kraftfahrzeug als Tatmittel voraus. Eine Legaldefinition des Begriffs findet sich in § 248b IV. Unabhängig davon, ob für diese Bestimmung im Strafrecht auch auf Vorschriften aus dem StVG bzw. der StVO zurückgegriffen werden kann, deckt sich die Definition in § 1 II StVG für Landfahrzeuge, um die es hier im Straßenverkehr allein geht, mit § 248b IV StGB. Kraftfahrzeuge sind demnach Landfahrzeuge, die durch Maschinenkraft bewegt werden und nicht an Bahngleise gebunden sind. Auf die Art des Maschinenantriebs (Verbrennungsmotor, Elektromotor, Turbine) oder die Fortbewegungsbauweise (Räder, Ketten, Kufen, Luftkissen) kommt es nicht an. Deshalb sind die meisten, nicht allein muskulär angetriebenen Landfahrzeuge Kraftfahrzeuge; z. B. Auto, Motorrad, Elektrofahrrad, E-Scooter, Segway, (Go-)Kart, Aufsitzrasenmäher sowie motorisierte Krankenfahrstühle, Fuß-/City-Roller, Skateboards.[340]

Selbst unter Einbeziehung der einschränkenden Ausnahmen der Straßenverkehrsnormen wie § 1 III StVG (Pedelecs) und § 1 FZV bzw. § 16 II StVZO (Fahrzeuge mit Hilfsantrieb bis 6 km/h)[341] bleibt die Kraftfahrzeugdefinition weit. Demzufolge könnte etwa ein Rennen zwischen einem Aufsitzrasenmäher

339 - NK-GVR – *Herbers/Lempp*, § 1 StVO Rn. 6; MüKo-StVR – *Bender*, § 1 StVO Rn. 15; Hentschel/König/Dauer – *König*, § 1 StVO Rn. 16a; B/H/H/J – *Heß*, § 1 StVO Rn. 14 f.
- Beachte dazu die Regelung I. der VwV-StVO zu § 1 StVO.

340 NK-StGB – *Kindhäuser*, § 248b Rn. 2; MüKo-StGB – *Pegel*, § 315c Rn. 8 ff.; Schönke/Schröder – *Hecker*, § 315c StGB Rn. 5; MüKo-StVR – *Huppertz*, § 1 StVG Rn. 9 ff.; Hentschel/König/Dauer – *Dauer*, § 1 StVG Rn. 14 ff.; B/H/H/J – *Hühnermann*, § 1 StVG Rn. 8 ff.; *Bönig*, Verbotene Kraftfahrzeugrennen, S. 73 ff.

341 Für diese Kfz-Einschränkungen ebenfalls: BeckOK-StGB – *Kulhanek*, § 315d Rn. 15 und *Stam*, StV 2018, 464 (465).

und einem motorisierten Krankenfahrstuhl als potenziell strafbares Verhalten nach § 315d I Nr. 2 eingestuft werden. Demgegenüber wäre ein Rennen mit herkömmlichen Fahrrädern mangels ihrer Kraftfahrzeugeigenschaft nicht strafbar, obwohl selbst ein durchschnittlicher Radfahrer damit Geschwindigkeiten von 40 km/h erreichen kann. Ein Elektrofahrrad, dessen maschinelle Unterstützung des Fahrers je nach Modell häufig schon bei deutlich geringeren Geschwindigkeiten endet, fiele wiederum als Kraftfahrzeug unter § 315d. Trotz dieser Ungereimtheiten wird bei § 315d ganz überwiegend an dem allgemeinen Kraftfahrzeugbegriff ohne Einschränkungen festgehalten[342].

Allerdings ist die Teilnahme an illegalen Straßenrennen wegen der großen Gefahren für andere Verkehrsteilnehmer strafwürdig. Damit begründet auch der Gesetzgeber die Einführung des § 315d, äußert sich gleichzeitig aber nicht zum Begriff des Kraftfahrzeugs. Sicherlich war es seine bewusste Entscheidung, abweichend von § 315c und § 316 nur Kraftfahrzeuge in den Anwendungsbereich des § 315d zu stellen. Offenbar sah der Gesetzgeber nur dann die von einem Rennen ausgehenden Gefahren für höchstwertige Rechtsgüter und das damit verwirklichte Unrecht als genügend strafwürdig an. Da es aber weder für die Gefahren der Raserei noch für das Unrecht einen nennenswerten Unterschied macht, ob die ansonsten gleichen Rennfahrzeuge allein per Muskelkraft (z. B. herkömmliches Fahrrad) oder auch/allein per Maschinenkraft angetrieben werden (z. B. Elektrofahrrad), spricht dies für eine engere Auslegung des Kraftfahrzeugbegriffs in § 315d.

Für die Bestimmung des Kraftfahrzeugs i.S.d. § 315d sollte an die höchstmögliche Fahrzeuggeschwindigkeit angeknüpft werden. Denn die Geschwindigkeit stellt nicht nur als bezifferbare Größe ein klares Abgrenzungsmerkmal dar, sondern ist zugleich der wichtigste Faktor für die Gefährlichkeit eines Rennens und der Raserei allgemein.[343] Die andersartigen Risikoaspekte eines Rennens in Form des gegenseitigen Aufstachelns, der Unaufmerksamkeit und der Fahrzeuganzahl sind demgegenüber rennspezifisch und unterscheiden sich nicht hinsichtlich der Kraftfahrzeugart, weshalb sie für den Kraftfahrzeugbegriff nicht relevant sind. Doch welche Höchstgeschwindigkeit muss ein

---

342 LK – *König*, § 315d StGB Rn. 6; Schönke/Schröder – *Hecker*, § 315d StGB Rn. 3; S/S/W-StGB – *Ernemann*, § 315d Rn. 3; *Zieschang*, JA 2016, 721 (724); *Preuß*, NZV 2017, 105 (111); *Jansen*, NZV 2017, 214 (216); *Kusche*, NZV 2017, 414 (415); *Bönig*, Verbotene Kraftfahrzeugrennen, S. 77 f.

343 Siehe dazu und zu den weiteren physikalischen Parametern: C.II.2. [S. 37].

Kraftfahrzeug i.S.d. § 315d I mindestens erreichen können, dass davon eine solch große abstrakte Gefahr ausgeht, die die Grundlage der Strafwürdigkeit der Raserei begründen kann?
Als Ausgangspunkt zur Bestimmung dieser Höchstgeschwindigkeit kann die unterschiedliche Behandlung von Elektro- und nicht motorisierten Fahrrädern bei der gängigen Kraftfahrzeugdefinition dienen, die es hier aufzulösen gilt. Der Gesetzgeber hatte bei § 315d Fälle der Raserei mit klassischen Kraftfahrzeugen wie Auto und Motorrad im Auge, so wie sie auf der Straße und in der medialen Berichterstattung vorkommen. Gleichzeitig kann man im Gegensatz zum bewussten Ausschluss nicht motorisierter Fahrzeuge aber annehmen, dass der Gesetzgeber bei § 315d an langsame Kraftfahrzeuge wie Elektrofahrräder gar nicht gedacht hat. Der bei einem Rennen davon ausgehende Gefährdungsgrad liegt weit hinter dem eines Rennens mit klassischen Raserfahrzeugen und ist vielmehr mit dem von nicht motorisierten Fahrrädern gleichauf. Denn bei ähnlich schnellen und ansonsten vergleichbaren Fahrzeugen macht die jeweilige Antriebsform gefährdungstechnisch keinen nennenswerten Unterschied, auch weil sie keine anderen möglichen Gefährdungsparameter wie Lenkung und Bremsen des Fahrzeugs oder die Reaktionsgeschwindigkeit des Fahrers beeinflusst.
Im allgemeinen Straßenverkehrsrecht hat der Gesetzgeber (im Einklang mit der Richtlinie 2002/24/EG)[344] durch § 1 III StVG eine spezifizierte Regelung getroffen, mit der bestimmte motorisierte Fahrzeuge nicht als Kraftfahrzeuge eingestuft werden. Entscheidendes Merkmal dabei ist die Geschwindigkeit von 25 km/h (§ 1 III 1 Nr. 1 StVG). Erfolgt die maschinelle Unterstützung nur bis zu dieser Grenze und werden die weiteren Voraussetzungen erfüllt, zählt bspw. ein Elektrofahrrad wie ein nicht motorisiertes Fahrrad nur als Fahrzeug, obwohl es sonst ein Kraftfahrzeug darstellen würde. Allein daraus kann geschlossen werden, dass der Gesetzgeber in diesem Zusammenhang eine Geschwindigkeit von bis zu 25 km/h trotz unterstützendem maschinellen Antrieb nicht als hoch genug einstuft, als dass damit zwingend die Kraftfahrzeugeigenschaft begründet wird. Zwar gilt dies nach § 1 III StVG nicht für Fahrzeuge mit rein maschinellem Antrieb, doch spielt dieser Unterschied, wie festgestellt, bei dem für § 315d I notwendigen abstrakten Gefährdungsgrad keine relevante Rolle.

344 Richtlinie 2002/24/EG des Europäischen Parlaments und des Rates vom 18. März 2002 über die Typgenehmigung für zweirädrige oder dreirädrige Kraftfahrzeuge und zur Aufhebung der Richtlinie 92/61/EWG des Rates (Text von Bedeutung für den EWR).

Motorisierte Fahrzeuge, die nur eine Höchstgeschwindigkeit von 25 km/h erreichen (z. B. E-Scooter), stellen folglich kein Kraftfahrzeug i.S.d. § 315d dar. Mit dem Fahrrad dürfen grundsätzlich die meisten für den Verkehr freigegebenen Straßen befahren werden, nur Kraftfahrstraßen und Autobahnen sind davon nicht umfasst. Auf letzteren darf gemäß § 18 I 1 StVO nur mit Kraftfahrzeugen gefahren werden, deren bauartbedingte Höchstgeschwindigkeit mehr als 60 km/h beträgt. Ein Grund dieser Vorschrift ist, dass wegen der auf solchen Straßen erlaubten hohen Geschwindigkeiten aus Sicherheitsgründen keine Kraftfahrzeuge mit einer demgegenüber zu großen negativen Differenzgeschwindigkeit fahren sollen. Kraftfahrzeuge, die diese auf das schnelle überörtliche Vorankommen ausgelegten Schnellstraßen benutzen dürfen, lassen sich insofern als schnelle Kraftfahrzeuge einstufen. Von einem Kraftfahrzeug, das eine Geschwindigkeit von über 60 km/h erreichen kann, geht beim Rasen dadurch wegen der potenziell erhöhten Unfallwahrscheinlichkeit und wesentlich größeren Unfallfolgen auch eine weit höhere abstrakte Gefahr aus. Dieser Gefährdungsgrad ist bei Weitem nicht mehr mit dem einer schnellen Fahrt auf einem handelsüblichen Fahrrad vergleichbar. So ist auf jeden Fall ein motorisiertes Fahrzeug mit einer Höchstgeschwindigkeit von mindestens 60 km/h als Kraftfahrzeug i.S.d. § 315d einzustufen.

Sind für den durchschnittlichen Radfahrer mit einem Fahrrad allein durch Muskelkraft Geschwindigkeiten von zirka 40 km/h erreichbar, spricht vieles dafür, auch Elektrofahrräder, die als sog. S-Pedelecs den Fahrer maschinell bis zu einer Geschwindigkeit von 45 km/h unterstützen, vom Kraftfahrzeugbegriff des § 315d auszunehmen. Die abstrakte Gefährlichkeit einer besonders schnellen Fahrt unterscheidet sich zwischen diesen beiden Fahrzeugen mit ihrer vergleichbaren Maximalgeschwindigkeit kaum, zumal beide dieselbe Fahrzeugkarosserie haben. Ebenfalls erscheint für andere motorisierte Fahrzeuge unter dem maßgeblichen Gesichtspunkt der abstrakten Gefährlichkeit eine Geschwindigkeitsgrenze von 45 km/h für die Kraftfahrzeugeigenschaft i.S.d. § 315d allgemein angemessen. Dieser Wert wird für die Einstufung vieler Fahrzeuge nach den EG-Fahrzeugklassen[345] herangezogen und grenzt dabei langsamere (≤ 45 km/h) und schnellere Fahrzeuge (> 45 km/h) voneinander ab. Ein Elektrofahrrad als S-Pedelec gehört demnach zur Klasse L1e der Kleinkrafträder und somit zu den langsameren Fahrzeugen, die – wie gesehen – mit nicht motorisierten Fahrrädern vergleichbar sind. Dagegen könnte für andere

345 Siehe zur Übersicht über die einzelnen EG-Fahrzeugklassen die Anlage XXIX zu § 20 IIIa 4 StVZO und für die zugrundeliegenden EU-Verordnungen Fußnote 1316.

langsamere Fahrzeuge eingewendet werden, dass von ihnen beim Rasen trotz gleicher Geschwindigkeit von maximal 45 km/h wegen der mitunter verschiedenen Karosserietypen doch unterschiedlich hohe Gefahren ausgehen. In der Tat ist z. B. ein Leichtkraftfahrzeug (L6e) wesentlich schwerer und größer als ein Kleinkraftrad (L1e), weshalb von ihm grundsätzlich ein höheres Gefährdungspotenzial ausgeht. Allerdings existieren solche Unterschiede etwa auch zwischen einem Pkw (M) und einem Motorrad (L3e), die trotzdem aufgrund ihrer hohen Geschwindigkeiten unstreitig Kraftfahrzeuge i.S.d. § 315d sind. Jedenfalls bleiben bei Maximalgeschwindigkeiten von bis zu 45 km/h diese Unterschiede hinsichtlich der abstrakten Gefahren jedoch gering. Denn einerseits können die langsameren Fahrzeuge selbst bei einem Rennen aufgrund ihrer geringen Leistung[346] nicht schnell beschleunigen. Andererseits ist die Unfallwahrscheinlichkeit deshalb nicht besonders erhöht, weil es sich um innerorts übliche Geschwindigkeiten handelt, bei denen sowohl die Fahrer als auch andere Verkehrsteilnehmer mögliche Unfälle noch recht gut voraussehen und vermeiden können. Anders ist das bei schnelleren Fahrzeugen, die mehr als 45 km/h fahren können, weil sie zumeist wesentlich höhere Motorleistung besitzen[347] und damit in aller Regel nicht nur deutlich schneller beschleunigen, sondern auch deutlich schneller fahren können. Dieses höhere Geschwindigkeitspotenzial sorgt beim Rasen mit diesen Fahrzeugen für eine bedeutend höhere Unfallwahrscheinlichkeit und schwerere mögliche Unfallfolgen. Damit ist die abstrakte Gefährlichkeit deutlich erhöht und nicht mehr mit der straflosen Raserei zwischen Fahrrädern vergleichbar.

Nur wenn mit entsprechend schnelleren Fahrzeugen gerast wird, können von der Raserei und einem illegalen Straßenrennen so hohe abstrakte Gefahren für höchstwertige Rechtsgüter anderer ausgehen, dass damit strafwürdiges Unrecht i.S.d. § 315d I verwirklicht wird. Um einer zu weiten Strafbarkeit des § 315d vorzugbeugen, ist somit folgende einschränkende Kraftfahrzeugdefinition zugrunde zu legen: Ein Kraftfahrzeug ist ein zumindest auch durch Maschinenkraft bewegtes und dabei nicht an Bahngleise gebundenes Landfahrzeug, das eine maschinengetriebene Höchstgeschwindigkeit von mehr als 45 km/h erreichen kann.

---

346 Siehe exemplarisch die Grenze der maximalen Leistung für leichte vierrädrige Kraftfahrzeuge der Klasse L6e.

347 Siehe exemplarisch die Grenze der minmalen Leistung für zweirädrige Krafträder der Klasse L3e.

Da der Grundtatbestand des § 315d I an die von der Raserei ausgehenden abstrakten Gefahren anknüpft, muss das verwendete Kraftfahrzeug die Höchstgeschwindigkeit von 45 km/h im jeweiligen Fall nicht erreicht haben. Vielmehr reicht es aus, dass das Fahrzeug mindestens diese Geschwindigkeit unter normalen Umständen mithilfe der Motorkraft überhaupt erreichen kann. Kraftfahrzeuge i.S.d. § 315d sind damit grundsätzlich vor allem Personenkraftwagen, Motorräder, Lastkraftwagen, Motorroller, Quads, (Go-)Karts – nicht aber (handelsübliche) Mofas, Elektrofahrräder, E-Scooter, Segways, Aufsitzrasenmäher, Golfcarts oder motorisierte Krankenfahrstühle.

(d) Nicht erlaubte Kraftfahrzeugrennen

Gemäß § 315d I Nr. 2 darf das Kraftfahrzeugrennen nicht erlaubt sein. Die Begriffe werden in der Norm selbst nicht definiert, allerdings in der Gesetzesbegründung präzisiert.[348] Der genaue Inhalt eines Merkmals ist auf Basis des Wortlauts innerhalb dessen Grenzen (Art. 103 II GG und § 1 StGB) durch Auslegung zu ermitteln. Dabei kann die Begründung des Gesetzes für den Normtelos unterstützend herangezogen werden. Wegen des allgemeinen Auslegungsmaßstabs, der schwerpunktmäßig im objektivierten Gesetzeswillen liegt, entfaltet sie aber keine bindende Wirkung.[349]

(aa) Kraftfahrzeugrennen

Der Begriff des Kraftfahrzeugrennens beschreibt zweifelsohne ein Rennen zwischen Kraftfahrzeugen. Ein „Rennen" wird allgemein verstanden als ein „sportlicher Wettbewerb, bei dem die Schnelligkeit, mit der eine Strecke zurückgelegt wird, über den Sieg entscheidet"[350].

Wegen der fehlenden Definition im Gesetz, der nur unterstützenden Auslegungshilfe der Gesetzesbegründung und trotz des etablierten allgemeinen Begriffsverständnisses wird der Rennbegriff vereinzelt als nicht hinreichend bestimmt angesehen, womit nach Art. 103 II GG die Verfassungswidrigkeit des

348 BT-Drs. 18/10145, S. 9.

349 BVerfGE 1, 299 (312), BVerfGE 11, 126 (130 f.); BVerfGE 105, 135 (157); BVerfG, NJW 2004, 1305 (1306 f.); BGHSt 1, 74 (74 ff.); BGHSt 1, 158 (163 ff.); Schönke/Schröder – *Hecker*, § 1 StGB Rn. 36 ff.; Lackner/Kühl – *Kühl*, § 1 StGB Rn. 6; NK-StGB – *Hassemer/Kargl*, § 1 Rn. 108 ff.; S/S/W-StGB – *Satzger*, § 1 Rn. 48 ff.; *Dahlke/Hoffmann-Holland*, KriPoZ 2017, 35 (40); *Blanke-Roeser*, JuS 2018, 18 (19).

350 *Duden*, „Rennen".

§ 315d I Nr. 2 einherginge.[351] Jedoch dürfen an die Bestimmtheit keine zu hohen Anforderungen gestellt werden, da Sprache immer einen Interpretationsspielraum bietet und Normen aufgrund ihres abstrakt-generellen Charakters ohne eine gewisse Offenheit die Vielgestaltigkeit des Lebens und neue Entwicklungen nicht abbilden könnten. Deshalb ist die Bestimmtheit nach Art. 103 II GG erfüllt, wenn der Gesetzgeber mit der Normgestaltung über die wesentlichen Fragen der Strafbarkeit entschieden hat und sie so genau gefasst ist, dass der Normadressat die Reichweite der Strafbarkeit zumindest mit Auslegung erkennen kann.[352]

Das StGB kannte das Tatbestandsmerkmal des Kraftfahrzeugrennens bisher nicht. Hingegen war das Merkmal „Rennen mit Kraftfahrzeugen" schon im § 29 I StVO a. F. vorhanden, worauf der Gesetzgeber in seiner Begründung für § 315d I Nr. 2 als „[…] bereits eingeführte[s] Gesetzesmerkmal[…]"[353] zurückgreift und explizit die Ausführungen des Oberlandesgerichts Hamm anführt: „Ein Rennen ist demnach ein Wettbewerb oder Wettbewerbsteil zur Erzielung von Höchstgeschwindigkeiten mit Kraftfahrzeugen, bei denen zwischen mindestens zwei Teilnehmern ein Sieger durch Erzielung einer möglichst hohen Geschwindigkeit ermittelt wird, wobei es einer vorherigen Absprache aller Beteiligten nicht bedarf (vgl. OLG Hamm, Beschluss vom 5. März 2013 - III-1 RBs 24/13 –, juris, m. w. N.)."[354]
Überwiegend wird dieses Begriffsverständnis ohne Einschränkungen für § 315d I Nr. 2 übernommen.[355] Dieser unmittelbaren Übernahme wird jedoch

351 *Dahlke/Hoffmann-Holland*, KriPoZ 2017, 35 (37 ff.); kritisch auch *Zehetgruber*, NJ 2018, 360 (362 u. 366).

352 BVerfGE 14, 174 (185 f.); BVerfGE 25, 269 (286 ff.); BVerfGE 26, 41 (42 f.); BVerfGE 87, 209 (223 f.); BVerfGE 126, 170 (194 ff.); BGHSt 23, 167 (171); BGHSt 28, 72 (73 f.); Schmidt-Bleibtreu – *Schmahl*, Art. 103 GG Rn. 58 u. 66 ff.; Sachs – *Degenhart*, Art. 103 GG Rn. 63 f.; NK-GG – *Wolff*, Art. 103 Rn. 14 ff.; BeckOK-StGB – *von Heintschel-Heinegg*, § 1 Rn. 10 f.; MüKo-StGB – *Schmitz*, § 1 Rn. 48 ff.; *Fischer*, § 1 StGB Rn. 6 f.; Schönke/Schröder – *Hecker*, § 1 StGB Rn. 17 ff.; *Roxin/Greco*, AT 1, Rn. 5/67 ff.; *Wessels/Beulke/Satzger*, StR AT, Rn. 72; *Blanke-Roeser*, JuS 2018, 18 (19 f.).

353 BT-Drs. 18/10145, S. 9.

354 BT-Drs. 18/10145, S. 9.

355 Schönke/Schröder – *Hecker*, § 315d StGB Rn. 3; BeckOK-StGB – *Kulhanek*, § 315d Rn. 11 ff.; Lackner/Kühl – *Heger*, § 315d StGB Rn. 3; *Piper*, NZV 2017, 70 (74); *Jansen*, NZV 2017, 214 (215 f.); *Rinio*, NZV 2018, 478 (478); *Ruhs*, SVR 2018, 286 (288); *Rebler*, SVR 2018, 415 (416 u. 418).

teilweise widersprochen, weil für die Bestimmung eines Begriffs in einer Strafnorm nicht einfach auf die Ausführungen zu dem gleichen Begriff aus dem Ordnungswidrigkeitsrecht zurückgegriffen werden kann.[356] Immerhin ist anerkannt, dass an die Bestimmtheit einer Strafnorm allgemein desto höhere Anforderungen zu stellen sind, je schwerer die angedrohte Strafe ausfällt.[357] Des Weiteren kommt dem Schutzzweck der jeweiligen Norm erhebliche Bedeutung zu. Denn § 315d I dient in aller erster Linie dem Schutz höchstwertiger Rechtsgüter anderer Verkehrsteilnehmer bzw. nach allgemeinem Verständnis der Sicherheit des Straßenverkehrs. Obwohl § 29 I StVO a. F. ebenfalls vor den von Kraftfahrzeugrennen ausgehenden Gefahren schützte, bezweckte er daneben gemäß der Normüberschrift die Verhinderung übermäßiger Straßenbenutzung sowie den Emissionsschutz zugunsten von Mensch und Umwelt vor Abgasen und Lärm.[358] Auf diese Weise reicht der Schutzbereich des § 29 I StVO a. F. erheblich weiter als der des § 315d I. Nicht auszuschließen ist deshalb, dass das Wort „Rennen" als wesentliches Tatbestandsmerkmal des § 29 I StVO a. F. eine weitergehende Bedeutung erlangt hatte, die über die strafrechtliche Schutzrichtung des neuen § 315d I Nr. 2 hinausging. Selbst wenn der Gesetzgeber den Rennbegriff in der neuen Strafnorm genau wie bei § 29 I StVO a. F. (auch i.V.m. I. und II. der VwV-StVO zu § 29 I StVO a. F.) verstanden haben will, kann dieser folglich nicht ohne weiteres übernommen werden.[359] Für die somit notwendige eigenständige Auslegung des Rennbegriffs in § 315d I Nr. 2 ist es gleichwohl nicht ausgeschlossen, auf Aspekte des § 29 I StVO a. F. zurückzugreifen. Denn sofern bestimmte Erkenntnisse zu dieser Ordnungswidrigkeit

---

356 *Dahlke/Hoffmann-Holland*, KriPoZ 2017, 35 (37 f.); *Blanke-Roeser*, JuS 2018, 18 (19); *Stam*, StV 2018, 464 (465 f.); *DAV*, Stellungnahme im BT, S. 6; *Steinle*, Verbotene Kraftfahrzeugrennen, S. 137.

357 BVerfGE 14, 245 (251); BVerfGE 26, 41 (43); BVerfGE 143, 38 (54); NK-GG – *Wolff*, Art. 103 Rn. 15; Sachs – *Degenhart*, Art. 103 GG Rn. 59 u. 64; Dreier – *Schulze-Fielitz*, Art. 103 II GG Rn. 39; *Fischer*, § 1 StGB Rn. 7; *Dahlke/Hoffmann-Holland*, KriPoZ 2017, 35 (37 u. 39).

358 BVerwG, NVwZ 1994, 1095 (1096); BVerwG, 3 C 2/97, Urteil vom 13.03.1997, Rn. 32 f. – im Internet abrufbar: www.juris.de (Stand: 07.03.2019); BVerwG, 3 C 4/97, Urteil vom 18.09.1997, Rn. 19 – im Internet abrufbar: www.juris.de (Stand: 07.03.2019); MüKo-StVR – *Sauthoff*, § 29 StVO Rn. 2 ff.; Hentschel/König/Dauer – *König*, § 29 StVO Rn. 3; *Steinle*, Verbotene Kraftfahrzeugrennen, S. 97.

359 Insgesamt stützend: *Dahlke/Hoffmann-Holland*, KriPoZ 2017, 35 (37 f.); *Blanke-Roeser*, JuS 2018, 18 (19); *Stam*, StV 2018, 464 (465 f.); *DAV*, Stellungnahme im BT, S. 6; *Steinle*, Verbotene Kraftfahrzeugrennen, S. 137 f.

den strafrechtlichen Anforderungen genügen, besteht für die strafrechtliche Auslegung kein Einbeziehungsverbot.[360]

Ein Rennen setzt schon nach allgemeinem Verständnis mindestens zwei Teilnehmer voraus, weil ansonsten das notwendige Konkurrenzelement fehlt. Zwar könnte man womöglich auch die Zeit, die Fahrstrecke oder andere Umstände als vergleichbare Elemente begreifen. Nur wäre dies systematisch nicht mit § 315d I vereinbar, weil die Strafbarkeit des Einzelrasens explizit in Nr. 3 bestimmt ist, der es gar nicht bedurft hätte, wenn Nr. 2 nicht mindestens zwei Teilnehmer für ein Rennen verlangen würde. Dies deckt sich nicht nur mit der von der Gesetzesbegründung angeführten erhöhten Gefährlichkeit solcher Rennen durch die Fokussierung der Aufmerksamkeit auf den Konkurrenten und das gegenseitige Verleiten zu riskanterem Fahren, sondern ist auch hinsichtlich § 29 I StVO a. F. unumstritten. Dass es sich bei den Teilnehmern um Führer von Kraftfahrzeugen handeln muss, ist schon durch den Gesetzeswortlaut klar.[361]
Ein Rennen ist in verschiedenen Organisationsformen – von spontan bis vollständig organisiert – denkbar. Einschränkungen sind hier nicht ersichtlich. Des Weiteren liegt der von Rennen ausgehende Gefährdungsgrad im riskanten Fahren und weniger in der konkreten Organisationsform begründet. Übereinstimmend mit dem bisherigen unumstrittenen Verständnis von § 29 I StVO a. F. und der expliziten Bestätigung durch die Regelungen I. und II. der VwV-StVO dazu sind Rennen deshalb mit der zutreffenden Gesetzesbegründung ganz unabhängig von einer möglichen Organisation durch die Strafbarkeit des § 315d I Nr. 2 umfasst.[362]
Ein Rennen setzt immer eine rennspezifische Interaktion der Rennteilnehmer untereinander voraus. Ansonsten fehlte es an der notwendigen Konkurrenz, womit jeder Fahrer nur für sich führe und dadurch auch die gefahrerhöhenden Elemente der gegenseitigen Provokation sowie der Aufmerksamkeitsfokussierung nicht vorhanden wären. Außerdem könnte dann nicht mehr hinreichend zwischen unabhängig voneinander rasenden und zufällig zusammentreffenden

---

360 Stützend: MüKo-StGB – *Pegel*, § 315d Rn. 11; *Stam*, StV 2018, 464 (465).

361 Stützend: *Fischer*, § 315d StGB Rn. 5 ff.; Schönke/Schröder – *Hecker*, § 315d StGB Rn. 3; *Blanke-Roeser*, JuS 2018, 18 (20); *Kusche*, NZV 2017, 414 (415); *Stam*, StV 2018, 464 (465); *Ruhs*, SVR 2018, 286 (288); *Bönig*, Verbotene Kraftfahrzeugrennen, S. 85 f. u. 97.

362 Stützend: BVerwGE 104, 154 (158); JurisPK-StVR – *Weiland*, § 315d StGB Rn. 24; NK-GVR – *Kreusch*, § 29 StVO Rn. 1 ff.; Hentschel/König/Dauer – *König*, § 29 StVO Rn. 2 u. § 315d StGB Rn. 4; *Jansen*, NZV 2017, 214 (216); *Kulhanek*, Jura 2018, 561 (562).

Fahrzeugführern gegenüber Rennfahrern unterschieden werden. Erst mit der rennspezifischen Interaktion als wechselseitigem Verhältnis gehen die Rennfahrer gefahrerhöhend aufeinander ein und lassen sich von rennunbeteiligten Fahrern zuverlässig unterscheiden. Diese Rennübereinkunft kann ausdrücklich oder stillschweigend erfolgen. Gerade bei spontanen/wilden Rennen (bspw. an der Ampel) kommt die Übereinkunft zumeist durch entsprechend konkludentes Verhalten der Rennfahrer aus der Situation heraus zustande. Zu diesem Verhalten zählen vor allem: gegenseitiger Blickkontakt, Handzeichengeben, Licht-/Hupe, Motoren aufheulen lassen und Fahrmanöver wie gleichzeitiger Start (bei Startsignal), gemeinsame Vollgasfahrt, riskante Überholmanöver, Blockieren des Gegners. Die rennspezifische Interaktion muss nur einmal beim Rennstart erfolgen, danach setzt sich das Rennen bis zu seinem Ende fort. Diese Anforderungen decken sich mit § 29 I StVO a. F.[363]

Ein Rennen kann unterschiedliche Modi (wie Sprintrennen, Rundkurs, Zeitfahren, Etappenrennen, Verfolgung) und verschiedenen Startformen (wie Massen-, Gruppen- und Einzelstart) aufweisen. Zeit- bzw. Streckenlänge sind dabei frei bestimmbar, wobei teilweise eine nicht unerhebliche Wegstrecke verlangt wird[364], und stehen gerade bei nicht organisierten Rennen nur selten von vornherein fest. Gegen die Einbeziehung bestimmter Rennen in den strafrechtlichen Rennbegriff wird eingewendet, dass bei Einzelstarts bzw. Zeitfahrten der gefahrerhöhende Konkurrent fehle und man eben erst nach einer gewissen Strecke von einer Gefährdung sprechen könne.[365] Tatsächlich ist die renntypische Gefährdung bei Rennen ohne unmittelbaren Konkurrenten auf der Strecke geringer, weil ohne Gegner keine direkten Provokationen zu immer riskanterem Fahren und keine Aufmerksamkeitsfokussierung stattfinden. Trotzdem kann beim Rennfahrer ein Flow-Zustand mit entsprechendem Tunnelblick auftreten und es auch zu Konkurrenzdruck kommen. Denn einerseits kann der Fahrer einen Konkurrenten trotz zeitversetztem Einzelstart einholen

---

363 Stützend: OLG Hamm, NZV 1997, 367 (367); *Fischer*, § 315d StGB Rn. 5 ff.; JurisPK-StVR – *Weiland*, § 315d StGB Rn. 24; BeckOK-StGB – *Kulhanek*, § 315d Rn. 13 f.; NK-GVR – *Kreusch*, § 29 StVO Rn. 2 ff.; *Zieschang*, JA 2016, 721 (723); *Kusche*, NZV 2017, 414 (415); *Blanke-Roeser*, JuS 2018, 18 (21); *Rinio*, NZV 2018, 478 (478); *Stam*, StV 2018, 464 (465); *Steinle*, Verbotene Kraftfahrzeugrennen, S. 142 f.; *Bönig*, Verbotene Kraftfahrzeugrennen, S. 95 u. 98 f.

364 BGH, 4 StR 511/20, Urteil vom 11.11.2021, Rn. 17 – im Internet abrufbar: www.bundesgerichtshof.de (Stand: 02.02.2022), wobei unklar bleibt, wie lang eine Wegstrecke genau sein muss, dass sie in diesem Sinne erheblich ist.

365 *Mitsch*, DAR 2017, 70 (72); *Dahlke/Hoffmann-Holland*, KriPoZ 2017, 35 (41).

bzw. von ihm überholt werden, sodass wieder eine klassische Rennsituation vorliegt. Andererseits kann er sich auch als alleiniger Rennfahrer auf der Strecke zu noch riskanterem Fahren provoziert fühlen, weil nach seiner Vorstellung die Rennkonkurrenz noch schneller unterwegs (gewesen) sein könnte. Obwohl die Renngefahren in solchen Konstellationen ohne unmittelbaren Gegner meist geringer sind als bei einem klassischen Rennen, bleiben sie wegen der sehr hohen Fahrgeschwindigkeiten der Fahrzeuge und den möglichen Flow- und Provokationseffekten doch groß. Ebenso greift der Einwand, wonach für eine Gefährdung eine gewisse Streckenlänge notwendig ist, zu kurz, weil schon beim Startvorgang ernstzunehmende Gefahren auftreten können. In der Regel wird nämlich mit Vollgas angefahren, was zu einem Ausbrechen und Kontrollverlust über das Fahrzeug führen kann, wodurch es trotz seiner zu diesem Zeitpunkt meist noch nicht hohen Geschwindigkeit mit anderen Renn-, Verkehrsteilnehmern und Zuschauern kollidieren kann. Dementsprechend erfordern Rennen aufgrund der in jedem Fall davon ausgehenden erheblichen Gefährdungen und im Einklang mit § 29 I StVO a. F. (inkl. I. der VwV-StVO dazu) keine bestimmte Start-/Form oder Streckenlänge.[366]

Ein Rennen hat eine sportliche Dimension, die nach allgemeinem Begriffsverständnis durch den Wettbewerb zur Ermittlung eines Siegers geprägt ist. Der Wettbewerbsaspekt findet sich auch in § 29 I StVO a. F. wieder und wird grundsätzlich in die Renndefinition des § 315d I Nr. 2 u. 1 übernommen.[367] Allerdings streitet man mit Verweis auf die Regelung I. der VwV-StVO zu § 29 I StVO a. F.

---

366 - Stützend: BVerwGE 104, 154 (156); BGHZ 154, 316 (318); Schönke/Schröder – *Hecker*, § 315d StGB Rn. 3; *Kulhanek*, Jura 2018, 561 (562); *Blanke-Roeser*, JuS 2018, 18 (20); *Rinio*, NZV 2018, 478 (478); *Eisele*, KriPoZ 2018, 32 (34); *Preuß*, NZV 2017, 105 (109); *Zieschang*, JA 2016, 721 (723); *Steinle*, Verbotene Kraftfahrzeugrennen, S. 142 f.
- Auch nach BGH, 4 StR 511/20, Urteil vom 11.11.2021, Rn. 17 ff. – im Internet abrufbar: www.bundesgerichtshof.de (Stand: 02.02.2022) ist die Start-/Form des Rennens nicht ausschlaggebend; allerdings wird „eine nicht unerhebliche Wegstrecke" verlangt (siehe Fußnote 364), was jedoch aus den dargestellten Gründen abzulehnen oder jedenfalls mit KG Berlin, NZV 2022, 520 (521) und *Nowrousian*, NZV 2022, 522 (522) weit zu verstehen ist.

367 - Lackner/Kühl – *Heger*, § 315d StGB Rn. 3; *Fischer*, § 315d StGB Rn. 5 ff.; NK-GVR – *Kreusch*, § 29 StVO Rn. 2; NK-GVR – *Quarch*, § 315d StGB Rn. 3; *Mitsch*, DAR 2017, 70 (72); *König*, DAR 2017, 362 (368); *Kulhanek*, Jura 2018, 561 (562); *Blanke-Roeser*, JuS 2018, 18 (20 f.); *Dahlke/Hoffmann-Holland*, KriPoZ 2017, 35 (38); *Jansen*, NZV 2017, 214 (216); *Ruhs*, SVR 2018, 286 (288).
- Allein hinsichtlich § 29 I StVO a. F.: BVerwGE 104, 154 (156); BGHZ 154, 316 (318).

darüber, ob ein solcher Wettbewerb zwingend auch die Ermittlung eines Siegers voraussetzt.[368] Dieser Streit überrascht, weil sich jeder Wettbewerb durch den gegenseitigen kompetitiven Vergleich auszeichnet. Ohne einen Besten als Sieger ermitteln zu wollen, gibt es aber schlicht keinen Vergleichskampf und damit kein Wettbewerbsprogramm. Eine solche Veranstaltung wäre schlichte Unterhaltung (zum Spaß), nicht jedoch ein Wettbewerb. Dabei geht es selbstverständlich nicht darum, dass es am Ende auch einen Sieger gibt bzw. dieser ausgezeichnet wird, sondern um den kompetitiven Vergleichscharakter des Rennens. Ein Rennen ist also ein zwischen mehreren Rennteilnehmern ausgetragener Wettbewerb, dem die Ermittlung eines Siegers immanent ist, wobei auch einzelne Teile eines mehrteiligen Gesamtwettbewerbs als eigenständiger Wettbewerb einzustufen sind.[369]

Ein Rennen gewinnt, wer zuerst ins Ziel kommt und so insgesamt der Schnellste war. Geschwindigkeit ist dementsprechend der Vergleichsfaktor, der für den Ausgang des Wettbewerbs entscheidend ist, weshalb Rennfahrer auch möglichst hohe Geschwindigkeiten erreichen wollen. Gleichzeitig ist sie in höchstem Maße für die von Rennen ausgehenden Gefahren verantwortlich. Ohne ein Geschwindigkeitselement würde der Rennbegriff einerseits gegenüber dem allgemeinen Begriffsverständnis überdehnt und andererseits fehlte es ihm dann am wichtigsten Gefährdungsgrund für die Strafwürdigkeit des § 315d. Folglich muss es bei einem Rennen um das Erreichen möglichst hoher Geschwindigkeiten gehen, was weitere, den Wettbewerb beeinflussende Vergleichselemente aber nicht ausschließt. Auf das Ziel oder Erreichen der absoluten Höchstgeschwindigkeit kommt es hingegen nicht an, weil die rennspezifischen Gefahren auch bei niedrigeren Geschwindigkeiten auftreten können. Somit muss es bei

---

368 - Dafür: JurisPK-StVR – *Weiland*, § 315d StGB Rn. 24; *Fischer*, § 315d StGB Rn. 5 f.; NK-GVR – *Kreusch*, § 29 StVO Rn. 2; *DAV*, Stellungnahme im BT, S. 6; *Jansen*, NZV 2017, 214 (216); *Stam*, StV 2018, 464 (465); *Dahlke/Hoffmann-Holland*, KriPoZ 2017, 35 (38 u. 41); *Rebler*, SVR 2018, 415 (416 u. 418); *Steinle*, Verbotene Kraftfahrzeugrennen, S. 140.
- Dagegen: OLG Hamm, NZV 2013, 403 (404); OLG Oldenburg, DAR 2017, 93 (94); MüKo-StGB – *Pegel*, § 315d Rn. 7 f.; Schönke/Schröder – *Hecker*, § 315d StGB Rn. 3; BeckOK-StGB – *Kulhanek*, § 315d Rn. 13.6; NK-GVR – *Quarch*, § 315d StGB Rn. 3; *König*, DAR 2017, 362 (368); *Kulhanek*, Jura 2018, 561 (562).

369 - Stützend: *Duden*, „Wettkampf"; *Fischer*, § 315d StGB Rn. 5 ff.; *Jansen*, NZV 2017, 214 (216); *Dahlke/Hoffmann-Holland*, KriPoZ 2017, 35 (38).
- Ähnlich auch *Bönig*, Verbotene Kraftfahrzeugrennen, S. 86, 93 f. u. 97, die dabei aber wenig überzeugend zwischen Sieger und Bestem unterscheidet.

einem Rennen für die Teilnehmer wie schon nach § 29 I StVO a. F. (mit I. der VwV-StVO dazu) zumindest maßgeblich um das Erreichen möglichst hoher Geschwindigkeiten gehen.[370]
Ein Rennen geht regelmäßig mit der Verletzung von Verkehrsregeln vor allem hinsichtlich Geschwindigkeit, Überholen, Abstand und Vorfahrt einher. Dazu muss es aber nicht immer kommen, wenn etwa die Polizei das Rennen frühzeitig unterbindet. Es stellt sich die umstrittene Frage, ob für ein Rennen der Bruch von Verkehrsregeln Voraussetzung ist. Vermehrt wird dies nicht gefordert und hauptsächlich damit begründet, dass ein Renngeschehen auch ohne Regelverstoß abstrakt gefährlich sei.[371] Der Gesetzeswortlaut des § 315d I Nr. 2 verlangt, anders als etwa § 315c I Nr. 2, keinen (konkreten) Verkehrsverstoß und auch die Gesetzesbegründung legt keinen solchen nahe. Jedoch verhalten sich die Rennfahrer bei Beachtung der Verkehrsregeln verkehrsnormkonform, sodass sie mit ihrem Verhalten nur solche allgemeinen Gefahren schaffen, die das Recht zugunsten der schnellen Fortbewegung gestattet. Selbst wenn schon die Ablenkung oder das Sich-provozieren-Lassen durch den anderen Rennfahrer als gefahrerhöhend einzustufen ist, bleibt es mangels entgegenstehender Verkehrsregeln grundsätzlich erlaubt. Die große Gefährdung höchstwertiger Rechtsgüter anderer Verkehrsteilnehmer als Strafgrund für § 315d I Nr. 2 wird hingegen in erster Linie durch mögliche Kontrollverluste infolge des äußerst riskanten Fahrverhaltens der Rennfahrer mit regelmäßig sehr hohen Geschwindigkeiten begründet. Halten sie aber die Straßenverkehrsvorschriften ein, wird der Schutzzweck des § 315d I Nr. 2 mangels spezifischer Gefährlichkeit gar nicht berührt und der für eine Strafbarkeit erforderliche Unrechtsgehalt nicht erreicht. Erlaubtes Verkehrsverhalten kann so kein Rennen im strafrechtlichen

---

370 Stützend: BGH, 4 StR 511/20, Urteil vom 11.11.2021, Rn. 17 ff. – im Internet abrufbar: www.bundesgerichtshof.de (Stand: 02.02.2022); BVerwGE 104, 154 (156); BGHZ 154, 316 (318 f. u. 325); MüKo-StGB – *Pegel*, § 315d Rn. 7 ff.; BeckOK-StGB – *Kulhanek*, § 315d Rn. 11 ff.; B/H/H/J – *Hühnermann*, § 29 StVO Rn. 2; Hentschel/König/Dauer – *König*, § 29 StVO Rn. 2 u. § 315d StGB Rn. 4; *Blanke-Roeser*, JuS 2018, 18 (21); *Jansen*, NZV 2017, 214 (216); *Kusche*, NZV 2017, 414 (415); *Rinio*, NZV 2018, 478 (478); *Stam*, StV 2018, 464 (465); *Eisele*, KriPoZ 2018, 32 (34); *Steinle*, Verbotene Kraftfahrzeugrennen, S. 142; *Bönig*, Verbotene Kraftfahrzeugrennen, S. 86, 93 f. u. 102.

371 BT-Drs. 18/12964, S. 5; Schönke/Schröder – *Hecker*, § 315d StGB Rn. 3; MüKo-StGB – *Pegel*, § 315d Rn. 10; Lackner/Kühl – *Heger*, § 315d StGB Rn. 3; *Blanke-Roeser*, JuS 2018, 18 (21); *Dahlke/Hoffmann-Holland*, KriPoZ 2017, 35 (41); *Preuß*, NZV 2017, 105 (109); *Zieschang*, JA 2016, 721 (723).

Sinne begründen. Der somit für ein Rennen notwendige Verkehrsregelverstoß betrifft aber nicht jede beliebige Verkehrsnorm, sondern muss für die notwendige abstrakte Gefahrerhöhung mit der Schutzrichtung des § 315d I Nr. 2 in Verbindung stehen. Dazu zählen vor allem die schon erwähnten Vorschriften zu Geschwindigkeit, Überholen, Abstand und Vorfahrt,[372] nicht aber allgemeinverkehrsbezogene Vorschriften wie etwa zur Fahrerlaubnis (§ 2 ff. StVG i.V.m. FeV) oder zur Fahrzeugzulassung (§ 1 StVG i.V.m. FZV bzw. StVZO). Die Verkehrsnorm darf nicht nur allgemein auf die Sicherheit des Straßenverkehrs abzielen, sondern muss zumindest auch konkret die Individualrechtsgüter Eigentum, Gesundheit bzw. Leben anderer Verkehrsteilnehmer vor Schäden durch bestimmte Verhaltensweisen im fließenden Straßenverkehr schützen.[373]

Insgesamt lässt sich folgende Definition für den Begriff des Kraftfahrzeugrennens festschreiben: Ein Kraftfahrzeugrennen ist ein Wettbewerb mit Kraftfahrzeugen zwischen mindestens zwei Fahrern, bei dem im Rahmen ihrer zumindest konkludenten Übereinkunft die Erzielung möglichst hoher Geschwindigkeiten – unter Missachtung von Eigentum, Gesundheit bzw. Leben anderer Verkehrsteilnehmer schützenden Vorschriften des fließenden Straßenverkehrs – jedenfalls mitbestimmend ist.[374]
Ob ein Rennen vorliegt, bestimmt sich nicht anhand seiner (in-) offiziellen Regeln, sondern nach den tatsächlichen Gegebenheiten und Fahrweisen. Da die realen Gefahren aus dem Fahrverhalten resultieren, können davon unabhängig die durch Fahrer oder Organisatoren vereinbarten Regeln die Einstufung als Kraftfahrzeugrennen nicht beeinflussen.[375]

---

372 Siehe dazu: D.II.1.a)aa) [S. 115].

373 - Stützend: BeckOK-StGB – *Kulhanek*, § 315d Rn. 14; NK-GVR – *Quarch*, § 315d StGB Rn. 4; *Weigend*, in: FS Fischer, 569 (573); *Schulz-Merkel*, in: 58. Deutscher Verkehrsgerichtstag, 155 (158); *Stam*, StV 2018, 464 (466); *Zehetgruber*, NJ 2018, 360 (362 f.); *Kusche*, NZV 2017, 414 (415); *Eisele*, KriPoZ 2018, 32 (34); *Steinle*, Verbotene Kraftfahrzeugrennen, S. 144 f. u. 148; *Bönig*, Verbotene Kraftfahrzeugrennen, S. 86 u. 99 ff.
- Siehe dazu konkret auch die vorgeschlagene Präzisierung von § 315d I Nr. 2 unter H.I. [S. 445] mit Fußnote 1304.

374 Ähnlich *Bönig*, Verbotene Kraftfahrzeugrennen, S. 103 f. und *Stam*, StV 2018, 464 (466) sowie letzterem zustimmend *Steinle*, Verbotene Kraftfahrzeugrennen, S. 148.

375 Stützend: NK-GVR – *Kreusch*, § 29 StVO Rn. 2c; MüKo-StVR – *Sauthoff*, § 29 StVO Rn. 5; Hentschel/König/Dauer – *König*, § 29 StVO Rn. 2 u. § 315d StGB Rn. 4.

Häufig wird für die Einordnung von motorsportlichen Fahrten auf öffentlichen Straßen als Rennen zwischen verschiedenen Fahrarten unterschieden (z. B. Geschicklichkeits-, Zuverlässigkeits-, Leistungsprüfungs-, Orientierungs-, Gleichmäßigkeits- und Sternfahrten).[376] Diese Differenzierung spielt jedoch keine Rolle, weil es auch bei derselben Fahrart je nach den konkreten Gegebenheiten relevante Unterschiede geben kann und sowieso jede motorsportliche Fahrt gleichgültig welcher Art individuell an der Renndefinition zu messen ist.

Teilweise wird darüber hinausgehend vorgeschlagen, die Renndefinition für bestimmte Fälle teleologisch zu reduzieren:
Dazu zählen Kraftfahrzeugrennen auf der Autobahn ohne Geschwindigkeitsbegrenzung, bei denen auf das Merkmal des Verkehrsregelverstoßes ausnahmsweise verzichtet werden solle.[377] Dem ist jedoch mit der getroffenen Definition entgegenzuhalten, dass selbst auf diesen Strecken zu schnell im Sinne einer nicht angepassten Geschwindigkeit gefahren werden kann (§ 3 I auch i.V.m. § 1 StVO) und auch andere Verkehrsvorschriften verletzt werden können (z. B. §§ 4 f. StVO).[378]
Eine Ausklammerung von Rennen, denen wegen der benutzten langsamen, leichten bzw. kleinen Fahrzeuge wie etwa Elektrofahrräder oder E-Scooter nur eine sehr geringe Gefährlichkeit innewohnt,[379] erfolgt selbst bei entsprechenden Verkehrsverstößen hier bereits durch den eingeschränkten Kraftfahrzeugbegriff.[380]
Bei vermeintlich völlig ungefährlichen Rennen soll nach einer weiteren Ansicht schon eine die Strafbarkeit aufhebende abstrakte Gefährdung anderer ausgeschlossen sein, so bspw. bei nächtlichen Rennen auf einer erkennbar leeren Straße mit nicht allzu hohen Geschwindigkeiten.[381] Solche Konstellationen unterfallen der Renndefinition aber nur, wenn dabei entsprechende

376 Schönke/Schröder – *Hecker*, § 315d StGB Rn. 3; MüKo-StGB – *Pegel*, § 315d Rn. 9; B/H/H/J – *Hühnermann*, § 29 StVO Rn. 2; MüKo-StVR – *Sauthoff*, § 29 StVO Rn. 5 ff.; *Jansen*, NZV 2017, 214 (216); *Bönig*, Verbotene Kraftfahrzeugrennen, S. 88 ff.

377 *Dahlke/Hoffmann-Holland*, KriPoZ 2017, 35 (41).

378 - Stützend: *Eisele*, KriPoZ 2018, 32 (34).
- Siehe schon: C.I. [S. 27].

379 *Gerhold/Meglaglu*, ZJS 2018, 321 (321).

380 Siehe: D.II.1.a)cc)(1)(c) [S. 138].

381 *Weigend*, in: FS Fischer, 569 (573); *Blanke-Roeser*, JuS 2018, 18 (21 f.); *Kusche*, NZV 2017, 414 (419); *Gerhold/Meglaglu*, ZJS 2018, 321 (321); *Preuß*, NZV 2018, 537 (538); *Zieschang*, JA 2016, 721 (722).

Verkehrsregeln gebrochen werden, womit die vom Rennen ausgehenden abstrakten Gefahren für eine Strafbarkeit genügend erhöht sind. Eine darüber hinausgehende Tatbestandseinschränkung verkennt die tatsächlichen Umstände von Straßenrennen und den Normzweck des § 315d I Nr. 2, denn absolute Ungefährlichkeit von Kraftfahrzeugrennen gibt es nicht[382]. Selbst auf einer erkennbar leeren Straße kann es mit nicht allzu hoher Geschwindigkeit unter bestimmten Umständen zu einem Kontrollverlust eines Rennfahrzeugs mit möglichen Unfallfolgen für zumindest fremde Sachwerte kommen. Nach dem Willen des Gesetzgebers soll die Straßenverkehrssicherheit mit entsprechenden Individualrechtsgütern durch § 315d I Nr. 2 umfassend geschützt werden, ohne dass es dabei im Einzelfall eine Rolle spielt, ob sich zur Zeit des Rennens tatsächlich andere Verkehrsteilnehmer auf der Straße befinden oder dass das konkrete Rennen aus anderen Gründen vermeintlich sicher ist. Es ist gerade das Konzept abstrakter Gefährdungsdelikte, zum Rechtsgüterschutz bestimmte Verhaltensweisen zu unterbinden, die zwar nicht in jedem Fall besonders gefahrträchtig sein müssen, es aber in den aller meisten Fällen doch sind.[383] Rennen, die sich im Einzelfall als vermeintlich ungefährlich darstellen, sind folglich nicht vom Tatbestand des § 315d I Nr. 2 auszuschließen.

(bb) Nicht erlaubt

Nicht jedes Rennen unterfällt § 315d, sondern nur unerlaubte Straßenrennen. Die fehlende Erlaubnis eines Rennens ist verwaltungsakzessorisch zu verstehen, wofür die Grundsätze für behördliche Genehmigungen maßgeblich sind. Demnach ist ein Kraftfahrzeugrennen nicht erlaubt, wenn keine Genehmigung nach § 46 II 1 StVO i.V.m. § 29 II 1 StVO erteilt wurde. Liegt hingegen eine Genehmigung vor, gilt das Rennen als erlaubt und zwar unabhängig von ihrer Bestandskraft oder Rechtswidrigkeit. Bei Nichtigkeit des begünstigenden Verwaltungsakts oder dessen rechtsmissbräuchlicher Erlangung ist das Rennen jedoch nicht wirksam gestattet; eine analoge Anwendung von § 330d I Nr. 5 scheidet aus. Ebenso entfaltet eine erteilte Genehmigung keine Wirkung, wenn von ihr erheblich abgewichen wird.[384]

382 Stützend: *Weigend*, in: FS Fischer, 569 (574); *Steinle*, Verbotene Kraftfahrzeugrennen, S. 149.

383 Stützend: LK – *König*, § 315d StGB Rn. 2; *Dahlke/Hoffmann-Holland*, KriPoZ 2017, 35 (41); *Mitsch*, DAR 2017, 70 (72); *Steinle*, Verbotene Kraftfahrzeugrennen, S. 148 f.; *Bönig*, Verbotene Kraftfahrzeugrennen, S. 120 f.

384 MüKo-StGB – *Pegel*, § 315d Rn. 13 f.; Schönke/Schröder – *Hecker*, § 315d StGB Rn. 4; BeckOK-StGB – *Kulhanek*, § 315d Rn. 19 ff.; JurisPK-StVR – *Weiland*, § 315d

Umstritten ist die Einordnung des Merkmals bzw. die aus einer wirksamen Genehmigung erwachsende Rechtsfolge. Überwiegend wird „nicht erlaubt“ als ein negatives objektives Tatbestandsmerkmal eingestuft, sodass bei seinem Fehlen der Tatbestand nicht erfüllt ist.[385] Andere sehen es hingegen als Rechtswidrigkeitsvoraussetzung, sodass beim Fehlen lediglich die Rechtswidrigkeit durch Rechtfertigung entfällt.[386]

Der Gesetzgeber hat sich in der Gesetzesbegründung zu diesem Merkmal insofern geäußert, als dass erlaubte Rennen nicht geahndet würden und von der Strafdrohung ausgenommen blieben.[387] Diese Aussage sowie der Gesetzeswortlaut scheinen eher auf einen Tatbestandsausschluss hinzudeuten, sind allerdings alles andere als eindeutig. Immerhin können Ahndung und Strafdrohung auch so verstanden werden, dass im Ergebnis keine Strafbarkeit besteht, was auch bei einer Rechtfertigung der Fall ist.[388] Des Weiteren existieren in anderen Normen des StGB ähnliche Gesetzesformulierungen, deren Einordnungen dort ebenfalls umstritten sind (§ 109g IV 2, § 284 I, § 287 I, § 323b, § 326 II, § 327 I u. II, § 328 I)[389].

Wenn man die herrschenden Grundsätze von behördlichen Genehmigungen unter Beachtung des konkreten Strafnorminhalts konsequent anwendet, erfolgt die Einordnung als Tatbestands- oder Rechtswidrigkeitsausschluss maßgeblich anhand der Art des (strafrechtlichen) Verbots. Ein präventives Verbot mit Erlaubnisvorbehalt liegt vor, wenn das Verhalten an sich sozialadäquat ist und die Genehmigung lediglich zur vorbeugenden Rechtmäßigkeitskontrolle vor damit zusammenhängen möglichen Gefahren schützen soll; sie

---

StGB Rn. 27; *Fischer*, § 315d StGB Rn. 8; *Jansen*, NZV 2017, 214 (215); *Gerhold/Meglaglu*, ZJS 2018, 321 (323); *Zieschang*, JA 2016, 721 (724) sowie ausführlich dazu *Bönig*, Verbotene Kraftfahrzeugrennen, S. 108 ff.

385 MüKo-StGB – *Pegel*, § 315d Rn. 13; JurisPK-StVR – *Weiland*, § 315d StGB Rn. 27; Schönke/Schröder – *Hecker*, § 315d StGB Rn. 4; Lackner/Kühl – *Heger*, § 315d StGB Rn. 3; *Steinle*, Verbotene Kraftfahrzeugrennen, S. 154 f.; *Bönig*, Verbotene Kraftfahrzeugrennen, S. 106 f.; *Jansen*, NZV 2017, 214 (215); *Kusche*, NZV 2017, 414 (415); *Zieschang*, JA 2016, 721 (724); *Ruhs*, SVR 2018, 286 (288).

386 BeckOK-StGB – *Kulhanek*, § 315d Rn. 21 f.; *Gerhold/Meglaglu*, ZJS 2018, 321 (323 ff.); *Kulhanek*, Jura 2018, 561 (566 f.).

387 BT-Drs. 18/10145, S. 9.

388 Zustimmend: *Bönig*, Verbotene Kraftfahrzeugrennen, S. 107.

389 NK-StGB – *Paeffgen/Zabel*, Vor §§ 32 ff. Rn. 201; LK – *Rönnau*, Vor §§ 32 ff. StGB Rn. 273 ff.; Schönke/Schröder – *Sternberg-Lieben*, Vor §§ 32 ff. StGB Rn. 61; MüKo-StGB – *Schlehofer*, Vor § 32 Rn. 233 ff.; *Gerhold/Meglaglu*, ZJS 2018, 321 (324); *Steinle*, Verbotene Kraftfahrzeugrennen, S. 149 f.

schließt den Tatbestand als negatives objektives Tatbestandsmerkmal aus (z. B. § 21 StVG). Demgegenüber ist das Verhalten bei einem repressiven Verbot mit Befreiungsvorbehalt wegen der grundsätzlich negativen Folgen an sich verboten und eine Ausnahme davon kann nur bei entsprechend höherwertigen Interessen im Rahmen des behördlichen Ermessens durch Genehmigung erfolgen; sie schließt die Rechtswidrigkeit als Rechtfertigungsgrund aus (z. B. § 52 I Nr. 2 WaffG).[390]
Kraftfahrzeugrennen im Straßenverkehr waren schon früher nach § 29 I StVO a. F. und sind auch heute nach § 315d I Nr. 2 u. 1 grundsätzlich verboten. Sozialadäquat war und ist diese Verhaltensweise ebenso wenig, ansonsten hätte es der Hochstufung zu einer Straftat wohl kaum bedurft. Das Verhalten verkörpert eigenständiges Unrecht und eine etwaige Genehmigung dient nicht lediglich der vorbeugenden Rechtskontrolle, sondern kann dieses Unrecht nur ausnahmsweise bei überwiegenden anderweitigen Interessen ausschließen. Rennen unterliegen demzufolge einem repressiven Verbot mit Befreiungsvorbehalt. Bei dem nicht eindeutigen Gesetzeswortlaut und der offenen Gesetzesbegründung ist es somit überzeugend, das Merkmal der fehlenden Erlaubnis in § 315d I Nr. 2 als Rechtswidrigkeitsmerkmal einzustufen. Eine wirksame Genehmigung sorgt im Ergebnis also lediglich für die Rechtmäßigkeit des Verhaltens.[391] Praktische Auswirkungen können die unterschiedlichen Einordnungen ohnehin allenfalls in dem unwahrscheinlichen Fall haben, dass sich eine Person über das Vorliegen einer Renngenehmigung irrt (Tatumstandsirrtum oder Erlaubnistatbestandsirrtum).[392]

---

390 BGH, NStZ 1993, 594 (595); NK-StGB – *Paeffgen/Zabel*, Vor §§ 32 ff. Rn. 201; Schönke/Schröder – *Sternberg-Lieben*, Vor §§ 32 ff. StGB Rn. 61; LK – *Rönnau*, Vor §§ 32 ff. StGB Rn. 274; *Jescheck/Weigend*, StR AT, S. 368 f.; *Jakobs*, StR AT, Rn. 16/29; *Roxin/Greco*, AT 1, Rn. 17/58 ff.; *Maurach/Zipf*, StR AT 1, Rn. 29/15 ff.; *Steinle*, Verbotene Kraftfahrzeugrennen, S. 152 ff.; *Gerhold/Meglaglu*, ZJS 2018, 321 (324); *Rengier*, ZStW 101 [1989], 874 (874 ff.).

391 Stützend: BeckOK-StGB – *Kulhanek*, § 315d Rn. 20 f.; Hentschel/König/Dauer – *König*, § 315d StGB Rn. 5 u. 15; MüKo-StVR – *Sauthoff*, § 29 StVO Rn. 4 u. 9; *Gerhold/Meglaglu*, ZJS 2018, 321 (323 ff.).

392 Stützend: NK-StGB – *Paeffgen/Zabel*, Vor §§ 32 ff. Rn. 201; Schönke/Schröder – *Sternberg-Lieben*, Vor §§ 32 ff. StGB Rn. 61; MüKo-StGB – *Pegel*, § 315d Rn. 13; *Bönig*, Verbotene Kraftfahrzeugrennen, S. 107 f.; *Gerhold/Meglaglu*, ZJS 2018, 321 (323 f.).

(e) Teilnahme als Kraftfahrzeugführer

Eine Strafbarkeit nach § 315d I Nr. 2 verlangt, dass der Täter als Kraftfahrzeugführer an einem nicht erlaubten Kraftfahrzeugrennen teilnimmt. Zwar haben die Begriffe „teilnehmen" und „als Kraftfahrzeugführer" unterschiedliche Bedeutungen, doch formen sie im Normkontext eine zusammengehörige Tatbestandsvoraussetzung.

(aa) Allgemeine Anforderungen

Der Begriff der Teilnahme ist nicht im Sinne der Teilnahmeformen Anstiftung (§ 26) und Beihilfe (§ 27) des allgemeinen Teils des StGB zu verstehen, sondern beschreibt trotz seiner Wortgleichheit nach dem allgemeinen Sprachgebrauch die aktive Mitwirkung am Rennen als Tathandlung.[393] Das Wort „Kraftfahrzeugführer" knüpft an die schon aus § 315c I und § 316 I bekannte Tätigkeit des Führens eines Fahrzeugs an, weshalb die entsprechende Auslegung auch für § 315d I gilt.[394] Demzufolge ist ein Kraftfahrzeugführer eine Person, die ein sich bewegendes Kraftfahrzeug (zumindest mitverantwortlich) durch wesentliches Bedienen der technischen Vorrichtungen bewegt.[395]

Das Teilnehmen an einem Kraftfahrzeugrennen als Kraftfahrzeugführer beschreibt letztlich das Fahren des Rennfahrzeugs. Damit ist § 315d I Nr. 2 nicht nur ein schlichtes Tätigkeitsdelikt, sondern entsprechend der vorherrschenden Betrachtung zu §§ 315c, 316 ein eigenhändiges Delikt, weil der Tatbestand nach seinem klaren Wortlaut nur von einer das Fahrzeug im Rahmen des Rennens fahrenden Person erfüllt werden kann. Es könnten sich aber – was bei Straßenrennen fernliegt – mehrere Personen das Führen eines Fahrzeugs teilen und damit beide jeweils Fahrzeugführer und folglich Täter sein. Alle anderen, den Fahrer beim Fahren unterstützenden Tätigkeiten wie das Anfeuern als Mitfahrer, Geben von Fahrempfehlungen als Co-Pilot oder Warnen

---

393 BT-Drs. 18/10145, S. 9; Lackner/Kühl – *Heger*, § 315d StGB Rn. 4; BeckOK-StGB – *Kulhanek*, § 315d Rn. 25; Schönke/Schröder – *Hecker*, § 315d StGB Rn. 7; MüKo-StGB – *Pegel*, § 315d Rn. 20; *Jansen*, NZV 2017, 214 (216 f.); *Zieschang*, JA 2016, 721 (725).

394 JurisPK-StVR – *Weiland*, § 315d StGB Rn. 38; MüKo-StGB – *Pegel*, § 315d Rn. 19; Schönke/Schröder – *Hecker*, § 315d StGB Rn. 7; *Jansen*, NZV 2017, 214 (217).

395 BGHSt 18, 6 (8 f.); BGHSt 35, 390 (392 ff.); BGHSt 36, 341 (343 f.); BeckOK-StGB – *Kulhanek*, § 315d Rn. 28; LK – *König*, § 315c StGB Rn. 10 ff. u. 34 ff.; S/S/W-StGB – *Ernemann*, § 315c Rn. 4; Schönke/Schröder – *Hecker*, § 316 StGB Rn. 19; *Wessels/Hettinger/Engländer*, StR BT 1, Rn. 992; *Stam*, StV 2018, 464 (466 f.).

als Streckenposten können allenfalls eine Strafbarkeit als Teilnehmer an der Haupttat nach § 26 oder § 27 begründen.[396]
Ob die Kraftfahrzeugführereigenschaft ein besonderes persönliches Merkmal i.S.d. § 28 I darstellt, ist umstritten. Teilweise wird dies insbesondere mit dem Verweis auf die Eigenhändigkeit entsprechender Delikte angenommen,[397] überwiegend jedoch abgelehnt. Auch wenn schon allgemein ungeklärt ist, was ein besonderes persönliches Merkmal i.S.d. § 28 auszeichnet, ist die Kraftfahrzeugführereigenschaft nicht als besonderes persönliches Merkmal anzusehen. Denn trotz eigenhändiger Deliktsbegehung des Fahrzeugführers beschränkt sie das Tatunrecht objektiv als notwendige Voraussetzung für die Tatausführung. Die Fahrzeugführereigenschaft knüpft dabei nicht an die Person bzw. Persönlichkeit des Täters selbst oder sein Verhältnis zu anderen Personen an, sondern beschreibt allein tatbezogen die Art und Weise der Tatbegehung.[398]

(bb) Rennerweiterung

Ein Kraftfahrzeugführer kann sich auch einem bereits laufenden Rennen anschließen, wodurch es erweitert wird. Welche Voraussetzungen für diese erweiternde Rennteilnahme erfüllt werden müssen, ist umstritten. Überwiegend wird vertreten, dass ein Renninteressent an einem bereits laufenden Rennen mit einem einseitigen (Renn-) Entschluss teilnehmen könne.[399] Andere verlangen jedoch zusätzlich die Billigung der Rennerweiterung durch alle bisherigen

---

396 BGH, NZV 1995, 364 (364); BGH, 4 StR 511/20, Urteil vom 11.11.2021, Rn. 21 ff. – im Internet abrufbar: www.bundesgerichtshof.de (Stand: 02.02.2022); MüKo-StGB – *Pegel*, § 315d Rn. 19; Schönke/Schröder – *Hecker*, § 315d StGB Rn. 7; LK – *König*, § 315c StGB Rn. 201 u. § 315d StGB Rn. 45; S/S/W-StGB – *Ernemann*, § 315c Rn. 1 u. § 315d Rn. 11; NK-StGB – *Zieschang*, § 315c Rn. 7; *Eisele*, KriPoZ 2018, 32 (34 f.); *Preuß*, NZV 2017, 105 (109); *Kusche*, NZV 2017, 414 (416).

397 BeckOK-StGB – *Kulhanek*, § 315d Rn. 28; LK – *Schünemann/Greco*, § 28 StGB Rn. 65; *Zieschang*, GA 2021, 313 (325).

398 - Stützend: BGHSt 6, 260 (262); BGHSt 39, 326 (328); LK – *König*, § 315c StGB Rn. 206 u. § 315d StGB Rn. 47; JurisPK-StVR – *Weiland*, § 315d StGB Rn. 41; Matt/Renzikowski – *Haas*, § 28 StGB Rn. 7 ff.; S/S/W-StGB – *Murmann*, § 28 Rn. 3 ff.; *Rengier*, StR AT, Rn. 46/13 ff.; *Gerhold/Meglaglu*, ZJS 2018, 321 (325); *Mitsch*, DAR 2017, 70 (71).
- Ausführlich dazu mit gleichem Ergebnis: *Bönig*, Verbotene Kraftfahrzeugrennen, S. 134 ff.

399 - OLG Hamm, NZV 1997, 367 (367); Schönke/Schröder – *Hecker*, § 315d StGB Rn. 7; BeckOK-StGB – *Kulhanek*, § 315d Rn. 27 u. 70; *Fischer*, § 315d StGB Rn. 10; MüKo-StVR – *Sauthoff*, § 29 StVO Rn. 7; *Zieschang*, JA 2016, 721 (725).

Rennfahrer.[400] Eine Rennerweiterung ist also nur problematisch, wenn die bisherigen Rennfahrer den Rennbeitritt des Renninteressenten nicht akzeptieren oder ihn im Eifer des Gefechts gar nicht erst bemerken.
Ob das Rennen wirksam erweitert wurde, kann trotz der Strafbarkeit gemäß § 315d I Nr. 3 relevant sein. Zwar macht sich jeder Renninteressent in aller Regel durch seine Fahrweise insofern als Einzelraser strafbar,[401] doch könnten ihm als Rennteilnehmer u. U. die von einem Rennkontrahenten herbeigeführten Erfolge zugerechnet werden. Selbst wenn der Renninteressent keinen eigenen Beinahe-/Unfall verursacht, könnte er sich dann bei einer Rennerweiterung gemäß den Qualifikationen des § 315d II/IV und V strafbar machen.[402]

Hinsichtlich des objektiven Renngeschehens und den davon ausgehenden Gefahren mögen sich die Übereinkunft aller Teilnehmer für ein erweitertes Rennen und das lediglich einseitige Hinzutreten des Renninteressenten stark ähneln. Allenfalls die konkurrenzorientierten Renninteraktionen und Provokationspotenziale sind beim einseitigen Hinzutreten geringer, weil die Rennteilnehmer den neuen Renninteressenten nicht wahr- oder ernst nehmen. Es sind aber gerade diese Aspekte, die den Wettkampfcharakter eines Rennens prägen und damit definitionsgemäß eine Übereinkunft aller beteiligten Fahrer erfordern.[403] Ohne diese Übereinkunft führe jeder Fahrer nur für sich und es fehlte an den rennspezifischen Gefahrmomenten. Verfolgt ein Fahrer einen anderen schnell fahrenden Fahrer, handelt es sich unzweifelhaft um kein Rennen. Verfolgt nun ein Fahrer zwei andere, die sich ein Rennen liefern, soll etwas anderes

---

- *Bönig*, Verbotene Kraftfahrzeugrennen, S. 103 verlangt dabei einschränkend, dass zumindest ein (bisheriger) Rennteilnehmer den Anschluss des Renninteressenten erkennt.

400 MüKo-StGB – *Pegel*, § 315d Rn. 7 u. 20.

401 Die Strafbarkeit der Einzelraserei nach § 315d I Nr. 3 wird im Anschluss unter D.II.1.a)cc)(2) [S. 165] behandelt.

402 - Die Qualifikationstatbestände des § 315d II, IV, V mit entsprechender Erfolgszurechnung werden separat unter D.II.1.b)cc) [S. 236] und D.II.1.c)bb) [S. 266] erläutert.
- Stützend: Schönke/Schröder – *Hecker*, § 315d StGB Rn. 16; BeckOK-StGB – *Kulhanek*, § 315d Rn. 70; JurisPK-StVR – *Weiland*, § 315d StGB Rn. 91 ff.; MüKo-StGB – *Pegel*, § 315d Rn. 36; *Jansen*, NZV 2017, 214 (218 f.).

403 - Siehe dazu: D.II.1.a)cc)(1)(d)(aa) [S. 143].
- Weiter stützend: MüKo-StGB – *Pegel*, § 315d Rn. 7 u. 20; *Dahlke/Hoffmann-Holland*, KriPoZ 2018, 306 (309).

gelten? Zwar könnte angeführt werden, dass die Erweiterung eines Rennens nicht den gleichen Voraussetzungen einer Rennbegründung genügen muss, denn immerhin läuft das Rennen bereits und die bisherigen Fahrer haben sich darauf eingelassen. Dennoch erhöht sich die spezifische Wettkampfgefahr trotz des Teilnahmeinteressenten nicht wesentlich und die allgemeine Gefahrsteigerung folgt vielmehr aus dem Alleinrasen des zusätzlichen schnellen Fahrzeugs. Auch wenn sich der Interessent an den Rennfahrern als seine Gegner orientiert, würde eine Rennerweiterung den objektiven Rennbegriff allein wegen des Beitrittsentschlusses stark subjektivieren.
Noch wichtiger ist, dass eine Rennerweiterung für die bisherigen Rennfahrer zu einer nochmals erweiterten strafrechtlichen Haftung nach den Qualifikationen des § 315d II, IV und V führen könnte. Ließe man eine einseitige Rennerweiterung zu, könnte den Rennfahrern u. U. ein Beinahe-/Unfall des Hinzutretenden zugerechnet werden, obwohl sie von der Rennerweiterung gar nichts wussten oder mit ihr nicht einverstanden waren und ihr Verhalten unverändert fortsetzten. Damit würde eine erweiterte strafrechtliche Haftung allein auf das Initiieren und Durchführen eines Rennens gegründet werden. Konsequent weitergedacht hieße das, Rennfahrer müssten damit rechnen und strafrechtlich dafür haften, dass sich ohne ihren Einfluss weitere Fahrer in beliebiger Zahl einseitig dem Rennen anschließen und dabei Beinahe-/Unfälle verursachen könnten. Eine so weitgehende Zurechnung ist aber mit dem Schuldprinzip (Art. 1 I, 2 I und 20 III GG)[404] nicht vereinbar.

Eine Rennerweiterung ist damit allein durch einen einseitigen Beitrittsentschluss eines Renninteressenten nicht möglich, sondern setzt zusätzlich eine zumindest konkludente Übereinkunft mit allen bisherigen Rennteilnehmern voraus. Kommt der Renninteressent nur mit einem Teil des bisherigen Teilnehmerfeldes über die Rennerweiterung überein, wird ein Parallelrennen zwischen diesen Fahrern begründet. Findet gar keine Übereinkunft statt, geht das Rennen in seiner bisherigen Form weiter und der Renninteressent bleibt selbstständiger Raser.

---

404 BVerfGE 9, 167 (169); BVerfGE 20, 323 (331 ff.); BVerfGE 50, 5 (12); BGHSt 2, 194 (200); BGHSt 10, 259 (262 ff.); LK – *Vogel/Bülte*, Vor §§ 15 ff. StGB Rn. 45 ff.; Schönke/Schröder – *Eisele*, Vor §§ 13 ff. StGB Rn. 103/104; S/S/W-StGB – *Kaspar*, § 20 Rn. 4; *Roxin/Greco*, AT 1, Rn. 3/52; *Wessels/Beulke/Satzger*, StR AT, Rn. 18.

(cc) Vollendung und Beendigung

Ein Delikt ist vollendet, wenn der Täter alle Tatbestandsvoraussetzungen erfüllt hat.[405] Für § 315d I Nr. 2 wird die Teilnahme an einem Rennen als Deliktsvollendung vorherrschend in dem Rennstart und dem Losfahren der Fahrzeuge gesehen.[406] Andere halten bereits das Stehen in der Startaufstellung vor dem Startsignal mit der Begründung für ausreichend, dass die Rennteilnahme als Kraftfahrzeugführer über das Kraftfahrzeugführen aus § 315c I, § 316 I hinausgehe.[407] Die hier entwickelte Renndefinition verlangt jedoch zusätzlich zum Losfahren der Fahrzeuge einen Verkehrsregelverstoß, ohne den kein Rennen i.S.d. § 315d I Nr. 2 vorliegt und damit auch keine vollendete Rennteilnahme im rechtlichen Sinne möglich ist.

Dieser Vollendungszeitpunkt mag kritisiert werden, weil eine Strafbarkeit erst während der Rennfahrt begründet wird, sodass die Fahrer straffrei blieben, wenn die Polizei das Rennen schon von Beginn an verhindern würde.[408] Der Einwand kann wegen der fehlenden Versuchsstrafbarkeit von § 315d I Nr. 2 nicht geleugnet werden und auch ein Rennstart ist bereits mit gewissen Gefahren verbunden. Dennoch bleiben die Gefahren ohne Verkehrsverstoß selbst dann noch im vom Straßenverkehrsrecht grundsätzlich erlaubten Risiko. Hätte der Gesetzgeber die Strafbarkeit für eine Rennteilnahme maximal ausdehnen wollen, hätte er für Kraftfahrzeugrennen wie bei § 315d I Nr. 1 eine Versuchsstrafbarkeit angeordnet. Hinzu kommt, dass der Schutz von Rechtsgütern nicht allein durch das Strafrecht erfolgt und Sicherheitsbehörden Rechtsgüter durch umfangreiche präventive Eingriffsbefugnisse des Gefahrenabwehrrechts

---

405 BGHSt 3, 40 (43); S/S/W-StGB – *Kudlich/Schuhr*, § 22 Rn. 3; NK-StGB – *Zaczyk*, § 22 Rn. 5; *Rengier*, StR AT, Rn. 33/10; *Heinrich*, StR AT, Rn. 707; *Wessels/Beulke/Satzger*, StR AT, Rn. 64.

406 OLG Jena, 1 Ws 137/21, Beschluss vom 27.04.2021, Rn. 19 u. 22 – im Internet abrufbar: www.juris.de (Stand: 06.07.2021); Lackner/Kühl – *Heger*, § 315d StGB Rn. 10; MüKo-StGB – *Pegel*, § 315d Rn. 21; Schönke/Schröder – *Hecker*, § 315d StGB Rn. 7; *Fischer*, § 315d StGB Rn. 21; *Weigend*, in: FS Fischer, 569 (574); *Eisele*, KriPoZ 2018, 32 (34); *Preuß*, NZV 2017, 105 (109).

407 BeckOK-StGB – *Kulhanek*, § 315d Rn. 26 u. 70; *Joecks/Jäger*, § 315d StGB Rn. 6; *Jansen*, NZV 2017, 214 (217); *Zieschang*, JA 2016, 721 (725); *Bönig*, Verbotene Kraftfahrzeugrennen, S. 126 f.

408 BeckOK-StGB – *Kulhanek*, § 315d Rn. 26; *Bönig*, Verbotene Kraftfahrzeugrennen, S. 125 f.

schon frühzeitig vor Schäden bewahren können.[409] Eine Strafnorm allein mit der Begründung eines umfassenden präventiven Rechtsgüterschutzes durch das Strafrecht weit auszulegen, ist damit nicht überzeugend.[410] Wer hier für einen früheren Vollendungszeitpunkt eintritt, mag sich zwar auf einen weitergehenden Rechtsgüterschutz berufen. Gleichzeitig muss er sich aber vorwerfen lassen, dies durch ein Strafbarkeitsverständnis zu erkaufen, das nicht mit der Strafwürdigkeit des in § 315d I Nr. 2 verbotenen Verhaltens vereinbar ist.[411]

Die tatbestandliche Rennteilnahme wird über den Zeitraum des Rennverlaufs kontinuierlich durch entsprechendes Führen des Fahrzeugs ausgeführt und das Rennen als rechtswidriger Zustand aufrechterhalten. Der Straftatbestand wird so anhaltend verwirklicht. Dementsprechend weist § 315d I Nr. 2 den Charakter eines Dauerdelikts auf.[412]

Ein Dauerdelikt wird mit dem endgültigen Abschluss des zuvor andauernden rechtswidrigen Verhaltens bzw. Zustands beendet,[413] sodass eine Rennteilnahme mit dem Ende des Rennens endet.[414] Für die Strafbarkeit nach § 315d I Nr. 2 selbst spielt die Beendigung – von der Beteiligung eines Teilnehmers erst nach Rennstart abgesehen – zwar keine Rolle, doch kann sie für die

---

409 Explizit für § 315d I Nr. 2 stützend: OLG Jena, 1 Ws 137/21, Beschluss vom 27.04.2021, Rn. 20 – im Internet abrufbar: www.juris.de (Stand: 06.07.2021); MüKo-StGB – *Pegel*, § 315d Rn. 21; *Bönig*, Verbotene Kraftfahrzeugrennen, S. 125.

410 Grundsätzlich stützend: LK – *Dannecker/Schuhr*, § 1 StGB Rn. 181.

411 Stützend: MüKo-StGB – *Pegel*, § 315d Rn. 21; *Weigend*, in: FS Fischer, 569 (574); *Kusche*, NZV 2017, 414 (415).

412 - Konkret zu § 315d I Nr. 2 stützend, wobei teilweise (nur) von einem dauerdeliktsähnlichen Charakter ausgegangen wird: LG Deggendorf, 1 Ks 6 Js 5538/18, Urteil vom 22.11.2019, Rn. 260 – im Internet abrufbar: www.juris.de (Stand: 07.07.2020); LG Arnsberg, 2 Ks 15/19, Urteil vom 20.01.2020, Rn. 313 – im Internet abrufbar: www.juris.de (Stand: 13.11.2020); MüKo-StGB – *Pegel*, § 315d Rn. 44; BeckOK-StGB – *Kulhanek*, § 315d Rn. 80 u. 85; *Gerhold/Meglaglu*, ZJS 2018, 321 (330).
- Zum Dauerdelikt allgemein: BGHSt 42, 215 (216 f.); MüKo-StGB – *von Heintschel-Heinegg*, § 52 Rn. 28; *Fischer*, Vor § 52 StGB Rn. 57; *Wessels/Beulke/Satzger*, StR AT, Rn. 46 f.; *Heinrich*, StR AT, Rn. 166; *Seier*, NZV 1990, 129 (129 f.).

413 BGHSt 42, 215 (216); Schönke/Schröder – *Sternberg-Lieben/Bosch*, Vor §§ 52 ff. StGB Rn. 84; SK-StGB – *Jäger*, Vor § 52 StGB Rn. 17; MüKo-StGB – *von Heintschel-Heinegg*, § 52 Rn. 31; S/S/W StGB – *Eschelbach*, § 52 Rn. 16 ff.; *Wessels/Beulke/Satzger*, StR AT, Rn. 47; *Mitsch*, Jura 2009, 534 (535).

414 MüKo-StGB – *Pegel*, § 315d Rn. 21; BeckOK-StGB – *Kulhanek*, § 315d Rn. 70; Schönke/Schröder – *Hecker*, § 315d StGB Rn. 6 f.; *Steinle*, Verbotene Kraftfahrzeugrennen, S. 126.

Verwirklichung der Qualifikationen nach § 315d II, IV und V in zeitlich-räumlicher Hinsicht entscheidend sein. Dabei bereitet die Bestimmung des Rennendes in bestimmten Fallkonstellationen Probleme:
Das fängt schon damit an, dass ein Rennende durch Zieleinfahrt im Sinne des Motorsports nicht unbedingt mit dem Rennende im rechtlichen Sinn übereinstimmen muss. Bei spontanen Rennen haben die Fahrer zu Beginn meist noch kein Ziel festgelegt. Entsprechendes gilt für Fälle von Rennabbrüchen, bei denen alle Rennteilnehmer spontan vom Rennen Abstand nehmen. Ebenso ist ein Ausscheiden einzelner Rennteilnehmer denkbar, wobei das Rennen mit mindestens zwei Fahrern weiterläuft. Dann könnte die Beendigung des § 315d I Nr. 2 anhand der individuellen Teilnahme und nicht des Rennens insgesamt zu beurteilen sein.
Ausgangspunkt jeder Überlegung bleibt, dass sich die Strafwürdigkeit der Rennteilnahme nach § 315d I Nr. 2 aus den großen Gefahren für höchstwertige Rechtsgüter bei Rennen ergibt. Diese Gefahrenlage endet nicht automatisch mit der (örtlichen oder zeitlichen) Zieldurchfahrt der Rennteilnehmer, sondern dauert auch darüber hinaus an, solange die Fahrzeuge noch nicht wieder in rennunabhängiger normaler Verkehrsweise bewegt werden. Wenn etwa die Fahrzeuge mit der höchstmöglichen Geschwindigkeit durch das Ziel preschen, sind sie auch nach der Zieleinfahrt noch sehr schnell und der Ausroll- bzw. Abbremsvorgang gestaltet sich kritisch. Insofern bleiben die Gefahren durch einen möglichen Kontrollverlust über das Fahrzeug infolge der hohen Geschwindigkeiten auch nach der Zieldurchfahrt hoch, selbst wenn der eigentliche Wettkampf dann schon vorbei ist. Somit kann noch von keinem Rennende im rechtlichen Sinne gesprochen werden. Erst wenn alle Fahrer von ihrer wettkampfmäßigen in eine normale Fahrweise übergehen, endet diese Gefahrenlage aufgrund des dann fehlenden Wettkampf- und Höchstgeschwindigkeitsbezugs und damit auch das gesamte Rennen. Nur bei dieser bewussten Anpassung der Fahrweise kann somit von einer Beendigung i.S.d. § 315d I Nr. 2 gesprochen werden.
Wenn beim Rennstart noch kein Ziel festgelegt ist, muss es während des Rennens bestimmt werden. Dafür genügt die Anpassung der Fahrweise nicht, weil die wettkämpferischen Aspekte in erster Linie aus subjektiven Absichten folgen und die Gefahrenlage noch nicht vollkommen aufgehoben wird. Fahren die Rennfahrer nur kurzzeitig ordnungsgemäß – um z. B. eine Kreuzung oder Kurve sicher zu passieren oder einer Polizeistreife nicht aufzufallen – besteht nämlich die spezifische Wettkampfgefahr des Rennens fort. Das Rennen wird nicht beendet und anschließend wieder neu gestartet, sondern es läuft als

natürliche Renn- und Handlungseinheit weiter.[415] Wenn für ein Rennen definitionsgemäß die zumindest konkludente Übereinkunft über das Rennfahren und den Start erforderlich ist, ist für die nachträgliche Bestimmung des Rennziels ebenfalls eine entsprechende Übereinkunft zu fordern. Entweder erfolgt die Zielfestlegung im Rahmen der anfänglichen Rennübereinkunft oder erst durch eine separate Interaktion während des Rennens. Umgekehrt kann man sich auch darauf einigen, das bereits beschlossene Ziel nach vorn oder nach hinten zu verlegen oder das Rennen direkt abzubrechen, indem alle Teilnehmer entsprechend vom Wettkampf Abstand nehmen.[416] Wurde noch kein Rennziel bestimmt oder der Abbruch vereinbart, läuft das Rennen weiter und ist dementsprechend noch nicht beendet.

Es stellt sich die Frage, ob bzw. wie sich einzelne Teilnehmer aus einem Rennen wirksam zurückziehen können, während andere es fortführen. In einem solchen Fall wäre die Beendigung des Ausscheidenden nicht an das Rennende gebunden, sondern würde sich nach seiner individuellen Teilnahme am Rennen bestimmen.[417] Unproblematisch endet die Rennteilnahme des Ausscheidenden mit seinem Willen zur Rennaufgabe und der Anpassung seiner Fahrweise, wenn alle Rennfahrer diesem individuellen Ausscheiden zustimmen. Problematisch sind die Fälle, in denen sich ein Teilnehmer einseitig vom Renngeschehen lossagt und seine Aufgabe von den anderen nicht akzeptiert oder im Eifer des Gefechts nicht bemerkt wird. Mangels gegenseitiger Übereinkunft könnte dadurch die Tatbeendigung des Ausscheidenden ausgeschlossen sein. Immerhin hat er zu dem Rennen beigetragen und seine Gegner entsprechend provoziert, sodass er die Raserei indirekt weiter fördert, vor allem wenn die unwissenden Rennkonkurrenten weiterhin von seiner vermeintlichen Konkurrenz ausgehen. Wäre der Ausscheidende wegen seiner vorherigen Rennbeteiligung ausnahmslos für jeden weiteren Rennverlauf verantwortlich, könnte ihn eine erweiterte strafrechtliche Haftung nach den Qualifikationen des § 315d II, IV und V für Beinahe-/Unfälle der verbleibenden Rennfahrer allein wegen des Initiierens und Durchführens des Rennens treffen. Gibt der Ausscheidende aber seine Rennteilnahme bewusst und gewollt durch Anpassung seiner Fahrweise auf, hat er ab dann keinen hinreichend objektiven Einfluss mehr auf das

415 Stützend: LG Arnsberg, 2 Ks 15/19, Urteil vom 20.01.2020, Rn. 313 – im Internet abrufbar: www.juris.de (Stand: 13.11.2020).

416 Stützend wohl: Schönke/Schröder – *Hecker*, § 315d StGB Rn. 6.

417 Zu dieser Frage mit ähnlichen Ausgangspunkten auch: BeckOK-StGB – *Kulhanek*, § 315d Rn. 70.

Rennen, wenn eine genügende zeitliche und räumliche Distanz[418] zu den verbleibenden Rennfahrern besteht bzw. entsteht. Selbst wenn sich die anderen Fahrer auch noch danach in ihrer Fahrweise durch den eingebildeten Konkurrenten psychologisch beeinflusst sehen, kann das vorherige Rennverhalten dem Ausscheidenden nicht weiter auf dieser subjektiven Vorstellungsbasis angelastet werden. Eine weitergehende Zurechnung der späteren Rennfolgen wäre kaum mit dem Schuldprinzip (Art. 1 I, 2 I und 20 III GG) vereinbar. Dementsprechend ist das Rennen nach § 315d I Nr. 2 für einen aufgebenden Teilnehmer dann beendet, wenn er mit dem Willen der Rennaufgabe von seiner wettkampfmäßigen in eine normale Fahrweise übergeht und das fortgesetzte Rennen eine genügende zeitliche und räumliche Distanz dazu erreicht.
Sofern nach dem Ausscheiden noch mindestens zwei Teilnehmer im Rennen verbleiben, geht das Rennen zwischen ihnen bis zum Rennende weiter. Bleibt nur noch ein Rennfahrer übrig, verliert das Rennen mangels Konkurrenz seinen Wettkampfcharakter und endet so auch für den weiterfahrenden Fahrer mit dem Ausscheiden seines tatsächlichen Konkurrenten. § 315d I Nr. 2 ist dann für beide beendet, doch bleibt bei der sich anschließenden rennähnlichen Raserei des Weiterfahrenden Raum für strafbare Einzelraserei nach § 315d I Nr. 3.
Die Beendigung der Rennteilnahme nach § 315d I Nr. 2 erfolgt also entweder für alle Teilnehmer gemeinsam zum Rennende oder für einen aufgebenden Fahrer individuell zum Zeitpunkt seines wirksamen Ausscheidens.

(f) Vorsatz

Auf subjektiver Ebene ist Vorsatz hinsichtlich des objektiven Tatbestands erforderlich. Für den subjektiven Tatbestand des § 315d I Nr. 2 muss der Fahrer also bewusst und gewollt an einem nicht erlaubten Kraftfahrzeugrennen teilnehmen, indem er sein Kraftfahrzeug gemäß der gegenseitigen Absprache

418 Eine genügende zeitliche und räumliche Distanz zum fortgesetzten Rennen ist z. B. gegeben, wenn der ausscheidende Fahrer für die verbleibenden Rennfahrer nicht mehr in Sichtweite ist und wegen der zwischenzeitlich verstrichenen Zeit und zurückgelegten Wegstrecke aus objektiver Perspektive nicht mehr mit seinem (erneuten) Eingriff ins Renngeschehen zu rechnen ist. Von einer zeitlichen und räumlichen Distanz ist insofern auch dann auszugehen, wenn der ausscheidende Rennfahrer die Fortwirkung seiner Rennteilnahme aufhebt. Das kann z. B. erfolgen, indem er die verbleibenden Renngegner auf die vorgeschriebene Geschwindigkeit ausbremst und sich anschließend durch Langsamfahren oder Anhalten erkennbar aus dem Rennen zurückzieht.

wettkampfmäßig gegen die Rennkonkurrenz führt. Welche Haupt- oder Nebenmotive der Täter dabei verfolgt (z. B. Selbstdarstellung, Spaß, Training), spielt keine Rolle, solange der Vorsatz alle objektiven Tatbestandsmerkmale umfasst.[419]

(2) Einzelraserei – § 315d I Nr. 3 StGB

Durch das 56. Strafrechtsänderungsgesetz wurde mit § 315d I Nr. 3 die Strafbarkeit von einzelnen Kraftfahrzeugführern eingeführt, die sich mit nicht angepasster Geschwindigkeit grob verkehrswidrig und rücksichtlos fortbewegen, um eine höchstmögliche Geschwindigkeit zu erreichen.

(a) Grundlagen der Strafbarkeit

Solche als Einzel- oder Alleinraserei zu bezeichnenden Fälle haben damit wie Kraftfahrzeugrennen eine Hochstufung von ehemals Ordnungswidrigkeiten[420] hin zu Straftaten erfahren.

Überraschenderweise äußert sich der Gesetzgeber in der Begründung zu § 315d fast ausschließlich zu Kraftfahrzeugrennen und liefert für die Strafwürdigkeit der Einzelraserei des § 315d I Nr. 3 überhaupt keine eigenen Erläuterungen.[421] Das mag daran liegen, dass diese Variante erst im Rahmen der Ausschussberatungen des Bundestages in den Gesetzesentwurf eingeführt[422] und es wohl nicht als erforderlich angesehen wurde, die zuvor allein auf Kraftfahrzeugrennen (Nr. 2) ausgerichtete Begründung auch auf die Einzelraserei zu erweitern. Das ist zu kritisieren, weil jede nach einem Strafgesetz strafbare Verhaltensalternative begründbar strafwürdig sein muss, denn ansonsten wäre die Strafbarkeitsanordnung verfassungswidrig.[423]

---

419 Stützend: *Fischer*, § 315d StGB Rn. 19; Lackner/Kühl – *Heger*, § 315d StGB Rn. 6; JurisPK-StVR – *Weiland*, § 315d StGB Rn. 48; BeckOK-StGB – *Kulhanek*, § 315d Rn. 29; MüKo-StGB – *Pegel*, § 315d Rn. 29; Schönke/Schröder – *Hecker*, § 315d StGB Rn. 9; *Zieschang*, JA 2016, 721 (725); *Jansen*, NZV 2017, 214 (218).

420 Siehe dazu: D.II.1.a)aa) [S. 115].

421 Lediglich in BT-Drs. 18/12964, S. 5 f. gibt es Ausführungen zu § 315d I Nr. 3, die sich aber nur auf die inhaltliche Ausgestaltung des Tatbestands beziehen.

422 BT-Drs. 18/12936, S. 2 f.; BT-Drs. 18/12964, S. 3 u. 5 f.

423 Siehe: D.II.1.a)cc)(1)(a)(aa) [S. 123].

Tatsächlich hat die Einzelraserei mit illegalen Straßenrennen viel gemein, weshalb auf dazugehörige Erläuterungen zurückgegriffen werden kann.[424] Gleichwohl bestehen einige Unterschiede:
Erstens fehlt beim Einzelrasen schon der Renngegner, der für das renntypische gegenseitige Verleiten zu immer riskanteren Fahrmanövern und höheren Geschwindigkeiten notwendig ist. Zweitens besteht damit keine Möglichkeit der gegenseitigen Fokussierung und einer dadurch sinkenden Aufmerksamkeit zulasten des übrigen Straßenverkehrs. Drittens ist die Wahrscheinlichkeit eines Unfalls schon aufgrund der Fahrzeuganzahl reduziert.[425]
Entscheidende Gemeinsamkeit zwischen Rennen und Einzelraserei bleiben demgegenüber die hohen gefahrenen Geschwindigkeiten. Bei jedem rasenden Fahrzeug besteht ein deutlich erhöhtes Risiko eines Kontrollverlustes, woraus erhebliche Gefahren für höchstwertige Rechtsgüter anderer Verkehrsteilnehmer erwachsen. Genau dieses hohe Gefährdungspotenzial führt der Gesetzgeber als entscheidende Begründung für die Strafwürdigkeit von illegalen Straßenrennen an, was ebenfalls für die Einzelraserei gilt. Auch Unfallstatistiken stützen diese Betrachtung, weil überhöhte Geschwindigkeit eine bedeutende Unfallursache ist und zu den schwersten Unfallfolgen führt.[426] Regelmäßig kommt bei der Einzelraserei zu den reinen Geschwindigkeitsverstößen noch der Bruch anderer Verkehrsregeln hinzu (z. B. zu geringer Abstand, falsches Überholen, Vorfahrtsmissachtung), wodurch sich die Gefährlichkeit weiter erhöht.[427]
Des Weiteren kann bei der Einzelraserei die Wahrnehmung des Fahrers auch ohne Rennkonkurrenten durch einen möglichen Flow oder eine schwächere Sinnesverengung infolge der Hochgeschwindigkeitsfahrt beeinträchtigt werden. Ebenfalls kann sich eine selbsterzeugte psychische Drucksituation

---

424 - Siehe insofern allgemein: D.II.1.a)cc)(1)(a) [S. 123].
- Siehe konkret zur Gesetzesbegründung und zu den Erörterungen zur Strafwürdigkeit illegaler Straßenrennen auch im Folgenden: D.II.1.a)cc)(1)(a)(cc) [S. 128].

425 Stützend: BeckOK-StGB – *Kulhanek*, § 315d Rn. 37; *Weigend*, in: FS Fischer, 569 (570); *Zehetgruber*, NJ 2018, 360 (361 u. 364); *Eisele*, KriPoZ 2018, 32 (36); *Kusche*, NZV 2017, 414 (416); *Mitsch*, DAR 2017, 70 (72); *Jansen*, NZV 2019, 285 (285 f.); *Zopfs*, DAR 2020, 9 (10); *Steinle*, Verbotene Kraftfahrzeugrennen, S. 156 ff.; *Bönig*, Verbotene Kraftfahrzeugrennen, S. 162.

426 Siehe: C.II.2. [S. 37].

427 Stützend: BT-Drs. 18/12558, S. 1 u. 3; BeckOK-StGB – *Kulhanek*, § 315d Rn. 31.2; *Kusche*, NZV 2017, 414 (416 u. 418); *Zehetgruber*, NJ 2018, 360 (364); *Kudlich*, JA 2019, 631 (632 f.); *Kubiciel*, jurisPR-StrafR 13/2017, Anm. 2; *Mayer*, jurisPR-StrafR 16/2018, Anm. 2; *Müller*, Stellungnahme im BT, S. 5; *Steinle*, Verbotene Kraftfahrzeugrennen, S. 171 f.

entsprechend negativ auf das Fahrverhalten auswirken und die Gefahren weiter erhöhen.
Aus Unrechtsgesichtspunkten steht Einzelraserei damit illegalen Straßenrennen zwar in einigen Gefährdungsaspekten nach, besitzt aber dennoch vergleichbare abstrakte Gefährdungspotenziale. Der Handlungsunwert deckt sich bis auf die bewusste Rennverabredung und das gegenseitige Interagieren, weil der Einzelraser ebenfalls bewusst und gewollt rast sowie entsprechende Verkehrsverstöße begeht, zumal § 315d I Nr. 3 explizit die grobe Verkehrswidrigkeit und Rücksichtslosigkeit des Verhaltens voraussetzt.
Der Gesetzgeber sieht den Unrechtsgehalt und die abstrakte Gefährlichkeit von illegalen Straßenrennen mit denen einer Trunkenheitsfahrt (§ 316) zumindest als vergleichbar an. Wie bei einem Rennen werden auch bei der Einzelraserei die (unfallvermeidenden) Steuerungsmöglichkeiten des Raserfahrzeugs durch die hohen Geschwindigkeiten deutlich reduziert oder gar aufgehoben, womit das Unfallrisiko erheblich zunimmt. Die gegenüber einer regelkonformen Fahrt gefahrerhöhende Fahruntüchtigkeit bei § 316 führt letztendlich zu den gleichen Folgen, wobei beim Rasen wegen der meist höheren Geschwindigkeiten regelmäßig von größeren Kraftwirkungen und damit schwerwiegenderen potenziellen Unfallfolgen auszugehen ist. In beiden Fällen wird die jeweils reduzierte Steuerungsfähigkeit selbstverschuldet herbeigeführt, wobei für die Rauschfahrt sogar fahrlässiges Verhalten genügt (§ 316 II). Zwar ist bei § 315d I Nr. 3 wie bei § 316 lediglich ein Fahrzeug als Gefahrenquelle involviert, doch kann der Unrechtsgehalt der Einzelraserei bei entsprechenden Geschwindigkeiten den einer Rauschfahrt übersteigen.
Des Weiteren sieht der Gesetzgeber das Fahrverhalten im Rahmen eines illegalen Straßenrennens hinsichtlich der abstrakten Gefährlichkeit als zumindest mit den sog. Todsünden des § 315c I Nr. 2 vergleichbar an. Das gleiche gilt für die Einzelraserei, denn wegen der hohen Fahrgeschwindigkeit ist das Fahrzeug insbesondere in kritischen Situationen wesentlich schlechter kontrollierbar. Ohnehin ist es naheliegend, dass ein Raser bei seiner Fahrt auch eine oder mehrere der Todsünden verwirklicht. Einzelraserei kann als grob verkehrswidriger Geschwindigkeitsverstoß je nach Geschwindigkeit und Situation (z. B. rasen in einer Fußgängerzone) die Gefährlichkeit der Todsünden (z. B. Nr. 2 lit. d: Zu-schnell-Fahren an kritischen Stellen) sogar übersteigen.
Zusammengenommen stellt die Einzelraserei so strafwürdiges Unrecht dar.

Der Strafrahmen reicht wie bei den anderen Tatvarianten des § 315d I von Geld- bis zu zwei Jahren Freiheitsstrafe. Die Angemessenheit dieser Höchststrafe ist diskussionswürdig, denn obwohl sie bei Straßenrennen aus allen Blickwinkeln angemessen ist[428], verkörpert die Einzelraserei regelmäßig vergleichsweise geringere abstrakte Gefahren und einen geringeren Unrechtsgehalt.[429] Wie bereits festgestellt, können aber der abstrakte Gefährdungsgrad und das verwirklichte Unrecht der Einzelraserei durchaus jene von Rauschfahrten übersteigen und ebenso mit jenen von (risikoärmeren) Rennen übereinstimmen. Selbst wenn der Gesetzgeber den gegenüber § 316 erhöhten Höchststrafrahmen insbesondere mit dem bedeutend höheren Gefährdungsgrad und Unrechtsgehalt illegaler Rennen großen Umfangs begründet, misst er dabei der hohen Geschwindigkeit und ihren Folgen weiterhin eine zentrale Rolle bei. Höchste Fahrgeschwindigkeiten sind bei der Einzelraserei aber genauso möglich und typisch. Eine Höchststrafe von einem Jahr auf dem Niveau der (auch fahrlässigen) Rauschfahrt bildete das jedoch nur unzureichend ab. Vielmehr erscheint der Strafrahmen von bis zu zwei Jahren angemessen, um das gesamte mögliche Gefährdungs- und Unrechtsspektrum der Einzelraserei adäquat abzudecken. Mit dem dem Gesetzgeber zustehenden Ermessen ist dieser Strafrahmen in jedem Falle vereinbar.

Insgesamt erweist sich Einzelraserei als strafwürdig und ein Strafrahmen von bis zu zwei Jahren Freiheitsstrafe auch als angemessen. Dies gilt jedoch nur soweit, wie der Tatbestand des § 315d I Nr. 3 allein Fälle der strafwürdigen Einzelraserei umfasst und davon weniger eklatante Geschwindigkeitsverstöße als nicht strafwürdige Ordnungswidrigkeiten ausscheiden. Wenn das der Fall ist – was sich im Folgenden zeigen wird –, hat der Strafgesetzgeber sein Ermessen mit § 315d Nr. 3 überzeugend ausgeübt.

(b) Fortbewegen als Kraftfahrzeugführer im Straßenverkehr

Als Grundvoraussetzung des § 315d I Nr. 3 muss sich der Täter als Führer eines Kraftfahrzeugs im Straßenverkehr fortbewegen. Für das Führen eines Kraftfahrzeugs gilt zu § 315d I Nr. 2 Entsprechendes.[430] Wegen der im Vergleich zu Straßenrennen regelmäßig geringeren Gefahren der Einzelraserei ist hier erst recht der engere Fahrzeugbegriff zugrunde zu legen, ohne den auch bei § 315d I Nr. 3 eine Ausdehnung in nicht strafwürdige Bereiche erfolgen würde[431].

---

428 Siehe: D.II.1.a)cc)(1)(a)(dd) [S. 134].

429 Insofern kritisch: *Jansen*, NZV 2019, 285 (285 f.); *Zopfs*, DAR 2020, 9 (10).

430 - Siehe dazu: D.II.1.a)cc)(1)(b) [S. 137] und D.II.1.a)cc)(1)(e)(aa) [S. 156].
- MüKo-StGB – *Pegel*, § 315d Rn. 23; BeckOK-StGB – *Kulhanek*, § 315d Rn. 34; Schönke/Schröder – *Hecker*, § 315d StGB Rn. 8; *Gründel*, ZJS 2019, 211 (219).

431 Siehe entsprechend: D.II.1.a)cc)(1)(c) [S. 138].

Fortbewegen beschreibt die Tathandlung und ist schlicht ein anderer Ausdruck für das Führen eines Kraftfahrzeugs. Dabei kommt es auf einen Bewegungsvorgang i.S.e. Ortsveränderung des Fahrzeugs an. Nicht genügend ist so etwa das Aufheulen-Lassen des Motors oder im Stand durchdrehende Räder (sog. Burn-Outs).[432]
Im Zusammenhang mit der Kraftfahrzeugführereigenschaft lässt sich das abstrakte Gefährdungsdelikt der Einzelraserei parallel zur Rennteilnahme (§ 315d I Nr. 2) als ein eigenhändiges schlichtes Tätigkeitsdelikt einstufen.[433] Ebenso wie bei der Rennvariante handelt es sich bei § 315d I Nr. 3 um ein Dauerdelikt, das wegen der Fortwirkung der Gefahren infolge der hohen Geschwindigkeiten erst mit einer Fahrweiseanpassung durch den Fahrer beendet wird.[434]

(c) Nicht angepasste Geschwindigkeit

Der Fahrer muss sich mit nicht angepasster Geschwindigkeit fortbewegen. Das Fahren mit angepasster Geschwindigkeit ist die Grundregel der Geschwindigkeitsvorgaben im Straßenverkehr nach § 3 I StVO. Danach darf nur so schnell gefahren werden, dass das Fahrzeug ständig beherrscht wird (§ 3 I 1 StVO), wobei die Geschwindigkeit den äußeren Verhältnissen, persönlichen Fahrfähigkeiten, konkreten Fahrzeugeigenschaften und der Ladung anzupassen ist (§ 3 I 2 StVO). Im Straßenverkehrsrecht wird zwischen dem Fahren mit nicht angepasster Geschwindigkeit und dem mit einer Überschreitung der zulässigen Höchstgeschwindigkeit (insb. i.S.v. § 3 III StVO und §§ 45 I 1, 39 II, 41 I StVO) unterschieden.[435]
Der Gesetzgeber sieht allgemein das zu schnelle Fahren als Tathandlung des § 315d I Nr. 3 an, das sich aus einer nicht angepassten Geschwindigkeit oder Überschreitung der maximal zulässigen ergeben kann.[436] Insofern folgt er der verkehrsrechtlichen Differenzierung nicht, was man aus Gründen der Rechtseinheit kritisieren kann.[437] Dennoch überzeugt das Ergebnis, weil der

432 Stützend: *Fischer*, § 315d StGB Rn. 12 f.; MüKo-StGB – *Pegel*, § 315d Rn. 23 f.; S/S/W-StGB – *Ernemann*, § 315d Rn. 12 f.; *Dahlke/Hoffmann-Holland*, KriPoZ 2018, 306 (307).

433 - Siehe entsprechend: D.II.1.a)cc)(1)(e)(aa) [S. 156].
- Weiter stützend: BeckOK-StGB – *Kulhanek*, § 315d Rn. 34; Hentschel/König/Dauer – *König*, § 315d StGB Rn. 12.

434 Siehe entsprechend: D.II.1.a)cc)(1)(e)(cc) [S. 160].

435 Siehe schon: C.I. [S. 27]. und D.II.1.a)aa) [S. 115].

436 BT-Drs. 18/12964, S. 5.

437 Stützend: *Jansen*, NZV 2019, 285 (286).

Gesetzgeber mit diesem Merkmal schlicht einen Geschwindigkeitsverstoß als Grundvoraussetzung für die Einzelraserei statuieren wollte – was übrigens auch für dessen Erfordernis bei einem Rennen spricht. Eine angepasste Fahrweise kann nämlich auch umfassend verstanden werden, sodass ein die vorgeschriebene Höchstgeschwindigkeit überschreitender Fahrer hinsichtlich der verkehrsrechtlichen Vorgaben nicht angepasst fährt. Selbst bei noch sicher beherrschtem Fahrzeug geht damit eine erhöhte Gefährlichkeit einher, die der Normsetzer der konkreten Geschwindigkeitsvorgabe gerade verhindern will. Demzufolge kommt einer Überschreitung der Höchstgeschwindigkeit, wie es vermehrt entgegen der expliziten Gesetzesbegründung angenommen wird, nicht lediglich ein Indiziencharakter für die nicht angepasste Geschwindigkeit zu,[438] sondern sie erfüllt dieses Merkmal des § 315d I Nr. 3 selbst.[439] Auf der anderen Seite werden auch Konstellationen der nicht angepassten Geschwindigkeit i.S.v. § 3 I StVO erfasst, bei denen keine bestimmte Höchstgeschwindigkeit angeordnet ist oder diese zwar eingehalten, aber das Fahrzeug bei diesem Tempo aufgrund der Umstände nicht sicher geführt werden kann (z. B. nasse kurvige Landstraße bei schlechter Sicht durch Nebel)[440].

Mit der klaren Mindestgrenze zumindest für die Fälle der Überschreitung der zulässigen Höchstgeschwindigkeit wird auch der teils geäußerten Kritik einer allgemein zu unbestimmten strafbaren Geschwindigkeit[441] begegnet. Für die Fälle der nicht angepassten Geschwindigkeit (i.S.d. § 3 I StVO) bedarf es einer anhand der konkreten geschwindigkeitsrelevanten Fahrumstände möglichst

438 *Fischer*, § 315d StGB Rn. 14; Schönke/Schröder – *Hecker*, § 315d StGB Rn. 8; MüKo-StGB – *Pegel*, § 315d Rn. 24; BeckOK-StGB – *Kulhanek*, § 315d Rn. 35; *Krumm*, DAR 2018, 710 (711 f.); *Kusche*, NZV 2017, 414 (417); *Zopfs*, DAR 2020, 9 (10).

439 Insgesamt stützend: BGH, JZ 2021, 791 (792); JurisPK-StVR – *Weiland*, § 315d StGB Rn. 43; *Kindhäuser/Schramm*, StR BT 1, Rn. 67/13; *Stam*, StV 2018, 464 (467); *Dahlke/Hoffmann-Holland*, KriPoZ 2018, 306 (307); *König*, DAR 2020, 362 (366); *Renzikowski/Berndt*, JZ 2021, 794 (794).

440 Stützend: BGH, JZ 2021, 791 (792); MüKo-StGB – *Pegel*, § 315d Rn. 24; Schönke/Schröder – *Hecker*, § 315d StGB Rn. 8; *Dahlke/Hoffmann-Holland*, KriPoZ 2018, 306 (307); *Ruhs*, SVR 2018, 286 (288); *Kusche*, NZV 2017, 414 (417); *Renzikowski/Berndt*, JZ 2021, 794 (794).

441 *Stam*, StV 2018, 464 (467 f.); *DAV*, Stellungnahme zum Vorlagebeschluss, S. 13; *Franke*, Stellungnahme im BT, S. 3 f.; *Steinle*, Verbotene Kraftfahrzeugrennen, S. 173.

genau zu ermittelnden erlaubten Geschwindigkeit.[442] Diese mag selbst für Gerichte und Sachverständige nicht immer leicht zu bestimmen sein, was erst recht für den Fahrer in der Situation vor Ort gilt.[443] Doch zeigt die Praxis, dass mit diesen weiten Tatbestandsmerkmalen umgegangen werden kann – so etwa schon beim Zu-schnellen-Fahren in § 315c I Nr. 2 lit. d.[444] Zudem müssen für die Strafbarkeit nach § 315d I Nr. 3 weitere Tatbestandsmerkmale erfüllt werden, wodurch die tatbestandliche Geschwindigkeitsüberschreitung weiter präzisiert wird und der Fahrer die strafrechtliche Relevanz seiner gefahrenen Geschwindigkeit damit besser einschätzen kann. So ermöglichen die umfassenden Kriterien des § 3 I StVO im Allgemeinen eine hinreichende Grenzziehung für die (nicht) angepasste Geschwindigkeit.

(d) Grobe Verkehrswidrigkeit

Zur Erfüllung des objektiven Tatbestands bedarf es weiter der groben Verkehrswidrigkeit. Dieses Merkmal ist bereits aus § 315c I Nr. 2 bekannt und in der gleichen Weise als besonders schwerer Verkehrsverstoß zu verstehen.[445]

Worauf sich der besonders schwere Verkehrsverstoß in § 315d I Nr. 3 genau bezieht, ist allerdings wegen des zwischen „nicht angepasster Geschwindigkeit" und „grob verkehrswidrig" stehenden Wortes „und" nicht eindeutig. Entweder soll die Fortbewegung an sich grob verkehrswidrig sein[446] oder parallel zu § 315c I Nr. 2 der konkrete Verkehrsverstoß in Form der hier nicht angepassten

---

442 Stützend: OLG Düsseldorf, NZV 1999, 178 (179); OLG Koblenz, SVR 2020, 33 (34); *Dahlke/Hoffmann-Holland*, KriPoZ 2018, 306 (307); *Jansen*, NZV 2019, 285 (286); *DAV*, Stellungnahme zum Vorlagebeschluss, S. 12 f.

443 *Jansen*, NZV 2019, 285 (286); *Stam*, StV 2018, 464 (468); *DAV*, Stellungnahme zum Vorlagebeschluss, S. 12 f.; siehe auch nächste Fußnote 444.

444 Stützend: KG Berlin, DAR 2020, 149 (150 f.); OLG Koblenz, SVR 2020, 33 (34); MüKo-StGB – *Pegel*, § 315d Rn. 24 u. § 315c Rn. 65; BeckOK-StGB – *Kulhanek*, § 315d Rn. 35 ff.; *Dahlke/Hoffmann-Holland*, KriPoZ 2018, 306 (307); *Krumm*, DAR 2018, 710 (712).

445 BT-Drs. 18/12964, S. 5; Lackner/Kühl – *Heger*, § 315d StGB Rn. 5; JurisPK-StVR – *Weiland*, § 315d StGB Rn. 44 f.; Schönke/Schröder – *Hecker*, § 315d StGB Rn. 8; *Kulhanek*, Jura 2018, 561 (564); *Ruhs*, SVR 2018, 286 (288); *Dahlke/Hoffmann-Holland*, KriPoZ 2018, 306 (307); siehe auch schon Fußnote 318.

446 BGH, JZ 2021, 791 (792); S/S/W-StGB – *Ernemann*, § 315d Rn. 14; JurisPK-StVR – *Weiland*, § 315d StGB Rn. 45 und (wohl) ebenfalls *Bönig*, Verbotene Kraftfahrzeugrennen, S. 148 ff., wobei sie die grobe Verkehrswidrigkeit daneben auch durch eine nicht angepasste Geschwindigkeit großen Ausmaßes begründet sieht.

Geschwindigkeit.[447] Trotz der abweichenden Formulierung spricht für letzteres die bewusste Orientierung des Merkmals an § 315c I Nr. 2 durch den Gesetzgeber.[448] Außerdem steht bei § 315d I Nr. 3 allgemein das Zu-schnelle-Fahren wie bei einem Rennen im Mittelpunkt. Weiterhin soll die strafbare Einzelraserei nach dem gesetzgeberischen Willen nicht bei jeder einfachen Geschwindigkeitsübertretung erfüllt sein, was sich mit der für ihre Strafwürdigkeit notwendigen erhöhten abstrakten Gefahren durch hohe Geschwindigkeiten deckt. Insofern spricht vor allem die notwendige Abgrenzung gegenüber nicht strafwürdigen Ordnungswidrigkeiten dafür, dass die nicht angepasste Geschwindigkeit grobe verkehrswidrig sein muss.[449]

Nun ist fraglich, wann ein Fahren mit nicht angepasster Geschwindigkeit grob verkehrswidrig ist. Wie bei § 315c I Nr. 2 ist dafür unter Einbeziehung aller Aspekte der konkreten Verkehrssituation objektiv zu ermitteln, ob der begangene Verkehrsverstoß so schwerwiegend ist, dass daraus gravierende Gefahren mit massiven Beeinträchtigungen der Verkehrssicherheit folgen.[450]
Schon die Begriffsbestimmung macht deutlich, warum eine allgemeine Grenzziehung dieser nicht angepassten Geschwindigkeit schwerfällt. Denn nicht einmal die übliche Annahme grober Verkehrswidrigkeit bei Überschreitung der vorgeschriebenen Geschwindigkeit um das Doppelte[451] kann immer überzeugen, weil gerade im unteren Geschwindigkeitsbereich nicht zwingend eine entsprechend hohe Gefahr gegeben sein muss (z. B. in weitläufigen und unbelebten verkehrsberuhigten Bereichen oder 30er-Zonen). Zwar sind konkrete

447 MüKo-StGB – *Pegel*, § 315d Rn. 25; BeckOK-StGB – *Kulhanek*, § 315d Rn. 36; *Kusche*, NZV 2017, 414 (417); *Stam*, StV 2018, 464 (468); *Zopfs*, DAR 2020, 9 (11); *Jansen*, HRRS 2021, 412 (414).

448 BT-Drs. 18/12964, S. 5.

449 Stützend: BVerfG, 2 BvL 1/20, Beschluss vom 09.02.2022, Rn. 109 – im Internet abrufbar: www.bundesverfassungsgericht.de (Stand: 28.12.2022); BGH, JZ 2021, 791 (792); LG Berlin, (562) 236 AR 157/18 Ns (65/18), Urteil vom 04.12.2018, Rn. 43 – im Internet abrufbar: www.juris.de (Stand: 17.11.2020); *Kusche*, NZV 2017, 414 (417); *Ruhs*, SVR 2018, 286 (288); *Stam*, StV 2018, 464 (468); *Zopfs*, DAR 2020, 9 (11); *DAV*, Stellungnahme zum Vorlagebeschluss, S. 14 ff.

450 BGHSt 5, 392 (395); LK – *König*, § 315c StGB Rn. 133 f. u. § 315d StGB Rn. 25 f.; Schönke/Schröder – *Hecker*, § 315c StGB Rn. 27; NK-StGB – *Zieschang*, § 315c Rn. 34; MüKo-StGB – *Pegel*, § 315c Rn. 78; JurisPK-StVR – *Weiland*, § 315d StGB Rn. 45.

451 OLG Karlsruhe, NJW 1960, 546 (546); *Fischer*, § 315c StGB Rn. 13; Schönke/Schröder – *Hecker*, § 315c StGB Rn. 27; LK – *König*, § 315c StGB Rn. 134; Matt/Renzikowski – *Renzikowski*, § 315c StGB Rn. 17; *Dahlke/Hoffmann-Holland*, KriPoZ 2018, 306 (307).

Geschwindigkeitsgrenzen aus Gründen der Rechtssicherheit wünschenswert, doch lassen sich Gefahren für die Verkehrssicherheit kaum konkret beziffern und eher nur nach gewissen Schweregraden unterscheiden. Deshalb können zwingende Geschwindigkeitsgrenzen für § 315d I Nr. 3 nicht überzeugend ermitteln werden.[452] Das schließt jedoch nicht jede Konkretisierung der Geschwindigkeiten aus, sofern die Regelung nur offensichtlich grob verkehrswidrige Geschwindigkeitsüberschreitungen erfasst und zugleich Ausnahmen von dieser allgemeinen Grundannahme für Einzelfälle zulässt. Der Tatbestand sollte entsprechend konkretisiert werden.[453] Teilweise wird bei der Erfüllung einer Todsünde aus § 315c I Nr. 2 eine Indizienfunktion für die grobe Verkehrswidrigkeit der Geschwindigkeitsüberschreitung angenommen.[454] Das überzeugt jedoch nicht, weil die Todsünden des § 315c I Nr. 2 bis auf Variante lit. d) keinen Geschwindigkeitsbezug aufweisen, der hier aber gerade der Anknüpfungspunkt der groben Verkehrswidrigkeit ist[455].
Letztendlich kommt es bei der Ermittlung der groben Verkehrswidrigkeit vor allem auf die Wahrscheinlichkeit eines Unfalls und dessen mögliche Folgen für andere Verkehrsteilnehmer durch die überhöhte Geschwindigkeit in der konkreten Situation an. Nur bei einer außerordentlich hohen Überschreitung der erlaubten Geschwindigkeit wird in der Gesamtschau im Vergleich zum erlaubten Verkehrsrisiko eine gravierend erhöhte Gefahrenlage mit entsprechend massiver Beeinträchtigung der Verkehrssicherheit bestehen, sodass von einer nicht angepassten Geschwindigkeit in grob verkehrswidriger Weise auszugehen ist. Da Einzelraserei im Gegensatz zu Straßenrennen regelmäßig weniger gefährlich ist, sind schon mit Rücksicht auf ihre Strafwürdigkeit strengere Anforderungen an die grobe Verkehrswidrigkeit zu stellen[456].

---

452 Zustimmend: *Bönig*, Verbotene Kraftfahrzeugrennen, S. 150.

453 - Eine solche Präzisierung von § 315d I Nr. 3 durch eine Festsetzung von konkreten Geschwindigkeitsüberschreitungen, ab denen man „in der Regel “ von einem Fortbewegen mit nicht angepasster Geschwindigkeit in grob verkehrswidriger Weise ausgehen kann, erfolgt unter H.I. [S. 445] mit Fußnote 1304 – im Ergebnis ähnlich: *Bönig*, Verbotene Kraftfahrzeugrennen, S. 223 f.

454 BeckOK-StGB – *Kulhanek*, § 315d Rn. 36; MüKo-StGB – *Pegel*, § 315d Rn. 25; JurisPK-StVR – *Weiland*, § 315d StGB Rn. 45.

455 Im Ergebnis zustimmend: *Bönig*, Verbotene Kraftfahrzeugrennen, S. 147.

456 - Stützend: BeckOK-StGB – *Kulhanek*, § 315d Rn. 37; *Kindhäuser/Schramm*, StR BT 1, Rn. 67/14; *Kusche*, NZV 2017, 414 (417); *DAV*, Stellungnahme zum Vorlagebeschluss, S. 16.
- Siehe dazu konkret auch die vorgeschlagene Präzisierung von § 315d I Nr. 3 unter H.I. [S. 445] mit Fußnote 1304.

(e) Kein Nachstellen eines Kraftfahrzeugrennens

Der Gesetzgeber sieht den Unterschied zwischen strafwürdiger Einzelraserei und lediglich ordnungswidrigen – auch erheblichen – Geschwindigkeitsverstößen darin, dass der Täter bei § 315d I Nr. 3 objektiv und subjektiv ein Kraftfahrzeugrennen nachstellt.[457] Was dies genau bedeuten soll, bleibt allerdings im Unklaren.[458]

Denn es ist gerade der Wettkampf zwischen mehreren Fahrern, der das für ein Rennen konstitutive Charakteristikum bildet.[459] Ein einzelner Fahrer kann mit seinem Fahrzeug aber keine gegenseitigen Interaktionen zwischen verschiedenen(!) Konkurrenten in mehreren Fahrzeugen imitieren. Dies wäre so, wie wenn ein Kampfsportler im Ring allein gegen sich selbst kämpfen würde, wobei er durch bloßes Schattenboxen gleichzeitig Sieger und Verlierer des vermeintlichen Wettkampfes wäre. Zudem müsste gerade die Nachahmung eines Rennens als Äquivalent der unrechtserhöhende Strafbarkeitsgrund der Einzelraserei sein, indem sie bei einem erheblichen Geschwindigkeitsverstoß für die mit einem Rennen vergleichbar hohe Gefährlichkeit sorgt. Allerdings unterscheidet sich das Rasen allein und bei einem Rennen gerade in den Aspekten, die von der Rennkonkurrenz abhängen. Folglich ist das objektive und subjektive Nachstellen eines Rennens durch den Einzelraser kein tauglicher Ansatz für die Abgrenzung zwischen ordnungswidrigen erheblichen Geschwindigkeitsverstößen und strafbarer Einzelraserei. Die gebotene Abgrenzung ist daher nicht über ein vermeintlich zusätzliches „Erfordernis des Renncharakters“[460] vorzunehmen, sondern muss innerhalb des § 315d I Nr. 3 auf anderem Weg erfolgen.[461]

---

457 BT-Drs. 18/12964, S. 5 f.

458 So auch: *Mitsch*, JuS 2020, 924 (924); *Steinle*, Verbotene Kraftfahrzeugrennen, S. 171.

459 Siehe: D.II.1.a)cc)(1)(d)(aa) [S. 143].

460 BT-Drs. 18/12964, S. 6.

461 - Stützend: AG Villingen-Schwenningen, 6 Ds 66 Js 980/19, Vorlagebeschluss vom 16.01.2020, Rn. 133 – im Internet abrufbar: www.juris.de (Stand: 17.11.2020); BeckOK-StGB – *Kulhanek*, § 315d Rn. 31; Schönke/Schröder – *Hecker*, § 315d StGB Rn. 8; *Weigend*, in: FS Fischer, 569 (576); *Stam*, StV 2018, 464 (467); *Preuß*, NZV 2018, 537 (541 f.); *Jansen*, NZV 2019, 285 (287); *Renzikowski/Berndt*, JZ 2021, 794 (795).
- Einen „Renncharakter“ trotzdem annehmend: LG Stade, DAR 2018, 577 (578); *Fischer*, § 315d StGB Rn. 12; *Eisele*, KriPoZ 2018, 32 (36); *Schefer/Schülting*, HRRS 2019, 458 (461 f.); *Schulz-Merkel*, NZV 2020, 397 (399).

Ganz nebenbei zeigt sich daran auch, warum die für § 315d gewählte Überschrift „Verbotene Kraftfahrzeugrennen“ zumindest mit Blick auf § 315d I Nr. 3 verfehlt ist.[462]

(f) Vorsatz und Rücksichtslosigkeit

Subjektiv ist Vorsatz hinsichtlich aller objektiven Tatbestandsmerkmale erforderlich. Dementsprechend müssen die Fortbewegung als Kraftfahrzeugführer im Straßenverkehr mit nicht angepasster Geschwindigkeit sowie die Umstände der groben Verkehrswidrigkeit vom Vorsatz umfasst sein.[463]

Der Täter muss nach § 315d I Nr. 3 auch rücksichtslos handeln. Das Merkmal der Rücksichtslosigkeit[464] knüpft wie die grobe Verkehrswidrigkeit inhaltlich an § 315c I Nr. 2 an[465] und bezieht sich ebenso auf die nicht angepasste Geschwindigkeit.[466]
Wer aus selbstsüchtigen Gründen seine Verkehrspflichten gegenüber anderen missachtet oder Bedenken dagegen gleichgültig gar nicht aufkommen lässt, handelt rücksichtslos. Entscheidend ist die Vorstellungs- und Motivlage des Fahrers, dessen schlechte Verkehrsgesinnung sich in der konkreten Verkehrssituation anhand des äußeren Tathergangs äußert. Ob oder welche Fernziele

---

462 Schönke/Schröder – *Hecker*, § 315d StGB Rn. 8; BeckOK-StGB – *Kulhanek*, § 315d Rn. 31; MüKo-StGB – *Pegel*, § 315d Rn. 25; *Schulz-Merkel*, in: 58. Deutscher Verkehrsgerichtstag, 155 (158); *Steinle*, Verbotene Kraftfahrzeugrennen, S. 170; *Jahn*, JuS 2020, 277 (278); *Renzikowski/Berndt*, JZ 2021, 794 (795).

463 Schönke/Schröder – *Hecker*, § 315d StGB Rn. 9; Matt/Renzikowski – *Renzikowski*, § 315d StGB Rn. 6; MüKo-StGB – *Pegel*, § 315d Rn. 29 f.; BeckOK-StGB – *Kulhanek*, § 315d Rn. 38; S/S/W-StGB – *Ernemann*, § 315d Rn. 16.

464 Das Merkmal der Rücksichtslosigkeit wird allgemein teilweise dem subjektiven Tatbestand zugeordnet (so z. B.: Matt/Renzikowski – *Renzikowski*, § 315c StGB Rn. 25 und *Rengier*, StR BT 2, Rn. 44/9), teilweise als besonderes Schuldmerkmal eingestuft (so z. B.: BGH, VRS 23 [1962], 289 (292 f.) und BeckOK-StGB – *Kudlich*, § 315c Rn. 40.3). Dieser Streit macht für die Strafbarkeit im Ergebnis aber keinen Unterschied.

465 BT-Drs. 18/12964, S. 5; Lackner/Kühl – *Heger*, § 315d StGB Rn. 5; MüKo-StGB – *Pegel*, § 315d Rn. 25; Schönke/Schröder – *Hecker*, § 315d StGB Rn. 8; *Kindhäuser/Schramm*, StR BT 1, Rn. 67/15; *Kulhanek*, Jura 2018, 561 (564); *Ruhs*, SVR 2018, 286 (288).

466 - Siehe entsprechend: D.II.1.a)cc)(2)(d) [S. 171].
- Weiter stützend: *Stam*, StV 2018, 464 (468); *Ruhs*, SVR 2018, 286 (288).

der Fahrer mit seiner Fahrt verfolgt, beeinflusst die Einstufung als rücksichtslos nicht.[467]

Teilweise wird angenommen, der Rücksichtslosigkeit komme wegen der anderen Tatbestandsmerkmale der groben Verkehrswidrigkeit bzw. der Raserabsicht keine nennenswerte eigene Bedeutung zu.[468]
Tatsächlich ist zuzugeben, dass den Verkehrsregeln und damit auch der Sicherheit der anderen Verkehrsteilnehmer bei einer auf das möglichst schnelle Fahren ausgerichteten Einzelraserei zum eigenen Vorteil in aller Regel keine Beachtung geschenkt wird. Trotzdem sind Sachverhalte denkbar, in denen Einzelraserei nicht rücksichtslos erfolgt, etwa wenn jemand aus bloßer Freude am Fahren zwar möglichst schnell fährt, dies aber bewusst unter der Einschränkung tut, dabei keine anderen Verkehrsteilnehmer zu gefährden. Er fährt dann zugunsten ihrer Sicherheit bspw. bewusst nur so schnell durch eine Kurve, dass er seine eigene Fahrspur einhält, rote Ampeln überfährt er gar nicht bzw. nur beim sicheren Wissen von seiner freien Bahn oder er überholt bei Überholverbot gar nicht bzw. nur bei voller Einsicht der leeren Überholspur. Obwohl der Fahrer ansonsten rast, tut er dies dann nicht vollkommen gleichgültig oder um jeden Preis, was folglich gegen Rücksichtslosigkeit spricht. Wer diese differenzierte Sichtweise ablehnt, hält Einzelraserei für bedingungsfeindlich und wird der Vielschichtigkeit und Komplexität des menschlichen Bewusstseins und Willens nicht gerecht. Dem Tatbestandsmerkmal der Rücksichtslosigkeit kommt demzufolge auch in § 315d I Nr. 3 eine eigenständige, die Strafbarkeit einschränkende Bedeutung zu.

(g) Um eine höchstmögliche Geschwindigkeit zu erreichen – Raserabsicht

Der Kraftfahrzeugführer muss sich grob verkehrswidrig und rücksichtslos mit nicht angepasster Geschwindigkeit fortbewegen, um eine höchstmögliche

467 BGH, VRS 23 [1962], 289 (291 f.); OLG Koblenz, NStZ 2003, 617 (618); LK – *König*, § 315c StGB Rn. 140 f.; *Fischer*, § 315c StGB Rn. 14 f. u. § 315d StGB Rn. 15; Matt/Renzikowski – *Renzikowski*, § 315c StGB Rn. 25 f.; MüKo-StGB – *Pegel*, § 315c Rn. 85 f.; Schönke/Schröder – *Hecker*, § 315c StGB Rn. 28; BeckOK-StGB – *Kulhanek*, § 315d Rn. 39 f.; siehe auch schon Fußnote 318.

468 AG Villingen-Schwenningen, 6 Ds 66 Js 980/19, Vorlagebeschluss vom 16.01.2020, Rn. 135 – im Internet abrufbar: www.juris.de (Stand: 17.11.2020); *Fischer*, § 315d StGB Rn. 18; *Eisele*, KriPoZ 2018, 32 (36); *Dahlke/Hoffmann-Holland*, KriPoZ 2018, 306 (307); *Kusche*, NZV 2017, 414 (417); *Stam*, StV 2018, 464 (468); *Ruhs*, SVR 2018, 286 (289).

Geschwindigkeit zu erreichen. Diese Zielrichtung kann als Raserabsicht bezeichnet werden.[469]

(aa) Allgemeine Voraussetzungen und Bestimmtheit

Mit diesem Merkmal des subjektiven Tatbestands will der Gesetzgeber „[...] insbesondere dem Erfordernis des Renncharakters [...] gerecht werden“[470], denn „[b]loße Geschwindigkeitsüberschreitungen sollen hingegen nicht von der Strafbarkeit umfasst werden, auch wenn sie erheblich sind.“[471] „Diese Formulierung [soll] möglichst viele relevante Komponenten auf einen Nenner [bringen], wie die fahrzeugspezifische Höchstgeschwindigkeit und Beschleunigung – wobei diese im Einzelfall nicht immer erreicht sein muss –, subjektives Geschwindigkeitsempfinden, Verkehrslage, Witterungsbedingungen und anderes.“[472]

Das Kriterium des Renncharakters als objektives und subjektives Nachstellen eines Kraftfahrzeugrennens ist für die Einzelraserei aber schon im Ansatz verfehlt.[473] Auch erscheint es fragwürdig, bei einem abstrakten Gefährdungsdelikt zur Begrenzung der Strafbarkeit auf ein subjektives Tatbestandsmerkmal als maßgebliches Kriterium zurückzugreifen, denn Gefährdungsdelikte knüpfen typischerweise an objektive Gefahren an.[474]

Vor allem wegen dieser Raserabsicht wird § 315d I Nr. 3 nicht selten zu praxisuntauglichem oder gar totem Recht erklärt.[475] Anstelle dessen sollte jedoch vielmehr im Rahmen des rechtlich Zulässigen versucht werden, die Unstimmigkeiten des Tatbestands so weit wie möglich zu beseitigen. So könnte durch entsprechende Auslegung erreicht werden, dass § 315d I Nr. 3 – wie vom Gesetzgeber beabsichtigt – Einzelraserei praxistauglich erfasst und damit zum Schutz anderer Verkehrsteilnehmer beiträgt.

---

469 So bspw. auch: Lackner/Kühl – *Heger*, § 315d StGB Rn. 5; *Ruhs*, SVR 2018, 286 (289); *Dahlke/Hoffmann-Holland*, KriPoZ 2018, 306 (307 ff.); *Preuß*, NZV 2018, 537 (539).

470 BT-Drs. 18/12964, S. 6.

471 BT-Drs. 18/12964, S. 6.

472 BT-Drs. 18/12964, S. 5 f.

473 Siehe dazu: D.II.1.a)cc)(2)(e) [S. 174].

474 Stützend: Lackner/Kühl – *Heger*, § 315d StGB Rn. 5; *Dahlke/Hoffmann-Holland*, KriPoZ 2018, 306 (309); *Zehetgruber*, NJ 2018, 360 (364); *Ruhs*, SVR 2018, 286 (289 f.); *Steinle*, Verbotene Kraftfahrzeugrennen, S. 173.

475 *Dahlke/Hoffmann-Holland*, KriPoZ 2018, 306 (308 f.); *Stam*, StV 2018, 464 (468); *Ruhs*, SVR 2018, 286 (290); *Zehetgruber*, NJ 2018, 360 (364); *Jansen*, NZV 2019, 285 (288 f.); *Kubiciel*, jurisPR-StrafR 13/2017, Anm. 2.

Die Formulierung „um … zu“ statuiert ein Absichtsmerkmal (i.S.d. dolus directus 1. Grades) als überschießende Innentendenz.[476] Die Absicht muss sich darauf beziehen, eine höchstmögliche Geschwindigkeit zu erreichen. Was darunter genau zu verstehen ist, ist die entscheidende und zugleich wohl problematischste Frage des gesamten § 315d I Nr. 3.

Große Einigkeit besteht im Einklang mit der Gesetzesbegründung noch darin, dass für die höchstmögliche Geschwindigkeit nicht die (objektive) Maximalgeschwindigkeit des Fahrzeugs unter Idealbedingungen – denn diese ist überhaupt nur selten erreichbar –, sondern die in der konkreten Verkehrssituation (subjektive) Maximalgeschwindigkeit maßgeblich ist. Das bedeutet, dass Straßengegebenheiten, Verkehr und Witterungen auf diese Geschwindigkeit ebenso Einfluss nehmen können wie die Fahrzeugeigenschaften. Da es sich bei der Raserabsicht um ein subjektives Merkmal handelt, kommt es dabei allein auf die Vorstellungen des Fahrers an, die maßgeblich von seinen Wahrnehmungen der Situation und der Geschwindigkeit abhängen.[477]

D. h. aber auch, dass sich Fehlannahmen über die höchstmögliche Geschwindigkeit sowohl zu Gunsten (fälschliche Annahme einer noch höheren höchstmöglichen Geschwindigkeit) als auch zu Ungunsten (fälschliche Annahme einer niedrigeren höchstmöglichen Geschwindigkeit) des Fahrers auswirken können. Dies bestärkt erneut die Kritik an der Wahl eines subjektiven Merkmals, weil die Strafbarkeit so trotz objektiv gleicher Gefahrlage allein aufgrund der Tätervorstellung unterschiedlich ausfallen kann. Ein risikofreudiger bzw. optimistischer Fahrer, der die Höchstgeschwindigkeit höher ansetzt, wird damit gegenüber einem risikobewussteren bzw. pessimistischeren Fahrer privilegiert. Gleiches gilt hinsichtlich des verwendeten Fahrzeugs, denn die

---

476 BGH, JZ 2021, 791 (793); BeckOK-StGB – *Kulhanek*, § 315d Rn. 41; MüKo-StGB – *Pegel*, § 315d Rn. 26; Schönke/Schröder – *Hecker*, § 315d StGB Rn. 9; *Dahlke/Hoffmann-Holland*, KriPoZ 2018, 306 (307 ff.); *Zehetgruber*, NJ 2018, 360 (364).

477 - BT-Drs. 18/12964, S. 5 f.; BGH, JZ 2021, 791 (792 f.); OLG Stuttgart, NJW 2019, 2787 (2787); KG Berlin, (3) 161 Ss 36/19 (25/19), Beschluss vom 15.04.2019, Rn. 1- im Internet abrufbar: www.juris.de (Stand: 06.03.2020); LG Berlin, 504 Qs 11/18, Beschluss vom 05.03.2018, Rn. 11 – im Internet abrufbar: www.juris.de (Stand: 06.03.2020); *Fischer*, § 315d StGB Rn. 16 ff.; MüKo-StGB – *Pegel*, § 315d Rn. 26; BeckOK-StGB – *Kulhanek*, § 315d Rn. 41 u. 42; Schönke/Schröder – *Hecker*, § 315d StGB Rn. 9; *Weigend*, in: FS Fischer, 569 (577); *Dahlke/Hoffmann-Holland*, KriPoZ 2018, 306 (307 ff.); *Kusche*, NZV 2017, 414 (417); *Kindhäuser/Schramm*, StR BT 1, Rn. 67/16; *Bönig*, Verbotene Kraftfahrzeugrennen, S. 152 f.
- Dagegen: LG Stade, DAR 2018, 577 (578).

Höchstgeschwindigkeit hängt schon technisch erheblich von der Fahrzeugart und -leistung ab. Aufgrund der expliziten Ausgestaltung der Raserabsicht als subjektives Merkmal kann daran aber nicht gerüttelt werden.[478]

Doch wann liegt eine höchstmögliche Geschwindigkeit aus subjektiver Sicht genau vor? Als höchstmögliche Geschwindigkeit versteht man sprachlich die maximale Geschwindigkeit, also ein Fahren so schnell es eben geht. Selbstverständlich liegt sie dabei im fahrphysikalischen Grenzbereich des unfallfreien Fahrens, denn der grundsätzliche Zweck jeder Art des Fahrens im Straßenverkehr ist die Fortbewegung, die nur ohne Unfall erreicht wird. Allerdings vermittelt der unbestimmte Artikel „eine", dass mehrere höchstmögliche Geschwindigkeiten existieren. Tatsächlich ist dies aber falsch, denn nur eine ganz bestimmte Geschwindigkeit bildet in der konkreten Situation den Grenzwert zwischen zu schneller unfallträchtiger und zu langsamer nicht schnellstmöglicher Fahrt. Der Gesetzgeber wollte mit dieser unglücklichen Formulierung letztlich wohl betonen, dass es nicht um die Maximalgeschwindigkeit des Fahrzeugs unter Idealbedingungen, sondern um eine in der konkreten Situation vom Fahrer angenommene Maximalgeschwindigkeit in Form des subjektiven Grenzwerts geht. Noch im Rahmen der Wortlautgrenze (Art. 103 II GG und § 1 StGB) kann „eine höchstmögliche Geschwindigkeit" insofern im Sinne „einer möglichst hohen Geschwindigkeit" verstanden werden.[479]

Obwohl es eine höchstmögliche Geschwindigkeit als Grenzgeschwindigkeit zwischen zu schnellem unfallträchtigem und nicht schnellstmöglichem unfallfreiem Fahren gibt, wird das Merkmal teilweise als (zu) unbestimmt

478 Stützend: S/S/W-StGB – *Ernemann*, § 315d Rn. 15; *Kusche*, NZV 2017, 414 (417); *Preuß*, NZV 2018, 537 (539); *Ruhs*, SVR 2018, 286 (289); *Eisele*, KriPoZ 2018, 32 (36); *Dahlke/Hoffmann-Holland*, KriPoZ 2018, 306 (308); *Renzikowski/Berndt*, JZ 2021, 794 (795); *DAV*, Stellungnahme zum Vorlagebeschluss, S. 19 f.

479 - Stützend: BeckOK-StGB – *Kulhanek*, § 315d Rn. 42; *Fischer*, § 315d StGB Rn. 17; S/S/W-StGB – *Ernemann*, § 315d Rn. 15; *Eisele*, KriPoZ 2018, 32 (36); *Stam*, StV 2018, 464 (468); *Dahlke/Hoffmann-Holland*, KriPoZ 2018, 306 (308); *Zehetgruber*, NJ 2018, 360 (364 f.); *Renzikowski/Berndt*, JZ 2021, 794 (795); *Fuchs*, Stellungnahme im BT, S. 2 und mit etwas missverständlichen Formulierungen BGH, DAR 2021, 522 (523).
- Eine solche Auslegung ablehnend: AG Villingen Schwenningen, 6 Ds 66 Js 980/19, Vorlagebeschluss vom 16.01.2020, Rn. 131 f. – im Internet abrufbar: www.juris.de (Stand: 17.11.2020); MüKo-StGB – *Pegel*, § 315d Rn. 26.
- Siehe insofern auch die vorgeschlagene Anpassung von § 315d I Nr. 3 unter H.I. [S. 445] mit Fußnote 1304.

angesehen[480]. Tatsächlich stellt die praktische Bestimmung dieser Geschwindigkeit schon Sachverständige im Nachhinein vor Herausforderungen.[481] Dass bei einer solchen Untersuchung von Experten häufig nur ein gewisser Grenzbereich und keine exakte Geschwindigkeit angegeben werden kann, liegt an der Vielzahl der tatsächlichen Einflussfaktoren und den Schwierigkeiten ihrer Ermittlung. Wie soll dann aber ein Fahrer diese Geschwindigkeit während der Fahrt prognostisch genau bestimmen können, wenn er doch schon mit dem Rasen selbst alle Hände voll zu tun hat? Im Zweifel könnte er so nicht voraussehen, ob sein Streben nach Geschwindigkeit bei schneller Fahrt das Merkmal der Raserabsicht erfüllt und sein Verhalten von § 315d I Nr. 3 umfasst ist. Damit wäre aber die Reichweite der Strafandrohung unklar und die Norm nach Art. 103 II GG unbestimmt.[482]

Jedoch verlangt das Gesetz vom Fahrer keine genaue Bestimmung der höchstmöglichen Geschwindigkeit. Vielmehr reicht für die Raserabsicht der Wille, so schnell wie möglich zu fahren. Will man nämlich (bedingungslos) möglichst schnell fahren, geht damit zwingend das Ziel einher, die höchstmögliche Geschwindigkeit zu erreichen. Welchen konkreten Wert diese hat, ist somit für die Vorstellungen und das Ziel nicht bedeutsam.[483]

Diese Betrachtungsweise ist auch wesentlich realitätsnäher, weil sich kaum ein Raser Gedanken um konkrete Geschwindigkeiten macht, sondern vielmehr nach Gefühl gerast wird. Das Gegenargument, wonach jeder Verkehrsteilnehmer möglichst schnell fahren wolle,[484] verfängt nicht, weil es um das Ziel des

---

480 AG Villingen-Schwenningen, 6 Ds 66 Js 980/19, Vorlagebeschluss vom 16.01.2020, Rn. 114 ff. – im Internet abrufbar: www.juris.de (Stand: 17.11.2020); *Fischer*, § 315d StGB Rn. 18; *Meyer*, FD-StrafR 2018, 412502; *Zehetgruber*, NJ 2018, 360 (364 f.); *Jahn*, JuS 2020, 277 (279 f.); *Kudlich*, JA 2019, 631 (632); *DAV*, Stellungnahme zum Vorlagebeschluss, S. 21 f.; *Franke*, Stellungnahme im BT, S. 3 f.

481 Siehe entsprechend auch schon: D.II.1.a)cc)(2)(c) [S. 169] mit Fußnote 443.

482 Wegen u. a. dieser Problematik die Bestimmtheit des § 315d I Nr. 3 verneinend: AG Villingen-Schwenningen, 6 Ds 66 Js 980/19, Vorlagebeschluss vom 16.01.2020, Rn. 138 – im Internet abrufbar: www.juris.de (Stand: 17.11.2020).

483 Stützend: BVerfG, 2 BvL 1/20, Beschluss vom 09.02.2022, Rn. 113 – im Internet abrufbar: www.bundesverfassungsgericht.de (Stand: 28.12.2022); BGH, JZ 2021, 791 (792 f.); BeckOK-StGB – *Kulhanek*, § 315d Rn. 42; *Weigend*, in: FS Fischer, 569 (577 in Fn. 51); *Stam*, StV 2018, 464 (468); *Kudlich*, JA 2019, 631 (633); *Renzikowski/Berndt*, JZ 2021, 794 (795).

484 LG Stade, DAR 2018, 577 (578); *Fischer*, § 315d StGB Rn. 18; *Ruhs*, SVR 2018, 286 (290); *Jansen*, NZV 2019, 285 (288); *DAV*, Stellungnahme zum Vorlagebeschluss, S. 17.

real schnellstmöglichen Fahrens in der konkreten Situation gerade ohne das Einhalten von Verkehrsregeln[485] geht.

Ein Fahrer kann also voraussehen, wann bei seiner Schnellfahrt das Merkmal der Raserabsicht, als sein Ziel des Erreichens einer höchstmöglichen Geschwindigkeit, erfüllt ist und wann nicht. Damit ist § 315d I Nr. 3 nach Art. 103 II GG hinreichend bestimmt.[486]

(bb) Kein tatsächliches Erreichen der höchstmöglichen Geschwindigkeit

Teilweise wird wegen des vom Gesetzgeber vorausgesetzten Renncharakters der Einzelraserei verlangt, das Fahrzeug müsse tatsächlich mit höchstmöglicher Geschwindigkeit im fahrphysikalischen Grenzbereich bewegt werden.[487] Mit dem bereits abgelehnten Renncharakter und dem subjektiven Merkmal der Raserabsicht ist ein solches zusätzliches Erfordernis nicht vereinbar. Denn selbst bei einem Rennen müssen die Kontrahenten nicht die in der konkreten Situation höchstmögliche Geschwindigkeit erreichen, sondern es genügt ein entsprechender Höchstgeschwindigkeitsbezug. Insofern bleibt kein Raum für eine zusätzlich Anforderung beim Einzelrasen und § 315d I Nr. 3 ist ein erfolgskupiertes Delikt.[488]

(cc) (Notwendiges) Zwischenziel als Absicht

Die Wörter „um … zu" im Tatbestand des § 315d I Nr. 3 beschreiben – wie dargestellt – die Absicht, die höchstmögliche Geschwindigkeit zu erreichen. Absicht meint dabei allgemein, dass der Wille zum Handeln (i.S.d. dolus directus 1. Grades) final auf den gesetzlichen Erfolg gerichtet sein muss[489].

---

485 Stützend: *Koehl*, SVR 2018, 471 (472); *Bönig*, Verbotene Kraftfahrzeugrennen, S. 175.

486 Zustimmend: BGH, JZ 2021, 791 (793); KG Berlin, DAR 2020, 149 (149 f.); KG Berlin, (3) 161 Ss 36/19 (25/19), Beschluss vom 15.04.2019, Rn. 3 – im Internet abrufbar: www.juris.de (Stand: 17.11.2020); OLG Köln, III-1 RVs 45/20, 1 RVs 45/20, Urteil vom 05.05.2020, Rn. 13 – im Internet abrufbar: www.juris.de (Stand: 17.11.2020); OLG Stuttgart, NJW 2019, 2787 (2787 ff.); *Renzikowski/Berndt*, JZ 2021, 794 (795 f.); *Bönig*, Verbotene Kraftfahrzeugrennen, S. 166 f.

487 LG Stade, DAR 2018, 577 (578).

488 Siehe entsprechend soeben D.II.1.a)cc)(2)(g)(aa) [S. 177] mit Fußnote 477.

489 BGHSt 16, 1 (3 ff.); BGHSt 29, 68 (72 f.); Schönke/Schröder – *Sternberg-Lieben/Schuster*, § 15 StGB Rn. 66; LK – *Vogel/Bülte*, § 15 StGB Rn. 79; Matt/Renzikowski – *Gaede*, § 15 StGB Rn. 10; MüKo-StGB – *Joecks/Kulhanek*, § 16 Rn. 22; *Wessels/Beulke/Satzger*, StR AT, Rn. 325 ff.

Wer mit dem Ziel rast, so schnell wie möglich zu fahren, richtet seinen Willen final auf die höchstmögliche Geschwindigkeit als Erfolg, handelt also mit Raserabsicht. Teilweise wird die Raserabsicht aber verneint, wenn jemand mit seiner Raserei primär andere Ziele verfolgt und nur derentwegen so schnell wie möglich fährt (z. B. schnellstmögliches Ankommen am Zielort, Fliehen vor der Polizei). Dies wird damit begründet, dass die Erreichung der Höchstgeschwindigkeit als Zwischenziel nicht der Absicht genüge, weil der Gesetzgeber nur das Nachstellen eines Kraftfahrzeugrennens und nicht bloße erhebliche Geschwindigkeitsüberschreitungen bestrafen wolle.[490]

Aus mehreren Gründen handelt der Fahrer jedoch auch in diesen Fällen mit Raserabsicht[491]: Erstens ist es bei Absichtsmerkmalen allgemein anerkannt, dass der final angestrebte gesetzliche Erfolg nicht das alleinige oder überwiegende Ziel der Handlung sein muss, sondern es genügt, wenn der Erfolg für den Handelnden nur ein notwendiges, mitunter sogar unerwünschtes, Zwischenziel für das Erreichen des angestrebten Endziels darstellt.[492] Zweitens kann selbst das Rasen um des Rasens wegen nicht als ein reines Endziel angesehen werden. Denn Handlungen sind in aller Regel kein Selbstzweck, sondern der Mensch bezweckt mit ihnen bestimmte Folgen. So stecken auch

490 LG Aachen, 60 Qs 1/21, Beschluss vom 11.02.2021, Rn. 74 f. – im Internet abrufbar: www.justiz.nrw/BS/nrwe2 (Stand: 24.06.2021); Schönke/Schröder – *Hecker*, § 315d StGB Rn. 9; *Fischer*, § 315d StGB Rn. 18a; *Weigend*, in: FS Fischer, 569 (577 f.); *Ruhs*, SVR 2018, 286 (289); *Schefer/Schülting*, HRRS 2019, 458 (461 f.); *Dahlke/Hoffmann-Holland*, KriPoZ 2018, 306 (309); *Krenberger*, NZV 2019, 317 (317); *Obermann*, NZV 2021, 344 (344 ff.); *Kubiciel*, jurisPR-StrafR 13/2017, Anm. 2.

491 BVerfG, 2 BvL 1/20, Beschluss vom 09.02.2022, Rn. 114 – im Internet abrufbar: www.bundesverfassungsgericht.de (Stand: 28.12.2022); BGH, JZ 2021, 791 (793); OLG Stuttgart, NJW 2019, 2787 (2787 f.); OLG Köln, III-1 RVs 45/20, 1 RVs 45/20, Urteil vom 05.05.2020, Rn. 20 – im Internet abrufbar: www.juris.de (Stand: 17.11.2020); BeckOK-StGB – *Kulhanek*, § 315d Rn. 42; S/S/W-StGB – *Ernemann*, § 315d Rn. 15; *Kusche*, NZV 2017, 414 (417); *Preuß*, NZV 2018, 537 (539); *Jansen*, NZV 2019, 285 (287 f.); *König*, DAR 2020, 362 (365); *Zopfs*, DAR 2020, 9 (11); *Renzikowski/Berndt*, JZ 2021, 794 (796); *Arians*, jurisPR-StrafR 13/2020, Anm. 4.

492 BVerfG, 2 BvL 1/20, Beschluss vom 09.02.2022, Rn. 114 – im Internet abrufbar: www.bundesverfassungsgericht.de (Stand: 28.12.2022); RGSt 27, 217 (220); BGHSt 4, 107 (108 ff.); BGHSt 16, 1 (5 f.); BGHSt 18, 246 (251 f.); BGH, JZ 2021, 791 (793); MüKo-StGB – *Joecks/Kulhanek*, § 16 Rn. 22; Schönke/Schröder – *Sternberg-Lieben/Schuster*, § 15 StGB Rn. 66; Matt/Renzikowski – *Gaede*, § 15 StGB Rn. 10; LK – *Vogel/Bülte*, § 15 StGB Rn. 81 ff.; *Fischer*, § 15 StGB Rn. 8; *Roxin/Greco*, AT 1, Rn. 12/10 f.

hinter dem vermeintlich finalen Rasen nicht nur das Ziel des Erreichens der höchstmöglichen Geschwindigkeit, sondern noch weitergehende Motive, z. B. Spaß, Geschwindigkeitsrausch, Selbstbestätigung, Training des Fahrkönnens.[493] Drittens liegt der Strafgrund auch bei der Einzelraserei in der abstrakten Gefährlichkeit des Verhaltens, die in keiner Weise davon abhängt, ob das Ziel der Höchstgeschwindigkeit alleiniges Handlungsziel oder nur ein für einen darüber hinausgehenden Zweck notwendiges Zwischenziel ist[494].

Die Raserabsicht ist folglich nicht nur beim Rasen um des Rasens wegen, sondern ebenso in allen anderen Fällen erfüllt, in denen das Erreichen der höchstmöglichen Geschwindigkeit zumindest ein (notwendiges) Zwischenziel für ein anderes angestrebtes Ergebnis ist.
Damit fällt auch die Flucht vor der Polizei mit Kraftfahrzeugen als Verfolgungsjagd – die früher trotz ihrer höchsten Gefährlichkeit an sich nicht strafbar war – in den Anwendungsbereich des § 315d I Nr. 3, weil der Fahrer den dafür besonders ausgebildeten Polizisten grundsätzlich nur bei schnellstmöglicher Fahrt entkommen kann und sein Fluchtwille deshalb in der Regel die Absicht enthält, die höchstmögliche Geschwindigkeit zu erreichen.[495] Dass darüber hinaus ebenso die schnellstmögliche Fahrt zum Ziel (z. B. wegen Termindrucks) vom Straftatbestand umfasst sein kann,[496] steht aufgrund der sehr großen Gefährlichkeit im Einklang mit dem Strafgrund

---

493 Siehe dazu: C.III.2.b)bb) [S. 75].

494 Stützend: OLG Stuttgart, NJW 2019, 2787 (2788); OLG Köln, III-1 RVs 45/20, 1 RVs 45/20, Urteil vom 05.05.2020, Rn. 20 f. – im Internet abrufbar: www.juris.de (Stand: 17.11.2020); BeckOK-StGB – *Kulhanek*, § 315d Rn. 42 u. 42.3; *Kusche*, NZV 2017, 414 (417); *Ruhs*, SVR 2018, 286 (289); *Kubiciel*, jurisPR-StrafR 13/2017, Anm. 2.

495 - Zustimmend: BGH, JZ 2021, 791 (793); OLG Stuttgart, NJW 2019, 2787 (2787 f.); OLG Köln, III-1 RVs 45/20, 1 RVs 45/20, Urteil vom 05.05.2020, Rn. 20 f. – im Internet abrufbar: www.juris.de (Stand: 17.11.2020); LG Berlin, 528 Qs 24/19, Beschluss vom 28.02.2019, Rn. 1 – im Internet abrufbar: www.juris.de (Stand: 17.11.2020); BeckOK-StGB – *Kulhanek*, § 315d Rn. 42.3; *Zopfs*, NJW 2019, 2788 (2789); *Winkelmann*, NZV 2019, 315 (315); *Renzikowski/Berndt*, JZ 2021, 794 (796).
- Dagegen: Schönke/Schröder – *Hecker*, § 315d StGB Rn. 9; MüKo-StGB – *Pegel*, § 315d Rn. 27; *Jansen*, NZV 2019, 285 (288); *Quarch*, NZV 2019, 314 (314); *Krenberger*, NZV 2019, 317 (317); *Schefer/Schülting*, HRRS 2019, 458 (461 f.); *Jahn*, JuS 2020, 277 (279); *Bönig*, Verbotene Kraftfahrzeugrennen, S. 181 ff.

496 - Dabei differenzierend: *Steinle*, Verbotene Kraftfahrzeugrennen, S. 164.
- Mit einem vergleichbaren Beispiel zustimmend: *Bönig*, Verbotene Kraftfahrzeugrennen, S. 159 f.

der Einzelraserei. Die notwendige Abgrenzung zu lediglich ordnungswidrigen Geschwindigkeitsverstößen bleibt dabei weiterhin mithilfe der anderweitig begrenzenden Raserabsicht in Kombination mit den sonstigen objektiven Tatbestandsvoraussetzungen möglich.

(dd) Wegstrecke und Zeitspanne

Das Tatverhalten der Einzelraserei ist das grob verkehrswidrige und rücksichtslose Fortbewegen mit nicht angepasster Geschwindigkeit. Während dieses Vorgangs – der einen andauernden Prozess darstellt, solange der Fahrer sein Kfz in der beschriebenen Weise bewegt – genügt es nicht, dass der Fahrer nur in einem Augenblick den Entschluss fasst, so schnell wie möglich zu fahren. Denn mit Blick auf den Strafgrund der Einzelraserei und ihre Abgrenzung zu lediglich ordnungswidrigen Geschwindigkeitsüberschreitungen kann eine solch kurze Zeitspanne zur Erfüllung des § 315d I Nr. 3 nicht ausreichend sein. Vielmehr muss für die Raserabsicht verlangt werden, dass der Entschluss des Fahrers, die Maximalgeschwindigkeit zu erreichen, für den Fortbewegungsvorgang so prägend ist, dass er eine nicht ganz unerhebliche Strecke bzw. Dauer umfasst. Eine solche Prägung setzt zwar keine längere Wegstrecke bzw. Zeitspanne voraus und schon gar nicht muss die Raserabsicht die gesamte (geplante) Fortbewegung über vorliegen, doch muss sie über einen nur kurzen Augenblick bzw. Wegabschnitt hinausgehen.[497]

Nicht genügend ist in diesem Sinne z. B., wenn der sich grob verkehrswidrig und rücksichtslos mit nicht angepasster Geschwindigkeit fortbewegende Fahrer nur für wenige Sekunden Vollgas gibt, um damit einmalig kurz die höchstmögliche Geschwindigkeit zu erreichen.[498] Hingegen ist seine Fortbewegung von der Raserabsicht hinreichend geprägt, wenn der Fahrer eine entsprechend

497 - Stützend: BGH, JZ 2021, 791 (793); BGH, 4 StR 142/20, Beschluss vom 24.03.2021, Rn. 18 f. u. 23 ff. – im Internet abrufbar: www.bundesgerichtshof.de (Stand: 28.12.2022); LK – *König*, § 315d StGB Rn. 31; MüKo-StGB – *Pegel*, § 315d Rn. 26; *Zopfs*, DAR 2020, 9 (11).
- Kritisch dagegen: *Jansen*, HRRS 2021, 412 (414 f.).

498 - Beispiel: Ein Fahrer beschleunigt sein hochmotorisiertes Fahrzeug in der Stadt (erlaubte 50 km/h) maximal von 60 km/h auf bis zu 100 km/h, um die Ampel 40 m vor ihm noch bei Grün zu überfahren.
- Stützend: BGH, 4 StR 142/20, Beschluss vom 24.03.2021, Rn. 24 – im Internet abrufbar: www.bundesgerichtshof.de (Stand: 28.12.2022).

längere Strecke mit Vollgas zurücklegen will oder kurze Beschleunigungsvorgänge auf das Maximum (nach Unterbrechungen) wiederholt.[499]

(ee) Feststellung

Die Raserabsicht des Fahrers muss im Strafprozess festgestellt werden. Bei dieser Feststellung geht es um die Anwendung des normativen Begriffs der Raserabsicht auf den konkreten Sachverhalt. Das sei aber wegen der bestehenden Schwierigkeiten praktisch kaum möglich, so die Kritiker.[500]

Die Feststellung der dazugehörigen Sachverhaltsaspekte beim Täter ist wie beim Vorsatz deshalb problematisch, weil das Merkmal der Raserabsicht begrifflich an psychische Vorgänge des Menschen anknüpft, die der Außenwelt verborgen sind. Diese subjektiven Tataspekte können also nicht direkt festgestellt, sondern müssen mithilfe von objektiven Umständen erschlossen werden. Im Rahmen der freien richterlichen Beweiswürdigung genügt für diesen Schluss von den objektiven Tatumständen als Indizien auf die subjektiven Tataspekte als festzustellende psychische Vorgänge des Handelnden, dass das Gericht von den relevanten Tataspekten nach der allgemeinen Lebenserfahrung mit entsprechend hoher Wahrscheinlichkeit und Sicherheit ohne vernünftige Zweifel überzeugt ist und es auch sein darf (§ 261 StPO i.V.m. § 244 II StPO).[501]

---

499 - Beispiel: Ein Fahrer beschleunigt sein Fahrzeug in der Stadt (erlaubte 50 km/h) von 60 km/h maximal immer weiter auf 100 km/h, um die Ampel 40 m vor ihm und auch die nächste in weiteren 100 m Entfernung noch bei Grün zu überfahren.
- Stützend: BGH, 4 StR 142/20, Beschluss vom 24.03.2021, Rn. 24 – im Internet abrufbar: www.bundesgerichtshof.de (Stand: 28.12.2022).

500 *Preuß*, NZV 2018, 537 (540); *Stam*, StV 2018, 464 (468); *Ruhs*, SVR 2018, 286 (290); *Zehetgruber*, NJ 2018, 360 (364); *Dahlke/Hoffmann-Holland*, KriPoZ 2018, 306 (309); *Jansen*, NZV 2019, 285 (288); *Jahn*, JuS 2020, 277 (279); *Schulz-Merkel*, in: 58. Deutscher Verkehrsgerichtstag, 155 (160 f.); *Kubiciel*, jurisPR-StrafR 13/2017, Anm. 2; *Steinle*, Verbotene Kraftfahrzeugrennen, S. 166 f. u. 173; *Bönig*, Verbotene Kraftfahrzeugrennen, S. 157 ff.

501 - Die Problematik der Feststellung subjektiver Tataspekte im konkreten Fall – die ein Merkmal begrifflich voraussetzt – (≙ Anwendung des normativen Begriffs auf den Sachverhalt) wird ausführlich später im Rahmen des Vorsatzes unter D.II.1.c) ee)(2)(b) [S. 322] erarbeitet. Denn dieses grundlegende Problem stellt sich am prominentesten beim (Schädigungs-) Vorsatz, weshalb die Grundlagen dort erörtert werden. Entsprechende Erkenntnisse münden in das Verständnis, das hier und der gesamten Arbeit zugrunde liegt.
- So insbesondere (parallel) zum Vorsatz: BVerfG, NJW 2003, 2444 (2445); BGHSt 36, 1 (9 f.); BGH, NStZ-RR 2013, 75 (76 f.); Löwe-Rosenberg – *Stuckenberg*, § 267 StPO Rn. 45; MüKo-StPO – *Miebach*, § 261 Rn. 57 f.; LK – *Vogel/Bülte*, Vor §§ 15 ff.

Die Feststellung der Raserabsicht wird bei einem Geständnis des Fahrers in Verbindung mit den die Tat aufdeckenden Beweismitteln keine ernsthaften Probleme bereiten. Anders sieht es aber aus, wenn der Fahrer – was wahrscheinlicher ist – zu den Vorwürfen schweigt oder sie bestreitet.[502]
Dann kommt es auf eine umfassende Ermittlung aller Tatumstände an, um vor allem anhand der gefahrenen Geschwindigkeit und der sonstigen Fahrweise Rückschlüsse auf die Raserabsicht ziehen zu können. Dafür sind insbesondere präzise Geschwindigkeitsmessungen zuverlässig (z. B. Blitzer, Videomessung). Aufschlussreich können auch Zeugenaussagen versierter Polizeibeamter sein, die die Raserfahrt feststellen, wohingegen Aussagen anderer Verkehrsteilnehmer weniger belastbar sind.[503]
Für die Untersuchung der Fahrweise sind besonders folgende Aspekte relevant: Ist die Fahrweise aggressiv und sehr schnell? Über welche Zeitdauer und Strecke wird so gefahren? Welche sonstigen Auffälligkeiten gibt es? Wie oft wird in dieser Weise gefahren? Neben der Geschwindigkeit können besondere Fahraktionen wie gefährliches Überholen, Befahren falscher Fahrstreifen, Bedrängen, Betätigung der Licht-/Hupe aufschlussreich sein. Auch das laute Aufheulen des Motors, Durchdrehen der Antriebsräder oder Driften, wodurch zusätzlich Aufmerksamkeit erweckt werden soll (sog. Posen), kann im Gesamtzusammenhang entsprechende Anhaltspunkte liefern. Sofern von anderen Personen wahrgenommen, kann ebenso das Verhalten des Fahrers im Auto weitere Rückschlüsse zulassen. Denn Rumschreien, starkes Gestikulieren und angespannte Gesichtsmimik zeugen von Ärger und Wut, weil aus Rasersicht zumeist andere Verkehrsteilnehmer die eigene schnelle Fahrt behindern. Diese Erkenntnisse können auch bei einer nicht genau bestimmten Fahrgeschwindigkeit

---

StGB Rn. 71 f. u. § 15 StGB Rn. 63 ff.; Matt/Renzikowski – *Gaede*, § 15 StGB Rn. 24 f.; *Freund*, Normative Probleme der Tatsachenfeststellung, S. 3 ff.; *Hassemer*, in: GS Kaufmann, 289 (303 ff.); *Hruschka*, in: FS Kleinknecht, 191 (191 ff.); *Koriath*, in: Grundfragen des Strafrechts, 103 (129 ff.); *Wessels/Beulke/Satzger*, StR AT, Rn. 342; *Sternberg-Lieben/Sternberg-Lieben*, JuS 2012, 976 (978).

502 *Weigend*, in: FS Fischer, 569 (577); *Krenberger*, NZV 2018, 483 (483); *Ruhs*, SVR 2018, 286 (290); *Schefer/Schülting*, HRRS 2019, 458 (459); *Kubiciel*, jurisPR-StrafR 13/2017, Anm. 2; *Bönig*, Verbotene Kraftfahrzeugrennen, S. 157 f.

503 Stützend: KG Berlin, (3) 161 Ss 26/21 (13/21), Beschluss vom 22.02.2021, Rn. 8 – im Internet abrufbar: www.juris.de (Stand: 17.06.2021); LG Aachen, 60 Qs 1/21, Beschluss vom 11.02.2021, Rn. 75 f. – im Internet abrufbar: www.justiz.nrw/BS/nrwe2 (Stand: 24.06.2021); BeckOK-StGB – *Kulhanek*, § 315d Rn. 42 u. 35.2; *Ruhs*, SVR 2018, 286 (290); *Preuß*, NZV 2018, 537 (540); *Dahlke/Hoffmann-Holland*, KriPoZ 2018, 306 (309); *Jansen*, NZV 2019, 285 (288); *Stam*, StV 2018, 464 (468).

Rückschlüsse auf die Vorstellungen und den Willen des Fahrers, möglichst schnell zu fahren, ermöglichen.

Des Weiteren kann ein verkehrstechnisches Sachverständigengutachten darüber Auskunft geben, wo in der konkreten Situation die Grenzgeschwindigkeit als maximal fahrbare Geschwindigkeit ohne Unfall lag.[504] Die Bestimmung ist technisch allerdings anspruchsvoll und von zahlreichen (Unsicherheits-) Faktoren abhängig.[505] Sie ist nur wenig hilfreich, wenn große Bestimmungsunschärfen durch hohe Geschwindigkeitsaufschläge ausgeglichen werden müssen oder der Fahrer diese Höchstgeschwindigkeit in der konkreten Situation gar nicht erreichen konnte. Das kann etwa der Fall sein, wenn er den Beschleunigungsvorgang mit einer geringeren Anfangsgeschwindigkeit beginnt oder nicht sofort maximal beschleunigt. Bei einem (schweren) Unfall wird in aller Regel ein verkehrstechnisches Gutachten erstellt und als Beweismittel herangezogen. Dabei kann zusätzlich ein vorhandener Event-Data-Recorder (EDR) ausgelesen werden, dessen Daten über die Fahrzeug- und Fahrparameter (z. B. Geschwindigkeit, Gas-, Bremspedalstellung, Lenkbewegung, Kollisionsstärke, Eingriff von Hilfssystemen) kurz vor dem Unfall Auskunft geben.[506] Diese Daten und die weiteren Unfallspuren ermöglichen eine noch genauere Analyse des Unfalls und der vorausgegangenen Fahrt. Beruht der Unfall demnach tatsächlich mit auf einer erheblich zu hohen Geschwindigkeit des Raserfahrzeugs ist dies ein weiteres Indiz für eine Raserabsicht des Fahrers.

Zwar ist ein Fahren nahe der Grenzgeschwindigkeit meist auch ohne ein Verkehrsgutachten nachweisbar, doch muss dies dann allein aus der tatsächlichen Geschwindigkeit ohne Vergleichsmaßstab geschlossen werden. Die vor allem aus Geschwindigkeitsmessungen folgenden Erkenntnisse zu sehr hohen Fahrgeschwindigkeiten sowie Angaben von Zeugen zur Fahrt wie etwa Schlingern oder Unter- bzw. Übersteuern des Fahrzeugs, quietschende Reifen oder laute Motor- und Auspuffgeräusche deuten auf ein Fahren im Grenzbereich hin.

---

504 Stützend: BeckOK-StGB – *Kulhanek*, § 315d Rn. 42; MüKo-StGB – *Pegel*, § 315d Rn. 26; *Weigend*, in: FS Fischer, 569 (577); *Ruhs*, SVR 2018, 286 (290); *Preuß*, NZV 2018, 537 (540); *Schefer/Schülting*, HRRS 2019, 458 (459).

505 Siehe schon: schon: D.II.1.a)cc)(2)(c) [S. 169] mit Fußnote 443 und D.II.1.a)cc)(2)(g)(aa) [S. 177].

506 - Dazu in rechtlicher und praktischer Hinsicht: *Winkelmann*, BerlAnwBl 2020, 109 (110).
- Rechtlich bestätigend: BGH, 4 StR 225/20, Beschluss vom 17.02.2021, Rn. 19 – im Internet abrufbar: www.bundesgerichtshof.de (Stand: 28.12.2022).

Somit lässt sich für die Feststellung der Raserabsicht folgende Regel formulieren: Je höher die gefahrene Geschwindigkeit ist und je mehr sie damit die erlaubte Geschwindigkeit übersteigt, desto näher bewegt sich das Fahrzeug am Grenzbereich. Je näher wiederum die ermittelte gefahrene Geschwindigkeit an der Grenzgeschwindigkeit liegt, desto eher kann davon ausgegangen werden, dass der Fahrer auch subjektiv die höchstmögliche Geschwindigkeit erreichen wollte, womit die Annahme der Raserabsicht entsprechend nahe liegt. Denn wer am (objektiven) Limit fährt, will in aller Regel auch (subjektiv) zumindest als Zwischenziel möglichst schnell fahren. Schließlich ist kaum ein anderer nachvollziehbarer Grund als das möglichst schnelle Fortbewegen ersichtlich, ein Fahrzeug bewusst im gefahrträchtigen Grenzbereich zu bewegen. Da es sich bei allen relevanten Umständen lediglich um Indizien handelt, kann selbst aus dem nachgewiesenen Erreichen der Grenzgeschwindigkeit oder einem Verunfallen infolge deren Überschreitung aber nicht zwingend auf das Vorliegen der Raserabsicht geschlossen werden.[507]

Mögliche Einlassungen des Fahrers à la „Ich wusste gar nicht, dass ich so schnell bin.“, „Ich wollte ja schnell, aber sicher nicht möglichst schnell fahren.“ oder „Ich bin zwar sehr schnell gefahren, dabei aber bewusst mit X km/h unter der von mir angenommenen höchstmöglichen Geschwindigkeit geblieben.“ werden von vielen Kritikern gegen die Beweisbarkeit der Raserabsicht angeführt.[508] Solche Behauptungen hat das Gericht wie sonst auch nach den entsprechenden Beweisgrundsätzen zu untersuchen. Damit eine derartige Behauptung vor Gericht überhaupt verfangen kann, müsste es erst einmal Anhaltpunkte dafür geben, dass sich der Fahrer bei der groben Missachtung der Geschwindigkeitsvorgaben konkret Gedanken über die gefahrenen und höchstmöglichen Geschwindigkeiten macht bzw. über entsprechende Geschwindigkeitsdifferenzen nachvollziehbar machen kann. Das ist einerseits untypisch, weil beim Schnellfahren regelmäßig nur nach Gefühl (möglichst schnell) gefahren wird, und andererseits je unwahrscheinlicher, desto geringer die angegebene Geschwindigkeitsdifferenz ist. Ohne solche

507 Stützend: BeckOK-StGB – *Kulhanek*, § 315d Rn. 42; Schönke/Schröder – *Hecker*, § 315d StGB Rn. 9; *Weigend*, in: FS Fischer, 569 (577); *Dahlke/Hoffmann-Holland*, KriPoZ 2018, 306 (309); *Preuß*, NZV 2018, 537 (540); *Schefer/Schülting*, HRRS 2019, 458 (459 f.); *Renzikowski/Berndt*, JZ 2021, 794 (795 f.).

508 *Eisele*, KriPoZ 2018, 32 (36); *Preuß*, NZV 2018, 537 (540); *Stam*, StV 2018, 464 (468); *Zehetgruber*, NJ 2018, 360 (364); *Dahlke/Hoffmann-Holland*, KriPoZ 2018, 306 (308); *Kudlich*, JA 2019, 631 (633); *Kubiciel*, jurisPR-StrafR 13/2017, Anm. 2.

Anhaltspunkte kann eine derartige Aussage folglich grundsätzlich als Schutzbehauptung eingestuft werden.
Ansonsten können nicht sehr grenznahe Geschwindigkeiten, sonstige fehlende Fahrauffälligkeiten, Einhalten sonstiger Verkehrsregeln, (relevante) technische Defekte, besonderes Ablenkungspotenzial oder plausible Erklärungen für die persönlichen Vorstellungen die Behauptung des Fahrers stützen. Hingegen deuten Umstände wie ein Fahren im Grenzbereich, das Missachten anderer Verkehrsregeln, eine Aktivierung des Sportmodus bzw. eine Deaktivierung des ESP im Fahrzeug, hoher Zeitdruck wegen eines Termin und die Zugehörigkeit des Fahrers zur Raser-Szene darauf hin, dass es sich bei seiner Einlassung nur um eine vorgeschobene Schutzbehauptung handelt.

Die Raserabsicht steht auch im Einklang mit dem aus Art. 103 II und 20 III GG abgeleiteten sog. Verschleifungsverbot, wonach in einer Strafnorm jedes (nicht allein klarstellende) Tatbestandsmerkmal gegenüber den anderen eine eigenständige Bedeutung für die Strafbarkeitseingrenzung haben muss; die Merkmale dürfen sich also nicht decken bzw. gegenseitig aufheben.[509]
Bei der Begriffsbestimmung der Raserabsicht konnte gezeigt werden, dass ihr neben den anderen tatbestandsbegrenzenden Merkmalen ein selbstständiger Bedeutungsgehalt zukommt: Während die nicht angepasste Geschwindigkeit durch eine einfache Geschwindigkeitsüberschreitung erfolgt, muss der Geschwindigkeitsverstoß für die grobe Verkehrswidrigkeit – einschränkend – besonders hoch sein. Gegenüber diesen objektiven Merkmalen bestimmt sich die Raserabsicht subjektiv nach den Vorstellungen des Fahrers und betrifft so schon im Ansatz eine andere Ebene der Strafbarkeitsvoraussetzungen – gleichwohl die Vorstellungen naturgemäß auch von den wahrgenommenen objektiven Situationsumständen abhängen. Dabei genügt für die Raserabsicht nicht nur bloßer dolus eventualis als Vorsatz wie hinsichtlich der objektiven Merkmale des § 315d I Nr. 3, sondern es bedarf der Absicht i.S.d. dolus directus 1.

509 - Allgemein zum Verschleifungsverbot: BVerfGE 82, 236 (270 f.); BVerfGE 126, 170 (198 ff.); BVerfGE 130, 1 (47); Sachs – *Degenhart*, Art. 103 GG Rn. 69; Schönke/Schröder – *Hecker*, § 1 StGB Rn. 37; Matt/Renzikowski – *Saliger*, § 263 StGB Rn. 159 u. 184; BeckOK-StGB – *Wittig*, § 266 Rn. 2 u. 54; *Wessels/Beulke/Satzger*, StR AT, Rn. 86.
- Zusätzlich konkret zur Raserabsicht: BVerfG, 2 BvL 1/20, Beschluss vom 09.02.2022, Rn. 99 ff. u. 118 ff. – im Internet abrufbar: www.bundesverfassungsgericht.de (Stand: 28.12.2022); *Bülte/Krell*, GA 2022, 601 (614 ff.); *Renzikowski/Berndt*, JZ 2021, 794 (796).

Grades, die sich auf das Erreichen der höchstmöglichen Geschwindigkeit beziehen muss und somit auf eine nochmals höhere Geschwindigkeit als die grob verkehrswidrige. Von der Rücksichtslosigkeit, die ebenfalls kein objektives Tatbestandsmerkmal ist, unterscheidet sich die Raserabsicht dadurch, dass letztere gerade nicht von der Motivlage des Fahrers, also warum er rast, abhängt.[510] Hier auf Anwendungsebene wird zu Recht herausgestellt, dass es für die Feststellung maßgeblich auf die Höhe der Geschwindigkeit als Indiz ankommt, die genauso für die subjektiven Merkmale des Vorsatzes und der Rücksichtslosigkeit in § 315d I Nr. 3 eine wichtige Rolle spielt.[511] Gleichwohl sind alle Tatbestandsmerkmale auch in ihrer Anwendung selbstständig, weil sich die jeweils maßgeblichen Indizien weder vollständig decken noch die jeweiligen Rückschlüsse durchweg aus denselben Erfahrungssätzen folgen. Dies wird besonders bei Einlassungen des Fahrers deutlich, so z. B. wenn er zugibt, wegen eines anstehenden Geschäftstermins bewusst die Geschwindigkeitsvorgaben missachtet zu haben und dabei so schnell wie möglich gefahren zu sein. Sein Motiv, rechtzeitig am Terminort anzukommen, ist dabei für die Rücksichtslosigkeit ausschlaggebend. Dagegen ist das bewusste Überschreiten der erlaubten Geschwindigkeit für den Vorsatz hinsichtlich der grob verkehrswidrigen Fortbewegung mit nicht angepasster Geschwindigkeit wesentlich. Hingegen ist sein Wille, so schnell wie möglich zu fahren, für die Raserabsicht entscheidend. Auch wenn die tatsächliche Geschwindigkeit als zusätzliches Indiz für jedes dieser Tatbestandsmerkmale herangezogen werden kann, bestehen daneben immer noch andere mögliche Indizien, die für die Feststellung der Merkmale jeweils individuell gelten. Dass die gefahrene Geschwindigkeit zugleich für die objektiven Tatbestandsmerkmale der Fortbewegung mit nicht angepasster Geschwindigkeit und der groben Verkehrswidrigkeit entscheidend ist, ändert daran nichts. Allein der Umstand, dass bestimmte Indizien gleichzeitig das Vorliegen mehrerer Tatbestandsmerkmale nahelegen, führt nämlich jedenfalls dann zu keiner Verschleifung,[512] wenn – wie hier – für jedes Merkmal noch separate Indizien existieren, die jeweils für oder gegen das Vorliegen eines einzelnen Merkmals sprechen können.

---

510 BVerfG, 2 BvL 1/20, Beschluss vom 09.02.2022, Rn. 118 ff. – im Internet abrufbar: www.bundesverfassungsgericht.de (Stand: 28.12.2022); *Bülte/Krell*, GA 2022, 601 (614 ff.).

511 Siehe soeben oben und explizit auch *Renzikowski/Berndt*, JZ 2021, 794 (795 f.).

512 Ebenso: BVerfG, 2 BvL 1/20, Beschluss vom 09.02.2022, Rn. 122 – im Internet abrufbar: www.bundesverfassungsgericht.de (Stand: 28.12.2022).

Aus alledem folgt, dass die Raserabsicht trotz gewisser Schwierigkeiten feststellbar ist. Denn im Rahmen der freien richterlichen Beweiswürdigung kann das Gericht anhand der relevanten Tatumstände als Indizien auf Grundlage der allgemeinen Beweisregeln zu der Überzeugung kommen, dass der Raser so schnell wie möglich fahren wollte. Dafür könnte bspw. schon ein den schwerwiegenden Geschwindigkeitsverstoß belegendes Blitzerfoto in Verbindung mit einem Geständnis oder stattdessen einer Zeugenaussage über das sehr starke und laute Beschleunigen des Fahrzeugs genügen. Andererseits könnte die Raserabsicht trotz einem durch polizeiliche Videomessung belegten hohen Geschwindigkeitsverstoß, gleichzeitig bezeugter aggressiver Fahrweise, einem verkehrstechnischen Gutachten und der Zuordnung des Fahrers zur Raser-Szene verneint werden, wenn zwischen tatsächlich gefahrener Geschwindigkeit und Grenzgeschwindigkeit eine zu große Differenz besteht. Wie bei der Vorsatzfeststellung verbleibt somit auch bei der Raserabsicht ein gewisser Spielraum für die gerichtliche Überzeugungsbildung.

(ff) Zusammenfassung

Insgesamt lässt sich die Absicht, eine höchstmögliche Geschwindigkeit zu erreichen, wie folgt definieren: Die Raserabsicht ist der final darauf gerichtete Wille des Kraftfahrzeugführers, sich in der konkreten Situation so schnell wie möglich über eine nicht ganz unerhebliche Strecke bzw. Dauer fortzubewegen, wobei dies nur ein notwendiges Zwischenziel zu sein braucht.

(h) Ergebnis

Das Verhalten der Einzelraserei ist wegen der großen davon ausgehenden Gefahren für höchstwertige Rechtsgüter anderer Verkehrsteilnehmer strafwürdig, worauf der Gesetzgeber mit § 315d I Nr. 3 im Grundsatz angemessen reagiert hat. Dabei genügt die Norm im Gesamtzusammenhang all ihrer Tatbestandsmerkmale, wovon keines überflüssig ist, den verfassungsrechtlichen Anforderungen. Der Gesetzgeber hat mit der Normgestaltung nämlich über die wesentlichen Fragen der Strafbarkeit entschieden, auch weil es durch Auslegung gelingt, eine vertretbare Abgrenzung zu lediglich ordnungswidrigen Geschwindigkeitsverstößen zu erreichen. Außerdem kann der Normadressat dabei die Reichweite der Strafbarkeit noch erkennen, womit die Norm insgesamt bestimmt (genug) ist.[513]

513 Bestätigt durch: BVerfG, 2 BvL 1/20, Beschluss vom 09.02.2022, Rn. 87 ff. – im Internet abrufbar: www.bundesverfassungsgericht.de (Stand: 28.12.2022).

Gleichwohl ist § 315d I Nr. 3 aus strafrechtsdogmatischer Sicht kritikwürdig. Vor allem die Raserabsicht ist problematisch, weil sie das abstrakte Gefährdungsdelikt als subjektives Tatbestandsmerkmal begrenzen soll und zugleich nicht leicht bewiesen werden kann. In Verbindung mit den ebenfalls offenen Merkmalen der grob verkehrswidrigen Fortbewegung bei nicht angepasster Geschwindigkeit erlaubt die Norm keine besonders rechtssichere Abgrenzung zu nur ordnungswidrigen Geschwindigkeitsverstößen. Sogar ihre Begründung reiht sich darin ein, indem sie einerseits schon kaum Argumente für die Strafwürdigkeit des pönalisierten Verhaltens nennt und andererseits bei der Tatbestandsausgestaltung von falschen Annahmen ausgegangen wird (Möglichkeit des Nachstellens eines Kfz-Rennens als Einzelfahrer).

§ 315d I Nr. 3 kann damit nicht als gesetzgeberisches Meisterwerk bezeichnet werden und ist entsprechend zu verbessern.[514] Trotz seiner Schwächen ist er aber weder „vollständig misslungen“[515] noch praxisuntauglich[516] und schon gar nicht „totes Recht“.[517] Denn mit richtiger Auslegung und Anwendung werden strafwürdige (Extrem-) Fälle der weit überhöhten Geschwindigkeit als Einzelraserei erfasst, wozu auch spezifischere Verkehrsverhaltensweisen wie etwa die besonders gefährlichen Fluchtfahrten vor der Polizei gehören. Darüber hinaus dient der Tatbestand der Einzelraserei der Ergänzung der strafbaren Teilnahme an nicht erlaubten Kraftfahrzeugrennen, indem er einen Auffangtatbestand zu § 315d I Nr. 2 statuiert[518].

(3) Ausrichten und Durchführen von Kraftfahrzeugrennen sowie Versuch – § 315d I Nr. 1 sowie III StGB

Die Tatvariante des § 315d I Nr. 1 bestraft denjenigen, der ein nicht erlaubtes Kraftfahrzeugrennen ausrichtet oder durchführt. Gemäß § 315d III ist im

---

514 - Siehe für die konkreten Verbesserungen: H.I. [S. 445] mit Fußnote 1304.
- Für eine (ähnliche) Anlehnung an Art. 90 III SVG Schweiz: *Steinle*, Verbotene Kraftfahrzeugrennen, S. 173 u. 202 ff.; *Eisele*, KriPoZ 2018, 32 (38).

515 So aber: *Eisele*, KriPoZ 2018, 32 (36).

516 So aber: *Stam*, StV 2018, 464 (468 f.); *Ruhs*, SVR 2018, 286 (290); *Jansen*, NZV 2019, 285 (288 f.); *Dahlke/Hoffmann-Holland*, KriPoZ 2018, 306 (308 f.); *Mayer*, jurisPR-StrafR 16/2018, Anm. 2.

517 So aber: *Zehetgruber*, NJ 2018, 360 (364); *Kubiciel*, jurisPR-StrafR 13/2017, Anm. 2.

518 BeckOK-StGB – *Kulhanek*, § 315d Rn. 32; *Preuß*, NZV 2018, 537 (538 f.); *Gerhold/Meglaglu*, ZJS 2018, 321 (323); *von Boetticher*, Stellungnahme im BT, S. 2 ff.; *Steinle*, Verbotene Kraftfahrzeugrennen, S. 127 u. 156.

Gegensatz zu den Tatvarianten des § 315d I Nr. 2 und Nr. 3 bereits der Versuch strafbar.

(a) Grundlagen der Strafbarkeiten

§ 315d I Nr. 1 statuiert die täterschaftliche Strafbarkeit für organisatorische Beiträge zu einem Kraftfahrzeugrennen, ebenfalls in der Form eines abstrakten Gefährdungsdelikts.[519] Damit erfährt auch das ehemals nur ordnungswidrige Veranstalten eines Kraftfahrzeugrennens[520] eine Hochstufung zur Straftat. Allerdings ist fraglich, ob ein solches Verhalten überhaupt strafwürdig ist und ob es dann einer separaten Tatbestandsvariante bedarf.

Die Strafwürdigkeit der folgenlosen Raserei nach § 315d I Nr. 2 und Nr. 3 ergibt sich aus den ihr innewohnenden abstrakten Gefahren für höchstwertige Rechtsgüter anderer Verkehrsteilnehmer. Auch die Strafwürdigkeit des § 315d I Nr. 1 kann nur darin gesucht werden, weil von dem pönalisierten Verhalten allein keine Gefahren für andere Personen ausgehen. Es schafft zwar die (abstrakte) Gefahr für ein Rennen, doch resultieren Gefahren für andere erst aus der Raserei selbst. Allerdings wurde schon bei Straßenrennen und bei der Einzelraserei darüber diskutiert, ob die davon ausgehenden Gefahren für die Anordnung der Strafbarkeit durch ein abstraktes Gefährdungsdelikt genügen. § 315d I Nr. 1 verlagert die Strafbarkeit auf Vorbereitungshandlungen im Vorfeld des potenziellen Schadensereignisses, d. h., es liegen wesentlich mehr und insbesondere auch von anderen Personen abhängende notwendige Zwischenschritte zwischen strafbarem Verhalten, abstrakter Gefahr und möglichem Schadenseintritt. Die angeordnete Versuchsstrafbarkeit nach § 315d III trägt über das tatsächliche Organisieren eines Rennens hinaus zu einer weiteren Vorverlagerung bei, sodass die Strafbarkeit bereits weit im Vorfeld einsetzen kann. Da auch die Teilnahme, also Anstiftung (§ 26) und Beihilfe (§ 27), zu einer Tat nach § 315d I Nr. 1 bzw. III möglich ist, reicht die Strafbarkeit insgesamt sehr weit.[521]

---

519 JurisPK-StVR – *Weiland*, § 315d StGB Rn. 16; Lackner/Kühl – *Heger*, § 315d StGB Rn. 1; MüKo-StGB – *Pegel*, § 315d Rn. 3; *Weigend*, in: FS Fischer, 569 (569 u. 574); *Mitsch*, DAR 2017, 70 (71); *Eisele*, KriPoZ 2018, 32 (33).

520 Siehe: D.II.1.a)aa) [S. 115].

521 Stützend: Schönke/Schröder – *Hecker*, § 315d StGB Rn. 5; Hentschel/König/Dauer – *König*, § 315d StGB Rn. 7 f.; *Weigend*, in: FS Fischer, 569 (574); *Eisele*, KriPoZ 2018, 32 (35 f.); *Zehetgruber*, NJ 2018, 360 (361 u. 363); *Gerhold/Meglaglu*, ZJS 2018, 321 (323); *Kusche*, NZV 2017, 414 (416); *Piper*, NZV 2017, 70 (73 f.); *Preuß*, NZV 2017, 105 (111); *Jansen*, NZV 2017, 214 (216 f.).

Der Gesetzgeber stuft mit § 315d I Nr. 1 das rennausrichtende oder renndurchführende Verhalten als selbstständige Täterschaft ein, obwohl es bereits durch die strafbaren Teilnahmeformen der Anstiftung und Beihilfe zur Rennteilnahme als Haupttat (§ 315d I Nr. 2) unter Strafe gestellt ist. Strafgrund der Teilnahme ist die Mitwirkung an der Normverletzung als (nur) akzessorischer Rechtsgutsangriff mit entsprechend eigenständigem Unwert.[522] Das Problem liegt hier darin, dass eine strafbare Teilnahme die zumindest versuchte Haupttat voraussetzt, durch § 315d I Nr. 1 aber schon die versuchte Teilnahme ohne Haupttat (i.S.d. § 315d I Nr. 2) bestraft wird, in Verbindung mit § 315d III ja sogar der Versuch der versuchten Teilnahme.

Selbstverständlich kann der Gesetzgeber auch eine Teilnahme als eigenständige Täterschaft bestrafen, wenn er in dem Verhalten entsprechend großes Unrecht erblickt. Beim unerlaubten Veranstalten eines Glücksspiels nach § 284 ist dies etwa der Fall, weil es dort in erster Linie um den Schutz der Spieler selbst vor den Glücksspielgefahren geht.[523] § 315d I Nr. 1 zielt aber nicht auf den Schutz der (potenziellen) Rennfahrer ab, sondern wie die übrigen Tatbestandsvarianten allein auf den Schutz anderer Dritter. Des Weiteren sind die von den organisatorischen Tatverhaltensweisen des § 315d I Nr. 1 ausgehenden abstrakten Gefahren für andere Verkehrsteilnehmer sowie für die Sicherheit des Straßenverkehrs insgesamt gering. Selbst wenn man bei einer Rennorganisation von gewissen gruppendynamischen Prozessen ausgeht, etwa dass eine bereits erfolgte Zusage zu einem Rennen aufgrund des Ansehensverlusts in der Raser-Szene nicht einfach widerrufen wird,[524] sind die von der realen Raserei ausgehenden Gefahren immer noch weit entfernt. Durchführungshandlungen, die während des Rennens erbracht werden, sind zwar wesentlich näher am Renngeschehen, doch wirken sie meist kaum gefahrerhöhend auf den tatsächlichen

522 BGHSt 37, 214 (217); NK-StGB – *Schild*, Vor §§ 26, 27 Rn. 13 f.; Matt/Renzikowski – *Haas*, Vor §§ 25 ff. StGB Rn. 20 ff.; *Kindhäuser/Hilgendorf*, LPK-StGB, Vor §§ 25 ff. Rn. 11 ff.; S/S/W-StGB – *Murmann*, Vor §§ 25 ff. Rn. 18; BeckOK-StGB – *Kudlich*, § 26 Rn. 2 ff.; *Stratenwerth/Kuhlen*, StR AT, Rn. 12/116 ff.; *Roxin*, in: FS Stree und Wessels, 365 (369 ff.); *Wessels/Beulke/Satzger*, StR AT, Rn. 868.

523 BVerfGE 115, 276 (304 ff.); BVerwG, NJW 2001, 2648 (2648 f.); *Fischer*, § 284 StGB Rn. 2 f.; S/S/W-StGB – *Rosenau*, § 284 Rn. 2; *Eisele*, KriPoZ 2018, 32 (35); *Zehetgruber*, NJ 2018, 360 (363 in Fn. 39).

524 Die Legitimation des § 315d I Nr. 1 auf eben jene Gruppendynamik stützend: BeckOK-StGB – *Kulhanek*, § 315d Rn. 16.3; Hentschel/König/Dauer – *König*, § 315d StGB Rn. 7; *Piper*, NZV 2017, 70 (74); *Jansen*, NZV 2017, 214 (217); *Preuß*, NZV 2017, 105 (110).

Rennverlauf ein, weil illegale Rennen und die beteiligten Fahrer ihren ganz eigenen Dynamiken folgen. Das verwirklichte Unrecht von rennausrichtendem oder renndurchführendem Verhalten ist somit nicht besonders groß und bleibt wesentlich hinter der Raserei nach § 315d I Nr. 2 und 3 zurück. Strafwürdig ist solches organisatorische Verhalten aber gleichwohl, weil dadurch immerhin einem oder sogar mehreren Rennen Vorschub geleistet und damit die Schaffung von erheblichen Gefahren gefördert wird. Im Ergebnis kommt dem hier pönalisierten Verhalten damit materiell Teilnahmecharakter zu, sodass das Unrecht bereits durch § 315d I Nr. 2 i.V.m. §§ 26, 27 erfasst wird.[525]

Die Einführung einer Versuchsstrafbarkeit der Rennförderung nach § 315d III – die der Gesetzgeber nicht einmal begründet[526] – ist so erst recht problematisch. Die durch die Versuchsstrafbarkeit nochmals erweiterte Vorverlagerung der Strafbarkeit mutiert im Zusammenhang mit dem weiten Tatbestand des § 315d I Nr. 1 insgeheim zu einem unechten Unternehmensdelikt.
Paradoxerweise bestraft der Gesetzgeber mit § 315d III zwar das versuchte Fördern eines Kraftfahrzeugrennens, nicht aber die versuchte Teilnahme daran oder die versuchte Einzelraserei, obwohl das (versuchte) Rasen deutlich näher am potenziellen Erfolgseintritt liegt und somit wesentlich gefahrträchtiger ist. Diese Strafbarkeitsdiskrepanz zugunsten des (versuchten) Rennfahrens und zulasten des (versuchten) Rennförderns ist nicht nachvollziehbar und daher insgesamt verfehlt.[527]

Die praktischen Gründe für § 315d I Nr. 1 und III werden in den Eingriffsmöglichkeiten der Sicherheitsbehörden zur Verhinderung von illegalen Rennen und

---

525 - Stützend: *Weigend*, in: FS Fischer, 569 (574); *Eisele*, KriPoZ 2018, 32 (35 f.); *Mitsch*, DAR 2017, 70 (72); *Zehetgruber*, NJ 2018, 360 (363 in Fn. 40); *Kusche*, NZV 2017, 414 (416); *Ceffinato*, ZRP 2016, 201 (202); *Walter*, KriPoZ 2018, 39 (39).
- Im Ergebnis zustimmend *Bönig*, Verbotene Kraftfahrzeugrennen, S. 218 ff., die es an anderer Stelle (S. 115 f.) aber wiederum anders zu sehen scheint.
- Siehe zur entsprechenden Anpassung des § 315d die Verbesserungsvorschläge unter H.I. [S. 445] mit Fußnote 1304.

526 BT-Drs. 18/12964, S. 5.

527 - Stützend: Matt/Renzikowski – *Renzikowski*, § 315d StGB Rn. 11; *Mitsch*, DAR 2017, 70 (72); *Zehetgruber*, NJ 2018, 360 (361 u. 363 f.); *Dahlke/Hoffmann-Holland*, KriPoZ 2018, 306 (306); *Eisele*, KriPoZ 2018, 32 (35 f.); *Bönig*, Verbotene Kraftfahrzeugrennen, S. 225.
- Siehe zur entsprechenden Anpassung des § 315d die Verbesserungsvorschläge unter H.I. [S. 445] mit Fußnote 1304.

dem Schutz vor entsprechenden Folgen bereits vor dem Rennstart gesehen.[528] Es ist jedoch nicht Aufgabe des Strafrechts, möglichst umfassende Eingriffsmöglichkeiten für staatliche Behörden zu schaffen, zumal frühzeitige Maßnahmen schon auf Grundlage des geltenden Gefahrenabwehrrechts ergriffen werden können.[529]

Bei alledem ist der Strafrahmen von bis zu zwei Jahren Freiheitsstrafe für das Fördern eines Rennens nach § 315d I Nr. 1 verhältnismäßig hoch angesetzt.[530] Zwar gilt dieser auch für eine Anstiftung zur Rennteilnahme gemäß §§ 315d I Nr. 2, 26, nicht aber für eine Beihilfe, die gemäß § 27 II eine zwingende Strafmilderung vorsieht.

Trotz aller Mängel, Widersprüche und Begründungsschwächen hat der Gesetzgeber § 315d I Nr. 1 und III noch im Rahmen seines weiten Ermessensspielraums beschlossen, womit beide Normen verfassungsmäßig sind. Bei der Anwendung müssen ihre Tatbestandsmerkmale aber restriktiv ausgelegt werden,[531] um die Reichweite der Strafbarkeit ausreichend zu begrenzen.

(b) Ausrichten und Durchführen nicht erlaubter Kraftfahrzeugrennen im Straßenverkehr

Ursprünglich sah der Gesetzentwurf vor, dass lediglich das Veranstalten eines nicht erlaubten Kraftfahrzeugrennens im Straßenverkehr[532] nach § 315d I Nr. 1 strafbar sein sollte. Das Merkmal des Veranstaltens wurde im Laufe des Gesetzgebungsverfahrens aber durch die umfassenderen Merkmale des Ausrichtens und Durchführens ersetzt sowie die Versuchsstrafbarkeit hinzugefügt.[533]

---

528 BeckOK-StGB – *Kulhanek*, § 315d Rn. 16.3; *Piper*, NZV 2017, 70 (73 f.); *Kusche*, NZV 2017, 414 (416); *Preuß*, NZV 2017, 105 (111); *Schuster*, Stellungnahme im BT, S. 5; *Jansen*, Stellungnahme im BT, S. 2 f.

529 Siehe dazu schon: D.II.1.a)cc)(1)(e)(cc) [S. 160].

530 Stützend: *Zehetgruber*, NJ 2018, 360 (361) und weitergehend auch schon Fußnote 334, wo einige Kritiker den Strafrahmen von bis zu zwei Jahren Freiheitsstrafe sogar für die Teilnahme an einem nicht erlaubten Kraftfahrzeugrennen (§ 315d I Nr. 2) ablehnen.

531 Stützend: *Weigend*, in: FS Fischer, 569 (574); *Eisele*, KriPoZ 2018, 32 (35 f.); *Kusche*, NZV 2017, 414 (416); *Steinle*, Verbotene Kraftfahrzeugrennen, S. 176 ff.

532 Die Tatbestandsmerkmale des nicht erlaubten Kraftfahrzeugrennens im Straßenverkehr entsprechen denen des § 315d I Nr. 2 und wurden bereits dort erläutert: siehe D.II.1.a)cc)(1)(b) [S. 137], (c) [S. 138] und (d) [S. 143].

533 BT-Drs. 18/12936, S. 3 u. BT-Drs. 18/12964, S. 5 gegenüber zuvor BT-Drs. 18/10145, S. 5 u. 9.

Einig ist man sich bei der Auslegung des Ausrichtens trotzdem darin, dass auf das Merkmal des Veranstaltens bzw. Veranstalters in § 29 II StVO und der daran anknüpfend früheren lfd. Nr. 249 der Anlage zu § 1 I BKatV a. F. zurückgegriffen werden kann. Demnach ist Veranstalter und somit Ausrichter eines Rennens, wer es als geistiger und praktischer Urheber, Planer bzw. Veranlasser vorbereitet, organisiert oder eigenverantwortlich ins Werk setzt.[534] Schon daraus ergibt sich, dass der Ausrichter beim Rennen nicht anwesend sein muss, sondern auch nur im Hintergrund agieren kann, dafür aber vor dem Rennen entsprechende Vorbereitungshandlungen getroffen habe muss. Demgegenüber begründet eine Tätigkeit ausschließlich im Durchführungsstadium des Rennens nicht diese Eigenschaft. Die Ausrichtung des Rennens kann arbeitsteilig von mehreren Personen erfolgen, wobei dann jeder Ausrichter ist.[535]
Weniger geklärt ist dagegen der Vollendungszeitpunkt der Ausrichtung. Dieser wird teilweise bereits mit Vollzug der Ausrichtungshandlung gesehen,[536] teilweise wird dafür zumindest die nicht nur innerorganisatorische Außenwirkung der Handlung gegenüber Dritten verlangt[537] und vorwiegend wird eine Vollendung erst ab Rennstart als Ausrichtungserfolg angenommen.[538] Aufgrund der erheblichen Bedenken wegen der Weite der Strafbarkeit des § 315d I Nr. 1 ist der restriktivsten Auffassung zu folgen. Nur dadurch können die Strafbarkeit des Ausrichtens hinreichend begrenzt und die Mängel der Norm teilweise ausgleichen werden. Dabei bleibt noch Raum für die Versuchsstrafbarkeit und einen Rücktritt nach § 24, ohne gleichzeitig jegliche Vorbereitungshandlung zu bestrafen. Demensprechend muss für eine Vollendung des Ausrichtens das Rennen gestartet werden.[539]

---

534 BT-Drs. 18/12964, S. 5; OLG Karlsruhe, 3 (4) SsBs 559/10 – AK 203/10, Beschluss vom 24.11.2010, Rn. 6 – im Internet abrufbar: www.justizportal-bw.de/pb/,Lde/Startseite/Entscheidungen (Stand: 10.05.2019); B/H/H/J – *Hühnermann*, § 29 StVO Rn. 4 f.; Hentschel/König/Dauer – *König*, § 29 StVO Rn. 7; *Steinle*, Verbotene Kraftfahrzeugrennen, S. 124; *Zieschang*, JA 2016, 721 (723).

535 BT-Drs. 18/12964, S. 5; Schönke/Schröder – *Hecker*, § 315d StGB Rn. 5; *Fischer*, § 315d StGB Rn. 9; MüKo-StGB – *Pegel*, § 315d Rn. 15; BeckOK-StGB – *Kulhanek*, § 315d Rn. 16; *Zieschang*, JA 2016, 721 (723); *Preuß*, NZV 2017, 105 (110 f.).

536 *Piper*, NZV 2017, 70 (73); *Preuß*, NZV 2017, 105 (111); *Zieschang*, JA 2016, 721 (723).

537 Hentschel/König/Dauer – *König*, § 315d StGB Rn. 7; *Jansen*, NZV 2017, 214 (216 f.).

538 MüKo-StGB – *Pegel*, § 315d Rn. 16; Schönke/Schröder – *Hecker*, § 315d StGB Rn. 5; BeckOK-StGB – *Kulhanek*, § 315d Rn. 16.1; *Weigend*, in: FS Fischer, 569 (574); *Eisele*, KriPoZ 2018, 32 (35); *Kusche*, NZV 2017, 414 (416); *Stam*, StV 2018, 464 (466).

539 Stützend: MüKo-StGB – *Pegel*, § 315d Rn. 16; Schönke/Schröder – *Hecker*, § 315d StGB Rn. 5; *Weigend*, in: FS Fischer, 569 (574); *Eisele*, KriPoZ 2018, 32 (35); *Kusche*,

Übereinstimmend mit diesem Ergebnis wird für die Vollendung des Durchführens unstreitig der Rennbeginn gefordert, weil das Merkmal explizit Tätigkeiten im Rahmen des Rennens erfassen soll. Ein Rennen führt allgemein durch, wer den geplanten Rennablauf eigenverantwortlich vor Ort praktisch ermöglicht oder umsetzt.[540]
Überwiegend wird für ein Durchführen verlangt, dass der Tätigkeit eine dem Ausrichten vergleichbare tatherrschaftliche Bedeutung zukommt.[541] Auch hier kann nur dieser restriktiven Betrachtung gefolgt werden, um Weite und Mängel des Straftatbestands zu begrenzen. Die tatherrschaftliche Qualität der Tätigkeiten wird im Normkontext zwar nicht explizit erwähnt, doch muss auch der ausrichtenden Handlung wegen der Einheitlichkeit der tatbestandsmäßigen Handlungen eine solche Qualität zukommen. Ist dies nicht der Fall, bleibt für beide Tatbestandsvarianten nur die Strafbarkeit für die Teilnahme an der Haupttat eines anderen nach § 315d I Nr. 1 (oder auch Nr. 2). Wann eine Tätigkeit gewichtig genug für die täterschaftliche Tatbestandserfüllung ist, lässt sich nicht leicht bestimmen. Neben dem in beiden Definitionen enthaltenen Aspekt der Eigenverantwortlichkeit ist vor allem die Bedeutung der Handlung für das Rennen ausschlaggebend. Die Tätigkeit muss das Unternehmen des Rennens insofern steuern können, als sie dessen Verlauf nicht unwesentlich beeinflusst. Dafür kann auf die allgemeinen Voraussetzungen für die Tatherrschaft zurückgegriffen werden.[542]

Demnach ist Durchführer eines Rennens, wer das Startsignal nach eigenem Entschluss gibt, rennleitungssportliche Entscheidungen trifft oder ein Safety-Car fährt. Gibt demgegenüber bspw. eine Person das Startsignal nur auf fremde Anweisung, handelt als Streckenposten ohne eigene Befugnis (Flaggenzeigen)

NZV 2017, 414 (416); *Stam*, StV 2018, 464 (466); *Steinle*, Verbotene Kraftfahrzeugrennen, S. 176 ff.; *Bönig*, Verbotene Kraftfahrzeugrennen, S. 111 ff.

540 BT-Drs. 18/12964, S. 5; *Fischer*, § 315d StGB Rn. 9; MüKo-StGB – *Pegel*, § 315d Rn. 17; Schönke/Schröder – *Hecker*, § 315d StGB Rn. 6; JurisPK-StVR – *Weiland*, § 315d StGB Rn. 34 ff.; *Kulhanek*, Jura 2018, 561 (563); *Eisele*, KriPoZ 2018, 32 (35); *Stam*, StV 2018, 464 (466).

541 BeckOK-StGB – *Kulhanek*, § 315d Rn. 17; Schönke/Schröder – *Hecker*, § 315d StGB Rn. 6; MüKo-StGB – *Pegel*, § 315d Rn. 17; *Eisele*, KriPoZ 2018, 32 (35); *Stam*, StV 2018, 464 (466); *Bönig*, Verbotene Kraftfahrzeugrennen, S. 114 f.

542 Stützend: Schönke/Schröder – *Hecker*, § 315d StGB Rn. 5 f.; S/S/W-StGB – *Ernemann*, § 315d Rn. 7; Hentschel/König/Dauer – *König*, § 315d StGB Rn. 8; *Weigend*, in: FS Fischer, 569 (575); *Bönig*, Verbotene Kraftfahrzeugrennen, S. 113 ff.; *Kulhanek*, Jura 2018, 561 (563).

oder winkt das Rennen am vorgegebenen Ziel mit der Zielflagge ab, sind dies allenfalls Teilnahmehandlungen an einer Haupttat nach § 315d I Nr. 1. Als Ausrichter lassen sich etwa der Hauptorganisator, Streckenplaner, Finanzverwalter und Rennleiter (vor Rennstart) einstufen, weil Planung von Termin, Strecke und genauem Veranstaltungsablauf, Bestimmen der Wettkampfregeln, Werbung von Teilnehmern und Sponsoren, Auslobung von Preisen sowie Anordnungen bzw. Kontrolle dieser Prozesse hinreichend gewichtige Organisationstätigkeiten sind. Dagegen können z. B. Personen, die lediglich die Teilnehmerliste führen, die Fahrzeuge in ihre Startposition einweisen oder die Preise bei der Siegerehrung überreichen, allenfalls Teilnehmer an einer Haupttat nach § 315d I Nr. 1 sein.[543]

Daran wird deutlich, dass die genaue Einordnung des Tatverhaltens – z. B. des Spähers, der nach der Polizei Ausschau hält und die Rennteilnehmer warnt – aufgrund der Weite des Tatbestands schwierig sein kann. Denn je nach Fallkonstellation muss für die Strafbarkeit des Verhaltens nicht nur eine Abgrenzung zwischen täterschaftlichem Ausrichten bzw. Durchführen und einer Teilnahme im Rahmen des § 315d I Nr. 1 erfolgen, sondern mitunter muss auch hinsichtlich einer Teilnahme an § 315d I Nr. 2 und gänzlich straffreien Verhaltensweisen abgegrenzt werden.[544]

Es ist möglich, dass eine Person ein Rennen zugleich ausrichtet und durchführt. In einem solchen Fall ist von einer umfassend einheitlichen Verwirklichung des § 315d I Nr. 1 auszugehen.[545] Gemeinsam ist den beiden Tatvarianten auch, dass es sich bei ihnen im Gegensatz zu § 315d I Nr. 2 und Nr. 3 nicht um eigenhändige Delikte handelt, sodass Mittäterschaft und mittelbare Täterschaft uneingeschränkt möglich sind.[546] Dies spricht zusätzlich für die restriktive Handhabung der Tatbestandsmerkmale des § 315d I Nr. 1.

---

543 Stützend: Schönke/Schröder – *Hecker*, § 315d StGB Rn. 5 f.; LK – *König*, § 315d StGB Rn. 16 u. 18; *Kindhäuser/Schramm*, StR BT 1, Rn. 67/8; *Jansen*, NZV 2017, 214 (216 f.); *Steinle*, Verbotene Kraftfahrzeugrennen, S. 124.

544 Stützend: Schönke/Schröder – *Hecker*, § 315d StGB Rn. 5 f.; Hentschel/König/Dauer – *König*, § 315d StGB Rn. 7 f.; *Fischer*, § 315d StGB Rn. 9 u. 20; *Weigend*, in: FS Fischer, 569 (574 f.); *Zehetgruber*, NJ 2018, 360 (363 f.); *Eisele*, KriPoZ 2018, 32 (35 f.).

545 JurisPK-StVR – *Weiland*, § 315d StGB Rn. 35 f. u. 137; Hentschel/König/Dauer – *König*, § 315d StGB Rn. 8; S/S/W-StGB – *Ernemann*, § 315d Rn. 24; Lackner/Kühl – *Heger*, § 315d StGB Rn. 4.

546 Hentschel/König/Dauer – *König*, § 315d StGB Rn. 6; *Zieschang*, JA 2016, 721 (723); *Gerhold/Meglaglu*, ZJS 2018, 321 (321).

(c) Versuch (§ 315d III)

Ebenso restriktiv ist mit der Versuchsstrafbarkeit nach §§ 315d I Nr. 1, III, 22, 23 I umzugehen.

Allgemein bedarf es für eine Versuchsstrafbarkeit gemäß § 22 des Tatentschlusses – dessen Elemente ebenfalls bei einer Vollendungsstrafbarkeit (§ 315d I Nr. 1) als subjektive Tatbestandsmerkmale erforderlich sind – und des unmittelbaren Ansetzens zu der Tat. Der Tatentschluss setzt sich aus dem Vorsatz und sonstigen subjektiven Merkmalen des dazugehörigen Tatbestands zusammen. Das unmittelbare Ansetzen wird herrschend im subjektiven Überschreiten der Jetzt-geht-es-los-Schwelle und dem objektiven Ansetzen zur Angriffshandlung, die nach Tätervorstellung ohne weitere wesentliche Zwischenakte in die Tatbestandserfüllung münden soll, gesehen.[547]

Wie beim vollendeten Delikt ist für die Handlung des versuchten Durchführens eine Rennrelevanz und damit eine räumlich-zeitliche Nähe zum späteren Rennen zu verlangen.[548] Demnach setzt z. B. unmittelbar an, wer seine Position als Startgeber einnimmt und das Rennen zeitnah aus eigenem Entschluss starten will, wer als Rennleiter die Rennleitsysteme kurz vor Rennbeginn testet oder die Aufwärmphase freigibt. Auch wer kurz vor Rennstart seine ihm zugewiesene rennrelevante Position eingenommen hat, z. B. der in seinem Safty-Car sitzende und auf seinen Einsatz wartende Fahrer, setzt unmittelbar zur Renndurchführung an. Anderes gilt für Personen, die sich erst auf dem Weg zu ihrem Posten befinden und so noch gar nicht einsatzbereit sind. Gleichwohl diese Verhaltensweisen eher an offiziellen Motorsport erinnern, sind sie auch im Rahmen von großen organisierten illegalen Straßenrennen denkbar[549].
Die Bestimmung des Versuchsbeginns beim Ausrichten fällt schwerer, weil eine Ausrichtungshandlung weit vor dem Start des Rennens liegen kann. Ließe

547 BGH, NStZ 2020, 353 (354); *Kindhäuser/Hilgendorf*, LPK-StGB, § 22 Rn. 11 ff.; Matt/Renzikowski – *Heger/Petzsche*, § 22 StGB Rn. 23 ff.; NK-StGB – *Zaczyk*, § 22 Rn. 13 ff.; *Fischer*, § 22 Rn. 8 ff.; MüKo-StGB – *Hoffmann-Holland*, § 22 Rn. 34 ff. u. 102 ff.; *Wessels/Beulke/Satzger*, StR AT, Rn. 933 u. 939 ff.; *Stratenwerth/Kuhlen*, StR AT, Rn. 11/23 f. u. 11/35 ff.

548 Schönke/Schröder – *Hecker*, § 315d StGB Rn. 12; MüKo-StGB – *Pegel*, § 315d Rn. 43; BeckOK-StGB – *Kulhanek*, § 315d Rn. 66; *Weigend*, in: FS Fischer, 569 (575); *Eisele*, KriPoZ 2018, 32 (35); *Gerhold/Meglaglu*, ZJS 2018, 321 (321); *Kusche*, NZV 2017, 414 (416).

549 Siehe insofern zu organisierten illegalen Rennen: C.II.1. [S. 30] (mit insbesondere Fußnote 31).

man jede Ausrichtungshandlung unbeschränkt für ein unmittelbares Ansetzen genügen, hätte dies eine erhebliche Ausdehnung der Versuchsstrafbarkeit zur Folge. Sie reichte dann weit ins Vorbereitungsstadium, wo noch keine abstrakten Gefahren für die Rechtsgüter anderer Verkehrsteilnehmer als Strafgrund bestehen. Da der Tatbestandserfolg des Rennausrichtens nach restriktiver Auslegung erst beim Start des Rennens erfüllt ist, dürfen bis dahin für das unmittelbare Ansetzen zum Versuch keine wesentlichen Zwischenschritte mehr liegen. Je ferner aber das Rennen ist, desto mehr wesentliche Zwischenschritte sind auch bis zum Versuchsbeginn erforderlich. Jedenfalls wenn das Rennen unmittelbar bevorsteht oder es alsbald startet und bloß noch bereits geplante oder wenig rennbeeinflussende organisatorische Aktionen umgesetzt werden müssen, folgen nur noch unwesentliche Zwischenschritte.[550]

Eine vergleichbare Sachverhaltslage kann sich schon früher ergeben, wenn der Organisator durch sein Vorgehen für eine so große Außenwirkung der Rennorganisation gegenüber Dritten sorgt, dass davon eine sich verselbstständigende Dynamik ausgeht, die ohne sein weiteres erhebliches Zutun in ein Rennen mündet. Denn selbst im Falle einer späteren Rennabsage kann eine derartige Organisation dafür sorgen, dass sich die Interessenten trotzdem ein wie ursprünglich geplantes oder zumindest ein ähnliches Rennen liefern.[551]

So kann etwa die Ankündigung oder Werbung für ein nach Ort und Zeit geplantes Rennen in der örtlichen Raser-Szene bereits für ein unmittelbares Ansetzen des Ausrichtenden genügen, sofern Dritte davon Kenntnis erhalten und sich verbindlich zur Teilnahme anmelden. Demgegenüber ist die Veröffentlichung einer angedachten Route in einer privaten Chatgruppe unter Freunden, die Suche nach Interessenten in der Raser-Szene oder auch das öffentliche Werben im Internet allein noch nicht ausreichend. Der Normalfall des unmittelbaren Ansetzens zum Ausrichten bei einem direkt bevorstehenden Rennen liegt dagegen z. B. vor, wenn sich die Rennfahrer zu ihren Startpositionen begeben oder sie ihre Fahrzeuge durch Aufwärmen von Reifen und Bremsen auf das

---

550 BeckOK-StGB – *Kulhanek*, § 315d Rn. 65 f.; JurisPK-StVR – *Weiland*, § 315d StGB Rn. 96; Schönke/Schröder – *Hecker*, § 315d StGB Rn. 12; *Eisele*, KriPoZ 2018, 32 (35); *Gerhold/Meglaglu*, ZJS 2018, 321 (323); *Zehetgruber*, NJ 2018, 360 (363); *Kusche*, NZV 2017, 414 (416); *Mitsch*, DAR 2017, 70 (72).

551 BeckOK StGB – *Kulhanek*, § 315d Rn. 16.3 u. 65 f.; JurisPK-StVR – *Weiland*, § 315d StGB Rn. 96 ff.; MüKo-StGB – *Pegel*, § 315d Rn. 43; Schönke/Schröder – *Hecker*, § 315d StGB Rn. 12; *Weigend*, in: FS Fischer, 569 (575); *Jansen*, NZV 2017, 214 (216 f.); *Eisele*, KriPoZ 2018, 32 (35); *Gerhold/Meglaglu*, ZJS 2018, 321 (323); *Preuß*, NZV 2017, 105 (111).

Rennen vorbereiten. Ebenso wird bei einem alsbaldigen Rennstart unmittelbar zum Ausrichten angesetzt, wenn die Planung aller wichtigen Rennaspekte abgeschlossen ist und die für das Rennen essentiellen Personen (Rennfahrer, Rennleiter, Koordinator) vor Ort anwesend sind.

Insgesamt wird der Versuchsbeginn des Ausrichtens und Durchführens eines Kraftfahrzeugrennens so zeitlich nach hinten Richtung Rennen gelegt. Denn erst dann kann von einer nicht ganz fernliegenden Gefahrenlage für die Rechtsgüter anderer Verkehrsteilnehmer als Strafgrund ausgegangen werden. Mit diesem gebotenen restriktiven Verständnis wird die Weite der Versuchsstrafbarkeit begrenzt und gleichzeitig die Abgrenzung zum vollendeten Delikt vorgenommen.

b) Raserei mit konkreter Gefährdung

Raserei bleibt nicht immer folgenlos. So kommt es dabei häufiger zu kritischen Verkehrssituationen, die zwar nicht zu einem Unfall führen, aber Rechtsgüter anderer konkret gefährden. In solchen Fällen sind weiterführende Strafbarkeiten nach § 315b, § 315c und § 315d I, II/IV in Betracht zu ziehen.

aa) Gefährdung des Straßenverkehrs – § 315c StGB

§ 315c stellt die Gefährdung des Straßenverkehrs unter Strafe und ist nicht durch das 56. Strafrechtsänderungsgesetz betroffen. Neben der für die Raserei selbst nicht bedeutsamen Tatvariante des Fahrens in fahruntüchtigem Zustand (§ 315c I Nr. 1) ist hier die Variante des grob verkehrswidrigen und rücksichtslosen Verkehrsverstoßes nach § 315c I Nr. 2 relevant.

(1) Grob verkehrswidriger Verkehrsverstoß

Sowohl bei der Einzelraserei als auch bei illegalen Straßenrennen kann es zu Vorfahrtsmissachtungen (§ 315c I Nr. 2 lit. a), falschem Überholen (lit. b), falschem Fahren an Fußgängerüberwegen (lit. c), zu schnellem Fahren an besonderen Orten (lit. d) bzw. Nichteinhalten der Fahrspur an unübersichtlichen Stellen (lit. e) kommen. Diese Verhaltensweisen sind typisch für das schnellste Vorankommen und deshalb im Rahmen von Raserei üblich. Trotzdem treten die sog. Todsünden nicht bei jeder Raserfahrt auf, zumal sie für § 315c I Nr. 2 grob verkehrswidrig, d. h. besonders schwere Verkehrsverstöße[552], sein müssen.

---

552 Siehe dazu schon D.II.1.a)cc)(2)(d) [S. 171] mit Fußnote 450.

(2) Konkrete Gefährdung

Des Weiteren setzt § 315c I eine konkrete Gefährdung voraus.

(a) Grundvoraussetzungen und Beurteilungsperspektive

Unter einer konkreten Gefahr versteht man einen sog. Beinaheunfall, bei dem ein Schadenseintritt nur noch vom Zufall abhängt. Es wird also ein aus der Tathandlung möglicherweise resultierender Schadenseintritt für ein Rechtsgutsobjekt als Erfolg vorausgesetzt. Insofern ist die naheliegende Wahrscheinlichkeit für eine Rechtsgutsverletzung erforderlich, dass die hervorgerufene Situation aufgrund mangelnder Beherrschbarkeit nur noch zufällig einen schadlosen Ausgang findet. Die Beherrschbarkeit der Situation muss für den Täter so weit reduziert sein, dass der Schadenseintritt aus eigener Kraft, durch verkehrsübliche Reaktionen anderer oder sonstige erwartbare Faktoren nicht mehr zuverlässig verhindert werden kann. Dafür muss das gefährdete Rechtsgut überhaupt in den Wirkbereich des Täterverhaltens gelangen, weil ansonsten die Grenze zur abstrakten Gefahr verwischt würde und kaum von einem Beinaheunfall gesprochen werden könnte.[553]

Weitgehend einig ist man sich ebenso hinsichtlich der Perspektive für die Gefahrbeurteilung, wobei nicht jede Einzelheit abschließend geklärt ist. Eine objektive nachträgliche Prognose i.S.e. Ex-ante-Beurteilung muss eine entsprechende Gefahrenlage ergeben, sodass sie aufgrund aller, auch nachträglich bekannter Umstände durch einen (sachverständigen) Dritten zur Tatzeit unmittelbar vor dem potenziellen Schadenseintritt zu bestimmen ist. Dabei setzt ein tatsächlicher Schadenseintritt eine vorherige konkrete Gefahr als notwendiges Durchgangsstadium voraus, kann bezüglich der konkreten Gefahr im Straßenverkehr aber nur indizielle Bedeutung haben, weil der Schaden auch durch unvorhersehbare oder unbeherrschbare Ereignisse eintreten kann. Auf der anderen Seite ist klar, dass aus dem Ausbleiben eines Schadens keine

553 BGHSt 18, 271 (272 f.); BGHSt 22, 341 (344 ff.); BGH, NJW 1995, 3131 (3131 f.); NK-StGB – *Zieschang*, § 315 Rn. 30 ff.; Matt/Renzikowski – *Renzikowski*, § 315 StGB Rn. 16 f.; LK – *König*, § 315 StGB Rn. 50 ff.; Lackner/Kühl – *Heger*, § 315c StGB Rn. 22; *Fischer*, § 315c StGB Rn. 15a; MüKo-StGB – *Pegel*, § 315c Rn. 98 ff.; *Zieschang*, Die Gefährdungsdelikte, S. 29 ff.; *Kindhäuser/Schramm*, StR BT 1, Rn. 65/15 ff.; *Rengier*, StR BT 2, Rn. 44/10 ff.; *Wessels/Hettinger/Engländer*, StR BT 1, Rn. 997.

Rückschlüsse auf eine konkrete Gefahr gezogen werden können, weil für sie gerade der ungewisse Ausgang der Situation charakteristisch ist.[554]

Alle Verkehrsdelikte (§§ 315 ff.) verlangen schon ihrem Wortlaut nach, dass sich die konkrete Gefahr auf Rechtsgüter anderer in Form von Leben, Leib oder Sachen von bedeutendem Wert beziehen muss.

(b) Leib oder Leben eines anderen Menschen

Bei einer konkreten Gefahr für Leib oder Gesundheit eines anderen Menschen müssen ihm nicht unbedeutende körperliche Beeinträchtigungen drohen. Solche sind zumindest ab der Schwere einer objektiv tatbestandlichen Körperverletzung anzunehmen (§§ 223 ff.). Sind die drohenden Beeinträchtigungen so schwerwiegend, dass die Person daran versterben könnte, wird ihr Leben konkret gefährdet.[555]

Als potenziell zu gefährdende Person kommt bis auf den Täter grundsätzlich jeder Mensch in Betracht, wobei er sich nicht im öffentlichen Verkehrsraum aufhalten und kein Verkehrsteilnehmer sein muss.[556] Tatbeteiligte werden dabei vorherrschend vom Schutzbereich der Norm ausgenommen. Begründet wird der Ausschluss damit, dass der Tatbeteiligte im Lager des Täters und damit auf Seiten des Unrechts stehe. Die Norm schütze aber gerade die Allgemeinheit vor den durch den Täter ausgehenden Gefahren und nicht die Tatbeteiligten vor sich selbst. Nur Unbeteiligte i.S.d. §§ 25 ff. repräsentierten die Allgemeinheit und seien daher geschützt. Außerdem sei die Einbeziehung von Tatbeteiligten

---

554 BGH, NJW 1985, 1036 (1036); BGH, NJW 1995, 3131 (3131); NK-StGB – *Zieschang*, § 315 Rn. 33 ff.; LK – *König*, § 315 StGB Rn. 56 ff.; Matt/Renzikowski – *Renzikowski*, § 315 StGB Rn. 16 f.; MüKo-StGB – *Pegel*, § 315c Rn. 98 f.; Lackner/Kühl – *Heger*, § 315c StGB Rn. 22; *Fischer*, § 315c StGB Rn. 15a; A/W/H/H (BT) – *Hilgendorf*, Rn. 35/75 ff.; *Kindhäuser/Schramm*, StR BT 1, Rn. 65/17 f.

555 LK – *König*, § 315 StGB Rn. 70 u. § 315b StGB Rn. 77; Lackner/Kühl – *Heger*, § 315c StGB Rn. 23; Matt/Renzikowski – *Renzikowski*, § 315 StGB Rn. 18; BeckOK-StGB – *Kudlich*, § 315c Rn. 61 u. § 315b Rn. 25; S/S/W-StGB – *Ernemann*, § 315c Rn. 24.

556 BGHSt 27, 40 (42); LK – *König*, § 315b StGB Rn. 70 u. § 315c StGB Rn. 159; MüKo-StGB – *Pegel*, § 315c Rn. 92; *Fischer*, § 315c StGB Rn. 15; Schönke/Schröder – *Hecker*, § 315c StGB Rn. 31; Matt/Renzikowski – *Renzikowski*, § 315c StGB Rn. 19.

widersinnig, weil sie zugleich Täter und Gefährdungsopfer wären, womit ihr Schutz ihre eigene Strafbarkeit zur Folge hätte.[557]
Die Gegenmeinung belässt Tatbeteiligte dagegen im Schutzbereich des § 315c. Schon der Normwortlaut legt keine Einschränkung des geschützten Personenkreises nahe und es existiert kein allgemeiner Grundsatz, dass ein Teilnehmer nicht zugleich Opfer der Straftat sein kann.[558] Aus diesem Grund wird bei anderen Delikten wie § 221, § 223 und sogar §§ 211, 212 gar nicht über den Ausschluss von Tatbeteiligten nachgedacht. Dass eine Person in gewissen Grenzen auf ihren Schutz verzichten kann, steht dabei außer Frage.[559] Allerdings führt das nicht dazu, dass sie – gleichgültig ob tatbeteiligt oder nicht – von vornherein vom Schutzbereich der Norm ausgenommen und der Tatbestand insofern grundlegend beschränkt wird. Etwas anderes würde dazu führen, dass eine Person mit der Teilnahme an der Tat ihren durch das Strafrecht gewährleisteten Schutz jedenfalls teilweise verlöre, womit eine Art Verwirkung anerkannt würde. Die Befürworter müssten dann erklären, wo die Grenzen des verbleibenden Schutzes für den Teilnehmer lägen und warum die Einschränkungen des tatbestandlichen Schutzbereichs neben Verkehrsdelikten nicht auch für andere Delikte gälten. Ein Ausschluss von Tatbeteiligten als gefährdete Personen ist ferner deshalb angreifbar, weil § 315c nach fast einhelliger Meinung jedenfalls auch die Sicherheit des Straßenverkehrs als Allgemeinrechtsgut schützt. Den Teilnehmer nur durch die Zuordnung zu einem Lager des Unrechts von der übergeordneten Allgemeinheit auszuschließen, überzeugt so nicht. Allein die Tatsache, dass sich eine Person an der Straftat beteiligt, kann somit keine tatbestandliche Beschränkung des Anwendungsbereichs von § 315c begründen. Ein Ausschluss der Tatbeteiligten aus § 315c und den Verkehrsgefährdungsvorschriften insgesamt ist folglich abzulehnen.[560]

---

557 BGHSt 6, 100 (102); BGHSt 11, 199 (203); BGH, NJW 1991, 1120 (1120); BGH, NStZ 2012, 701 (701 f.); BeckOK-StGB – *Kudlich*, § 315c Rn. 63 u. § 315b Rn. 25; Matt/Renzikowski – *Renzikowski*, § 315b StGB Rn. 17 u. § 315c StGB Rn. 19; *Fischer*, § 315c StGB Rn. 15b; Lackner/Kühl – *Heger*, § 315b StGB Rn. 5 u. § 315c StGB Rn. 25; *Kindhäuser/Schramm*, StR BT 1, Rn. 65/12; *Preuß*, NZV 2017, 105 (108).

558 Beispielhaft: BGHSt 11, 268 (268 ff.).

559 Siehe zum Schutzverzicht allgemein und konkret für § 315c später ausführlich: D.II.1.b)aa)(3)(b) [S. 209].

560 OLG Stuttgart, NJW 1976, 1904 (1904); LK – *König*, § 315b StGB Rn. 74 u. § 315c StGB Rn. 160; SK-StGB – *Wolters*, Vor §§ 306 ff. Rn. 10; NK-StGB – *Zieschang*, § 315 Rn. 41 u. § 315c Rn. 54; MüKo-StGB – *Pegel*, § 315c Rn. 93; Schönke/Schröder – *Hecker*, § 315c StGB Rn. 31; *Rengier*, StR BT 2, Rn. 44/17; *Zimmermann*, JuS 2010,

(c) Fremde Sachen von bedeutendem Wert

Für § 315c I genügt auch die konkrete Gefährdung fremder Sachen mit bedeutendem Wert. Dabei bestimmen sich die Sacheigenschaft und die Fremdheit grundsätzlich nach dem Zivilrecht, sodass alle körperlichen Gegenstände (§ 90 BGB), die nicht zumindest im Miteigentum des Fahrers stehen (§ 903 S. 1 BGB), potenzielle Gefährdungsobjekte sind.[561]

Streitig ist in diesem Zusammenhang, ob ein fremdes (z. B. gemietetes, geleastes oder auch gestohlenes) Fahrzeug, mit dem der Fahrer unterwegs ist, taugliches Gefährdungsobjekt sein kann. Teilweise wird dies mit dem Verweis auf dessen Fremdheit und den Gesetzeswortlaut bejaht.[562] Herrschend wird jedoch zu Recht ein fremdes Tatfahrzeug vom Schutzbereich des § 315c ausgeschlossen, weil Tatmittel und Gefährdungsobjekt nicht identisch sein können. Nur diese Betrachtung stimmt mit dem Normtelos insofern überein, als dass die Vorschrift Rechtsgüter anderer Personen vor Gefahren durch Fehlverhalten im Straßenverkehr schützen soll, nicht aber vor jeder Eigentumseinbuße. Die Gegenansicht dehnt die Strafbarkeit über die Sicherheit des Straßenverkehrs aus, weil sie bereits denjenigen, der durch seine Fahrweise nur sich selbst und keinen anderen Verkehrsteilnehmer konkret gefährdet, allein wegen des Gebrauchs eines ihm nicht gehörenden Fahrzeugs nach § 315c haften lässt. Da das fremde Tatfahrzeug im Übrigen über § 303 und ggf. § 248b strafrechtlich geschützt ist, kann nicht einmal ein vermeintlich zu enger Eigentumsschutz behauptet werden.[563]

Wann eine Sache einen bedeutenden Wert besitzt, ist ebenfalls umstritten. Die Grenze des materiellen Sachverkehrswertes wird herrschend bei 750 €

---

22 (25); *Eisele*, JA 2007, 168 (171); *Ranft*, Jura 1987, 608 (614); *Schroeder*, JuS 1994, 846 (847); *Graul*, JuS 1992, 321 (324).

561 MüKo-StGB – *Pegel*, § 315 Rn. 70 ff.; *Fischer*, § 315 StGB Rn. 16 u. § 315c StGB Rn. 15; BeckOK-StGB – *Kudlich*, § 315c Rn. 64; Schönke/Schröder – *Hecker*, § 315c StGB Rn. 32.

562 LK – *König*, § 315c StGB Rn. 168 ff.; SK-StGB – *Wolters*, Vor §§ 306 ff. Rn. 11; NK-StGB – *Zieschang*, § 315c Rn. 27; *Hartung*, NJW 1966, 15 (16).

563 BGHSt 11, 145 (150); BGHSt 27, 40 (41 ff.); BGH, NStZ 1992, 233 (233); MüKo-StGB – *Pegel*, § 315c Rn. 97; *Fischer*, § 315c StGB Rn. 15c; Schönke/Schröder – *Hecker*, § 315c StGB Rn. 32; BeckOK-StGB – *Kudlich*, § 315c Rn. 67; *Kindhäuser/Schramm*, StR BT 1, Rn. 65/14; *Rengier*, StR BT 2, Rn. 44/22.

gesehen,[564] wohingegen andere 1.300 € als Minimum ansetzen.[565] Alle Grenzwerte beruhen letztlich auf einer – beliebigen – Festsetzung, denn sie lassen sich aus keiner überzeugenden Prämisse herleiten. Im Straßenverkehr sind die Werte der betroffenen Sachen meist sehr hoch, was nicht nur für Fahrzeuge, sondern auch für Verkehrseinrichtungen wie Ampeln und Leitplanken gilt. Für hohe Schäden von mehreren tausend Euro können damit schon kleine Kollisionen bei niedrigen Geschwindigkeiten ausreichen. Hinzu kommt, dass für die Tatbestandsverwirklichung bereits die konkrete Gefährdung solcher Sachwerte genügt, also nicht einmal ein derartiger Schaden eintreten muss, womit eine niedrige Wertgrenze die Strafbarkeit weiter ausdehnt. Nach überzeugender Ansicht muss die Sache nicht nur selbst einen bedeutenden Verkehrswert aufweisen, sondern auch ihre konkrete Gefährdung in mindestens diesem Ausmaß erfolgen.[566] Nimmt man noch hinzu, dass selbst alltägliche und kleine Produkte wie Mobiltelefone mittlerweile vierstellige Eurobeträge kosten und die wirtschaftliche Entwicklung sowie Inflation in Deutschland in langfristiger Tendenz deutlich positiv sind, ist eine Anpassung der Wertgrenze nach oben hin angebracht. Mit Berücksichtigung der hohen Strafandrohung von bis zu fünf Jahren in § 315c erscheint eine Grenze von zumindest 2.000 € angemessen, wobei ganz allgemein eine Festschreibung der Wertgrenze durch den Gesetzgeber wünschenswert wäre.[567]

(3) Kausalität und (objektive) Zurechnung

Eine Strafbarkeit besteht nur, wenn die konkrete Gefährdung auf dem Verkehrsverstoß beruht („und dadurch“) sowie als kausaler Erfolg zurechenbar ist.

(a) Allgemeiner Zurechnungszusammenhang

Allgemein ist eine Handlung nach der herrschenden Kausalitätstheorie (conditio sine qua non) kausal, wenn sie als vom Handelnden gesetzte Bedingung

---

564 BGHSt 48, 119 (121); BGH, NStZ 2011, 215 (215); *Fischer*, § 315c StGB Rn. 15; LK – *König*, § 315c StGB Rn. 170; Lackner/Kühl – *Heger*, § 315c StGB Rn. 24; NK-StGB – *Zieschang*, § 315 Rn. 53; *Kindhäuser/Schramm*, StR BT 1, Rn. 65/10.

565 OLG Jena, StV 2009, 194 (194); Schönke/Schröder – *Hecker*, § 315c StGB Rn. 32; B/H/H/J – *Burmann*, § 315c StGB Rn. 7; *Rengier*, StR BT 2, Rn. 44/21.

566 NK-StGB – *Zieschang*, § 315 Rn. 45; Schönke/Schröder – *Hecker*, § 315c StGB Rn. 32; MüKo-StGB – *Pegel*, § 315c Rn. 95; *Fischer*, § 315 StGB Rn. 16b; B/H/H/J – *Burmann*, § 315c StGB Rn. 7 f.; *Rengier*, StR BT 2, Rn. 44/21.

567 Grundsätzlich stützend: LK – *König*, § 315 StGB Rn. 94; MüKo-StGB – *Pegel*, § 315 Rn. 75 ff.

nicht hinweggedacht werden kann, ohne dass der Erfolg in seiner konkreten Gestalt entfiele.[568] Ein Erfolg ist nur dann objektiv zurechenbar, wenn durch das Verhalten ein rechtlich relevantes Risiko geschaffen wird, das sich im tatbestandlichen Erfolg realisiert.[569]

Bei § 315c I Nr. 2 muss ein Zurechnungszusammenhang zwischen der Todsünde und der konkreten Gefahr insofern bestehen, als dass die Gefahr durch den Verkehrsverstoß zumindest mitherbeigeführt wurde und typischerweise aus dessen abstrakter Gefährlichkeit folgt. Dabei muss im Rahmen des Pflichtwidrigkeitszusammenhangs insbesondere das entsprechende Gebot/Verbot gerade den Schutz vor solchen Erfolgen bezwecken (Schutzzweck der Norm) und außerdem dürfte bei pflichtgemäßem Handeln kein solcher Erfolg eingetreten sein (rechtmäßiges Alternativverhalten). Des Weiteren ist auch ein unmittelbarer zeitlicher und räumlicher Zusammenhang zwischen dem untersagten Fahrverhalten und der Gefährdung erforderlich.[570]
Damit wird deutlich, warum Raserei nur in einigen Fällen der Strafbarkeit des § 315c I Nr. 2 unterfällt. Zwar erfolgen entsprechende Verkehrsverstöße beim Rasen keineswegs selten, doch ergibt sich aus ihnen nur in einigen Fällen eine konkrete Gefährdung. In den klassischen Raserkonstellationen treten konkrete Gefährdungen viel eher infolge eines Kontrollverlusts über das geführte Fahrzeug aufgrund der sehr hohen Fahrgeschwindigkeiten auf, was an sich nicht von § 315c umfasst ist.

---

568 RGSt 1, 373 (374); BGHSt 1, 332 (332 f.); BGHSt 24, 31 (34); BGHSt 49, 1 (3 f.); Lackner/Kühl – *Heger*, Vor § 13 StGB Rn. 9 ff.; *Fischer*, Vor § 13 StGB Rn. 20 ff.; LK – *Walter*, Vor §§ 13 ff. StGB Rn. 72 ff.; *Wessels/Beulke/Satzger*, StR AT, Rn. 221 ff.; B/W/M/E (AT) – *Eisele*, Rn. 10/7 ff.

569 Schönke/Schröder – *Eisele*, Vor §§ 13 ff. StGB Rn. 90 ff.; *Kindhäuser/Hilgendorf*, LPK-StGB, Vor § 13 Rn. 101 ff.; Matt/Renzikowski – *Renzikowski*, Vor § 13 StGB Rn. 101 ff.; *Fischer*, Vor § 13 StGB Rn. 24 ff.; *Roxin/Greco*, AT 1, Rn. 11/46 ff.; *Wessels/Beulke/Satzger*, StR AT, Rn. 253 ff.

570 BGH, NStZ 2007, 222 (222 f.); BayObLG, NStZ 1997, 388 (389); *Fischer*, § 315c StGB Rn. 16; Schönke/Schröder – *Hecker*, § 315c StGB Rn. 34 ff.; Lackner/Kühl – *Heger*, § 315c StGB Rn. 27; MüKo-StVR – *Hagemeier*, § 315c StGB Rn. 75; Hentschel/König/Dauer – *König*, § 315c StGB Rn. 39 ff.; *Rengier*, StR BT 2, Rn. 44/23; *Kindhäuser/Schramm*, StR BT 1, Rn. 65/19; *Mitsch*, DAR 2017, 70 (70); *Eisele*, JA 2007, 168 (171 f.).

(b) Zurechnung bei gefährdeten Tatbeteiligten und Mitfahrern

Bei § 315c kann es zu besonderen Zurechnungsprobleme kommen, wenn Personen konkret gefährdet werden, die im Fahrzeug des Gefährdenden oder eines Gleichgesinnten mitfahren. Da der Schutzbereich des § 315c auch Tatbeteiligte als Gefährdungsopfer umfasst,[571] betrifft das Problem nicht nur Fallkonstellationen mit tatunbeteiligten Mitfahrern.

Fahren z. B. zwei Raser ein Rennen gegeneinander, überholen dabei auf einer zweispurigen Straße gleichzeitig ein drittes Fahrzeug und werden durch dieses Doppel-Überholmanöver auch die Raser und ihre Beifahrer konkret gefährdet, ist fraglich, welche konkrete Gefährdung welchem Raser zugerechnet werden kann.[572] Denn neben den Rasern haben sich möglicherweise ebenso ihre Beifahrer in Kenntnis der Gefahren bewusst auf das Rennen und das gefährliche Fahrmanöver eingelassen. Aufgrund des Verantwortungsprinzips könnte die Zurechnung der jeweiligen konkreten Gefährdung an einen Fahrer durch eine eigenverantwortliche Selbstgefährdung/-schädigung oder eine einverständliche Fremdgefährdung/-schädigung[573] des Gefährdeten ausgeschlossen sein.[574]

---

571 Siehe: D.II.1.b)aa)(2)(b) [S. 204].

572 Beispiel nach: BGHSt 53, 55 (56 ff.).

573 Die Abgrenzung einer Selbst-/Fremdgefährdung von einer Selbst-/Fremdschädigung erfolgt nicht einheitlich, sodass den Begriffen „Gefährdung" und „Schädigung" in diesem Zusammenhang jeweils unterschiedliche Bedeutungen zugewiesen werden. Teilweise wird die Unterscheidung am Eintritt einer Schädigung oder deren Wahrscheinlichkeit festgemacht. Demgegenüber wird teilweise von einer Selbst-/Fremdschädigung gesprochen, wenn das Opfer hinsichtlich des Erfolgs Vorsatz hat und ohne diesen auf die eigene Rechtsgutsschädigung gerichteten Vorsatz von einer Selbst-/Fremdgefährdung ausgegangen. Eine Schädigung setzt immer eine entsprechende Gefährdung voraus. Um diese (begrifflichen) Unstimmigkeit zu umgehen, wird im Folgenden nur noch von Selbst-/Fremdgefährdung gesprochen, auch weil die Unterschiede zur Selbst-/Fremdschädigung hier nicht ausschlaggebend sind. (Zu alledem ausführlich *Murmann*, Die Selbstverantwortung des Opfers, S. 379 ff. sowie zustimmend und explizit zur Irrelevanz in Raserfällen *Walter*, NStZ 2013, 673 (675).)

574 Stützend: BGHSt 53, 55 (60 ff.); Matt/Renzikowski – *Renzikowski*, Vor § 13 StGB Rn. 119 ff.; LK – *Walter*, Vor §§ 13 ff. StGB Rn. 122 ff.; LK – *Vogel/Bülte*, § 15 StGB Rn. 233 ff.; *Roxin/Greco*, AT 1, Rn. 11/106 ff.; *Kühl*, StR AT, Rn. 4/86 ff. u. 9/20 ff.; *Wessels/Beulke/Satzger*, StR AT, Rn. 266 ff.

(aa) Eigenverantwortliche Selbstgefährdung oder einverständliche Fremdgefährdung

Ein solcher Zurechnungsausschluss kommt allerdings nur in Betracht, wenn § 315c Rechtsgüter schützt, über die der Gefährdete disponieren kann.[575]
Bei Verkehrsdelikten (§§ 315 ff.) wird die notwendige Disponibilität des betroffenen Rechtsguts zumeist im Rahmen einer Einwilligung des Gefährdeten diskutiert. Nach herrschender Ansicht schützen entsprechende Normen die Verkehrssicherheit als Allgemeinrechtsgut, weshalb der Einzelne darüber nicht dispositionsbefugt ist. Ein Ausschluss der Zurechnung seiner konkreten Gefährdung an den Fahrer scheidet demnach aus.[576]
Allerdings wird man mit der Gegenansicht einwenden müssen, dass bei der tatbestandlichen Anforderung der konkreten Gefährdung eines Individualrechtsguts auch solche Rechtsgüter geschützt werden sollen, über die der Einzelne disponieren kann.[577] Damit kann der Einzelne zwar trotzdem nicht über alle vom Tatbestand geschützten Rechtsgüter verfügen, aber zumindest doch über seinen Teil. Zum Unrecht der konkreten Gefährdungsdelikte gehört neben der Verletzung des Allgemeinrechtsguts – als Schutz der Bevölkerung vor den aus dem Verhalten resultierenden Gefahren – auch die Verletzung des individuellen Rechtsguts – als Schutz des Einzelnen vor den konkreten Gefahren. Da der Betroffene über seine Individualrechtsgüter dispositionsbefugt ist, kann der ihn betreffende Unrechtsteil durch eine entsprechende Disposition entfallen. Dann bleibt nur noch das Unrecht der abstrakten Gefährdung der allgemeinen Verkehrssicherheit bestehen. Allein darauf kann aber nicht die volle Strafbarkeit nach dem konkreten Gefährdungsdelikt gestützt werden, weil der Täter nur einen Teil des Unrechts verwirklicht. Die gegenteilige Ansicht missachtet

---

575 Stützend: BGHSt 23, 261 (262 ff.); BGHSt 53, 55 (60 ff.); Matt/Renzikowski – *Engländer*, Vor §§ 32 ff. StGB Rn. 16 f.; Schönke/Schröder – *Hecker*, § 315c StGB Rn. 41; *Roxin/Greco*, AT 1, Rn. 13/12 ff.; *Wessels/Beulke/Satzger*, StR AT, Rn. 266 ff. u. 551; *Renzikowski*, HRRS 2009, 347 (347 ff.).

576 BGHSt 6, 232 (234); BGHSt 23, 261 (262 ff.); BGHSt 53, 55 (63); *Fischer*, § 315c StGB Rn. 17; LK – *König*, § 315b StGB Rn. 74 ff.; Lackner/Kühl – *Heger*, § 315c StGB Rn. 32; SK-StGB – *Wolters*, § 315c Rn. 2 u. 23; *Wessels/Hettinger/Engländer*, StR BT 1, Rn. 1000; *Wessels/Beulke/Satzger*, StR AT, Rn. 564.

577 BeckOK-StGB – *Kudlich*, § 315c Rn. 72; Schönke/Schröder – *Hecker*, § 315c StGB Rn. 41; Matt/Renzikowski – *Renzikowski*, § 315c StGB Rn. 27; NK-StGB – *Zieschang*, § 315 Rn. 53; *Roxin/Greco*, AT 1, Rn. 13/34 f.; *Rengier*, StR BT 2, Rn. 44/19a; *Eisele*, JA 2007, 168 (172).

die Entscheidung des Gesetzgebers, dass für die Strafwürdigkeit nicht schon die bloße Allgemeingefährlichkeit des Fehlverhaltens genügt, sondern eine konkrete Gefahr für ein Individualrechtsgut hinzukommen muss. Sie ist deshalb abzulehnen. Dies gilt genauso für die vermittelnde Ansicht, welche die Dispositionsbefugnis bejaht, soweit eine andere Norm die Bestrafung für die abstrakte Gefährdung ermöglicht[578], weil sie in den anderen Fällen die Schwächen der herrschenden Ansicht teilt. Damit schützen entsprechende Verkehrsdelikte neben Allgemein- auch Individualrechtsgüter, sodass der Gefährdete durch eine Disposition über seine Rechtsgüter die Zurechnung seiner konkreten Gefährdung im Rahmen des § 315c grundsätzlich ausschließen kann.[579]

Ob es sich in den hier fraglichen Fällen um eine eigenverantwortliche Selbstgefährdung oder eine einverständliche Fremdgefährdung handelt, wird unterschiedlich beurteilt. Es muss jeweils danach unterschieden werden, welcher Person welche Gefährdung zugerechnet werden soll (also z. B. dem überholenden Raser 1 die konkrete Gefährdung des Beifahrers 2). Die ganz herrschende Meinung grenzt die beiden Fallgruppen danach ab, wer das unmittelbar zum Erfolg führende Geschehen beherrscht. Dafür werden die Regeln zur Abgrenzung von Täterschaft und Teilnahme bei den Vorsatzdelikten entsprechend herangezogen, jedenfalls also die Tatherrschaftslehre. Beherrscht der Gefährdete das Geschehen wie ein Täter, bleibt Raum für eine Selbstgefährdung; hat dagegen nicht er, sondern der andere die Tatherrschaft inne, handelt es sich um eine Fremdgefährdung.[580]

Diese Abgrenzung ist überzeugend, weil die Fallgruppen an die Person des Gefährdenden anknüpfen, die nur derjenige sein kann, der das Geschehen

578 - *Hillenkamp*, JuS 1977, 166 (170 f.); *Graul*, JuS 1992, 321 (325); *Nestler-Tremel*, StV 1992, 273 (277).
- Beispielhafte Erläuterung: Die Dispositionsbefugnis ist bei § 315c I Nr. 1 lit. a wegen der verbleibenden Strafbarkeit nach § 316 I gegeben, nicht aber bei § 315c I Nr. 2.

579 Stützend: NK-StGB – *Zieschang*, § 315 Rn. 53; Matt/Renzikowski – *Renzikowski*, § 315c StGB Rn. 27; BeckOK-StGB – *Kudlich*, § 315c Rn. 71 f.; *Roxin/Greco*, AT 1, Rn. 13/34 f.; *Rengier*, StR BT 2, Rn. 44/19a; *Eisele*, JA 2007, 168 (172); *Mitsch*, JuS 2020, 924 (927).

580 BGHSt 19, 135 (138 f.); BGHSt 53, 55 (60 ff.); *Fischer*, Vor § 13 StGB Rn. 37; MüKo-StGB – *Schneider*, § 216 Rn. 36; *Kindhäuser/Hilgendorf*, LPK-StGB, Vor § 13 Rn. 217 ff.; *Wessels/Beulke/Satzger*, StR AT, Rn. 275; *Heinrich*, StR AT, Rn. 1049; *Renzikowski*, HRRS 2009, 347 (349 f.); *Lasson*, ZJS 2009, 359 (363); *Neumann*, Jura 2017, 160 (162).

nach seinem Willen tatsächlich und maßgeblich beeinflusst. Da ein Verkehrsmittel auf der Straße vom Fahrer gelenkt wird und er auch die sonstige Steuerung des Fahrzeugs bestimmt, kann in aller Regel nur er die Tatherrschaft über das Geschehen besitzen. Ein Mitfahrer hat auf das gefährdende Verhalten des Fahrers so keinen direkten Einfluss, erst recht nicht, wenn er im anderen Wagen des gleichgesinnten Fahrers sitzt. Das gilt genauso, wenn der Mitfahrer an der Tat beteiligt ist, weil z. B. trotz seiner Aufforderung zum Überholen oder des Filmens des Rennens der Fahrzeugführer über das jeweilige Fahrmanöver entscheidet und es umsetzt. Damit scheidet eine eigenverantwortliche Selbstgefährdung des gefährdeten Mitfahrers mangels Geschehensbeherrschung aus und es bleibt nur Raum für eine einverständliche Fremdgefährdung.[581]

Unabhängig von den sonstigen Tatbestandsvoraussetzungen des § 315c I Nr. 2 handelt es sich um eine eigenverantwortliche Selbstgefährdung, sofern der eine Raser in der Verkehrssituation ohne Zutun seines Konkurrenten gefährdet wird. Denn dann beherrscht allein der eine Raser das Geschehen, so z. B. bei einem Kontrollverlust über sein Fahrzeug aufgrund eines eigenen Fahrfehlers.[582] Allerdings ist umstritten, ob bei einer Mitherrschaft, wenn also der Gefährdete nicht allein die Herrschaft über das Geschehen hat, eine eigenverantwortliche Selbstgefährdung[583] oder eine einverständliche Fremdgefährdung anzunehmen ist.[584] Im Beispielsfall überholen die beiden Raser gleichzeitig das dritte Fahrzeug mit weit überhöhter Geschwindigkeit auf einer nur zweispurigen Straße, wodurch es zu einem Beinaheunfall kommt. Hätte ein Raser – gleichgültig welcher – nicht überholt, hätte der andere das dritte Fahrzeug auf dem linken Fahrstreifen ohne konkrete Gefährdungen überholen können. Indem jeder Raser über sein eigenes Fahrmanöver entscheidet und sein Fahrzeug in die gefährliche Situation hineinsteuert, beherrscht jeder von ihnen das unmittelbar

581 Stützend: BGHSt 53, 55 (61 f.); OLG Celle, StV 2013, 27 (29); LG Berlin, (529 Ks) 251 Js 52/16 (6/20), Urteil vom 02.03.2021, Rn. 275 – im Internet abrufbar: www.juris.de (Stand: 28.12.2022); B/W/M/E (AT) – *Eisele*, Rn. 10/161; *Duttge*, NStZ 2009, 690 (690 f.); *Renzikowski*, HRRS 2009, 347 (350 f.); *Neumann*, Jura 2017, 160 (163); *Steinle*, Verbotene Kraftfahrzeugrennen, S. 77 f.

582 Stützend: *Renzikowski*, HRRS 2009, 347 (351); *Preuß*, NZV 2017, 105 (107).

583 BayObLG, NJW 1990, 131 (132); Schönke/Schröder – *Sternberg-Lieben/Schuster*, § 15 StGB Rn. 166a; B/W/M/E (AT) – *Eisele*, Rn. 10/113 ff.; *Engländer*, Jura 2004, 234 (236); *Duttge*, NStZ 2009, 690 (692).

584 BGHSt 53, 55 (60 f.); BGHSt 49, 34 (39); OLG Celle, StV 2013, 27 (29 f.); *Wessels/Beulke/Satzger*, StR AT, Rn. 275; *Küper*, JuS 2004, 757 (759 f.).

zum Erfolg führende Geschehen (mit).[585] Entgegen der anderen Ansicht genügt eine Mitherrschaft des Gefährdeten für seine eigenverantwortliche Selbstgefährdung, weil er – trotz der Mitherrschaft des anderen – den Erfolg aufgrund seiner eigenen Herrschaft noch selbst abwenden könnte, stattdessen aber das gefährliche Geschehen durch sein eigenes Handeln herbeiführt.[586] So wirkt der Gefährdete auf seine eigenen Rechtsgüter ein und gefährdet sich damit selbst. Zwar ist man sich über die weiteren Voraussetzungen für die Eigenverantwortlichkeit einer Selbstgefährdung uneinig,[587] doch handeln die Raser hier ohne Defizite. Folglich gefährden sie sich eigenverantwortlich selbst, sodass die konkrete Gefährdung des einen Rasers nicht dem jeweils anderen zugerechnet werden kann.

Bei der einverständlichen Fremdgefährdung, die hier für die Gefährdungen der Beifahrer relevant ist, streitet man über die weiteren Rechtsfolgen. Teilweise wird sie unter bestimmten Voraussetzungen – die im Beispielsfall nicht vorliegen[588] – der eigenverantwortlichen Selbstgefährdung gleichgestellt,[589] herrschend hingegen auf Ebene der Rechtswidrigkeit als Einwilligungsproblem behandelt.[590] Entscheidend sind im Ergebnis aber die Grenzen der einverständlichen Fremdgefährdung, weil das Strafrecht die Disposition über eigene

585 Stützend: BGHSt 53, 55 (61 f.); *Duttge*, NStZ 2009, 690 (691); *Preuß*, NZV 2017, 105 (107).

586 BayObLG, NJW 1990, 131 (132); Schönke/Schröder – *Sternberg-Lieben/Schuster*, § 15 StGB Rn. 166a; B/W/M/E (AT) – *Eisele*, Rn. 10/113 ff.; *Duttge*, NStZ 2009, 690 (692).

587 LK – *Walter*, Vor §§ 13 ff. StGB Rn. 113; Matt/Renzikowski – *Renzikowski*, Vor § 13 StGB Rn. 120; *Rengier*, StR AT, Rn. 13/79 ff.; *Wessels/Beulke/Satzger*, StR AT, Rn. 272 f.; B/W/M/E (AT) – *Eisele*, Rn. 10/119 ff.; *Roxin*, AT 2, Rn. 25/144.

588 So jedenfalls *Roxin/Greco*, AT 1, Rn. 11/134b bei Anwendung der unter Rn. 11/124 entwickelten Kriterien.

589 Matt/Renzikowski – *Renzikowski*, Vor § 13 StGB Rn. 125; MüKo-StGB – *Pegel*, § 315c Rn. 114; NK-StGB – *Puppe*, Vor §§ 13 ff. Rn. 196; *Roxin/Greco*, AT 1, Rn. 11/123 ff.; *Lasson*, ZJS 2009, 359 (366); *Wessels/Beulke/Satzger*, StR AT, Rn. 280 f.

590 BGHSt 40, 341 (347); BGHSt 53, 55 (62 f.); Schönke/Schröder – *Hecker*, § 315c StGB Rn. 41; *Kindhäuser/Hilgendorf*, LPK-StGB, Vor § 13 Rn. 216 u. 226; *Fischer*, Vor § 13 StGB Rn. 37 f. u. § 228 StGB Rn. 4 f.; *Rengier*, StR BT 2, Rn. 44/18; B/W/M/E (AT) – *Eisele*, Rn. 10/110; *Walter*, NStZ 2013, 673 (673 ff.).

Rechtsgüter beschränkt, sofern sie – wie hier – auch fremde Rechtssphären tangiert.[591]

(bb) Grenzen des Zurechnungsausschlusses

§ 216 und § 228 regeln solche Grenzen grundlegend, doch streitet man – zumeist im Rahmen der Einwilligung – intensiv über ihre genauen Reichweiten. Da es in den hier relevanten Fällen bei § 315c um konkrete Gefährdungen des Körpers oder des Lebens der Beifahrer geht, die von den Fahrern vorsätzlich (§ 315c I) oder fahrlässig (§ 315c III) herbeigeführt werden, überlagern sich viele der komplexen Streitfragen.
Schon allgemein ist umstritten, ob § 216 bzw. § 228 für fahrlässige Erfolgsherbeiführungen gelten. Eine Ansicht bezieht sie nur auf Vorsatztaten, sodass fahrlässige Taten unbeschränkt sind.[592] Demgegenüber zieht die herrschende Meinung anhand von § 228 oder in einer weiteren Gesamtschau mit § 216 die Sittenwidrigkeit als Grenze für alle Arten von Körperverletzungen und fahrlässigen Tötungen heran.[593] Diese Auffassung kann sich zwar nicht auf den Wortlaut von § 216 und die systematische Stellung von § 228 stützen, dafür aber auf die grundsätzlichen staatlichen Schutzpflichten zugunsten von Leib und Leben (Art. 2 II 1 GG) sowie die damit einhergehenden umfassend strafbewährten Eingriffsverbote (§§ 211 ff., §§ 223 ff. StGB). Hinzu kommt, dass § 216 und § 228 die übergeordnete gesetzgeberische Entscheidung entnommen werden kann, bestimmte Dispositionen zum Schutz des Betroffenen und im Interesse der Allgemeinheit – jeweils nicht unumstritten – nicht grenzenlos zuzulassen. Des Weiteren spricht § 228 allgemein von Körperverletzung, worunter nach dem Wortlaut auch fahrlässige fallen. Wenn durch die Norm schon

591 So explizit *Renzikowski*, HRRS 2009, 347 (353) und stützend BGHSt 53, 55 (62 f.); LK – *Walter*, Vor §§ 13 ff. StGB Rn. 122 ff.; B/W/M/E (AT) – *Eisele*, Rn. 10/110 f. u. 12/53 ff.; *Rengier*, StR BT 2, Rn. 20/27 ff.; *Wessels/Beulke/Satzger*, StR AT, Rn. 280 f.; *Neumann*, Jura 2017, 160 (163 f.).

592 Schönke/Schröder – *Sternberg-Lieben*, Vor §§ 32 ff. StGB Rn. 104 f.; *Kindhäuser/Hilgendorf*, LPK-StGB, Vor § 13 Rn. 226; LK – *Vogel/Bülte*, § 15 StGB Rn. 241; *Lotz*, Fahrlässige Fremdschädigung, S. 260; *Stratenwerth*, in: FS Puppe, 1017 (1019 f.); *Kühl*, StR AT, Rn. 17/87.

593 BGHSt 49, 166 (175); BGHSt 53, 55 (62); Matt/Renzikowski – *Engländer*, § 228 StGB Rn. 1; *Fischer*, § 228 StGB Rn. 4 f.; LK – *Walter*, Vor §§ 13 ff. StGB Rn. 128 f.; BeckOK-StGB – *Eschelbach*, § 228 Rn. 2; B/W/M/E (AT) – *Eisele*, Rn. 10/110 f. u. 12/55 ff.; *Rengier*, StR BT 2, Rn. 20/28 ff.; *Saal*, NZV 1998, 49 (54); *Renzikowski*, HRRS 2009, 347 (353).

Körperverletzungen begrenzt werden, muss das auch für Tötungen gelten, weil der Tod die schwerwiegendste und eine niemals umkehrbare Rechtsgutsverletzung ist.[594]

Dem kann nicht entgegengehalten werden, die Grenzen seien nur für eine Einwilligung relevant, die bei Fahrlässigkeitsdelikten nicht möglich sei, weil sich die Disposition nicht auf den Erfolg beziehe und der Betroffene auf einen guten Ausgang vertraue.[595] Stimmt das Opfer in solchen Fällen nämlich der sorgfaltswidrigen Handlung des anderen zu, suspendiert es das entsprechende Verhaltensverbot. Damit begeht der Täter kein Handlungsunrecht und eine Strafbarkeit entfällt, weil allein der Erfolgseintritt kein Unrecht begründet. Die sog. Risikoeinwilligung ist folglich möglich.[596]

Kann das Opfer der Gefahrschaffung für seine Rechtsgüter grundsätzlich zustimmen, wäre es letztendlich ungereimt, dies bei Fahrlässigkeitstaten im Gegensatz zu Vorsatztaten grenzenlos zuzulassen. Denn vertraut das Opfer auf das Ausbleiben des Erfolgs, ist es und das Interesse der Allgemeinheit mindestens so schutzwürdig, wie wenn das Opfer bewusst der Verletzung eigener Rechtsgüter zustimmt. Soll jedenfalls die Sittenwidrigkeit gemäß § 228 eine gesetzliche Grenze bilden, überzeugt sie bei Fahrlässigkeitstaten auch deshalb, weil eine Tat unabhängig vom Wissen und Wollen der Erfolgsherbeiführung des Opfers oder Täters sittenwidrig sein kann.[597]

Insgesamt beschränkt die Sittenwidrigkeit die Disposition über eigene Rechtsgüter für alle Arten von Körperverletzungen und fahrlässige Tötungen durch andere. Für das Gefährdungsdelikt des § 315c folgt daraus eine einheitliche

---

594 Stützend: BGHSt 49, 166 (173 f.); BGHSt 53, 55 (62 f.); *Kindhäuser/Hilgendorf*, LPK-StGB, § 216 Rn. 2; LK – *Walter*, Vor §§ 13 ff. StGB Rn. 128 f.; Matt/Renzikowski – *Safferling*, § 216 StGB Rn. 1 ff.; NK-StGB – *Paeffgen/Zabel*, § 228 Rn. 4; BeckOK-StGB – *Eschelbach*, § 228 Rn. 1 f.; *Fischer*, § 228 StGB Rn. 4a u. 8.

595 NK-StGB – *Puppe*, Vor §§ 13 ff. Rn. 196; Schönke/Schröder – *Sternberg-Lieben*, Vor §§ 32 ff. StGB Rn. 102; *Roxin/Greco*, AT 1, Rn. 11/121, 13/78 u. 24/108; *Lasson*, ZJS 2009, 359 (364 ff.).

596 BGHSt 49, 166 (175); Lackner/Kühl – *Kühl*, § 228 StGB Rn. 1 ff.; *Murmann*, in: FS Puppe, 767 (776 f.); *Stratenwerth*, in: FS Puppe, 1017 (1022 f.); *Wessels/Beulke/Satzger*, StR AT, Rn. 580; *Ostendorf*, JuS 1982, 426 (432); *Renzikowski*, HRRS 2009, 347 (353); *Kaspar*, JuS 2012, 112 (115); *Walter*, NStZ 2013, 673 (677 f.); *Neumann*, Jura 2017, 160 (164 f.).

597 Stützend: BGHSt 53, 55 (62 f.); BayObLG, VRS 53, 349 (350); LK – *Walter*, Vor §§ 13 ff. StGB Rn. 128 f.; *Renzikowski*, HRRS 2009, 347 (353); *Walter*, NStZ 2013, 673 (679 f.); *Rengier*, StR BT 2, Rn. 20/28.

Dispositionsgrenze,[598] sodass es hier irrelevant ist, ob die Mitfahrer fahrlässig oder vorsätzlich konkret gefährdet werden.

Auch inhaltlich diskutiert man intensiv über das Merkmal der Sittenwidrigkeit, wobei es neben seiner Verfassungsmäßigkeit vor allem um seine konkreten Anforderungen geht. Der Begriff der Sittenwidrigkeit (§ 228) ist wegen seiner Unklarheit zu Recht kritikwürdig, kann aber bei restriktiver Auslegung noch akzeptabel konkretisiert werden. Nach herrschender Meinung bestimmt sich die Sittenwidrigkeit bei einer objektiven Ex-ante-Beurteilung in erster Linie nach Art und Gewicht des Rechtsgutsangriffs in Form des eingetretenen Schädigungserfolgs und dem damit verbundenen Gefahrengrad für Leib und Leben. Ausnahmsweise kann der mit der Tat verfolgte Zweck die Sittenwidrigkeit entfallen lassen, wenn er das Risiko hinlänglich kompensiert (z. B. ärztlicher Heileingriff).[599]
Eine Tat ist nach Ansicht vieler Vertreter grundsätzlich sittenwidrig, wenn sie zu einer konkreten Lebensgefahr führt bzw. schwerste Verletzungen (§ 226) drohen. Die Gefahr muss sich dabei nicht realisieren. Eine solche konkrete Gefahr bestimmt sich entsprechend zu den Verkehrsdelikten der §§ 315 ff.: Der Eintritt der Schädigung muss so wahrscheinlich sein, dass sein Ausbleiben bei den konkreten Tatumständen nur noch als Zufall erscheint (Beinaheunfall).[600] Trotz Gegenstimmen[601] überzeugt dieses Verständnis zur Sittenwidrigkeit. Nach dem hier für richtig gehaltenen Ansatz schränkt der Gesetzgeber in bestimmten Fällen die Dispositionsfreiheit sowohl zum Schutz des Betroffenen als auch im

---

598 Für diese Anwendung der allgemeinen Regeln auf die Gefährdungsdelikte: BeckOK-StGB – *Eschelbach*, § 228 Rn. 2 f.; BeckOK-StGB – *Kulhanek*, § 315d Rn. 74.1; *Rengier*, StR BT 2, Rn. 44/20.

599 BGHSt 49, 166 (170 ff.); BGH, NStZ 2013, 342 (342 ff.); BGH, NStZ-RR 2018, 314 (315); BeckOK-StGB – *Eschelbach*, § 228 Rn. 21 ff.; *Fischer*, § 228 StGB Rn. 8 ff.; Matt/Renzikowski – *Engländer*, § 228 StGB Rn. 2 ff.; *Wessels/Beulke/Satzger*, StR AT, Rn. 572 ff.; B/W/M/E (AT) – *Eisele*, Rn. 12/55; *Rengier*, StR BT 2, Rn. 20/3 ff.

600 - BGHSt 49, 34 (44); BGHSt 49, 166 (170 ff.); BGHSt 53, 55 (62 f.); BGH, NStZ 2013, 342 (342 ff.); *Fischer*, § 228 StGB Rn. 8 ff.; Matt/Renzikowski – *Engländer*, § 228 StGB Rn. 4; *Lotz*, Fahrlässige Fremdschädigung, S. 270; *Roxin/Greco*, AT 1, Rn. 13/41; *Wessels/Beulke/Satzger*, StR AT, Rn. 574 ff.; *Renzikowski*, HRRS 2009, 347 (354); *Rengier*, StV 2013, 30 (33).
- Siehe zur konkreten Gefährdung auch schon: D.II.1.b)aa)(2)(a) [S. 203].

601 SK-StGB – *Wolter*, § 228 Rn. 9 ff.; Schönke/Schröder – *Sternberg-Lieben*, § 228 StGB Rn. 4; NK-StGB – *Puppe*, Vor §§ 13 ff. Rn. 199; NK-StGB – *Zabel*, § 228 Rn. 43 ff.; *Neumann*, Jura 2017, 160 (165).

Interesse der Allgemeinheit ein. Für den Betroffenen ist der Tod die schwerstmögliche und eine Gesundheitsschädigung i.S.d. § 226 eine schwere Rechtsgutsverletzung, die nicht mehr rückgängig gemacht werden können. Auch der Allgemeinheit entstehen daraus regelmäßig Nachteile, weil sie für den Betroffenen (z. B. Behandlungskosten) oder seine Hinterbliebenen (z. B. Hinterbliebenenrente) sorgen muss. Um den Rechtsgutsinhaber vor entsprechend voreiligen Entschlüssen zu bewahren bzw. entsprechende Folgen zu verhindern, ist seine Disposition bei der Tat durch einen anderen beschränkt. Begibt sich der Betroffene bewusst in eine gefährliche Situation, in der seine wahrscheinliche Schädigung durch den Täter letztlich nur noch vom Zufall abhängt, ist dieses Geschehen zum Tatzeitpunkt aufgrund des naheliegenden Ausgangs mit einem schädigenden Geschehen vergleichbar. Für den Tod lässt sich das auch an § 216 festmachen, der eine Fremdtötung trotz ernsthaftem Verlangen des Opfers verbietet. Würde die Disposition des Opfers bei einer konkret lebensgefährlichen Tat des Täters unbegrenzt zugelassen, würde das Opfer doch in einer Weise über sein Leben disponieren, die das umfassende Tötungsverbot des § 216 ausschließt. Drohen dem Opfer also konkret schwere Gesundheitsschädigungen oder der Tod und ist eine Schädigung so wahrscheinlich, dass ihr Ausbleiben nur als Zufall erscheint, ist die Tat nach Art und Gewicht des Rechtsgutsangriffs sittenwidrig.[602]

(cc) Zusammenfassung

Für den Beispielsfall folgt daraus, dass die Tat nach § 315c sittenwidrig ist. Denn die Raser schaffen durch das Doppel-Überholmanöver konkrete Todesgefahren für die Beifahrer, bei denen ein Schadenseintritt so wahrscheinlich ist, dass sein Ausbleiben nur noch als Zufall erscheint. Dabei wird das gesetzte Risiko auch nicht durch einen besonderen Zweck kompensiert. Damit können die Beifahrer nicht wirksam über ihre betroffenen Rechtsgüter disponieren, was unabhängig davon gilt, ob die Raser die konkrete Gefährdung vorsätzlich oder fahrlässig herbeiführen. Eine einverständliche Fremdgefährdung, die die Zurechnung der konkreten Gefährdungen der Beifahrer zugunsten der Fahrer ausschließt, liegt somit nicht vor.[603] Die Raser sind folglich für diese Gefährdungen im Rahmen des § 315c verantwortlich, nicht aber für die konkrete Gefährdung ihres

602 Stützend (wobei teilweise als Begründung für die Grenze der Dispositionfreiheit nur auf den Schutz des Individuums oder der Allgemeinheit abgestellt wird): BGHSt 49, 166 (173 f.); BGHSt 53, 55 (62 f.); BGHSt 60, 166 (179 f.); BeckOK-StGB – *Eschelbach*, § 228 Rn. 24; *Fischer*, § 228 StGB Rn. 4a u. 8 ff.; Matt/Renzikowski – *Engländer*, § 228 StGB Rn. 4; *Roxin/Greco*, AT 1, Rn. 13/41 ff.

603 So auch BGHSt 53, 55 (61 ff.) für den realen Fall.

jeweiligen Konkurrenten, weil sich dieser mit dem Überholmanöver beim Rennen eigenverantwortlich selbst gefährdet.

Trotz einzelner Besonderheiten wird man in den meisten Raserfällen zu den gleichen Zurechnungsergebnissen kommen. Denn sofern bei einem Rennen der Konkurrent gefährdet wird, beherrscht in der Regel auch er das relevante Geschehen mit und hat sich zuvor im Wissen um die Gefahren bewusst auf das Rennen und das Fahrmanöver eingelassen. Im Gegensatz dazu scheitert die Zurechnung der konkreten Gefährdung eines Beifahrers nicht an einer eigenverantwortlichen Selbstgefährdung, weil er das Tatgeschehen nicht beherrscht. Eine zurechnungsausschließende Fremdgefährdung kommt trotz seiner bewussten Mitfahrt nur in Betracht, wenn durch die Tat keine konkrete Gefahr für schwere Verletzungen (i.S.d. § 226) oder den Tod geschaffen werden, eine entsprechende Schädigung des Mitfahrers also nicht so wahrscheinlich ist, dass ihr Ausbleiben lediglich als Zufall erscheint. Das dürfte nur selten der Fall sein und selbst dann ist zu prüfen, ob die weiteren Voraussetzungen für eine wirksame Disposition beim Beifahrer vorliegen – vor allem das Wissen um das Risiko und der Bezug der Disposition zum konkreten Tatverhalten bzw. -erfolg[604]. Deshalb ist die konkrete Gefährdung eines Mitfahrers dem Raser in aller Regel zuzurechnen.

(4) Vorsatz, Vorsatz-Fahrlässigkeits-Kombination oder Fahrlässigkeit

Wie die meisten Verkehrsdelikte kann auch § 315c nicht nur rein vorsätzlich (§ 315c I), sondern ebenso rein fahrlässig (§ 315c I, III Nr. 2) oder in einer Vorsatz-Fahrlässigkeits-Kombination (§ 315c I, III Nr. 1) verwirklicht werden. Anhand von § 315c I und III wird deutlich, dass das Gesetz bei der Tat zwischen dem Handlungsteil (Fahrzeugführen mit entsprechendem Verkehrsregelverstoß) und dem Gefährdungs-/Erfolgsteil (konkrete Gefährdung) unterscheidet. In jedem Fall muss der Verkehrsverstoß auch rücksichtslos erfolgen.

(a) Vorsatz (§ 315c I Nr. 2)

Für die rein vorsätzliche Gefährdung des Straßenverkehrs muss der Täter wie sonst Vorsatz hinsichtlich aller objektiven Tatbestandsmerkmale haben, wobei Eventualvorsatz ausreichend ist. Bei § 315c I Nr. 2 ist Vorsatz hinsichtlich des Fahrzeugführens, des jeweiligen Verkehrsregelverstoßes, der

604 Zu den (teilweise umstrittenen) Voraussetzungen: Fußnoten 589 und 590.

groben Verkehrswidrigkeit und der resultierenden konkreten Gefährdung erforderlich.[605]

Für den vorsätzlichen Handlungsteil muss der Fahrer sein Fahrzeug bewusst und willentlich so führen, dass er eine der Todsünden begeht. Die konkrete Verkehrsvorschrift muss ihm dabei nicht bekannt sein, solange ihm die tatsächlichen Gegebenheiten bewusst sind, welche die Verletzung dieser Vorschrift begründen. Ebenso verhält es sich hinsichtlich der groben Verkehrswidrigkeit des Verkehrsverstoßes, wofür grundsätzlich die Kenntnis der sie begründenden Tatsachen genügt. Werden diese Merkmale im Prozess allerdings aus der Gefährlichkeit des Fahrverhaltens hergeleitet, muss diese explizit vom Vorsatz des Fahrers umfasst sein.[606]

Der Vorsatz hinsichtlich einer konkreten Gefährdung erfordert die Kenntnis der Umstände, die einen Beinaheunfall als naheliegend erscheinen lassen und zumindest das In-Kauf-Nehmen dieses Gefahrerfolgs bzgl. des jeweiligen Rechtsguts. Die Vorstellung des Täters von irgendeiner möglichen Gefahr reicht dafür nicht aus.[607]
Der Gefährdungsvorsatz ist ohne Probleme zu bejahen, wenn der Täter das entsprechende Rechtsgut vorsätzlich verletzen wollte. Jeder Verletzung geht notwendig eine Gefährdung voraus, sodass der Verletzungsvorsatz den Gefährdungsvorsatz enthält.[608]

Strittig wird teilweise sogar davon ausgegangen, dass beide Vorsatzarten identisch seien bzw. Gefährdungsvorsatz nur gleichzeitig mit Verletzungsvorsatz vorliegen könne. Begründet wird diese Betrachtung in erster Linie mit dem Zufallselement und der Unbeherrschbarkeit des Geschehens durch den Täter bei einer konkreten Gefährdung. Erkenne er nämlich die naheliegende

---

605 BGH, VRS 50 [1976] 342, (343 f.); BGH, NJW 2016, 1109 (1110); Schönke/Schröder – *Hecker*, § 315c StGB Rn. 37 ff.; LK – *König*, § 315c StGB Rn. 190 f.; *Fischer*, § 315c StGB Rn. 18 f.; MüKo-StVR – *Hagemeier*, § 315c StGB Rn. 80 f.

606 BayObLG, VRS 64 [1983], 123 (124 f.); SK-StGB – *Wolters*, § 315c Rn. 19; LK – *König*, § 315c StGB Rn. 149 u. 190; MüKo-StGB – *Pegel*, § 315c Rn. 107; Schönke/Schröder – *Hecker*, § 315c StGB Rn. 38; *Fischer*, § 315c StGB Rn. 18; B/H/H/J – *Burmann*, § 315c StGB Rn. 32a; Hentschel/König/Dauer – *König*, § 315c StGB Rn. 47.

607 Matt/Renzikowski – *Renzikowski*, § 315c StGB Rn. 21 f.; BeckOK-StGB – *Kudlich*, § 315c Rn. 68; *Fischer*, § 315c StGB Rn. 18 f.; LK – *König*, § 315c StGB Rn. 191 f.; MüKo-StVR – *Hagemeier*, § 315c StGB Rn. 80 f.

608 Stützend: SK-StGB – *Wolters*, Vor §§ 306 ff. Rn. 14; Schönke/Schröder – *Sternberg-Lieben/Schuster*, § 15 StGB Rn. 98a; LK – *Vogel/Bülte*, § 15 StGB Rn. 129; LK – *König*, § 315c StGB Rn. 191.

Möglichkeit des konkreten Gefahreintritts und nehme sie zumindest in Kauf (dolus eventualis hinsichtlich konkreter Gefahr), gehe er aufgrund seiner fehlenden Situationsherrschaft und des nur noch vom Zufall abhängenden Erfolgseintritts unweigerlich nicht nur von der Möglichkeit der folgenden Verletzung aus, sondern billige sie auch (dolus eventualis hinsichtlich Erfolg).[609]
Die überwiegende Ansicht differenziert demgegenüber zwischen beiden Vorsatzarten dahingehend, dass Gefährdungsvorsatz auch ohne Verletzungsvorsatz vorliegen kann. Die Abgrenzung erfolgt entweder über das Wissens- oder das Willenselement des Vorsatzes, das jeweils zwischen den Vorsatzarten differieren soll.[610]
Diese Differenzierung zwischen konkretem Gefährdungs- und Verletzungsvorsatz kann sich auf das Gesetz berufen, denn es unterscheidet an zahlreichen Stellen dazwischen, was sich regelmäßig in der Straffolge auswirkt. Gerade an den Verkehrsdelikten (§§ 315 ff.) wird das deutlich, weil es solcher vorsätzlicher Taten gar nicht bedürfte, wenn mit dem konkreten Gefährdungs- gleichzeitig der Verletzungsvorsatz einherginge, denn dann wären entsprechende vorsätzliche Verletzungsdelikte erfüllt. So wäre etwa eine vorsätzliche konkrete Lebensgefährdung nach § 315c I je nach Ausbleiben oder Eintritt des Todes eine versuchte oder vollendete vorsätzliche Tötung nach § 212 oder gar § 211. Dann wäre eine Freiheitsstrafe von mindestens fünf Jahren oder gar eine lebenslängliche zu verhängen – gegenüber einer Höchststrafe von fünf Jahren Freiheitsstrafe nach § 222 bzw. § 315c I. Ähnliche an den Tod anknüpfende Beispiele finden sich mit §§ 223, 224 I Nr. 5 gegenüber § 227 und § 221 I gegenüber § 221 I, III jeweils noch im Vergleich zu §§ 211, 212. Das positive Recht verlangt also eine Differenzierung zwischen konkretem Gefährdungs- und Verletzungsvorsatz.[611]

---

609 SK-StGB – *Wolters*, Vor §§ 306 ff. Rn. 14 f.; NK-StGB – *Zieschang*, § 315 Rn. 47; *Schmidhäuser*, in: FS Oehler, 135 (153 ff.); *Horn*, Konkrete Gefährdungsdelikte, S. 207 ff.; *Kubiciel/Hoven*, NStZ 2017, 439 (444); *Walter*, NJW 2017, 1350 (1351).

610 BGHSt 22, 67 (73 f.); BGHSt 26, 176 (178 ff.); LK – *Vogel/Bülte*, § 15 StGB Rn. 129 f.; LK – *König*, § 315c StGB Rn. 191; *Fischer*, § 15 StGB Rn. 17; Schönke/Schröder – *Sternberg-Lieben/Schuster*, § 15 StGB Rn. 98a; Lackner/Kühl – *Kühl*, § 15 StGB Rn. 28; Matt/Renzikowski – *Renzikowski*, § 315c StGB Rn. 22; *Momsen*, KriPoZ 2018, 76 (85 f.).

611 Stützend: BGHSt 22, 67 (73 ff.); BGHSt 26, 176 (178 ff.); LK – *Vogel/Bülte*, § 15 StGB Rn. 129 f. u. 291; LK – *König*, § 315c StGB Rn. 191; Schönke/Schröder – *Sternberg-Lieben/Schuster*, § 15 StGB Rn. 98a; Lackner/Kühl – *Kühl*, § 15 StGB Rn. 28; *Fischer*, § 15 StGB Rn. 17; *Roxin/Greco*, AT 1, Rn. 12/22 ff. u. 24/72; *Wessels/Beulke/Satzger*,

Im Zusammenhang mit der Raserei ist häufig die Konkretheit des Vorsatzes problematisch. In vielen Fällen nimmt der Täter sein Gefährdungsopfer aufgrund seiner Geschwindigkeit bzw. der Sichtmöglichkeiten erst spät oder gar nicht wahr. Das kann etwa der Fall sein, wenn bei einer Vorfahrtsmissachtung des Rasers ein Vorfahrtsberechtigter aus einer nicht einsehbaren Straße in die Kreuzung einfährt, ein anderer Verkehrsteilnehmer beim falschen Überholvorgang des Rasers plötzlich auftaucht oder ein Radfahrer unvermittelt einen Fußgängerüberweg überquert. In solchen Fällen stellt sich die Frage, wie konkret der Vorsatz gefasst sein muss, dass er sich auf die konkrete und nicht nur eine abstrakte Gefahr bezieht.[612]

Man könnte erwägen, in solchen Konstellationen ohne rechtzeitige Opferwahrnehmung sei der Vorsatz hinsichtlich des Taterfolgs mangels genügender Opferindividualisierung ausgeschlossen.[613] Allerdings muss sich der Vorsatz nach herrschender Betrachtung nicht auf ein individualisiertes Opferobjekt beziehen, wenn dem Täter sein Ziel gleichgültig ist bzw. es keine Relevanz für ihn hat und er es hinsichtlich des Tatbestands zumindest der Gattung nach bestimmt hat. Indem er sich nämlich der Situation bewusst und sein Wille auf die entsprechenden Merkmale des betroffenen Tatbestands gerichtet ist, ist der Vorsatz genügend konkret. Der Vorsatz ist zwar dann von vornherein unbestimmter, umfasst aber trotz möglicher Kumulation (dolus cumulativus)[614] bzw. Alternativität (dolus alternativus)[615] die vom Täter einbezogenen Ziele. Diese Reichweite des Vorsatzes in seiner generelleren Form ist vor allem vom

---

StR AT, Rn. 334; *Hoffmann-Holland*, StR AT, Rn. 166; *Küpper*, ZStW 100 [1988], 758 (768 ff.); *Momsen*, KriPoZ 2018, 76 (85 f.).

612 Diese Problematik (beim Schädigungsvorsatz) jedenfalls identifizierend: *Steinle*, Verbotene Kraftfahrzeugrennen, S. 50.

613 So zum Schädigungsvorsatz: *Momsen*, KriPoZ 2018, 76 (97 f.).

614 Matt/Renzikowski - *Gaede*, § 15 StGB Rn. 28; B/W/M/E (AT) - *Eisele*, Rn. 11/52 f.; *Rengier*, StR AT, Rn. 14/54 ff.; *Kindhäuser/Zimmermann*, StR AT, Rn. 14/34; *Heinrich*, StR AT, Rn. 294a.

615 Matt/Renzikowski - *Gaede*, § 15 StGB Rn. 28; B/W/M/E (AT) - *Eisele*, Rn. 11/54 ff.; *Rengier*, StR AT, Rn. 14/57 ff.; *Kindhäuser/Zimmermann*, StR AT, Rn. 14/35 ff.; *Heinrich*, StR AT, Rn. 292 ff.

Wegnahmeobjekt des Diebstahls (§ 242)[616] und von der Haupttat der Teilnahme (§ 26 f.)[617] bekannt und entsprechend anerkannt.[618]
In den Raserfällen ist es demnach ausreichend, wenn der Raser etwa davon ausgeht und in Kauf nimmt, dass ein Auto aus der nicht einsehbaren Straße in die Kreuzung einfahren, wodurch es zwischen ihnen zu einem Beinaheunfall kommen könnte.[619] Denn selbst wenn der Raser das Unfallfahrzeug nicht rechtzeitig sieht, kann er auch ohne entsprechende Wahrnehmungen subjektiv mit einem einfahrenden Fahrzeug rechnen. Geht er von dieser konkreten Unfallmöglichkeit aus, bspw. weil er eine Kreuzung bei Rotlicht überfährt, individualisiert er das Opfer zwar nicht, bestimmt es in seinen Vorstellungen aber der Gattung nach. Da aus Sicht des Rasers ein solcher „Mensch im Fahrzeug" über das bloße Mensch-Sein hinaus keine spezifischere Bedeutung für sein Verhalten besitzt, hat eine nähere Individualisierung für den Raser keine Relevanz. Dann ist sein Vorsatz zwar von vornherein unbestimmter, umfasst aber genügend konkret auch das insofern einbezogene Opfer.

Für die Feststellung des Vorsatzes ist von den objektiven Tatumständen als Indizien auf die subjektiven Tataspekte (Wissen und Wollen) als festzustellende psychische Vorgänge des Handelnden zu schließen.[620] Dabei gelten im Zusammenhang mit der Raserei wegen der hohen Fahrgeschwindigkeiten und

---

616 Stützend: BGHSt 22, 350 (351); BGH, NStZ-RR 2013, 309 (309); S/S/W-StGB – *Kudlich*, § 242 Rn. 38; Lackner/Kühl – *Kühl*, § 242 StGB Rn. 19; MüKo-StGB – *Schmitz*, § 242 Rn. 124; *Fischer*, § 242 StGB Rn. 30; Matt/Renzikowski – *Schmidt*, § 242 StGB Rn. 25; *Wessels/Hillenkamp/Schuhr*, StR BT 2, Rn. 143.

617 Stützend: BGHSt 34, 63 (64 ff.); BGHSt 42, 135 (137 f.); BGH, NStZ 2007, 230 (233); LK – *Schünemann/Greco*, § 26 StGB Rn. 39 ff., 82 ff. u. § 27 StGB Rn. 65 ff.; *Fischer*, § 26 StGB Rn. 8 u. § 27 StGB Rn. 21 f.; S/S/W-StGB – *Murmann*, § 26 Rn. 13 u. § 27 Rn. 11; *Wessels/Beulke/Satzger*, StR AT, Rn. 890 f. u. 905; *Hoffmann-Holland*, StR AT, Rn. 571 u. 589.

618 RGSt 51, 305 (311); RGSt 70, 257 (258); BGHSt 21, 381 (382 f.); BGHSt 22, 350 (351); Schönke/Schröder – *Sternberg-Lieben/Schuster*, § 15 StGB Rn. 57a; LK – *Vogel/Bülte*, § 15 StGB Rn. 43 ff.; *Fischer*, § 16 StGB Rn. 4 f.; NK-StGB – *Puppe*, § 16 Rn. 96 u. 102 f.; *Wessels/Beulke/Satzger*, StR AT, Rn. 355; *Kühl*, StR AT, Rn. 13/101; *Kindhäuser/Zimmermann*, StR AT, Rn. 27/59; *Hillenkamp*, Vorsatzkonkretisierung, S. 88 f.

619 Stützend: BGH, 4 StR 482/19, Urteil vom 18.06.2020, Rn. 25 ff. – im Internet abrufbar: www.bundesgerichtshof.de (Stand: 24.02.2020); LG Kleve, 140 Ks – 507 Js 281/19 – 6/19, 140 Ks 6/19, Urteil vom 17.02.2020, Rn. 28 u. 68 ff. – im Internet abrufbar: www.juris.de (Stand: 27.11.2020); *Eisele*, JZ 2018, 549 (552).

620 Siehe dazu entsprechend bereits D.II.1.a)cc)(2)(g)(ee) [S. 185] und grundlegend im Eizelnen später D.II.1.c)ee)(2)(b) [S. 322].

möglichen Unfallfolgen Besonderheiten. Aspekte wie die Unerwünschtheit des Erfolgseintritts wegen Eigengefährdung des Fahrers oder die Gefahrunterschätzung stehen dem Vorsatz hinsichtlich einer konkreten Gefährdung aber weit weniger entgegen als beim Schädigungsvorsatz.[621] Denn wenn es zu einer konkreten Gefährdung kommt, kann der Beinaheunfall ja auch ohne Schäden glimpflich ausgehen, sodass dem Fahrer daraus keine Nachteile erwachsen. Entsprechendes gilt für die Überschätzung der eigenen Fahrfähigkeiten, weil der Fahrer selbst mit überragenden Fahrfähigkeiten aus seiner Sicht zwar jeden Unfall verhindern kann, was aber nicht ausschließt, dass es (zuvor) zu keiner kritischen Verkehrssituationen mit – aus seiner Sicht harmlosen – Beinaheunfällen kommt.

Zusammenfassend liegt Vorsatz zu einer konkreten Gefährdung vor, wenn der Täter in der aktuellen Situation aufgrund der Gegebenheiten von einem präzisierten Geschehensablauf mit der hinreichenden Möglichkeit einer konkreten Gefährdung für das jeweilige Rechtsgut ausgeht und er diesen spezifischen Beinaheunfall zumindest in Kauf nimmt.
Insgesamt dürfte es der Regelfall sein, dass Raser sowohl bei illegalen Straßenrennen als auch bei Einzelraserei bzgl. der konkreten Gefahr und der sonstigen Tatbestandsmerkmale des § 315c I Nr. 2 vorsätzlich handeln.

(b) Vorsatz-Fahrlässigkeits-Kombination (§ 315c I Nr. 2, III Nr. 1)

§ 315c I Nr. 2, III Nr. 1 ist eine Kombination aus Vorsatz hinsichtlich des Handlungsteils und Fahrlässigkeit bzgl. des Gefährdungsteils. Die Tat wird gemäß § 11 II insgesamt als Vorsatztat eingestuft, sodass eine Teilnahme daran möglich ist. Wie schon bei der rein vorsätzlichen Straßenverkehrsgefährdung nach § 315c I Nr. 2 begeht der Fahrer den Verkehrsverstoß bei der Vorsatz-Fahrlässigkeits-Kombination vorsätzlich und verletzt damit die entsprechend zugrundeliegende Sondernorm aus der StVO. Im Unterschied dazu muss er die dadurch auftretende konkrete Gefahr aber nicht vorsätzlich, sondern nur fahrlässig herbeiführen.

---

621 - Alle Aspekte, die in Raserfällen für die Feststellung der subjektiven Tataspekte hinsichtlich des Vorsatzes der Raser wichtig bzw. problematisch sind, werden ausführlich später im Rahmen des Schädigungsvorsatzes unter D.II.1.c)ee)(2)(b) [S. 322] behandelt, denn die dazugehörigen Probleme sind beim Tötungsvorsatz am weitreichendsten. Entsprechende Erkenntnisse münden in das Verständnis, das hier und der gesamten Arbeit zugrunde liegt.

Allgemein handelt nach herrschendem Verständnis fahrlässig, wer eine vorwerfbare Sorgfaltspflichtverletzung begeht. In subjektiver Hinsicht ist dafür die persönliche Vorwerfbarkeit notwendig, also dass der Täter nach seinen individuellen Fähigkeiten in der Lage war, den Erfolg vorauszusehen und die gebotene Sorgfalt einzuhalten. Objektiv ist das Außerachtlassen der im Verkehr erforderlichen Sorgfalt bei objektiver Voraussehbarkeit des Erfolgs erforderlich. Die objektiven Sorgfaltsanforderungen bestimmen sich danach, was eine gewissenhafte und besonnene Person an der Stelle des Täters getan hätte, um den Erfolg als Verletzung des geschützten Rechtsguts zu verhindern. Objektiv voraussehbar ist dabei, womit ein umsichtiger Dritter aus dem Verkehrskreis des Täters in der Situation aufgrund der allgemeinen Lebenserfahrung gerechnet hätte.[622]

Zur Bestimmung der Sorgfalt im Verkehr wird häufig auf Sondernormen zurückgegriffen. Solche Normen stellen explizite Verhaltensregeln auf, um Rechtsgüter vor entsprechenden Gefahren durch abweichendes Verhalten zu schützen. Sie sind heutzutage in fast jedem rechtlich geregelten Lebensbereich zu finden und gerade im Straßenverkehr allgegenwärtig (vor allem StVG und StVO). Werden sie missachtet, indiziert das nach überwiegender Ansicht die Verletzung entsprechender Sorgfaltspflichten. Aus der Verletzung einer spezifischen Sondernorm ergibt sich aber nicht per se eine Sorgfaltspflichtverletzung

---

- Siehe insofern zum Vorsatzeinwand der Gefahrunterschätzung bzw. der Überschätzung der eigenen Fahrfähigkeiten D.II.1.c)ee)(2)(b)(cc) [S. 335] – grundlegend mit Fußnote 953 – und zum Vorsatzeinwand der Unerwünschtheit des Erfolgseintritts bzw. der Selbstschädigung D.II.1.c)ee)(2)(b)(ee) [S. 349] – grundlegend mit Fußnote 1001.

622 - RGSt 67, 12 (18); BGHSt 49, 1 (5); BGH, NJW 2000, 2754 (2758); *Fischer*, § 15 StGB Rn. 19 ff.; LK – *Vogel/Bülte*, § 15 StGB Rn. 155 ff.; Schönke/Schröder – *Sternberg-Lieben/Schuster*, § 15 StGB Rn. 120; Matt/Renzikowski – *Gaede*, § 15 StGB Rn. 38 ff.; *Wessels/Beulke/Satzger*, StR AT, Rn. 1101 ff.; *Rengier*, StR AT, Rn. 52/11 ff.; *Kindhäuser/Zimmermann*, StR AT, Rn. 33/11 ff.; *Hoffmann-Holland*, StR AT, Rn. 814 f.
- Teilweise werden alle Elemente der Fahrlässigkeit allein dem Tatbestand zugeordnet (Matt/Renzikowski – *Gaede*, § 15 StGB Rn. 34; *Renzikowski*, Restriktiver Täterbegriff, S. 233 ff.; *Stratenwerth/Kuhlen*, StR AT, Rn. 15/12 f. u. 15/44). Herrschend werden demgegenüber die objektiven Fahrlässigkeitsvoraussetzungen dem Tatbestand und die subjektiven der Schuld zugeordnet (Schönke/Schröder – *Sternberg-Lieben/Schuster*, § 15 StGB Rn. 110 ff.; MüKo-StGB – *Hardtung*, § 222 Rn. 10 u. 92; *Wessels/Beulke/Satzger*, StR AT, Rn. 1102 f.; *Rengier*, StR BT 2, Rn. 44/3 f.). Diese Einordnungsproblematik spielt im Ergebnis hier jedoch keine Rolle.

sowie umgekehrt bei ihrer Befolgung nicht zwingend sorgfaltsmäßig gehandelt wird.[623]

Bei der Vorsatz-Fahrlässigkeits-Kombination des § 315c I Nr. 2, III Nr. 1 begeht der Fahrer den entsprechenden Verkehrsverstoß vorsätzlich und verletzt damit die zugrundeliegende Sondernorm aus der StVO. Für die Fahrlässigkeit verbietet sich aber nach der wohl herrschenden Betrachtung ein direkter Schluss aus dem (vorsätzlichen) Verkehrsverstoß auf die Sorgfaltswidrigkeit hinsichtlich der konkreten Gefahr.[624] Indem der Fahrer gegen die StVO-Norm verstößt, die der begangenen Todsünde des § 315d I Nr. 2 zugrunde liegt, schafft er in jedem Fall eine unerlaubte Gefahr. Da die Sondernorm andere Personen gerade vor Schäden durch Unfälle infolge solchen Verkehrsfehlverhaltens schützen soll, lässt der Fahrer auch im Hinblick auf die konkrete Gefährdung die im Verkehr erforderliche Sorgfalt außer Acht. Die Fahrlässigkeit hinsichtlich der konkreten Gefährdung erfordert darüber hinaus, dass der Fahrer im Sinne der Vorhersehbarkeit hätte erkennen müssen, dass sein verkehrswidriges Verhalten zu der konkreten Gefährdung führen kann.[625]
Tatsächlich wird es bei einem vorsätzlichen Verkehrsverstoß des Rasers nur sehr selten vorkommen, dass er den verursachten Beinaheunfall nicht als mögliche Folge seines sorgfaltswidrigen Fahrens hätte erkennen können. Handelt ein Raser ohne Vorsatz hinsichtlich der konkreten Gefahr, kann ihm deshalb in aller Regel ein Vorwurf nach § 315c I Nr. 2, III Nr. 1 gemacht werden.

(c) Fahrlässigkeit (§ 315c I Nr. 2, III Nr. 2)

Bei der fahrlässigen Straßenverkehrsgefährdung nach § 315c I Nr. 2, III Nr. 2 handelt der Täter sowohl hinsichtlich des Handlungs- wie auch des

623 BGHSt 4, 182 (185 f.); BGHSt 12, 75 (77 ff.); BGHSt 49, 1 (5 f.); LK – *Vogel/Bülte*, § 15 StGB Rn. 219 ff. u. 268; Matt/Renzikowski – *Gaede*, § 15 StGB Rn. 39 f.; *Fischer*, § 15 StGB Rn. 19 ff.; *Jescheck/Weigend*, StR AT, S. 581; *Roxin/Greco*, AT 1, Rn. 24/15 ff.; *Wessels/Beulke/Satzger*, StR AT, Rn. 1123; *Kühl*, StR AT, Rn. 17/7 ff.

624 SK-StGB – *Wolters*, § 315c Rn. 29 u. § 227 Rn. 4; MüKo-StGB – *Pegel*, § 315c Rn. 110; NK-StGB – *Zieschang*, § 315 Rn. 47 u. § 315c Rn. 57; *Wessels/Beulke/Satzger*, StR AT, Rn. 1147.

625 Entsprechend sieht es die herrschende Meinung jedenfalls bei den – hier insofern vergleichbaren – erfolgsqualifizierten Delikten (§ 18 StGB): BGHSt 24, 213 (215); BGHSt 51, 18 (21); BGH, NStZ 2001, 478 (478 f.); *Fischer*, § 227 StGB Rn. 7a; Lackner/Kühl – *Kühl*, § 227 StGB Rn. 3; Schönke/Schröder – *Sternberg-Lieben*, § 227 StGB Rn. 7; *Jescheck/Weigend*, StR AT, S. 261 f.; *Kindhäuser/Schramm*, StR BT 1, Rn. 10/14 (siehe dazu auch D.II.1.c)bb)(4) [S. 276] mit Fußnote 777).

Gefährdungsteils fahrlässig. Da das Führen eines Fahrzeugs nur willentlich und damit vorsätzlich erfolgen kann, besteht der Handlungsteil genau genommen aus einem vorsätzlichen Fahrzeugführungs- und einem fahrlässigen Verkehrsverstoß-Teil, womit insgesamt eine Vorsatz-Fahrlässigkeit-Fahrlässigkeits-Kombination vorliegt.[626]

Für die Fahrlässigkeit des Fahrers genügt sowohl sein bewusstes wie auch unbewusstes fahrlässiges Verhalten. Dies ist mit dem Merkmal der Rücksichtslosigkeit vereinbar, denn auch gleichgültige Gedankenlosigkeit zulasten eigener Verkehrspflichten und zugunsten des eigenen Vorankommens sind rücksichtslos. § 315c I Nr. 2, III Nr. 2 greift ebenfalls dann ein, wenn der Vorsatz des Fahrers nicht alle Elemente des Handlungsteils (Verkehrsverstoß, grobe Verkehrswidrigkeit) umfasst, der Fahrer ansonsten aber fahrlässig handelt.[627]
Für die fahrlässige Herbeiführung der konkreten Gefahr gelten die Ausführungen zur Vorsatz-Fahrlässigkeits-Kombination entsprechend. In jedem Falle ist die Fahrlässigkeit hinsichtlich der konkreten Gefahr gesondert zu prüfen.[628]

Bei Raserei wird der Fahrer aufgrund der eklatanten Verkehrsverstöße und der besonders schnellen Fahrt regelmäßig – zumindest hinsichtlich des Handlungsteils – vorsätzlich handeln. Neben den seltenen Fällen der tatsächlich rein fahrlässigen Begehung dient die Fahrlässigkeitsvariante des § 315c I Nr. 2, III Nr. 2 als Auffangstrafbarkeit für die Fälle, in denen dem Täter sein vorsätzlicher Verkehrsverstoß nach § 315c I Nr. 2 nicht nachgewiesen, ihm insofern aber zumindest Fahrlässigkeit zur Last gelegt werden kann.

bb) Gefährlicher Eingriffe in den Straßenverkehr – § 315b StGB

Mit § 315b werden gefährliche Eingriffe in den Straßenverkehr unter Strafe gestellt. Das 56. Strafrechtsänderungsgesetz hat auch § 315b unberührt gelassen.

---

626 - Wie es das Gesetz macht und es auch sonst üblich ist, wird die dargestellte Aufteilung des Handlungsteils bei § 315c I Nr. 2, III Nr. 2 im Folgenden nicht weiter verfolgt.
- Stützend: OLG Frankfurt, NZV 1990, 277 (277); OLG Düsseldorf, NZV 1992, 197 (198); SK-StGB – *Wolters*, § 315c Rn. 33; LK – *König*, § 315c StGB Rn. 34 u. 189; MüKo-StGB – *Pegel*, § 315c Rn. 111.

627 BGHSt 5, 392 (394 ff.); Schönke/Schröder – *Hecker*, § 315c StGB Rn. 40; LK – *König*, § 315c StGB Rn. 195; SK-StGB – *Wolters*, § 315c Rn. 33 f.; *Fischer*, § 315c StGB Rn. 19 ff.; MüKo-StVR – *Hagemeier*, § 315c StGB Rn. 83; B/H/H/J – *Burmann*, § 315c StGB Rn. 34.

628 Siehe soeben: D.II.1.b)aa)(4)(b) [S. 223].

Die Vorschrift weist viele Gemeinsamkeiten mit der Straßenverkehrsgefährdung auf,[629] insbesondere schützen beide die gleichen Rechtsgüter. Ihr wesentlicher Unterschied liegt in der systematisch anderen Richtung der Verkehrseinwirkung: Während § 315c I (Nr. 2) genau bezeichnete Verkehrsverstöße abschließend unter Strafe stellt, beziehen sich die Tatvarianten des § 315b I grundsätzlich nur auf verkehrsexterne Eingriffe in den Straßenverkehr. Diese Trennung der strafbaren Verkehrseinwirkung von innen (§ 315c) und außen (§ 315b) erfährt nur für die Fälle des verkehrsfremden/-feindlichen Inneneingriffs unter sehr strengen Voraussetzungen eine anerkannte Durchbrechung.[630]
Für die Raserei stellt sich deshalb die Frage, ob sie überhaupt einen gefährlichen Eingriff in den Straßenverkehr nach § 315b darstellen kann und wenn ja, auf welche ihrer Formen dies zutrifft.

(1) Verkehrseingriff

Tathandlungen zur Verwirklichung von § 315b sind das Zerstören, Beschädigen oder Beseitigen von Anlagen oder Fahrzeugen (Abs. 1 Nr. 1), das Bereiten von Hindernissen (Abs. 1 Nr. 2) oder die Vornahme eines ähnlichen, ebenso gefährlichen Eingriffs (Abs. 1 Nr. 3). Beim Rasen im Straßenverkehr sind diese Tatvarianten nur in Form von verkehrsfremden Inneneingriffen bedeutsam, wobei eine Verwirklichung von § 315b I Nr. 1 schwer vorstellbar ist[631]. Anders ist es beim Hindernisbereiten (Nr. 2) – bei dem es auf den Erfolg des Hindernisses und nicht auf die Handlung des Bereitens ankommt[632] – und beim ebenso gefährlichen Eingriff (Nr. 3) – der als Generalklausel solche Handlungen

---

629 Siehe insofern entsprechende Ausführungen zu § 315c unter D.II.1.b)aa) [S. 202].

630 BGHSt 41, 231 (233 ff.); BGHSt 48, 233 (236 ff.); BeckOK-StGB – *Kudlich*, § 315b StGB Rn. 1 ff.; Schönke/Schröder – *Hecker*, § 315c StGB Rn. 1 u. 7 ff.; Matt/Renzikowski – *Renzikowski*, § 315b StGB Rn. 1 u. 6 f.; *Fischer*, § 315b StGB Rn. 2 u. 9; MüKo-StVR – *Hagemeier*, § 315b StGB Rn. 6 ff.; B/H/H/J – *Burmann*, § 315b StGB Rn. 2; *Rengier*, StR BT 2, Rn. 45/3; *Jansen*, NZV 2017, 214 (214 f.).

631 - Stützend: LK – *König*, § 315b StGB Rn. 25, dessen Beispiele für verkehrsfremde Inneneingriffe nach § 315b I Nr. 1 keine Raserfälle betreffen.
- Verkehrsfremde Inneneingriffe werden ganz überwiegend als Fälle von § 315b I Nr. 2 und 3 behandelt: *Fischer*, § 315b StGB Rn. 11 ff. und *Rengier*, StR BT 2, Rn. 45/11 ff.

632 *Fischer*, § 315b StGB Rn. 7; MüKo-StGB – *Pegel*, § 315b Rn. 29; SK-StGB – *Wolters*, § 315b Rn. 11.

erfasst, die den Nrn. 1 und 2 im Gefährdungspotenzial ebenbürtig sind[633]. Z. B. durch unnötig sehr starkes Abbremsen vor einem anderen Fahrzeug, abruptes Spurwechseln, direktes Zufahren auf einen Anderen (insb. auf der Gegenfahrspur) oder Schneiden einer Kurve bei entsprechendem Gegenverkehr wird mit dem geführten Fahrzeug für andere eine verkehrssicherheitsrelevante Barriere gebildet, was ein Hindernis nach § 315b I Nr. 2 bereitet.[634] Solche Fahrweisen werden bei illegalen Straßenrennen mitunter angewandt, um den Gegner am Überholen zu hindern bzw. auszubremsen, sich den Fahrweg freizumachen oder schlicht möglichst schnell voranzukommen. Als Auffangvariante bietet § 315b I Nr. 3 den größten Raum, Verhaltensweisen der Raserei als gefährlichen Eingriff einzustufen. Fährt der Fahrer z. B. geradewegs auf einen stehenden Verkehrsteilnehmer zu, drängt er einen anderen Fahrzeugführer ab (soweit dies nicht schon unter Nr. 2 fällt) oder rammt gar einen anderen Verkehrsteilnehmer, begeht er Eingriffshandlungen nach § 315b I Nr. 3.[635] Solches Verkehrsverhalten von Rasern kann mitunter bei besonderer Eskalation von Straßenrennen und bei Polizeiverfolgungen beobachtet werden.

Voraussetzung für einen verkehrsfremden Inneneingriff ist, dass der Fahrer das Fahrzeug bewusst zweckentfremdet; objektiv muss die erfolgte Einwirkung grob und von einigem Gewicht sein, subjektiv muss er gerade dadurch die Beeinträchtigung der Verkehrssicherheit beabsichtigen (verkehrsfeindliche Pervertierung).[636] Darüber hinaus wird insbesondere von der Rechtsprechung weiterführend

---

633 BGHSt 25, 306 (307); Schönke/Schröder – *Hecker*, § 315c StGB Rn. 9; MüKo-StGB – *Pegel*, § 315b Rn. 37 ff.; BeckOK-StGB – *Kudlich*, § 315b Rn. 15; NK-StGB – *Zieschang*, § 315b Rn. 21; *Rengier*, StR BT 2, Rn. 45/23.

634 BGHSt 7, 379 (379 f.); BGHSt 21, 301 (302 f.); BGHSt 22, 67 (72); BGH, NZV 2012, 393 (393); BGH, NZV 2016, 533 (534); Schönke/Schröder – *Hecker*, § 315b StGB Rn. 8; MüKo-StGB – *Pegel*, § 315b Rn. 33 f.; BeckOK-StGB – *Kudlich*, § 315b Rn. 13; S/S/W-StGB – *Ernemann*, § 315b Rn. 13; MüKo-StVR – *Hagemeier*, § 315b StGB Rn. 16.

635 BGHSt 22, 67 (72); BGH, NStZ-RR 2001, 298 (298); Schönke/Schröder – *Hecker*, § 315b StGB Rn. 10; S/S/W-StGB – *Ernemann*, § 315b Rn. 14; Matt/Renzikowski – *Renzikowski*, § 315b StGB Rn. 14 f.; B/H/H/J – *Burmann*, § 315b StGB Rn. 6b; MüKo-StVR – *Hagemeier*, § 315b StGB Rn. 21; *Rengier*, StR BT 2, Rn. 45/28 f.

636 BGHSt 23, 4 (6 ff.); BGHSt 41, 231 (236 f.); LK – *König*, § 315b StGB Rn. 12; *Fischer*, § 315b StGB Rn. 9 f.; Schönke/Schröder – *Hecker*, § 315c StGB Rn. 9; Matt/Renzikowski – *Renzikowski*, § 315b StGB Rn. 6 f.; Lackner/Kühl – *Heger*, § 315b StGB Rn. 4; MüKo-StVR – *Hagemeier*, § 315b StGB Rn. 8; *Rengier*, StR BT 2, Rn. 45/16; *Wessels/Hettinger/Engländer*, StR BT 1, Rn. 987 f.; *Eisele*, KriPoZ 2018, 32 (33); *Paul*, DAR 2017, 678 (681).

Schädigungsvorsatz gefordert, sodass der Fahrer nicht nur eine Gefährdung, sondern auch einen Schadenseintritt zumindest bedingt wollen müsse.[637]
Diese zusätzliche Voraussetzung stößt zu Recht auf erhebliche Kritik. Denn einerseits ermöglicht bereits die bewusste Zweckentfremdung des Fahrzeugs eine hinreichende Abgrenzung und Strafbarkeitsbeschränkung, weil mit ihr die Verkehrsvorgänge des Vorankommens von solchen der erheblichen (negativen) Verkehrsbeeinflussung unterschieden werden können. Letztere liegen im Anwendungsbereich des § 315b, weil der Verkehrsvorgang dann zu einem Eingriff in den Straßenverkehr erfolgt und sich gerade nicht in der Verletzung einer Verkehrsregel erschöpft, worauf § 315c ausgerichtet ist. Mit der verkehrsfeindlichen Absicht wird auch auf subjektiver Ebene hinreichend sichergestellt, dass der Fahrer das eingreifende Fahrverhalten nicht zum bloßen Verkehrsregelverstoß bzw. Vorankommen, sondern zur gezielten Beeinträchtigung der Verkehrssicherheit einsetzt. Andererseits steht der geforderte Schädigungsvorsatz im Widerspruch zur Ausgestaltung des § 315b als konkretes Gefährdungsdelikt, das nach seiner Natur gerade keinen Schädigungsvorsatz voraussetzt. Letztlich setzt die Rechtsprechung Gefährdungs- und Schädigungsvorsatz gleich, was sie sonst zu Recht vehement ablehnt[638]. Zudem verschwimmen dann die Grenzen zur Qualifikation des § 315b III i.V.m. § 315 III Nr. 1a. Die Voraussetzung des Schädigungsvorsatzes für einen unter § 315b I fallenden verkehrsfremden Inneneingriff ist deshalb gesetzessystematisch und als zur inhaltlichen Abgrenzung ungeeignet abzulehnen.[639]

Sowohl bei Einzelraserei als auch bei einem Straßenrennen bewegen sich die Fahrer in ihren Fahrzeugen unter Missachtung der erlaubten Höchstgeschwindigkeit möglichst schnell fort. Warum gerast wird, beruht auf vielschichtigen Gründen. Ob ein verkehrswidriges Fahrzeugführen zu Unterhaltungs-, Wettkampf- o. ä. Zwecken als Zweckentfremdung angesehen werden kann,[640] ist

637 BGHSt 48, 233 (237 f.); BGH, DAR 2004, 230 (230); BGH, DAR 2006, 30 (30); BGH, NStZ 2010, 391 (392); BGH, NZV 2012, 249 (249); Lackner/Kühl – *Heger*, § 315b StGB Rn. 4; *Maatz*, NZV 2006, 337 (346).

638 Siehe zum Unterschied von konkretem Gefährdungs- und Schädigungsvorsatz: D.II.1.b)aa)(4)(a) [S. 218].

639 LK – *König*, § 315b StGB Rn. 12 ff. u. 57; Schönke/Schröder – *Hecker*, § 315b StGB Rn. 10; MüKo-StGB – *Pegel*, § 315b Rn. 18 f.; SK-StGB – *Wolters*, § 315b Rn. 17; *Seier/Hillebrand*, NZV 2003, 490 (490 f.); *Hecker*, JuS 2010, 364 (365 f.).

640 - So *Preuß*, NZV 2017, 105 (108 mit Fn. 66 und Verweis auf OLG Düsseldorf, NStZ-RR 1997, 325 (326)).
- Siehe zu den verschiedenen Gründen und Motiven der Raserei: C.III.2. [S. 58].

jedoch fraglich. Denn auch das möglichst schnelle Fahren kann trotz seiner großen Gefahren für die Verkehrssicherheit nicht als verkehrsuntypisch eingestuft werden, weil (selbst erhebliche) Geschwindigkeitsüberschreitungen im Straßenverkehr allgegenwärtig sind und klassische Verkehrsverstöße darstellen. Sogar das Gesetz stützt diese Betrachtung mit § 29 I StVG a. F., in dem die besonders gefahrträchtigen Straßenrennen als übermäßige Straßenbenutzung und damit als ein auf die Fortbewegung ausgerichtetes Verkehrsverhalten eingestuft wurden, was § 315d (I) nun bestätigt. Hielte man mit der Gegenansicht die Motive des Fahrers für maßgeblich, würde die Verkehrsfeindlichkeit aus der Gesinnung des Rasers folgen. Das möglichst schnelle Fahren ist aber – unabhängig von den Motiven – (schwerpunktmäßig) auf die Fortbewegung gerichtet, womit keine Zweckentfremdung vorliegt. Das schlichte Rasen in Form der Einzelraserei oder der illegalen Straßenrennen stellt damit keinen verkehrsfremden Inneneingriff dar und ist nicht nach § 315b als gefährlicher Eingriff in den Straßenverkehr einzustufen.[641]
Anders liegt die Sache bei besonderem Verkehrsverhalten im Rahmen der Raserei wie z. B. dem bereits erwähnten Verhindern des Überholens oder Abdrängens des Konkurrenten. Diese Eingriffshandlungen sind im normalen Straßenverkehr untypisch und greifen erheblich negativ darin ein. Obwohl sich der Fahrer weiterhin fortbewegt, zielt sein Verhalten in diesem Moment nicht in erster Linie auf seine Fortbewegung, sondern auf die Nötigung des anderen Verkehrsteilnehmers ab. Die dennoch stattfindende Fortbewegung ist dabei nur Begleiterscheinung und erst nach der Nötigung erstarkt sie wieder zum Hauptzweck der Fahrt. Insofern liegt ein verkehrsfremder Inneneingriff vor.

(2) Beeinträchtigung der Straßenverkehrssicherheit und konkrete Gefährdung

Der Eingriff nach § 315b muss die Sicherheit des Straßenverkehrs beeinträchtigen. Ist das Verhalten generell dazu geeignet, den Verkehr zu gefährden, also die allgemeinen Gefahren des Straßenverkehrs zu erhöhen, beeinträchtigt es

---

641 Stützend: OLG Köln, Ss 62/03, Beschluss vom 07.03.2003, Rn. 8 f. – im Internet abrufbar: http://research.wolterskluwer-online.de (Stand: 24.11.2020); AG Lübeck, BeckRS 2011, 29818; BeckOK-StGB – *Kudlich*, § 315b Rn. 16; *Bönig*, Verbotene Kraftfahrzeugrennen, S. 15 f.; *Mitsch*, DAR 2017, 70 (71); *Kubiciel/Hoven*, NStZ 2017, 439 (444 f.); *Eisele*, KriPoZ 2018, 32 (33); *Zehetgruber*, NJ 2018, 360 (361 in Fn. 5).

die Straßenverkehrssicherheit.[642] Dass die möglichen verkehrsfremden Eingriffshandlungen im Rahmen der Raserei die Gefahren des Straßenverkehrs wesentlich erhöhen und damit die Verkehrssicherheit beeinträchtigen, steht außer Frage.

Durch den Eingriff muss es daneben zu einer konkreten Gefährdung von Leben, Leib oder fremden Sachen mit bedeutendem Wert kommen. Dieses Tatbestandsmerkmal und seine Besonderheiten sind im Zusammenhang mit der Raserei schon aus § 315c I bekannt.[643]
Vermehrt wird darüber hinaus gefordert, dass die konkrete Gefahr verkehrsspezifisch ist. Sie muss demnach aus den typischen Fortbewegungskräften, also der Dynamik des Straßenverkehrs, folgen und sich als Steigerung der durch die Eingriffshandlung herbeigeführten Beeinträchtigung der Straßenverkehrssicherheit darstellen. Des Weiteren dürfen der Eingriff und der konkrete Gefährdungserfolg nicht deckungsgleich sein, sondern müssen sich trotz etwaiger Unmittelbarkeit bzw. Überschneidung differenzierbar als Auslöser und Folge darstellen.[644]
Im Zusammenhang mit dem Rasen bereiten diese weiteren Voraussetzungen keine Probleme, weil der verkehrsfremde Inneneingriff durch die besondere Fortbewegung des Raserfahrzeugs gegenüber dem anderen Verkehrsteilnehmer erfolgt. Die (letztlich) resultierende konkrete Gefahr für die betroffenen Individualrechtsgüter entspringt so der Dynamik des Straßenverkehrs und stellt sich dabei als Steigerung der (zuvor) herbeigeführten Erhöhung der allgemeinen Verkehrsgefahren dar.

---

642 BGHSt 48, 119 (121 f.); BGH, NStZ 2007, 34 (35); *Fischer*, § 315b StGB Rn. 5; Schönke/Schröder – *Hecker*, § 315b StGB Rn. 3; LK – *König*, § 315b StGB Rn. 58 ff.; BeckOK-StGB – *Kudlich*, § 315b Rn. 22 f.; MüKo-StVR – *Hagemeier*, § 315b StGB Rn. 22; *Wessels/Hettinger/Engländer*, StR BT 1, Rn. 986.

643 - Siehe entsprechend: D.II.1.b)aa)(2) [S. 203] und (3) [S. 207].
- BeckOK-StGB – *Kudlich*, § 315b Rn. 25; Matt/Renzikowski – *Renzikowski*, § 315b StGB Rn. 16 f.; B/H/H/J – *Burmann*, § 315b StGB Rn. 9; *Wessels/Hettinger/Engländer*, StR BT 1, Rn. 986.

644 BGHSt 48, 119 (121 ff.); BGH, NStZ 2009, 100 (101); *Fischer*, § 315b StGB Rn. 5 u. 17a f.; MüKo-StGB – *Pegel*, § 315b Rn. 53; BeckOK-StGB – *Kudlich*, § 315b Rn. 26; LK – *König*, § 315b StGB Rn. 59 ff. u. 83; Matt/Renzikowski – *Renzikowski*, § 315b StGB Rn. 16; B/H/H/J – *Burmann*, § 315b StGB Rn. 9; MüKo-StVR – *Hagemeier*, § 315b StGB Rn. 25; *Wessels/Hettinger/Engländer*, StR BT 1, Rn. 986.

(3) Vorsatz, Vorsatz-Fahrlässigkeits-Kombination oder Fahrlässigkeit

Wie § 315c kann auch § 315b als reines Vorsatzdelikt (§ 315b I), als Vorsatz-Fahrlässigkeits-Kombination (§ 315b I, IV) oder als reine Fahrlässigkeitstat (§ 315b I, V) verwirklicht werden. Abgesehen von bestimmten Besonderheiten gelten hier ebenfalls die Ausführungen zu § 315c entsprechend.[645]

Eine Besonderheit von § 315b besteht in seiner Struktur. Neben dem Handlungs- und konkreten Gefährdungsteil besitzt er einen abstrakten Gefährdungsteil bzgl. der Gefahrerhöhung für die allgemeine Verkehrssicherheit. Der abstrakte Gefährdungsteil steht neben dem Handlungsteil, sodass sich bei § 315b I und IV der Vorsatz, bei § 315d V die Fahrlässigkeit auch auf diesen Gefährdungsteil beziehen muss.[646]

Da eine Strafbarkeit beim Rasen nach § 315b nur als verkehrsfremder Inneneingriff möglich ist, muss der Raser sein Fahrzeug auch subjektiv bewusst zweckentfremden. Eine bewusste Zweckentfremdung liegt vor, wenn es dem Fahrer mit seinem Verhalten gerade auf die Beeinträchtigung der Verkehrssicherheit ankommt. Eine rein fahrlässige Begehung nach § 315b I, V scheidet damit für verkehrsfremde Inneneingriffe aus, weil die verkehrsfeindliche Absicht eine Handlung mit dolus directus 1. Grades erfordert. Auch für die Vorsatz-Fahrlässigkeits-Kombination nach § 315b I, IV bleibt bei verkehrsfremden Inneneingriffen kaum Raum, weil die herrschende Meinung darüber hinaus für die konkrete Gefahr zumindest Eventualvorsatz verlangt. Nur wenn beim gezielten Inneneingriff eine andere als die vom Fahrer angenommene konkrete Gefährdung eintritt, kann eine fahrlässige Folgenherbeiführung einen Inneneingriff nach § 315b I, IV darstellen.[647]

645 Siehe dazu: D.II.1.b)aa)(4) [S. 218].

646 MüKo-StGB – *Pegel*, § 315b Rn. 56; S/S/W-StGB – *Ernemann*, § 315b Rn. 18; BeckOK-StGB – *Kudlich*, § 315b Rn. 27 u. 30; Schönke/Schröder – *Hecker*, § 315c StGB Rn. 15; LK – *König*, § 315b StGB Rn. 2 u. 84 f.; *Fischer*, § 315b StGB Rn. 5 u. 20 f.; Matt/Renzikowski – *Renzikowski*, § 315b StGB Rn. 1 u. 18 ff.; *Wessels/Hettinger/Engländer*, StR BT 1, Rn. 985.

647 BGH, NStZ 1992, 233 (233 f.); BGHSt 23, 4 (8); OLG Köln, NZV 1991, 319 (319 f.); LK – *König*, § 315b StGB Rn. 84a; *Fischer*, § 315b StGB Rn. 20 f.; Schönke/Schröder – *Hecker*, § 315c StGB Rn. 15; S/S/W-StGB – *Ernemann*, § 315b Rn. 18; MüKo-StGB – *Pegel*, § 315b Rn. 57; Matt/Renzikowski – *Renzikowski*, § 315b StGB Rn. 18 ff.; BeckOK-StGB – *Kudlich*, § 315b Rn. 29 f.; MüKo-StVR – *Hagemeier*, § 315b StGB Rn. 31 f.; *Rengier*, StR BT 2, Rn. 45/16 f.

Verkehrsfremde Inneneingriffe wie das Schneiden einer Kurve trotz Gegenverkehrs oder das Abdrängen eines Konkurrenten werden von Rasern angewendet, um mit dem Fahrmanöver den Fahrweg freizumachen und damit möglichst schnell voranzukommen oder sich vor dem Renngegner zu behaupten. Dafür wollen sie den anderen Verkehrsteilnehmer zwar in aller Regel absichtlich nötigen und – als notwendiges Zwischenziel – auch die Verkehrssicherheit gezielt beeinträchtigen. Doch nur selten (z. B. beim Wegrammen eines anderen Fahrzeugs von der Straße) nimmt ein Raser dabei nicht nur die konkrete Gefahr, sondern auch einen Unfall mit Schädigungen fremder Rechtsgüter in Kauf. Denn sein Ziel des möglichst schnellen Vorankommens erreicht er zumeist schon durch die bloße Nötigung und bei einem Unfall würden ihm sowie seinem Fahrzeug erhebliche Schäden drohen. Auf diesen Unterschied kommt es hier aber nicht an, weil die bewusste Zweckentfremdung für einen verkehrsfremden Inneneingriff ausreicht und entgegen der Rechtsprechung kein Schädigungsvorsatz erforderlich ist.

Um keinen verkehrsfremden Inneneingriff handelt es sich aber, wenn es einem Raser mit seinem Fahrverhalten allein um das möglichst schnelle Vorankommen geht. Dann hat er nämlich nicht die Absicht, die Verkehrssicherheit durch seinen Eingriff zu beeinträchtigen, sodass keine bewusste Zweckentfremdung des Fahrzeugs erfolgt. Anders ist es jedoch, wenn der von der Polizei verfolgte Raser auf einen ihm den Weg versperrenden Polizeibeamten zufährt. Zwar geht es dem Raser bei diesen Fluchtfahrten letztlich um das Entkommen und damit das möglichst schnelle Vorankommen, doch will er den Beamten in der konkreten Situation gezielt zum Weg-frei-Machen zwingen. Selbst wenn der Raser auf das rechtzeitige Beiseitespringen des Beamten vertraut, liegt der Schwerpunkt seines Verkehrsverhaltens dabei nicht (nur) in der bloßen Fortbewegung, sondern (auch) in der Nötigung und er beeinträchtigt die Verkehrssicherheit absichtlich, womit er sein Fahrzeug bewusst zweckentfremdet.[648]

648 Stützend: BGHSt 22, 67 (72); BGHSt 23, 4 (6 f.); BGHSt 26, 176 (177 ff.); OLG Hamm, NStZ-RR 2001, 104 (105); Schönke/Schröder – *Hecker*, § 315b StGB Rn. 10; LK – *König*, § 315b StGB Rn. 42 ff.; MüKo-StVR – *Hagemeier*, § 315b StGB Rn. 21; Matt/Renzikowski – *Renzikowski*, § 315b StGB Rn. 14 f.; *Dreher*, JuS 2003, 1159 (1161 f.).

(4) Qualifikationen (§ 315b III)

Erfüllt der Täter die Voraussetzungen des § 315b I im Rahmen der Raserei, können darüber hinaus die Qualifikationsvarianten der §§ 315b III, 315 III eine Rolle spielen.

Anders als § 315c enthält § 315b III mit Verweis auf § 315 III eine Qualifikation mit deutlich erhöhtem Strafrahmen. Dafür muss der Täter entweder in der Absicht handeln, einen Unglücksfall herbeizuführen (§ 315 III Nr. 1 lit. a) oder eine andere Straftat zu verdecken bzw. zu ermöglichen (§ 315 III Nr. 1 lit. b). Ebenso ist die Qualifikation erfüllt, wenn durch die Tat Gesundheitsschädigungen bei einer großen Zahl von Menschen oder eine schwere bei einem einzelnen herbeigeführt werden (§ 315 III Nr. 2). Gemäß der Stellung der Qualifikation in § 315b III bezieht sich diese lediglich auf rein vorsätzliche gefährliche Eingriffe nach § 315b I.[649]

Der Täter hat die Absicht, einen Unglücksfall herbeizuführen, wenn sein Wille final auf das Verursachen eines (plötzlich) äußeren Ereignisses gerichtet ist, bei dem ein Schaden eintreten soll. Diese Absicht verlangt als rein subjektives Merkmal insofern dolus directus 1. Grades, nicht aber einen tatsächlichen Schadenseintritt.[650]
Für die Variante des absichtlichen Ermöglichens bzw. Verdeckens einer anderen Straftat bedarf es ebenso des dolus directus 1. Grades, nicht aber einer anderen Straftat in objektiver Hinsicht. Die zumindest vorgestellte andere Straftat darf nicht die Haupttat selbst, also mit ihr deckungsgleich sein; Tateinheit ist allerdings möglich. Als andere Straftat zählt auch eine solche, die nach Tätervorstellung von einem anderen als dem handelnden Täter begangen wird. Bei der Ermöglichungsabsicht dient der Verkehrseingriff als Haupttat nach dem Täterwillen dazu, eine andere Straftat zumindest zu fördern, ohne dabei zwingend notwendiges Mittel dafür zu sein. Bei der Verdeckungsabsicht geht es dem Täter hingegen darum, dass eine (vorgestellte) vorherige Straftat nicht entdeckt wird oder er als Täter unerkannt bleibt bzw. entsprechende Beweise beseitigt

---

649 MüKo-StGB – *Pegel*, § 315 Rn. 86; S/S/W-StGB – *Ernemann*, § 315 Rn. 19 u. § 315b Rn. 23; SK-StGB – *Wolters*, § 315b Rn. 29; *Rengier*, StR BT 2, Rn. 45/36; *Eisele*, StR BT 1, Rn. 1166 ff.

650 BGHSt 6, 147 (152); BGHSt 22, 67 (72 f.); BGH, NJW 1996, 329 (330); LK – *König*, § 315 StGB Rn. 113 u. § 315b StGB Rn. 89; BeckOK-StGB – *Kudlich*, § 315 Rn. 23; S/S/W-StGB – *Ernemann*, § 315 Rn. 16; Matt/Renzikowski – *Renzikowski*, § 315 StGB Rn. 24 u. § 323c StGB Rn. 8; MüKo-StVR – *Hagemeier*, § 315b StGB Rn. 36.

werden. Nicht genügend ist demgegenüber der Wille, sich lediglich der Festnahme bzw. Strafverfolgung zu entziehen.[651]
Im Zusammenhang mit der Raserei treten die beiden Varianten des § 315 III Nr. 1 vor allem als mögliche Begleiterscheinungen bei Fluchtfahrten auf. Als nach § 315 III Nr. 1 lit. b zu verdeckende Straftat, die meist Auslöser einer solchen Flucht vor der Polizei ist, kommt grundsätzlich jede vom Täter vorgestellte, zuvor begangene Straftat in Betracht.[652] Dazu zählt auch ein vorheriges Rasen, das der aktuellen Raserei zur Flucht vorausgegangen und selbst nach § 315d oder § 315c strafbar ist. § 315 III Nr. 1 lit. a erscheint darüber hinaus bei einer Renneskalation vorstellbar, wenn ein Rennfahrer den Konkurrenten aus Ärger oder um das Rennen zu gewinnen ausschalten will.

Ist ein solches Manöver erfolgreich oder kommt es anderweitig durch den verkehrsfremden Inneneingriff des Rasers zu einem schweren Unfall, kann §§ 315b III, 315 III Nr. 2 greifen.
Dieser Tatbestand ist eine Erfolgsqualifikation, d. h., der über das vorsätzliche Grunddelikt hinausgehende qualifizierende Erfolg muss gemäß § 18 zumindest fahrlässig herbeigeführt werden. Hinsichtlich der Gesundheitsschädigungen einer großen Zahl von Menschen ist man sich lediglich über den dafür notwendigen Verletzungsgrad einig, der in der objektiven Erfüllung von § 223 (Körperverletzung) liegt. Was aber eine große Zahl von Menschen ist, ist bei einer weiten Bandbreite an Meinungen äußerst umstritten. Ohne eine gesetzlich exakte Festlegung wird sich daran auch nichts ändern, weil sich eine genaue Zahl nicht frei von Beliebigkeit begründen lässt. Als für den Verkehr angemessen erscheint aber wohl eine Zahl von 10 (jedenfalls aber 14) Personen, die durch den Eingriff verletzt werden müssen. Eine schwere Gesundheitsschädigung verlangt demgegenüber eine Verletzung, deren Schweregrad mit einer schweren Körperverletzung nach § 226 I vergleichbar ist.[653]

---

651 BGHSt 41, 358 (359); BGH, StV 2012, 85 (87); BGHSt 56, 239 (243 ff.); BeckOK-StGB – *Kudlich*, § 315 Rn. 24; BeckOK-StGB – *Eschelbach*, § 211 Rn. 78 ff. u. 88 ff.; LK – *König*, § 315 StGB Rn. 115 ff. u. § 315b StGB Rn. 90; *Fischer*, § 315 StGB Rn. 22a u. § 211 StGB Rn. 63 ff.; Matt/Renzikowski – *Renzikowski*, § 315 StGB Rn. 25; Matt/Renzikowski – *Safferling*, § 211 StGB Rn. 63 ff.; MüKo-StGB – *Pegel*, § 315 Rn. 92; S/S/W-StGB – *Ernemann*, § 315 Rn. 17; MüKo-StVR – *Hagemeier*, § 315b StGB Rn. 38.

652 Siehe weiterführend auch: D.II.1.c)ee)(3)(d) [S. 373].

653 BGHSt 44, 175 (177 f.); BGH, StV 2002, 423 (423 f.); NK-StGB – *Zieschang*, § 315 Rn. 67; LK – *König*, § 315 StGB Rn. 119 ff.; LK – *Valerius*, § 306b StGB Rn. 4 ff.; *Fischer*, § 315 StGB Rn. 23 f. u. § 306b StGB Rn. 4 ff.; Matt/Renzikowski – *Renzikowski*,

Der Tod als Erfolg ist vom Wortlaut des § 315 III Nr. 2 nicht umfasst. Man könnte zwar die schwere Gesundheitsschädigung als zwingendes Durchgangsstadium verstehen, doch wäre dies beim Blick auf andere Vorschriften (z. B. § 221 II Nr. 2/III, § 227 I und § 315d V) mit der Gesetzessystematik nicht vereinbar. Insofern bleibt bei einem fahrlässigen Todeseintritt neben § 222 nur Raum für § 315b I. Dass dem Gesetzgeber damit ein Fehler unterlaufen ist und die Rechtslage entsprechend geändert werden sollte, versteht sich von selbst.[654]

cc) Konkret gefährdende Raserei – § 315d I Nr. 2/3, II und IV StGB

Werden bei der Raserei Leib oder Leben eines anderen Menschen oder fremde Sachen von bedeutendem Wert gefährdet, besteht eine Strafbarkeit nach § 315d I Nr. 2/3, II oder IV StGB. Anknüpfend an § 315d I Nr. 2 und Nr. 3 erhöht § 315d II bei einer vorsätzlichen Herbeiführung dieser Gefahr den Strafrahmen auf Freiheitsstrafe von bis zu fünf Jahren. § 315d IV verweist auf § 315d II und bestraft eine fahrlässige Gefahrherbeiführung mit bis zu drei Jahren Freiheitsstrafe.

(1) Grundlagen der Strafbarkeiten

§ 315d II ist als Qualifikation in Form eines konkreten Gefährdungsdelikts ausgestaltet, das sich nur auf die Begehungsformen der Straßenrennen (Nr. 2) und Einzelraserei (Nr. 3) im Grundtatbestand des § 315d I bezieht. § 315d IV stellt eine entsprechende Vorsatz-Fahrlässigkeits-Kombination dar. Der Gesetzgeber hat beide Qualifikationen an § 315c I sowie III Nr. 1 angelehnt und bedient sich vieler der dort etablierten Tatbestandsmerkmale.[655]

---

§ 315 StGB Rn. 26; Matt/Renzikowski – *Dietmeier*, § 306b StGB Rn. 3 ff.; MüKo-StGB – *Pegel*, § 315 Rn. 94 f.; S/S/W-StGB – *Ernemann*, § 315 Rn. 18; S/S/W-StGB – *Wolters*, § 306b Rn. 4; MüKo-StVR – *Hagemeier*, § 315b StGB Rn. 40 ff.: *Bönig*, Verbotene Kraftfahrzeugrennen, S. 201 f. u. 259.

654 - Siehe zur entsprechenden Anpassung des § 315(b) III die Verbesserungsvorschläge unter H.I. [S. 445] mit Fußnote 1301.
- Stützend: *Fischer*, § 315 StGB Rn. 24; LK – *König*, § 315 StGB Rn. 119 ff.; NK-StGB – *Zieschang*, § 315 Rn. 67; Matt/Renzikowski – *Renzikowski*, § 315 StGB Rn. 26; MüKo-StGB – *Pegel*, § 315 Rn. 94; S/S/W-StGB – *Ernemann*, § 315 Rn. 18; MüKo-StVR – *Hagemeier*, § 315b StGB Rn. 42.
- So sieht es mittlerweile auch der Bundesrat und hat im Juli 2020 einen entsprechenden Gesetzentwurf beschlossen (BR-Drs. 256/20(B)), der jedoch wegen Ablaufs der 19. Wahlperiode des Deutschen Bundestages nicht umgesetzt wurde.

655 BT-Drs. 18/10145, S. 9 f.; *Fischer*, § 315d StGB Rn. 22 f.; Lackner/Kühl – *Heger*, § 315d StGB Rn. 7; JurisPK-StVR – *Weiland*, § 315d StGB Rn. 54; *Preuß*, NZV 2017, 105 (110); *Kusche*, NZV 2017, 414 (418).

Die Schaffung des konkreten Gefährdungsdelikts begründet der Gesetzgeber damit, dass es beim Rasen trotz Eintritt einer konkreten Gefahr Fälle gebe, die nicht von den bisherigen Regelungen des § 315c I Nr. 2 (und III) erfasst würden.[656] Dem wird von Kritikern entgegengehalten, derartige Fälle – wie etwa ein auf gerader und übersichtlicher Straße außer Kontrolle geratendes Fahrzeug, das nur knapp einen Fußgänger auf dem Gehweg verfehle –[657] seien konstruiert und ohne große Praxisrelevanz, weil mit Raserei in der Regel auch Todsünden nach § 315c I Nr. 2 verwirklicht würden.[658] Doch wie bereits mehrfach festgestellt, ist dies keineswegs immer der Fall, was wiederum selbst einige Kritiker einräumen.[659] Wenn schon die abstrakte Gefährdung durch Raserei ihre Strafwürdigkeit und damit die Einführung des § 315d I Nr. 2 und 3 legitimiert, ist ein entsprechendes konkretes Gefährdungsdelikt mit Blick auf § 315b und § 315c nur folgerichtig, zumal das Unrecht durch die Herbeiführung einer konkreten Gefahr vergleichbar erhöht wird.[660]

Die offensichtlichsten Unterschiede des § 315d zu § 315c sind das Fehlen der rein fahrlässigen Begehung sowie der wörtlichen Verknüpfung „und dadurch" zwischen Tatverhalten und konkretem Gefahrerfolg. Einer zu § 315c III Nr. 2 vergleichbaren rein fahrlässigen Qualifikation bedurfte es deshalb nicht, weil die Tathandlung der Teilnahme an einem nicht erlaubten Kraftfahrzeugrennen oder der Einzelraserei gemäß ihren Anforderungen fahrlässig nicht möglich ist[661].

---

656 BT-Drs. 18/10145, S. 9 f.; BT-Drs. 18/12964, S. 6 f.

657 Als Beispiel angeführt in BT-Drs. 18/10145, S. 9 f. und BT-Drs. 18/12964, S. 6.

658 *Zieschang*, JA 2016, 721 (722); *Piper*, NZV 2017, 70 (72); *Dahlke/Hoffmann-Holland*, KriPoZ 2017, 35 (36).

659 - *Zieschang*, JA 2016, 721 (722); *Dahlke/Hoffmann-Holland*, KriPoZ 2017, 35 (36).
- Siehe dazu bereits: D.II.1.a)cc)(1)(a)(cc) [S. 128], D.II.1.a)cc)(2)(a) [S. 165] und D.II.1.b)aa)(1) [S. 202].

660 - Stützend: *Weigend*, in: FS Fischer, 569 (579); *Stam*, StV 2018, 464 (469); *Preuß*, NZV 2017, 105 (110 f.); *Jansen*, Stellungnahme im BT, S. 3 ff.; *Schuster*, Stellungnahme im BT, S. 3 f.; *Bönig*, Verbotene Kraftfahrzeugrennen, S. 225.
- Siehe zur Strafwürdigkeit von § 315d I Nr. 2 und 3: D.II.1.a)cc)(1)(a)(cc) [S. 128] und D.II.1.a)cc)(2)(a) [S. 165].

661 Siehe entsprechend schon D.II.1.a)cc)(1)(a)(cc) [S. 128] und ergänzend BT-Drs. 18/12964, S. 6 f.

Der Strafrahmen der vorsätzlichen Tatbegehung nach § 315d I, II ist am zugrundeliegenden Unrechtsgehalt zu messen. Der Handlungsunwert illegaler Straßenrennen und der Einzelraserei ist regelmäßig größer als der von einzelnen Verstößen nach § 315c I. Schon weil sich die Raserei regelmäßig über längere Zeit und Distanzen erstreckt sowie oft mit Straßenverkehrsverstößen oder gar -gefährdungen nach § 315c I Nr. 2 einhergeht, liegt der Gesamtunrechtsgehalt bei gleichem Erfolgsunwert im Rahmen von § 315d in aller Regel höher. Damit ist ein mit § 315c I übereinstimmender Strafrahmen von bis zu fünf Jahren Freiheitsstrafe für eine vorsätzliche konkrete Gefährdung durch ein Straßenrennen oder Einzelraserei nach § 315d II angemessen.[662]
Der Strafrahmen bei der Vorsatz-Fahrlässigkeits-Kombination des § 315d IV liegt bei bis zu drei Jahren Freiheitsstrafe. Kritische Stimmen halten den Strafrahmen für zu hoch, weil er im Vergleich zu § 315c I, III ein Jahr höher ist.[663] Diese Kritik missachtet jedoch, dass auch § 315b I, IV für die Vorsatz-Fahrlässigkeits-Kombination des gefährlichen Eingriffs in den Straßenverkehr einen Strafrahmen von bis zu drei Jahren Freiheitsstrafe vorsieht und es vielmehr in § 315c III ebenso eines insofern differenzierenden Strafrahmens bedurft hätte. Somit ist auch der Strafrahmen von § 315d IV angemessen.[664]

(2) Konkrete Gefährdung

Grundvoraussetzung für die Verwirklichung des § 315d II oder IV ist die Erfüllung des § 315d I in Form eines Straßenrennens (Nr. 2) oder der Einzelraserei (Nr. 3). Hinzukommen muss die bereits bekannte konkrete Gefährdung von Leib oder Leben eines anderen Menschen oder fremden Sachen mit bedeutendem Wert.[665]

---

662 - Stützend: *Dahlke/Hoffmann-Holland*, KriPoZ 2017, 35 (37); *Kusche*, NZV 2017, 414 (418); *Jansen*, Stellungnahme im BT, S. 3; *Schuster*, Stellungnahme im BT, S. 3 f.; *Bönig*, Verbotene Kraftfahrzeugrennen, S. 232.
- Siehe grundlegend zum Unrechtsgehalt und zum Strafrahmen schon: D.II.1.a)cc)(1)(a)(cc) [S. 128], (dd) [S. 134] und D.II.1.a)cc)(2)(a) [S. 165].

663 *Weigend*, in: FS Fischer, 569 (579); *Zehetgruber*, NJ 2018, 360 (365).

664 - Stützend: *Dahlke/Hoffmann-Holland*, KriPoZ 2017, 35 (37); *Kusche*, NZV 2017, 414 (418); *Bönig*, Verbotene Kraftfahrzeugrennen, S. 232.
- Siehe grundlegend zu den Strafrahmen schon: D.II.1.a)cc)(1)(a)(dd) [S. 134].

665 - Siehe zu § 315d I Nr. 2 bereits D.II.1.a)cc)(1) [S. 123] und zu § 315d I Nr. 3 bereits D.II.1.a)cc)(2) [S. 165].
- Wegen der expliziten Parallelen der Tatbestandsmerkmale zu § 315c I und damit auch § 315b I gelten die Ausführungen zur konkreten Gefährdung unter D.II.1.b)

Besonders umstritten ist jedoch, welche Personen als Gefährdungsobjekte vom Schutzbereich des § 315d II und IV umfasst sind und unter welchen Voraussetzungen geschützte Personen auf diesen Schutz verzichten können. Alle Meinungsverschiedenheiten zu diesen Problemen entzünden sich nicht erst an § 315d II und IV, sondern werden bereits bei § 315c diskutiert. Wegen der großen Ähnlichkeiten beider Tatbestände ist man sich aber zumindest über den grundsätzlichen Gleichlauf von § 315d II/IV und § 315c einig.[666]
Damit gilt auch hier im Grundsatz: Zu den vom Schutzbereich umfassten Gefährdungsobjekten zählen neben den fremden Sachen von bedeutendem Wert auch alle anderen Menschen, wozu ebenso Tatbeteiligte gehören. Innerhalb bestimmter Grenzen kann die Zurechnung einer konkreten Gefahr entfallen, wenn eine eigenverantwortliche Selbstgefährdung des gefährdeten Rasers oder eine einverständliche Fremdgefährdung eines gefährdeten Mitfahrers vorliegt. Die Grenzen einer wirksamen einverständlichen Fremdgefährdung liegen in der Sittenwidrigkeit, wonach durch die Tat keine konkrete Gefahr für schwere Verletzungen (i.S.d. § 226) oder den Tod geschaffen werden dürfen, eine entsprechende Schädigung des Mitfahrers also nicht so wahrscheinlich ist, dass ihr Ausbleiben lediglich als Zufall erscheint.[667]

Allerdings ist bei § 315d II und IV eine Besonderheit für bestimmte Tatbeteiligte als potenzielle Gefährdungsobjekte zu beachten. Das Grunddelikt des § 315d I Nr. 2 setzt nämlich für ein Straßenrennen mindestens zwei Fahrer voraus, wohingegen bereits ein Fahrer die Einzelraserei nach § 315d I Nr. 3 und die Straßenverkehrsgefährdung nach § 315c begehen kann. Da alle Rennfahrer eines Straßenrennens § 315d I Nr. 2 in eigener Person verwirklichen, sind sie auch an der Gefährdungstat nach § 315d II beteiligt. Gemäß dem hier umfassenden Verständnis des Schutzbereiches von § 315c wären die Rennfahrer trotz

---

aa)(2) [S. 203] auch hier. (BT-Drs. 18/10145, S. 9 f.; Lackner/Kühl – *Heger*, § 315d StGB Rn. 7; *Preuß*, NZV 2017, 105 (110).)

666 BGH, 4 StR 248/22, Beschluss vom 26.10.2022, Rn. 11 – im Internet abrufbar: www.bundesgerichtshof.de (Stand: 28.12.2022); BeckOK-StGB – *Kulhanek*, § 315d Rn. 47; S/S/W-StGB – *Ernemann*, § 315d Rn. 18; JurisPK-StVR – *Weiland*, § 315d StGB Rn. 64; MüKo-StGB – *Pegel*, § 315d Rn. 33 ff.; *Weigend*, in: FS Fischer, 569 (580 f.); *Jansen*, NZV 2017, 214 (218); *Gerhold/Meglaglu*, ZJS 2018, 321 (322 f.); *Rengier*, StR BT 2, Rn. 44a/12.

667 - Siehe zum Umfang des Schutzbereichs entsprechend: D.II.1.b)aa)(2)(b) [S. 204] und (c) [S. 206].
- Siehe zu den möglichen Zurechnungsausschlüssen mit ihren Voraussetzungen: D.II.1.b)aa)(3)(b) [S. 209].

ihrer Tatbeteiligung entsprechend von § 315d II geschützt. Das würde bedeuten, wenn ein Rennfahrer bei einem Straßenrennen konkret gefährdet wird, dass die anderen Rennfahrer deshalb nach § 315d II oder IV strafbar sein könnten, was teilweise auch so gesehen wird.[668] Vermehrt werden die anderen Rennfahrer jedoch vom Schutzbereich des § 315d II ausgenommen, wobei dies oft schon auf dem generellen Ausschluss aller Tatbeteiligten aus dem Schutzbereich der Straßenverkehrsdelikte beruht[669].

Gegen die Einbeziehung der Rennkonkurrenten in den Schutzbereich des § 315d II spricht, dass der Täter kein „anderer" und damit durch den Wortlaut des § 315d II von vornherein vom Schutzbereich der Qualifikation ausgeschlossen ist. Nach § 315d I Nr. 2 muss der Täter als Kraftfahrzeugführer an einem nicht erlaubten Kraftfahrzeugrennen teilnehmen. Da ein Kraftfahrzeugrennen begrifflich mindestens zwei Rennteilnehmer voraussetzt, muss es immer mehrere Täter geben. Damit hängt auch die Tatbestandserfüllung des § 315d I Nr. 2, II durch jeden Rennfahrer schon dem Grundtatbestand nach von der Rennteilnahme mindestens eines weiteren Konkurrenten ab, womit ein Fall der sogenannten notwendigen Teilnahme[670] und keine Nebentäterschaft[671] vorliegt.[672] „Einen anderen" könnte man in diesem Zusammenhang so verstehen, dass davon nicht diejenigen umfasst sind, die selbst als Täter den Grundtatbestand des § 315d I verwirklichen. Zwingend ist dieses Verständnis zwar nicht,

---

668 Schönke/Schröder – *Hecker*, § 315d StGB Rn. 10; *Fischer*, § 315d StGB Rn. 22; *Weigend*, in: FS Fischer, 569 (580 f.); *Eisele*, KriPoZ 2018, 32 (37); *Stam*, StV 2018, 464 (469).

669 BeckOK-StGB – *Kulhanek*, § 315d Rn. 47 ff.; JurisPK-StVR – *Weiland*, § 315d StGB Rn. 66; S/S/W-StGB – *Ernemann*, § 315d Rn. 18; *Jansen*, NZV 2017, 214 (218); *Gerhold/Meglaglu*, ZJS 2018, 321 (322 f.).

670 Allgemein zur notwendigen Teilnahme: BeckOK-StGB – *Kudlich*, § 26 Rn. 8; MüKo-StGB – *Joecks/Scheinfeld*, Vor § 26 Rn. 31; AnwKom-StGB – *Waßmer*, Vor § 25 Rn. 7 f.; Schönke/Schröder – *Heine/Weißer*, Vor §§ 25 ff. StGB Rn. 41; B/W/M/E (AT) – *Eisele*, Rn. 26/208; *Wessels/Beulke/Satzger*, StR AT, Rn. 921.

671 Die sog. Nebentäterschaft stellt eine Unterform der unmittelbaren Täterschaft dar und ist gegeben, wenn der Tatbestandserfolg zwar von mehreren Personen/Einzeltätern herbeigeführt wird, diese dabei aber nicht bewusst und gewollt, sondern unabhängig voneinander agieren (LK – *Schünemann/Greco*, § 25 StGB Rn. 246 f.; *Wessels/Beulke/Satzger*, StR AT, Rn. 863).

672 Stützend: LG Arnsberg, 2 Ks 15/19, Urteil vom 20.01.2020, Rn. 329 – im Internet abrufbar: www.juris.de (Stand: 13.11.2020); BeckOK-StGB – *Kulhanek*, § 315d Rn. 13; Schönke/Schröder – *Hecker*, § 315d StGB Rn. 16.

aber immerhin wurde § 315d eingeführt, um Unbeteiligte vor den Gefahren illegaler Straßenrennen zu schützen.[673] Dagegen könnte eingewendet werden, dass bei diesem Verständnis auch die am Rennen nur teilnehmenden Anstifter (§ 26) und Gehilfen (§ 27) vom Schutzbereich des § 315d II auszunehmen wären. Da Täter und Teilnehmer des § 315d I Nr. 1 organisatorische Beiträge zu demselben Rennen leisten, wären sie ebenfalls keine tauglichen Gefährdungsobjekte. Eine solche Kritik würde jedoch das hier zugrunde gelegte Verständnis überdehnen. Denn entscheidender Unterschied zwischen den Personengruppen ist, dass die rennfahrenden Täter § 315d I Nr. 2 vollständig verwirklichen, wohingegen die anderen die Normverletzung nur fördern. Anstifter und Gehilfen zur Tat nach § 315d I Nr. 2 begehen lediglich einen akzessorischen Rechtsgutsangriff. Täter und Teilnehmer des § 315d I Nr. 1 begehen zwar einen selbstständigen, mit dem Rennen zusammenhängenden Rechtsgutsangriff, doch liegt dieser nicht im Fahren des Rennens, sondern in dessen eigenständiger Organisation begründet. Deshalb sind nur die Rennfahrer als Täter des § 315d I Nr. 2 vom Schutzbereich des § 315d II ausgeschlossen.[674]

Dem tatbestandlichen Ausschluss der Rennfahrer aus dem Schutzbereich des § 315d II kann nicht entgegengehalten werden, dass dadurch das Unrecht eines Rennexzesses nicht hinreichend abgedeckt würde. Fährt ein Rennteilnehmer über die üblichen bzw. die (konkludent) verabredeten Regeln des Straßenrennens hinaus besonders aggressiv, etwa indem er seinen Rennkonkurrenten wegrammt oder ihn gezielt von der Strecke abdrängt, handelt es sich um einen Rennexzess. Nur wenn der gefährdete Rennkonkurrent vom Schutzbereich des § 315d II umfasst wäre, würde sich der aggressive Rennfahrer wegen konkret gefährdender Raserei strafbar machen. Dabei ist die konkrete Gefährdung zurechenbar. Eine eigenverantwortliche Selbstgefährdung des gefährdeten Rennfahrers scheidet aus, weil er die Gefahrenquelle, die im exzessiven Fahrmanöver des anderen Rennfahrers liegt, nicht tatherrschaftlich in der Hand hat. Auch eine einverständliche Fremdgefährdung kommt nicht in Betracht, weil das exzessive Fahrmanöver gerade über das übliche bzw. zwischen den Rennfahrern abgesprochene Verhalten hinausgeht. Doch trotz des angenommenen Ausschlusses der Rennfahrer aus dem Schutzbereich des § 315d II ist der Rennexzess nicht straflos. Neben der Strafbarkeit für die Teilnahme an einem Straßenrennen gemäß § 315d I Nr. 2 macht sich der exzessiv handelnde Raser auch des gefährlichen

673 BT-Drs. 18/10145, S. 7 u. 9 f.; siehe auch schon D.II.1.a)cc)(1)(a)(bb) [S. 127].

674 Grundsätzlich stützend: BeckOK-StGB – *Kulhanek*, § 315d Rn. 47 ff.; *Jansen*, NZV 2017, 214 (218); *Mitsch*, DAR 2017, 70 (73).

Eingriffs in den Straßenverkehr gemäß § 315b I, mitunter sogar gemäß § 315b I, III strafbar.[675] Dabei erfasst § 315b das Exzessverhalten von seinem Regelungsgehalt sogar besser als der § 315d (I Nr. 2, II). Denn ein solches Exzessmanöver ist ein außergewöhnliches, besonders aggressives Verhalten, das nicht auf zu hohe Geschwindigkeit zurückgeht, sondern wie ein verkehrsfremder Inneneingriff in den Straßenverkehr – bei Gelegenheit eines illegalen Straßenrennens – wirkt.

(3) Kausalität und (objektive) Zurechnung

Eine Strafbarkeit gemäß § 315d II/IV setzt voraus, dass die Raserei nach § 315d I Nr. 2 oder 3 kausal und sonst zurechenbar zur konkreten Gefährdung führt.

(a) Allgemeiner Zurechnungszusammenhang

Während die anderen Gefährdungsdelikte des Verkehrs (§§ 315 ff.) davon sprechen, dass die konkrete Gefahr durch die tatbestandsmäßige Handlung verursacht werden muss, fehlt diese Formulierung „und dadurch" in § 315d II. Es ist deshalb fraglich, ob dem Gesetzgeber damit lediglich ein Fehler unterlaufen ist oder er bewusst von den anderen Verkehrsdelikten abweichen wollte.
Gegen einen Fehler spricht, dass die Verknüpfung „und dadurch" noch im ursprünglichen Gesetzentwurf des Bundesrates[676] enthalten war und erst in der Beschlussempfehlung des Rechtsausschusses[677], die der Bundestag letztendlich als Gesetz beschlossen hat, entfernt wurde. Die Gesetzgebungsmaterialien enthalten keine Begründungen für diese Änderung. Vielmehr wird weiter durchweg der Rückgriff auf § 315c I betont, dessen anerkannte Auslegung auch hier heranzuziehen sei.[678] Explizit wird sogar in der Gesetzesbegründung davon gesprochen, dass § 315d II „[…] die Teilnahme an einem nicht erlaubten Kraftfahrzeugrennen als Kraftfahrzeugführer einer höheren Strafandrohung unterstellt, wenn *dadurch* (vorsätzlich) eine Gefahr für Leib oder Leben eines anderen Menschen oder fremde Sachen von bedeutendem Wert herbeigeführt wird."[679]

Der Gesetzeswortlaut ist verbindlicher Auslegungsmaßstab einer Norm (Art. 103 II GG und § 1 StGB) und geht der unverbindlichen Gesetzesbegründung vor.[680]

675 Siehe zur Strafbarkeit nach § 315b: D.II.1.b)bb) [S. 226].
676 BT-Drs. 18/10145, S. 5.
677 BT-Drs. 18/12936, S. 3.
678 BT-Drs. 18/10145, S. 10; BT-Drs. 18/12964, S. 6.
679 BT-Drs. 18/10145, S. 10; BT-Drs. 18/12964, S. 6 (Hervorhebung von „dadurch" nicht im Original).
680 Siehe: D.II.1.a)cc)(1)(d) [S. 143] mit Fußnote 349.

Unter Berufung auf den Wortlaut des § 315d II leiten einzelne Stimmen einen Verzicht auf einen spezifischen Zurechnungszusammenhang ab. Demnach bedürfe es keines Nachweises, dass die konkrete Gefährdung bei pflichtgemäßem Verhalten, also dem Fahren mit erlaubter Geschwindigkeit bzw. der Nichtteilnahme am Rennen, nicht eingetreten wäre. Zugleich bedeute dies aber keine Abkehr von den allgemeinen Voraussetzungen der objektiven Zurechnung.[681]
Diese vermeintliche Ausweitung des Zurechnungszusammenhangs bei § 315d II überzeugt schon deshalb nicht, weil sie widersprüchlich ist. Denn zur (allgemeinen) objektiven Zurechnung gehört neben dem Schutzzweck der Norm eben auch das rechtmäßige Alternativverhalten als Pflichtwidrigkeitszusammenhang, sodass darauf – bzw. auf den Nachweis – schlicht nicht verzichtet werden kann. Das hätte sonst eine Zufallshaftung zur Folge, nämlich dass eine nicht auf der Raserei beruhende und nur bei ihrer Gelegenheit eintretende Gefährdung zu einer Strafbarkeit nach dem konkreten Gefährdungsdelikt des § 315d II führte, obwohl das verwirklichte Unrecht lediglich § 315d I Nr. 2/3 entspräche.
Zugleich ist hier die Systematik der Verkehrsdelikte entscheidend. Ein spezifischer Zurechnungszusammenhang zwischen Tathandlung und konkreter Gefährdung ist bei den anderen Gefährdungsdelikten der §§ 315 ff. anerkannt. Obwohl der Gesetzgeber in § 315d II auf die Formulierung des „und dadurch" verzichtet, greift er ansonsten auf die etablierten Tatbestandsmerkmale zurück und will sie wie bei § 315c verstanden wissen. Es ist kein sachlicher Grund ersichtlich, warum gerade zwischen der weitreichenden Tathandlung des Rasens nach § 315d I Nr. 2/3 – wo im Gegensatz zu § 315c I Nr. 2 nicht an einen bestimmten einzelnen Verkehrsverstoß angeknüpft wird –[682] und der konkreten Gefährdung nach § 315d II ein von der sonstigen Systematik der Verkehrsdelikte abweichender, weiterer Zurechnungszusammenhang gelten soll.[683]

---

681 BeckOK-StGB – *Kulhanek*, § 315d Rn. 45 f.; MüKo-StGB – *Pegel*, § 315d Rn. 36; *Bönig*, Verbotene Kraftfahrzeugrennen, S. 187 ff. und wohl auch *Steinle*, Verbotene Kraftfahrzeugrennen, S. 128 f.

682 - Stützend zur weitergehenden Tathandlung des Rasens (§ 315d I Nr. 2/3) im Vergleich zu § 315c I Nr. 2: LG Arnsberg, 2 Ks 15/19, Urteil vom 20.01.2020, Rn. 332 – im Internet abrufbar: www.juris.de (Stand: 13.11.2020); BeckOK-StGB – *Kulhanek*, § 315d Rn. 51.3 u. 53; MüKo-StGB – *Pegel*, § 315d Rn. 37; *Bönig*, Verbotene Kraftfahrzeugrennen, S. 194.
- Normübergreifend stützend: BGHSt 53, 55 (58 f.); *Schneider*, ZJS 2013, 362 (363 f.).
- Siehe dazu auch: D.II.1.a)cc)(1)(d)(aa) [S. 143] und D.II.1.a)cc)(2)(b) [S. 168].

683 Hentschel/König/Dauer – *König*, § 315d StGB Rn. 13; JurisPK-StVR – *Weiland*, § 315d StGB Rn. 70 u. 73 f.; *Weigend*, in: FS Fischer, 569 (578 in Fn. 60); *Zehetgruber*, NJ 2018, 360 (365).

Folglich ist in § 315d II das ungeschriebene Tatbestandsmerkmal „und dadurch“ hineinzulesen. Im Ergebnis gelten die Kausalitäts- und sonstigen Zurechnungsanforderungen des § 315c I bei § 315d II entsprechend.[684]

Der (spezifische) Zurechnungszusammenhang bei § 315d II/IV setzt demnach voraus, dass die konkrete Gefährdung auf dem Rasen nach § 315d I Nr. 2 oder 3 beruht, wobei sie im Rahmen des Pflichtwidrigkeitszusammenhangs insbesondere vom Schutzzweck der Norm umfasst sein muss und nicht auch bei rechtmäßigem Alternativverhalten eingetreten wäre. Doch nur in besonderen Rasereikonstellationen ist der Zurechnungszusammenhang nicht gegeben. So etwa wenn der Raser wegen der hohen Geschwindigkeit mit einem Wildtier kollidiert, das dann in Richtung eines Autos auf der Gegenfahrspur geschleudert wird (kein Schutzzweckzusammenhang) oder wenn ein unaufmerksamer Fußgänger, der die Straße überqueren will, vom Bürgersteig aus direkt vor den heranrasenden Rennfahrzeugen die Straße betritt (rechtmäßiges Alternativverhalten). Dagegen besteht der Zurechnungszusammenhang bei allen konkreten Gefährdungen, die infolge der (unmittelbar zeitlich und räumlich vorausgehenden) Raserei durch hohe Geschwindigkeit, Überholmanöver, dichtes Auffahren, häufige Spurwechsel, schlechtere Wahrnehmung und Reaktion des Fahrers, längeren Bremsweg, schlechtere Ausweichmöglichkeit und Kontrollverlust über das Fahrzeug typischerweise[685] entstehen.

(b) Zurechnung der konkreten Gefährdung an Rennkonkurrenten

Die Zurechnung der konkreten Gefährdungen bereitet bei Straßenrennen keine weiteren Schwierigkeiten, wenn die Rennfahrer jeweils unmittelbar eine konkrete Gefahr – ggf. kumulativ – verursachen, weil dann jeder Raser selbst einen Erfolg zurechenbar herbeiführt. Die Einzelraserei spielt in Mehrpersonenkonstellationen hingegen keine Rolle, weil § 315d I Nr. 3 nur von einem einzelnen Raser begangen wird.

---

684 - LK – *König*, § 315d StGB Rn. 36; JurisPK-StVR – *Weiland*, § 315d StGB Rn. 70 u. 73; Schönke/Schröder – *Hecker*, § 315d StGB Rn. 10; *Weigend*, in: FS Fischer, 569 (578 in Fn. 60); *Zehetgruber*, NJ 2018, 360 (365); *Gerhold/Meglaglu*, ZJS 2018, 321 (322).
- Siehe zu den Kausalitäts- und sonstigen Zurechnungsanforderungen: D.II.1.b) aa)(3) [S. 207].

685 Siehe dazu schon im Einzelnen C.II.2. [S. 37], D.II.1.a)aa) [S. 115], D.II.1.a)cc)(1) (a)(cc) [S. 128] und D.II.1.a)cc)(2)(a) [S. 165].

Allerdings wird die konkrete Gefahr nach § 315d II/IV bei einem Straßenrennen (§ 315d I Nr. 2) in der Regel durch ein bestimmtes Fahrmanöver nur eines der beteiligten Rennfahrer herbeigeführt. So z. B., wenn einer der Raser auf der Gegenspur fährt und einem ihm dort entgegenkommenden Radfahrer gerade noch ausweichen kann oder wenn der führende Raser noch bei Gelblicht die Kreuzung passiert, der zurückliegende Raser sie aber erst bei Rotlicht erreicht, als bereits ein anderes Fahrzeug beinahe seinen Fahrtweg kreuzt. Da der andere Rennfahrer, der die konkrete Gefährdung nicht unmittelbar herbeiführt, ebenso am Straßenrennen teilnimmt, stellt sich die Frage, ob auch ihm der Erfolg der konkreten Gefahr zugerechnet werden kann.
Dafür erscheint die mittäterschaftliche Zurechnung naheliegend und so wird zumeist auf § 25 II zurückgegriffen.[686] Entgegen anderer Ansicht[687] ist die Mittäterschaft bei § 315d I Nr. 2, II als eigenhändiges Delikt nicht ausgeschlossen, weil jeder Raser die vom Grundtatbestand vorausgesetzte Tathandlung selbst vornimmt, indem er sein Fahrzeug beim Rennen führt.[688] Abgesehen von der mittäterschaftlichen Zurechnung ist es auch denkbar, die konkrete Gefährdung dem nicht unmittelbar gefährdenden Rennfahrer als Folge seines eigenen Rennverhaltens innerhalb des Tatbestands des § 315d I Nr. 2, II/IV zuzurechnen. Diese Lösung des selbstständigen Vorwurfs kommt als unmittelbare

---

686 LG Arnsberg, 2 Ks 15/19, Urteil vom 20.01.2020, Rn. 328 ff. – im Internet abrufbar: www.juris.de (Stand: 13.11.2020); Schönke/Schröder – *Hecker*, § 315d StGB Rn. 16; Hentschel/König/Dauer – *König*, § 315d StGB Rn. 16; *Mitsch*, DAR 2017, 70 (71); *Jansen*, NZV 2017, 214 (218 f.).

687 BGH, 4 StR 511/20, Urteil vom 11.11.2021, Rn. 26 ff. – im Internet abrufbar: www.bundesgerichtshof.de (Stand: 02.02.2022); BGH, 4 StR 224/20, Beschluss vom 08.12.2021, Rn. 15 – im Internet abrufbar: www.bundesgerichtshof.de (Stand: 28.12.2022); BeckOK-StGB – *Kulhanek*, § 315d Rn. 51 u. 61; *Weigend*, in: FS Fischer, 569 (579); *Bönig*, Verbotene Kraftfahrzeugrennen, S. 195; *Zieschang*, JZ 2022, 101 (103).

688 - Die Möglichkeit der Mittäterschaft bei § 315d I Nr. 2, II entsprechend bejahend: Fußnote 686.
- Ansonsten allgemein zur Möglichkeit der Mittäterschaft bei eigenhändigen Delikten: BGH, 4 StR 339/07, Beschluss vom 09.08.2007, Rn. 2 – im Internet abrufbar: www.juris.de (Stand: 18.07.2019); BGH, NStZ 2010, 456 (456); *Fischer*, § 25 StGB Rn. 28; Schönke/Schröder – *Heine/Weißer*, Vor §§ 25 ff. StGB Rn. 85; BeckOK-StGB – *Kudlich*, § 25 Rn. 8 ff.; *Rengier*, StR AT, Rn. 10/29 f.; *Kindhäuser/Zimmermann*, StR AT, Rn. 8/25; *Satzger*, Jura 2011, 103 (103 ff.); *Nestler/Lehner*, Jura 2017, 403 (405 f.).
- Zur eigenhändigen Tathandlung bei § 315d I Nr. 2: D.II.1.a)cc)(1)(e)(aa) [S. 156].

Neben-/Täterschaft (§ 25 I Var. 1) ohne die zusätzlichen Voraussetzungen der Mittäterschaft (§ 25 II) aus. Sie setzt aber voraus, dass sich die nicht unmittelbar gefährdende Rennteilnahme des einen Rasers als Ursache für die durch den Konkurrenten unmittelbar herbeigeführte konkrete Gefahr darstellt und diese Gefahr auch dem Raser als Erfolg objektiv zugerechnet werden kann.[689] Grundsätzlich ermöglicht die weite Tathandlung des Grunddelikts nach § 315d I Nr. 2 eine derartige Erfolgszurechnung bei § 315d II/IV. Denn anders als etwa in § 315c I Nr. 2 wird die Raserei in Form der andauernden Teilnahme an dem Straßenrennen nicht weiter spezifiziert, wodurch sich für das ursächliche Tatverhalten keine weiteren Einschränkungen ergeben. Damit ist jeder Täter des Grunddelikts potenzieller Täter der Qualifikation i.S.d. § 25 I Var. 1. Tritt eine konkrete Gefahr beim Rennen ein, bedarf es für die Strafbarkeit jedes Rennfahrers nach § 315d II in objektiver Hinsicht zusätzlich des hinreichend engen Zurechnungszusammenhangs zwischen der konkreten Gefahr und dem jeweils individuellen Tatverhalten des § 315d I Nr. 2. Zwar könnte an dieser Stelle vermutet werden, dass das im Wortlaut des § 315d II fehlende Verbindungselement „und dadurch" vom Gesetzgeber deshalb entfernt wurde, um den Vorwurf der konkreten Gefahrverursachung im Rahmen eines weiteren Zurechnungszusammenhangs leichter an alle Rennfahrer richten zu können.[690] Doch bleibt diese Annahme ohne entsprechende Gesetzesbegründung recht spekulativ, zumal das Merkmal „und dadurch" weder die unmittelbare Täterschaft noch die Mittäterschaft der anderen Rennfahrer generell ausschließt, sondern lediglich die allgemeinen Anforderungen an den Zurechnungszusammenhang aufstellt, der – wie gesehen – nicht (zu) weit verstanden werden darf. Für eine Strafbarkeit des nicht unmittelbar konkret gefährdenden Rennfahrers muss seine Tathandlung der Teilnahme an dem Straßenrennen also auch mit der konkreten Gefährdung im deliktsspezifischen Zurechnungszusammenhang stehen.[691]

---

689 BGH, 4 StR 511/20, Urteil vom 11.11.2021, Rn. 26 ff. – im Internet abrufbar: www.bundesgerichtshof.de (Stand: 02.02.2022); BGH, 4 StR 224/20, Beschluss vom 08.12.2021, Rn. 15 – im Internet abrufbar: www.bundesgerichtshof.de (Stand: 28.12.2022); BeckOK-StGB – *Kulhanek*, § 315d Rn. 51 u. 61 und vergleichbar hinsichtlich § 315d V StGB *Weigend*, in: FS Fischer, 569 (579 f.); *Stam*, StV 2018, 464 (469); *Eisele*, JZ 2018, 549 (555).

690 MüKo-StGB – *Pegel*, § 315d Rn. 36; *Bönig*, Verbotene Kraftfahrzeugrennen, S. 188; *Nowrousian*, NZV 2022, 292 (293).

691 - Im Ergebnis ebenso: BGH, 4 StR 511/20, Urteil vom 11.11.2021, Rn. 26 ff. – im Internet abrufbar: www.bundesgerichtshof.de (Stand: 02.02.2022); BGH, 4 StR

Alle am Rennen teilnehmenden Rennfahrer fahren gemeinsam das verabredete Rennen. Dabei beeinflusst das Fahrverhalten des einen Rennfahrers das Fahrverhalten des anderen, weil jeder Rennfahrer sein Fahrverhalten immer auch am Konkurrenten ausrichtet, um das Rennen zu gewinnen. Ob der konkrete Gefahrerfolg bei einem anderen Fahrverhalten des nicht unmittelbar gefährdenden Rasers ausgeblieben wäre, lässt sich wegen der Freiheit von Verhaltensentscheidungen nicht sagen. Man kann aber festhalten, dass indem der Raser ein Straßenrennen mit seinem Kontrahenten fährt, er ihn nicht nur zu dem Rennen, sondern auch zu dem spezifischen, konkret gefährdenden Fahrmanöver (mit) veranlasst. Allgemein nimmt die herrschende Meinung bei solchen motivationalen Zusammenhängen eine sog. psychische bzw. psychisch vermittelte Kausalität an, wonach auch das Verhalten einer Person für den Erfolgseintritt kausal ist, wenn es den Täter zu seinem, den Erfolg unmittelbar herbeiführenden Verhalten veranlasst hat bzw. dafür Entscheidungsgrundlage war.[692] Demzufolge ist das Fahrverhalten des nicht unmittelbar gefährdenden Rennfahrers psychisch kausal[693] für den Erfolg der konkreten Gefährdung.[694]

224/20, Beschluss vom 08.12.2021, Rn. 15 – im Internet abrufbar: www.bundes gerichtshof.de (Stand: 28.12.2022).
- Siehe dazu grundlegend soeben: D.II.1.b)cc)(3)(a) [S. 242].

692 RGSt 1, 373 (374 f.); BGHSt 13, 13 (14 f.); NK-GStR – *Heinrich*, Vor § 13 StGB Rn. 55; Schönke/Schröder – *Eisele*, Vor §§ 13 ff. StGB Rn. 75b; Lackner/Kühl – *Heger*, Vor § 13 StGB Rn. 10; NK-StGB – *Puppe*, Vor §§ 13 ff. Rn. 125; *Schlack*, in: FS Kindhäuser, 795 (795 ff.); *Roxin/Greco*, AT 1, Rn. 11/15e u. 11/31 f.; *Wessels/Beulke/Satzger*, StR AT, Rn. 228; B/W/M/E (AT) – *Eisele*, Rn. 10/10 f.; *Kühl*, StR AT, Rn. 4/6 u. 4/9; *Kindhäuser/Zimmermann*, StR AT, Rn. 10/15 f.; *Frister*, StR AT, Rn. 9/37; *Schneider*, ZJS 2013, 362 (366); *Mitsch*, JuS 2013, 20 (21 f.).

693 Selbst wenn für die psychische Kausalität andere Maßstäbe anlegt werden oder sie allgemein abgelehnt wird, ändert das nichts an dem Ergebnis, dass der nicht unmittelbar gefährdende Raser für die konkrete Gefährdung einzustehen hat. Denn auch die anderen Ansichten halten es auf ihre jeweilige Art und Weise grundsätzlich für möglich, einer Person einen Erfolg anzulasten, der unmittelbar von jemand anderem herbeigeführt wird. Die jeweils dafür notwendigen Voraussetzungen liegen hier mit dem engen Motivationszusammenhang und dem Tatbestand des § 315d I Nr. 2, II/IV vor. (Siehe beispielhaft und mit ausführlicher Kritik an der psychischen Kausalität: *Renzikowski*, in: FS Puppe, 201 (201 ff.).)

694 Stützend: LG Arnsberg, 2 Ks 15/19, Urteil vom 20.01.2020, Rn. 330 – im Internet abrufbar: www.juris.de (Stand: 13.11.2020); LG Deggendorf, 1 Ks 6 Js 5538/18, Urteil vom 22.11.2019, Rn. 190 ff. – im Internet abrufbar: www.juris.de (Stand: 07.07.2020); LG Kleve, 140 Ks – 507 Js 281/19 – 6/19, 140 Ks 6/19, Urteil vom 17.02.2020, Rn. 110 – im Internet abrufbar: www.juris.de (Stand: 27.11.2020);

Der deliktsspezifische Zurechnungszusammenhang des § 315d II verlangt, dass die konkrete Gefahr aus dem vom Grundtatbestand des § 315d I Nr. 2/3 pönalisierten abstrakt gefährlichen Verhalten folgt. Gemäß Nr. 2 muss der Täter als Kraftfahrzeugführer an einem nicht erlaubten Kraftfahrzeugrennen teilnehmen. Dabei setzt ein Kraftfahrzeugrennen begrifflich mindestens zwei Rennteilnehmer voraus, weshalb es insgesamt mehrere Täter geben muss. Die Tatbestandserfüllung eines jeden Rennfahrers hängt also schon dem Grunddelikt nach von der Rennteilnahme mindestens eines weiteren Konkurrenten ab. Wegen dieser notwendigen Mitwirkung bedingen sich die Strafbarkeiten der Rennfahrer gegenseitig.[695]
Da sich die Mitwirkungen der Rennfahrer als übereinstimmende Tätigkeiten auf das einheitliche Ziel der Beeinträchtigung der Sicherheit des Straßenverkehrs richten, ist § 315d I Nr. 2 ein Konvergenzdelikt.[696] Denn Konvergenzdelikte zeichnen sich dadurch aus, dass mehrere Beteiligte zur Tatbestandserfüllung durch gleichartige Tätigkeiten in derselben Richtung auf eine Rechtsgutsverletzung hinwirken. Zu dieser Deliktsgruppe gehören etwa § 121 (Gefangenenmeuterei), § 125 (Landfriedensbruch), §§ 223 I, 224 I Nr. 4 (gefährliche gemeinschaftliche Körperverletzung) und §§ 242 I, 244 I Nr. 2 (Bandendiebstahl). Innerhalb der Konvergenzdelikte wird teilweise für die notwendige Mitwirkungshandlung zwischen einem mittäterschaftlichen Verhalten (§ 25 II) und einer Teilnahmehandlung unterschieden. Bei den täterschaftlichen Konvergenzdelikten wie z. B. § 121 und § 125 ist jeder Alleintäter, selbst wenn der Beitrag des Mitwirkenden mangels Tatherrschaft nicht für eine Mittäterschaft ausreichen würde. Bei den anderen Konvergenzdelikten wie z. B. §§ 223 I, 224 I Nr. 4 ist je nach Art der Mitwirkung auch nur eine Teilnahmestrafbarkeit für den Mitwirkenden möglich, weil sein Tatverhalten nicht automatisch eine Mit-/Täterschaft begründet.[697]

BeckOK-StGB – *Kulhanek*, § 315d Rn. 51 u. 61.2; *Schneider*, ZJS 2013, 362 (366); *Mitsch*, JuS 2013, 20 (21 f.); *Preuß*, NZV 2017, 105 (107).

695 - Siehe zum Erfordernis von mindestens zwei Rennfahrern schon die Renndefinition unter D.II.1.a)cc)(1)(d)(aa) [S. 143] und zur daraus folgenden notwendigen Teilnahme D.II.1.b)cc)(2) [S. 238].
- Stützend: LG Arnsberg, 2 Ks 15/19, Urteil vom 20.01.2020, Rn. 329 – im Internet abrufbar: www.juris.de (Stand: 13.11.2020); BeckOK-StGB – *Kulhanek*, § 315d Rn. 13; Schönke/Schröder – *Hecker*, § 315d StGB Rn. 16.

696 So explizit auch: BeckOK-StGB – *Kulhanek*, § 315d Rn. 13; *Obermann*, NZV 2021, 344 (344).

697 BGHSt 23, 122 (122 f.); BGHSt 32, 165 (178 f.); BGHSt 47, 384 (386 f.); BGH, NStZ-RR 2009, 10 (10); BeckOK-StGB – *Kudlich*, § 26 Rn. 8 f.; MüKo-StGB – *Joecks/*

§ 315d I Nr. 2, II/IV kann in dieses Schema nicht eingeordnet werden: Zwar wird er an sich durch Alleintäter nach § 25 I Var. 1 verwirklicht, benötigt für den Grundtatbestand der Straßenrennteilnahme aber zwingend mindestens zwei Personen als Rennteilnehmer, wobei für die konkrete Gefährdung wiederum ein Raser ausreicht. Obwohl die Strafbarkeit nach § 315d I Nr. 2 dogmatisch keine Mittäterschaft (§ 25 II) voraussetzt, sind ihre Voraussetzungen gleichwohl erfüllt, weil ihnen die Anforderungen des Kraftfahrzeugrennens als Tatbestandsmerkmal materiell entsprechen (Wettkampf zwischen mindestens zwei Fahrern + gegenseitige Übereinkunft). Die Qualifikation knüpft mit ihrem Erfolg an die Gefährlichkeit des gemeinsamen Handlungsprojekts des illegalen Straßenrennens an. Kein anderes Konvergenzdelikt des StGB kombiniert eine eigenhändige Begehung mit der notwendigen täterschaftlichen Mitwirkung mindestens einer anderen Person und qualifiziert dies zusätzlich mit einer schon durch eine Person herbeiführbaren konkreten Gefährdung. Folglich ist es überzeugend, dass die Zurechnung des Erfolgs an den nicht unmittelbar gefährdenden Rennfahrer ohne § 25 II auskommt, weil sie bereits durch den tatbestandlichen Zurechnungszusammenhang des § 315d I Nr. 2, II/IV ermöglicht wird.[698]

Man kann insofern von einer neuen Form der Täterschaft sprechen: der Konstitutivtäterschaft.

Die Konstitutivtäterschaft stellt eine besondere Form der Alleintäterschaft dar (§ 25 I Var. 1) und lässt sich wie folgt definieren: Bei der Konstitutivtäterschaft müssen zur Erfüllung des Grundtatbestands mehrere Beteiligte bewusst und gewollt miteinander durch gleichartige Tätigkeiten auf dasselbe deliktische Ziel hinwirken – womit alle Beteiligten materiell Mittäterqualität aufweisen –, wobei der für den Qualifikationstatbestand erforderliche Erfolg nur von einem der Beteiligten herbeigeführt werden muss.

Scheinfeld, Vor § 26 Rn. 31 f.; AnwKom-StGB – *Waßmer*, Vor § 25 Rn. 7 f.; LK – *Schünemann/Greco*, Vor §§ 26 f. StGB Rn. 25 f.; *Fischer*, § 125 StGB Rn. 11 ff. u. § 224 StGB Rn. 23 ff.; B/W/M/E (AT) – *Eisele*, Rn. 26/209 ff.; *Jescheck/Weigend*, StR AT, S. 697 f.; *Heinrich*, StR AT, Rn. 1375 ff.; *Wolter*, JuS 1982, 343 (343 f.); *Küper*, GA 1997, 301 (307 ff.); *Müller*, GA 2002, 318 (320 ff.).

698 - Mit dogmatisch anderer Begründung zum gleichen Ergebnis kommend: BGH, 4 StR 511/20, Urteil vom 11.11.2021, Rn. 27 f. u. 32 – im Internet abrufbar: www.bundesgerichtshof.de (Stand: 02.02.2022); BeckOK-StGB – *Kulhanek*, § 315d Rn. 51.
- Dagegen eine vergleichbare Argumentation sowie im Ergebnis jegliche Erfolgszurechnung an den die konkrete Gefährdung nur mittelbar herbeiführenden Rennteilnehmer ablehnend: *Zieschang*, GA 2021, 313 (315 ff. u. 326).

Praktisch kann man damit in den allermeisten Raserfällen die konkrete Gefährdung, die unmittelbar nur durch einen der Rennfahrer herbeigeführt wurde, auch dem anderen Rennfahrer nach § 315d I Nr. 2, II/IV zurechnen. Denn durch die Teilnahme am Straßenrennen und die konkreten Fahraktionen des nicht unmittelbar konkret gefährdenden Rennfahrers führt er die konkrete Gefährdung (jedenfalls psychisch) kausal herbei. Da das wettkampfmäßige Rennfahren den Rennkonkurrenten provoziert, sodass jeder für den Rennsieg zu entsprechend riskanterem Fahren verleitet wird, steht eine konkrete Gefährdung, die unmittelbar auf dem Rasen des anderen Rasers beruht, ebenfalls im deliktsspezifischen Zurechnungszusammenhang mit dem Rasen des nicht unmittelbar konkret gefährdenden Rennfahrers.
Vermeintlich weitergehenden Anforderungen wie einem zeitlich-örtlichen Rennzusammenhang bzw. einer mitursächlichen Gefahrverdichtung zwischen dem Rennverhalten des nicht unmittelbar konkret gefährdenden Rennfahrers und der konkreten Gefährdung[699] ist mit Blick auf Schutzzweck und Systematik von § 315d I Nr. 2 und II nur insofern zuzustimmen, als dass sie verdeutlichen, dass die schlichte Rennteilnahme ohne weiter provozierende bzw. das Rennen beeinflussende Fahraktionen dieses Rennfahrers nicht allein den deliktsspezifischen Zurechnungszusammenhang des § 315d II begründet[700].

(c) Verfolgerfälle

Es kommt immer wieder vor, dass sich ein Fahrer im Straßenverkehr einer Verkehrskontrolle oder ein Straftäter seiner Festnahme entziehen will und mit seinem Kraftfahrzeug unter schwerwiegenden Verkehrsverstößen vor der ihn verfolgenden Polizei flieht. Solche Fluchtfahrten stellen nach § 315d I Nr. 3 strafbare Raserei dar.[701] Auslöser ist mitunter auch ein vorausgegangenes illegales Straßenrennen oder Einzelraserei, wobei der Raser von der Polizei entdeckt wurde. Zum Unterbinden dieser Raserei und zur Feststellung der Identität der

699 BGH, 4 StR 511/20, Urteil vom 11.11.2021, Rn. 26 ff. – im Internet abrufbar: www.bundesgerichtshof.de (Stand: 02.02.2022); BGH, 4 StR 224/20, Beschluss vom 08.12.2021, Rn. 15 ff. – im Internet abrufbar: www.bundesgerichtshof.de (Stand: 28.12.2022) und noch strenger *Zieschang*, JZ 2022, 101 (104).

700 Ähnlich kritisch zu diesen weitergehenden Anforderungen – insbesondere mit Blick auf die Folgen für § 315d V (siehe dazu: D.II.1.c)bb)(4) [S. 276] und Fußnote 1304) – *Nowrousian*, NZV 2022, 292 (293) und wohl auch *Preuß*, NZV 2022, 133 (134).

701 Siehe: D.II.1.a)cc)(2)(h) [S. 191].

Fahrer sollen sie von der Polizei angehalten werden, doch ergreifen sie einfach die Flucht.[702]

Um die Raser anhalten zu können, müssen die Polizisten entsprechend schnell fahren und auch riskante Fahrmanöver durchführen. Dadurch kann es zu einer konkreten Gefährdung der Beamten selbst (z. B. Beinaheunfall mit einem Baum) oder auch anderer Verkehrsteilnehmer kommen (z. B. Beinaheunfall mit entgegenkommendem Fahrzeug beim Überholen). Für die Strafbarkeit der fliehenden Raser stellt sich die Frage, ob ihnen die durch die Polizei selbst herbeigeführten konkreten Gefährdungen im Rahmen des § 315d II/IV zugerechnet werden können.

Durch die Flucht der Raser führen sie die unmittelbar durch die Polizei verursachte konkrete Gefährdung (psychisch) kausal herbei.[703] Allerdings haben sich die Polizisten selbst dazu entschlossen, die riskante Verfolgung aufzunehmen, weshalb die Gefährdung in ihrem Verantwortungsbereich liegen könnte. Aufgrund des Prinzips der Eigenverantwortlichkeit, wonach jede Person grundsätzlich nur für ihr eigenes Verhalten verantwortlich ist,[704] könnte die (objektive) Zurechnung des Gefährdungserfolgs für die Raser so ausgeschlossen sein.

Die Lösung solcher Verfolgerfälle ist umstritten. Zumeist wird dafür wegen der Vergleichbarkeit an die sog. Retterfälle angeknüpft,[705] wobei es allgemein

---

702 Beispiele: OLG Stuttgart, NJW 2019, 2787 (2787); LG Hamburg, 621 Ks 12/17, Urteil vom 19.02.2018, Rn. 74 ff. – im Internet abrufbar: www.juris.de (Stand: 30.04.2020); LG Berlin, Az. 540 Ks 7/18, becklink 2013516; LG Hannover, Az. 31 KLs 12/18, becklink 2011894.

703 Siehe zur psychischen Kausalität entsprechend soeben: D.II.1.b)cc)(3)(b) [S. 244].

704 BVerfGE 45, 187 (227 f.); BGHSt 32, 262 (263 ff.); BGH, NJW 2016, 176 (177 f.); OLG Stuttgart, StraFo 2011, 281 (281); OLG Roststock, NStZ 2001, 199 (200); LK – *Walter*, Vor §§ 13 ff. StGB Rn. 103 ff.; Schönke/Schröder – *Eisele*, Vor §§ 13 StGB Rn. 100 ff.; *Renzikowski*, Restriktiver Täterbegriff, S. 67 ff.; *Steckermeier*, Der Tatentschluss von Mittätern, S. 36 f.; *Wessels/Beulke/Satzger*, StR AT, Rn. 266 ff.; *Kühl*, StR AT, Rn. 4/83 ff.; *Satzger*, Jura 2014, 695 (697 ff.).

705 - LK – *Walter*, Vor §§ 13 ff. StGB Rn. 116 u. 119; *Roxin/Greco*, AT 1, Rn. 11/140; *Wessels/Beulke/Satzger*, StR AT, Rn. 290; B/W/M/E (AT) – *Eisele*, Rn. 10/139; *Rengier*, StR AT, Rn. 52/52; *Strasser*, Die Zurechnung von Retter-, Flucht- und Verfolgerverhalten, S. 288 f.
- Beispiel eines Retterfalls: Weil der Autofahrer zu schnell in eine Kurve fährt, gerät das Auto auf die Gegenfahrspur, touchiert dort ein entgegenkommendes Fahrzeug, wodurch dieses wiederum in den Straßengraben fährt. Der hinzukommende

unbedeutend ist, ob der verursachte Erfolg in einer Schädigung oder konkreten Gefährdung des Opfers liegt. An dieser Stelle muss bei der Zurechnungsfrage zwischen der Selbstgefährdung des Verfolgers und der Gefährdung von Unbeteiligten durch den Verfolger unterschieden werden.

Teilweise wird die Zurechnung des Erfolgs, der beim Retter – hier Verfolger – selbst eintritt, zulasten des Täters stets verneint, weil sich der Retter frei zwischen seinen bestehenden Verhaltensalternativen für die ihn gefährdende Variante entscheidet und sich damit eigenverantwortlich selbst gefährdet.[706] Dem wird entgegengehalten, dass der Täter die Handlung des Retters überhaupt erst nötig macht und ihn so zu seiner Eigengefährdung veranlasst, weshalb der Erfolg in den Verantwortungsbereich des Täters fällt und ihm damit immer zuzurechnen ist.[707] Für eine Zurechnung spricht außerdem das moralische Gebot, anderen in akuter Not zu helfen, das in vielen Fällen auch mit einer Rechtspflicht zum Helfen einhergeht (§ 13, § 323c). Manche Personen sind dabei als berufsmäßige Retter noch weitergehend zum Eingreifen verpflichtet (z. B. Feuerwehrleute, Polizisten, Notärzte), wobei ihnen gewisse Selbstgefährdungen zugemutet werden. Daraus schließt die ganz herrschende Meinung zu Recht, dass der Retter in solchen Fällen nicht eigenverantwortlich handelt und dem Täter so grundsätzlich der Erfolg zugerechnet werden kann. Das gilt aber nicht unbegrenzt, weil sich nicht jedes Verhalten eines Retters dem Verantwortungsbereich des veranlassenden Täters zuordnen lässt. Der Verantwortungsbereich des Täters für die durch sein Verhalten gesetzten Gefahren ist nämlich überschritten, wenn das Verhalten des Retters fernliegend ist bzw. aus nicht nachvollziehbaren Gründen erfolgt und offenkundig unverhältnismäßig risikoreich bzw. von vornherein sinnlos ist. Je schwerer die rechtliche Verpflichtung des Dritten zu seinem Eingreifen wiegt, desto ferner liegt sein eigenverantwortliches Handeln und desto eher sind die Folgen der Rettungshandlungen dem Täter zuzurechnen.[708]

Helfer verletzt sich an der verformten Autotür bei dem Versuch, das eingeklemmte Opfer aus dem Fahrzeug zu befreien.

706 *Burgstaller*, Das Fahrlässigkeitsdelikt, S. 113 ff.; *Stuckenberg*, in: FS Puppe, 1039 (1047 ff.) und früher auch *Roxin*, in: FS Gallas, 241 (249).

707 *Jescheck/Weigend*, StR AT, S. 288; *Amelung*, NStZ 1994, 338 (338).

708 BGHSt 39, 322 (325 f.); BGH, NJW 2021, 3340 (3341); OLG Stuttgart, NJW 2008, 1971 (1971 ff.); Schönke/Schröder – *Eisele*, Vor §§ 13 ff. StGB Rn. 101 f; S/S/W-StGB – *Kudlich*, Vor §§ 13 ff. Rn. 64; MüKo-StGB – *Freund*, Vor § 13 Rn. 422 ff.; LK – *Walter*, Vor §§ 13 ff. StGB Rn. 116 ff.; *Fischer*, Vor § 13 StGB Rn. 36c; *Frisch*, Tatbestandsmäßiges Verhalten, S. 472 ff.; *Puppe*, Erfolgszurechnung, S. 171 ff.;

Zwar lassen sich diese Erkenntnisse auf die Verfolgerfälle übertragen, doch gelten dabei Besonderheiten. Wichtig ist vor allem der Grundsatz des nemo tenetur se ipsum accusare, aus dem auch folgt, dass sich der Täter der Strafverfolgung entziehen darf.[709] In den hier relevanten Verfolgerfällen begründet das bloße Flüchten des Rasers trotz grundsätzlich bestehender Verfolgungspflicht der Polizei als staatlicher Hoheitsträger demnach keine rechtlich missbilligte Gefahr, was die objektive Zurechnung des Erfolgs ausschließt. Der Raser darf also flüchten, was aber nicht bedeutet, dass jedes Fluchtverhalten erlaubt ist und er bei seiner Flucht (weitere) Gefährdungen bzw. Straftaten begehen darf. Beim riskanten Fliehen vor der Polizei kommt es häufig zu strafbarem Verkehrsverhalten nach § 240, § 315b oder § 315c. Wegen der großen Gefährlichkeit von Polizeiverfolgungen für andere Verkehrsteilnehmer und die Polizisten selbst sind solche Fahrten mittlerweile nach § 315d I Nr. 3 grundsätzlich strafbewährt, denn der Flüchtende bewegt sich bei nahezu jeder Polizeiverfolgung grob verkehrswidrig und rücksichtslos fort, um der Polizei mit höchstmöglicher Geschwindigkeit zu entkommen.[710] Dieses Verhalten ist folglich nicht vom Grundsatz des nemo tenetur gedeckt, sodass der Fahrer mit seiner Flucht rechtlich missbilligte Gefahren setzt und eine Erfolgszurechnung damit möglich ist. Eine Zurechnung findet aber wie bei den Retterfällen nur dann statt, wenn das Verhalten des Verfolgers nicht eigenverantwortlich erfolgt und dem Verantwortungsbereich des Verfolgten zuzuordnen ist.[711]

Da die verfolgenden Polizisten hier im Rahmen des § 315d neben dem repressiven Ergreifen des Täters auch präventiv zur Unterbindung und Verhinderung weiterer Straftaten sowie zur allgemeinen Gefahrenabwehr tätig werden, wiegen ihre rechtlichen Verpflichtungen zur Verfolgung schwer. Zugleich schafft der

---

Wessels/Beulke/Satzger, StR AT, Rn. 286 ff.; *Rengier*, StR AT, Rn. 52/49 ff.; *Kühl*, StR AT, Rn. 4/96; *Satzger*, Jura 2014, 695 (698 ff.); *Radtke/Hoffmann*, GA 2007, 201 (201 ff.).

709 BVerfGE 56, 37 (43); LK – *Walter*, Vor §§ 13 ff. StGB Rn. 119; *Torka*, Nachtatverhalten und Nemo tenetur, S. 140 f.; *Strasser*, Die Zurechnung von Retter-, Flucht- und Verfolgerverhalten, S. 277 ff.; B/W/M/E (AT) – *Eisele*, Rn. 10/139; *Rengier*, StR AT, Rn. 52/51.

710 Siehe dazu allgemein D.II.1.a)cc)(2) [S. 165] und speziell zur Fluchtfahrt vor der Polizei D.II.1.a)cc)(2)(g)(cc) [S. 181].

711 LK – *Walter*, Vor §§ 13 ff. StGB Rn. 119; *Strasser*, Die Zurechnung von Retter-, Flucht- und Verfolgerverhalten, S. 287 ff.; *Puppe*, Erfolgszurechnung, S. 176; B/W/M/E (AT) – *Eisele*, Rn. 10/139 f.; *Roxin/Greco*, AT 1, Rn. 11/140; *Rengier*, StR AT, Rn. 52/51 ff.; *Wessels/Beulke/Satzger*, StR AT, Rn. 290.

Täter durch seine fliehende Raserei große Gefahren für Leben, Gesundheit und Eigentum der anderen Verkehrsteilnehmer. Deshalb sind auch riskante Verfolgungshandlungen der Polizei, durch welche die Beamten selbst gefährdet werden, grundsätzlich nicht offenkundig unverhältnismäßig risikoreich. Gemäß dem ermittelten Zurechnungsmaßstab stellen sich diese Verfolgungshandlungen damit in aller Regel nicht als eigenverantwortlich dar, sodass die konkrete Gefährdung der Polizisten, die vom Schutzzweck der Strafnorm umfasst ist, dem fliehenden Raser als Erfolg i.S.d. § 315d II/IV zugerechnet werden kann.

Ob der Erfolg dem Flüchtenden in den anderen Konstellationen zugerechnet werde kann, wenn sich die verfolgenden Polizisten nicht (nur) selbst, sondern (auch) andere Verkehrsteilnehmer konkret gefährden, ist ungeklärt. Auch hier geht es um die Eigenverantwortlichkeit des Verhaltens der Verfolger. In ähnlichen Dreipersonen-Fällen wird über die Zuweisung der strafrechtlichen Verantwortung zumeist als Dazwischentreten eines Dritten oder im Rahmen des Schutzzweckzusammenhangs diskutiert, wobei Erfolgszurechnungen zulasten des Veranlassers sehr umstritten sind[712].
Trotz der Gemeinsamkeiten mit den Dreipersonen-Konstellationen lassen sich die Verfolgerfälle ohne diese Meinungsverschiedenheiten lösen, weil aufgrund ihrer Besonderheiten – Notwendigkeit der Verfolgung infolge der Veranlassung durch den Flüchtenden – spezifischere Anforderungen an die Erfolgszurechnung zu stellen sind. Für die Verfolgerfälle gelten bei einer Drittgefährdung insofern die gleichen Regeln wie bei einer Gefährdung des Verfolgers selbst.[713] Denn in der Ausgangssituation macht es bei demselben Verhalten des Verfolgers keinen Unterschied, ob es dazu führt, dass der Verfolger selbst oder/und eine dritte Person als Erfolg konkret gefährdet werden. Wenn z. B. ein Polizist zur Verfolgung des Rasers riskant überholt, wodurch er den Überholten und gleichzeitig sich selbst konkret gefährdet, kann die Eigenverantwortlichkeit des Verhaltens des Polizisten nicht nach dem jeweiligen Erfolg, sondern nur einheitlich beurteilt werden. Zu berücksichtigen ist allgemein, dass eine Erfolgsherbeiführung durch die verfolgende Polizei vom Schutzzweck des § 315d I,

712 Schönke/Schröder – *Eisele*, Vor §§ 13 ff. StGB Rn. 100 ff.; Lackner/Kühl – *Heger*, Vor § 13 StGB Rn. 14; Matt/Renzikowski – *Renzikowski*, Vor § 13 StGB Rn. 126; LK – *Walter*, Vor §§ 13 ff. StGB Rn. 103 ff.; *Wessels/Beulke/Satzger*, StR AT, Rn. 283 ff.; *Roxin/Greco*, AT 1, Rn. 11/137 ff.; *Rengier*, StR AT, Rn. 13/87 ff.; B/W/M/E (AT) – *Eisele*, Rn. 10/142 ff.

713 So auch: *Strasser*, Die Zurechnung von Retter-, Flucht- und Verfolgerverhalten, S. 292.

II/IV erfasst ist, weil dieser alle Verkehrsteilnehmer umfassend und damit auch vor den mit einer Fluchtfahrt zusammenhängenden Gefahren schützen soll. Des Weiteren spielen bei der Verfolgung die Sonderrechte (§ 35 I StVO) und das Wegerecht (§ 38 I StVO) der Polizei bei ihrer Einsatzfahrt mit Blaulicht und Martinshorn[714] eine Rolle. Daraus folgt aber nicht, dass die Polizei von (je)der Rücksichtnahmepflicht gegenüber anderen Verkehrsteilnehmern entbunden ist, denn gemäß § 35 VIII StVO dürfen die Sonderrechte nur unter gebührender Berücksichtigung der öffentlichen Sicherheit und Ordnung ausgeübt werden. Abgesehen davon, dass dies nicht jede konkrete Gefährdung von Rechtsgütern Dritter durch die polizeiliche Einsatzfahrt ausschließt,[715] sorgt wiederum auch eine Missachtung dieser Rücksichtnahmepflicht nicht automatisch für einen Entfall der Erfolgszurechnung an den verfolgten Raser. Denn unabhängig davon, ob § 35 I (i.V.m. § 38 I) StVO für die betroffenen Straftatbestände als Konkretisierung der im Verkehr erforderlichen Sorgfalt, Tatbestandsausschluss, Rechtfertigungsgrund oder bloß als verkehrsrechtliche Befreiung von StVO-Vorschriften eingestuft wird,[716] gehen hier die besonderen Maßstäbe der Verfolgerfälle vor. Bei der Prüfung, welchem Verantwortungsbereich der beim Dritten eingetretene Erfolg zuzuordnen ist, müssen demgemäß als Risikofaktoren insbesondere die tatsächlichen Gefährdungen der an der Verfolgung unbeteiligten Verkehrsteilnehmer mit einbezogen werden, die von der rein rechtlichen Einstufung des Verfolgerverhaltens als etwaige Verstöße gegen StGB- bzw. StVO-Vorschriften erst einmal unabhängig sind.[717] Je

714 Die Sonderrechte nach § 35 StVO befreien den Berechtigten von seinen Pflichten nach den sonstigen StVO-Vorschriften, wohingegen das Wegerecht nach § 38 StVO bei Verwendung von Blaulicht und Martinshorn durch den Berechtigten anordnet, dass ihm alle übrigen Verkehrsteilnehmer freie Bahn zu schaffen haben (ausführlich: *Stevens*, Blaulicht und Martinshorn, S. 50 ff.).

715 - So auch *Stevens*, Blaulicht und Martinshorn, S. 257 f. und noch weitergehend OLG Celle, VRS 61 [1981], 287 (288 f.).
- Dagegen ablehnend: OLG Braunschweig, NZV 1990, 198 (198); Hentschel/König/Dauer – *König*, § 35 StVO Rn. 4; B/H/H/J – *Heß*, § 35 StVO Rn. 13.

716 Ausführlich zu diesem Streit: *Stevens*, Blaulicht und Martinshorn, S. 143 ff.

717 Auch aus praktischer Sicht kann die Rücksichtnahme der Polizei bei einer Verfolgungsfahrt weder nach § 35 VIII StVO noch darüber hinaus so weit gehen, dass dabei jede Gefährdung gegenüber dritten Verkehrsteilnehmern ausgeschlossen sein muss. Denn einerseits gefährdet der Fliehende durch seine rasante Flucht regelmäßig andere Verkehrsteilnehmer erheblich, sodass die Polizei zum Schutz vor entsprechenden Unfällen die Fahrt zu unterbinden hat. Ohne das Risiko durch eigene gefährliche Fahrmanöver einzugehen, wäre ihr das kaum möglich, weil die

gefährlicher das polizeiliche Verfolgerverhalten für die Unbeteiligten ist und je ungefährlicher sich die rasante Flucht des Verfolgten für sie darstellt, desto eher ist das Verfolgerverhalten unverhältnismäßig riskant, womit entsprechende Erfolge eher im Verantwortungsbereich der verfolgenden Polizei liegen. Ein bei einem Unbeteiligten eingetretener Erfolg liegt aber zumindest dann im Verantwortungsbereich des Flüchtenden, wenn öffentlich-rechtliche Befugnisnormen[718] der Polizei die Verfolgung an sich gestatten, das notwendige Verfolgerverhalten nicht unverhältnismäßig risikoreich ist und der Erfolg durch die Polizisten lediglich fahrlässig herbeigeführt wird. Das gilt erst recht, wenn das polizeiliche Verfolgerverhalten (auch) gegenüber den Unbeteiligten erlaubt ist, weil es von Rechtfertigungsgründen gedeckt ist. Überschreiten die Polizisten bei der Verfolgung hingegen ihre Befugnisse erheblich, schaffen für unbeteiligte Verkehrsteilnehmer offenkundig unverhältnismäßige Risiken und führen den Erfolg eventualvorsätzlich herbei, ist der Erfolg in jedem Fall dem polizeilichen Verantwortungsbereich zuzuordnen. Für § 315 II/IV folgt daraus, dass dem flüchtenden Raser – dessen Flucht nicht vom Grundsatz des nemo tenetur gedeckt ist – die konkrete Gefährdung eines anderen Verkehrsteilnehmers durch die Polizei regelmäßig zugerechnet werden kann, wenn die Polizisten bei ihrem notwendigen Verfolgerverhalten allgemein(e) Rücksicht auf die unbeteiligten Verkehrsteilnehmer nehmen.

(4) Vorsatz oder Vorsatz-Fahrlässigkeits-Kombination

Wie § 315c besteht auch § 315d II und IV aus zwei Teilen. Hier bildet die Tathandlung des Rasens (§ 315d I Nr. 2 oder 3) den Handlungsteil, die daraus folgende konkrete Gefährdung den Gefährdungsteil. Die Strafbarkeit beider Qualifikationen setzt im Handlungsteil immer vorsätzliches Rasen voraus, womit ihr Unterschied in der vorsätzlichen (§ 315d II) oder fahrlässigen (§ 315d IV) Herbeiführung der

---

Polizei sonst aufgrund der weitreichenden Rücksicht nur deutlich langsamer vorankäme und mit dem Verfolgten so schlicht nicht mithalten könnte. Andererseits müsste die Polizei dann im Prinzip jede Verfolgungsfahrt wegen der erheblichen Gefahren für andere Verkehrsteilnehmer (auch) durch ihr Verfolgerverhalten abbrechen. Als Konsequenz könnte sich jeder Verdächtige bzw. Straftäter einfach durch eine möglichst riskante Flucht im Straßenverkehr jeder polizeilichen Maßnahme entziehen, was letztlich eine Aufgabe der staatlichen Rechtsdurchsetzung bedeuten würde.

718 Zu solchen Befugnisnormen zählen insbesondere Ermächtigungen des Gefahrenabwehrrechts und nicht nur § 35 I (i.V.m. § 38 I) StVO.

konkreten Gefahr liegt. Wegen des Gleichlaufs mit § 315c I und III Nr. 1 gelten entsprechende Grundlagen auch hier.[719]

Demnach ist bei § 315d II für den Vorsatz hinsichtlich der konkreten Gefährdung die Kenntnis des Täters über die Situationsumstände, die einen Beinaheunfall als naheliegend erscheinen lassen, und zumindest ein In-Kauf-Nehmen dieses Gefahrerfolgs bzgl. des jeweiligen Rechtsguts erforderlich. Obwohl die Tathandlung des Rasens (§ 315d I Nr. 2 oder 3) wesentlich umfassender ist als die des Verkehrsverstoßes nach § 315c I Nr. 2, muss sich der Gefährdungsvorsatz auch bei § 315d II auf eine konkretisierte gefährliche Verkehrssituation beziehen.[720]

Bei der Vorsatz-Fahrlässigkeits-Kombination des § 315d II, IV genügt Fahrlässigkeit hinsichtlich der konkreten Gefährdung. Dafür ist wie bei § 315c I Nr. 2, III Nr. 1 vor allem die Vorhersehbarkeit zu prüfen, ob der Raser hätte erkennen müssen, dass sein verkehrswidriges Verhalten zu der konkreten Gefährdung führen kann. Denn mit dem Rasen nach § 315d I Nr. 2 oder 3 werden die zulässige Höchstgeschwindigkeit und ggf. weitere Sondernormen missachtet, die andere Personen vor entsprechenden Unfällen schützen sollen. Damit handelt der Raser hinsichtlich der verursachten konkreten Gefährdung immer sorgfaltswidrig. Bei der Voraussehbarkeit der konkreten Gefährdung gemäß § 315d II, IV ist der mögliche Erkenntnisumfang des Rasers wegen der umfassenderen Tathandlung des Rasens mit den jeweiligen Verkehrsverstößen im Vergleich zu § 315c I Nr. 2, III weiter. Deshalb liegt es hier praktisch noch näher, dass der Raser den Beinaheunfall als mögliche Folge seiner bewussten Raserei hätte erkennen können und damit § 315d II, IV verwirklicht.[721]

Bei einem Verfolgerfall muss sich der Vorsatz bzw. die Fahrlässigkeit des Rasers weitergehend auch auf die Verfolgung durch die Polizei und die entsprechenden

---

719 - Schönke/Schröder – *Hecker*, § 315d StGB Rn. 11 u. 13; Lackner/Kühl – *Heger*, § 315d StGB Rn. 7 f.; JurisPK-StVR – *Weiland*, § 315d StGB Rn. 71; S/S/W-StGB – *Ernemann*, § 315d Rn. 18 f.; *Fischer*, § 315d StGB Rn. 22 f.; MüKo-StGB – *Pegel*, § 315d Rn. 36 f.; *Rengier*, StR BT 2, Rn. 44a/12.
- Siehe insofern zu § 315c I und III Nr. 1 grundlegend: D.II.1.b)aa)(4)(a) [S. 218] und (b) [S. 223].

720 - Siehe zu den einzelnen Problemen beim Vorsatz hinsichtlich der konkreten Gefährdung: D.II.1.b)aa)(4)(a) [S. 218].
- Explizit zu § 315d II weiter stützend: BGH, 4 StR 377/21, Urteil vom 08.08.2022, Rn. 9 ff. – im Internet abrufbar: www.bundesgerichtshof.de (Stand: 28.12.2022); BeckOK-StGB – *Kulhanek*, § 315d Rn. 50.

721 Siehe dazu grundlegend schon: D.II.1.b)aa)(4)(b) [S. 223].

Verkehrssituationen beziehen, weil die zugerechnete konkrete Gefährdung unmittelbar darauf beruht.

Ebenfalls muss der Rennfahrer, dem die durch seinen Rennkonkurrenten unmittelbar herbeigeführte konkrete Gefährdung nach § 315d I Nr. 2, II/IV zugerechnet wird, hinsichtlich der konkreten Gefährdung vorsätzlich (§ 315d II) oder fahrlässig (§ 315d IV) handeln. Vorsatz oder Fahrlässigkeit nur hinsichtlich der eigenen Raserei mit den spezifischen Verkehrsverstößen und der Provokation des anderen Rennfahrers genügt dafür nicht. Konkret erfordert Vorsatz für den nicht unmittelbar konkret gefährdenden Rennfahrer hinsichtlich der konkreten Gefahr zumindest ein In-Kauf-Nehmen, dass er mit seiner Rennteilnahme und seinem spezifischen Fahrverhalten den Rennkonkurrenten bei dessen Fahrt gefahrerhöhend provoziert und dieser einen entsprechenden Beinaheunfall verursacht. Wenn ein Rennteilnehmer eine konkrete Gefährdung durch das eigene Rennverhalten in Kauf nimmt, ist das auch ein starkes Indiz für Eventualvorsatz hinsichtlich einer konkreten Gefährdung durch den Konkurrenten. Denn wenn dem Raser nach seinen Vorstellungen schon selbst ein Beinaheunfall widerfahren kann, dann doch erst recht seinem Konkurrenten, den er in aller Regel für den schlechteren Rennfahrer hält. Für Fahrlässigkeit hinsichtlich der konkreten Gefahr hätte der nicht unmittelbar konkret gefährdende Rennfahrer hier erkennen müssen, dass sein verkehrswidriges Verhalten den Rennkonkurrenten zu riskanten Fahrmanövern provoziert und es dadurch zu der konkreten Gefährdung kommen kann. Auf den die Sorgfaltspflicht einschränkenden Vertrauensgrundsatz im Straßenverkehr kann sich der Fahrer dabei nicht berufen, weil sich keiner der Rennteilnehmer verkehrsgerecht verhält.[722] Bei der notwendigen vorsätzlichen Rennteilnahme des Rasers wird diese Voraussehbarkeit praktisch in aller Regel bestehen.[723]

---

722 *Fischer*, § 222 StGB Rn. 14; NK-GVR – *Sandherr*, § 222 StGB Rn. 8; Hentschel/König/Dauer – *König*, § 229 StGB Rn. 4; *Wessels/Beulke/Satzger*, STR AT, Rn. 1120 f.; *Kindhäuser/Zimmermann*, StR AT, Rn. 33/33 ff.; *Schneider*, ZJS 2013, 362 (367); *Puppe*, JR 2012, 164 (165 f.).

723 - Grundsätzlich weiter stützend: BGHSt 53, 55 (58 f.); LG Kleve, 140 Ks – 507 Js 281/19 – 6/19, 140 Ks 6/19, Urteil vom 17.02.2020, Rn. 110 ff. – im Internet abrufbar: www.juris.de (Stand: 27.11.2020); LG Deggendorf, 1 Ks 6 Js 5538/18, Urteil vom 22.11.2019, Rn. 200 – im Internet abrufbar: www.juris.de (Stand: 07.07.2020); BeckOK-StGB – *Kulhanek*, § 315d Rn. 51 u. 53 f.; JurisPK-StVR – *Weiland*, § 315d StGB Rn. 93; MüKo-StGB – *Pegel*, § 315d Rn. 37; Hentschel/König/Dauer – *König*, § 315d StGB Rn. 16; *Schneider*, ZJS 2013, 362 (366 f.).
- So wenig überzeugend einen Gefährdungsvorsatz ablehnend: BGH, 4 StR 511/20, Urteil vom 11.11.2021, Rn. 34 – im Internet abrufbar: www.bundesgerichtshof.de

Da Vorsatz und Fahrlässigkeit individuell festgestellt werden müssen, ist es möglich, dass die gleiche konkrete Gefährdung bei dem einen Rennfahrer zu einer Strafbarkeit nach § 315d II wegen Vorsatzes und bei dem anderen zu einer Strafbarkeit nach § 315d II, IV wegen Fahrlässigkeit führt. Auch Exzesshandlungen folgen diesem Grundsatz. Ein Rennexzess[724] liegt etwa vor, wenn der eine Rennfahrer grundlos auf die Gegenfahrspur fährt und den Gegenverkehr konkret gefährdet, was der nicht unmittelbar gefährdende Rennfahrer nicht vorausgesehen hat bzw. nicht voraussehen konnte. Die Strafbarkeit des nicht unmittelbar Gefährdenden nach § 315d II bzw. IV scheidet dann mangels Vorsatz bzw. Fahrlässigkeit aus.[725]

(5) Anstiftung und Beihilfe

Zu einer Tat nach § 315d kann angestiftet (§ 26) und Beihilfe geleistet werden (§ 27). Dafür sind die üblichen Voraussetzungen der Teilnahme erforderlich, also die vorsätzliche rechtswidrige Haupttat des Haupttäters, das Bestimmen oder Hilfeleisten dazu und der doppelte Vorsatz des Teilnehmers.[726] Demnach muss sich der Vorsatz des Teilnehmers bei einer Haupttat nach § 315d II auch auf die konkrete Gefährdung beziehen. Anders ist das bei einer Tat nach § 315d IV, die gemäß § 11 II als Vorsatztat teilnahmefähig ist. Denn mit der ganz herrschenden Meinung zur Vorsatz-Fahrlässigkeits-Kombination des § 315c III Nr. 1 wird man es auch bei § 315 IV genügen lassen müssen, dass der Teilnehmer den Haupttäter zum Rasen (Handlungsteil) vorsätzlich bestimmt oder ihm dazu

---

(Stand: 02.02.2022); LG Arnsberg, 2 Ks 15/19, Urteil vom 20.01.2020, Rn. 334 f. – im Internet abrufbar: www.juris.de (Stand: 13.11.2020).

724 Siehe zum Rennexzess auch: D.II.1.b)cc)(2) [S. 238].

725 - Grundsätzlich stützend: LG Arnsberg, 2 Ks 15/19, Urteil vom 20.01.2020, Rn. 333 ff. – im Internet abrufbar: www.juris.de (Stand: 15.07.2020); Schönke/Schröder – *Hecker*, § 315d StGB Rn. 16; BeckOK-StGB – *Kulhanek*, § 315d Rn. 62. - Teilweise wird vertreten, dass der Exzess bereits die Zurechnung auf objektiver Ebene ausschließt. Die unterschiedliche Einordnung ändert jedoch nichts an dem Ausschluss der Strafbarkeit und spielt so im Ergebnis keine Rolle. (Siehe dazu beispielhaft: Matt/Renzikowski – *Haas*, § 25 StGB Rn. 70.).

726 *Fischer*, § 26 StGB Rn. 2 ff. u. § 27 StGB Rn. 2 ff.; Lackner/Kühl – *Kühl*, § 26 StGB Rn. 1 ff. u. § 27 StGB Rn. 1 ff.; S/S/W-StGB – *Murmann*, § 26 Rn. 2 ff. u. § 27 Rn. 2 ff.; LK – *Schünemann/Greco*, § 26 StGB Rn. 16 ff. u. § 27 Rn. 38 ff.; *Wessels/Beulke/Satzger*, StR AT, Rn. 864 ff.; *Rengier*, StR AT, Rn. 45/13 ff.; *Kindäuser/Zimmermann*, StR AT, Rn. 41/1 ff. u. 42/1 ff.

vorsätzlich Hilfe leistet und dem Teilnehmer bzgl. der konkreten Gefährdung (Gefährdungsteil) Fahrlässigkeit zur Last fällt.[727]
Mangels Normverweises in § 315d II existiert kein (teilnahmefähiges) konkretes Gefährdungsdelikt als Qualifikation zum Ausrichten oder Durchführen eines Kraftfahrzeugrennens nach § 315d I Nr. 1. Täter dieses Grunddelikts können aber nach § 26 oder § 27 Teilnehmer der Haupttat des gefährdenden Rennfahrers sein, sofern ihr Verhalten die entsprechenden Teilnahmevoraussetzungen erfüllt.[728]
Die Kraftfahrzeugführereigenschaft ist kein besonderes persönliches Merkmal i.S.d. § 28 I.[729] Bei der Teilnahme im Rahmen der Einzelraserei ist zu berücksichtigen, dass die Rücksichtslosigkeit, im Gegensatz zur groben Verkehrswidrigkeit, ein besonderes persönliches Merkmal i.S.d. § 28 I darstellt.[730]

c) Raserei mit Schädigungserfolg

Nicht selten führt die Raserei über konkrete Gefährdungen hinaus auch zu Unfällen. Die Unfallfolgen reichen dabei von Blechschäden als fremde Eigentumsverletzungen über Gesundheitsschäden anderer bis hin zum Tod von Menschen. Der einleitend dargestellte und medial aufsehenerregendste Fall des illegalen Straßenrennens auf dem Berliner Kurfürstendamm, bei dem ein Unbeteiligter getötet wurde, ist nur ein tragisches Beispiel dafür.[731]

---

727 - Zu § 315d stützend: Schönke/Schröder – *Hecker*, § 315d StGB Rn. 16; BeckOK-StGB – *Kulhanek*, § 315d Rn. 55 u. 78; LK – *König*, § 315d StGB Rn. 46; S/S/W-StGB – *Ernemann*, § 315d Rn. 23.
- Zu § 315c III Nr. 1: LK – *König*, § 315c StGB Rn. 206 u. § 315 StGB Rn. 132; Matt/Renzikowski – *Renzikowski*, § 315c StGB Rn. 29; Schönke/Schröder – *Hecker*, § 315c StGB Rn. 43; S/S/W-StGB – *Ernemann*, § 315c Rn. 31; *Rengier*, StR BT 2, Rn. 44/28.

728 Stützend: *Fischer*, § 315d StGB Rn. 22; MüKo-StGB – *Pegel*, § 315d Rn. 42; Schönke/Schröder – *Hecker*, § 315d StGB Rn. 16; *Mitsch*, DAR 2017, 70 (72).

729 Siehe ausführlich: D.II.1.a)cc)(1)(e)(aa) [S. 156].

730 - *Fischer*, § 28 StGB Rn. 6a; LK – *König*, § 315c StGB Rn. 206; Schönke/Schröder – *Hecker*, § 315c StGB Rn. 43; Matt/Renzikowski – *Renzikowski*, § 315c StGB Rn. 29; *Rengier*, StR BT 2, Rn. 44/9.
- Sofern die Rücksichtslosigkeit nicht wie hier als besonderes Merkmal des subjektiven Tatbestands, sondern als spezifisches Schuldmerkmal eingestuft wird, könnte anstelle § 28 I auf § 29 zurückgegriffen werden (BeckOK-StGB – *Kudlich*, § 29 Rn. 4 f. u. § 315c Rn. 40.3).

731 Siehe zum Berliner Fall bereits A. [S. 21] und zu weiteren Fällen illegaler Straßenrennen mit schweren Folgen C.II.3. [S. 42].

Die weitergehende Strafbarkeit des Rasers für solche Schädigungserfolge hängt davon ab, welche fremden Rechtsgüter geschädigt werden und ob ihm Fahrlässigkeit oder Vorsatz vorzuwerfen ist.

aa) Fahrlässige Körperverletzung und Tötung – § 229 und § 222 StGB

Wird bei dem Raserunfall eine andere Person verletzt oder sogar getötet und handelt der Fahrer ohne Vorsatz, macht sich der Raser in aller Regel der fahrlässigen Körperverletzung (§ 229) oder der fahrlässigen Tötung (§ 222) strafbar. Vor der Einführung des § 315d waren es diese Strafnormen mit Verletzungserfolg, wonach die Gerichte die Raser in den meisten Raserfällen verurteilt haben – so auch im Raserfall vom Kölner Auenweg[732].

Ähnlich zum Berliner Fall entwickelte sich hier zwischen zwei jungen Männern auf ihrem Weg zu den Kölner Rheinterrassen eine Wettfahrt, beginnend an einer roten Ampel, wo sie in ihren Fahrzeugen gemeinsam warteten. Als die Ampel auf Grün umsprang, gab einer der beiden Fahrer Vollgas und auch der andere beschleunigte nach diesem Blitzstart massiv. Der Führende beschleunigte seinen Wagen immer weiter, um vor seinem Verfolger zu bleiben, der ihn mittlerweile von hinten bedrängte. Beide wollten das Rennen für sich entscheiden und fuhren deshalb fast doppelt so schnell wie erlaubt in die langgezogene Linkskurve des Kölner Auenwegs ohne zu bremsen ein. Mit größten Mühen gelang es beiden, ihre Fahrzeuge durch die Kurve zu steuern, doch brach am Kurvenausgang plötzlich das Heck des Führenden aus. Der Raser lenkte gegen und schaffte es anfänglich noch, ein Anstoßen des driftenden Autos zuerst mit dem rechten und dann linken äußeren Bordstein der für jede Richtung nur einspurigen Straße zu verhindern. Doch das sich aufschaukelnde Fahrzeug ließ sich nicht mehr stabilisieren und stieß dann mit dem rechten Hinterrad gegen den rechten Bordsteinrand. Sofort wurde der Wagen in die andere Richtung nach links zurückgeworfen und begann sich um die eigene Achse zu drehen. Er schleuderte von der rechten Fahrspur über die ganze Straße, überfuhr den linken Bordstein und stieß mit der auf dem dortigen Radweg fahrenden 19-jährigen Studentin mit ca. 50 km/h zusammen. Das Opfer wurde dabei in das Gebüsch am Straßenrand geschleudert und erlitt so schwere Verletzungen, dass es am Folgetag im Krankenhaus verstarb.[733]

732 Siehe zu entsprechenden Verurteilungen C.IV.3. [S. 108] mit Fußnote 257.

733 Das beschriebene Geschehen ist eine Kurzzusammenfassung des realen Sachverhalts: LG Köln, 117 KLs 19/15, Urteil vom 14.04.2016, Rn. 47 ff. – im Internet abrufbar: www.justiz.nrw/BS/nrwe2 (Stand: 17.04.2018).

Strafbarkeitsvoraussetzung ist die fahrlässige Herbeiführung des kausalen und objektiv zurechenbaren Erfolgs durch den Täter.[734]

Da das fahrlässige Tatverhalten keine bestimmten Handlungsmodalitäten aufweisen muss, kann im Rahmen des objektiven Sorgfaltspflichtverstoßes jeder Verstoß gegen eine mit dem Straßenverkehr zusammenhängende Sondernorm als Indiz gegen das Einhalten der im Verkehr erforderliche Sorgfalt herangezogen werden. Dazu zählen vor allem die § 315c I Nr. 2 zugrundeliegenden Normen der StVO sowie die durch § 315d I Nr. 2 und 3 implizit statuierten Verbote von Straßenrennen und Einzelraserei. Relevant können auch weitere Vorschriften der StVO zum Verkehrsverhalten sein, insbesondere solche zur Geschwindigkeit, zur Vorfahrt und zum Abstand. Letztendlich wird bei Raserei im Straßenverkehr immer die im Verkehr erforderliche Sorgfalt außer Acht gelassen. Dass es durch ein solches Verkehrsverhalten aus Sicht eines objektiven Dritten nach allgemeiner Lebenserfahrung dabei zu schweren Verkehrsunfällen mit Verletzten oder Toten kommen kann, ist gerade wegen der hohen Geschwindigkeiten naheliegend. An der Voraussehbarkeit des Erfolgseintritts bestehen damit kaum Zweifel.[735]

Der Erfolg muss kausal und objektiv zurechenbar auf dieses Fahrverhalten zurückzuführen sein, was bei Raserunfällen die Regel ist. Eine Erfolgszurechnung ist selbst dann möglich, wenn das Opfer ein an der Raserei unbeteiligter Verkehrsteilnehmer ist, der eine Kollision mit dem Raser durch ein eigenes (nachvollziehbares) Fahrmanöver verhindern will und dabei selbst geschädigt wird. Da der Fahrer weder mit seiner Gefährdung noch mit seiner Schädigung durch den Raser einverstanden ist und diese gerade mit seiner Reaktion verhindern will, liegen keine eigenverantwortliche Selbstgefährdung und keine einverständliche Fremdgefährdung vor. Außerdem ist der Schutzzweck der Norm erfüllt, weil die vom Raser verletzte Verkehrsnorm andere Verkehrsteilnehmer grundsätzlich auch vor solchen Unfällen schützen soll, die aus einem

---

734 - Siehe zu den Voraussetzungen der Kausalität und objektiven Zurechnung bereits: D.II.1.b)aa)(3) [S. 207].
- Siehe zu den Voraussetzungen der Fahrlässigkeit bereits: D.II.1.b)aa)(4)(b) [S. 223].

735 Stützend: BGHSt 53, 55 (58 f.); BGH, 4 StR 511/20, Urteil vom 11.11.2021, Rn. 58 – im Internet abrufbar: www.bundesgerichtshof.de (Stand: 02.02.2022); OLG Celle, StV 2013, 27 (29); MüKo-StGB – *Hardtung*, § 222 StGB Rn. 28 ff.; *Preuß*, NZV 2017, 105 (107); *Rebler*, SVR 2018, 415 (416); *Schneider*, ZJS 2013, 362 (364 f.); *Mitsch*, JuS 2013, 20 (21); *Steinle*, Verbotene Kraftfahrzeugrennen, S. 75 u. 83; *Bönig*, Verbotene Kraftfahrzeugrennen, S. 24.

Versuch der Unfallvermeidung folgen. Besonderheiten der Erfolgszurechnung bestehen ebenfalls, wenn es sich bei dem Opfer um eine Person handelt, die als Beifahrer in einem Raserfahrzeug mitfährt oder die selbst als Raser am Rennen teilnimmt. Dann kommt eine eigenverantwortliche Selbstgefährdung bzw. einverständliche Fremdgefährdung in Betracht, was im Ergebnis für den Raser zu einem Ausschluss der Zurechnung des beim Opfer eingetretenen Erfolgs führen kann[736].

Wird das Opfer bei einem Straßenrennen durch einen der Rennfahrer zurechenbar verletzt oder getötet, stellt sich weiter die Frage, ob auch sein Gegner für diesen Erfolg verantwortlich ist und sich nach § 229 oder § 222 strafbar macht. Wie im Kölner Fall ist dabei problematisch, dass der zweite Raser den Erfolg nicht unmittelbar herbeiführt, sondern der andere Rennfahrer mit dem Opfer kollidiert und es dadurch schädigt.
Schon wegen ihrer Struktur wird bei den Fahrlässigkeitsdelikten herrschend vom Einheitstäterbegriff ausgegangen. D. h., jeder, der kausal und objektiv zurechenbar eine zum Erfolg führende Sorgfaltspflichtverletzung begeht, ist Täter des Fahrlässigkeitsdelikts. Demzufolge wird bei diesen nicht zwischen Täterschaft und Teilnahme unterschieden, womit es nur Nebentäter gibt.[737]
Zwar folgt der Unfall und damit der eingetretene Erfolg unmittelbar aus dem Fahrverhalten des verunfallenden Rennfahrers, doch kann als Tathandlung für den anderen Raser auf sein Verhalten vor dem Unfall abgestellt werden.[738]
Die Kausalität zwischen diesem Verhalten und dem eingetretenen Erfolg liegt vor. Denn der nicht verunfallende Rennfahrer hat sich mit dem anderen Fahrer abgesprochen, dass sie gegeneinander ein Rennen im Straßenverkehr fahren. Außerdem provoziert er seinen Rennkonkurrenten durch sein aggressives

736 Siehe entsprechend: D.II.1.b)aa)(3)(b) [S. 209].

737 NK-StGB – *Puppe*, Vor §§ 13 ff. Rn. 178 ff.; Schönke/Schröder – *Heine/Weißer*, Vor §§ 25 ff. StGB Rn. 108; MüKo-StGB – *Freund*, Vor § 13 Rn. 493 ff.; MüKo-StGB – *Joecks/Scheinfeld*, § 25 Rn. 289; *Fischer*, Vor § 25 StGB Rn. 1; *Roxin*, AT 2, Rn. 25/8; *Jescheck/Weigend*, StR AT, S. 573, 654 f. u. 676 f.; *Rengier*, StR AT, Rn. 53/1 f.; *Wessels/Beulke/Satzger*, StR AT, Rn. 794 f. u. 1105; *Gropp*, GA 2009, 265 (274).

738 - Stützend: BGHSt 7, 112 (113 ff.); Matt/Renzikowski – *Gaede*, § 15 StGB Rn. 48; MüKo-StGB – *Joecks/Scheinfeld*, § 25 Rn. 289; *Rengier*, StR AT, Rn. 53/1 f.; B/W/M/E (AT) – *Eisele*, Rn. 25/87 ff.; *Herzberg*, Täterschaft und Teilnahme, S. 72 f.; *Gropp*, GA 2009, 265 (274 ff.).
- Explizit im Zusammenhang mit § 315d I Nr. 2: BGH, 4 StR 511/20, Urteil vom 11.11.2021, Rn. 32 u. 58 – im Internet abrufbar: www.bundesgerichtshof.de (Stand: 02.02.2022).

Fahrverhalten zu riskantem Verkehrsverhalten. Selbst wenn es sich zwischen den Rasern um kein Rennen i.S.d. § 315d I Nr. 2 handeln sollte, kommt es bei einem Rasen dicht beieinander zumeist trotzdem durch eigene Fahrmanöver (z. B. Bedrängen zum Überholen) zur Einflussnahme auf das Fahrverhaltens des anderen Rasers. In jedem Fall beeinflusst so der zweite Raser das konkrete Verhalten des anderen Fahrers, das unmittelbar zu dem Unfall führt. Ohne das verabredete Rennen bzw. die fortgesetzte Herausforderung wäre es nicht zum Erfolgseintritt gekommen, sodass der nicht verunfallende Raser den Erfolg psychisch kausal herbeiführt.[739]

Für seine objektiven Sorgfaltspflichten gilt das gleiche wie bei seinem verunfallenden Konkurrenten, denn jeder verstößt mit dem Rennen gegen entsprechende Sondernormen des Straßenverkehrs. Schon grundsätzlich umfasst die im Verkehr erforderliche Sorgfalt, dass man durch sein eigenes Fahrverhalten andere Fahrer nicht zu riskanten Fahrmanövern herausfordert und sich im Straßenverkehr nicht gegenseitig provoziert. Tut man dies trotzdem, ist es aus Sicht eines objektiven Dritten nicht fernliegend, dass der andere Fahrer in der Folge (noch) schneller, aggressiver und damit gefährlicher fährt. Infolgedessen kann es naheliegend zu kritischen Verkehrssituationen kommen, die zu Unfällen mit entsprechenden Folgen führen können. Insgesamt verhält sich dann auch der nicht verunfallende Raser objektiv sorgfaltswidrig und der Erfolg ist für ihn objektiv voraussehbar.

Für die Zurechnung des Erfolgs ist problematisch, dass der Raser den Erfolg durch sein Verhalten nicht unmittelbar herbeiführt, sondern lediglich seinen Konkurrenten (fahrlässig) zur Unfallherbeiführung veranlasst, womit der Erfolg allein aus der vom verunfallenden Konkurrenten geschaffenen, rechtlich missbilligten Gefahr folgen könnte. Solche Fälle der Veranlassung zu einer fremden Erfolgsherbeiführung werden als Dazwischentreten eines Dritten oder im Rahmen des Schutzzweckzusammenhangs diskutiert.[740] Einig ist man sich darin, dass eine Zurechnung jedenfalls dann erfolgen kann, wenn der Veranlasser gegen eine Rechtsnorm verstößt, die gerade das pflichtwidrige

739 - Siehe entsprechend schon: D.II.1.b)cc)(3)(b) [S. 244].
- So explizit auch: *Schneider*, ZJS 2013, 362 (366); *Mitsch*, JuS 2013, 20 (21 f.); *Steinle*, Verbotene Kraftfahrzeugrennen, S. 79.

740 - LK – *Walter*, Vor §§ 13 ff. StGB Rn. 103 ff.; *Schönke/Schröder* – Vor §§ 13 ff. StGB Rn. 100 ff.; B/W/M/E (AT) – *Eisele*, Rn. 10/142 ff.; *Rengier*, StR AT, Rn. 13/95 u. 52/69 ff.; *Wessels/Beulke/Satzger*, StR AT, Rn. 283 ff.; *Schneider*, ZJS 2013, 362 (369); *Mitsch*, JuS 2013, 20 (22 f.); *Preuß*, NZV 2017, 105 (107 f.).
- Siehe dazu auch schon D.II.1.b)cc)(3)(c) [S. 250].

Verhalten des anderen verhindern soll.[741] Das Verbot von Kraftfahrzeugrennen im Straßenverkehr (§ 315d I Nr. 2 StGB; früher § 29 I StVO a. F.) ist eine solche Norm, weil Rennen typisch vom gegenseitigen Verleiten zu immer riskanteren Fahrmanövern der Rennfahrer geprägt sind, was zu einem insgesamt erheblich höheren Unfallrisiko führt. Zum Schutz der anderen Verkehrsteilnehmer vor Unfällen soll kein Fahrer einen anderen zu einem Wettbewerb herausfordern bzw. beim Fahren provozieren.[742] Anderes gilt bspw. für die Vorschriften zur erlaubten Geschwindigkeit, weil sie zwar Unfälle durch zu hohe Geschwindigkeiten verhindern sollen, nicht aber, dass ein Fahrer durch seine zu hohe Geschwindigkeit einen anderen herausfordert und dieser dann selbst zu schnell fährt. Wieder andere Vorschriften, z. B. die zum Überholen, sind differenziert zu betrachten. Gemäß § 5 VI 1 StVO darf derjenige, der überholt wird, seine Geschwindigkeit nicht erhöhen, damit der andere sicher überholen kann und es zu keinem Kräftemessen zwischen ihnen kommt. Ansonsten steigt das Unfallrisiko für alle Verkehrsteilnehmer erheblich. Insofern sollen Herausforderungen zwischen Überholtem und Überholendem zum Schutz auch anderer Verkehrsteilnehmer verhindert werden. Allerdings bezieht sich dieser umfassende Schutzzweck nur auf einen entsprechenden Überholvorgang, d. h., der Erfolg muss aus diesem verkehrswidrigen Überholvorgang der Raser folgen.[743] Im Kölner Fall verstießen beide Raser gegen das Rennverbot auf öffentlichen Straßen und es kam zum tödlichen Unfall. Der nicht verunfallende Raser hat seinen Konkurrenten dabei zu immer riskanterem Fahren provoziert und den Tod psychisch kausal sowie fahrlässig herbeigeführt. Des Weiteren kann ihm der Erfolg objektiv zugerechnet werden, weil das missachtete Rennverbot andere Verkehrsteilnehmer vor Unfällen infolge solcher Eskalationen schützen soll und damit auch der nicht verunfallende Raser eine rechtlich missbilligte Gefahr schaffte, die sich im Tod des Opfers realisierte.

---

741 MüKo-StGB – *Freund*, Vor § 13 Rn. 411 ff.; NK-StGB – *Puppe*, Vor §§ 13 ff. Rn. 179 ff.; B/W/M/E (AT) – *Eisele*, Rn. 10/151 ff.; *Wessels/Beulke/Satzger*, StR AT, Rn. 284; *Rengier*, StR AT, Rn. 52/69 ff.; *Schneider*, ZJS 2013, 362 (369); *Mitsch*, JuS 2013, 20 (22 f.); *Preuß*, NZV 2017, 105 (107 f.).

742 Siehe insofern zu Kraftfahrzeugrennen: D.II.1.a)cc)(1)(a)(cc) [S. 128].

743 - *Schneider*, ZJS 2013, 362 (366); *Mitsch*, JuS 2013, 20 (21 f.); *Rengier*, StV 2013, 30 (31 f.).
- Explizit im Zusammenhang mit § 315d I Nr. 2: BGH, 4 StR 511/20, Urteil vom 11.11.2021, Rn. 32 u. 58 – im Internet abrufbar: www.bundesgerichtshof.de (Stand: 02.02.2022).

Die Gegner der herrschenden Ansicht, die bei den Fahrlässigkeitsdelikten vom restriktiven Täterbegriff ausgehen und gleichzeitig eine fahrlässige Mittäterschaft nach § 25 II anerkennen,[744] kommen im Ergebnis ebenfalls zu einer Zurechnung. Denn zumindest bei einem Rennen erfüllen die Rennfahrer die (umstrittenen) Voraussetzungen der Mittäterschaft zum entsprechenden Fahrlässigkeitsdelikt, indem sie die gemeinsame Durchführung des nicht erlaubten Verhaltens verabreden und dieses Handlungsprojekt zusammen umsetzen. Damit wird das Verhalten des verunfallenden Rasers seinem nicht verunfallenden Konkurrenten über § 25 II zugerechnet, womit auch er für den herbeigeführten Erfolg verantwortlich ist.[745]

In aller Regel ist neben dem verunfallenden auch der nicht verunfallende Raser wegen fahrlässiger Körperverletzung (§ 229) oder – wie im Kölner Fall – wegen fahrlässiger Tötung (§ 222) strafbar.

bb) Erfolgsqualifizierte Raserei – § 315d I Nr. 2/3, II, V StGB

Für Fälle der Raserei mit Schädigungserfolgen enthält § 315d in Abs. 5 eine Qualifikation: Wird bei einem Straßenrennen oder der Einzelraserei ein Mensch getötet, schwer verletzt oder eine große Zahl von Personen in ihrer Gesundheit geschädigt, wird dies mit einer Mindeststrafe von einem Jahr und einer Höchststrafe von zehn Jahren Freiheitsstrafe bestraft – in minder schweren Fällen mit sechs Monaten bis zu fünf Jahren.

(1) Grundlagen der Strafbarkeit

Damit ist § 315d V ein Verbrechenstatbestand (§ 12 I), der explizit auf § 315d II verweist, welcher sich nur auf die Begehungsformen der Straßenrennen (Nr. 2) und Einzelraserei (Nr. 3) im Grundtatbestand des § 315d I bezieht. Zur Qualifikation des § 315d II stellt § 315d V insofern eine weitere Qualifikation dar,

---

744 Schönke/Schröder – *Heine/Weißer*, Vor §§ 25 ff. StGB Rn. 107 u. 114; SK-StGB – *Hoyer*, § 25 Rn. 152; *Renzikowski*, Restriktiver Täterbegriff, S. 284 ff.; *Frister*, StR AT, Rn. 26/4; *Otto*, Jura 1990, 47 (48 f.); *Weißer*, JZ 1998, 230 (232 ff.); *Küpper*, GA 1998, 519 (527); *Neumann*, Jura 2017, 160 (163).

745 - Stützend: Schönke/Schröder – *Heine/Weißer*, Vor §§ 25 ff. StGB Rn. 115 ff.; SK-StGB – *Hoyer*, § 25 Rn. 154; *Kamm*, Die fahrlässige Mittäterschaft, S. 196 ff.; *Knauer*, Die Kollegialentscheidung, S. 190 ff.; *Renzikowski*, Restriktiver Täterbegriff, S. 288 ff.; *Otto*, Jura 1990, 47 (49); *Weißer*, JZ 1998, 230 (236 f.).
- So explizit zu Autorennen: *Renzikowski*, HRRS 2009, 347 (351); *Neumann*, Jura 2017, 160 (163).

bei der es sich wegen des Verletzungserfolgs um eine Erfolgsqualifikation i.S.d. § 18 handelt. Ansonsten gleicht die Erfolgsqualifikation den anderen Normen hinsichtlich des Charakters als eigenhändiges Delikt und bezweckt ebenso den Schutz des Straßenverkehrs als Allgemeinrechtsgut sowie entsprechender Individualrechtsgüter anderer Verkehrsteilnehmer. Der Gesetzgeber hat § 315d V an die Erfolgsqualifikation des § 315 III Nr. 2 angelehnt. Dabei hat er erkannt, dass es ohne eine Ergänzung des Todeserfolgs zu systematischen Unstimmigkeiten in der Strafbarkeit zwischen fahrlässiger Herbeiführung einer schweren Verletzung (§ 315d V) und des Todes (dann nur § 222) gekommen wäre.[746]

Der Gesetzgeber begründet die Einführung des § 315d V damit, dass „[d]urch den neuen Qualifikationstatbestand [...] eine dem erhöhten Unrechts- und Schuldgehalt der Tat angemessene Bestrafung ermöglicht werden [soll und entsprechend schädigende Raserei] angesichts der gesteigerten Sozialschädlichkeit künftig mit höherer Strafe sanktioniert werden kann [...].“[747]

Gegner dieser Vorschrift wenden jedoch ein, sie sei systemwidrig, weil verkehrsinternes Fehlverhalten nach § 315c im Gegensatz zum externen Verkehrseingreifen nach § 315b (III) keine Erfolgsqualifikation enthalte. Im Übrigen böten die Fahrlässigkeitsdelikte (§ 229 und § 222) mit einem Strafrahmen von bis zu fünf Jahren Freiheitsstrafe ausreichend Raum für eine angemessene Bestrafung.[748]

Allerdings wurde schon für den Grundtatbestand des § 315d I Nr. 2 und 3 als auch für die Qualifikation des § 315d II/IV herausgearbeitet, dass die tatbestandsmäßigen Verhaltensweisen vorsätzliche und rücksichtslose schwerwiegende Verkehrsverstöße sind, die eine hohe Gefährlichkeit für höchstwertige Rechtsgüter anderer Verkehrsteilnehmer schaffen. Bereits damit wird schwerwiegenderes Unrecht verwirklicht. Der bei § 315d V darüber hinaus

---

746 - BT-Drs. 18/10145, S. 10; BT-Drs. 18/12964, S. 7; S/S/W-StGB – *Ernemann*, § 315d Rn. 20; Lackner/Kühl – *Heger*, § 315d StGB Rn. 9; *Fischer*, § 315d StGB Rn. 24; *Rengier*, StR BT 2, Rn. 44a/12 f.; *Kindhäuser/Schramm*, StR BT 1, Rn. 67/20; *Eisele*, JZ 2018, 549 (555); *Gerhold/Meglaglu*, ZJS 2018, 321 (323); *Kulhanek*, Jura 2018, 561 (566).
- Warum der Gesetzgeber dann nicht auch gleich § 315 III Nr. 2 um den Todeserfolg ergänzt hat, so wie es vorgeschlagen wird (siehe: D.II.1.b)bb)(4) [S. 234] mit Fußnote 654 und H.I. [S. 445] mit Fußnote 1301), bleibt unbekannt.

747 BT-Drs. 18/10145, S. 10; BT-Drs. 18/12964, S. 7.

748 *Piper*, NZV 2017, 70 (72); *Ceffinato*, ZRP 2016, 201 (201 f.); *Kusche*, NZV 2017, 414 (418).

erforderliche Eintritt einer schweren Folge sorgt für eine außerordentliche Steigerung des verwirklichten Erfolgsunrechts und damit des Gesamtunrechts. Wenn dabei schon die abstrakte Gefährdung durch Raserei als auch die qualifizierende konkrete Gefährdung strafwürdig sind, gilt dies erst recht für deren Erfolgsqualifizierung. Obwohl sich der Gesetzgeber in seiner Begründung nur auf Straßenrennen bezieht, ist auch hinsichtlich der Einzelraserei anzuerkennen, dass § 229 und § 222 diese hohen Unrechtsgehalte nicht abdecken. Denn im Gegensatz zu ausschließlich fahrlässigem Verhalten muss der Täter die konkrete Gefahr bei § 315d V vorsätzlich herbeiführen und allgemein aus eigensüchtigen Gründen rasen, was deutlich höheres Unrecht darstellt. Des Weiteren wäre ein Verzicht auf die Erfolgsqualifikation des § 315d V systematisch kaum überzeugend. Sie hätte nämlich zur Folge, dass der Strafrahmen trotz Eintritts einer schweren Folge und des damit erhöhten Erfolgsunwerts gemäß § 315d I Nr. 2/3, II weiterhin bei maximal fünf Jahren Freiheitsstrafe läge.[749]
Dabei ist der Strafrahmen des § 315d V mit einer Mindeststrafe von einem Jahr und einer Höchststrafe von zehn Jahren Freiheitsstrafe im Vergleich zu ähnlichen Erfolgsqualifikationen wie § 221 I, III; § 227; § 239 I, IV eher niedrig angesetzt und entspricht § 315b III.[750] Trotzdem überzeugt die Einführung des § 315d V insgesamt.[751]

---

749 - Stützend: BT-Drs. 18/10145, S. 10 f.; BT-Drs. 18/12964, S. 7; *Preuß*, NZV 2017, 105 (111); *Jansen*, NZV 2017, 214 (219 f.); *Eisele*, KriPoZ 2018, 32 (37); *Rostalski*, GA 2017, 585 (595 f.); *Schuster*, Stellungnahme im BT, S. 3 u. 7; *Steinle*, Verbotene Kraftfahrzeugrennen, S. 103 f.; *Bönig*, Verbotene Kraftfahrzeugrennen, S. 226 f.
- Siehe als Grundlage zur Strafwürdigkeit des § 315d bereits: D.II.1.a)cc)(1)(a) [S. 123], D.II.1.a)cc)(2)(a) [S. 165] und D.II.1.b)cc)(1) [S. 236].

750 - Zum Strafrahmen insgesamt stützend: *Mitsch*, DAR 2017, 70 (72); *Eisele*, KriPoZ 2018, 32 (37 f.); *Gründel*, ZJS 2019, 211 (219 f.); *Zieschang*, JA 2016, 721 (726) und dabei ausführlich im Vergleich zu anderen Erfolgsqualifikationen *Bönig*, Verbotene Kraftfahrzeugrennen, S. 196 ff., 233 ff. u. 259 f.
- Insofern ist die vorgebrachte Kritik (*Eisele*, KriPoZ 2018, 32 (37 f.); *Gründel*, ZJS 2019, 211 (219 f.); *Bönig*, Verbotene Kraftfahrzeugrennen, S. 196 ff., 233 ff. u. 259 f.) am niedrigeren Strafrahmen des § 315d V im Verhältnis zu anderen Erfolgsqualifikationen jedenfalls hinsichtlich des Todeseintritts berechtigt, was – wie unter H.I. [S. 445] mit Fußnote 1304 vorgeschlagen – entsprechend korrigiert werden sollte.

751 So auch: BT-Drs. 18/10145, S. 10; BT-Drs. 18/12964, S. 7; *Rengier*, StR BT 2, Rn. 44a/13 f.; *Jansen*, NZV 2017, 214 (219 f.); *Mitsch*, DAR 2017, 70 (73); *Eisele*, KriPoZ 2018, 32 (37 f.); *Preuß*, NZV 2017, 105 (111); *Zieschang*, JA 2016, 721 (726); *Rostalski*, GA 2017, 585 (595); *Schuster*, Stellungnahme im BT, S. 3 u. 7; *von Boetticher*, Stellungnahme im BT, S. 4; *Steinle*, Verbotene Kraftfahrzeugrennen, S. 103 f.; *Bönig*, Verbotene Kraftfahrzeugrennen, S. 227 f.

(2) Grunddelikt(e) und Erfolg

Erforderlich für eine Strafbarkeit nach § 315d V ist die Verwirklichung von § 315d I Nr. 2 oder 3, II als Grunddelikt(e). Nur wenn ein Fahrer diese Voraussetzungen[752] erfüllt, ist die für die Erfolgsqualifikation nötige Grundlage vorhanden.

Darauf aufbauend muss ein qualifizierender Schädigungserfolg eintreten, der entweder in einer schweren Gesundheitsschädigung eines anderen, der Gesundheitsschädigungen einer großen Zahl von Menschen oder im Tod einer anderen Person liegt. Bis auf den Tod decken sich die Erfolge mit denen von §§ 315b I, III, 315 III Nr. 2. Demnach muss das Opfer für eine schwere Gesundheitsschädigung Verletzungen erleiden, die vom Schweregrad mit einer schweren Körperverletzung nach § 226 I vergleichbar sind. Bei Gesundheitsschädigungen einer großen Zahl von Menschen genügt hingegen eine unqualifizierte Körperverletzung nach § 223, die bei mindestens 10 (jedenfalls aber 14) Personen auftreten muss.[753]

Problematisch bleibt in diesem Zusammenhang, wie ein Erfolgseintritt bei Mitfahrern im Raserfahrzeug oder beim Rennkonkurrenten rechtlich einzustufen ist. Diese Probleme stellen sich schon bei § 315d I Nr. 2, II/IV hinsichtlich der konkreten Gefahr. In Fortführung dessen kann bei § 315d V als Qualifikation nichts anderes gelten, denn der Erfolgseintritt muss aus dem Grunddelikt des § 315d I Nr. 2/3, II folgen.[754] Dementsprechend ist ein Rennkonkurrent als Täter nicht vom Schutzbereich des § 315d V umfasst, ein anderer Tatbeteiligter oder sonstiger Mitfahrer hingegen schon. Bei letzteren bleibt zwar Raum für eine einverständliche Fremdgefährdung, doch kann diese keine schweren Verletzungen i.S.d. § 226 oder den Tod erfassen, weshalb sie für § 315d V praktisch unbedeutend ist.[755]

---

752 Siehe dazu: D.II.1.a)cc)(1) [S. 123] bzw. (2) [S. 165] und D.II.1.b)cc) [S. 236].

753 - BT-Drs. 18/10145, S. 10; BT-Drs. 18/12964, S. 7; JurisPK-StVR – *Weiland*, § 315d StGB Rn. 78 ff.; MüKo-StGB – *Pegel*, § 315d Rn. 39 ff.; Lackner/Kühl – *Heger*, § 315d StGB Rn. 9; *Zieschang*, JA 2016,721 (725); *Eisele*, KriPoZ 2018, 32 (37); *Jansen*, NZV 2017, 214 (219); *Stam*, StV 2018, 464 (469).
- Siehe dazu: D.II.1.b)bb)(4) [S. 234].

754 Stützend: BeckOK-StGB – *Kulhanek*, § 315d Rn. 60 ff.; *Weigend*, in: FS Fischer, 569 (576 ff.); JurisPK-StVR – *Weiland*, § 315d StGB Rn. 83; *Zieschang*, JA 2016,721 (725); *Jansen*, NZV 2017, 214 (218 f.).

755 - Siehe zum tatbestandlichen Schutzbereich des § 315d (II): D.II.1.b)cc)(2) [S. 238].
- Siehe zusammenfassend zur einverständlichen Fremdgefährdung: D.II.1.b)aa)(3)(b)(cc) [S. 217].

(3) *Kausalität und (objektive) Zurechnung mit spezifischem Gefahrzusammenhang*

Der qualifizierende Schädigungserfolg muss kausal und sonst zurechenbar sein. Man ist sich heute weitgehend einig, dass Erfolgsqualifikationen (§ 18) ein unrechtssteigerndes Element in sich tragen, das die höhere Strafe gegenüber den entsprechend tateinheitlich (§ 52) verwirklichten, vorsätzlichen Grund- und fahrlässigen Erfolgsdelikten legitimiert. Ganz überwiegend wird dies in einer besonderen Verbindung zwischen dem Grunddelikt und dem qualifizierten Erfolg gesehen, dass sich der Erfolg als typische Realisierung der dem Grunddelikt eigentümlichen Gefahr darstellt. Dieser spezifische Gefahrzusammenhang der Erfolgsqualifikation lässt sich als besonderer Schutzzweckzusammenhang der Norm verstehen und kann der objektiven Zurechnung zugeordnet werden. Da sich die erfolgsqualifizierten Delikte aus verschiedenen vorsätzlichen Grund- und fahrlässigen Erfolgsdelikten zusammensetzen, ist der Gefahrzusammenhang für jede Norm individuell zu bestimmen.[756]

In den klassischen Raserfällen bereitet die Zurechnung der schweren Folge bei § 315d V keine Probleme. Gerät das Raserfahrzeug aufgrund der hohen Geschwindigkeit außer Kontrolle und schleudert in eine Menschenmenge, hat sich die typische Gefahr des Rasens in der schweren Folge der Gesundheitsschädigung einer großen Zahl von Menschen verwirklicht. Gleiches gilt etwa, wenn ein Raser einem anderen Fahrzeug, das die vorgesehene Fahrspur befährt oder in die Kreuzung einbiegt, nicht mehr ausweichen kann und das Unfallopfer an seinen schweren Verletzungen stirbt. Weit schwieriger ist die Erfolgszurechnung in komplexeren Fallkonstellationen, z. B. wenn (1.) der Raser an einer Kreuzung mit einem Ampelmast kollidiert, wodurch die gesamte Ampelanlage ausfällt und es in der Folge zu einem tödlichen Unfall zwischen zwei anderen Fahrzeugen auf der Kreuzung kommt. Zurechnungsprobleme treten etwa auch

---

756 - BGHSt 31, 96 (98 f.); BGHSt 33, 322 (323); BGHSt 38, 295 (298 f.); Schönke/Schröder – *Sternberg-Lieben/Schuster*, § 18 StGB Rn. 1 u. 4; Matt/Renzikowski – *Renzikowski*, § 18 StGB Rn. 9 ff.; BeckOK-StGB – *Kudlich*, § 18 Rn. 13 ff.; MüKo-StGB – *Hardtung*, § 18 Rn. 26 ff.; SK-StGB – *Stein*, § 18 Rn. 18 f.; *Rengier*, Erfolgsqualifizierte Delikte, S. 118 ff.; *Gössel*, in: FS Lange, 219 (234 f.); *Roxin/Greco*, AT 1, Rn. 10/108 ff.; *Kühl*, StR AT, Rn. 17a/17; *Sowada*, Jura 1994, 643 (645 f.); *Altenhain*, GA 1996, 19 (20 ff.); *Engländer*, GA 2008, 669 (670 f. u. 685).
- Wie der spezifische Gefahrzusammenhang dogmatisch genau einzuordnen ist, was trotz grundsätzlicher Einigkeit in der Sache teilweise unterschiedlich beurteilt wird, ist für das Ergebnis der Strafbarkeit nicht bedeutsam (stützend: S/S/W-StGB – *Momsen*, § 18 Rn. 7 ff.).

auf, wenn (2.) der Raser mit einem anderen Fahrzeug zusammenstößt und die schwere Folge erst dadurch eintritt, dass ein hinter dem ersten Fahrzeug fahrender zweiter Fahrzeugführer bei seinem Ausweichmanöver die Leitplanke durchbricht und mit seinem Fahrzeug in einen Fluss stürzt, wo er ertrinkt. Oder (3.) der Raserunfall mit dem ersten Fahrzeug findet hinter einer Kurve statt und das zweite Fahrzeug fährt erst einige Zeit später in die ungesicherte Unfallstelle, wobei der Fahrer des ersten Fahrzeugs, des zweiten oder beide erst durch diesen Folgeunfall umkommen. Ob dem Raser die schwere Folge auch in solchen Fällen gemäß § 315d V zugerechnet werden kann, hängt von dem spezifischen Gefahrzusammenhang dieser Erfolgsqualifikation ab.

§ 315d V setzt sowohl das Rasen gemäß § 315d I Nr. 2 oder 3 als auch den Eintritt einer konkreten Gefahr gemäß § 315d II voraus. Es stellt sich die Frage, auf welche spezifische Gefahr des Grunddelikts die Erfolgsqualifikation aufbaut. Das Problem, woran der spezifische Gefahrzusammenhang beim Grunddelikt genau anknüpft, ist vor allem aus § 227 bekannt. Teilweise wird auf die grunddeliktische Handlung abgestellt, sodass bereits ihre Ausführung ohne Eintritt des Grunddeliktserfolgs als Grundlage der Erfolgsqualifikation genügen solle.[757] Andere sehen jedoch den Erfolg des Grunddelikts als essentiell an, sodass die Erfolgsqualifikation daran anknüpfe.[758] Auf den ersten Blick erscheint dieser Streit bei § 315d V nicht bedeutsam, weil der Raser § 315d II verwirklichen muss und jeder schweren Folge als Schadenseintritt immer eine entsprechende konkrete Gefährdung als Gefährdungserfolg vorausgeht. Wie die komplexeren Beispielsfälle aber zeigen, kommt es durch die Raserei mitunter zu mehreren Beinaheunfällen, wobei fraglich sein kann, welche dem Raser

757 - BGHSt 7, 37 (39); BGHSt 14, 110 (111 ff.); BGHSt 46, 24 (26 ff.); BGHSt 48, 34 (37 f.); *Rengier*, Erfolgsqualifizierte Delikte, S. 193 ff.; B/W/M/E (AT) – *Eisele*, Rn. 13/20; *Krey/Esser*, DStR AT, Rn. 1370 u. 1375; *Ulsenheimer*, in: FS Bockelmann, 405 (414); *Wolter*, JuS 1981, 168 (169 ff.); *Puppe*, NStZ 1983, 22 (22 ff.); *Engländer*, GA 2008, 669 (673 ff.).
- So explizit zu § 315d V (wohl): LG Deggendorf, 1 Ks 6 Js 5538/18, Urteil vom 22.11.2019, Rn. 224 – im Internet abrufbar: www.juris.de (Stand: 07.07.2020); BeckOK-StGB – *Kulhanek*, § 315d Rn. 63.

758 - RGSt 44, 137 (139); Matt/Renzikowski – *Renzikowski*, § 18 StGB Rn. 13 f.; MüKo-StGB – *Hardtung*, § 18 Rn. 31 ff.; *Roxin/Greco*, AT 1, Rn. 10/115; *Gössel/Dölling*, StR BT 1, Rn. 13/82 ff.; *Jakobs*, StR AT, Rn. 9/35; *Küpper*, in: FS Hirsch, 615 (619 ff.); *Geilen*, in: FS Welzel, 655 (681 f.); *Hirsch*, GA 1972, 65 (75 f.); *Altenhain*, GA 1996, 19 (30 ff.); *Bussmann*, GA 1999, 21 (30 ff.).
- So explizit zu § 315d V: LK – *König*, § 315d StGB Rn. 40; *Rengier*, in: FS Kindhäuser, 779 (788 f. u. 792); *Mitsch*, in: FS Fischer, 253, (264 f.)

zugerechnet werden können und auf welche(n) die schwere Folge zurechenbar zurückgeht. Des Weiteren können sich im Zusammenhang mit der subjektiven Tatseite Unterschiede ergeben, weil § 315d II Vorsatz hinsichtlich einer konkreten Gefährdung verlangt, der Raser aber nur hinsichtlich einer von mehreren Gefährdungen, die nicht zurechenbar zur schweren Folge führt, vorsätzlich handeln könnte[759].

Der Straftatbestand der erfolgsqualifizierten Raserei hat im Verlauf des Gesetzgebungsverfahrens deutliche Änderungen erfahren. Im ursprünglichen Gesetzesantrag des Bundesrates knüpfte die Erfolgsqualifikation nur an § 315d I Nr. 2 als Grunddelikt an.[760] Später wurde die Norm im Rechtsausschuss des Bundesrates dahingehend geändert, dass alternativ auf § 315d II und IV (damals noch III) verwiesen wurde.[761] Im Rechtsausschuss des Bundestages wurde der Verweis auf § 315d IV wieder gestrichen.[762] Würde man nun für den spezifischen Gefahrzusammenhang des geltenden § 315d V allein an die Handlungsgefährlichkeit des Rasens nach § 315d I anknüpfen, käme dies einer (zweifachen) Vorsatz-Fahrlässigkeits-Kombination gleich, die neben § 315d II träte. Zwar müsste der Raser nach § 315d II durch sein Rasen weiterhin eine konkrete Gefahr vorsätzlich herbeiführen, doch reichte dafür eine beliebige aus, die gerade nicht im Zusammenhang mit der fahrlässig herbeigeführten schweren Folge stehen müsste. So liefe es bei § 315d V letztlich auf eine Rechtslage hinaus, die praktisch den ursprünglichen Gesetzesfassungen entspräche. Obwohl der Gesetzgeber die Veränderungen der Erfolgsqualifikation im Gesetzgebungsverfahren nicht weiter begründet hat, kann man doch davon ausgehen, dass ihm die ersten Versionen als zu weitreichend erschienen und er sich bewusst für eine entsprechend engere Strafbarkeit entschieden hat.[763]

Wenn § 315d II eine sinnvolle Einschränkung für die Erfolgsqualifikation darstellen soll, dann muss neben dem abstrakt gefährlichen Rasen (§ 315d I Nr. 2/3) ebenfalls der Erfolg der vorsätzlichen konkreten Gefährdung (§ 315d II) Bestandteil des Grundtatbestands von § 315d V sein. Das legt § 315d V mit seinem Verweis und Wortlaut „in den Fällen des Absatzes 2 durch die Tat“ auch

---

759 *Rengier*, in: FS Kindhäuser, 779 (786 ff.), der die praktische Relevanz des spezifischen Gefahrzusammenhangs für § 315d V mit seinen Beispielen in erster Linie in solchen Konstellationen des abweichenden Gefährdungsvorsatzes sieht.

760 BR-Drs. 362/16, S. 7 f.; BR-Drs. 362/16 (B), S. 8 u. 14.

761 BR-Drs. 362/1/16, S. 1 f.; BR-Drs. 362/16 (B), S. 8.

762 BT-Drs. 18/12936, S. 4; BT-Drs. 18/12964, S. 7.

763 *Rengier*, in: FS Kindhäuser, 779 (788 f. u. 792); *Mitsch*, in: FS Fischer, 253, (265); *Jansen*, HRRS 2021, 412 (416 f.).

nahe. Demzufolge ist das der Erfolgsqualifikation zugrundeliegende Grunddelikt die durch eine konkrete Gefährdung qualifizierte Raserei. Da § 315d I Nr. 2/3, II andere Verkehrsteilnehmer vor einem Raserunfall mit seinen Folgen schützen soll[764] und § 315d V darauf aufbaut, müssen die schweren Folgen auf dem konkret gefährdenden Rasen beruhen. Somit knüpft der spezifische Gefahrzusammenhang des § 315d V an den Erfolg der konkreten Gefährdung nach § 315d II an, der wiederum von dem Rasen nach § 315d I Nr. 2 oder 3 ausgeht.[765]

Daraus ergeben sich bei § 315d V konkrete Beschränkungen für die Zurechnung: Erstens reichen bloße Sachgefährdungen im Grundtatbestand nicht aus. Zwar ist § 315d II auch erfüllt, wenn fremde Sachen von bedeutendem Wert konkret gefährdet werden, doch betreffen die schweren Folgen des § 315d V ausschließlich Personenschäden. Da jedem Personenschaden eine entsprechende konkrete Gefährdung vorausgeht, muss durch das Rasen immer ein Mensch konkret gefährdet werden, denn eine vom Rasen allein ausgehende Sachgefährdung i.S.d. § 315d I Nr. 2/3, II kann nicht gefahrspezifisch in eine schwere Folge nach § 315d V münden. Für das (1.) Beispiel der komplexeren Zurechnungskonstellationen folgt so, dass allein die konkrete Gefährdung der Ampel durch den Raser für § 315d V schon tatbestandlich nicht ausreichend ist und eine Zurechnung der schweren Folge nicht daran anknüpfen kann.[766]
Zweitens muss die nach § 315d I Nr. 2/3, II gefährdete Person auch das Opfer nach § 315d V sein; es muss Personenidentität bestehen.[767] Die Begründung

---

764 Siehe dazu ausführlich: D.II.1.a)cc)(1)(a) [S. 123], D.II.1.a)cc)(2)(a) [S. 165] und D.II.1.b)cc)(1) [S. 236].

765 LK – *König*, § 315d StGB Rn. 40; *Mitsch*, in: FS Fischer, 253, (264 f.); *Rengier*, in: FS Kindhäuser, 779 (788 f. u. 792) und ohne nähere Begründung ebenso BGH, JZ 2021, 791 (793).

766 - Stützend: LK – *König*, § 315d StGB Rn. 40; *Mitsch*, in: FS Fischer, 253, (264 f.); *Rengier*, in: FS Kindhäuser, 779 (788 f.) und ohne sich endgültig festzulegen BGH, 4 StR 224/20, Beschluss vom 08.12.2021, Rn. 19 – im Internet abrufbar: www.bundesgerichtshof.de (Stand: 28.12.2022).
- Dagegen auch eine vorsätzliche konkrete Sachgefährdung ausreichen lassend: LG Deggendorf, 1 Ks 6 Js 5538/18, Urteil vom 22.11.2019, Rn. 224 – im Internet abrufbar: www.juris.de (Stand: 07.07.2020); BeckOK-StGB – *Kulhanek*, § 315d Rn. 63; *Steinert*, SVR 2022, 310 (311).

767 - Ebenso: *Mitsch*, in: FS Fischer, 253, (264 f.); *Rengier*, in: FS Kindhäuser, 779 (788 f. u. 792) und wohl auch LK – *König*, § 315d StGB Rn. 40.
- Dagegen: LG Deggendorf, 1 Ks 6 Js 5538/18, Urteil vom 22.11.2019, Rn. 224 – im Internet abrufbar: www.juris.de (Stand: 07.07.2020); BeckOK-StGB – *Kulhanek*, § 315d Rn. 63; *Jansen*, HRRS 2021, 412 (416).

folgt dem gleichen Muster wie bei der Sachgefahr, denn allein die konkrete Gefährdung einer Person kann nicht gefahrspezifisch zu einer schweren Folge bei einer anderen Person führen, die nicht durch das Rasen konkret gefährdet wurde. Im (2.) Beispielsfall ist demnach die konkrete Lebensgefährdung des ersten mit dem Raser kollidierenden Fahrzeugführers für § 315d V nicht ausreichend. Gleiches gilt für das (3.) Beispiel in der Variante, in der der erste Fahrzeugführer nicht stirbt.
Drittens ergibt sich für § 315d V schon aus dem Grunddelikt des § 315d I Nr. 2/3, II, dass überhaupt nur solche konkrete Gefährdungen eine Rolle spielen, die im Zurechnungszusammenhang der Tathandlung des Rasens (§ 315d I Nr. 2/3) und der konkreten Gefährdung (§ 315d II) stehen.[768] Insofern kann man den spezifischen Gefahrzusammenhang des § 315d V umfassend so begreifen, dass schwere Folgen nur dann zurechenbar sind, wenn durch das illegale Straßenrennen oder die Einzelraserei eine typische konkrete Gefährdung herbeigeführt wird, die sich in einem typischen Raserunfall mit entsprechenden Folgen realisiert. Die Tathandlung des Rasens umfasst neben der in erster Linie erheblichen Überschreitung der vorgeschriebenen Höchstgeschwindigkeit auch andere Verkehrsregelverstöße wie Vorfahrtsmissachtung, gefährliches Überholen, falsche Spurwahl. § 315d soll die anderen Verkehrsteilnehmer vor den davon ausgehenden Gefahren wie konkrete Gefährdungen und Schäden ihrer Rechtsgüter schützen. Vor allem können wegen den hohen Geschwindigkeiten sowohl Beinaheunfälle als auch eintretende Unfälle infolge des Rasens sehr weitreichend sein. Ganz typisch sind der direkte Zusammenstoß des Raserfahrzeugs mit dem Opfer und Kollisionen mit Objekten, wodurch das Opfer anschließend von umherfliegenden Trümmerteilen, einem Kollisionsobjekt oder dem Unfallfahrzeug selbst getroffen wird. Grundsätzlich typisch sind auch Folgeunfälle, wenn ein nachfolgendes Opfer dem Beinahe-/Unfall vor sich nicht mehr ausweichen kann oder es zwar doch noch schafft auszuweichen, bei diesem (nicht völlig abwegigen) Ausweichmanöver aber anderweitig verunfallt. Denn das vom Raser durch den Beinahe-/Unfall gesetzte Risiko wirkt dabei unvermittelt fort und der Folgeunfall stellt sich somit als eine Intensivierung dar. Für den (2.) Beispielsfall bedeutet das, dass der tödliche Unfall des zweiten Fahrzeugführers durch sein missglücktes Ausweichmanöver gefahrtypisch ist. Nicht rasereitypisch sind dagegen Konstellationen, in denen das Rasen zwar Auslöser war, sich die eingetretenen Folgen jedoch als Realisierung eines Risikos darstellt, das von der Raserei ansonsten unabhängig bzw. ihr gegenüber

768 Siehe dazu: D.II.1.b)cc)(3)(a) [S. 242].

spezifisch ist. So liegt die Sache beim Folgeunfall des zweiten Fahrzeugführers im Beispielsfall (3.), weil er erst einige Zeit nach dem ersten Unfall in die Unfallstelle fährt, auf die er wegen der nicht einsehbaren Straße und der fehlenden Unfallsicherung nicht vorbereitet war. Zwar ist der erste Unfall ein typischer Raserunfall und auch das Rasen für den Folgeunfall kausal, doch beruht letzterer nicht auf dem Risiko des Rasens, sondern der fehlenden Unfallsicherung. Denn für den Folgeunfall ist es gleichgültig, wodurch der Erstunfall ausgelöst wurde, sodass die für das Rasen typischen hohen Geschwindigkeiten bzw. dazugehörigen Verkehrsverstöße keine Rolle spielen. Stattdessen wird das sich hier realisierende Risiko, dass ein Verkehrsteilnehmer nach einem abgeschlossenen Unfall in die Unfallstelle hineinfährt, umfassend von § 315c I Nr. 2 lit. g Var. 2 erfasst. Ebenso der Kreuzungsunfall der zwei Fahrzeuge wegen der beschädigten Ampelanlage in Beispiel (1.) ist nicht rasereitypisch. Denn auch dieser Unfall geht zwar kausal auf die Raserei zurück, beruht jedoch nicht auf den spezifischen Gefahren des Rasens, vor denen § 315d schützen soll. Vielmehr realisiert sich in dem Unfall das allgemeine Risiko, das mit jeder funktionsbeeinträchtigenden Beschädigung einer Ampel gesetzt wird (§ 315b I Nr. 1)[769]. Damit kann dem Raser nur im (2.) Beispielsfall der Tod des ausweichenden Fahrzeugführers als schwere Folge des Rasens zugerechnet werden. In den anderen Fällen (1.) und (3.) stellen sich die relevanten konkreten Gefährdungen, an die § 315d V überhaupt anknüpft, nicht als rasereispezifisch dar, weshalb dem Raser keine schwere Folge nach der Erfolgsqualifikation zugerechnet werden kann.

Zusammenfassend ist für die Zurechnung der schweren Folge an den Raser nach § 315d V neben den sonstigen Voraussetzungen der objektiven Zurechnung erforderlich, dass das Rasen (§ 315d I Nr. 2/3), die konkrete Personengefährdung (§ 315d II) und die schwere Folge beim Gefährdeten (§ 315d V) in einem spezifischen Gefahrzusammenhang stehen. Dafür müssen sich die spezifischen Gefahren der Raserei realisieren, also das Rasen zu einem typischen Beinaheunfall führen, der in einen typischen Raserunfall mit entsprechend schweren Folgen mündet. Für die Erfolgszurechnung bei Verfolgerfällen gelten dabei weitere Besonderheiten[770].

---

769 Daran ändert es auch nichts, dass für eine Strafbarkeit des Rasers nach § 315b weitere Tatbestandsvoraussetzungen erfüllt sein müssen (zur Strafbarkeit in solchen Ampel-Fällen: MüKo-StGB – *Pegel*, § 315b Rn. 27).

770 Siehe für die Verfolgerfälle entsprechend: D.II.1.b)cc)(3)(c) [S. 250].

(4) Vorsatz und Fahrlässigkeit

§ 315d V enthält sowohl Elemente des Vorsatzes als auch der Fahrlässigkeit, was schon aus seinem Charakter als Erfolgsqualifikation folgt. Gemäß § 18 ist hinsichtlich des Grunddelikts Vorsatz und hinsichtlich der qualifizierten Folge Fahrlässigkeit notwendig. Wie bei allen Erfolgsqualifikationen erfüllt erst recht ein auch die schwere Folge vorsätzlich herbeiführender Täter die Anforderung des § 18.[771] Wie soeben gesehen, setzt sich das Grunddelikt des § 315d V aus dem abstrakten Gefährdungsdelikt des § 315d I Nr. 2/3 und dem konkreten Gefährdungsdelikt des § 315d II zusammen. Da sich der Grunddeliktsvorsatz für die Erfolgsqualifikation auf diese beiden Teile beziehen muss, ist § 315d V genau genommen eine (dreifache) Vorsatz-Vorsatz-Fahrlässigkeits-Kombination.[772]

Bei § 315d V gelten für den Vorsatz zum Grunddelikt des § 315d I Nr. 2/3, II die bekannten Anforderungen.[773] Einzige Besonderheit ist hier, dass der Gefährdungsvorsatz (§ 315d II) diejenige konkrete Personengefährdung umfassen muss, die sich typisch in der schweren Folge realisiert (§ 315d V). Teilweise wird eine solche Spezifizierung des Vorsatzes abgelehnt, sodass jede Verwirklichung von § 315d II – also auch eine bloße Sachgefährdung – jedenfalls in subjektiver Hinsicht dem Grunddeliktserfordernis des § 315d V genügen solle.[774] Da dem Raser jedoch gemäß dem spezifischen Gefahrzusammenhang nur solche schweren Folgen zugerechnet werden können, die aus einer rasereitypischen

---

771 LK – *Vogel/Bülte*, § 18 StGB Rn. 53; MüKo-StGB – *Hardtung*, § 18 Rn. 57; BeckOK-StGB – *Kudlich*, § 18 Rn. 12; Matt/Renzikowski – *Renzikowski*, § 18 StGB Rn. 17.

772 Stützend: BayObLG, 207 StRR 245/20, Urteil vom 22.07.2020, Rn. 34 – im Internet abrufbar: www.juris.de (Stand: 03.12.2020); BeckOK-StGB – *Kulhanek*, § 315d Rn. 62 ff.; Schönke/Schröder – *Hecker*, § 315d StGB Rn. 14; S/S/W-StGB – *Ernemann*, § 315d Rn. 20; *Fischer*, § 315d StGB Rn. 24; Hentschel/König/Dauer – *König*, § 315d StGB Rn. 14; *Rengier*, in: FS Kindhäuser, 779 (786 f.), letzterer auch explizit zur dreifachen Vorsatz-Vorsatz-Fahrlässigkeits-Kombination.

773 - Siehe dazu: D.II.1.b)cc)(4) [S. 256].
- JurisPK-StVR – *Weiland*, § 315d StGB Rn. 77 u. 84; Schönke/Schröder – *Hecker*, § 315d StGB Rn. 14; Lackner/Kühl – *Heger*, § 315d StGB Rn. 9; S/S/W-StGB – *Ernemann*, § 315d Rn. 20; *Wessels/Hettinger/Engländer*, StR BT 1, Rn. 1011 f.; *Kindhäuser/Schramm*, StR BT 1, Rn. 67/19 f.

774 LG Deggendorf, 1 Ks 6 Js 5538/18, Urteil vom 22.11.2019, Rn. 224 – im Internet abrufbar: www.juris.de (Stand: 07.07.2020); BeckOK-StGB – *Kulhanek*, § 315d Rn. 63.

konkreten Personengefährdung folgen, muss sich folglich auch der Vorsatz des Rasers auf eben diese konkrete Gefährdung des geschädigten Opfers beziehen.[775]

Die Fahrlässigkeit hinsichtlich der schweren Folge des § 315d V liegt vor, wenn der Raser hätte erkennen müssen, dass seine konkret gefährdende Raserei zu einem Unfall mit der schweren Folge führen kann. Entsprechend den Erkenntnissen zur Vorsatz-Fahrlässigkeits-Kombination des § 315d IV ist hier die Vorhersehbarkeit des qualifizierten Erfolgs entscheidend.[776] Denn mit seinem konkret gefährdenden Rasen nach § 315d I Nr. 2/3, II missachtet der Raser Sondernormen, die andere Personen vor Unfällen schützen sollen. Da sich die schwere Folge als gefahrspezifische Realisierung des Grunddelikts darstellt, handelt der Raser hinsichtlich der verursachten Schädigungen immer sorgfaltswidrig. Diese Annahme stimmt mit dem Verständnis der herrschenden Meinung zu Erfolgsqualifikationen überein, wonach die vorsätzliche Verwirklichung des Grunddelikts bereits die Sorgfaltspflichtverletzung hinsichtlich des qualifizierenden Erfolgs enthält und für die Fahrlässigkeit nach § 18 nur noch die Vorhersehbarkeit zu prüfen ist.[777] Allerdings streitet man bei der Voraussehbarkeit darüber, ob vom Täter nur der Erfolg an sich[778] oder zusätzlich die wesentlichen Umstände des Folgenzusammenhangs, also Kausalverlauf und spezifischer Gefahrzusammenhang, hätten erkannt werden müssen.[779] Schon im Rahmen der reinen Fahrlässigkeitsdelikte werden für die Vorhersehbarkeit zumeist die wesentlichen Umstände des Kausalverlaufs zwischen Handlung

775 - So auch: *Rengier*, in: FS Kindhäuser, 779 (788 ff.); *Mitsch*, in: FS Fischer, 253, (264 f.).
- Siehe zum spezifischen Gefahrzusammenhang soeben: D.II.1.c)bb)(3) [S. 270].

776 Siehe dazu: D.II.1.b)cc)(4) [S. 256].

777 BGHSt 24, 213 (215); BGHSt 51, 18 (21); BGH, NStZ 1982, 27 (27); BGH, NStZ 2001, 478 (478 f.); BeckOK-StGB – *Kudlich*, § 18 Rn. 9; Schönke/Schröder – *Sternberg-Lieben/Schuster*, § 18 StGB Rn. 5; *Fischer*, § 227 StGB Rn. 7a; Matt/Renzikowski – *Engländer*, § 227 StGB Rn. 8; *Gössel*, in: FS Lange, 219 (234 f.); *Kindhäuser/Schramm*, StR BT 1, Rn. 10/14; *Wessels/Beulke/Satzger*, StR AT, Rn. 1147.

778 BGHSt 51, 18 (21), BGH, NStZ 1992, 333 (335); BGH, NStZ 1997, 341 (341); BGH, NStZ 2001, 478 (479); *Fischer*, § 227 StGB Rn. 7a; *Kindhäuser/Schramm*, StR BT 1, Rn. 10/14.

779 Schönke/Schröder – *Sternberg-Lieben/Schuster*, § 18 StGB Rn. 5; LK – *Vogel/Bülte*, § 18 StGB Rn. 60; Matt/Renzikowski – *Renzikowski*, § 18 StGB Rn. 17; BeckOK-StGB – *Kudlich*, § 18 Rn. 8; *Küpper*, in: FS Hirsch, 615 (626); *Wessels/Beulke/Satzger*, StR AT, Rn. 1147.

und Erfolg berücksichtigt.[780] Da sich die Erfolgsqualifikation durch den spezifischen Gefahrzusammenhang als besondere Verbindung zwischen vorsätzlichem Grund- und fahrlässigem Erfolgsdelikt auszeichnet und nur dadurch ihre erhöhte Strafe legitimiert wird, ist für die Voraussehbarkeit der schweren Folge bei § 18 erst recht notwendig, dass der Täter die wesentlichen Umstände des Geschehens und der spezifischen Erfolgsgefahr hätte erkennen müssen.[781] Praktisch wird sowieso kaum eine Strafbarkeit nach § 315d V an der Fahrlässigkeit hinsichtlich der schweren Folge scheitern, denn der Raser führt die konkrete Gefährdung des Opfers vorsätzlich herbei (§ 315d II). Er ist sich also des rasereispezifischen Beinaheunfalls, bei dem ein Schadenseintritt nur noch vom Zufall abhängt, bewusst. Damit hätte der Raser in aller Regel auch erkennen müssen, dass und wie es (ungefähr) zu dem typischen Unfall mit entsprechend schwerer Folge kommen kann.

Eine weitergehendere Strafbarkeit hätte bestanden, wenn der Entwurf des Bundesrates Gesetz geworden wäre. Darin verwies die Erfolgsqualifikation als zweite Variante auf § 315d IV (damals noch III) als Grunddelikt, wonach der Raser auch dann strafbar gewesen wäre, wenn er die konkrete Gefährdung nur fahrlässig herbeigeführt hätte. Dass diese (dreifache) Vorsatz-Fahrlässigkeits-Fahrlässigkeit-Kombination später entfiel, kann mit Blick auf den Unrechtsgehalt der Tat kritisiert werden. Zwar wird diese Fallkonstellation von § 315d IV und zugleich – je nach schwerer Folge – von § 229 bzw. § 222 erfasst. Allerdings geht das verwirklichte Unrecht darüber hinaus, weil § 229/§ 222 nicht das vorsätzliche Verhalten des Rasens und § 315d IV nicht die darauf beruhende schwere Folge als Verletzungserfolg erfassen. Das hatte auch der Gesetzgeber so gesehen und die geringere Strafdrohung durch die Fahrlässigkeitsdelikte erkannt.[782] Insgesamt wäre es deshalb konsequent gewesen, bei der Herbeiführung einer schweren Folge durch das Rasen wie in den Fällen des § 315d II eine

---

780 BGH, NStZ 2001, 143 (144 f.); LK – *Vogel/Bülte*, § 15 StGB Rn. 252; Schönke/Schröder – *Sternberg-Lieben/Schuster*, § 15 StGB Rn. 180; MüKo-StGB – *Duttge*, § 15 Rn. 109 f.; *Jescheck/Weigend*, StR AT, S. 586 f. u. 596 f.; *Wessels/Beulke/Satzger*, StR AT, Rn. 1112 u. 1144; *Kindhäuser/Zimmermann*, StR AT, Rn. 33/27 u. 33/29; *Bockelmann*, Verkehrsstrafrechtliche Aufsätze, S. 205 f.

781 Stützend: BeckOK-StGB – *Kudlich*, § 18 Rn. 8 u. 13; Schönke/Schröder – *Sternberg-Liebern/Schuster*, § 18 StGB Rn. 5; Matt/Renzikowski – *Renzikowski*, § 18 StGB Rn. 17; *Küpper*, in: FS Hirsch, 615 (626); *Hirsch*, in: FS Oehler, 111 (117 f. u. 132); *Rengier*, in: FS Geppert, 479 (479 ff.); *Sowada*, in: FS Schroeder, 621 (637 f.); *Wessels/Beulke/Satzger*, StR AT, Rn. 1147; *Bosch*, JA 2006, 743 (745).

782 BR-Drs. 362/16 (B), S. 16 f.; BT-Drs. 18/10145, S. 10 f.

(auffangende) Erfolgsqualifikation auch für die fahrlässige konkrete Gefährdung nach § 315d IV vorzusehen, deren Strafrahmen über der Strafdrohung von § 315d II und § 222 aber unter der von § 315d V liegt.[783]

(5) Täterschaft und Teilnahme

Kommt es bei einem Straßenrennen zu einer schweren Folge, macht sich in aller Regel auch der Rennfahrer nach § 315d V strafbar, der die konkrete Gefährdung und die schwere Folge nicht unmittelbar herbeiführt. Die Erfolgsqualifikation baut auf dem Grunddelikt des § 315d I Nr. 2/3, II auf und geht ausschließlich mit ihrer schweren Folge darüber hinaus. Dementsprechend wird bei einem Straßenrennen auch § 315d V von den Rennfahrern eigenhändig in Konstitutivtäterschaft[784] begangen, sodass dem nicht unmittelbar schädigenden Raser grundsätzlich die schwere Folge im Rahmen der Erfolgsqualifikation zugerechnet werden kann. Es bedarf also auch hier keines Rückgriffs auf die Mittäterschaft (§ 25 II)[785]. Der nicht unmittelbar schädigende Raser macht sich nach der Erfolgsqualifikation aber nur strafbar, wenn er die entsprechenden Strafbarkeitsvoraussetzungen unter Berücksichtigung der Konstitutivtäterschaft selbst erfüllt. Als Grundvoraussetzung muss die schwere Folge von dem anderen Rennkonkurrenten nach § 315d V überhaupt zurechenbar herbeigeführt werden. Daneben hat der nicht unmittelbar gefährdende und schädigende Rennfahrer das Grunddelikt des § 315d I Nr. 2, II vorsätzlich zu verwirklichen, wobei ihm die konkrete Gefährdung durch seinen Konkurrenten zuzurechnen

---

783 - Siehe für eine entsprechende Regelung zu dieser Erfolgsqualifikation die vorgeschlagenen Anpassungen des aktuellen § 315d unter H.I. [S. 445] mit Fußnote 1304.
- In der Sache zustimmend: *Bönig*, Verbotene Kraftfahrzeugrennen, S. 198 ff.; *Jäger*, JA 2022, 1044 (1046).
- Ausführlich zum Gesetzgebungsverlauf, den möglichen Überlegungen des Gesetzgebers und den (vermeintlichen) praktischen Folgen der angepassten Erfolgsqualifikation: *Rengier*, in: FS Kindhäuser, 779 (779 ff.).

784 - Siehe zu der Konstitutivtäterschaft und den Anforderungen dieser Zurechnung: D.II.1.b)cc)(3)(b) [S. 244].
- Siehe für die dazugehörigen subjektiven Voraussetzungen des § 315d II: D.II.1.b)cc)(4) [S. 256].

785 - Für eine Erfolgszurechnung über die Mittäterschaft (§ 25 II) aber: LG Arnsberg, 2 Ks 15/19, Urteil vom 20.01.2020, Rn. 345 ff. – im Internet abrufbar: www.juris.de (Stand: 13.11.2020); Schönke/Schröder – *Hecker*, § 315d StGB Rn. 16; LK – *König*, § 315d StGB Rn. 45 f.; *Jansen*, NZV 2017, 214 (218 f.).
- Dagegen jegliche Erfolgszurechnung an den die schwere Folge nur mittelbar herbeiführenden Rennteilnehmer ablehnend: *Zieschang*, GA 2021, 313 (326 f.).

sein muss. Des Weiteren muss auch für ihn ein spezifischer Gefahrzusammenhang zwischen seinem Rasen mit der (ihm zugerechneten) konkreten Personengefährdung und der schweren Folge bestehen. Dieser Zusammenhang bereitet keine Probleme, weil die konkrete Gefährdung gemäß § 315d II ebenfalls typisch aus seinem Rennfahren folgt und sich bereits beim unmittelbar gefährdenden und schädigenden Rennkonkurrenten ergibt, dass sich diese Gefährdung gemäß § 315d V in der schweren Folge gefahrspezifisch realisiert. Über die Erfolgszurechnung hinaus ist der nicht unmittelbar schädigende Raser nach § 315d V nur strafbar, wenn er hinsichtlich der unmittelbar von seinem Konkurrenten herbeigeführten schweren Folge fahrlässig handelt (§ 18). Praktisch wird an der dafür notwendigen Vorhersehbarkeit des Eintritts der qualifizierten Folge kaum zu zweifeln sein. Denn auch der nicht unmittelbar gefährdende Rennfahrer führt die konkrete Gefährdung des Opfers vorsätzlich herbei (§ 315d II), womit er in aller Regel hätte auch erkennen müssen, dass es durch diesen unmittelbar von seinem Rennkonkurrenten herbeigeführten Beinaheunfall zu dem typischen Unfall mit entsprechend schwerer Folge kommen kann.[786]

Erfolgsqualifikationen sind gemäß § 11 II vorsätzliche Taten. Damit sind Anstiftung und Beihilfe zu einer Tat nach § 315d V möglich. Der Teilnehmer ist strafbar, wenn er den Raser zur Haupttat bestimmt (§ 26) oder ihm dazu Hilfe leistet (§ 27). Neben dem doppelten Teilnehmervorsatz muss gemäß § 18 jedem Teilnehmer hinsichtlich der schweren Folge wenigstens Fahrlässigkeit zur Last fallen. Wer als Teilnehmer die konkret gefährdende Raserei (§ 315d II) vorsätzlich fördert, die gefahrspezifisch zur schweren Folge führt (§ 315d V), handelt in aller Regel hinsichtlich der schweren Folge fahrlässig und macht sich dementsprechend strafbar.[787]

---

786 - In der Sache (weitestgehend) ebenso: BeckOK-StGB – *Kulhanek*, § 315d Rn. 61 ff.; *Weigend*, in: FS Fischer, 569 (579 f.); *Stam*, StV 2018, 464 (469); *Eisele*, JZ 2018, 549 (555).
- Entsprechend bei einer Erfolgszurechnung über die Mittäterschaft (§ 25 II): siehe Fußnote 785.

787 Siehe zu den allgemeinen Voraussetzungen der Teilnahme und speziell bei § 315d II: D.II.1.b)cc)(5) [S. 259].

(6) Minder schwerer Fall

Für minder schwere Fälle sieht § 315d V einen Strafrahmen von sechs Monaten bis zu fünf Jahren Freiheitsstrafe vor. Ein minder schwerer Fall ist im Allgemeinen anzunehmen, wenn die Tat insgesamt (so) stark unterhalb des Durchschnitts sonst üblicher Fälle dieser Art liegt, dass der normale Strafrahmen wegen der besonders überwiegenden strafmildernden Umstände nicht angemessen ist. Für die Prüfung der Anwendung des Ausnahmestrafrahmens sind in einer Gesamtbetrachtung von Tat und Täter alle Aspekte des Tatverlaufs (inkl. Vortatverhalten, Begleitumstände, Nachtatverhalten), der subjektiven Momente und der allgemeinen Täterpersönlichkeit heranzuziehen.[788]

Aus Sicht des Gesetzgebers trägt „[d]ie differenzierte Regelung [des § 315d V] einerseits der Vielgestaltigkeit möglicher Taten Rechnung und wirkt andererseits mit einer in jedem Fall erhöhten Mindeststrafe der Verhängung unangemessen niedriger Strafen entgegen."[789] Dass der minder schwere Fall des § 315d V überzeugt und (praktische) Relevanz hat, ist wegen der Eigentümlichkeiten des Rasens[790] zumindest in Frage zu stellen.[791]

---

788 BGHSt 4, 8 (10 f.); BGHSt 26, 97 (97); BGH, NStZ 1991, 529 (529 f.); MüKo-StGB – *Maier*, § 46 Rn. 115 f.; Schönke/Schröder – *Kinzing*, Vor §§ 38 ff. StGB Rn. 55; *Fischer*, § 46 StGB Rn. 85; Matt/Renzikowski – *Bußmann*, § 46 StGB Rn. 6; explizit zu § 315d V BeckOK-StGB – *Kulhanek*, § 315d Rn. 64 f.

789 BT-Drs. 18/10145, S. 11; BT-Drs. 18/12964, S. 7.

790 Vor allem die klar selbstfixierten Motive der Raser (siehe insb. C.III.2.b)bb)(8) [S. 95] und (9) [S. 96]) sowie die durch die zumeist sehr hohen Geschwindigkeiten geschaffenen umfassenden Gefahren für andere Personen lassen sich bei der rücksichtslosen Raserei und dem vom Raser bewusst und gewollt herbeigeführten Beinaheunfall (§ 315d II) kaum mit einem minder schweren Fall der Tötung, schweren Gesundheitsschädigung oder Verletzung vieler Menschen i.S.d. § 315d V vereinbaren.

791 - Siehe zur entsprechenden Anpassung des § 315d die Verbesserungsvorschläge unter H.I. [S. 445] mit Fußnote 1304.
- Ebenfalls kritisch: *Bönig*, Verbotene Kraftfahrzeugrennen, S. 204 f. u. 228.
- Ausführlich zum minder schweren Fall des § 315d V: LG Deggendorf, 1 Ks 6 Js 5538/18, Urteil vom 22.11.2019, Rn. 264 ff. – im Internet abrufbar: www.juris.de (Stand: 07.07.2020); LG Arnsberg, 2 Ks 15/19, Urteil vom 20.01.2020, Rn. 378 – im Internet abrufbar: www.juris.de (Stand: 13.11.2020); LG Kleve, 140 Ks – 507 Js 281/19 – 6/19, 140 Ks 6/19, Urteil vom 17.02.2020, Rn. 123 ff. – im Internet abrufbar: www.juris.de (Stand: 27.11.2020); BeckOK-StGB – *Kulhanek*, § 315d Rn. 64 f.

(7) Versuchsstrafbarkeit

Als Vorsatztaten (§ 11 II) können Erfolgsqualifikationen grundsätzlich i.S.d. §§ 22, 23 versucht werden. Unterschieden werden die Konstellationen des Versuchs der Erfolgsqualifikation und des erfolgsqualifizierten Versuchs. Beim Versuch der Erfolgsqualifikation tritt die qualifizierende Folge objektiv nicht ein, ist subjektiv aber vom Vorsatz des Täters umfasst. Das vorsätzliche Grunddelikt kann dabei versucht oder vollendet sein. Beim erfolgsqualifizierten Versuch tritt die qualifizierende Folge schon durch die Versuchshandlung des vorsätzlichen Grunddelikts ein, ohne dass der Täter das Grunddelikt objektiv vollständig verwirklicht.[792]

Schon über die grundsätzliche Strafbarkeit des erfolgsqualifizierten Versuchs von § 315d V kann man streiten, weil der Versuch der Raserei nach § 315d I Nr. 2 oder 3 als Grunddelikt nicht strafbewährt ist, was gleichfalls für § 315d II gilt. Zwar sind alle erfolgsqualifizierten Delikte aufgrund ihrer hohen Strafrahmen Verbrechen (§ 12 I), womit der Versuch gemäß §§ 22, 23 I Var. 1 an sich strafbewährt ist.[793] Nach anderer Meinung muss aber auch der Versuch des Grunddelikts strafbar sein, weil der schweren Folge ansonsten entgegen § 18 keine strafschärfende, sondern eine strafbegründende Wirkung zukäme.[794] Davon abgesehen ist ein erfolgsqualifizierter Versuch nur bei solchen erfolgsqualifizierten Delikten möglich, bei denen die schwere Folge aus der Grunddeliktshandlung folgen kann, die Erfolgsqualifikation also nicht zwingend an den Grunddeliktserfolg anknüpft.[795] § 315d V setzt die Verwirklichung von § 315d

792 Lackner/Kühl – *Kühl*, § 18 StGB Rn. 9 f.; Matt/Renzikowski – *Renzikowski*, § 18 StGB Rn. 25; *Fischer*, § 18 StGB Rn. 7 ff.; BeckOK-StGB – *Kudlich*, § 18 Rn. 17 ff.; *Mitsch*, in: FS Fischer, 253 (254 f.); *Roxin*, AT 2, Rn. 29/318 ff.; *Wessels/Beulke/Satzger*, StR AT, Rn. 997 ff.; *Rengier*, StR AT, Rn. 36/40.

793 MüKo-StGB – *Hardtung*, § 18 Rn. 66 u. 70; SK-StGB – *Stein*, § 18 Rn. 51; *Kühl*, StR AT, Rn. 17a/37; *Mitsch*, in: FS Fischer, 253 (260 ff.); *Sowada*, Jura 1995, 644 (652 f.); *Rath*, JuS 1999, 140 (142).

794 Matt/Renzikowski – *Renzikowski*, § 18 StGB Rn. 24; Schönke/Schröder – *Sternberg-Lieben/Schuster*, § 18 StGB Rn. 9; Lackner/Kühl – *Kühl*, § 18 StGB Rn. 11; LK – *Vogel/Bülte*, § 18 StGB Rn. 79; *Roxin*, AT 2, Rn. 29/322 f.; *Heinrich*, StR AT, Rn. 691 u. 699; *Krey/Esser*, DStR AT, Rn. 1375.

795 BGHSt 31, 96 (98); BGHSt 42, 158 (158); BGHSt 46, 24 (28 f.); BGHSt 48, 34 (37 f.); Schönke/Schröder – *Sternberg-Lieben/Schuster*, § 18 StGB Rn. 9; SK-StGB – *Stein*, § 18 Rn. 52 ff.; *Fischer*, § 18 StGB Rn. 7; Lackner/Kühl – *Kühl*, § 18 StGB Rn. 9; LK – *Murmann*, Vor §§ 22 ff. StGB Rn. 120; *Mitsch*, in: FS Fischer, 253 (260 ff.); *Roxin*, AT 2, Rn. 29/328; *Wessels/Beulke/Satzger*, StR AT, Rn. 1000; *Kühl*, StR AT, Rn. 17a/48;

II als Grunddelikt voraus und sein spezifischer Gefahrzusammenhang knüpft zwingend an den Erfolg der konkreten Gefährdung an.[796] Ein erfolgsqualifizierter Versuch von § 315d V ist damit ausgeschlossen.[797]

Für die Konstellationen des Versuchs der Erfolgsqualifikation wird herrschend eine Versuchsstrafbarkeit unabhängig von der Versuchsstrafbarkeit des Grunddelikts angenommen.[798] Demnach ist der Versuch der Erfolgsqualifikation von § 315d V zwar möglich, praktisch jedoch unbedeutend. Denn der Raser muss dafür mit Verletzungsvorsatz hinsichtlich der schweren Folge handeln, womit er auch einen Versuch des entsprechenden Erfolgsdelikts begeht. Dessen Strafrahmen liegt im Vergleich zu § 315d V bei einer Körperverletzung auf zumindest vergleichbarem Niveau (§§ 223 ff.) und beim Tod des Opfers sogar darüber (§§ 211 f.). Einer Verurteilung wegen Versuchs nach § 315d V kommt nur eine klarstellende Rolle zu.[799]

cc) Sachbeschädigung – § 303 StGB

Kommt es infolge der Raserei zu einem Unfall mit Schädigungserfolg, ist in den meisten Fällen auch fremdes Eigentum betroffen. Vor allem das Fahrzeug des Unfallgegners und das nicht dem Täter gehörende Raserfahrzeug, die Straßeninfrastruktur (wie Verkehrsschilder, Ampeln, Leitpfosten und -planken, Pflanzen) sowie sonstige be- bzw. getroffene Objekte sind fremde Sachen, die durch den Unfall beschädigt oder zerstört werden. Eine Strafbarkeit nach § 303

Kindhäuser/Zimmermann, StR AT, Rn. 30/18; *Stief*, JuS 2009, 716 (718 f.); *Hertel*, Jura 2011, 391 (394 f.).

796 Siehe: D.II.1.c)bb)(3) [S. 270].

797 Einen erfolgsqualifizierten Versuch des § 315d V ebenfalls ablehnend: Schönke/Schröder – *Hecker*, § 315d StGB Rn. 14; BeckOK-StGB – *Kulhanek*, § 315d Rn. 68; Lackner/Kühl – *Heger*, § 315d StGB Rn. 10; *Gerhold/Meglaglu*, ZJS 2018, 321 (329); *Zehetgruber*, NJ 2018, 360 (365 mit Fn. 65); *Eisele*, KriPoZ 2018, 32 (37).

798 BGHSt 21, 194 (194 f.); BGH, NJW 2001, 2187 (2187); BeckOK-StGB – *Kudlich*, § 18 Rn. 17.2; SK-StGB – *Stein*, § 18 Rn. 51; LK – *Vogel/Bülte*, § 18 StGB Rn. 81 f.; LK – *Murmann*, Vor §§ 22 ff. StGB Rn. 125; Schönke/Schröder – *Sternberg-Lieben/Schuster*, § 18 StGB Rn. 10 ff.; *Kühl*, StR AT, Rn. 17a/37.

799 - Einen Versuch der Erfolgsqualifikation ebenfalls bejahend: Lackner/Kühl – *Heger*, § 315d StGB Rn. 10; BeckOK-StGB – *Kulhanek*, § 315d Rn. 68; *Mitsch*, in: FS Fischer, 253 (256 f.); *Steinle*, Verbotene Kraftfahrzeugrennen, S. 132; *Zehetgruber*, NJ 2018, 360 (365 mit Fn. 65); *Eisele*, KriPoZ 2018, 32 (37).
- Zur geringen praktischen Relevanz der Versuchskonstellationen des § 315d V: JurisPK-StVR – *Weiland*, § 315d StGB Rn. 102; *Mitsch*, in: FS Fischer, 253 (266).

I setzt außerdem Sachbeschädigungsvorsatz voraus. D. h., nur wenn der Täter zumindest mit Eventualvorsatz handelt, also die Beschädigung oder Zerstörung fremden Eigentums infolge der Raserei erkennt und diese Schädigung in Kauf nimmt,[800] ist er wegen Sachbeschädigung strafbar.

dd) Körperverletzungen – §§ 223 ff. StGB

Wird durch den Raserunfall eine andere Person verletzt, eröffnet dies bei Vorsatz Raum für Strafbarkeiten nach den Körperverletzungsdelikten der §§ 223 ff.

(1) Körperverletzung (§ 223 I)

§ 223 I als Grunddelikt der Körperverletzung ist erfüllt, wenn eine andere Person bei dem durch die Raserei ausgelösten Unfall zurechenbar verletzt wird – was sowohl eine körperliche Misshandlung als auch eine Gesundheitsschädigung darstellt – und der Raser insofern vorsätzlich handelt.
Die Zurechnung der Verletzung kann mitunter durch eine eigenverantwortliche Selbstgefährdung oder einverständliche Fremdgefährdung ausgeschlossen sein, wenn es sich bei dem Opfer um eine Person handelt, die selbst als Raser am Rennen teilnimmt oder als Beifahrer in einem Raserfahrzeug mitfährt.[801]

(2) Körperverletzung mittels eines gefährlichen Werkzeugs (§ 224 I Nr. 2 Var. 2)

Der Raser kann auch eine Qualifikation nach § 224 I erfüllen. In erster Linie kommt dafür eine Begehung mittels des geführten Fahrzeugs als gefährliches Werkzeug i.S.d. § 224 I Nr. 2 Var. 2 in Betracht. Nach gängiger Definition sind gefährliche Werkzeuge bewegliche Gegenstände, die nach ihrer objektiven Beschaffenheit und Art ihrer Verwendung geeignet sind, im konkreten Fall erhebliche Verletzungen hervorzurufen.[802] Da bei entsprechender Verwendung selbst der vermeintlich harmloseste Gegenstand schwere Verletzungen

---

800 Siehe – auch im Folgenden – allgemein zum Vorsatz D.II.1.a)bb) [S. 117] und zum Schädigungsvorsatz im Zusammenhang mit der Raserei ausführlich später D.II.1.c)ee)(2) [S. 292].

801 Siehe entsprechend: D.II.1.b)aa)(3)(b) [S. 209].

802 BGHSt 3, 105 (109); BGHSt 14, 152 (155); BGH, NStZ-RR 2011, 275 (276); NK-StGB – *Paeffgen/Böse*, § 224 Rn. 14 ff.; Lackner/Kühl – *Kühl*, § 224 StGB Rn. 2 ff.; *Fischer*, § 224 StGB Rn. 12 ff.; *Wessels/Hettinger/Engländer*, StR BT 1, Rn. 229; *Eckstein*, NStZ 2008, 125 (126 f.).

herbeiführen kann,[803] kann der Aspekt der objektiven Beschaffenheit aus der Definition gestrichen werden[804].
Bei Unfällen infolge von Raserei ist das vom Raser gesteuerte Kraftfahrzeug ein solcher beweglicher Gegenstand, der aufgrund seiner Masse und der hohen Geschwindigkeit im Kollisionsfall größte kinetische Energie auf den Unfallgegner überträgt. Das gilt nicht nur für das klassische Automobil, sondern auch für die deutlich leichteren Motorräder u. Ä. als geführte Fahrzeuge. Ein etwaiger Schutz des Unfallgegners, bspw. durch sein eigenes Auto, ist dafür unbedeutend, weil in jeder Unfallkonstellation ernste Verletzungen drohen, die gerade bei der Raserei besonders schwerwiegend oder gar tödlich ausfallen können. Demzufolge ist das Raserfahrzeug grundsätzlich ein gefährliches Werkzeug.
Die Körperverletzung nach § 223 I wird entgegen verbreiteter Ansicht[805] auch dann mittels dieses Werkzeugs i.S.d. § 224 I Nr. 2 Var. 2 begangen, wenn die Verletzung nicht schon unmittelbar aus der Kollision mit dem Unfallgegner folgt, sondern sich dieser bspw. erst durch den dadurch ausgelösten Aufschlag auf dem Boden verletzt. Denn die Kraftübertragung eines kollidierenden Kfz mit anderen Verkehrsteilnehmern besteht nicht nur in der direkten Körperdeformation des Unfallgegners. Gerade ein ungeschützter Verkehrsteilnehmer wie Motorrad-, Radfahrer oder Fußgänger wird bei einer Kollision stark in neuer Richtung beschleunigt und diese Bewegungsenergie physikalisch durch seinen Aufprall wieder negativ abgebaut. Die schwereren Verletzungen des Opfers entstehen regelmäßig erst durch diesen Zweitaufprall. Einen solchen einheitlichen Verletzungsvorgang aufzuspalten und alles nach der Fahrzeugkollision nur als mittelbare Wirkung einzustufen, überzeugt nicht, ist zugleich eine Überinterpretation des Wortlauts und widerspricht dem gleichen verwirklichten Unrechtsgehalt.[806]

---

803 - Z. B.: Würgen mit einer Krawatte, Stich mit einem Bleistift ins Auge.
- Dies gilt allerdings auch umgekehrt; z. B. leichtes Stupsen mit einem Baseballschläger.

804 Stützend: Schönke/Schröder – *Sternberg-Lieben*, § 224 StGB Rn. 4; SK-StGB – *Wolters*, § 224 Rn. 18; *Joecks/Jäger*, § 224 StGB Rn. 19; *Kindhäuser/Schramm*, StR BT 1, Rn. 9/10 ff.; *Hardtung*, JuS 2008, 960 (962).

805 BGH, NStZ 2012, 697 (698); BGH, NJW 2013, 2135 (2135); BGH, NStZ 2014, 36 (37); Lackner/Kühl – *Kühl*, § 224 StGB Rn. 3; Schönke/Schröder – *Sternberg-Lieben*, § 224 StGB Rn. 3a; S/S/W-StGB – *Momsen-Pflanz/Momsen*, § 224 Rn. 20; *Wessels/Hettinger/Engländer*, StR BT 1, Rn. 232; *Rengier*, StR BT 2, Rn. 14/41; *Bönig*, Verbotene Kraftfahrzeugrennen, S. 20.

806 Stützend: OLG Hamm, NStZ-RR 2014, 141 (141); KG Berlin, NZV 2006, 111 (111); MüKo-StGB – *Hardtung*, § 224 Rn. 20 ff.; LK – *Grünewald*, § 224 StGB Rn. 23;

Für den subjektiven Tatbestand genügt im Allgemeinen bereits Vorsatz hinsichtlich der jeweiligen Qualifikationsmerkmale als dolus eventualis.[807] Zwar wird noch darüber gestritten, ob der Täter im konkreten Fall neben der bloßen Tatsachenkenntnis[808] auch die Gefährlichkeit seines konkreten Vorgehens erfassen muss.[809] Allerdings wird ihm beim Vorliegen des Körperverletzungsvorsatzes und der Kenntnis der qualifizierenden Umstände in aller Regel auch die Gefährlichkeit des Rasens bewusst sein. Denn die großen Kraftpotenziale von schnellen Kraftfahrzeugen und die denkbaren schweren Verletzungen bei möglichen Unfällen sind gerade beim Rasen im Straßenverkehr offenkundig und allgemein bekannt.

(3) Körperverletzung mittels einer lebensgefährdenden Behandlung (§ 224 I Nr. 5)

Es könnte sich bei der Raserei wegen der möglichen schweren Unfallfolgen auch um eine das Leben gefährdende Behandlung nach § 224 I Nr. 5 handeln. Bei dieser Qualifikation wird darüber gestritten, ob die Verletzungshandlung das Leben des Opfers konkret gefährden muss[810] oder es schon ausreicht, dass die Behandlung nach den konkreten Tatumständen generell zur Lebensgefährdung geeignet ist.[811] Die Systematik der anderen Qualifikationen des § 224 I, der gerade auch im

---

Stam, NStZ 2016, 713 (713 ff.); *Böse*, ZJS 2017, 110 (111 ff.); *Eckstein*, NStZ 2008, 125 (127 ff.); *Steinle*, Verbotene Kraftfahrzeugrennen, S. 72.

807 Schönke/Schröder – *Sternberg-Lieben*, § 224 StGB Rn. 13; LK – *Grünewald*, § 224 StGB Rn. 39; *Fischer*, § 224 StGB Rn. 32; Matt/Renzikowski – *Engländer*, § 224 StGB Rn. 16; *Kindhäuser/Schramm*, StR BT 1, Rn. 9/24.

808 BGH, 3 StR 338/10, Beschluss vom 28.09.2010, Rn. 7 – im Internet abrufbar: www.juris.de (Stand: 09.12.2020); BGH, 4 StR 200/14, Beschluss vom 04.11.2014, Rn. 6 – im Internet abrufbar: www.juris.de (Stand: 22.10.2019); *Fischer*, § 224 StGB Rn. 32; BeckOK-StGB – *Eschelbach*, § 224 Rn. 46 f.; S/S/W-StGB – *Momsen-Pflanz/Momsen*, § 224 Rn. 31; *Gössel/Dölling*, StR BT 1, Rn. 13/47 u. 13/24.

809 MüKo-StGB – *Hardtung*, § 224 Rn. 52; LK – *Grünewald*, § 224 StGB Rn. 39; Lackner/Kühl – *Kühl*, § 224 StGB Rn. 9; Matt/Renzikowski – *Engländer*, § 224 StGB Rn. 16; *Kretschmer*, Jura 2008, 916 (922).

810 RGSt 10, 1 (1); NK-StGB – *Paeffgen*, § 224 Rn. 27 f.; *Küper*, in: FS Hirsch, 595 (610 ff.); *Stree*, Jura 1980, 281 (291 ff.); *Schlehofer*, Jura 1989, 263 (270 f).

811 BGHSt 2, 160 (163); BGHSt 36, 1 (8 f.); BGH, NStZ 2013, 345 (345 f.); LK – *Grünewald*, § 224 StGB Rn. 34; Schönke/Schröder – *Sternberg-Lieben*, § 224 Rn. 12; S/S/W-StGB – *Momsen-Pflanz/Momsen*, § 224 Rn. 28; *Rengier*, StR BT 2, Rn. 14/50; *Kindhäuser/Schramm*, StR BT 1, Rn. 9/21 f.

Verhältnis zu § 226 geringere Strafrahmen, der von anderen konkreten Gefährdungsdelikten abweichende Wortlaut und der Wille des Gesetzgebers[812] geben dem weiten Verständnis der abstrakten Lebensgefahr recht. Dementsprechend liegt eine lebensgefährdende Behandlung vor, wenn die Körperverletzungshandlung aus ex-ante-Sicht im Allgemeinen nach den konkreten Umständen dazu geeignet ist, den Tod des Opfers herbeizuführen.[813] Auch hier sind Einschränkungen des Zusammenhangs zwischen Körperverletzungshandlung und -erfolg über das Wort „mittels" vergleichbar zu § 224 I Nr. 2 verbreitet,[814] aber aus den gleichen Gründen wie dort abzulehnen.[815] Wegen der schon erwähnten potenziell schweren oder gar tödlichen Verletzungen in vielen Konstellationen von Raserunfällen besteht für das Opfer in aller Regel eine abstrakte Lebensgefahr, sodass nach § 224 I Nr. 5 eine das Leben gefährdende Behandlung vorliegt[816]. Ähnlich wie bei § 224 I Nr. 2 gibt es im subjektiven Tatbestand Meinungsverschiedenheiten darüber, ob der Täter sein Verhalten über die Kenntnis der Umstände[817] hinaus als für das Opfer lebensgefährlich bewerten muss[818]. Wie zuvor ist auch an dieser Stelle die engere Ansicht vorzugswürdig. Doch ebenso wie dort macht dies im Rahmen der Raserei nur selten einen Unterschied, weil dem mit Körperverletzungsvorsatz handelnden Raser die offenkundigen

812 BT-Drs. 13/8587, S. 82 f.

813 BGHSt 2, 160 (163); BGHSt 36, 1 (8 f.); BGH, NStZ 2013, 345 (345 f.); Matt/Renzikowski – *Engländer*, § 224 StGB Rn. 14; *Fischer*, § 224 StGB Rn. 26 f.; BeckOK-StGB – *Eschelbach*, § 224 Rn. 41 f.; *Kindhäuser/Hilgendorf*, LPK-StGB, § 224 Rn. 18; Maurach/Schroeder/Maiwald (BT 1) – *Hoyer*, Rn. 9/18; *Gössel/Dölling*, StR BT 1, Rn. 13/48 ff.

814 BGH, NStZ 2010, 276 (276); Lackner/Kühl – *Kühl*, § 224 StGB Rn. 8; Schönke/Schröder – *Sternberg-Lieben*, § 224 StGB Rn. 12; *Fischer*, § 224 StGB Rn. 28; Maurach/Schroeder/Maiwald (BT 1) – *Hoyer*, Rn. 9/18.

815 - Stützend: OLG Hamm, NStZ-RR 2017, 224 (225); MüKo-StGB – *Hardtung*, § 224 Rn. 43; LK – *Grünewald*, § 224 StGB Rn. 36; *Rengier*, StR BT 2, Rn. 14/53 f.; *Bosch*, JA 2006, 900 (901 f.); *Stam*, NStZ 2016, 713 (713 ff.); *Böse*, ZJS 2017, 110 (111 ff.).
- Siehe dazu und auch für die problematischen subjektiven Aspekte: D.II.1.c)dd) (2) [S. 284].

816 Zustimmend: *Bönig*, Verbotene Kraftfahrzeugrennen, S. 23.

817 BGHSt 2, 160 (163); BGHSt 19, 352 (352 f.); BGHSt 36, 1 (15); BeckOK-StGB – *Eschelbach*, § 224 Rn. 47; *Kindhäuser/Hilgendorf*, LPK-StGB, § 224 Rn. 21; *Eisele*, StR BT 1, Rn. 341.

818 Schönke/Schröder – *Sternberg-Lieben*, § 224 StGB Rn. 13; MüKo-StGB – *Hardtung*, § 224 Rn. 52; LK – *Grünewald*, § 224 StGB Rn. 39; Lackner/Kühl – *Kühl*, § 224 StGB Rn. 9; *Wessels/Hettinger/Engländer*, StR BT 1, Rn. 240; *Rengier*, StR BT 2, Rn. 14/58; *Kretschmer*, Jura 2008, 916 (922).

Umstände und naheliegende Lebensgefährlichkeit seines Verhaltens bei einem Unfall in aller Regel bewusst sein werden[819].

(4) Körperverletzung mit einem anderen Beteiligten gemeinschaftlich (§ 224 I Nr. 4)

Weniger naheliegend ist bei einem Rennen die Verwirklichung von § 224 I Nr. 4. Rennfahrer könnten nämlich die Körperverletzung gemeinschaftlich begehen. Dafür müssen mindestens zwei Beteiligte am Tatort bewusst zusammenwirken und dem Opfer in ihrer zahlenmäßigen Überlegenheit gegenüberstehen, denn der Strafgrund für die Qualifikation liegt in der durch die Übermacht geminderten Abwehrchance des Opfers.[820] Obwohl die Rennfahrer das Rennen als Täter des § 315d I Nr. 2 gemeinsam fahren, kann daraus nicht auf ein bewusstes Zusammenwirken zur Verletzung eines Dritten geschlossen werden. Nur wenn die Raser bei ihrem Kräftemessen etwa bewusst nebeneinander fahren und erkennen, dass sie gerade dadurch dem Opfers die Möglichkeit nehmen, einer Kollision auszuweichen, treten sie dem Dritten in der notwendigen Weise überlegen gegenüber. Die Verwirklichung von §§ 223, 224 I Nr. 4 im Rahmen der Raserei ist damit auf sehr wenige Fallkonstellationen beschränkt[821].

(5) Körperverletzung mittels eines hinterlistigen Überfalls (§ 224 I Nr. 3)

Eine Verwirklichung der Körperverletzung mittels eines hinterlistigen Überfalls nach § 224 I Nr. 3 erscheint deshalb möglich, weil ein Raserunfall für das Opfer häufig überraschend stattfindet. Allerdings erfordert ein hinterlistiger Überfall ein planmäßiges, in Verdeckung der wahren Absichten erfolgendes Vorgehen, um dadurch dem Opfer seine Verteidigung zu erschweren.[822] Demgemäß reicht das Ausnutzen des Überraschungsmoments nicht aus und der Täter muss absichtlich

819 Zustimmend: *Steinle*, Verbotene Kraftfahrzeugrennen, S. 73.

820 BGHSt 47, 383 (386 f.); BGH, NStZ 2015, 584 (585); BGH, StraFo 2015, 478 (478); LK – *Grünewald*, § 224 StGB Rn. 30; Schönke/Schröder – *Sternberg-Lieben*, § 224 StGB Rn. 11 ff.; *Wessels/Hettinger/Engländer*, StR BT 1, Rn. 236 f.; *Eisele*, StR BT 1, Rn. 338 ff.; *Gerhold*, Jura 2010, 379 (380).

821 Zustimmend: *Bönig*, Verbotene Kraftfahrzeugrennen, S. 20.

822 RGSt 65, 65 (66); BGH, GA 1961, 241 (241); BGH, NStZ 2005, 40 (40); *Fischer*, § 224 StGB Rn. 22; *Kindhäuser/Hilgendorf*, LPK-StGB, § 224 Rn. 13 f.; *Krey/Hellmann/Heinrich*, StR BT 1, Rn. 262; Maurach/Schroeder/Maiwald (BT 1) – *Hoyer*, Rn. 9/16; *Wessels/Hettinger/Engländer*, StR BT 1, Rn. 235.

mit dolus directus 1. Grades handeln.[823] Allenfalls ein gezieltes Rammmanöver eines Rennfahrers gegen seinen Konkurrenten während des schon einige Zeit laufenden kontaktlosen Rennens könnte diese Voraussetzungen erfüllen. Dabei handelte es sich aber nicht mehr um die klassischen Fälle der Raserei, sondern um eine darüber hinausgehende absichtliche Schädigung. Nur für solche Exzesshandlungen[824] spielt § 224 I Nr. 3 eine Rolle.

(6) Schwere Körperverletzung (§ 226) und Körperverletzung mit Todesfolge (§ 227)

Wenn das Opfer bei einem Raserunfall schwer verletzt oder getötet wird, kommt schließlich eine Strafbarkeit wegen schwerer Körperverletzung (§ 226) oder Körperverletzung mit Todesfolge (§ 227) als Erfolgsqualifikation in Betracht. Die Strafbarkeit erfordert neben der vorsätzlichen Körperverletzung den wenigstens fahrlässigen und zurechenbaren Eintritt der qualifizierenden Folge in Form einer entsprechend schweren Verletzung (§ 226 I) oder des Todes (§ 227 I) des Opfers. Zwischen der Körperverletzung als Grunddelikt (§ 223) und der schweren Folge muss ein spezifischer Gefahrzusammenhang bestehen.[825] In Raserfällen geht der qualifizierte Erfolg beim Opfer in aller Regel auf die durch den Unfall erlittene Körperverletzung zurück. Auf den Streit bei § 227, der auch für § 226 I gilt[826], ob der spezifische Gefahrzusammenhang im Grunddelikt an die Körperverletzungshandlung[827] oder an den Körperverletzungserfolg anknüpft,[828] kommt es damit nur in Ausnahmefällen an. In jedem Fall ist die Strafbarkeit der beiden Erfolgsqualifikationen enger als die des § 315d V, weil das Grunddelikt Vorsatz hinsichtlich einer Körperverletzung

823 BGH, GA 1961, 241 (241); BGH, GA 1968, 370 (370); BGH, NStZ 2005, 40 (40); Matt/Renzikowski – *Engländer*, § 224 StGB Rn. 11 u. 16; LK – *Grünewald*, § 224 StGB Rn. 26 u. 39; *Kindhäuser/Schramm*, StR BT 1, Rn. 9/17; *Eisele*, StR BT 1, Rn. 337.

824 Siehe insofern: D.II.1.b)cc)(2) [S. 238].

825 Siehe dazu: D.II.1.c)bb)(3) [S. 270].

826 LK – *Grünewald*, § 226 StGB Rn. 27; *Fischer*, § 226 StGB Rn. 14; AnwKom-StGB – *Zöller*, § 226 Rn. 17; *Wessels/Hettinger/Engländer*, StR BT 1, Rn. 243; *Rengier*, StR BT 2, Rn. 15/27.

827 BGH, NStZ 2008, 278 (278); AnwKom – *Zöller*, § 227 StGB Rn. 10 ff.; *Rengier*, StR BT 2, Rn. 16/11 ff.; siehe auch Fußnote 757.

828 Schönke/Schröder – *Sternberg-Lieben*, § 227 StGB Rn. 5; S/S/W-StGB – *Momsen-Pflanz/Momsen*, § 227 Rn. 10 ff.; Lackner/Kühl – *Kühl*, § 227 StGB Rn. 2; siehe auch Fußnote 758.

voraussetzt, womit der Raser hier einen für das Opfer schädigenden Unfall – im Gegensatz zu nur einer konkreten Gefährdung (§ 315d V) – wissentlich herbeiführen wollen muss.

ee) Mord und Totschlag – §§ 211, 212 StGB

Kommt es bei der Raserei zu einem tödlichen Unfall, macht sich der Raser wegen Totschlags (§ 212) oder mitunter sogar wegen Mordes (§ 211) strafbar, wenn er mit Tötungsvorsatz handelt.

Früher wurde eine Strafbarkeit des Rasers wegen vorsätzlicher Tötung bei tödlichen Raserunfällen kaum in Betracht gezogen, gleichgültig ob dem Unfall ein illegales Straßenrennen oder Einzelraserei vorausging. Erst der – in der Einleitung ausführlich geschilderte – Raserfall vom Berliner Kurfürstendamm im Jahre 2016 änderte das grundlegend:[829]
Die 35. Große Strafkammer des Landgerichts Berlin verurteilte die angeklagten Raser 2017 wegen Mordes in Tateinheit mit gefährlicher Körperverletzung und vorsätzlicher Gefährdung des Straßenverkehrs zu lebenslangen Freiheitsstrafen.[830] Auf die Revisionen der beiden Angeklagten hin hob der Bundesgerichtshof das gesamte Urteil 2018 mit der Begründung auf, dass weder der Vorsatz noch die Mittäterschaft hinsichtlich des vom Landgericht angenommenen Tötungsdelikts rechtsfehlerfrei festgestellt worden sei.[831] Nach erneuter Verhandlung vor dem Landgericht Berlin verurteilte die 32. Große Strafkammer beide Angeklagten 2019 abermals wegen Mordes in Tateinheit mit gefährlicher Körperverletzung und vorsätzlicher Gefährdung des Straßenverkehrs zu lebenslangen Freiheitsstrafen.[832] Die wiederum gegen dieses Urteil gerichteten Revisionen der Angeklagten waren 2020 teilweise erfolgreich. Der Bundesgerichtshof bestätigte die Verurteilung des mit dem Opfer kollidierenden Rasers wegen Mordes, hob jedoch die des anderen wegen mittäterschaftlichen Mordes auf, weil das Landgericht die Voraussetzungen seiner Mittäterschaft

---

829 Siehe dazu: A. [S. 21] und auch C.IV.3. [S. 108].

830 LG Berlin, (535 Ks) 251 Js 52/16 (8/16), Urteil vom 27.02.2017 – im Internet abrufbar: www.juris.de (Stand: 11.04.2020).

831 BGH, 4 StR 399/17, Urteil vom 01.03.2018 – im Internet abrufbar: www.bundesgerichtshof.de (Stand: 24.02.2020).

832 LG Berlin, (532 Ks) 251 Js 52/16 (9/18), Urteil vom 26.03.2019 (unveröffentlicht).

nicht hinreichend belegt habe.[833] Nach erneuter Verhandlung vor dem Landgericht Berlin wurde der noch nicht rechtskräftig verurteilte Raser 2021 von der 29. Großen Strafkammer abermals verurteilt, nun zu einer Haftstrafe von 13 Jahren wegen versuchten Mordes in Tateinheit mit vorsätzlicher Gefährdung des Straßenverkehrs und fahrlässiger Körperverletzung.[834] Nach nochmaliger, diesmal aber erfolgloser Revision ist dieses Urteil mittlerweile rechtskräftig[835].
In der Literatur wurde der Berliner Raserfall von Beginn an intensiv diskutiert, wobei man auch dort zu keiner einheitlichen Lösung kommt: Teilweise wird die Annahme des Tötungsvorsatzes der Raser begrüßt,[836] teilweise werden die Urteile entsprechend kritisiert.[837] Einige stimmen der Annahme von Mittäterschaft zu,[838] wohingegen andere diese Einstufung des Verhaltens der Raser ablehnen.[839] Gleichwohl die Verletzung der Beifahrerin weniger Aufmerksamkeit erfährt, wird ein möglicher Schutzverzicht durch ihre Mitfahrt ebenfalls unterschiedlich beurteilt[840].
Schon der Verlauf des Strafverfahrens gegen die Berliner Raser und die große Diskussion darüber zeigen, welch komplexe juristische Probleme – vor allem beim Vorsatz und bei der Mittäterschaft – Raserfälle wie dieser aufwerfen. Dass

833 - BGH, 4 StR 482/19, Urteil vom 18.06.2020 – im Internet abrufbar: www.bundesgerichtshof.de (Stand: 24.02.2020).
- Die gegen diese Verwerfung der Revision und das zweite Urteil des LG Berlins gerichtete Verfassungsbeschwerde des rechtskräftig verurteilten Rasers wurde vom Bundesverfassungsgericht nicht zur Entscheidung angenommen: BVerfG, 2 BvR 1404/20, Beschluss vom 07.12.2022 – im Internet abrufbar: www.bundesverfassungsgericht.de (Stand: 28.12.2022).

834 LG Berlin, (529 Ks) 251 Js 52/16 (6/20), Urteil vom 02.03.2021 – im Internet abrufbar: www.juris.de (Stand: 28.12.2022).

835 Pressemitteilung Nr. 11/22 des Bundesgerichtshofs vom 26.01.2022 zu BGH, 4 StR 319/21, Beschluss vom 19. Januar 2022 – im Internet abrufbar: www.bundesgerichtshof.de (Stand: 28.12.2022).

836 Beispielsweise: MüKo-StGB – *Schneider*, § 212 Rn. 24 ff.; *Roxin/Greco*, AT 1, Rn. 12/88x; *Puppe*, JR 2018, 323 (323 ff.); *Eisele*, JZ 2018, 549 (549 ff.).

837 Beispielsweise: Schönke/Schröder – *Sternberg-Lieben/Schuster*, § 15 StGB Rn. 87a; *Prittwitz*, in: FS Singer, 525 (539 ff.); *Walter*, NJW 2017, 1350 (1350 ff.); *Jäger*, JA 2017, 786 (787 f.).

838 Beispielsweise: *Preuß*, NZV 2018, 345 (349); *Walter*, NStZ 2018, 412 (412); *Grünewald*, NJW 2020, 2906 (2907).

839 Beispielsweise: *Momsen*, KriPoZ 2018, 76 (82 f.); *Eisele*, JuS 2018, 492 (494); *Jäger/Bönig*, HRRS 2020, 122 (127 ff.).

840 Beispielsweise: *Preuß*, NZV 2017, 303 (306); *Eisele*, KriPoZ 2018, 32 (32 mit Fn. 10).

§ 315d zum Zeitpunkt des Berliner Rennens im Jahr 2016 noch nicht existierte und deshalb unberücksichtigt bleiben musste (Art. 103 II GG, §§ 1 f. StGB), dürfte zusätzlich zur Bedeutung des Falles beigetragen haben. Doch auch nach der Einführung des § 315d bleiben die Probleme akut. Denn es muss weiterhin darüber entschieden werden, ob sich der Raser bei einem tödlichen Raserunfall (zusätzlich) wegen Totschlags oder gar Mordes strafbar macht, was eine mindestens fünfjährige oder gar lebenslängliche Freiheitsstrafe zur Folge hätte.

(1) Tod

Eine solche Strafbarkeit setzt voraus, dass der Raser den Tod des Opfers durch sein Verhalten kausal und objektiv zurechenbar herbeiführt. In den klassischen Raserkonstellationen, gleichgültig ob Einzelraserei oder illegale Straßenrennen, bestehen daran keine Zweifel. Flieht der Raser hingegen vor der Polizei und kommt es dabei zu einem tödlichen Unfall durch die Beamten, gelten für die Erfolgszurechnung die Grundsätze der Verfolgerfälle.[841] Problematisch ist ebenfalls, wenn bei der Raserei ein Beifahrer im Raserfahrzeug oder der Rennkonkurrent stirbt. Zwar ist auch der Konkurrent unstreitig taugliches Opfer des Tötungsdelikts, doch wird die Zurechnung seines Todes an den anderen Rennfahrer regelmäßig an einer eigenverantwortlichen Selbstgefährdung scheitern. Wird ein Beifahrer eines Rasers getötet, scheitert die Erfolgszurechnung nicht an einer einverständlichen Fremdgefährdung des Getöteten, weil eine solche bereits bei einer konkreten Todesgefahr durch das Verhalten des Täters ausgeschlossen ist[842].

(2) Vorsatz

Zentrales Problem der Tötungsdelikte in Raserfällen ist der Vorsatz der Raser.

Allgemein müssen für die Vorsatzproblematik zwei Fragen unterschieden werden: Zuerst ist zu klären, wie der Vorsatz begrifflich zu definieren ist, d. h., welche materiell-rechtlichen Voraussetzungen ihn auszeichnen. Erst im zweiten Schritt geht es um die Anwendung dieses normativen Begriffs auf den Fall, d. h., wie die dazugehörigen Sachverhaltsaspekte festgestellt werden können.[843]

---

841 Siehe dazu: D.II.1.b)cc)(3)(c) [S. 250].

842 Siehe zusammengefasst zur eigenverantwortlichen Selbstgefährdung des Rennkonkurrenten und zur einverständlichen Fremdgefährdung der Beifahrer entsprechend: D.II.1.b)aa)(3)(b)(cc) [S. 217].

843 - Stützend: BGHSt 38, 345 (350); *Fischer*, § 15 StGB Rn. 12 f.; *Mylonopoulos*, in: FS Frisch, 349 (349 ff.); *Koriath*, in: Grundfragen des Strafrechts, 103 (103 ff.);

Im Folgenden werden die relevanten Vorsatzfragen am Beispiel der Berliner Raser herausgestellt und stellvertretend für alle Raserfälle geklärt. Im Ergebnis stehen so allgemeingültige Kriterien, mit denen entschieden werden kann, ob ein Raser mit oder ohne Tötungsvorsatz handelt.

(a) Begriff des Vorsatzes

In den Raserfällen spielt nur der Eventualvorsatz eine Rolle, denn weder die Berliner noch andere Raser haben die Absicht, mit ihrem Verhalten einen anderen Menschen zu töten (dolus directus 1. Grades) oder wissen sicher, dass das passieren wird (dolus directus 2. Grades).[844] Dabei stellt sich ganz allgemein die Frage, welche Mindestvoraussetzungen der (Eventual-) Vorsatz haben muss, um ihn von der (bewussten) Fahrlässigkeit abzugrenzen.[845] Die Abgrenzung von Vorsatz und Fahrlässigkeit ist eine der schwierigsten Fragen der Rechtswissenschaft und seit jeher so sehr umstritten, dass sogar bezweifelt wird, ob dieses Problem überhaupt lösbar ist.[846] Wie sich zeigen wird, gehen diese Bedenken aber zu weit.

(aa) Voraussetzungen des Vorsatzes

Vorsatz ist ein Rechtsbegriff, dessen rechtliche (Mindest-) Voraussetzungen normativ bestimmt werden müssen.[847]

Hruschka, in: FS Kleinknecht, 191 (191 ff.); *Wessels/Beulke/Satzger*, StR AT, Rn. 342; B/W/M/E (AT) – *Eisele*, Rn. 11/7 ff.; *Sternberg-Lieben/Sternberg-Lieben*, JuS 2012, 976 (978); *Walter*, NStZ 2018, 412 (413); *Kaiser*, ZStW 132 [2020], 780 (781 ff.). - So (wohl) auch die herrschende Meinung, die diese Unterscheidung aber häufig nicht klar benennt bzw. konsequent einhält.

844 - Zustimmend: *Bönig*, Verbotene Kraftfahrzeugrennen, S. 42. - Siehe zu den verschiedenen Vorsatzgraden/-formen bereits: D.II.1.a)bb) [S. 117] mit Fußnote 282.

845 HdS – *Beck*, § 36 Rn. 23 f.; S/S/W-StGB – *Momsen*, § 15 Rn. 44 f.; Matt/Renzikowski – *Gaede*, § 15 StGB Rn. 15; Schönke/Schröder – *Sternberg-Lieben/Schuster*, § 15 StGB Rn. 72; *Murmann*, Grundkurs StR, Rn. 24/21; B/W/M/E (AT) – *Eisele*, Rn. 11/19 ff.; *Satzger*, Jura 2008, 112 (116 f.).

846 LK – *Vogel/Bülte*, § 15 StGB Rn. 127; Schönke/Schröder – *Sternberg-Lieben/Schuster*, § 15 StGB Rn. 72; *Herzog*, in: FS Rogall, 147 (150); *Welzel*, StR AT, S. 69; *Roxin/Greco*, AT 1, Rn. 12/21.

847 *Fischer*, § 15 StGB Rn. 13; *Hassemer*, in: GS Kaufmann, 289 (294); *Frisch*, Vorsatz und Risiko, S. 31 f.; *Freund*, Normative Probleme der Tatsachenfeststellung, S. 12 ff.; *Walter*, NStZ 2018, 412 (413); *Kaiser*, ZStW 132 [2020], 780 (782 ff.).

Einig ist man sich zumindest darin, dass der Vorsatz ein Wissenselement enthält. Erkennt der Täter nicht einmal die Möglichkeit der Tatumstände und des Erfolgseintritts, handelt er unstreitig ohne Wissen. Eine nur abstrakte bzw. irgendwie geartete Möglichkeit der Tatbestandsverwirklichung genügt ebenfalls nicht, sondern es muss zumindest eine nicht ganz fernliegende bzw. hinreichend konkrete Möglichkeit erkannt werden, die sich aus der bestehenden Situation ergibt.[848]

Den Eventualvorsatz allein auf ein solches Wissen von der hinreichend konkreten Tatbestandsverwirklichung zu stützen, wäre zur Abgrenzung von der Fahrlässigkeit aber ungenügend. Zwar könnte dieses Wissenselement die unbewusste, aber gerade nicht die bewusste Fahrlässigkeit ausschließen, denn auch der bewusst fahrlässig handelnde Täter weiß um den Erfolgseintritt. Deshalb suchen zahlreiche Vertreter die Abgrenzung zwischen Eventualvorsatz und bewusster Fahrlässigkeit in einer zusätzlichen voluntativen Vorsatzkomponente in Form des Willenselements.[849] Andere wollen die Abgrenzung hingegen allein über das Wissenselements des Vorsatzes erreichen, das dafür enger ausgestaltet wird – so muss der Erfolg z. B. nicht nur für möglich, sondern für wahrscheinlich gehalten werden.[850] Im Streit um die begriffliche Abgrenzung zwischen Vorsatz und Fahrlässigkeit geht es somit in erster Linie darum, ob der Vorsatz zusätzlich zum Wissens- auch ein Willenselement enthält.[851]

---

848 BGHSt 7, 363 (368 f.); BGHSt 36, 1 (9 f.); BGH, 4 StR 158/17, Urteil vom 01.03.2018, Rn. 13 – im Internet abrufbar: www.bundesgerichtshof.de (Stand: 24.02.2020); Schönke/Schröder – *Sternberg-Lieben/Schuster*, § 15 StGB Rn. 84; *Fischer*, § 15 StGB Rn. 11; *Kindhäuser/Hilgendorf*, LPK-StGB, § 15 Rn. 106 u. 120 ff.; B/W/M/E (AT) – *Eisele*, Rn. 11/25; *Heinrich*, StR AT, Rn. 295 ff.; *Wessels/Beulke/Satzger*, StR AT, Rn. 333.

849 RGSt 33, 4 (5 f.); BGHSt 7, 363 (368 f.); LK – *Vogel/Bülte*, § 15 StGB Rn. 128; Schönke/Schröder – *Sternberg-Lieben/Schuster*, § 15 StGB Rn. 84; Matt/Renzikowski – *Gaede*, § 15 StGB Rn. 22 ff.; *Fischer*, § 15 StGB Rn. 7 ff.; *Roxin/Greco*, AT 1, Rn. 12/22 ff.; *Wessels/Beulke/Satzger*, StR AT, Rn. 315 u. 333 ff.; *Kühl*, StR AT, Rn. 5/85; *Schroth*, JR 2003, 250 (252).

850 NK-StGB – *Puppe*, § 15 Rn. 64 ff.; *Frisch*, Vorsatz und Risiko, S. 341 ff.; *Kargl*, Der strafrechtliche Vorsatz, S. 67 ff.; *Koriath*, in: Grundfragen des Strafrechts, 103 (141); *Herzberg*, in: FS Schwind, 317 (331 ff.); *Kindhäuser/Zimmermann*, StR AT, Rn. 14/29 ff.; *Jakobs*, StR AT, Rn. 8/21; *Welzel*, StR AT, S. 68 ff.; *Schlehofer*, NJW 1989, 2017 (2019 f.).

851 BeckOK-StGB – *Kudlich*, § 15 Rn. 20 ff.; Schönke/Schröder – *Sternberg-Lieben/Schuster*, § 15 StGB Rn. 72 ff.; *Kindhäuser/Zimmermann*, StR AT, Rn. 14/12 ff.;

Das StGB gibt mit seinen spärlichen, den Vorsatz thematisierenden Regelungen (§§ 15 f. und § 22) keine verlässliche Auskunft darüber, ob der Vorsatz auch ein voluntatives Element enthält. Ganz anders machten es der Entwurf eines Strafgesetzbuches von 1962 (StGB E 1962) und der Alternativentwurf dazu (StGB AE), die beide in §§ 16 ff. jeweils nicht nur Vorsatz und Fahrlässigkeit allgemein, sondern sogar ihre jeweiligen Formen und die Abgrenzung definierten.[852] Obwohl Vorsatz und Fahrlässigkeit „[…] für die Anwendung des Strafrechts von so entscheidender Bedeutung [sind], daß das Strafrecht aussprechen muß, was darunter zu verstehen ist“[853], hat sich der Gesetzgeber aus wenig nachvollziehbaren Gründen letztlich doch gegen jede Begriffsbestimmung von Vorsatz und Fahrlässigkeit im StGB entschieden. Dennoch legen die geltenden §§ 15, 16 und 22 zumindest ein gesetzgeberisches Verständnis nahe, dass „[…] Vorstellungen allein den Vorsatz noch nicht ausmachen.“[854]
Sogar einige Gegner des voluntativen Vorsatzelements sehen im Wollen des Täters eine seine eventualvorsätzliche oder bewusst fahrlässige Tat beeinflussende Komponente, die sie aber lediglich als rechtlich irrelevantes, außertatbestandliches Motiv einstufen. Das Willenselement besitze nämlich keinen Mehrwert, weil der Täter den Erfolg unweigerlich auch wolle, wenn er trotz Wissen vom möglichen Erfolgseintritt entsprechend handle. Daher sei die voluntative Vorsatzvoraussetzung sowieso immer erfüllt.[855]
Dies trifft allerdings nur zu, wenn der Täter von einem sicheren Eintritt des Erfolgs i.S.d. dolus directus 2. Grades ausgeht. Nur beim Handeln mit diesem sicheren Wissen[856] will er den Erfolg auch unzweifelhaft herbeiführen – selbst wenn ihm dieser unerwünscht ist –, weil der Erfolg nach seiner Vorstellung zwingend mit seiner Handlung verbunden ist.[857] Bei weniger als sicherem

---

Heinrich, StR AT, Rn. 295 ff.; *Rengier*, StR AT, Rn. 14/17 ff.; *Kühl*, StR AT, Rn. 5/43 ff.; *Satzger*, Jura 2008, 112 (117 f.); *Grünewald*, JZ 2017, 1069 (1070).

852 - StGB E 1962: BT-Drs. IV/650, S. 14.
- StGB AE: *Alternativ-Entwurf eines Strafgesetzbuches*, S. 10 u. 54 ff.

853 BT-Drs. IV/650, S. 129.

854 BT-Drs. IV/650, S. 129.

855 *Kindhäuser/Hilgendorf*, LPK-StGB, § 15 StGB Rn. 120 ff.; *Frisch*, Vorsatz und Risiko, S. 261 ff.; *Kargl*, Der strafrechtliche Vorsatz, S. 67 f.; *Freund/Rostalski*, StR AT, Rn. 7/56 ff.; *Welzel*, StR AT, S. 68 ff.

856 Siehe zu den notwendigen Einschränkungen des sicheren Wissens (auf Anwendungsebene): Fußnote 884.

857 RGSt 5, 314 (317); BGH, NStZ-RR 2016, 174 (175); LK – *Vogel/Bülte*, § 15 StGB Rn. 92; Lackner/Kühl – *Kühl*, § 15 StGB Rn. 21; *Fischer*, § 15 StGB Rn. 9; *Roxin/Greco*, AT 1, Rn. 12/18 ff.

Wissen geht der Handelnde hingegen von einer (Rest-) Wahrscheinlichkeit des Ausbleibens des Erfolgs aus, sodass sein Verhalten subjektiv nicht zwingend mit dem im Raum stehenden Erfolg verknüpft ist. Dann kann der Mensch den Erfolg herbeiführen wollen oder stattdessen einen Willen zur Erfolgsvermeidung auf den Unsicherheitsfaktor gründen, selbst wenn das eine oder andere aus Wahrscheinlichkeitsgesichtspunkten tatsächlich unvernünftig erscheint. Dafür lassen sich genug alltägliche Beispiele aus den Bereichen Kapitalmarkt, Sport, Glücksspiel, Gesundheit, Beziehungen finden. Folglich ist das Willenselement grundsätzlich vom Wissen unabhängig, sodass ihm eine eigenständige Bedeutung zukommt.[858]

Das ergibt sich ebenfalls aus dem dolus directus 1. Grades als absichtliche Erfolgsherbeiführung, bei dem es dem Täter mit seiner Handlung gerade auf die Tatbestandsverwirklichung ankommt. Kaum jemand bestreitet diese Form des Vorsatzes. Da allerdings das Wissen von dem Erfolg in dieser Konstellation beim Täter auch nur schwach ausgeprägt sein kann (z. B. wenn er bloß die hinreichend konkrete Möglichkeit erkennt), können die Gegner eines voluntativen Vorsatzelements einen solchen Vorsatz allein mit dem Wissen nicht adäquat erklären.[859]

Das Problem der rein kognitiven Ansätze ist des Weiteren, dass sie nicht zwischen Vorsatz hinsichtlich einer (nur) konkreten Gefährdung und eines (weitergehenden) Schädigungserfolgs differenzieren können. Das positive Recht verlangt aber eine Differenzierung zwischen (konkretem) Gefährdungs- und Verletzungsvorsatz, denn das Gesetz unterscheidet an zahlreichen Stellen zwischen beidem, was sich regelmäßig in der Straffolge auswirkt. So macht es gesetzessystematisch, unrechtsquantitativ und auch psychologisch einen Unterschied, ob der Handelnde bei entsprechendem Wissen fremde Rechtsgüter nur konkret gefährden will und auf das (zufällige) Ausbleiben einer Verletzung vertraut oder aber von vornherein die Rechtsgutsverletzung herbeiführen will.[860]

Weiß der Täter um die konkrete Gefährdung, geht er damit (ex ante) unweigerlich auch von der Möglichkeit eines Verletzungserfolgs aus, weil er das

858 Stützend: *Roxin/Greco*, AT 1, Rn. 12/42; *Wessels/Beulke/Satzger*, StR AT, Rn. 315 u. 333 ff.; *Heinrich*, StR AT, Rn. 299 f.

859 Stützend: BGHSt 16, 1 (3 ff.); MüKo-StGB – *Joecks/Kulhanek*, § 16 Rn. 63; *Fischer*, § 15 StGB Rn. 8; *Frisch*, Vorsatz und Risiko, S. 21; B/W/M/E (AT) – *Eisele*, Rn. 11/25; *Heinrich*, StR AT, Rn. 281 ff. u. 300; *Freund/Rostalski*, StR AT, Rn. 7/66; *Kühl*, StR AT, Rn. 5/33 ff.

860 Siehe dazu bereits: D.II.1.b)aa)(4)(a) [S. 218].

Geschehen nicht beherrscht und der Ausgang dieses Beinaheunfalls nur vom Zufall abhängt. Ex ante liegt die Wahrscheinlichkeit des Verletzungserfolgs zwar mathematisch gesehen unter der Wahrscheinlichkeit des Beinaheunfalls als konkrete Gefährdung, doch ist sie keinesfalls null, denn ansonsten wäre schon eine Gefährdung ausgeschlossen. So geht das Wissen von einer konkreten Gefahr mit dem Wissen von einer entsprechenden Verletzung einher, was bei den rein kognitiven Theorien grundsätzlich zur Bejahung des Verletzungsvorsatzes führen würde. Anderes gilt bei der Ergänzung des Willenselements. Denn selbst wenn die Situation für den Täter aufgrund der Zufallsabhängigkeit des Erfolgseintritts objektiv nicht mehr ausreichend beherrschbar ist, kann er dennoch wegen der für das Ausbleiben des Verletzungserfolgs bestehenden (Rest-) Wahrscheinlichkeit (s)einen Erfolgsvermeidungswillen auf die verbleibenden möglichen Erfolgsverhinderungsfaktoren stützen – ähnlich wie es bereits beim dolus directus 2. Grades beschrieben wurde. So ermöglicht ein voluntatives Vorsatzelement die notwendige Abgrenzung zwischen konkretem Gefährdungs- und Verletzungsvorsatz.[861]

Man könnte nun einwenden, dass je nach Ausgestaltung der Wissenskomponente auch allein damit eine solche Abgrenzung möglich wäre. Wenn das Wissenselement etwa die Vorstellung eines wahrscheinlichen Erfolgseintritts voraussetzt, dann mag der Täter zwar von einer solchen Wahrscheinlichkeit bzgl. der konkreten Gefährdung ausgehen, kann aber den möglichen weitergehenden Verletzungserfolg als weniger wahrscheinlich einstufen. Damit besäße der Täter das für den Vorsatz geforderte Wissen hinsichtlich der konkreten Gefährdung, nicht aber bzgl. des Verletzungserfolgs, sodass eine Differenzierung möglich wäre. Dem wird von vielen Vertretern des voluntativen Vorsatzelements entgegengehalten, dass es schwierig sei, eine für den Eventualvorsatz angemessene Wissensschwelle gegenüber der bewussten Fahrlässigkeit zu finden. So müsste ein bestimmter Grad der Erfolgswahrscheinlichkeiten für das Wissen beziffert werden und diese in konkreten Fällen auch festgestellt werden können.[862]

---

861 Stützend: BGHSt 22, 67 (73 ff.); Schönke/Schröder – *Sternberg-Lieben/Schuster*, § 15 StGB Rn. 98a; Matt/Renzikowski – *Gaede*, § 15 StGB Rn. 22; *Roxin*, in: FS Rudolphi, 243 (255); *Wessels/Beulke/Satzger*, StR AT, Rn. 315 u. 334; *Hoffmann-Holland*, StR AT, Rn. 166; *Brammsen*, JZ 1989, 71 (76 ff.).

862 Stützend: BGHSt 18, 271 (272 f.); S/S/W-StGB – *Momsen*, § 15 Rn. 39 u. 47 ff.; Schönke/Schröder – *Sternberg-Lieben/Schuster*, § 15 StGB Rn. 74 ff.; LK – *Vogel/Bülte*, § 15 StGB Rn. 120 u. 126 ff.; *Roxin/Greco*, AT 1, Rn. 12/46 ff.; *Frisch*, Vorsatz und Risiko, S. 20 f.; *Wessels/Beulke/Satzger*, StR AT, Rn. 333 ff.

Richtig daran ist, dass der Mensch Überlegungen zur Wahrscheinlichkeit – oder ähnlichen Wissenskriterien – zumeist nur grob anstellt[863] und teilweise nicht einmal über die binäre Annahme des möglichen Erfolgs (ja oder nein) hinauskommt. In der Tat dürfte daneben die Feststellung des quantifizierten Wissenskriteriums im konkreten Fall schwerfallen. Allerdings betrifft dieses Gegenargument das Feststellungsproblem des Vorsatzes und ist deshalb hier für die Begriffsbestimmung nicht tragfähig.

Geht man mit dem herrschenden Verständnis zu Recht davon aus, dass sich Vorsatz und Fahrlässigkeit allgemein durch das jeweils verkörperte Unrecht und die zugrundeliegende Schuld unterscheiden, muss auch der Vorsatzbegriff diese Differenzen abbilden. In diesem Zusammenhang stellt der schwerwiegendere Vorsatz eine bewusste Entscheidung gegen das geschützte Rechtsgut dar, wogegen Fahrlässigkeit die fehlende Ernstnahme des Rechtsguts durch einen insofern nicht zielgerichteten Sorgfaltsfehler beschreibt. In erster Linie geht es also um die subjektive Zielrichtung[864], die der Handelnde seinem Verhalten als Art innere Stellungnahme gibt.[865]

Wenn der Handelnde von dem Erfolg im Sinne der strengeren Wissensanforderungen weiß, gleichzeitig aber von einer Restwahrscheinlichkeit des Ausbleibens des Erfolgs ausgeht, kann er darauf trotzdem einen Willen der Erfolgsvermeidung stützen. Dann geht der Handelnde nur ein – wenn auch bewusstes – Erfolgsrisiko ein, handelt dabei aber nicht zielgerichtet gegen das Rechtsgut, weil es trotz einer etwaigen Gefährdung ja nicht geschädigt werden soll. Ließe man im Rahmen des Erfolgsdelikts allein das Wissen des Handelnden für seinen Vorsatz genügen, würde ihm eine positive Stellungnahme gegenüber einer Rechtsgutsverletzung unterstellt. Allein beim Wissen der Tatbestandsverwirklichung folgt – abgesehen von Fällen des dolus directus 2.

---

863 Stützend: BGHSt 18, 271 (272 f.); S/S/W-StGB – *Momsen*, § 15 Rn. 39 u. 47 ff.; Schönke/Schröder – *Sternberg-Lieben/Schuster*, § 15 StGB Rn. 74 ff.; LK – *Vogel/Bülte*, § 15 StGB Rn. 120 u. 126 ff.; *Roxin/Greco*, AT 1, Rn. 12/46 ff.; *Frisch*, Vorsatz und Risiko, S. 20 f.; *Wessels/Beulke/Satzger*, StR AT, Rn. 333 ff.

864 In direkter Anlehnung an *Schewe*, Reflexbewegung – Handlung – Vorsatz, S. 90 ff. und weiter stützend *Bung*, Wissen und Wollen, S. 151 ff. u. 207 ff.; *Platzgummer*, Die Bewußtseinsform, S. 58; *Maurach/Zipf*, StR AT 1, Rn. 22/1.

865 Stützend: BGHSt 32, 48 (56 f.); BGHSt 32, 262 (264); S/S/W-StGB – *Momsen*, § 15 StGB Rn. 59; MüKo-StGB – *Duttge*, § 15 Rn. 102; HdS – *Beck*, § 36 Rn. 18 ff.; *Hassemer*, in: GS Kaufmann, 289 (294 ff.); *Frisch*, Vorsatz und Risiko, S. 482; Maurach/Gössel/Zipf (AT 2) – *Gössel*, Rn. 42/32 f.; *Roxin/Greco*, AT 1, Rn. 12/6 ff.; *Murmann*, Grundkurs StR, Rn. 30/4; *Sternberg-Lieben/Sternberg-Lieben*, JuS 2012, 976 (976).

Grades – aus dem Verhalten nicht zwingend eine subjektive Zielrichtung gegen das Rechtsgut. Nur wenn zusätzlich zum Wissen auch der Wille des Handelnden berücksichtigt wird, kann bei dem Verhalten von einer bewussten Entscheidung gegen das Rechtsgut in Abgrenzung zur nur fehlenden Ernstnahme desselben gesprochen werden.[866]
Der Vorsatzbegriff setzt damit insgesamt sowohl ein kognitives Wissens- als auch ein voluntatives Willenselement voraus. Denn nur mit der wissensergänzenden Vorsatzkomponente kann eine Abgrenzung zwischen Eventualvorsatz und bewusster Fahrlässigkeit erreicht sowie gleichzeitig der Spagat zwischen einerseits unrechtsangemessen engen und andererseits nicht leerlaufenden Vorsatzanforderungen erreicht werden.

Damit ist aber noch wenig darüber gesagt, welche inhaltlichen Mindestanforderungen an das Willenselement des (Eventual-) Vorsatzes zu stellen sind. Zwar sind sich die Anhänger des voluntativen Vorsatzelements über die Anforderung des Wissenselements – als Erkennen der Möglichkeit der Tatbestandsverwirklichung – einig, nicht aber über die des Willenselements.[867] Hauptströmungen der teilweise noch weiter verzweigten Ansätze sind die sog. Gleichgültigkeits-, Ernstnahme- und Einwilligungs-/Billigungstheorie. Nach der Gleichgültigkeitstheorie muss der Vorsatztäter die Tatbestandsverwirklichung aus Gleichgültigkeit gegenüber dem geschützten Rechtsgut in Kauf nehmen.[868] Die Ernstnahmetheorie verlangt, dass der Täter die Gefahr des Tatbestandserfolgs ernst nimmt und sich mit ihr abfindet.[869] Die Einwilligungs-/

---

866 Stützend: Schönke/Schröder – *Sternberg-Lieben/Schuster*, § 15 StGB Rn. 80; MüKo-StGB – *Joecks/Kulhanek*, § 16 Rn. 11 u. 13; Matt/Renzikowski – *Gaede*, § 15 StGB Rn. 22; *Roxin/Greco*, AT 1, Rn. 12/23; Maurach/Gössel/Zipf (AT 2) – *Gössel*, Rn. 42/32 f.; *Wessels/Beulke/Satzger*, StR AT, Rn. 333 ff.; *Rönnau*, JuS 2010, 675 (676); *Schweiger*, HRRS 2018, 407 (411); *Nicolai*, JA 2019, 31 (33 ff.).

867 BGHSt 7, 363 (368 f.); BGHSt 36, 1 (9 f.); BGH, 4 StR 158/17, Urteil vom 01.03.2018, Rn. 13 – im Internet abrufbar: www.bundesgerichtshof.de (Stand: 24.02.2020); Schönke/Schröder – *Sternberg-Lieben/Schuster*, § 15 StGB Rn. 84; *Fischer*, § 15 StGB Rn. 11; B/W/M/E (AT) – *Eisele*, Rn. 11/25; *Heinrich*, StR AT, Rn. 295 ff.; *Wessels/Beulke/Satzger*, StR AT, Rn. 333 ff.

868 Schönke/Schröder – *Sternberg-Lieben/Schuster*, § 15 StGB Rn. 84; *Engisch*, Untersuchung über Vorsatz und Fahrlässigkeit, S. 188 ff.; *Gallas*, ZStW 67 [1955], 1 (43); *Schroth*, JR 2003, 250 (252).

869 *Stratenwerth/Kuhlen*, StR AT, Rn. 8/117; *Jescheck/Weigend*, StR AT, S. 299 f.; *Kühl*, StR AT, Rn. 5/85; *Rengier*, StR AT, Rn. 14/26 u. 14/30; *Wessels/Beulke/Satzger*, StR AT, Rn. 337 ff.; *Köhler*, JZ 1981, 35 (36 f.); *Edlbauer*, JA 2008, 725 (725).

Billigungstheorie erfordert zumindest ein billigendes In-Kauf-Nehmen durch den Vorsatztäter, was ein Billigen im Rechtssinne meint und trotz Unerwünschtheit der Tatbestandserfüllung auch bei Gleichgültigkeit bzw. beim Sich-Abfinden gegeben ist.[870]

Es kommt nicht von ungefähr, dass sich die Begrifflichkeiten ähneln und die Theorien auch inhaltlich dicht beieinander liegen. Häufig wird sogar übergreifend auf ein ernsthaftes Vertrauen, nicht nur Hoffen des Täters auf das Ausbleiben des Erfolgs abgestellt, das die bewusste Fahrlässigkeit als negative Vorsatzbegrenzung auszeichne.[871] Insofern kann man durchaus von einer grundsätzlichen Einigung in der Sache ausgehen, die inhaltlich lediglich unterschiedliche Nuancen aufweist.[872]

Für die Lösung kommt es aber weniger auf terminologische Unterschiede, sondern vielmehr auf die dahinterstehenden Inhalte an. Da sich eine eventualvorsätzliche Tat nur durch den Täterwillen von einer bewusst fahrlässigen Tat unterscheidet, müssen die Mindestanforderungen des Willenselements die erhöhte Strafdrohung der Vorsatztaten legitimieren können. Ausgangspunkt für die Willensbestimmung ist auch hier, dass der Vorsatz eine bewusste Entscheidung gegen das geschützte Rechtsgut darstellt. Der Wille muss also so beschaffen sein, dass er gemeinsam mit dem Wissen eine solche subjektive Zielrichtung des Verhaltens vorgibt. Wie auch sonst meint dies keine rein emotionale Einstellung des Handelnden zum Taterfolg.[873] Wenig zweifelhaft

870 RGSt 33, 4 (5 f.); BGHSt 7, 363 (368 f.); BGHSt 36, 1 (9 f.); BGHSt 57, 183 (186); BGHSt 62, 223 (239); BGH, NStZ 2008, 451 (451); BGH, NStZ-RR 2016, 79 (80); LK – *Vogel/Bülte*, § 15 StGB Rn. 128; MüKo-StGB – *Joecks/Kulhanek*, § 16 Rn. 63 f.; B/W/M/E (AT) – *Eisele*, Rn. 11/26; *Heinrich*, StR AT, Rn. 285.

871 BGH, NStZ 2008, 93 (93); BGH, NStZ 2008, 451 (451); BGH, NStZ 2011, 699 (701); BGH, NStZ-RR 2016, 79 (80); *Fischer*, § 15 StGB Rn. 12 ff.; MüKo-StGB – *Joecks/Kulhanek*, § 16 Rn. 65; LK – *Vogel/Bülte*, § 15 StGB Rn. 287 f.; *Frisch*, Vorsatz und Risiko, S. 297 ff. u. 482 f.; *Roxin/Greco*, AT 1, Rn. 12/23 ff.; *Wessels/Beulke/Satzger*, StR AT, Rn. 315 u. 333 ff.; *Heinrich*, StR AT, Rn. 297; *Kühl*, StR AT, Rn. 5/85.

872 Stützend: *Freund/Rostalski*, StR AT, Rn. 7/54; *Roxin/Greco*, AT 1, Rn. 12/27 ff. u. 12/72 f.; *Frisch*, in: GS Meyer, 533 (539 f.); *Prittwitz*, in: FS Singer, 525 (534); *Küpper*, ZStW 100 [1988], 758 (766); *Rönnau*, JuS 2010, 675 (677).

873 - Stützend: LK – *Weigend*, § 13 StGB Rn. 73; Matt/Renzikowski – *Gaede*, § 15 StGB Rn. 18; *Freund/Rostalski*, StR AT, Rn. 7/57 f.; *Kühl*, StR AT, Rn. 5/54 ff.; *Kubiciel/Hoven*, NStZ 2017, 439 (441); *Geppert*, Jura 2001, 55 (57 f.).
- Demnach ist für den Willen (im Rechtssinne) z. B. folgende Abgrenzung unbedeutend: „So ist es gut.“, „Das hat er verdient.“ gegenüber „Das tut mir leid.“, „Es wäre mir lieber, wenn es nicht passiert.“

entscheidet sich der Täter bewusst gegen das Rechtsgut, wenn er den Erfolgseintritt beabsichtigt, also sein Wille final darauf gerichtet ist (dolus directus 1. Grades). Doch auch wenn er mit dem Erfolg lediglich einverstanden ist bzw. sich damit abfindet und trotzdem handelt, räumt er seinen Zielen eine höhere Bedeutung ein als dem zu verletzenden Rechtsgut. Das ist selbst dann der Fall, wenn der Erfolgseintritt dem Täter an sich unerwünscht ist und er es trotzdem hinnimmt, dass der Erfolg beim Erreichen seines übergeordneten Ziels eintreten kann. Nicht selten ist dem Täter die Tatbestandsverwirklichung gleichgültig, gerade wenn es um mögliche Nebenfolgen seiner Tatbegehung geht. Er heißt die Erfolgsherbeiführung dann weder gut noch schlecht und ist weder mit ihr einverstanden, noch findet er sich damit ab; sie ist ihm schlicht egal. Indem der Täter in all diesen Fällen trotzdem handelt, ordnet er das geschützte Rechtsgut den eigenen Handlungszielen unter, womit die subjektive Zielrichtung seines Verhaltens gegen das Rechtsgut gerichtet ist. Folglich entscheidet sich der Handelnde mit einem solchen Willen bewusst gegen das geschützte Rechtsgut und handelt damit vorsätzlich.[874]

Das ernsthafte Vertrauen auf das Ausbleiben des Erfolgseintritts als negative Voraussetzung für das voluntative Vorsatzelement bildet nach üblicher Betrachtung das Abgrenzungsmerkmal zum Eventualvorsatz von der bewussten Fahrlässigkeit her. Tatsächlich ist dieses Merkmal aber wenig hilfreich, weil es nur die verbleibenden Fahrlässigkeitsfälle erfasst, die schon mithilfe des Willenselements vom Vorsatz ausgeschieden werden. Denn neben dem Einverstanden-Sein und Sich-Abfinden mit der Tatbestandsverwirklichung sowie der Gleichgültigkeit ihr gegenüber sind keine schwächeren Willensausprägungen denkbar, mit denen sich der Täter bewusst gegen das verletzte Rechtsgut entscheidet. Taten mit solch schwächeren Willensausprägungen können folglich allenfalls bewusst fahrlässig sein, was insofern von einem Vertrauen auf das Ausbleiben der Tatbestandsverwirklichung unabhängig ist. Ohnehin steht auch die etablierte Unterscheidung zwischen ernsthaftem Vertrauen (als Vorsatzausschluss) und nur vagem Hoffen (als Vorsatzbestätigung) auf einem wackeligen Fundament. Denn es lässt sich grundsätzlich bezweifeln, dass man zuverlässig zwischen (nur) Hoffen und (schon) Vertrauen differenzieren kann.[875] Da das

---

874 Stützend: Matt/Renzikowski – *Gaede*, § 15 StGB Rn. 22; Schönke/Schröder – *Sternberg-Lieben/Schuster*, § 15 StGB Rn. 84; *Roxin/Greco*, AT 1, Rn. 12/22 ff.; *Stratenwerth/Kuhlen*, StR AT, Rn. 8/100 ff.; *Kühl*, StR AT, Rn. 5/11 f. u. 5/72 ff.; *Schroth*, JuS 1992, 1 (7).

875 - So weist der Duden beide Begriffe jeweils gegenseitig als alternative Wortbedeutung aus (*Duden*, „hoffen“; *Duden*, „vertrauen“).
- Stützend: *Toepel*, in: FS Paeffgen, 177 (179 f.); *Frisch*, NStZ 1991, 23 (24).

voluntative Vorsatzelement aber allein positiv bestimmt werden kann, muss man sich gar nicht erst auf dieses unsichere Terrain begeben. Auf das Kriterium des ernsthaften Vertrauens gegenüber dem bloßen Hoffen auf das Ausbleiben der Tatbestandsverwirklichung als negative Vorsatzvoraussetzung kann damit verzichtet werden.
Somit hat jede der Theorien zum voluntativen Vorsatzelement einen richtigen Kern, ist aber nicht allgemeingültig. Für seine Definition lässt sich das Willenselement des Eventualvorsatzes am besten mit „in Kauf nehmen" beschreiben. Wer sich mit der Tatbestandsverwirklichung abfindet, was ein weitergehendes Einverständnis impliziert, oder ihr gleichgültig gegenüber steht, nimmt sie schon dem allgemeinen Sprachgebrauch nach in Kauf und wendet sich daneben bewusst gegen das Rechtsgut. Unabhängig von einer emotionalen Einstellung zum Taterfolg liegt damit das voluntative Vorsatzelement als willensgetragene Zielrichtung des Handelns im In-Kauf-Nehmen der Tatbestandsverwirklichung.

Zusammengefasst ergibt sich folgender, materiell-rechtlicher Begriff des Vorsatzes: Vorsatz ist der Wille zur Verwirklichung eines Straftatbestands im Wissen seiner objektiven Tatumstände. Bei seiner schwächsten Form des Eventualvorsatzes erfordert dies mindestens, dass die hinreichend konkrete Möglichkeit der Tatbestandsverwirklichung mit den relevanten Tatumständen erkannt (= Wissenselement) und sie in Kauf genommen wird (= Willenselement).
Auch die – vermeintlich besonderen – Raserfälle müssen entsprechend eingeordnet und der individuelle Vorsatz eines Rasers muss an diesem Vorsatzbegriff gemessen werden. Auf den Punkt gebracht handelten die Berliner Raser demnach mit Tötungsvorsatz, wenn sie die hinreichend konkrete Möglichkeit eines tödlichen Unfalls mit den relevanten Tatumständen erkannten und den Tod des Opfers bewusst in Kauf nahmen.

(bb) Das Wissen

Doch wann erfasst der Täter die hinreichend konkrete Möglichkeit einer Tatbestandsverwirklichung in tatsächlicher Hinsicht, sprich, welche psychischen Vorgänge sind für das Wissenselement des Vorsatzes erforderlich? Noch allgemeiner geht es damit um die Frage, wann der Mensch überhaupt etwas weiß. Schon der Versuch, Wissen ganz allgemein zu bestimmen, fällt schwer. Man könnte Wissen abstrakt als Gesamtheit aller dem Menschen in seiner Psyche verfügbaren und verarbeiteten Informationen begreifen. Informationen, die nicht verarbeitet bzw. verfügbar sind, sind dagegen unbekannt und können als Nicht-Wissen betitelt werden. Bei den verfügbar verarbeiteten Informationen lässt sich zwischen bewussten und unbewussten Informationen unterscheiden. Bewusst sind solche, auf die das aktive Bewusstsein gerade gerichtet ist, also woran man in diesem Moment gerade denkt.[876] Unbewusst sind demgegenüber Informationen, auf die das aktive Bewusstsein in diesem Moment nicht gerichtet ist, obwohl sie gleichwohl abgerufen werden und so ins aktive Bewusstsein gelangen können, wenn die Aufmerksamkeit darauf gerichtet wird.[877] Die unbewussten Informationen können unmittelbar oder nur mittelbar verfügbar sein. Unmittelbar verfügbar meint, dass die Informationen in dem Moment im aktiven Bewusstsein abrufbar sind, in dem die Aufmerksamkeit darauf gerichtet wird; es muss also nicht erst danach gesucht werden.[878] Anders ist es bei den nur mittelbar verfügbaren Informationen, d. h., es muss erst ein mal mehr mal weniger aufwendiger und Zeit beanspruchender Gedankenprozess durchlaufen

---

876 Z. B.:
- Wer in diesem Moment ein Kartenhaus baut, denkt u. a. daran, wie das Haus am Ende aussehen, wie er die Karten genau platzieren und dass er dabei vorsichtig vorgehen muss.
- Wer in diesem Moment ein (juristisches) Problem zu lösen versucht, denkt u. a. daran, worin die Problemlage besteht, welche Lösungsansätze dafür möglich wären und was am Ende unter Berücksichtigung der Folgen am meisten überzeugen kann.

877 Z. B.:
- Wer gerade sein Handy benutzt, denkt in der Regel nicht darüber nach, um welches Handymodell es sich handelt. Wird er aber danach gefragt, könnte er das (sofort) sagen.
- Einem Berufspiloten, der gerade mit seinem Auto zum Flughafen fährt und dabei über seinen nächsten Urlaub nachdenkt, ist zu diesem Zeitpunkt trotzdem bekannt, wie man ein Flugzeug fliegt.
- Wer gerade über die Wiedervereinigung Deutschlands mit dem Mauerfall nachdenkt und wie es zu diesem schier unglaublichen Lauf der Geschichte kommen konnte, der macht sich dabei sicherlich keine Gedanken um die genauen Daten dieser Ereignisse. Trotzdem sind ihm diese bei solider Allgemeinbildung bekannt.

878 Z. B.:
- Jeder Mensch kennt sich selbst. D. h., er kann auf eine Frage nach Namen, Geburtstag, Wohnsitz, Beruf usw. direkt antworten, obwohl er sich zuvor darüber keine Gedanken gemacht hat.
- Wem ein Foto von Familiemitgliedern oder Freunden vorgelegt wird, kann sofort sagen, um wen es sich dabei handelt.

werden, um an die gesuchte Information zu gelangen.[879] Gerade die unbewusst unmittelbaren Informationen sind für den Alltag des Menschen entscheidend, weil sie eine zielgerichtete Verhaltenssteuerung ermöglichen, ohne die Gehirnkapazitäten zu sehr zu beanspruchen. Das beginnt schon bei grundlegenden menschlichen Verhaltensweisen wie dem Gehen, bei dem der Mensch schlicht aus Erfahrung weiß, wie man geht, ohne aktiv darüber nachdenken zu müssen, wann, wie und welcher Fuß vor den anderen zu setzen ist. Gleiches gilt für die Einordnung der Umgebung des Menschen, der, wenn er einen Baum sieht, ohne aktive Reflexion weiß, dass das ein Baum ist. Je nach Grad der Erfahrung können selbst hochkomplexe Informationen in dieser Weise verfügbar sein.[880] Da die unbewusst unmittelbaren Informationen nicht im aktiven Bewusstsein vorhanden sind, aber dort zu jeder Zeit direkt abgerufen werden können, bilden

879 Z. B.:
- Für seine Prüfung hat der Student sehr viel Stoff gelernt. Einige Fragen kann er in der Prüfung aber erst beantworten, nachdem er die dazugehörigen Inhalte nochmals vor dem geistigen Auge durchgegangen ist.
- Ein Zeuge einer Schlägerei wird im Prozess einige Zeit später vernommen. Erst nach intensivem Nachdenken kann der Zeuge den genauen Geschehensablauf schildern.
- Fragt man Vielreisende danach, in welchen Ländern sie schon überall waren, werden sie diese erst nach und nach mit gehörigen Überlegungen aufzählen können.

880 Weitere umfassende Beispiele für unbewusst unmittelbare Informationen:
- Allein durch die visuelle Wahrnehmung einer anderen bekannten Person und die darausfolgenden Reize weiß der Menschen ohne aktive Reflexion, wer da vor ihm steht und wie seine eigene Beziehung zu dieser Person ist.
- Die meisten Gegenstände der Umwelt sind dem Menschen bekannt, sodass ihm durch die schlichte sinnliche Wahrnehmung und den darausfolgenden Reizen klar ist, dass es sich bei dem Objekt um bspw. ein Buch, einen Stuhl, ein Auto, einen Hund handelt und welche Bedeutung dies hat (bspw. Informationsgewinnung durch Lesen, Möbelstück zum Sitzen, Fahrzeug zur schnellen Fortbewegung, bellendes Tier).
- Ohne sein Bewusstsein aktiv darauf richten zu müssen, weiß der Mensch, dass und wie er einen Lichtschalter betätigen muss, wenn er einen dunklen Raum betritt.
- Hat sich der Mensch komplexe Aufgaben nachhaltig angeeignet, kann er selbst solche Handlungsanforderungen anhand der unbewusst unmittelbaren Informationen erfolgreich absolvieren und sein aktives Bewusstsein auf andere Dinge richten. So kann ein Autofahrer während der Fahrzeugsteuerung in der Stadt eine politische Diskussion mit den anderen Insassen führen und zugleich noch der vom Navigationsgerät vorgegebenen Route folgen.

sie so gewisserweise den Grenzbereich zwischen un- und bewussten Informationen. Sie können sozusagen als mitbewusst spezifiziert werden, weil sie für das aktuelle menschliche Verhalten fundamentale Bedeutung haben und sich das aktive Bewusstsein insofern mit auf sie bezieht. Insgesamt lassen sich folglich drei Ebenen des Wissens – als Gesamtheit aller dem Menschen in seiner Psyche verfügbaren verarbeiteten Informationen – ausmachen: das bewusste, das mitbewusste und das unbewusste Wissen.[881]

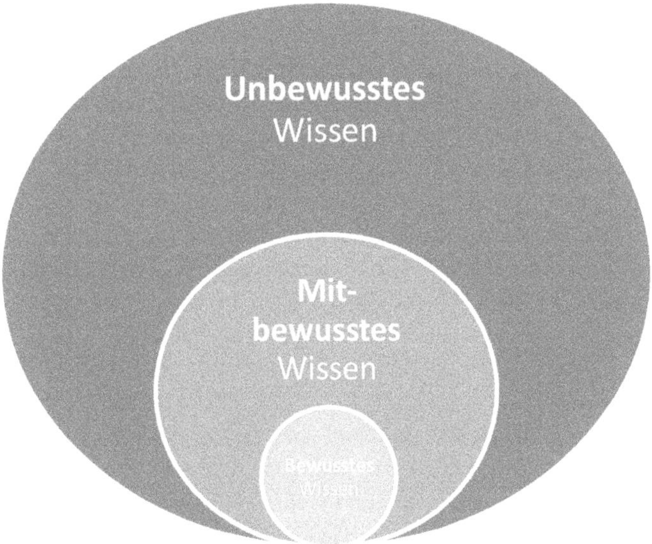

Nun stellt sich die Frage, welche dieser Wissensformen für das Wissenselement des Vorsatzes im rechtlichen Sinne ausreichend bzw. notwendig sind. Unbestreitbar sind von vornherein zwei Grundsätze: Erstens kann ein Nicht-Wissen als Fehlen verfügbarer und verarbeiteter Informationen auch rechtlich niemals als subjektives Wissen eingestuft werden, weil die Person keinen Zugang zu diesen Informationen hat und ansonsten jeder alles wüsste. Zweitens muss das bewusste Wissen der rechtlichen Wissensanforderung des Vorsatzes genügen,

881 Stützend: *Rohracher*, Einführung in die Psychologie, S. 329 ff. u. 397; *Gerrig/Dörfler/Roos*, Psychologie, S. 180 ff. u. 254 ff.; *Becker-Carus/Wendt*, Allgemeine Psychologie, S. 229 f.; *Platzgummer*, Die Bewußtseinsform, S. 81 ff.; *Schewe*; Bewußtsein und Vorsatz, S. 108 ff.; *Schlehofer*, Vorsatz und Tatabweichung, S. 20 f. u. 149 ff.

weil es die stärkste und aktuellste Wissensform darstellt sowie ansonsten niemand irgendetwas wüsste. Folglich geht es nur noch darum, das mitbewusste und unbewusste Wissen im Sinne des rechtlichen Vorsatzes einzustufen.[882] Entscheidend dafür ist, inwiefern sich diese Wissenformen handlungsbeeinflussend auswirken. Geht man davon aus, dass der Mensch sein Verhalten grundsätzlich nach seinem freien Willen steuert, beruhen seine Handlungsentscheidungen immer auf einer Wissensgrundlage. Gleichgültig ob der Mensch die Verhaltensentscheidung bedacht abwägend oder unbedacht spontan trifft, spielt das dazugehörige Wissen immer eine Rolle, weil nur so der notwendige Entscheidungskontext überhaupt hergestellt wird. Das Wissen kann dabei unterschiedlich stark ausgeprägt und auch fehlerhaft sein, wobei ebenso die Erkenntnis, etwas nicht zu wissen, insofern Wissen über dieses Nicht-Wissen darstellt. Das mitbewusste Wissen ist zwar nicht im aktuellen Bewusstsein präsent, liefert aber trotzdem unbewusst unmittelbar einen Großteil an wichtigen Informationen – vor allem zur aktuellen Situation –, die bei der Handlungsentscheidung eine bedeutende Rolle spielen. Deshalb ist das mitbewusste Wissen einerseits zu einem hohen Grad handlungsbeeinflussend. Andererseits kann das Recht für den Vorwurf des Vorsatzes als bewusste Tatbestandsverwirklichung bei den mitunter sehr komplexen Sachverhalten nicht erwarten, dass jeder Mensch immer bewusst über alle relevanten Aspekte reflektiert, bevor er eine Handlungsentscheidung trifft. Denn dies ist ihm in der Realität schlicht nicht möglich. Im Gegensatz zum mit-/bewussten Wissen ist das unbewusste Wissen allerdings nur mittelbar verfügbar. Wenn aber zum Abruf solcher Informationen erst ein aufwendigerer Gedankenprozess durchlaufen werden muss – was in der konkreten Situation ja nicht geschieht, weil diese Informationen dann aktuell im aktiven Bewusstsein vorhanden wären –, sind sie bei der Verhaltensentscheidung nicht präsent. Das bedeutet wiederum, dass das unbewusste Wissen keinen Einfluss auf die Verhaltensentscheidung hat, sondern allenfalls als Art potenzielles Wissen ins aktuell aktive Bewusstsein vordringen könnte. Ordnet man diese psychologischen Gegenbenheiten in die Rechtsdogmatik ein, steht dieses Wissen einem Hätte-Wissen-Können (i.S.d. unbewussten Fahrlässigkeit) näher als einer tatsächlichen Kenntnis (i.S.d. Vorsatzes).[883]

---

882 Stützend: NK-StGB – *Puppe*, § 16 Rn. 157 ff.; MüKo-StGB – *Joecks/Kulhanek*, § 16 Rn. 77 f.; *Frisch*, Vorsatz und Risiko, S. 169 ff.; *Schlehofer*, Vorsatz und Tatabweichung, S. 149 ff.; *Wessels/Beulke/Satzger*, StR AT, Rn. 357.

883 Grundsätzlich stützend: *Rohracher*, Einführung in die Psychologie, S. 331 ff.; *Gerrig/Dörfler/Roos*, Psychologie, S. 181 f.; *Platzgummer*, Die Bewußtseinsform, S. 81 ff.; *Schlehofer*, Vorsatz und Tatabweichung, S. 149 ff.; *Schewe*, Bewußtsein und

Folglich sind das bewusste und das mitbewusste Wissen der Tatbestandsvoraussetzungen als Umstände für das Wissenselement des Vorsatzes im rechtlichen Sinne notwendig bzw. ausreichend, weil nur sie die handlungsbeeinflussende Wissensgrundlage des frei gewollten menschlichen Verhaltens bilden. Dies entspricht auch dem herrschenden Verständnis im Recht, wobei das mitbewusste Wissen dort als (sachgedankliches) Mitbewusstsein bezeichnet wird. Klar ist allgemein, dass zum Handlungszeitpunkt ein Wissen im eigentlichen Sinne nur hinsichtlich gegenwärtiger und vergangener, nicht jedoch zukünftiger Ereignisse möglich ist. Obwohl die Zukunft – hier namentlich der Kausalverlauf und Erfolgseintritt – für den Menschen objektiv nicht sicher ist, kann er dennoch eine subjektive Prognose abgeben, was entsprechendes Wissen im Rechtssinne darstellt. Insgesamt erfordert das Wissenselement des Vorsatzes also, dass sich der Handelnde aller Tatbestandsvoraussetzungen als Umstände bewusst oder zumindest mitbewusst ist.[884]

Für die Raser vom Berliner Kurfürstendamm folgt aus alledem, dass Tötungsvorsatz für sie überhaupt nur dann in Betracht kommt, wenn sie von der hinreichend konkreten Möglichkeit der Tötung eines anderen Menschen durch ihre rasante Fahrt wussten. Dafür müssten sie sowohl ihre eigene Fahrt mit weit überhöhter Geschwindigkeit in der belebten Innenstadt von Berlin als auch das Zu- und Überfahren der nicht einsehbaren Unfallkreuzung (bei Rotlicht) wahrgenommen sowie als unbewusst unmittelbare Informationen verarbeitet haben. Auf dieser Grundlage müssten sie – ebenfalls zumindest mitbewusst – erkannt haben, dass ein anderer Verkehrsteilnehmer in ihren Fahrtweg

Vorsatz, S. 108 ff.; *Roxin/Greco*, AT 1, Rn. 12/122 ff.; *Heinrich*, StR AT, Rn, 269; B/W/M/E (AT) – *Eisele*, Rn. 11/18; *Schmidhäuser*, in: FS Oehler, 135 (143 f.); *Satzger*, Jura 2008, 112 (115); *Sternberg-Lieben/Sternberg-Lieben*, JuS 2012, 976 (979).

884 - BGH, StV 2002, 191 (191); BayObLG, NJW 1977, 1974 (1974); NK-StGB – *Puppe*, § 16 Rn. 160 f.; Schönke/Schröder – *Sternberg-Lieben/Schuster*, § 15 StGB Rn. 51; LK – *Vogel/Bülte*, Vor §§ 15 ff. StGB Rn. 57 f. u. § 15 StGB Rn. 137 ff.; *Fischer*, § 15 StGB Rn. 4; *Kindhäuser/Hilgendorf*, LPK-StGB, § 15 Rn. 16; *Platzgummer*, Die Bewußtseinsform, S. 81 ff.; *Roxin/Greco*, AT 1, Rn. 12/123 ff.; *Wessels/Beulke/Satzger*, StR AT, Rn. 357; *Sternberg-Lieben/Sternberg-Lieben*, JuS 2012, 976 (979).
- Ein sicheres Wissen der Zukunft ist genau genommen nicht möglich, weil niemand in die Zukunft sehen kann. Da der Mensch aber subjektiv davon ausgehen kann, dass bestimmte Umstände bzw. Ereignisse – mit an Sicherheit grenzender Wahrscheinlichkeit – gegeben sind bzw. eintreten werden, genügt dieses Wissen für den dolus directes 2. Grades. (Stützend: LK – *Vogel/Bülte*, § 15 StGB Rn. 92; *Roxin/Greco*, AT 1, Rn. 12/20.)

gelangen und es dann zu einem Unfall kommen könnte. Diesen Unfall müssten sie im (sachgedanklichen) Bewusstsein als möglicherweise schwerwiegend und für den Unfallgegner tödlich eingestuft haben.

(cc) Der Wille

Für das Willenselement des Vorsatzes muss der Täter die Tatbestandsverwirklichung zumindest in Kauf nehmen. Doch wann ist sie ihm gleichgültig oder wann findet er sich mit ihr ab, sprich, welche psychischen Vorgänge sind dafür in tatsächlicher Hinsicht erforderlich? Noch allgemeiner geht es damit um die Frage, wann der Mensch überhaupt etwas will.

Die Bestimmung des menschlichen Willens als Grundlage des Willenselements des Vorsatzes fällt noch schwerer als die des Wissens beim Wissenselement. Schon der Begriff des Willens wird in verschiedenen Zusammenhängen unterschiedlich verwendet, womit keine anerkannte Grundlage besteht. Teilweise wird der Wille nicht einmal für die Erklärung menschlichen Verhaltens herangezogen und soweit doch werden in den verschiedenen wissenschaftlichen Disziplinen dazu unüberschaubar viele bzw. komplexe Theorien vertreten. Insofern können hier nur Ausschnitte verschiedener Ansätze herangezogen werden, um mit ihrer Kombination ein schlüssiges Gesamtverständnis des Willens zu erreichen.[885]

An dieser Stelle geht es nicht um den allgemeinen Handlungswillen, der schon die Voraussetzung für eine menschliche Handlung bildet, sondern um den Willen als Zielrichtung des Handelns. Grundsätzlich wird man zwischen dem Willensbildungsprozess und dem Willensergebnis (≠ Handlung) unterscheiden können. Der Willensbildungsprozess beschreibt, wie es überhaupt zu der Entwicklung eines Willens beim Menschen kommt, das Willensergebnis, wie dieser Wille inhaltlich ausfällt und was damit passiert. Rechtlich interessiert der Willensbildungsprozess wenig, sondern es geht beim voluntativen Vorsatzelement nach den bisherigen Erkenntnissen um die Frage, ob der Wille auf die Tatbestandsverwirklichung als bewusste Entscheidung gegen das Rechtsgut gerichtet ist oder nicht. In dem Sinne soll also das Verhältnis zwischen Handlung und Taterfolg im subjektiven Kontext erhellt werden, sodass dieser Wille die subjektive Zielrichtung der ausgeführten Handlung hinsichtlich des Taterfolgs beschreibt. Insofern kommt es auf das Willensergebnis an.[886]

---

885 Siehe zu den verschiedenen Verständnissen des Willens nur: Enzyklopädie der Psychologie – *Goschke*, Bd. C/IV/4 S. 583 ff.

886 Stützend: *Schewe*, Reflexbewegung – Handlung – Vorsatz, S. 90 ff.; *Bung*, Wissen und Wollen, S. 166 ff. NK-StGB – *Puppe*, Vor §§ 13 ff. Rn. 34 u. § 15 Rn. 23;

Ähnlich wie bei den allgemein theoretischen Annahmen beim Wissen können auch Willensergebnisse einem bewussten oder einem unbewussten Teil angehören.[887] Über den bewussten Willen wird aktuell (mehr oder weniger stark) reflektiert und die Entscheidung für oder gegen ein bestimmtes Verhalten auf dieser Grundlage getroffen.[888] Der unbewusste Wille ist demgegenüber (zurzeit) nicht präsent, obwohl er dennoch vorhanden ist und abrufbar zum bewussten Willen wird, wenn die Aufmerksamkeit darauf gerichtet wird.[889] Es könnte noch darüber nachgedacht werden, ob es entsprechend zum mitbewussten Wissen ein mitbewusstes Wollen als unbewusst unmittelbaren Willen gibt. Allerdings wäre fraglich, wo der genaue Unterschied zwischen unbewusst unmittelbaren und unbewusst mittelbaren Wollen tatsächlich liegen sollte. Denn selbst bei einem unbewusst mittelbaren Wollen als Wille, der erst nach einem längeren geistigen Willensbildungsprozess zum bewussten

---

Schönke/Schröder – *Eisele*, Vor §§ 13 ff. StGB Rn. 37 ff.; Schönke/Schröder – *Sternberg-Lieben/Schuster*, § 15 StGB Rn. 61 f.

887 Siehe entsprechend zum Wissen: D.II.1.c)ee)(2)(a)(bb) [S. 302].

888 - Grundsätzlich stützend: *Becker-Carus/Wendt*, Allgemeine Psychologie, S. 228; *Müsseler/Rieger*, Allgemeine Psychologie, S. 258; *Schmalt/Langens*, Motivation, S. 31; Heckhausen/Heckhausen – *Kleinbeck*, S. 285 f.; *Rohracher*, Einführung in die Psychologie, S. 511 f.; Enzyklopädie der Psychologie – *Goschke*, Bd. C/IV/4 S. 610.
- Beispiele:
  - „Was möchten Sie essen? Pizza oder Pasta?" – „Ich nehme beides, bitte."
  - „Ich will jetzt endlich nach Hause und nicht noch länger arbeiten!"
  - „Was machst du da?" – „Ich will die Wasserbombe gegen das große Fenster am Haus werfen, damit sich die Nachbarn erschrecken und endlich leise sind!"

889 - Grundsätzlich stützend: *Rohracher*, Einführung in die Psychologie, S. 517; *Becker-Carus/Wendt*, Allgemeine Psychologie, S. 228; Enzyklopädie der Psychologie – *Heckhausen*, Bd. C/IV/4 S. 821; *Müsseler/Rieger*, Allgemeine Psychologie, S. 256 f., 259 u. 263; Heckhausen/Heckhausen – *Kleinbeck*, S. 291; *Schmalt/Langens*, Motivation, S. 30 f.
- Beispiele:
  - „Ich will abnehmen.", als solches generelles Ziel, das aber im konkreten Moment durch akute Motive, z. B. „Ich habe großen Appetit auf Süßigkeiten.", überlagert werden kann.
  - „Ich sollte heute noch abwaschen.", als allgemeiner Plan, an den aber bei Beschäftigung mit anderen Dingen nicht gedacht wird.
  - „Ich sollte mich beim Autofahren mehr an die Geschwindigkeitsbegrenzung halten, weil das sicherer, umweltschonender und kostengünstiger ist.", als in diesem Moment zwar bewusste Entscheidung für zukünftig spezifisches Verhalten, die dabei aber trotzdem nicht automatisch umgesetzt wird.

Willensergebnis führt, hat sich in dieser Zeitspanne bereits (vorübergehend) ein anderweitiger unbewusster Wille gebildet, der bis zum Willensergebnis unmittelbar existiert.[890] Eine Trennung zwischen mittelbarem und unmittelbarem Wollen ist so nicht möglich, womit es bei der Differenzierung zwischen unbewusstem und bewusstem Willen(sergebnis) bleibt. Ein entsprechendes Wissen bildet dabei die allgemeine Grundvoraussetzung für den Willen,[891] denn was der Mensch kognitiv gar nicht weiß, dazu kann er auch keine Stellung im Sinne des Wollens beziehen.

Auf das voluntative Vorsatzelement bezogen schließt sich daran die Frage an, welche Form des Willensergebnisses die subjektive Zielrichtung der ausgeführten Handlung hinsichtlich des Taterfolgs und damit eine Entscheidung gegen das Rechtsgut darstellt. Entscheidend ist auch hier wieder, inwiefern der jeweilige Wille handlungsleitend ist. Zweifelsfrei gilt dies für den bewussten Willen, weil er die Grundlage als aktuell reflektierte Entscheidung für oder gegen ein bestimmtes Verhalten bildet.[892] Der unbewusste Wille hat demgegenüber keine Präsenz, wird also von einem bewussten überlagert, gleichwohl er ihn bei dessen Bildungsprozess inhaltlich beeinflusst.[893] Doch ließe man den unbewussten

---

890 - Grundsätzlich stützend: *Rohracher*, Einführung in die Psychologie, S. 503 ff.; *Gerrig/Dörfler/Roos*, Psychologie, S. 186.
- Dies kann an folgender Begebenheit veranschaulicht werden:
Eine Person steht vor der Wahl zwischen Option A und Option B (bspw. beim Kauf eines Produkts). Für Option A sprechen diese Gründe, für Option B jene. Trotz Abwägung aller Aspekte kann sich die Person nach eigenem Bekunden nicht für eine der beiden Optionen entscheiden, sie weiß nach eigener Aussage eben (noch) nicht, was sie wolle. Nun wird eine Münze geworfen, wobei Kopf für Option A und Zahl für Option B steht, womit der Person die entsprechende Entscheidung vorgegeben wird. In dem Moment des Ergebnisses des Münzwurfs und damit der vorgegebenen Entscheidung für Option A oder B wird die Person ein spontanes Gefühl verspüren, das entweder in positiver (z. B. Freude) oder negativer Richtung (z. B. Enttäuschung) ausfällt. Obwohl sich die Person selbst noch gar nicht bewusst aktuell entschieden hatte, signalisiert dieses spontane Gefühl, welcher unbewusste Wille bereits trotzdem bestand, indem sie auf das Münzwurfergebnis postiv (sie wollte diese Option auch) oder negativ (sie wollte die andere Option) reagiert.

891 Siehe dazu schon: D.II.1.c)ee)(2)(a)(bb) [S. 302] mit Fußnoten 881 und 883.

892 Siehe schon oben mit stützender Fußnote 888.

893 Grundsätzlich stützend: *Rohracher*, Einführung in die Psychologie, S. 517; Enzyklopädie der Psychologie – *Heckhausen*, Bd. C/IV/4 S. 821 u. 823 ff.; *Müsseler/Rieger*, Allgemeine Psychologie, S. 256 f., 259 u. 263; Heckhausen/Heckhausen – *Kleinbeck*, S. 290 f.; *Gerrig/Dörfler/Roos*, Psychologie, S. 186.

Willen auch für die subjektive Zielrichtung genügen, würde das bedeuten, dass eine einmal getroffene Willensentscheidung so lange – d. h. auch im Moment der Tathandlung – fortbestände, bis sie irgendwann wieder aktuell reflektiert und ggf. verändert würde. Dies käme einer Art generellen Willens gleich, der sich in der Konsequenz auf jede Handlung bezöge, bei der der bewusste Wille nicht davon abweicht, obwohl bei der Handlungsentscheidung nur der bewusste Wille als aktuelle Reflexion präsent ist. Einen solchen generellen Willen – der u. U. noch veraltetet ist und bei hypothetischer Reflexion geändert würde – als für die Tat durch den Handelnden handlungsleitend anzusehen, wäre ein Vorwurf für früheres nicht annulliertes Wollen ohne konkret aktuellen Tatbezug. Eine subjektive auf den Tatbestand zielende Handlungsentscheidung liegt damit nicht vor. Folglich bildet der bewusste Wille als aktuell reflektiertes Willensergebnis die Grundlage für eine bewusste Verhaltensentscheidung und legt so die subjektive Zielrichtung des Verhaltens hinsichtlich des Taterfolgs und folglich die Entscheidung gegen das Rechtsgut fest. Das voluntative Vorsatzelement setzt demgemäß einen entsprechend auf den Tatbestand bezogenen bewussten Willen voraus.

Zur Vermeidung von Missverständnissen müssen dafür einige Aspekte klargestellt werden:

Erstens erfordert der bewusste Wille als aktuell reflektierte Willensentscheidung keinen umfassenden und zeitaufwendigen Reflexionsprozess. Vielmehr kann auch blitzschnell mit dem zu diesem Zeitpunkt verfügbaren Wissen aktuell reflektiert und eine bewusste Willensentscheidung getroffen werden. Dass der Handelnde diesen Prozess selbst womöglich nicht als bewusste Willensentscheidung wahrnimmt, ändert daran nichts. So sind auch (vermeintlich) spontane, intuitive und automatische Handlungen grundsätzlich von einem bewussten Willen getragen.[894]

Zweitens ist es unter besonderen Umständen möglich, dass der Handelnde bei seinem Verhalten überhaupt nicht reflektiert und insofern kein bewusster Wille gefasst wird. Bei einer solchen Willenslosigkeit findet keine Verhaltenssteuerung durch den bewussten Willen statt, womit der Vorsatz trotz des Wissens von vornherein ausscheidet. Sog. Kurzschlussreaktionen oder Affekthandlungen fallen jedoch grundsätzlich nicht darunter, weil die dabei vorherrschenden Emotionen (zumeist Wut oder Panik) nicht automatisch eine bestimmte

---

894 Grundsätzlich stützend: *Rohracher*, Einführung in die Psychologie, S. 502 u. 510 f.; *Gerrig/Dörfler/Roos*, Psychologie, S. 186; Enzyklopädie der Psychologie – *Goschke*, Bd. C/IV/4 S. 610 u. 640.

Willensentscheidung auslösen. Vielmehr werden auch diese Emotionen erst als starke Handlungsanreize verarbeitet und mit noch verfügbaren anderen Wissens- sowie Motivaspekten in Beziehung gesetzt, woraus dann das Willensergebnis in Form der Emotionsbefriedigung folgt. Da diese willensgetragene Emotionsbefriedigung so handlungsleitend als subjektives Ziel erfolgt, hat der Handelnde im Sinne des bewussten Willens – bei entsprechendem Wissen – grundsätzlich über den damit zusammenhängenden Taterfolg zumindest schwach aktuell reflektiert. Die bei Affekttaten stattfindende Bewusstseinsverengung beeinträchtigt so eher die Wissens- als die Willenskomponente des Vorsatzes. Nur bei einer vollkommen überwältigenden Intensität des Affekts, die jedwede Reflexion und damit auch die bewusste Zielrichtung der Handlung unmöglich macht, kann von einer Willenslosigkeit des Handelnden ausgegangen werden. Den größten Einfluss haben Affekte jedoch auf die Schuld als persönliche Einsicht, mit der Tat Unrecht zu verwirklichen (§§ 20 f.). Taten, die in hochgradigen Rauschzuständen begangen werden, sind ihren Eigenarten nach grundsätzlich parallel zu lösen.[895]

Drittens kann sich das Wollen zum Tatzeitpunkt nur auf zukünftige Dinge beziehen, weil Gegenwart und Vergangenheit unveränderbar feststehen. Insofern kann der Täter bestimmte Tatumstände nicht wollen, sondern lediglich wissen und sie so bei der Willensentscheidung berücksichtigen.[896]

Viertens kann der Wille unendlich viele Ausformungen besitzen und ist so meist keine binäre Stellungnahme i.S.v. „Ich will X!“ oder „Ich will X nicht!“, sondern eine komplexe Entscheidung.[897] Die verschiedenen Willensausprägungen sind

---

895 Grundsätzlich stützend: *Rohracher*, Einführung in die Psychologie, S. 458 f. u. 466 f.; Enzyklopädie der Psychologie – *Thomae*, Bd. C/IV/1 S. 305 f.; *Müsseler/Rieger*, Allgemeine Psychologie, S. 178; BGHSt 6, 329 (332 f.); Schönke/Schröder – *Sternberg-Lieben/Schuster*, § 15 StGB Rn. 60 ff.; LK – *Vogel/Bülte*, § 15 StGB Rn. 140 ff.; *Roxin/Greco*, AT 1, Rn. 12/129 ff.; *Bockelmann*, in: GS Radbruch, 252 (255 f.); *Platzgummer*, Die Bewußtseinsform, S. 91 ff.

896 - Verdeutlichung: Ein Hammer bleibt ein Hammer, auch wenn man will, dass es eine Zange ist.
- Schönke/Schröder – *Sternberg-Lieben/Schuster*, § 15 StGB Rn. 67; *Heinrich*, StR AT, Rn. 265; *Jescheck/Weigend*, StR AT, S. 294; *Maurach/Zipf*, StR AT 1, Rn. 22/14 f.; *Henn*, JA 2008, 699 (700); *Rönnau*, JuS 2010, 675 (676).

897 Beispiele:
- „Jetzt reicht‘s, ich rufe die Polizei!“, als bedingungslos gefasster Wille, der handlungsleitend ist.

für den Vorsatz hinsichtlich des Tatbestands und der Vorsatzformen anhand ihrer rechtlichen Anforderungen einzuordnen.
Fünftens liegt jedem gewollten Verhalten immer irgendein Willensergebnis zugrunde, das auf ein Verhaltensziel gerichtet ist. Das kann auch die Vornahme der Handlung selbst sein (z. B. „Pfeifen").[898] Für das rechtliche Willenselement ist insofern entscheidend, ob dieser Wille bewusst ist und worin die subjektive Zielrichtung besteht, um die notwendige Übereinstimmung mit entsprechenden Tatbestandsmerkmalen zu prüfen.
Sechstens sorgt aktives Bewusstsein im Sinne des bewussten Wissens über potenzielle Auswirkungen der anstehenden Verhaltensentscheidung (Option A oder Option B?) dafür, dass der Mensch automatisch aktuell darüber reflektiert. Durch das präsente Wissen kann sich seine Psyche nicht einer spontanen Stellungnahme verwehren, womit ein bewusstes Willensergebnis getroffen wird. Fraglos kann sich dieser bewusste Wille bei weiterer Reflexion wieder verändern, aber auch bestätigen. Ein solcher handlungsrelevanter Automatismus des bewussten Willensergebnisses resultiert aus der Verknüpfung mit dem bewussten Wissen, besteht jedoch nicht beim mitbewussten und erst recht nicht beim unbewussten Wissen. Selbst das mitbewusste Wissen als zwar unmittelbar verfügbare, aber lediglich unbewusste Information ist im aktuellen Bewusstsein nämlich nicht hinreichend präsent, sodass auf der Willensebene keine entsprechende Reflexion angestoßen wird, die automatisch zu einem bewussten Willensergebnis führen könnte. Für ein bewusstes Willensergebnis muss daher in solchen Fällen die geistige Aufmerksamkeit aktiv auf die dazugehörigen Aspekte gerichtet werden.[899]

Für die Raser vom Berliner Kurfürstendamm folgt aus alledem, dass sie nur dann mit Tötungsvorsatz handelten, wenn sie den Tod des Unfallopfers gewollt

---

- „Ich will unbedingt dieses Auto haben! Aber eine Bank würde ich dafür nicht überfallen.", als vermeintlich unbedingter Wille, der aber tatsächlich nicht um jeden Preis handlungsleitend ist.
- „Wenn ich ihn schubse, fällt er vielleicht hin und verletzt sich. Und wenn schon! Das hat er mit mir ja auch schon gemacht.", als handlungsleitender Wille, bei dem die möglichen Folgen zwar nicht gezielt herbeigeführt, aber hingenommen werden.

898 Grundsätzlich stützend: Enzyklopädie der Psychologie – *Goschke*, Bd. C/IV/4 S. 592 f.; Enzyklopädie der Psychologie – *Heckhausen*, Bd. C/IV/4 S. 823 f.

899 - Grundsätzlich stützend: *Rohracher*, Einführung in die Psychologie, S. 397 u. 503 ff.
- Siehe auch schon: Fußnote 890.

haben. Ein solcher Wille als voluntatives Vorsatzelement lag bei einem In-Kauf-Nehmen des Tötungserfolgs vor. Auf Grundlage ihres Wissens mussten sie ihrer Raserei durch ein aktuell reflektiertes Willensergebnis eine solche subjektive Zielrichtung geben, dass sie sich im Sinne des bewussten Willens mit dem Tod des Unfallopfers abfanden oder er ihnen gleichgültig war.

(dd) Besondere Vorsatzaspekte

In Raserfällen ist häufig die Konkretheit des Vorsatzes problematisch. Denn vermehrt kollidiert der Raser ganz plötzlich mit dem Opfer, das er zuvor meist aufgrund seiner Geschwindigkeit gar nicht wahrgenommen hat. So geschehen auch im Berliner Fall, in dem beide Raser das Opfer erst wahrnahmen, als es bereits aus der für sie nicht einsehbaren Straße in die Kreuzung einfuhr und ein Unfall tatsächlich nicht mehr zu verhindern war. Wie bereits festgestellt, muss sich der Vorsatz aber nicht auf ein individualisiertes Opfer beziehen, wenn es für den Handelnden keine Relevanz und er es der Gattung nach bestimmt hat. Im Rahmen dieses unbestimmteren Vorsatzes reicht es aus, dass der Fahrer aufgrund der erkannten Umstände auch ohne genaue Anhaltspunkte für den späteren Geschehensverlauf von der hinreichenden Möglichkeit des Erfolgseintritts dem Grunde nach ausgeht.[900]

Somit steht es dem Vorsatz nicht entgegen, dass die Raser – wie im Berliner Fall – das Unfallfahrzeug nicht rechtzeitig wahrnehmen, denn sie können trotzdem subjektiv etwa mit dem Einfahren eines Fahrzeugs aus der nicht einsehbaren Straße in die Kreuzung rechnen. Gehen sie von einer konkreten Unfallmöglichkeit mit Erfolgseintritt aus, bspw. weil sie die Kreuzung bei Rotlicht überfahren, individualisieren sie zwar das Opfer nicht, bestimmen es in ihren Vorstellungen aber der Gattung nach („Mensch im Fahrzeug"). Da die nähere Individualisierung des Opfers für die Raser keine Relevanz hat, umfasst ihr unbestimmterer Vorsatz auch das insofern genügend konkretisierte Unfallopfer.[901]

In Raserfällen kann es des Weiteren problematisch sein, dass der tatsächlich eintretende Geschehensverlauf von den Vorstellungen der Raser abweicht. Denn der Verlauf eines Unfallgeschehens beruht auf komplexen Parametern

---

900 - Siehe dazu schon: D.II.1.b)aa)(4)(a) [S. 218].
- Diese Problematik jedenfalls identifizierend: *Steinle*, Verbotene Kraftfahrzeugrennen, S. 50.

901 Siehe entsprechend schon: D.II.1.b)aa)(4)(a) [S. 218].

und Zusammenhängen, was gerade bei hohen Geschwindigkeiten und unübersichtlichen Situationen vorher nur schwer zu überblicken ist.
Eine exakte Übereinstimmung zwischen Vorstellung und Realität ist für die Vorsatzstrafbarkeit aber nicht erforderlich. Es genügt, wenn der wesentliche Geschehensverlauf vom Vorsatz umfasst ist, denn diese Vorstellungen sind das subjektive Gegenstück zum Kausalverlauf als notwendiges Bindeglied zwischen Handlung und Erfolg (§ 16 I). Wann eine Abweichung zwischen vorgestelltem und tatsächlichem Kausalverlauf wesentlich ist, was gemäß § 16 I den Vorsatz ausschlösse, ist nicht abschließend geklärt. Da aber genaue Vorhersagen über alle Einzelheiten des zukünftigen Geschehensverlaufs in einer komplexen Welt nicht möglich sind, dürfen an eine wesentliche Abweichung keine zu geringen Anforderungen gestellt werden.[902]
Ohne diesbezüglich weiter auf die zahlreichen unterschiedlichen Ansichten einzugehen, kann eine wesentliche Abweichung des Kausalverlaufs zwischen Vorstellung und Realität angenommen werden, wenn im direkten Vergleich zentrale Geschehensaspekte betroffen und diese so sehr verschieden sind, dass sie das gesamte Erscheinungsbild der Tat vollkommen verändern. Nur dann sind Handlung und Erfolg in einer solchen Weise verbunden, dass sich der Täter eine andere Tat vorgestellt hat und sich so über (wesentliche) Tatumstände i.S.d. § 16 I irrt.[903]
Für den Berliner Raserfall hätte es im Vergleich zum tatsächlichen Unfallhergang z. B. keinen Unterschied gemacht, wenn anstatt des Autos tatsächlich ein Motorrad- oder ein Fahrradfahrer in die Kreuzung eingefahren wäre oder auch ein Fußgänger die Straße betreten hätte. Ebenso unbedeutend wäre es gewesen, ob das Opfer durch eine Folgekollision verstorben, infolge eines eigenen Ausweichmanövers ums Leben gekommen oder ein unbeteiligter Passant durch das herumschleudernde Fahrzeug oder herumfliegende Trümmer tödlich getroffen worden wäre. Auch für die Anzahl der Opfer bestand insofern – zumindest im

---

902 RGSt 70, 257 (258 f.); BGHSt 7, 325 (329); BGHSt 14, 193 (194); BGHSt 23, 133 (135); BGHSt 38, 32 (34); BGH, NJW 2011, 2065 (2066 f.); *Fischer*, § 16 StGB Rn. 7 f.; Matt/Renzikowski – *Gaede*, § 16 StGB Rn. 26 f.; LK – *Vogel/Bülte*, § 16 StGB Rn. 71 ff.; B/W/M/E (AT) – *Eisele*, Rn. 11/68 f.; *Kindhäuser/Zimmermann*, StR AT, Rn. 27/43 ff.; *Heinrich*, StR AT, Rn. 1089; *Hoffmann-Holland*, StR AT, Rn. 183.

903 Grundsätzlich stützend: BGHSt 7, 325 (329); BGHSt 23, 133 (135); LK – *Vogel/Bülte*, § 16 StGB Rn. 71 f.; *Fischer*, § 16 StGB Rn. 7 f.; Schönke/Schröder – *Sternberg-Lieben/Schuster*, § 15 StGB Rn. 55; *Wessels/Beulke/Satzger*, StR AT, Rn. 383 ff.; *Roxin/Greco*, AT 1, Rn. 12/151 ff.; B/W/M/E (AT) – *Eisele*, Rn. 11/68 ff.

einstelligen Zahlenbereich – eine Bandbreite, allein weil in einem Standardwagen bis zu fünf Personen sitzen und weitere Fahrzeuge sowie Fußgänger im Umkreis in Mitleidenschaft hätten gezogen werden können. Hingegen wäre eine wesentliche Abweichung des vorgestellten vom tatsächlichen Kausalverlauf anzunehmen, wenn die Raser an der Kreuzung bspw. mit einem Lkw kollidiert wären, wodurch dessen Auflieger umgekippt und die im Inneren ungesicherte Ladung auf die sich dort versteckenden Flüchtlinge gestürzt wäre. Ihr Tod hätte auf zentralen Geschehensaspekten beruht, von denen die Raser überhaupt nicht ausgegangen wären (Kollision mit Lkw + Umkippen des Aufliegers + ungesicherte Ladung + versteckte Flüchtlinge) und die der Tat ein vollkommen anderes Erscheinungsbild gegeben hätten (tödliche Schleusung statt Raserunfall).
Ob sich der Geschehensverlauf, wie allgemein gefordert, nicht völlig außerhalb der Grenzen der allgemeinen Lebenserfahrung bewegt, sollte dagegen separat schon vor der Vorsatzabweichung als möglicher Ausschluss der objektiven Zurechnung durch einen sog. atypischen Kausalverlauf geprüft werden.[904] Denn dabei geht es in erster Linie nicht um die subjektiven Vorstellungen des Täters, sondern objektiv um die zurechenbare Verwirklichung des gesetzten Risikos in rein tatsächlicher Hinsicht. Das Kriterium der objektiven Atypik eines Kausalverlaufs ist dabei enger als das der subjektiven Vorstellungsabweichung.
Damit stellen selbst komplexe und fernliegende Gefährdungsverläufe sowie ihre Realisierungen nur selten von den Tätervorstellungen abweichende oder gar atypische Kausalverläufe dar. Zwar lassen sich für den allgemeinen Straßenverkehr Beispielsfälle (in Abgrenzung) finden, doch ist die wesentliche Abweichung des vorgestellten vom tatsächlichen Kausalverlauf und damit ein Entfall des Vorsatzes nach § 16 I auch in Raserkonstellationen nur selten problematisch.[905]

---

904 - Zu den Voraussetzungen eines atypischen Kausalverlaufs: S/S/W-StGB – *Kudlich*, Vor §§ 13 ff. Rn. 47 u. 61; *Wessels/Beulke/Satzger*, StR AT, Rn. 296 ff. u. 384; B/W/M/E (AT) – *Eisele*, Rn. 10/77 ff.; *Rengier*, StR AT, Rn. 13/62 ff.).
- Genau so nach objektiven und subjektiven Kriterien hinsichtlich des Kausalverlaufs differenzierend: *Wessels/Beulke/Satzger*, StR AT, Rn. 296 f. u. 383 ff.; B/W/M/E (AT) – *Eisele*, Rn. 10/79 u. 11/70.
- Ähnlich differenzierend: BGHSt 3, 62 (63 f.); *Roxin/Greco*, AT 1, Rn. 12/153 ff.

905 - Atypischer Kausalverlauf (objektiv) z. B.: Der Täter rast bei schlechtem Wetter nach einem Banküberfall vor der Polizei davon, wobei er mit einem Elektroauto eines Unbeteiligten kollidiert. Dieses wird dadurch erheblich beschädigt und bleibt liegen. Noch während der Fahrer im Auto den Notruf wählt, schlägt ein Blitz in

(ee) Versuchsstrafbarkeit als Einwand?

Gegen einen Tötungsvorsatz und damit auch allgemein gegen einen Schädigungsvorsatz der Raser wird von einigen Vertretern die Versuchsstrafbarkeit als rechtsdogmatischer Einwand ins Feld geführt. Würde den Rasern nämlich Vorsatz angelastet, dann wären sie selbst beim Ausbleiben eines Unfalls wegen eines versuchten Vorsatzdeliktes strafbar und das regelmäßig sogar mehrfach.

---

seinen Wagen ein, wodurch es zu einer Entzündung und anschließender Explosion der Elektrobatterie kommt. Das Opfer kann dem nicht entkommen.
- Kein atypischer Kausalverlauf (objektiv) z. B.: Der Täter missachtet eine rote Ampel. Zum Verhindern einer Kollision weicht ein anderes Fahrzeug aus und fährt gegen einen Ampelmasten. Durch den Aufprall wird eine Lichteinheit der Ampel in Richtung des naheliegenden Flusses geschleudert, wo gerade ein Ausflugsschiff unterwegs ist. Das Gehäuse trifft einen auf dem Aussichtsdeck sitzenden Touristen, der an den erlittenen Verletzungen stirbt.
- Wesentliche Abweichung vom vorgestellten Kausalverlauf (subjektiv) z. B.: Der Täter will den Geliebten seiner Frau beseitigen und ihn mit seinem Auto auf einer vielbefahrernen Straße in der Stadt vom Fahrrad holen. Zwar gelingt ihm das, doch wird das Opfer bei dem Sturz nur leicht verletzt. Allerdings ist es so panisch, dass es zur Flucht vor dem Täter, der sich unverzüglich entfernt hat, einfach über die vielbefahrene Straße läuft. Als das Opfer einen Polizeiwagen sieht, rennt es geradewegs auf ihn zu. Dieser kann eine Kollision mit dem Opfer nicht mehr verhindern. Dabei wird es erheblich, aber nicht lebensgefährlich verletzt. Ein gelernter Krankenpfleger, der sich in unmittelbarer Nähe aufhält, leistet sofort erste Hilfe. Weil der Verletzte kaum noch Luft bekommt, führt der Pfleger einen nicht indizierten Luftröhrenschnitt durch, wobei er eine Halsschlagader trifft. In der Folge verblutet das Opfer.
- Keine wesentliche Abweichung vom vorgestellten Kausalverlauf (subjektiv) z. B.: Der Täter wollte seinen Erzfeind im anderen Fahrzeug mit einem gezielten Rammmanöver von der Landstraße abbringen, sodass dieser gegen einen Baum fährt. Tatsächlich verfehlt das Fahrzeug des Opfers die Bäume und landet im Straßengraben. Das dabei schwer verletzte Opfer muss sofort in ein Krankenhaus gebracht werden. Auf dem Weg dorthin verunfallt der Krankenwagen während seiner riskanten Blaulichtfahrt, wodurch das Opfer verstirbt. + Der Täter will es einem notorisch dicht auffahrenden Fahrer heimzahlen und einen Auffahrunfall verursachen, indem er direkt vor dem anderen Fahrzeug stark bremst. Tatsächlich schafft es der Drängler, dem Täterfahrzeug auf die Gegenfahrspur auszuweichen, wobei es aber zu einem Zusammenstoß mit einem entgegenkommenden Großraumtaxi kommt. Dieses kommt dabei von der Straße ab, überschlägt sich und fängt Feuer. Lediglich drei der neun Taxiinsassen können sich noch rechtzeitig retten. Für alle anderen Personen sowie den Drängler in seinem Auto kommt jede Hilfe zu spät.

Denn jede potenziell verletzende Situation – z. B. das Überfahren einer roten Ampel – begründete unabhängig von der tatsächlichen Anwesenheit eines möglichen Opfers eine separate Versuchsstrafbarkeit, sodass es je nach Verlauf der Raserei zu unzähligen strafbaren Versuchstaten kommen könnte. Die Annahme von Vorsatz führte folglich einerseits zu einer unverhältnismäßigen Strafausdehnung auf Versuchsebene und andererseits zu einer lebensfremden Aufspaltung einheitlicher Raservorgänge.[906]

Jedoch dürfte die befürchtete Vielzahl von Versuchen bei Bejahung des Vorsatzes eher die Ausnahme als die Regel darstellen. Denn ein Tötungsvorsatz der Raser entwickelt sich – wenn überhaupt – regelmäßig erst im Laufe der Raserei,[907] sodass schon damit die Anzahl der möglichen strafbaren Versuche reduziert wird. Zwar kann es trotzdem zu mehreren einzelnen Versuchen kommen, vor allem wenn ein Raser doch von Beginn an Vorsatz hat, allerdings ist diese Problematik weder neu noch raserspezifisch. Vielmehr ist sie bereits von anderen Straftatbeständen und Fallkonstellationen bekannt, obgleich sie dort keine vergleichbar hohen Wellen schlägt.[908] Zu denken ist etwa an versuchte Einbruchdiebstähle in Mehrparteienwohnhäuser, wo sich Täter Zutritte über die Haustüren verschaffen und sodann aus verschlossenen Kellerabteilen oder Wohnungen etwas entwenden wollen. Werden sie in den Häusern vor dem vollständigen Umsetzen ihrer Pläne gestört, bleibt nicht nur fraglich, welche Sachen sie genau stehlen wollten, sondern es müssen – vergleichbar zu den Raserfällen – eine Mehrzahl an Diebstahlsversuchen angenommen werden. Gleichzeitig sind die strafpraktischen Auswirkungen einer Vielzahl von strafbaren Versuchen gering, weil sich die Raserei grundsätzlich als einheitlicher Lebenssachverhalt darstellt, der in materieller Hinsicht eine einzige Tat bildet (§ 52 I). Denn obwohl ein Raser im Verlauf der Raserei verschiedene

---

906 *Roxin/Greco*, AT 1, Rn. 12/88x; *Jäger*, JA 2017, 786 (788); *Walter*, NJW 2017, 1350 (1352); *Momsen*, KriPoZ 2018, 76 (90 u. 97); *Schweiger*, HRRS 2018, 407 (411); *Godenzi/Bächli-Biétry*, in: Jahrbuch 2009, 561 (613 f.).

907 Stützend: LG Berlin, (535 Ks) 251 Js 52/16 (8/16), Urteil vom 27.02.2017, Rn. 246 – im Internet abrufbar: www.juris.de (Stand: 11.04.2020); LG Hamburg, 621 Ks 12/17, Urteil vom 19.02.2018, Rn. 219 ff. u. 61 ff. – im Internet abrufbar: www.juris.de (Stand: 30.04.2020); LG Berlin, (532 Ks) 251 Js 52/16 (9/18), Urteil vom 26.03.2019 (unveröffentlicht), S. 59 u. 65 f.

908 - Grundsätzlich stützend: BGH, NStZ 2004, 386 (387); Schönke/Schröder – *Bosch*, § 242 StGB Rn. 45; MüKo-StGB – *Schmitz*, § 242 Rn. 124; BeckOK-StGB – *Wittig*, § 242 Rn. 29.
- Siehe auch schon: D.II.1.b)aa)(4)(a) [S. 218].

Fahrmanöver durchführt, dabei verschiedene Verkehrsregeln bricht und so womöglich mehrmals andere Verkehrsteilnehmer gefährdet, bilden diese Teilakte – parallel zur Trunkenheitsfahrt (§ 316) und zu § 315d – eine durchgehende, in einem ununterbrochenen räumlich-zeitlichen Zusammenhang stehende Fahrt.[909] Wegen der Tateinheit der dabei verwirklichten Delikte erkennt das Gericht gemäß § 52 I, II lediglich auf eine Strafe nach dem schwersten Strafgesetz, die alle Deliktsverwirklichungen umfasst. Auch eine Vielzahl von Versuchen würde daran nichts ändern.[910]

Weitaus wichtiger ist aber, dass es sich bei Vorsatz und Versuch um zwei selbstständige Rechtsbegriffe handelt. Zwar bedarf es für eine Versuchsstrafbarkeit gemäß § 22 eines Tatentschlusses, der sich auch aus dem Vorsatz zusammensetzt.[911] Doch nur weil die Versuchsstrafbarkeit insofern vom Vorsatz abhängig ist, kann nicht eine umgekehrte Abhängigkeit konstruiert werden, wonach der Vorsatz aufgrund einer vermeintlich zu weitreichenden Versuchsstrafbarkeit eingeschränkt werden müsste. Das gilt erst recht deshalb, weil die Versuchsstrafbarkeit mit dem unmittelbaren Ansetzen noch eine weitere, rein versuchsspezifische Voraussetzung besitzt. Herrschend wird das unmittelbare Ansetzen im subjektiven Überschreiten der Jetzt-geht-es-los-Schwelle und dem objektiven Ansetzen zur Angriffshandlung gesehen, die nach der Tätervorstellung zumindest ohne weitere wesentliche Zwischenakte in die Tatbestandserfüllung münden soll.[912] Wenn diese Voraussetzung richtig angewendet wird, ergeben sich sowohl allgemein wie auch konkret für Raserfälle überzeugende Ergebnisse:[913]
Dabei gehören die Raserfälle zu einer besonderen Gruppe von Versuchskonstellationen, bei denen das unmittelbare Ansetzen nicht wie sonst spätestens

909 - Siehe insofern zu § 316: BGHSt 23, 141 (147 ff.); BGH, StV 1983, 279 (280); S/S/W-StGB – *Ernemann*, § 316 Rn. 40; Schönke/Schröder – *Hecker*, § 316 StGB Rn. 30; *Fischer*, § 316 StGB Rn. 56; Matt/Renzikowski – *Renzikowski*, § 316 StGB Rn. 44. - Siehe insofern zu § 315d: D.II.1.a)cc)(1)(e)(cc) [S. 160].

910 Stützend: *Eisele*, JZ 2018, 549 (554 f.); *Bosch*, Jura 2018, 1225 (1235); *Herzberg*, JZ 2018, 122 (128 f.); *Preuß*, NZV 2018, 345 (348).

911 Siehe: D.II.1.a)cc)(3)(c) [S. 200] mit Fußnote 547.

912 Siehe: D.II.1.a)cc)(3)(c) [S. 200] mit Fußnote 547.

913 BeckOK-StGB – *Kudlich*, § 15 Rn. 24.5; MüKo-StGB – *Schneider*, § 212 Rn. 25 in Fn. 143; *Kubiciel/Hoven*, NStZ 2017, 439 (442); *Eisele*, JZ 2018, 549 (554); *Zehetgruber*, KriPoZ 2018, 358 (360 f.); *Preuß*, NZV 2018, 345 (348); *Bosch*, Jura 2018, 1225 (1235); *Steinle*, Verbotene Kraftfahrzeugrennen, S. 57 f.; *Bönig*, Verbotene Kraftfahrzeugrennen, S. 47 f.

in der bewussten Durchführung der Angriffshandlung zur Tatbestandsverwirklichung liegt. Vielmehr ist der Täter für die Erfolgsherbeiführung auf die Mitwirkung des Opfers angewiesen, indem er ihm eine Falle stellt. Obwohl das Opfer die eigene Schädigung in Raserfällen nicht wie in den klassischen Fallen-Konstellationen durch seine Handlung unmittelbar herbeiführt (z. B. Opfer trinkt vergiftetes Getränk, Opfer startet Fahrzeug mit Autobombe), sind sie doch mit diesen vergleichbar. Denn in beiden Konstellationen muss sich das Opfer für den Erfolgseintritt selbst in den Einflussbereich der Falle begeben und weiß dabei nicht, welcher Gefahr es sich durch das eigene Verhalten aussetzt. Bei der Raserei besteht die Falle so gesehen in dem zu schnell fahrenden Raserfahrzeug, das mit dem (z. B. gerade in den Kreuzungsbereich einfahrenden) unwissenden Opfer kollidiert, wodurch der Erfolg eintritt.[914]
Wann genau der Handelnde in solchen Fällen des (beendeten) Versuchs unmittelbar ansetzt, ist allgemein nicht abschließend geklärt. Nach einer Auffassung ist das bereits dann der Fall, sobald der vorsätzlich Handelnde seine Herrschaft über das Geschehen aus den Händen gibt.[915] Eine andere verlangt hingegen, dass sich das Opfer tatsächlich in den Wirkungsbereich des Tatmittels begibt.[916] Eine dritte Ansicht kombiniert die beiden Ansätze, sodass entweder der Herrschaftsverlust oder die Selbstgefährdung des Opfers für ein unmittelbares Ansetzen genügt.[917] Die Rechtsprechung zieht demgegenüber Parallelen zum unmittelbaren Ansetzen bei der mittelbaren Täterschaft (§ 25 I Var. 2) und differenziert gemäß dem Vorstellungsbild des Fallenstellenden danach, wie sicher er mit dem fallenauslösenden Verhalten des Opfers rechnet. Geht er fest davon aus, das Opfer wird zur Falle kommen und sie auslösen, soll er bereits mit dem Abschluss seiner eigenen fallenstellenden Handlung unmittelbar zur Tatbestandsverwirklichung ansetzen. Hält er es hingegen für unwahrscheinlich bzw. lediglich möglich und die Einzelheiten dabei für ungewiss, soll ein

914 Stützend: *Eisele*, JZ 2018, 549 (554); *Zehetgruber*, KriPoZ 2018, 358 (360 f.).

915 Schönke/Schröder – *Eser/Bosch*, § 22 StGB Rn. 42; B/W/M/E (AT) – *Mitsch*, Rn. 22/69 f.; *Wolters*, NJW 1998, 578 (579 f.); *Böse*, JA 1999, 342 (343 ff.).

916 *Gössel*, JR 1976, 249 (250 f.); *Otto*, JA 1980, 641 (645 f.) sowie im Ergebnis vergleichbar *Baier*, JA 1999, 771 (775) und *Rath*, JuS 1998, 1106 (1110 f.).

917 *Roxin*, AT 2, Rn. 29/205 ff.; *Wessels/Beulke/Satzger*, StR AT, Rn. 956; *Rengier*, StR AT, Rn. 34/51 f.; *Herzberg*, JuS 1985, 1 (6 f.) sowie im Ergebnis vergleichbar *Jakobs*, StR AT, Rn. 25/73 f.

unmittelbares Ansetzen erst dann anzunehmen sein, wenn sich das Opfer tatsächlich in den Wirkungsbereich der Falle begibt.[918]
Diese Ansicht überzeugt, weil sie nicht nur gemäß den Grundsätzen des unmittelbaren Ansetzens die subjektive Tätervorstellung zugrunde legt, sondern auch mit ihrer Differenzierung dem Strafgrund des Versuchs – der in der Betätigung eines rechtsfeindlichen Willens und der Gefährdung von Rechtsgütern liegt[919] – am besten Rechnung trägt. Demgegenüber folgt aus Sicht des vorsätzlich Handelnden allein aus dem Herrschaftsverlust über das Geschehen nicht in jedem Fall eine solche Gefährdung von Rechtsgütern, auf die das Recht mit einer Versuchsstrafbarkeit reagieren muss (z. B. Abstellen einer geöffneten Flasche mit einem vergifteten Getränk mitten im menschenleeren Wald). Auf der anderen Seite kann nicht immer erst dann von einer hinreichenden Gefährdung ausgegangen werden, wenn das Opfer in den Wirkbereich des Tatmittels kommt. Denn wird die Falle etwa an einem normalerweise stark frequentierten Weg platziert, an dem ausnahmsweise gerade niemand vorbei kommt, stellt dies trotzdem eine große abstrakte Gefahr für fremde Rechtsgüter dar. Zusätzlich hat der vorsätzlich Fallenstellende seinen rechtsfeindlichen Willen betätigt, womit zusammengenommen der Strafgrund des Versuchs erfüllt ist. Die Ansicht der Rechtsprechung löst die Fallen-Konstellationen so am überzeugendsten, indem sie ungefährliche und zugleich nach Tätervorstellung unsichere Verhaltensweisen straflos lässt, gefährliche bzw. subjektiv erfolgssichere hingegen strafbar sind.[920]

---

918 BGHSt 43, 177 (179 ff.); BGH, NStZ 1998, 294 (295); BGH, NStZ 2001, 475 (476); Matt/Renzikowski – *Heger/Petzsche*, § 22 StGB Rn. 42 f.; MüKo-StGB – *Hoffmann-Holland*, § 22 Rn. 137; *Kudlich*, JuS 1998, 596 (600 f.); *Altvater*, NStZ 1998, 342 (345 f.).

919 Der hier angenommene Strafgrund des Versuchs stellt eine Kombination aus subjektiver (BGHSt 11, 324 (327); Matt/Renzikowski – *Heger/Petzsche*, § 22 StGB Rn. 9 ff.) und objektiver (*v. Hippel*, Dt. StrafR 2, 417 ff.; *Hirsch*, JZ 2007, 494 (500 ff.)) Versuchstheorie dar, die der herrschenden, gemischt subjektiv-objektiven Eindruckstheorie (Schönke/Schröder – *Eser/Bosch*, § 22 StGB Rn. 65; *Wessels/Beulke/Satzger*, StR AT, Rn. 930) zwar sehr ähnlich, aber aufgrund des konkreteren Tat- und Täterbezugs mit ihr wohl nicht identisch ist. Für die strafbaren Fälle von untauglichen Versuchen ist dabei im Einklang mit der Eindruckstheorie der Schwerpunkt des Strafgrunds in der rechtsfeindlichen Gesinnung zu sehen und der Gefährdungsaspekt zu verallgemeinern. (Siehe zu allem: *Roxin*, AT 2, Rn. 29/9 ff.)

920 Grundsätzlich stützend: BGHSt 43, 177 (180 ff.); Matt/Renzikowski – *Heger/Petzsche*, § 22 StGB Rn. 42 f.; *Altvater*, NStZ 1998, 342 (345 f.).

Ermittelt man auf dieser Grundlage das unmittelbare Ansetzen in den Raserfällen, muss das Opfer für einen Versuchsbeginn regelmäßig in den gefährlichen Wirkungsbereich des Raserfahrzeugs gelangen, weil der Raser subjektiv nicht fest mit dem Auftreten des Opfers oder zumindest dessen Gefährdung rechnet. Nur wenn er das doch tut – etwa weil er das Opfer rechtzeitig wahrnimmt –, genügt die Fortsetzung der Raserei zum unmittelbaren Ansetzen.[921] Im Berliner Raserfall lag demzufolge ein unmittelbares Ansetzen zum Versuch vor, als sich die Rennfahrer den zwei Frauen auf der Verkehrsmittelinsel am Kürfürstendamm näherten, die sie danach nur knapp verfehlten.[922] Selbst wenn es später an der Unfallkreuzung nicht zu einer Kollision mit dem Opfer gekommen wäre, weil es bspw. rechtzeitig hätte bremsen können, hätten die Raser gleichwohl zu einem Tötungsversuch unmittelbar angesetzt. Kein unmittelbares Ansetzen wurde hingegen an den anderen, teilweise ebenfalls bei Rot überfahrenen Kreuzungen begründet, weil dort tatsächlich kein potenzielles Opfer in den Gefährdungsbereich der Raserfahrzeuge geriet und kein Raser fest mit dem Gegenteil rechnete.

Schon diese Analyse des Berliner Rennens, das mit einer Strecke von über drei Kilometern alles andere als kurz war, zeigt, dass es nicht zu der von einigen Gegnern befürchteten Häufung von strafbaren Versuchen kommt, wenn bei Raserei Tötungsvorsatz angenommen würde. Mit dem richtigen Verständnis des unmittelbaren Ansetzens kann das verhindert werden, wobei gleichzeitig die Versuchsstrafbarkeit für solche Konstellationen sichergestellt wird, die tatsächlich strafwürdig sind. Dagegen würde die ausnahmslose Verneinung des Tatvorsatzes zur Begrenzung der Versuchsstrafbarkeiten in rechtsdogmatisch nicht vertretbarer Weise mögliche Strafbarkeiten der Raserei für versuchte und vollendete Vorsatzdelikte ausschließen. Insgesamt steht daher die Versuchsstrafbarkeit einem möglichen Schädigungsvorsatz von Rasern nicht entgegen.

(b) Anwendung des Vorsatzbegriffs

Nachdem der Begriff des Vorsatzes geklärt ist, geht es im zweiten Schritt um seine Anwendung auf den konkreten Fall. Als zentrales Element des verwirklichten subjektiven Unrechts knüpft der Tatbestandsvorsatz in tatsächlicher

---

921 *Eisele*, JZ 2018, 549 (554); *Zehetgruber*, KriPoZ 2018, 358 (361).

922 - Zum Sachverhalt: LG Berlin, (535 Ks) 251 Js 52/16 (8/16), Urteil vom 27.02.2017, Rn. 95 – im Internet abrufbar: www.juris.de (Stand: 30.04.2020).
- Inhaltlich zustimmend: *Eisele*, JZ 2018, 549 (554); *Steinle*, Verbotene Kraftfahrzeugrennen, S. 58.

Hinsicht an bestimmte psychische Vorgänge im Kopf des Täters an, die insofern als Wissen und Willen festgestellt werden müssen.[923]

(aa) Grundsätze der Feststellung

Da das für den Vorsatz erforderliche tatsächliche Wissen und Wollen psychische Vorgänge des Menschen sind, die der Außenwelt verborgen bleiben, können sie als subjektive Tataspekte nicht direkt festgestellt, sondern müssen mithilfe objektiver Umstände erschlossen werden.[924]
Gleichgültig ob man das Wissen und Wollen als (innere) Tatsachen einstuft, ist klar, dass der Schluss von objektiven auf die subjektiven Tataspekte nie mit absoluter Sicherheit möglich ist. Das wird vom Gericht aber auch nicht verlangt, weil es im Rahmen der freien richterlichen Beweiswürdigung von den relevanten Tataspekten lediglich nach der allgemeinen Lebenserfahrung mit entsprechend hoher Wahrscheinlichkeit und Sicherheit ohne vernünftige Zweifel überzeugt sein muss und es auch sein darf (§ 261 StPO i.V.m. § 244 II StPO). Es sind also keine überspannten Anforderungen in der Form zu stellen, dass absolute Gewissheit unter Ausschluss aller anderen denkbaren Möglichkeiten bestehen muss, denn das kann tatsächlich nie erreicht werden.[925]

Für den Schluss von objektiven Tataspekten als Indizien auf die subjektiven Tataspekte als festzustellende psychische Vorgänge des Handelnden muss sich das Gericht Erfahrungssätzen bedienen. Ansonsten käme einem Indiz keine über es selbst hinausweisende Bedeutung zu, womit ein weiterführender

923 LK – *Vogel/Bülte*, Vor §§ 15 ff. StGB Rn. 71 u. § 15 StGB Rn. 63; *Frisch*, Vorsatz und Risiko, S. 31 ff.; *Hassemer*, in: GS Kaufmann, 289 (296 f.); *Mylonopoulos*, in: FS Frisch, 349 (349 f.); *Jakobs*, StR AT, Rn. 8/5a.

924 BGHSt 36, 1 (9 f.); Löwe-Rosenberg – *Stuckenberg*, § 267 StPO Rn. 45; LK – *Vogel/Bülte*, Vor §§ 15 ff. StGB Rn. 71 f. u. § 15 StGB Rn. 63 ff.; *Freund*, Normative Probleme der Tatsachenfeststellung, S. 3 ff.; *Hassemer*, in: GS Kaufmann, 289 (303 ff.); *Hruschka*, in: FS Kleinknecht, 191 (191 ff.); *Koriath*, in: Grundfragen des Strafrechts, 103 (129 ff.); B/W/M/E (AT) – *Eisele*, Rn. 11/29 ff.; *Wessels/Beulke/Satzger*, StR AT, Rn. 342; *Sternberg-Lieben/Sternberg-Lieben*, JuS 2012, 976 (978).

925 BVerfG, NJW 2003, 2444 (2445); BGH, NStZ-RR 2000, 171 (171 f.); BGH, NStZ-RR 2013, 75 (76 f.); BGH, 3 StR 504/14, Urteil vom 05.02.2015, Rn. 8 – im Internet abrufbar: www.bundesgerichtshof.de (Stand: 15.08.2020); OLG Karlsruhe, NStZ-RR 2007, 90 (90); MüKo-StPO – *Miebach*, § 261 Rn. 57 f.; Meyer-Goßner/Schmitt – *Schmitt*, § 261 StPO Rn. 1 ff.; S/S/W-StPO – *Schluckebier*, § 261 Rn. 13 ff.; Matt/Renzikowski – *Gaede*, § 15 StGB Rn. 24 f.; *Koriath*, in: Grundfragen des Strafrechts, 103 (131 f.); *Hruschka*, in: FS Kleinknecht, 191 (191 ff.); *Beulke/Swoboda*, StrafPR, Rn. 754.

Schluss nicht möglich wäre[926] und ein Gericht kein Urteil auf Indizien stützen könnte.[927]

Ein Erfahrungssatz kann keine absolute Allgemeingültigkeit besitzen, weil er lediglich eine bestimmte Wahrscheinlichkeitsaussage trifft und abseits dieser naheliegendsten Erklärung noch weitere, nicht ausschließbare Erklärungsmöglichkeiten bestehen. Somit lassen sich Erfahrungssätze anhand ihrer Erklärungswahrscheinlichkeit hinsichtlich ihrer Aussagekraft für den Indizienschluss qualitativ unterscheiden. Schon für ein einzelnes Indiz können mehrere Erfahrungssätze relevant sein. Dann muss eine übergeordnete Aussagekraft für den Indizienschluss ermittelt, indem die Erfahrungssätze in Beziehung zueinander gesetzt werden. Legen sie den gleichen Schluss nahe, erhöht das grundsätzlich die übergeordnete Aussagekraft; sind sie nicht miteinander vereinbar, senkt das grundsätzlich die übergeordnete Aussagekraft. Je nach entsprechender Wahrscheinlichkeitsaussage wird so ein einheitlicher Indizienschluss gestützt oder infrage gestellt bzw. aufgehoben.[928]

926 Beispielhafte Begründung: Schaut man morgens nach dem Aufstehen aus dem Fenster und sieht, dass draußen Boden, Häuser, Pflanzen usw. feucht sind, hat es in der Nacht naheliegenderweise geregnet. Man schließt dabei aus einer sicheren Erkenntnis (≙ feuchte Umgebung) mittels eines allgemeinen Erfahrungssatzes (≙ durch Regen wird die Umgebung draußen feucht) auf die gesuchte Wahrheit (≙ Hat es geregnet? → ja). Dieser Schluss ist allerdings nicht zwingend, weil er lediglich die wahrscheinliche Erklärung liefert und andere Möglichkeiten nicht endgültig ausschließen kann (≙ Die feuchte Umgebung könnte bspw. durch das Löschwasser bei einem wegen eines brennenden Autos stattgefundenen Feuerwehreinsatzes herbeigeführt worden sein.). Ohne einen allgemeinen Erfahrungssatz könnte man aber nicht einmal naheliegenderweise von einer bestimmten (vermeintlichen) Wahrheit ausgehen, weil alle potenziellen Erklärungsmöglichkeiten ebenso möglich wären.

927 Stützend: Löwe-Rosenberg – *Sander*, § 261 StPO Rn. 58 ff.; *Freund*, Normative Probleme der Tatsachenfeststellung, S. 12 ff.; *Hruschka*, in: FS Kleinknecht, 191 (191 ff.); *Loos*, in: Rechtswissenschaft, 261 (268 ff.); *Koriath*, in: Grundfragen des Strafrechts, 103 (129 ff.); *Sternberg-Lieben/Sternberg-Lieben*, JuS 2012, 976 (978); *Puppe*, ZIS 2014, 66 (66); *Hörnle*, NJW 2018, 1576 (1577 f.).

928 - Stützend: BGH, NStZ-RR 2013, 75 (76 f.); BGH, NStZ-RR 2013, 242 (243); Löwe-Rosenberg – *Sander*, § 261 StPO Rn. 59 f. u. 65; LK – *Vogel/Bülte*, § 15 StGB Rn. 67; *Freund*, Normative Probleme der Tatsachenfeststellung, S. 12 ff.; *Loos*, in: Rechtswissenschaft, 261 (268 ff.); *Koriath*, in: Grundfragen des Strafrechts, 103 (131); *Mylonopoulos*, in: FS Frisch, 349 (358 ff.); *Roxin/Greco*, AT 1, Rn. 12/31 ff. u. 12/88a ff.; *Momsen*, KriPoZ 2018, 76 (97).

Je mehr objektive Tataspekte ermittelt werden, desto genauer wird das Bild der ganzen Tat und desto besser sollte der Schluss mithilfe der Indizien auf die psychischen Vorsatzmerkmale möglich sein. Vom Gericht werden deshalb die gesamten Tatumstände ermittelt und so das individuelle Wissen und Wollen der Tatbestandsverwirklichung aus der gesamten Sachlage heraus („ex re") beurteilt, wobei zusätzlich zu den objektiven Tataspekten häufig noch vermeintlich separate, subjektive Tataspekte mit einbezogen werden (z. B. die Motive des Handelnden).[929] Zwar sind auch letzte Aspekte für den Schluss auf ein Wissen und Wollen durchaus hilfreich, doch bleiben sie der Außenwelt als psychische Vorgänge des Menschen genauso verborgen. Deshalb müssen sie ebenfalls aus den objektiven Tatumständen erschlossen werden, bevor aus diesen psychischen Aspekten wiederum auf das Wissen und Wollen geschlossen werden kann. Streng genommen bleiben für die Feststellung der Vorsatzelemente so allein die objektiven Tataspekte relevant.

Ganz allgemein wird bei den (objektiven) Tatumständen vor allem die Gefährlichkeit der konkreten Tathandlung für das betroffene Rechtsgut herangezogen. Des Weiteren spielen die sonstige Art und Weise der Tatbegehung, die Übersichtlichkeit, Komplexität und Entwicklung der Situation sowie später eingeleitete Erfolgsverhinderungsaktionen durch den Handelnden eine Rolle. Die sonstigen (subjektiven) Tatumstände bestimmen sich vornehmlich nach den bei der Tat vorherrschenden Motiven, Gesinnungen, Emotionen, Interessen des

---

- Verdeutlichung am Beispiel aus Fußnote 926: Der Erfahrungssatz, dass die Umgebung durch Regen feucht wird, weist eine deutlich höhere Erklärungswahrscheinlichkeit auf als der Erfahrungssatz, dass die Umgebung durch Löschwasser wegen eines Kfz-Brands feucht wird, weil Regen statistisch gesehen viel wahrscheinlicher vorkommt als ein Feuerwehreinsatz wegen eines brennenden Kfz vor dem eigenen Fenster. Die Erfahrungssätze stehen sich hinsichtlich der übergeordneten Aussagekraft für den Indizienschluss zwar entgegen, doch wird der Indizienschluss „Es hat letzte Nacht geregnet." durch die entsprechend überwiegende Wahrscheinlichkeitsaussage des ersten Erfahrungssatzes klar gestützt. (Dass der Wetterbericht für die vorangegangene Nacht Regen voraussagte oder die Tageszeitung von einem Kfz-Brand letzte Nacht in der eigenen Straße berichtet, stellt jeweils weitere Indizien dar, für die wiederum eigene Erfahrungssätzen gelten.).

929 BGH, NStZ-RR 2013, 242 (243); BGH, NStZ-RR 2016, 79 (80); BGH, NStZ 2018, 460 (461 f.); LK – *Vogel/Bülte*, § 15 StGB 65 f.; Lackner/Kühl – *Kühl*, § 15 StGB Rn. 25; BeckOK-StGB – *Kudlich*, § 15 Rn. 23 ff.; *Hruschka*, in: FS Kleinknecht, 191 (194 ff.); *Mylonopoulos*, in: FS Frisch, 349 (349 ff.); B/W/M/E (AT) – *Eisele*, Rn. 11/29; *Wessels/Beulke/Satzger*, StR AT, Rn. 342 ff.; *Schneider*, NStZ 2018, 528 (529 f.).

Handelnden und ob er geplant, spontan, affektiv oder berauscht vorging. Seine Persönlichkeit und psychische Verfassung mit Charaktereigenschaften, kognitiver Leistungsfähigkeit, Verhaltenstendenzen, -auffälligkeiten, Störungen können ebenfalls aufschlussreich sein.[930]

Für die Feststellung des Vorsatzes in Raserfällen und konkret im Berliner Fall sind diejenigen spezifischen Tataspekte zu ermitteln und zu analysieren, aus denen mithilfe von entsprechenden Erfahrungssätzen geschlossen werden kann, dass die Raser insgesamt mit oder ohne Wissen und Willen der Tatbestandsverwirklichung handelten.

(bb) Gefährlichkeit der Tathandlung

Die Gefährlichkeit der Raserei für das Leben des Opfers und die damit zusammenhängende Wahrscheinlichkeit des Erfolgseintritts bilden eines der wichtigsten Indizien zur Ermittlung des Tötungsvorsatzes. Denn schon allgemein liegt es gerade bei schweren Gewalthandlungen nahe, dass der Handelnde die Möglichkeit des Erfolgseintritts aus den Tatumständen erkennt und mit seiner Handlung billigt, weil sich die Lebensgefahr in aller Regel als besonders offenkundig darstellt. Die Gefährlichkeit setzt sich vor allem aus der konkreten Angriffsweise als Modalität der Tathandlung und der Verletzlichkeit des betroffenen Rechtsguts in der Situation zusammen. Allerdings kann selbst aus einer höchsten Gefährlichkeit allein nicht auf eine bewusste und gewollte Erfolgsherbeiführung durch den Handelnden geschlossen werden, denn andere Indizien können dem wiederum entgegenstehen.[931]

Die Indizienwirkung der hohen Gefährlichkeiten schwerer Gewalthandlungen wird bei Raserfällen teilweise infrage gestellt, weil die Raser das Opfer nicht zielgerichtet angriffen, insofern also keinen Körperverletzungsvorsatz

930 BGH, NStZ-RR 2013, 242 (243); BGH, NStZ-RR 2016, 79 (80); BGH, NStZ 2018, 460 (461 f.); LK – *Vogel/Bülte*, § 15 StGB 65 ff.; Lackner/Kühl – *Kühl*, § 15 StGB Rn. 25; BeckOK-StGB – *Kudlich*, § 15 Rn. 23 ff.; *Mylonopoulos*, in: FS Frisch, 349 (349 ff.); *Koriath*, in: Grundfragen des Strafrechts, 103 (129 ff.); B/W/M/E (AT) – *Eisele*, Rn. 11/29 ff.; *Wessels/Beulke/Satzger*, StR AT, Rn. 344 ff.; *Schneider*, NStZ 2018, 528 (529 f.).

931 BGH, NStZ 2006, 446 (446); BGH, NStZ-RR 2013, 75 (77); BGH, NStZ 2018, 460 (461 f.); BeckOK-StGB – *Kudlich*, § 15 Rn. 23 ff.; Lackner/Kühl – *Kühl*, § 15 StGB Rn. 25; *Kubiciel/Hoven*, NStZ 2017, 439 (440); *Neumann*, Jura 2017, 160 (167); *Eisele*, JZ 2018, 549 (551); *Vavra/Holznagel*, ZJS 2018, 559 (563 f.); *Steinle*, Verbotene Kraftfahrzeugrennen, S. 42 u. 48 f.; *Godenzi/Bächli-Biétry*, in: Jahrbuch 2009, 561 (614 ff.).

i.S.d. dolus directus 1. oder 2. Grades hätten, und ohnehin weitere Besonderheiten für den Straßenverkehr beständen.[932] Allein die Tatsache, dass illegale Raserei im normalen Straßenverkehr – dem eine gewisse Grundgefährlichkeit immanent ist – stattfindet, begründet keine Besonderheit(en), die gefährliche Gewalthandlungen dort ausschließen. Selbst wenn man Raserei mangels Verletzungsabsicht der Raser schwerlich als Gewalthandlung bezeichnen mag, kann von ihr eine vergleichbar große Gefährlichkeit ausgehen. Denn über die Gefährlichkeit entscheidet die ausgeführte Handlung in der Situation und nicht die Absicht des Handelnden. Die Einwände sind damit nur begrifflicher Natur und ändern auch im Berliner Fall nichts an der Bedeutung der Gefährlichkeit der Raserei als Indiz für das vorsatzrelevante Wissen und Wollen der Raser.[933]

Um die Gefährlichkeit der Raserei – gleichgültig ob Einzelraserei oder illegale Straßenrennen – zu bestimmen, sind das konkrete Fahrverhalten und die konkreten situativen Umgebungsvariablen zu analysieren, weil sie die Unfallwahrscheinlichkeit und -schwere bestimmen. Dabei ist vor allem bedeutsam, wo die Raserei stattfindet (Innenstadt, Landstraße oder Autobahn), wie sich die Strecke genau darstellt (Straßenverlauf, -breite, -zustand, Kreuzungen, Vorfahrtsregelungen/Ampeln, Zebrastreifen, Ausfahrten, Baustellen etc.), wie hoch das Verkehrs- und Personenaufkommen ist und wie gut oder schlecht ein Fahrer den Geschehensverlauf voraussehen kann (z. B. schlecht einsehbare Kreuzung, aus der plötzlich ein Fahrzeug einfahren könnte). Auch Aspekte wie die Tageszeit (Tag oder Nacht) und das Wetter (z. B. sonnig, trocken oder nass, neblig) können bedeutsam sein. Je voller, enger, komplexer, unübersichtlicher und schwieriger die Situation ist, desto höher ist naturgemäß das Gefährlichkeitspotenzial der Raserei für Rechtsgüter anderer. Beim Fahrverhalten der Raser kommt es in erster Linie auf die gefahrene Geschwindigkeit an. Je nach Gefahrpotenzial der konkreten Fahrumgebung können sogar schon weniger schwerwiegende Geschwindigkeitsverstöße die Gefährlichkeit erheblich erhöhen (z. B. in vollen Innenstädten), während die Geschwindigkeitsüberschreitung in einer anderen Umgebung dafür eklatant sein muss (z. B. leere Autobahn). Dabei spielt auch das sonstige Fahrverhalten der Rennfahrer eine wichtige

932 *Momsen*, KriPoZ 2018, 76 (92); *Zopfs*, DAR 2018, 375 (376); *Walter*, NJW 2017, 1350 (1350).

933 Stützend: BGH, NStZ 1994, 584 (585 f.); BGH, 4 StR 482/19, Urteil vom 18.06.2020, Rn. 21 ff. – im Internet abrufbar: www.bundesgerichtshof.de (Stand: 24.02.2020); MüKo-StGB – *Schneider*, § 212 Rn. 24 ff.; *Roxin/Greco*, AT 1, Rn. 12/88x; *Eisele*, JZ 2018, 549 (551 f.); *Zehetgruber*, KriPoZ 2018, 358 (359).

Rolle. Erst recht wenn die Rennfahrer die konkrete Verkehrssituation nicht gut einsehen können, gehören dazu vor allem die Missachtung der Vorfahrt bzw. roter Ampeln, das riskante Überholen, das Befahren der Gegenfahrbahn und Schneiden von Kurven. Relevant ist ebenfalls, welche Abwehrmöglichkeiten das Opfer hat und wie gut die Fahrfähigkeiten des Rasers sind, denn dadurch kann die Unfallgefahr reduziert sein (bspw. Unfallvermeidung durch mögliches Ausweichen). Ansonsten beeinflusst das für die Raserei verwendete Kraftfahrzeug – vor allem seine Art und Eigenschaften – die Gefährlichkeit. So besitzt ein Automobil schon aufgrund seines höheren Gewichts, größeren Volumens und seiner massiveren Bauweise ein höheres Gefährdungspotenzial als ein deutlich kleineres und leichteres Motorrad. Der Einfluss dieser Parameter gilt ebenso innerhalb derselben Fahrzeugbauart (z. B. Kleinwagen vs. SUV), wobei auch weniger offensichtliche Fahrzeugeigenschaften relevant sein können (z. B. Bremswirkung, Spurtreue, elektronische Assistenzsysteme). Schließlich ist mit entscheidend, ob die Raserei allein als Einzelraserei oder mit mehreren Beteiligten als illegales Straßenrennen stattfindet, denn durch eine höhere Anzahl der Raserfahrzeuge wird die Gefährlichkeit offenkundig erhöht.[934]

Neben den physikalischen Grundlagen[935] müssen hinsichtlich der Unfallwahrscheinlichkeit und damit des Erfolgseintritts noch folgende mathematisch-stochastische Erkenntnisse beachtet werden: Auf der einen Seite hängt die (Einzel-) Wahrscheinlichkeit eines Unfalls zu einem bestimmten Zeitpunkt allein von den Situationsumständen ab, sodass sie sich nicht verändert.[936] Auf der anderen Seite nimmt die (Gesamt-) Wahrscheinlichkeit eines Unfalls beim

934 - Siehe zu den einzelnen Parametern für die Unfallwahrscheinlichkeit und -schwere bereits: C.II.2. [S. 37] (insb. zu Geschwindigkeit und physikalischen Fahrzeugeigenschaften), C.III.2.a)aa) [S. 59] (insb. zu Fahrumgebung und sonstigen Fahrzeugeigenschaften), D.II.1.a)cc)(1)(a)(cc) [S. 128] (insb. zu Besonderheiten illegaler Straßenrennen) und D.II.1.a)cc)(2)(a) [S. 165] (insb. zu Besonderheiten der Einzelraserei).
- Stützend: BGH, 4 StR 399/17, Urteil vom 01.03.2018, Rn. 17 – im Internet abrufbar: www.bundesgerichtshof.de (Stand: 30.04.2020); BGH, NStZ-RR 2016, 79 (80 f.); LG Berlin, (535 Ks) 251 Js 52/16 (8/16), Urteil vom 27.02.2017, Rn. 229 ff. – im Internet abrufbar: www.juris.de (Stand: 30.04.2020); MüKo-StGB – *Schneider*, § 212 Rn. 26; *Roxin/Greco*, AT 1, Rn. 12/88x; *Preuß*, NZV 2018, 345 (346); *Zopfs*, DAR 2018, 375 (376); *Steinle*, Verbotene Kraftfahrzeugrennen, S. 47.

935 Siehe dazu: C.II.2. [S. 37].

936 Zustimmend: *Momsen*, KriPoZ 2018, 76 (89); *Preuß*, NZV 2018, 345 (348).

Rasen mit zunehmender Strecke in Abhängigkeit von den Einzelwahrscheinlichkeiten insgesamt immer weiter zu[937].

Diese Erkenntnisse lassen sich anhand des Berliner Straßenrennens veranschaulichen. Dabei überfuhren die beiden Raser bekanntermaßen 13 Kreuzungen, an denen die Ampeln für sie teilweise Rot zeigten. Geht man vereinfachend davon aus, dass sich die Situation an allen Kreuzungen exakt gleich darstellte (d. h. gleiche Geschwindigkeit, gleicher Straßenverlauf, gleiche Ampelschaltung, gleicher Verkehr etc.), bestand an jeder Kreuzung eine gleich große Einzelwahrscheinlichkeit (p), dass es zu einem Unfall mit einem anderen Verkehrsteilnehmer kommt (bspw. $p = 10\%$). Es handelt sich dabei mathematisch gesehen um ein Zufallsexperiment, bei dem nur zwei Ereignisse (Unfall oder kein Unfall) eintreten können: sog. Bernoulli-Experiment. Werden nun mehrere Kreuzungen hintereinander überfahren, führt man dieses Experiment mehrmals durch, wobei es sich wegen der Unabhängigkeit der Kreuzungen untereinander um eine sog. Bernoulli-Kette handelt.[938]

Berechnet man auf der Grundlage dieser Binomialverteilung die Gesamtwahrscheinlichkeit (P), dass es an irgendeiner Kreuzung zu einem Unfall kommt bzw. demgegenüber alle 13 unfallfrei durchfahren werden, ergibt sich bei der Einzelunfallwahrscheinlichkeit von 10 % eine Gesamtwahrscheinlichkeit von ca. 75 % für einen Unfall bzw. von ca. 25 % für eine folgenlose Durchfahrt.[939]

So zeigt sich, dass die Gesamtwahrscheinlichkeit eines Verunfallens mit dem Durchfahren jeder weiteren Kreuzung zunimmt und sich rechnerisch immer weiter 100 % annähert, ohne diesen Wert aber jemals zu erreichen. Abgesehen

---

937 Zustimmend: LG Berlin, (535 Ks) 251 Js 52/16 (8/16), Urteil vom 27.02.2017, Rn. 232 – im Internet abrufbar: www.juris.de (Stand: 30.04.2020); *Preuß*, NZV 2018, 345 (348); *Puppe*, JR 2018, 323 (324 mit Fn. 3).

938 Stützend: *Hedderich/Sachs*, Angewandte Statistik, S. 229 ff.; *Papula*, Mathematik für Ingenieure, S. 350 ff.; *F/H/K/P/T*, Statistik, S. 209 ff. u. 235 f.; *Momsen*, KriPoZ 2018, 76 (89); *Preuß*, NZV 2018, 345 (348).

939 - Die Variablen der Bernoullie-Kette sind:

o n : Länge der Bernoulli-Kette als Anzahl der Bernoulli-Experimente

o r : Anzahl der gesuchten Treffer

o p : Einzel-/Wahrscheinlichkeit eines Treffers

o $P(X = r)$: Gesamt-/Wahrscheinlichkeit für die gesuchte Trefferanzahl

- Die Berechnung der gesuchten Gesamt-/Wahrscheinlichkeit im Rahmen einer Bernoulli-Kette erfolgt allgemein nach:

$$P(X = r) = \binom{n}{r} \cdot p^r \cdot (1 - p)^{n-r}$$

von der hier gleichbleibenden Einzelwahrscheinlichkeit ist der Vergleich mit Russisch Roulette[940] auch aus diesem Grund selbst für exzessivste Raserei falsch, gleichwohl eine äußerst hohe Unfallwahrscheinlichkeit bestehen kann[941].
Für das Indiz der Erfolgseintrittswahrscheinlichkeit entfalten sowohl die Einzel- als auch die Gesamtwahrscheinlichkeit eines Unfalls erhebliche Bedeutung. Die Einzelwahrscheinlichkeit beschreibt dabei mathematisch, wie groß die Unfallwahrscheinlichkeit zu einem bestimmten Handlungszeitpunkt ist, an den die Frage nach dem Wissen und Wollen anknüpft. Wer jedoch allein auf die Einzelwahrscheinlichkeit abstellt,[942] verengt entgegen der Feststellungsgrundlage des Vorsatzes den Gesamtzusammenhang der Tat. Denn in aller Regel liegen Wissen und Wollen der Tatbestandsverwirklichung nicht schon zu Beginn der Raserei vor, sondern entwickeln sich bei den Rasern erst im Rennverlauf. Es findet also ein Art psychischer Entwicklungsprozess statt, der nicht nur von aktuellen, sondern auch von zurückliegenden Gefährlichkeitsaspekten beeinflusst wird. Die Einzelunfallwahrscheinlichkeit umfasst dabei lediglich den letzten Teil dieser Entwicklung, wohingegen der vorhergehende von der Gesamtunfallwahrscheinlichkeit beschrieben wird. In dieser Betrachtung liegt auch kein Aspekt des unzulässigen dolus generalis[943]. Denn

---

- Um im Beispiel die Gesamt-/Wahrscheinlichkeit für ein unfallfreies Durchfahren aller 13 Kreuzungen zu ermitteln, sind entsprechende Werte einzusetzen ($r=0$; $n=13$; $p=0{,}1$):

$$P(X=0)=\binom{13}{0}\cdot 0{,}1^{0}\cdot(1-0{,}1)^{13-0}=1\cdot 1\cdot 0{,}9^{13}=0{,}9^{13}\approx 0{,}2542\approx 25\%$$

- Entsprechend ist dann für die Gesamt-/Wahrscheinlichkeit des Verunfalllens an irgendeiner Kreuzung zu verfahren, wobei alternativ einfach von 1 (= 100 %) der zuvor ermittelte Wert des unfallfreien Durchfahrens subtrahiert werden kann:

$$P(X\geq 1)=1-P(X=0)\approx 0{,}7458\approx 75\%$$

- Zu den mathematischen Grundlagen: *Hedderich/Sachs*, Angewandte Statistik, S. 230 ff.; *Papula*, Mathematik für Ingenieure, S. 352 ff.; *F/H/K/P/T*, Statistik, S. 235 ff.

940 So aber: *Kubiciel/Hoven*, NStZ 2017, 439 (440).

941 Stützend: *Momsen*, KriPoZ 2018, 76 (89); *Preuß*, NZV 2018, 345 (348).

942 So wohl: *Momsen*, KriPoZ 2018, 76 (89).

943 Allgemein zum dolus generalis: BGHSt 14, 193 (193 f.); Matt/Renzikowski – *Gaede*, § 16 StGB Rn. 31; BeckOK – *Kudlich*, § 16 Rn. 10 ff.; Schönke/Schröder – *Sternberg-Lieben/Schuster*, § 15 StGB Rn. 58; *Wessels/Beulke/Satzger*, StR AT, Rn. 387 ff.

einerseits handelt es sich bei dem gesamten Rennen um einen einheitlichen Geschehensablauf und andererseits wird das Raserverhalten bzw. das Wissen und Wollen der Raser nicht verallgemeinert, sondern situationsspezifisch nur auf die relevanten gefahrdarstellenden Situationen bezogen. Folglich können nur beide Wahrscheinlichkeiten zusammen den gesamten Verlauf der Raserei als Gesamtzusammenhang hinreichend abbilden, der für den Schluss auf das Wissen und Wollen der Raser relevant ist. Neben den Situationsumständen und dem Fahrverlauf unmittelbar vor dem Unfall – als Einzelunfallwahrscheinlichkeit – lassen sich so auch aus Aspekten wie der Streckenlänge und der (vorherigen) Anzahl bzw. Schwere gefahrträchtiger Situationen – als Gesamtunfallwahrscheinlichkeit – Rückschlüsse für die vorsatzrelevante Erfolgseintrittswahrscheinlichkeit ziehen.[944]

Ohne es bisher explizit erwähnt zu haben, ist es für die Gefährlichkeit der Raserei entscheidend, welche konkreten Unfälle mit welchen Folgen drohen. Die Art und Weise der potenziellen Unfälle gibt für die Gefährlichkeit vor, wie weit der Vorsatz – bezogen auf die fremden Rechtsgüter – überhaupt reichen kann. Denn wenn gemäß der Analyse kein tödlicher Unfall droht, ist das Rechtsgut Leben nicht gefährdet, sodass aus der tatsächlichen Gefährlichkeit keine Indizwirkung für einen Tötungsvorsatz folgt. Zwar wird man nur selten bestimmte Unfallfolgen sicher ausschließen können, doch auch wenn die Wahrscheinlichkeit für solche sehr gering ist, erwächst daraus keine belastbare Indizwirkung.[945]
Fährt bspw. ein Raser auf seinem Motorrad mit 90 km/h auf gerader Strecke, wobei er in das Heck des mit 50 km/h vor ihm fahrenden schweren SUV hineinfährt, folgen zweifelsohne Sachschäden am SUV. Obgleich der SUV-Fahrer dabei verletzt werden könnte, ist das wegen seines massiven Fahrzeugs (durch Knautschzone und sonstige Sicherheitsausstattung), dem leichten Motorrad als

944 Stützend: LG Berlin, (535 Ks) 251 Js 52/16 (8/16), Urteil vom 27.02.2017, Rn. 232 – im Internet abrufbar: www.juris.de (Stand: 30.04.2020); LG Hamburg, 621 Ks 12/17, Urteil vom 19.02.2018, Rn. 451 ff. – im Internet abrufbar: www.juris.de (Stand: 30.04.2020); *Preuß*, NZV 2018, 345 (348); *Puppe*, JR 2018, 323 (324 mit Fn. 3); siehe damit zusammenhängend auch schon Fußnote 931.

945 Stützend: BGH, 4 StR 399/17, Urteil vom 01.03.2018, Rn. 21 ff. – im Internet abrufbar: www.bundesgerichtshof.de (Stand: 30.04.2020); LG Hamburg, 621 Ks 12/17, Urteil vom 19.02.2018, Rn. 61 ff. u. 451 ff. – im Internet abrufbar: www.juris.de (Stand: 30.04.2020); *Schneider*, NStZ 2018, 528 (530 f.); siehe damit zusammenhängend auch schon Fußnote 931.

Kollisionsgegner und der nicht übermäßig hohen Kollisionsdifferenzgeschwindigkeit eher unwahrscheinlich. Seine Tötung ist so gut wie ausgeschlossen. Dementsprechend wäre die Indizwirkung der Gefährlichkeit für einen Sachbeschädigungsvorsatz des Rasers groß, für einen Körperverletzungsvorsatz eher gering und für einen Tötungsvorsatz nicht existent. Anders wäre es, wenn im Beispielsfall der Raser das Auto und das Opfer das Motorrad führe. Das Opfer wäre nahezu ungeschützt und gleichzeitig einer bedeutend größeren Krafteinwirkung ausgesetzt, sodass für das Opfer ein Unfall nicht unwahrscheinlich tödlich enden würde, womit ein Tötungsvorsatz deutlich indiziert wäre.

Die beiden Raser von Berlin trugen das illegale Straßenrennen mit ihren hochmotorisierten Autos der gehobenen Mittelklasse nachts auf dem Kurfürstendamm aus. Obwohl auf dieser in der Berliner Innenstadt gelegenen Strecke zahlreiche Verkehrsteilnehmer und Passanten unterwegs waren, wurden über drei Kilometer mit meist maximaler Beschleunigung Spitzengeschwindigkeiten von 170 km/h bei erlaubten 50 km/h erreicht, diverse rote Ampeln überfahren und auch sonst jegliche Verkehrsregeln missachtet. Dabei fuhren die Raser über längere Zeit sehr dicht beieinander und überholten sich gegenseitig. So rasten sie auch auf die nach rechts nicht einsehbare Unfallkreuzung zu, obwohl ihnen die rote Ampel Halt gebot. Beim Durchfahren der Kreuzung bestand weder für die Raser noch für etwaig einfahrende Verkehrsteilnehmer die Möglichkeit, einen Unfall zu vermeiden. Sowohl die Einzel- als auch die Gesamtwahrscheinlichkeit für einen Unfall mit einem in den Kreuzungsbereich einfahrenden Opfer waren vor allem wegen der sehr hohen Geschwindigkeiten, der Ampelschaltung an der nicht einsehbaren Kreuzung, dem nicht geringen Verkehrsaufkommen und unter Berücksichtigung des vorherigen Rennverlaufs groß. Ebenso war es wegen der hohen Geschwindigkeit unbedeutend, ob ein Auto, ein Motorrad, ein Fahrrad oder auch ein Fußgänger in den Kreuzungsbereich kam, denn jedes potenzielle Unfallopfer wäre dann extremen Kräften ausgesetzt gewesen, denen weder Material noch Mensch hätten standhalten können. Die Tötung des Opfers bei einem Unfall lag so nicht nur nahe, sondern ihr Ausbleiben war vielmehr höchst unwahrscheinlich. Insgesamt ging von der Raserei – gerade zum Ende des Rennens – eine äußerst hohe Gefährlichkeit aus.[946]

946 Zustimmend: LG Berlin, (535 Ks) 251 Js 52/16 (8/16), Urteil vom 27.02.2017, Rn. 229 ff. – im Internet abrufbar: www.juris.de (Stand: 30.04.2020); LG Berlin, (532 Ks) 251 Js 52/16 (9/18), Urteil vom 26.03.2019 (unveröffentlicht), S. 60 f. u. 68; LG Berlin, (529 Ks) 251 Js 52/16 (6/20), Urteil vom 02.03.2021, Rn. 236 ff. – im Internet abrufbar: www.juris.de (Stand: 28.12.2022); MüKo-StGB – *Schneider*,

Ganz allgemein wird beim Tötungsvorsatz eine Besonderheit in Form einer sog. Hemmschwelle diskutiert. Danach müsse der Handelnde für eine gewollte Tötung subjektiv eine im Vergleich zur Körperverletzung bzw. Lebensgefährdung höhere besondere Hemmschwelle als eine Art natürlicher, psychischer Barriere überwinden. Auf diese Weise werde die Indizwirkung der objektiven Gefährlichkeit einer Tathandlung für das Willenselement des Vorsatzes erheblich begrenzt, sodass weitere besondere Indizien festgestellt werden müssten, um Tötungsvorsatz annehmen zu können.[947]
Nicht selten lehnten Gerichte einen Tötungsvorsatz mehr oder weniger allein aufgrund dieser Anforderungen der Hemmschwellentheorie ab.[948] Allerdings konnten bisher keine hinreichenden Belege für eine besondere Hemmschwelle bei (je)der Tötung eines anderen Menschen gefunden werden, womit die juristische Hemmschwelle keine tatsächliche Grundlage besitzt.[949] Des Weiteren steht einer Hemmschwelle zumindest der Eventualvorsatz entgegen, für dessen In-Kauf-Nehmen trotz Unerwünschtheit des Erfolgs nach herrschender Sicht schon Gleichgültigkeit ausreicht. Inwiefern das Einnehmen einer solchen Egal-Haltung hinsichtlich des fremden Todes vom Handelnden eine besondere psychische Überwindung o. Ä. erfordern soll, bleibt rätselhaft. Denn schließlich zeichnet sich Gleichgültigkeit gerade durch ein Desinteresse gegenüber den

---

§ 212 Rn. 24; *Roxin/Greco*, AT 1, Rn. 12/88x; *Kubiciel/Hoven*, NStZ 2017, 439 (442); *Jahn*, JuS 2017, 700 (702); *Eisele*, JZ 2018, 549 (552).

947 BGH, NStZ 1983, 407 (407); BGH, StV 1994, 654 (654); BGH, NStZ 2020, 349 (350); LG Hamburg, 621 Ks 12/17, Urteil vom 19.02.2018, Rn. 487 – im Internet abrufbar: www.juris.de (Stand: 30.04.2020); Schönke/Schröder – *Sternberg-Lieben/Schuster*, § 15 StGB Rn. 87 f.; nur darstellend: *Vavra/Holznagel*, ZJS 2018, 559 (565 f.); *Gründel*, ZJS 2019, 211 (215); *Nicolai*, JA 2019, 31 (35).

948 Stützend: BGHSt 57, 183 (185 f.); *Verrel*, NStZ 2004, 309 (309 f.); *Vavra/Holznagel*, ZJS 2018, 559 (565 f.); *Gründel*, ZJS 2019, 211 (215); *Nicolai*, JA 2019, 31 (35).

949 - Ebenso: NK-StGB – *Puppe*, § 15 Rn. 94; NK-StGB – *Neumann/Saliger*, § 212 Rn. 18; *Geppert*, Jura 2001, 55 (59); *Trück*, NStZ 2005, 233 (234 f.).
- Die verbreitete Annahme einer allgemeinen Tötungshemmschwelle des Menschen gegenüber Seinesgleichen beruht so weniger auf Fakten, sondern wird vielmehr einfach angenommen bzw. vorausgesetzt. Zwar gibt es gewisse wissenschaftliche Anhaltspunkte, die für eine Hemmschwelle bei der Tötung eines Menschen sprechen könnten, doch sind diese weder eindeutig noch unumstritten und erst recht nicht allgemeingültig. (Siehe insofern zu den verschiedenen Begründungsversuchen einer allgemeinen Tötungshemmschwelle: *Lederer*, Hemmschwellen, S. 161 ff.).

Handlungsfolgen für andere aus, sodass diese Willenshaltung leichter eingenommen werden kann.[950]
Die Hemmschwellentheorie ist demzufolge nicht begründbar und endgültig aufzugeben.[951] Zwar bleibt möglich, dass sich Menschen zum Herbeiführen bestimmter Erfolge tatsächlich besonders überwinden müssen, etwa wenn eine positive emotionale Beziehung zum Opfer besteht (z. B. Verletzung/Tötung von geliebten Familienmitgliedern durch gefährliches Verhalten). Doch ist das ohnehin im Rahmen der üblichen Gesamtbetrachtung zur Vorsatzfeststellung zu berücksichtigen.[952]

Zusammenfassend ergibt sich für den erfolgsbezogenen Vorsatz nicht nur in tödlichen Raserfällen, dass die objektive Gefährlichkeit der Tathandlung dafür einen äußerst wichtigen Indikator bildet. Zu ermitteln sind die Gefährlichkeit der Tathandlung für das potenziell betroffene Rechtsgut – in Form der konkreten Angriffsmodalität und der Verletzlichkeit des Rechtsguts bei der Tat – sowie die Wahrscheinlichkeit des Erfolgseintritts – in Form der Unfallwahrscheinlichkeit und -schwere. Bedeutsam sind für die Raserei dabei die Art des Rasens (Einzelraserei oder Straßenrennen), das verwendete Fahrzeuge (z. B. Auto, Motorrad), das genaue Verkehrsfehlverhalten (z. B. wie schnell gefahren wird), die äußeren Situationsumstände (z. B. Innenstadtstraße, Verkehr, Voraussichtmöglichkeiten).
Aus dieser Analyse folgt ein Ergebnis für die objektive Gefährlichkeit bezogen auf die unterschiedlichen Rechtsgüter (Eigentum, Körper, Leben), die durchaus unterschiedlich hoch ausfallen kann. Übersteigt diese Gefährlichkeit – jeweils bezogen auf das entsprechende Rechtsgut – nicht das Niveau, das auch von alltäglicheren Verkehrsverstößen erreicht wird, spricht der Indikator gegen das Wissen und Wollen einer entsprechenden Schädigung des Täters. Deutlich

950 Stützend: MüKo-StGB – *Schneider*, § 212 Rn. 89; NK-StGB – *Puppe*, § 15 Rn. 94; *Rissing-van Saan*, in: FS Geppert, 497 (506 f.); *Geppert*, Jura 2001, 55 (59); *Artkämper/Dannhorn*, NStZ 2015, 241 (242 f.); *Trück*, NStZ 2005, 233 (234 f.).

951 NK-StGB – *Puppe*, § 15 Rn. 94; *Fischer*, § 212 StGB Rn. 15 ff.; MüKo-StGB – *Schneider*, § 212 Rn. 78; *Roxin/Greco*, AT 1, Rn. 12/88m; *Fahl*, NStZ 1997, 392 (392); *Geppert*, Jura 2001, 55 (59); *Trück*, NStZ 2005, 233 (234 f.); *Heghmanns*, ZJS 2012, 826 (829 ff.).

952 BGHSt 57, 183 (189 ff.); BGH, NStZ-RR 2007, 304 (306); BGH, NStZ 2018, 206 (207); MüKo-StGB – *Schneider*, § 212 Rn. 14, 76 u. 78; BeckOK-StGB – *Kudlich*, § 15 Rn. 24; *Roxin/Greco*, AT 1, Rn. 12/88m; *Fahl*, JuS 2013, 499 (501); *Mitsch*, DAR 2017, 70 (70); *Vavra/Holznagel*, ZJS 2018, 559 (566); *Gründel*, ZJS 2019, 211 (215); *Nicolai*, JA 2019, 31 (35).

oberhalb dieses Niveaus spricht der Indikator wiederum für vorsätzliches Handeln, wobei er schwerer wiegt, je gefährlicher sich die Raserei darstellt.

Die insgesamt äußerst hohe Gefährlichkeit des illegalen Straßenrennens vom Berliner Kurfürstendamm indiziert somit klar einen Tötungsvorsatz der Raser.

(cc) Gefahrunterschätzung

Ein gewichtiges Indiz, das andererseits gegen einen Tötungsvorsatz der Raser spricht, ist die subjektive Unterschätzung der Gefährlichkeit des Verhaltens.[953] Für die Wissenskomponente des Vorsatzes muss der Handelnde seine Umgebung zumindest in Grundzügen erfassen, um die potenziellen Folgen seines Verhaltens entsprechend einordnen und die Möglichkeit der Erfolgsherbeiführung erkennen zu können. Wenn der Handelnde nun – aus welchen Gründen auch immer – die objektive Gefährlichkeit seines Verhaltens in der konkreten Situation völlig unterschätzt bzw. verdrängt, verkennt er die tatsächliche Möglichkeit des Erfolgseintritts. Mangels Wissens scheidet Vorsatz dann aus.[954] Selbst wenn die Gefahrunterschätzung nicht so weit geht und der Handelnde durchaus mit dem Erfolgseintritt rechnet, kann sie dennoch wegen einer subjektiv geringer angenommenen Wahrscheinlichkeit des Erfolgseintritt mehr oder weniger gegen das Willenselement des Vorsatzes sprechen. Denn je geringer diese Wahrscheinlichkeit subjektiv eingestuft wird, desto weniger präsent ist die Gefahr in der Vorstellung und desto eher wird man bei einer aktuellen Reflexion darüber von einem guten Ende ausgehen („Es wird schon nichts passieren." vs. „Dann passiert's halt.").[955]

---

953 Schweizer BGE 133 IV 9, S. 20; LG Frankfurt, 5/8 KLs 1/16, Urteil vom 01.12.2016, Rn. 91 – im Internet abrufbar: www.juris.de (Stand: 24.07.2020); LK – *Vogel/Bülte*, § 15 StGB Rn. 107 f.; *Eisele*, JZ 2018, 549 (552); *Schweiger*, HRRS 2018, 407 (409); *Preuß*, NZV 2017, 303 (306); *Walter*, NJW 2017, 1350 (1350 f.); *Geppert*, Jura 2001, 55 (58); *Godenzi/Bächli-Biétry*, in: Jahrbuch 2009, 561 (606 ff.).

954 - Stützend: *Steinle*, Verbotene Kraftfahrzeugrennen, S. 45 u. 55 f.; *Momsen*, KriPoZ 2018, 76 (91 f.); *Schneider*, NStZ 2018, 528 (532); *Hörnle*, NJW 2018, 1576 (1577); *Schweiger*, HRRS 2018, 407 (409); *Godenzi/Bächli-Biétry*, in: Jahrbuch 2009, 561 (605 ff. u. 627).
- Siehe dazu schon: D.II.1.c)ee)(2)(a)(bb) [S. 302].

955 - Stützend: BGH, 4 StR 311/17, Urteil vom 01.03.2018, Rn. 24 – im Internet abrufbar: www.bundesgerichtshof.de (Stand: 24.02.2020); LK – *Vogel/Bülte*, § 15 StGB Rn. 107 ff.; *Rostalski*, GA 2017, 585 (586); *Walter*, NJW 2017, 1350 (1350 f.).
- Siehe dazu schon: D.II.1.c)ee)(2)(a)(cc) [S. 308] mit Fußnote 899.

Grundsätzlich erfasst jeder Verkehrsteilnehmer sein eigenes Verkehrsverhalten und die von ihm wahrnehmbaren Situationsumstände zumindest als unbewusst verarbeitete Informationen im sachgedanklichen Mitbewusstsein. Diese Informationen werden sodann auf gleicher Ebene analysiert, woraus eine Gefahreneinstufung folgt, wonach – im Zweifel ebenso unbewusst – von einer hinreichend konkreten Möglichkeit eines Erfolgseintritts ausgegangen wird oder nicht. Fahrzeugführer neigen aber allgemein dazu, ihre eigenen Fahrfähigkeiten zu über- und das im Straßenverkehr vorherrschende Unfallrisiko zu unterschätzen.[956]

Vor allem bei jüngeren Rasern ist dies nochmals stärker ausgeprägt. Die Gefahrunterschätzung beruht auf verschiedenen Gründen, die von Person zu Person unterschiedlich ausfallen können. Für die vorsatzrelevante Gefahrunterschätzung sind vor allem folgende Gründe und Motive der Raserei wichtig: Neben erwähnter Risikounterschätzung und Überschätzung der eigenen Fähigkeiten können ein geringer ausgeprägtes Risikobewusstsein und die Kontrollillusion[957], ein Flow- bzw. Rauschzustand[958], Gewohnheiten und Lerneffekte[959], Medien und Vorbilder[960], eine höhere allgemeine Risikobereitschaft[961] sowie entsprechende psychische Besonderheiten wie Persönlichkeitsneigungen und -störungen[962] wesentlich zur individuellen Gefahrunterschätzung beitragen.

An sich ist es dabei unbedeutend, auf welchen Faktoren eine Gefahrunterschätzung des Handelnden beruht. Allerdings lässt sie sich nur anhand der einzelnen Faktoren genauer feststellen bzw. widerlegen, weil es – abgesehen von entsprechenden glaubhaften Einlassungen des Rasers – kein übergeordnetes Indiz dafür gibt, mit dem eindeutig auf eine subjektive Gefahrunterschätzung geschlossen werden kann. Gelangt man bei dieser Faktorenanalyse zu einer Gefahrunterschätzung, ist sie dann gemäß ihrer Intensität in die Gesamtabwägung des Vorsatzes einzustellen. Je offensichtlicher und schwerer sich

---

956 - Siehe zum Wissen von der Situation D.II.1.c)ee)(2)(a)(bb) [S. 302] und zu den Fehleinschätzungen C.III.2.b)bb)(7) [S. 90].
- Weiter stützend: Schweizer BGE 133 IV 9, S. 20; MüKo-StGB – *Schneider*, § 212 Rn. 24 u. 26; *Kubiciel/Hoven*, NStZ 2017, 439 (440); *Momsen*, KriPoZ 2018, 76 (91); *Godenzi/Bächli-Biétry*, in: Jahrbuch 2009, 561 (607).

957 Siehe dazu: C.III.2.b)bb)(7) [S. 90].

958 Siehe dazu: C.III.2.b)bb)(6) [S. 88].

959 Siehe dazu: C.III.2.b)bb)(3) [S. 80].

960 Siehe dazu: C.III.2.a)dd)(5) [S. 68].

961 Siehe dazu: C.III.2.b)bb)(3) [S. 80].

962 Siehe dazu: C.III.2.b)bb)(2) [S. 78].

demgegenüber die objektive Gefährlichkeit der Tathandlung darstellt, desto stärker müssen die Unterschätzungsfaktoren wiegen, damit beim Raser überhaupt eine gefahrrelativierende Unterschätzung auftreten kann. Wenn der Raser tatsächlich nicht einmal mit der hinreichend konkreten Möglichkeit des Erfolgseintritts rechnet, erübrigt sich mangels seines dann fehlenden Wissens jegliche weitere Gesamtabwägung und Vorsatzprüfung.

Für die Berliner Raser ergibt sich folgendes Bild:
Obwohl beide Raser mit 24 und 26 Jahren keine Heranwachsenden mehr waren, suchten sie doch als junge Männer im Straßenverkehr die Gefahr und besaßen eine hohe Risikobereitschaft.[963] Zumindest beim psychologisch explorierten Raser H – der Mitangeklagte N verweigerte eine verkehrspsychologische Begutachtung – ließen sich Selbstüberhöhungstendenzen infolge narzisstischer Persönlichkeitsneigungen ausmachen, wobei auch die Konsequenzen des eigenen Verhaltens kaum kritisch reflektiert wurden.[964] Freunde und Bekannte nannten ihn „Transporter", weil er ähnlich zur Hauptfigur der gleichnamigen Actionfilmreihe, mit der er sich gerne identifizierte, einen grob verkehrswidrigen und äußerst riskanten, aber bei Verfolgungsfahrten letztendlich auch erfolgreich schnellen Fahrstil an den Tag legte.[965] Beide Raser hatten schon vor der Tat zahllose schwerwiegende Verkehrsverstöße – bis hin zu Einzelraserei und anderen illegalen Straßenrennen – begangen, die vereinzelt auch zu Unfällen geführten hatten.[966] Das regelbrechende Verkehrsverhalten des explorierten Rasers hatte sich mit der Zeit durch negative Lernerfahrung infolge nicht ernsthafter Sanktionierungen zu einer fest verankerten Gewohnheit entwickelt.[967] Bei dem Straßenrennen auf dem Berliner Kurfürstendamm war es auch dieser Raser, der seinen Sicherheitsgurt nicht anlegte.[968] Bevor das Straßenrennen an der Unfallkreuzung sein jähes Ende fand, überfuhren die Raser ähnlich rasant

963 Stützend: LG Berlin, (535 Ks) 251 Js 52/16 (8/16), Urteil vom 27.02.2017, Rn. 218 ff. – im Internet abrufbar: www.juris.de (Stand: 30.04.2020).

964 LG Berlin, (535 Ks) 251 Js 52/16 (8/16), Urteil vom 27.02.2017, Rn. 184 f. u. 220 f. – im Internet abrufbar: www.juris.de (Stand: 30.04.2020).

965 LG Berlin, (535 Ks) 251 Js 52/16 (8/16), Urteil vom 27.02.2017, Rn. 7, 220 u. 228 – im Internet abrufbar: www.juris.de (Stand: 30.04.2020).

966 Stützend: LG Berlin, (535 Ks) 251 Js 52/16 (8/16), Urteil vom 27.02.2017, Rn. 6 ff., 220 u. 228 – im Internet abrufbar: www.juris.de (Stand: 30.04.2020).

967 LG Berlin, (535 Ks) 251 Js 52/16 (8/16), Urteil vom 27.02.2017, Rn. 184 ff. – im Internet abrufbar: www.juris.de (Stand: 30.04.2020).

968 LG Berlin, (535 Ks) 251 Js 52/16 (8/16), Urteil vom 27.02.2017, Rn. 244 – im Internet abrufbar: www.juris.de (Stand: 30.04.2020).

diverse Kreuzungen bei Rotlicht, wobei es aber zu keiner konkret gefährlichen Situation für andere Verkehrsteilnehmer kam.[969] Das verkehrspsychologische Gutachten stellt des Weiteren fest, dass der Raser allgemein kein realistisches Bild des Gefahrenpotenzials seines Fahrstils besessen sowie sein Fahrkönnen erheblich über- und mögliche äußere Störfaktoren erheblich unterschätzt hätte.[970] Gemäß dem Gutachten hätte er in der konkreten Situation sein Fahrkönnen mit hoher Wahrscheinlichkeit in extremem Ausmaß überschätzt und wäre so davon ausgegangen, er würde andere Verkehrsteilnehmer nicht ernsthaft gefährden.[971]

Das verkehrspsychologische Gutachten scheint es nahezulegen, dass der explorierte Raser die tatsächlichen Gefahren seines Verkehrsverhaltens völlig verkannt hat. Ob er aber wirklich die Gefahrenlage mit der Möglichkeit des tödlichen Unfalls vollkommen verdrängt und damit ohne Wissen gehandelt hat, ist zweifelhaft. Denn dem steht die festgestellte äußerst hohe objektive Gefährlichkeit des Rennens gegenüber,[972] sodass die Unterschätzungsfaktoren für eine völlig relativierende Gefahrunterschätzung entsprechend schwer wiegen müssten.

Dabei muss berücksichtigt werden, dass sich ein Raser allgemein der Gefährlichkeit seines Verhaltens und der darausfolgenden Möglichkeit von Unfällen bewusst ist, weil er ansonsten wohl kaum andere mit dieser Raserei beeindrucken und seinen Selbstwert steigern könnte. Dieses generelle Gefahrbewusstsein deckt sich auch mit seiner allgemein hohen Risikobereitschaft, die er mit der Raserei auslebt.[973]

Die vor dem Rennen durch negative Lernerfahrung erworbene Verhaltensgewohnheit und Gefahrgewöhnung der Berliner Raser könnten gleichwohl zu einer Gefahrunterschätzung beigetragen haben. Allerdings ist zumindest der explorierte Raser durch seine riskante Fahrweise schon verunfallt, sodass ihm

969 LG Berlin, (535 Ks) 251 Js 52/16 (8/16), Urteil vom 27.02.2017, Rn. 90 ff. – im Internet abrufbar: www.juris.de (Stand: 30.04.2020).

970 LG Berlin, (535 Ks) 251 Js 52/16 (8/16), Urteil vom 27.02.2017, Rn. 184 f. – im Internet abrufbar: www.juris.de (Stand: 30.04.2020).

971 LG Berlin, (535 Ks) 251 Js 52/16 (8/16), Urteil vom 27.02.2017, Rn. 220 u. 238 – im Internet abrufbar: www.juris.de (Stand: 30.04.2020).

972 Siehe: D.II.1.c)ee)(2)(b)(bb) [S. 326].

973 - Stützend: LG Berlin, (535 Ks) 251 Js 52/16 (8/16), Urteil vom 27.02.2017, Rn. 237 – im Internet abrufbar: www.juris.de (Stand: 30.04.2020); *Walter*, NJW 2017, 1350 (1350); *Schweiger*, HRRS 2018, 407 (409); *Schneider*, NStZ 2018, 528 (531).
- Siehe dazu auch insbesondere: C.III.2.b)bb)(7) [S. 90] und (9) [S. 96].

die verschuldete Schädigung anderer Personen nicht unbekannt war. Des Weiteren beteiligten sich beide Raser zwar zuvor häufiger an illegaler Raserei, doch war diese wegen geringerer Fahrgeschwindigkeiten, Beachtung roter Ampeln bzw. anderer Situationsumstände deutlich weniger gefährlich als ihr letztes Rennen. Dieses Straßenrennen bestand aus exzessivsten Verkehrsverhaltensweisen, weshalb es tatsächlich und wertungsmäßig wenig mit der vorherigen Raserei vergleichbar ist. Aufgrund dieser geringen Vergleichbarkeit führten die von den Rasern erworbenen Vorerfahrungen lediglich zu einer allgemeineren und weniger konkreten Gefahrunterschätzung, was die äußerst hohen Gefahren im letzten Rennen subjektiv nur etwas relativierten konnte.[974]

Schwerer wiegt die Tatsache, dass die Raser vor dem Unfall mehrere Kreuzungen bei Rot ohne Gefährdung unfallfrei überfuhren. Bei dem beständigen Eingehen eines Risikos innerhalb kurzer Zeit und dem dabei ebenso beständigen Ausbleiben seiner Realisierung könnte man auf die – objektiv unbegründete[975] – Idee kommen, auch im weiteren Verlauf werde nichts passieren.[976] Allerdings ergibt sich eine solche subjektive Schlussfolgerung nicht automatisch, sondern es bedarf dafür einer Verarbeitung der dazugehörigen (vorausgegangenen und aktuellen) Informationen zumindest im Mitbewusstsein. Zwar missachteten die Berliner Raser einige rote Ampeln, doch stellten sich die Gegebenheiten dort anders dar als an der Unfallkreuzung. Denn erstens waren die Raser zu Rennanfang noch langsamer unterwegs und erreichten erst im späteren Rennverlauf ihre Höchstgeschwindigkeit. Zusätzlich erfolgten die vorherigen Rotlichtmissachtungen an Querstraßen, die im Gegensatz zur Unfallkreuzung erheblich besser einsehbar waren bzw. wo aufgrund ihrer Lage und Verkehrsführung erheblich weniger Verkehr unterwegs war. Demnach war die Unfallgefahr dort bedeutend geringer, sodass ein Vergleich mit der Situation an der Unfallkreuzung nur begrenzt möglich ist. Gleichwohl dies einen subjektiven Schluss auf ein weiter unfallfreies Rasen nicht ausschließt, steht dem die höchste Gefahr beim Zufahren auf die Unfallkreuzung gegenüber. Da die Gefahr nicht nur

---

974 - Stützend: LG Berlin, (535 Ks) 251 Js 52/16 (8/16), Urteil vom 27.02.2017, Rn. 3 ff., 125 ff. u. 219 ff. – im Internet abrufbar: www.juris.de (Stand: 30.04.2020); LG Berlin, (532 Ks) 251 Js 52/16 (9/18), Urteil vom 26.03.2019 (unveröffentlicht), S. 63 ff.; MüKo-StGB – *Schneider*, § 212 Rn. 24; *Preuß*, NZV 2018, 345 (349) sowie grundsätzlich LK – *Vogel/Bülte*, § 15 StGB Rn. 107 f. und *Fischer*, § 212 StGB Rn. 10d.
- Siehe grundlegend zu Lerneffekten und Gewohnheiten: C.III.2.b)bb)(3) [S. 80].

975 Siehe die Wahrscheinlichkeitsberechnungen unter D.II.1.c)ee)(2)(b)(bb) [S. 326].

976 *Jäger*, JA 2017, 786 (787); *Walter*, NJW 2017, 1350 (1352); *Momsen*, KriPoZ 2018, 76 (90); *Bönig*, Verbotene Kraftfahrzeugrennen, S. 45.

nochmals gesteigert, sondern vor allem offensichtlich war, kann man bei den Rasern nicht davon ausgehen, dass sie aufgrund des vorhergehenden Rennverlaufs die hinreichend konkrete Möglichkeit eines tödlichen Unfalls vollkommen verdrängt haben.[977]

Durch das Rasen kann sich vor allem infolge der hohen Geschwindigkeiten ein (stärkerer) Flow als Tätigkeitsrausch bzw. ein (schwächerer) Geschwindigkeits-/Adrenalinrausch beim Raser einstellen. Je nach Intensität erlebt der Raser nicht nur intensive Glücksgefühle, sondern es kann auch zu einem Tunnelblick als Wahrnehmungsverengung und zur Risikounterschätzung kommen, was bis zu einer vollständigen Enthemmung führen kann. Die insofern beeinträchtigte Wahrnehmungs- und Erkenntnisfähigkeit des Fahrers wirkt sich vor allem auf die Wissenskomponente des Vorsatzes aus und ist rechtlich mit einem Handeln aus Affekt oder im konsumbedingten Rauschzustand vergleichbar. Hier wie dort ist für den Vorsatz die Intensität des entsprechenden Zustands entscheidend, weil davon der Einfluss auf die psychischen Prozesse abhängt. Demnach stellt sich für eine Gefahrverkennung der Berliner Raser zuerst die Frage, ob sie durch ihr Rennen überhaupt in einen Flow- bzw. Rauschzustand gelangten sowie anschließend, wie intensiv dieser war und wie er sich auf ihr Wissen und ggf. Wollen ausgewirkt hat. Allgemein ist zu berücksichtigen, dass die Ausschüttung des Stresshormons Adrenalin zwar einerseits die Gefahrverkennung begünstigen, andererseits aber auch die Wahrnehmung schärfen und die Leistungsfähigkeit steigern kann.[978]

Tatsächlich scheint ein Rauschzustand keine bedeutende Rolle gespielt zu haben, jedenfalls beschäftigt sich das psychologische Gutachten nicht mit einem Flow bzw. Geschwindigkeitsrausch. Allerdings finden sich im ersten

---

977 Stützend: LG Berlin, (532 Ks) 251 Js 52/16 (9/18), Urteil vom 26.03.2019 (unveröffentlicht), S. 64 f.; LG Berlin, (529 Ks) 251 Js 52/16 (6/20), Urteil vom 02.03.2021, Rn. 241 ff. – im Internet abrufbar: www.juris.de (Stand: 28.12.2022); MüKo-StGB – *Schneider*, § 212 Rn. 24; *Preuß*, NZV 2018, 345 (348 f.).

978 - Siehe zum Flow und Geschwindigkeitsrausch ausführlich: C.III.2.b)bb)(6) [S. 88]. - Stützend: BGH, DAR 2002, 274 (275); BGH, NStZ 2011, 338 (339); BGH, NStZ-RR 2013, 75 (77); LG Hamburg, 621 Ks 12/17, Urteil vom 19.02.2018, Rn. 361 ff. u. 466 ff. – im Internet abrufbar: www.juris.de (Stand: 29.11.2019); Schönke/Schröder – *Sterberg-Lieben/Schuster*, § 15 StGB Rn. 51 u. 61 ff.; *Bönig*, Verbotene Kraftfahrzeugrennen, S. 46; *Roxin/Greco*, AT 1, Rn. 12/88j ff.; *Walter*, NJW 2017, 1350 (1351); *Kubiciel/Hoven*, NStZ 2017, 439 (441); *Schweiger*, HRRS 2018, 407 (409); *Hörnle*, NJW 2018, 1576 (1577); *Jäger*, JA 2018, 468 (471); *Momsen*, KriPoZ 2018, 76 (97); *Schneider*, NStZ 2018, 528 (532); *Vavra/Holznagel*, HRRS 2018, 467 (472).

Urteil des Berliner Landgerichts die Begriffe des Adrenalin- und Geschwindigkeitsrausches.[979] Indessen wurden sie dort nur schlagwortartig erwähnt, ohne ihr Vorliegen bei den Rasern und die möglichen Folgen für das Wisselement genau zu prüfen. Da das Gericht bei der Gesamtwürdigung zur Vorsatzfeststellung einen Adrenalin-/Geschwindigkeitsrausch zulasten der Angeklagten annahm,[980] hätte es erst recht einer genauen Prüfung bedurft, zumal ein solcher Rausch regelmäßig vorsatzkritisch wirkt.[981] Um in einen Flow zu kommen, muss zwischen Verhaltensanforderungen und Handlungsfähigkeiten ein Gleichgewicht bestehen. Abgesehen von einem wenig intensiven Mikro-Flow ist dieser schmale Grat zwischen Unter- und Überforderung für den Mensch nicht leicht erreichbar und noch schwerer aufrecht zu erhalten. Die äußeren Umstände beim Berliner Rennen in Form des Rennwettkampfs, der sehr hohen Geschwindigkeiten, des dichten Beieinanderfahrens und der unübersichtlichen Innenstadtverhältnisse stellten höchste Anforderungen an die Raser, die sie bis zur Unfallkreuzung auch erfüllen konnten. Gegen einen Flow spricht allerdings, dass beide Raser zu Beginn an der ersten und danach auch noch an der zweiten roten Ampel anhielten. Ebenso im weiteren Rennverlauf nahmen die Raser die Lichtzeichenanlagen grundsätzlich wahr und entschieden teilweise abwägend über das jeweilige Fahrmanöver – der N löste sogar kurz vor der Kreuzung das Gaspedal, trat es danach aber wieder bewusst durch –, was zusätzlich allgemein für die Erfassung der relevanten Tatumstände durch die Raser spricht.[982] Im Vergleich zu einem Flow sind die Voraussetzungen für einen Geschwindigkeitsrausch deutlich geringer und unspezifischer sowie seine psychischen Wirkungen grundsätzlich schwächer. Aufgrund der höchsten Geschwindigkeiten und der anderen Rennumstände liegt bei den Berliner Rasern ein gewisser Geschwindigkeitsrausch tatsächlich nahe, was vorsatzkritisch zu berücksichtigen ist. In einem tief(er)en Flow, der zu einer vollständigen Verkennung der objektiven Gefahren und damit

979 LG Berlin, (535 Ks) 251 Js 52/16 (8/16), Urteil vom 27.02.2017, Rn. 228 u. 245 – im Internet abrufbar: www.juris.de (Stand: 30.04.2020).

980 LG Berlin, (535 Ks) 251 Js 52/16 (8/16), Urteil vom 27.02.2017, Rn. 245 – im Internet abrufbar: www.juris.de (Stand: 30.04.2020).

981 Stützend: *Steinle*, Verbotene Kraftfahrzeugrennen, S. 46; *Bönig*, Verbotene Kraftfahrzeugrennen, S. 46; *Jäger*, JA 2017, 786 (788); *Walter*, NStZ 2018, 412 (413).

982 LG Berlin, (532 Ks) 251 Js 52/16 (9/18), Urteil vom 26.03.2019 (unveröffentlicht), S. 18 f. u. 34 f.; LG Berlin, (529 Ks) 251 Js 52/16 (6/20), Urteil vom 02.03.2021, Rn. 62 ff., 240 u. 251 ff. – im Internet abrufbar: www.juris.de (Stand: 28.12.2022).

zum Ausschluss ihres Wissens hätte führen können, befanden sich die Berliner Raser aber nicht.[983]
Einer der Raser fuhr nicht angeschnallt, was weitergehend für eine Gefahrunterschätzung sprechen könnte. Doch ist diese Unterschätzung weniger konkret als vielmehr allgemein, weil der Raser schon beim Fahrtantritt beschloss, sich nicht anzuschnallen, als das Rennen und damit auch die erheblichen Gefahren in der tatsächlichen Form noch nicht absehbar waren. Selbst wenn das Nicht-Anlegen des Sicherheitsgurts auch auf den Rennverlauf bezogen würde, wäre dies kein überzeugendes Indiz für eine völlige Gefahrunterschätzung, weil der Sicherheitsgurt dem Fahrer nicht bei jedem Unfall zusätzlichen Schutz bietet.[984]
Allgemein identifizierte sich der Raser gerne mit dem „Transporter". Dass er sich jedoch vollständig mit dieser Filmfigur gleichsetzte, geht aus dem verkehrspsychologischen Gutachten nicht hervor. So hat diese Identifikation die Selbstwahrnehmung des Rasers als Fahrexperte mit in jeder Situation herausragenden Fahrfähigkeiten zwar bestärkt, doch führte sie bei ihm nicht zu filmgetreuen Realitätsannahmen. Im Übrigen werden selbst bei den Fahrten des „Transporters" im Film andere Menschen hochgradig gefährdet und teilweise geschädigt.[985]
Das Gutachten attestiert dem Raser eine narzisstische Selbstüberhöhung und mangelhafte kritische Selbstreflexion. Diese stellen sich von ihrer Intensität her jedoch nicht als krankhafte psychologische Störungen, sondern als psychische Persönlichkeitstendenzen dar. Nur ernsthafte psychische Störungen können allein aus sich heraus zu einer völligen Gefahrverdrängung führen und das auch nur, wenn sie die subjektive Voraussicht von Handlungsfolgen betreffen sowie bei der Tat dominant sind. Dafür reichen die beim Berliner Raser

---

983 Stützend: LG Berlin, (535 Ks) 251 Js 52/16 (8/16), Urteil vom 27.02.2017, Rn. 245 – im Internet abrufbar: www.juris.de (Stand: 30.04.2020); *Schneider*, NStZ 2018, 528 (532); *Kubiciel/Hoven*, NStZ 2017, 439 (441).

984 - Stützend: BGH, 4 StR 158/17, Urteil vom 01.03.2018, Rn. 19 – im Internet abrufbar: www.bundesgerichtshof.de (Stand: 14.05.2019); LG Berlin, (535 Ks) 251 Js 52/16 (8/16), Urteil vom 27.02.2017, Rn. 244 – im Internet abrufbar: www.juris.de (Stand: 30.04.2020).
- Siehe dazu auch alsbald: D.II.1.c)ee)(2)(b)(ee) [S. 349].

985 - Siehe grundlegend zum Effekt von Medien und Vorbildern: C.III.2.a)dd)(5) [S. 68].
- Zu einem anderen Ergebnis kommend, wohl auch weil für filmische Actionfahrten von der Folgenlosigkeit im Film ausgegangen wird: *Walter*, NJW 2017, 1350 (1350 f.); *Schweiger*, HRRS 2018, 407 (409).

festgestellten Persönlichkeitstendenzen nicht aus. So stellt das verkehrspsychologische Gutachten zusammenfassend fest: „Sein Fahrverhalten bei der Tat entspreche dem einer erworbenen schlechten Angewohnheit, aber nicht einem krankhaften Defekt.“[986]

Trotzdem muss aufgrund dieser Persönlichkeitstendenzen und den anderen Faktoren übereinstimmend mit dem Gutachten davon ausgegangen werden, dass der Raser seine Fahrfähigkeiten in höchstem Maße überschätzte. Doch selbst wenn man ihm darin glaubt, dass er „[...] das Gefühl [hatte,] immer anhalten oder ausweichen zu können, um niemanden zu gefährden“[987] und diese Aussage nicht nur als Schutzbehauptung einstuft, begründet dies kein völliges Verkennen der objektiven Gefahren. Denn es blieben im Rahmen seiner Vorstellungen Fallkonstellationen denkbar, die trotz der eingebildeten überragenden Fahrfähigkeiten zu hinreichend konkreten Möglichkeiten von tödlichen Unfällen hätten führen können. Wenn der Raser dem tatsächlichen Opfer etwa doch nach links auf die Gegenfahrspur hätte ausweichen können, wäre ein auf dieser Spur entgegenkommender anderer Fahrer möglicherweise nach rechts Richtung Bordstein ausgewichen, wo er mit einem Passanten, einer Litfaßsäule oder einer Hausmauer hätte kollidieren können. Handelte es sich bei dem ausweichenden Fahrzeug um ein Motorrad, dann könnte bereits ein Sturz des Fahrers beim Ausweichversuch tödlich enden. Allgemein ging der Raser kaum davon aus, dass alle anderen Verkehrsteilnehmer ebenso gut reagieren könnten wie er. Im Gegenteil sprechen seine narzisstische Selbstüberhöhung („Ich bin viel besser als alle anderen.“) und Selbstfixierung („Es geht hier nur um mich.“) für eine Geringschätzung der anderen Fahrzeugführer

---

986 - Zitat: LG Berlin, (535 Ks) 251 Js 52/16 (8/16), Urteil vom 27.02.2017, Rn. 186 – im Internet abrufbar: www.juris.de (Stand: 30.04.2020).
- Insgesamt stützend: BGH, NStZ 2015, 266 (267 f.); BGH, 2 StR 139/13, Urteil vom 17.07.2013, Rn. 14 – im Internet abrufbar: www.bundesgerichtshof.de (Stand: 08.05.2020); BGH, 4 StR 482/19, Urteil vom 18.06.2020, Rn. 45 – im Internet abrufbar: www.bundesgerichtshof.de (Stand: 26.10.2020); LG Berlin, (535 Ks) 251 Js 52/16 (8/16), Urteil vom 27.02.2017, Rn. 232 u. 238 – im Internet abrufbar: www.juris.de (Stand: 30.04.2020); LG Berlin, (529 Ks) 251 Js 52/16 (6/20), Urteil vom 02.03.2021, Rn. 280 ff. – im Internet abrufbar: www.juris.de (Stand: 28.12.2022); *Schneider*, NStZ 2018, 528 (532); *Preuß*, NZV 2018, 345 (347 f.).
- Siehe genauer zu Persönlichkeitsstörungen und -akzentuierungen: C.III.2.b)bb)(2) [S. 78].

987 LG Berlin, (535 Ks) 251 Js 52/16 (8/16), Urteil vom 27.02.2017, Rn. 236 – im Internet abrufbar: www.juris.de (Stand: 30.04.2020).

und ihrer Fahrfähigkeiten. In der Konsequenz ging er davon aus, dass andere Verkehrsteilnehmer vor allem anspruchsvollen Verkehrssituationen – z. B. wenn sie mit einem Raser konfrontiert werden – nicht gewachsen wären, was zu folgenreichen Fehlreaktionen hätte führen können. Folglich führt selbst die extreme Überschätzung der eigenen Fahrfähigkeit eines Rasers nicht per se zu einer völligen Gefahrunterschätzung, jedenfalls wenn nach seinen Vorstellungen noch andere, von ihm nicht beeinflussbare Umstände mit zu einem tödlichen Unfall führen können.[988]

Demzufolge ist keiner der ermittelten Faktoren alleine so stark gewesen, dass der Raser die höchste und offensichtliche Gefahr eines tödlichen Unfalls vollständig verkannt hat. Entgegen anderslautender Schlussfolgerungen[989] ergibt sich eine solche auch nicht aus der Kombination der Faktoren. Da die einzelnen Faktoren nicht notwendigerweise zusammenhängen, verstärken sie sich in ihrer Wirkung nicht zwingend und können damit nicht einfach addiert werden. Außerdem haben viele Faktoren nur ein begrenztes Gewicht, weil sie entweder eher allgemeiner Natur sind (z. B. Nicht-Anlegen des Sicherheitsgurtes) oder durch andere Aspekte wieder relativiert werden (z. B. Unfallmöglichkeit bei fremder Fehlreaktion trotz eigener überragender Fahrfähigkeiten).
Vor allem aufgrund der Offensichtlichkeit der Gefahren hat der Raser die Umstände der Situation und die möglichen Geschehensverläufe damit zumindest in ihren Grundzügen wahrgenommen und im sachgedanklichen Mitbewusstsein verarbeitet. Das verkehrspsychologische Gutachten spricht insofern davon, dass der explorierte Raser „[…] kognitiv in der Lage [war], Verkehrssituationen adäquat zu beurteilen und entsprechend zu reagieren."[990] Ebenfalls übereinstimmend mit dem verkehrspsychologischen Gutachten lässt sich aus all den Faktoren aber auch schließen, dass der Raser seine Fahrfähigkeiten extrem überschätzt und die objektiven Gefahren stark unterschätzt hat. Trotzdem

---

988 Grundsätzlich stützend: *Preuß*, NZV 2017, 105 (106); *Zopfs*, DAR 2018, 375 (376 f.).

989 So (unter Heranziehung noch weiterer Faktoren): *Schweiger*, HRRS 2018, 407 (409); *Walter*, NJW 2017, 1350 (1350 f.); *Momsen*, KriPoZ 2018, 76 (90 ff.); *Jäger*, JA 2017, 786 (787).

990 - Zitat aus: LG Berlin, (535 Ks) 251 Js 52/16 (8/16), Urteil vom 27.02.2017, Rn. 186 – im Internet abrufbar: www.juris.de (Stand: 30.04.2020).
- Insgesamt stützend: LG Hamburg, 621 Ks 12/17, Urteil vom 19.02.2018, Rn. 387 – im Internet abrufbar: www.juris.de (Stand: 30.04.2020); MüKo-StGB – *Schneider*, § 212 Rn. 24.

ist im Ergebnis davon auszugehen, dass der Raser die Möglichkeit eines tödlichen Unfalls erkannte.

Auf der Willensebene des Vorsatzes sprechen die starke Unterschätzung der objektiven Gefahren und die damit angenommene erheblich geringere Wahrscheinlichkeit eines tödlichen Unfalls gegen ein bewusstes In-Kauf-Nehmen durch den Raser. Denn je geringer die Erfolgswahrscheinlichkeit subjektiv eingestuft wird, desto näher liegt bei einer aktuellen Reflexion ein Willensergebnis, das von einem guten Ende ausgeht (s. o.). Somit bildet die hier bestehende Gefahrunterschätzung ein gewichtiges Indiz, das beim Tötungsvorsatz der Berliner Raser vorsatzkritisch zu berücksichtigen ist.

Soweit sich die Analyse zur Gefahrunterschätzung auf das verkehrspsychologische Gutachten stützt, gilt sie in erster Linie für den explorierten Berliner Raser H. Der Mitangeklagte N lehnte eine solche Untersuchung ab, was sein Recht ist. Da ein Gutachten personenindividuell und damit nicht allgemeingültig ist, lassen sich die Feststellungen grundsätzlich nicht auf den mitangeklagten Raser übertragen. Nur wenn entsprechende Parameter zwischen den Rasern übereinstimmen, kann das Gutachten auch für den nicht explorierten Raser Rückschlüsse zulassen (z. B. selber Rennverlauf vor dem Unfall als konkrete Vorerfahrung). Ansonsten kann lediglich auf solche Aspekte zurückgegriffen werden, die sich anderweitig ermitteln lassen und aus denen auf seine individuellen Vorsatzelemente geschlossen werden kann (z. B. frühere Raserei als allgemeine Vorerfahrung). Für den mitangeklagten Raser lassen sich damit weniger bzw. schwächere Entlastungsfaktoren ausmachen, die auf eine Gefahrunterschätzung hindeuten. Zwar wird man im Ergebnis auch bei ihm von einer deutlichen Gefahrunterschätzung ausgehen müssen, doch fällt diese im Gegensatz zum explorierten Raser geringer aus. Das vorsatzkritische Indiz der Gefahrunterschätzung ist beim mitangeklagten Raser folglich weniger stark ausgeprägt.[991]

(dd) Handlungsmotive mit Willem zum Rennsieg

Welche Motive den Handelnden zu seinem Verhalten und damit zur Tat veranlassen, ist für die Ermittlung des Vorsatzes von besonderer Bedeutung. Zumeist handelt eine Person nicht nur aus einem isolierten Motiv heraus, sondern die Handlung wird auch bei einem offensichtlich dominanten Handlungsmotiv

---

991 Stützend: LG Berlin, (535 Ks) 251 Js 52/16 (8/16), Urteil vom 27.02.2017, Rn. 240 – im Internet abrufbar: www.juris.de (Stand: 30.04.2020).

noch von weiteren und ggf. nachrangigen mitbestimmt. Bei einem solchen Bündel von Motiven gilt es die verhaltensbestimmenden je nach ihrer Dominanz zu ermitteln. Für die Einordnung in den Vorsatzkontext – wo sie in erster Linie das Willenselement betreffen – kommt es auf das jeweilige Motiv selbst und sein Gewicht an, ob und wie stark das Motiv für oder gegen eine vorsätzliche Erfolgsherbeiführung spricht.[992]

Offensichtlich wollen Straßenrennfahrer mit ihrer Raserei das Rennen gewinnen. Zwar sollen durch den Sieg sowie das rasante Fahren wiederum übergeordnete Ziele wie Steigerung des Ansehens und Selbstwerts, Befriedigung des Sensation Seekings sowie Freude am Rasen erreicht werden, doch steht im Moment des Rennens der Wille zum Sieg im Mittelpunkt der Handlungsmotive. Die Motive eines Einzelrasers ähneln jenen je nach Persönlichkeit und Situation mehr oder weniger stark. Häufig tritt dabei als dominantes Motiv an Stelle des Siegeswillens der Wille, möglichst schnell am gewünschten Fahrtziel anzukommen.[993]

Es ist der Siegeswille, der als zentraler Einwand gegen den Schädigungsvorsatz der Straßenrennfahrer ins Feld geführt wird. In der Tat ist der Willen zum Rennsieg mit einem Unfall des Rasers grundsätzlich unvereinbar, weil der Unfall den Raser in aller Regel den anvisierten Sieg kosten würde. Selbst ein leichter Unfall würde die Fahrt des Rasers erheblich verzögern, indem er wesentlich an Geschwindigkeit verlöre oder seinen Wagen wieder auf Kurs bringen müsste. Die Folgen eines schweren Unfalls wären noch weitreichender, weil das Raserfahrzeug unfallbedingt nicht mehr fahrbereit wäre oder das Rennen wegen der sonstigen Unfallfolgen sowieso abgebrochen würde. Zudem würde ein Unfall eindrücklich ein unzureichendes Fahrkönnen des Rasers demonstrieren und stände so gleichfalls zu seinen übergeordneten Zielen wie der Ansehenssteigerung im Widerspruch.[994]

---

992 BGH, NJW 1981, 932 (933); BGH, NStZ 1989, 19 (19 f.); BGH, NStZ 2011, 699 (702); BGH, NStZ-RR 2016, 79 (80); BGH, 4 StR 158/17, Urteil vom 01.03.2018, Rn. 15 – im Internet abrufbar: www.bundesgerichtshof.de (Stand: 15.05.2020); MüKo-StGB – *Schneider*, § 211 Rn. 83; NK-StGB – *Neumann/Saliger*, § 212 Rn. 19 u. 31; *Roxin/Greco*, AT 1, Rn. 12/88n f.; *Vavra/Holznagel*, ZJS 2018, 559 (564 f.).

993 Siehe zu den Motiven des Rasens insgesamt C.III.2. [S. 58] und hier im Einzelnen insbesondere C.III.2.b)bb)(5) [S. 85], (9) [S. 96] und (10) [S. 100].

994 Schönke/Schröder – *Sternberg-Lieben/Schuster*, § 15 StGB Rn. 87a; *Rostalski*, GA 2017, 585 (586 f.); *Jäger*, JA 2017, 786 (787); *Grünewald*, JZ 2017, 1069 (1071); *Puppe*, JR 2018, 323 (325); *Momsen*, KriPoZ 2018, 76 (82 u. 90 f.).

Diese Argumentation mag für den Vorsatz in Form des dolus directus 1. und 2. Grades zutreffen. Beim hier im Raum stehenden Eventualvorsatz liegen die Dinge jedoch wesentlich anders und komplizierter:
So darf man nicht nur von Unfällen ausgehen, in die der Raser selbst verwickelt wird. Vielmehr sind auch Rennunfälle möglich, bei denen ausschließlich andere Verkehrsteilnehmer Schäden erleiden.[995] Da die Raser ihr Rennen in solchen Fällen ohne Rennnachteile fortsetzen können, folgt aus ihrem Willen zum Rennsieg nicht notwendig auch der Wille, jeden Unfall vermeiden zu müssen.
Noch bedeutsamer ist aber, dass bei der vorsatzkritischen Schlussfolgerung der Charakter des Eventualvorsatzes verkannt wird. Der Handelnde muss den herbeigeführten Erfolg in keiner Weise gutheißen – er kann ihm sogar unerwünscht sein –, um ihn in Kauf zu nehmen und damit eventualvorsätzlich zu handeln.[996] So ist es für eine eventualvorsätzliche Tötung gerade charakteristisch, dass beim Täter ein Tötungsmotiv fehlt und sein Handeln aus anderen Motiven erfolgt.[997] Allenfalls hochgradig interessenwidrige Tatfolgen können demgegenüber gegen einen Eventualvorsatz sprechen.[998] Selbst wenn man davon bei Eigenunfällen der Raser ausginge, träfe diese Interessenwidrigkeit nicht auf die dargestellten Fremdunfälle zu, die für die Raser keine Rennnachteile haben.
Wenn der Raser einen Erfolg ohne entsprechendes Tatmotiv in Kauf nehmen und damit im Sinne des Eventualvorsatzes wollen kann, dann vermag sein unbedingter Wille zum Rennsieg – konsequent weitergedacht – sogar für den Vorsatz zu sprechen. Erkennt er nämlich die Möglichkeit eines Unfalls, indem ihm die Gefährlichkeit seines Verhaltens im notwendigen Ausmaß bewusst ist (Wissenselement) und nimmt er wegen seines Siegeswillen von dem Weiterhandeln keinen Abstand, deutet das auf ein Sich-Abfinden mit dem Erfolgseintritt hin (Willenselement). Die mögliche Hoffnung auf einen unfallfreien Ausgang und damit den Nichteintritt des Erfolgs wird von seiner Maxime des „Alles oder nichts!“ überspielt, weil er diesem Ziel – das Rennen um jeden Preis

995 Siehe dazu: D.II.1.c)ee)(2)(b)(cc) [S. 335].

996 Siehe: D.II.1.c)ee)(2)(a)(aa) [S. 293].

997 BGH, NStZ-RR 2006, 317 (318); BGH, NStZ 2012, 443 (445); BGH, NStZ-RR 2016, 79 (81); LG Berlin, (535 Ks) 251 Js 52/16 (8/16), Urteil vom 27.02.2017, Rn. 203 – im Internet abrufbar: www.juris.de (Stand: 30.04.2020); LG Hamburg, 621 Ks 12/17, Urteil vom 19.02.2018, Rn. 482 – im Internet abrufbar: www.juris.de (Stand: 29.11.2019); Schönke/Schröder – *Eser/Sternberg-Lieben*, § 212 StGB Rn. 5.

998 BGH, NStZ-RR 2006, 317 (318); BGH, NStZ-RR 2009, 372 (372 f.); *Roxin/Greco*, AT 1, Rn. 12/88n f.

zu gewinnen – alle erkannten möglichen Handlungsfolgen unterordnet. Die Verletzung fremder Rechtsgüter ist ihm dann gleichgültig bzw. findet er sich damit ab.[999]

Der Wille zum Rennsieg ist also ein ambivalentes Indiz: Weder spricht er ausnahmslos gegen ein In-Kauf-Nehmen des Erfolgseintritts noch immer dafür, womit Raum für die Bejahung oder Verneinung des Eventualvorsatzes bleibt. Im Ausgangspunkt ist er bei der Gesamtbetrachtung des Vorsatzes aber vorsatzkritisch einzustellen, weil die aus der Raserei potenziell resultierenden Unfälle für den Raser zumeist Nachteile beim Rennen darstellen. Je stärker dagegen das Siegesstreben die Verhaltensentscheidung dominiert, desto eher nehmen die Raser dafür bewusst die möglichen Erfolgseintritte in Kauf, was erst recht für das Maximum des bedingungslosen Siegeswillens gilt. Begünstigt wird das Siegesstreben schon dadurch, dass viele Raser die Gefahr mit ihrem Verhalten aus diversen Gründen bewusst suchen. Noch mehr können persönlichkeitsbedingte Selbstfixierungen und relativierende Reflexionen über Verhaltensfolgen für einen starken Siegeswillen sorgen. Dann zählt in dem Moment nur das „Ich“ im „Hier und Jetzt“ und die möglichen Konsequenzen sind im Zweifel egal. Für die richtige Einordnung des Siegeswillens bei der Gesamtbetrachtung des Vorsatzes kommt es darauf an, wie stark der Wille zum Rennsieg beim Raser ausgeprägt ist und welche erkannten Risiken er hinsichtlich fremder Rechtsgüter bereit ist, für diesen Rennsieg einzugehen.

Wie stellte sich nun der Siegeswille bei den Berliner Rasern dar? Da sich das verkehrspsychologische Gutachten damit jedenfalls nicht explizit auseinanderzusetzen scheint, kann hier allein von den ermittelten Verhaltensweisen, Situationsumständen und Persönlichkeitseigenschaften auf die Ausprägung des Siegeswillens der Raser geschlossen werden. Dass beide Raser einen Siegeswillen besaßen, ergibt sich schon aus ihrer in jeder Hinsicht äußerst verkehrswidrigen Rennfahrt über mehrere Kilometer, bei der niemand freiwillig aufgab. Trotz der von ihnen erkannten Gefahren bremste keiner vor der Unfallkreuzung und auch das nur ganz kurze Gaswegnehmen des einen Rasers stellte

999 Stützend: BGH, 4 StR 482/19, Urteil vom 18.06.2020, Rn. 42 f. – im Internet abrufbar: www.bundesgerichtshof.de (Stand: 26.10.2020); LG Berlin, (535 Ks) 251 Js 52/16 (8/16), Urteil vom 27.02.2017, Rn. 108, 228 u. 234 – im Internet abrufbar: www.juris.de (Stand: 30.04.2020); LG Hamburg, 621 Ks 12/17, Urteil vom 19.02.2018, Rn. 474 u. 482 – im Internet abrufbar: www.juris.de (Stand: 29.11.2019); MüKo-StGB – *Schneider*, § 212 Rn. 24 f.; *Preuß*, NZV 2018, 345 (347); *Zehetgruber*, KriPoZ 2018, 358 (359); *Steinle*, Verbotene Kraftfahrzeugrennen, S. 55.

keine nennenswerte Maßnahme zur Gefahrreduzierung dar. Stattdessen wurde die Geschwindigkeit mit Vollgas immer weiter erhöht, was deutlich auf einen starken Siegeswillen beider Raser hindeutet. Denn jedes gefahrreduzierende Fahrverhalten wäre ein Nachgeben gewesen, was dem Konkurrenten einen Rennvorteil verschafft und damit den eigenen Rennsieg gefährdet hätte. Zieht man die Persönlichkeitseigenschaften der Raser hinzu, weisen vor allem die starke Selbstfixierung und ungenügende Einbeziehung möglicher Konsequenzen (für andere) in die eigene Verhaltensentscheidung ebenso nachdrücklich auf einen handlungsleitenden unbedingten Siegeswillen hin. Folglich muss bei den Berliner Rasern von einem jeweils sehr stark ausgeprägten Willen zum individuellen Rennsieg ausgegangen werden, der insofern für und nicht gegen den Eventualvorsatz spricht.[1000]

(ee) Potenzielle Schädigungen eigener Rechtsgüter

In engem Zusammenhang mit dem Indiz des Siegeswillens stehen die möglichen Unfallfolgen für den Raser selbst. Denn eine Kollision mit einem anderen Verkehrsteilnehmer sorgt nicht nur für Rennnachteile, sondern führt auch bei Einzelraserei zu Schäden am eigenen Fahrzeug und nicht selten zu Verletzungen des Rasers selbst bzw. anderer Fahrzeuginsassen, die womöglich sogar tödlich enden.

Eine solche Gefährdung des eigenen Körpers, von Mitfahrern sowie des eigenen Fahrzeugs ist schon aus dem alltäglichen Straßenverkehr bekannt. Auch dort geht jeder Fahrzeuginsasse das abstrakte Risiko eines Verkehrsunfalls ein, um die Vorteile der schnellen Fortbewegung zu nutzen. Im Allgemeinen ist dieses Risiko eher gering, doch selbst bei grob verkehrswidrigem Fahrverhalten, welches das Unfallrisiko erheblich erhöht, will grundsätzlich kein Fahrer einen Unfall herbeiführen, sondern vertraut vielmehr auf sein Ausbleiben. Denn ein Unfall mit seinen Folgen ist für ihn in jeder Hinsicht nachteilig, weil niemand ein Interesse daran hat, sein eigenes Fahrzeug zu beschädigen und sich selbst sowie seine Mitfahrer zu verletzen oder gar zu töten. Diese aus dem eigenen verkehrswidrigen Fahrverhalten resultierenden möglichen Gefährdungen – vor

---

1000 Zustimmend: BGH, 4 StR 482/19, Urteil vom 18.06.2020, Rn. 42 ff. – im Internet abrufbar: www.bundesgerichtshof.de (Stand: 26.10.2020); LG Berlin, (535 Ks) 251 Js 52/16 (8/16), Urteil vom 27.02.2017, Rn. 108, 228 u. 234 – im Internet abrufbar: www.juris.de (Stand: 30.04.2020); LG Berlin, (532 Ks) 251 Js 52/16 (9/18), Urteil vom 26.03.2019 (unveröffentlicht), S. 59 ff.; LG Berlin, (529 Ks) 251 Js 52/16 (6/20), Urteil vom 02.03.2021, Rn. 250 ff. – im Internet abrufbar: www.juris.de (Stand: 28.12.2022).

allem für die eigene Person – sind Indizien, die gegen Schädigungsvorsatz des Fahrzeugführers sprechen.[1001]

Aus diesem allgemeinen Grundsatz leiten viele Vertreter einen entsprechenden Einwand gegen den Verletzungsvorsatz der Raser ab.[1002] Auf den ersten Blick erscheint das nachvollziehbar, doch liegen die Dinge beim Eventualvorsatz erneut komplizierter:
Richtig ist, dass auch die Raser mit ihrer Raserei nicht absichtlich verunfallen bzw. gar sterben wollen. Selbst wenn man wegen der objektiv extremen Gefährlichkeit ihres bewussten Verhaltens von einer gewissen Selbsttodnähe ausgeht, bleibt doch grundsätzlich ihr natürlicher Selbsterhaltungstrieb vorherrschend. Eine Kamikaze-[1003] bzw. suizidale Einstellung (im eigentlichen Sinne) besitzen die Straßenrennfahrer nicht.[1004]
Allerdings kann eine Eigengefährdung dem Verletzungsvorsatz des Rasers überhaupt nur dann entgegenstehen, wenn er mit einem Unfall rechnet, durch den er selbst geschädigt wird. Denn verunglückt nach seiner Vorstellung nur das Opfer, bspw. infolge eines Ausweichmanövers, hat dies für den Raser keine

---

1001 Stützend: BGH, 4 StR 158/17, Urteil vom 01.03.2018, Rn. 16 – im Internet abrufbar: www.bundesgerichtshof.de (Stand: 24.02.2020); BGH, 4 StR 399/17, Urteil vom 01.03.2018, Rn. 21 – im Internet abrufbar: www.bundesgerichtshof.de (Stand: 24.02.2020); LG Hamburg, 621 Ks 12/17, Urteil vom 19.02.2018, Rn. 478 – im Internet abrufbar: www.juris.de (Stand: 29.11.2019); *Frisch*, Vorsatz und Risiko, S. 219; *Roxin*, in: FS Rudolphi, 243 (255); *Schneider*, NStZ 2018, 528 (530); *Vavra/Holznagel*, ZJS 2018, 559 (564).

1002 Schönke/Schröder – *Sternberg-Lieben/Schuster*, § 15 StGB Rn. 87a; *Roxin/Greco*, AT 1, Rn. 12/23 u. 12/88x; *Momsen*, KriPoZ 2018, 76 (85); *Walter*, NJW 2017, 1350 (1351); *Jäger*, JA 2017, 786 (788); *Schweiger*, HRRS 2018, 407 (409); *Sasse*, NJ 2017, 384 (387); *Godenzi/Bächli-Biétry*, in: Jahrbuch 2009, 561 (616 ff. u. 627 f.); *Bönig*, Verbotene Kraftfahrzeugrennen, S. 47.

1003 Als „Kamikaze“ (wörtliche Übersetzung „göttlicher Wind“) wurde eine Spezialtruppe der Kaiserlichen Marineluftwaffe Japans im 2. Weltkrieg bezeichnet, deren Piloten ihre Kampfflugzeuge zum maximal schädigenden Angriff absichtlich in das Angriffsobjekt steuerten und so auch ihr eigenes Leben bewusst beendeten (= Selbstmordangriff). [Wortbedeutung gemäß *Duden*, „Kamikaze“.]

1004 LG Hamburg, 621 Ks 12/17, Urteil vom 19.02.2018, Rn. 478 – im Internet abrufbar: www.juris.de (Stand: 29.11.2019); Schönke/Schröder – *Sternberg-Lieben/Schuster*, § 15 StGB Rn. 87a; MüKo-StGB – *Schneider*, § 212 Rn. 24 f.; *Preuß*, NZV 2018, 345 (347); *Mitsch*, DAR 2017, 70 (70); *Jäger*, JA 2017, 786 (788); *Momsen*, KriPoZ 2018, 76 (85); *Sasse*, NJ 2017, 384 (385).

Schäden zur Folge, sodass seinem Fahrverhalten die Eigengefährdung fehlt. Ein solches Vorstellungsbild der Raser liegt keineswegs fern.[1005]
Des Weiteren spricht gegen die Eigengefährdung als genereller Ausschluss des Verletzungsvorsatzes, dass ein Raser seine mögliche Selbstschädigung hinnehmen kann, um seine übergeordneten Ziele zu erreichen. Vor allem Rennfahrer gehen mitunter höchste Risiken für ihre eigenen Rechtsgüter ein, um das Rennen zu gewinnen. Auch wenn sie einen Unfall und ihre eigene Schädigung nicht i.S.d. dolus directus 1. und 2. Grades wollen, heißt das nicht, dass sie sich damit nicht trotzdem abfinden können. Vergleichbares ist von bestimmten Extremsportarten (z. B. Free-Solo-Klettern, Wingsuit-Fliegen) und – vor allem jugendlichem – Hochrisikoverhalten (z. B. Auto- und Zugsurfen) bekannt, bei dem einige der Personen auf ihrer Suche nach überwältigendem Nervenkitzel, Freiheit und Anerkennung den eigenen Tod bewusst in Kauf nehmen. Auch bei Rasern zählen dann im Moment des Tuns nur die aufkommenden Gefühle bzw. die dominierenden Motive und alles andere ist unbedeutend. Bestimmte Persönlichkeitseigenschaften und -neigungen tragen mit dazu bei – etwa das Sensation Seeking. Aus Sicht eines durchschnittlichen Menschen ist eine solche Unterordnung der Handlungskonsequenzen weder nachvollziehbar noch vernünftig, doch kommt es hier für den Vorsatz nur auf die Ansichten der Raser an. Einigen von ihnen ist der Rennsieg so wichtig, dass sie sich mit den – auch schweren – Folgen eines möglichen Unfalls für sich und andere abfinden.[1006]

Um zu ermitteln, welche Rolle die Eigengefährdung für den Vorsatz des Rasers im konkreten Fall spielt, muss das Gericht in einem ersten Schritt eine vergleichende Analyse zwischen den potenziellen Gefährdungen für die Rechtsgüter des Rasers auf der einen und die des Opfers auf der anderen Seite vornehmen.

1005 - Stützend: BGH, 4 StR 158/17, Urteil vom 01.03.2018, Rn. 16 – im Internet abrufbar: www.bundesgerichtshof.de (Stand: 24.02.2020); BGH, 4 StR 482/19, Urteil vom 18.06.2020, Rn. 32 ff. – im Internet abrufbar: www.bundesgerichtshof.de (Stand: 26.10.2020); *Zopfs*, DAR 2018, 375 (376 f.); *Preuß*, NZV 2017, 105 (106).
- Siehe zu solchen Fremdunfällen bereits: D.II.1.c)ee)(2)(b)(cc) [S. 335].

1006 - Siehe zu dieser Selbst- und Gegenwartsfixierung insbesondere: C.III.2.b)bb)(8) [S. 95].
- Stützend: BGH, 4 StR 158/17, Urteil vom 01.03.2018, Rn. 16 – im Internet abrufbar: www.bundesgerichtshof.de (Stand: 24.02.2020); BGH, 4 StR 482/19, Urteil vom 18.06.2020, Rn. 35 ff. – im Internet abrufbar: www.bundesgerichtshof.de (Stand: 26.10.2020); MüKo-StGB – *Schneider*, § 212 Rn. 24 f.; *Hörnle*, NJW 2018, 1576 (1578); *Zopfs*, DAR 2018, 375 (376 f.); *Preuß*, NZV 2018, 345 (347); *Steinert*, SVR 2019, 326 (329).

Überwiegen dabei die Gefährdungen der Raserinteressen, ist dies ein Indiz gegen einen Schädigungsvorsatz des Rasers. Halten sich die Gefährdungen ungefähr die Waage stellt das ebenfalls, wenn auch weniger stark, den Schädigungsvorsatz in Frage. Überwiegen hingegen die Gefährdungen der Opferinteressen, während der Raser für sich nur geringere Einbußen fürchtet, spricht dies eher für seinen Schädigungsvorsatz.[1007]
Da es dabei um die subjektiven Annahmen des Rasers geht, bildet sein Vorstellungsbild die Basis, sodass es darauf ankommt, welchen Fahrtverlauf er sich mit welchen möglichen Kollisionen und Schäden sachgedanklich vorstellt. Insofern sind entsprechende Einzelfallaspekte – sofern der Raser sie mitbewusst erfasst – relevant: vom eigenen Fahrzeug und dem des Opfers (z. B. Auto oder Motorrad) über die jeweilige Geschwindigkeit und das sonstige Fahrverhalten bis hin zum möglichen Kollisionsverlauf (z. B. Frontal- oder Seitenkollision).[1008]
Stellt sich der Raser auch nur grob mehrere mögliche Unfallverläufe vor, müssen seine Vorstellungen der Eigengefährdungen auf den tatsächlichen Geschehensverlauf bezogen werden. Denn wie gesehen, sind unzählige Unfallkonstellationen denkbar, die sich hinsichtlich ihrer Gefährdungen für den Raser erheblich unterscheiden können. So begründet etwa ein Zusammenstoß mit einem Fußgänger für den Raser in aller Regel nur minimale Gefährdungen, wohingegen er bei einem Lkw als Unfallgegner um sein Leben fürchten muss. Eine vorsatzkritische Wirkung entfaltet nur diejenige Vorstellung einer spezifischen Eigengefährdung, die dem vom Raser für möglich gehaltenen und tatsächlich eingetretenen Unfallverlauf am nächsten kommt (z. B. frontale Kollision mit der Seite eines anderen Fahrzeugs). Die vorgestellten Alternativkonstellationen sind für die vorsatzkritische Eigengefährdung nicht relevant, weil sie nur für

1007 BGH, 4 StR 311/17, Urteil vom 01.03.2018, Rn. 22 ff. – im Internet abrufbar: www.bundesgerichtshof.de (Stand: 24.02.2020); BGH, 4 StR 482/19, Urteil vom 18.06.2020, Rn. 31 ff. – im Internet abrufbar: www.bundesgerichtshof.de (Stand: 26.10.2020); *Eisele*, JZ 2018, 549 (553); *Schneider*, NStZ 2018, 528 (530); *Vavra/Holznagel*, HRRS 2018, 467 (471); *Bosch*, Jura 2018, 1225 (1235); *Preuß*, NZV 2018, 345 (347); *Godenzi/Bächli-Biétry*, in: Jahrbuch 2009, 561 (617 f.).

1008 BGH, 4 StR 158/17, Urteil vom 01.03.2018, Rn. 16 u. 19 – im Internet abrufbar: www.bundesgerichtshof.de (Stand: 24.02.2020); BGH, 4 StR 311/17, Urteil vom 01.03.2018, Rn. 22 ff. – im Internet abrufbar: www.bundesgerichtshof.de (Stand: 24.02.2020); BGH, 4 StR 482/19, Urteil vom 18.06.2020, Rn. 32 ff. – im Internet abrufbar: www.bundesgerichtshof.de (Stand: 26.10.2020); *Eisele*, JZ 2018, 549 (553 f.); *Zopfs*, DAR 2018, 375 (376); *Godenzi/Bächli-Biétry*, in: Jahrbuch 2009, 561 (617 f.); *Preuß*, NZV 2018, 345 (347).

hypothetische Geschehensverläufe stehen, die sich im Gegensatz zur realitätsnächsten Vorstellung gerade nicht im Unfall realisiert haben und damit keine spezifische Eigengefährdung darstellen. Deshalb kann aus einer Zusammenschau aller vorgestellten möglichen Unfallkonstellationen auch keine allgemein vom Raser angenommene Eigengefährdung abgeleitet werden, die seinem konkreten Vorsatz entgegenstehen könnte.[1009]

Bei der Bestimmung des gesuchten Verhältnisses zwischen den Gefahren der für den Raser bedeutsamen Rechtsgüter und den Rechtsgütern des Opfers kommt es auf die Bedeutung der betroffenen Rechtsgüter an. So wiegt eine Lebensgefährdung schwerer als die Gefahr einer bloßen Körperverletzung. Allerdings sind für den Raser aus subjektiver Perspektive auch seine individuellen Prioritäten zu beachten. Nicht ausgeschlossen ist etwa, dass ihm die Unversehrtheit seines geliebten Fahrzeugs wichtiger ist als die Unversehrtheit seiner Mitfahrer,[1010] dass ihn ein etwaiger Fahrzeugschaden gar nicht interessiert, weil ihm das Auto nicht gehört,[1011] oder dass er sich nicht vor eigenen Verletzungen fürchtet, sondern sie ganz cool auf sich zukommen lässt[1012].

Die Berliner Raser unterschätzten zwar die äußerst hohen Gefahren ihres Verhaltens erheblich, doch nahmen sie die dazugehörigen Umstände um sich herum wahr. Auch aufgrund der Offensichtlichkeit der Gefahren haben sie die Möglichkeit von tödlichen Unfällen so sachgedanklich erfasst. Da während des Rennens ein Berliner Nächten entsprechendes Verkehrsaufkommen von Kraftfahrzeugen und Fußgängern herrschte sowie die Raser mehrere solche Verkehrsteilnehmer mit teils nur geringen Abständen passierten, ist die Behauptung unglaubwürdig, man hätte nicht damit gerechnet, dass um diese Uhrzeit noch jemand unterwegs wäre und demzufolge bei Grün in die Kreuzung einführe[1013]. Die nach ihren Vorstellungen möglichen Unfallverläufe

1009 BGH, 4 StR 482/19, Urteil vom 18.06.2020, Rn. 32 ff. – im Internet abrufbar: www.bundesgerichtshof.de (Stand: 26.10.2020).

1010 - Stützend: LG Berlin, (535 Ks) 251 Js 52/16 (8/16), Urteil vom 27.02.2017, Rn. 222 u. 287 – im Internet abrufbar: www.juris.de (Stand: 30.04.2020).
- Siehe dazu: C.III.1.c) [S. 52].

1011 - Stützend: *Preuß*, NZV 2017, 105 (106); *Der Spiegel (Online)*, Tödliches Vergnügen.
- Siehe dazu: C.III.1.c) [S. 52].

1012 - Stützend: *Hörnle*, NJW 2018, 1576 (1578).
- Siehe dazu: C.III.2.b)bb)(8) [S. 95].

1013 LG Berlin, (535 Ks) 251 Js 52/16 (8/16), Urteil vom 27.02.2017, Rn. 236 – im Internet abrufbar: www.juris.de (Stand: 30.04.2020).

sahen so neben einem selbstschädigenden Ausweichen des Opfers sehr naheliegend vor allem einen Zusammenstoß eines Raserfahrzeugs mit einem seinen Weg kreuzenden anderen Verkehrsteilnehmer als Seitenkollision vor. Der nächtliche Innenstadtverkehr wurde dabei in aller erster Linie von Autos auf und Fußgängern neben der Straße dominiert, wohingegen kaum große Fahrzeuge wie Busse und Lkw unterwegs waren.[1014]
Nun kann generell nicht davon ausgegangen werden, dass sich Raser in ihren meist hochwertigen und mit umfangreicher aktiver sowie passiver Sicherheitstechnik ausgestatten Fahrzeugen selbst bei gefährlichster Raserei vollkommen sicher fühlen und deshalb nie von einer Eigengefährdung ausgehen. Ebenso werden sie nicht generell für jeden möglichen Unfall von der gleichen Verteilung der Unfallfolgen zwischen sich und dem Opfer ausgehen.[1015]
Dennoch legen es die Folgen tatsächlicher Raserunfälle nahe, dass in der Regel der verunfallte Raser – selbst wenn er nicht angeschnallt ist – nur leichtere Verletzungen davonträgt, wohingegen das Unfallopfer im anderen Fahrzeug verstirbt. Dies überrascht nicht, denn zumeist ist das Unfallopfer entweder kein ebenbürtiger Verkehrsteilnehmer (z. B. Fußgänger, Radfahrer), womit es – anders als der abgeschirmte Raser – weitestgehend ungeschützt ist. Oder der Unfall stellt sich bei Ebenbürtigkeit für das Opfer in seinem Fahrzeug zumeist als Seitenkollision dar. Dabei fährt der Raser mit der stabilen und stark

---

1014 LG Berlin, (535 Ks) 251 Js 52/16 (8/16), Urteil vom 27.02.2017, Rn. 236 ff. – im Internet abrufbar: www.juris.de (Stand: 30.04.2020); LG Berlin, (532 Ks) 251 Js 52/16 (9/18), Urteil vom 26.03.2019 (unveröffentlicht), S. 18 u. 62; LG Berlin, (529 Ks) 251 Js 52/16 (6/20), Urteil vom 02.03.2021, Rn. 262 f. – im Internet abrufbar: www.juris.de (Stand: 28.12.2022).

1015 - BGH, 4 StR 399/17, Urteil vom 01.03.2018, Rn. 21 ff. – im Internet abrufbar: www.bundesgerichtshof.de (Stand: 24.02.2020); BGH, 4 StR 158/17, Urteil vom 01.03.2018, Rn. 16 ff. – im Internet abrufbar: www.bundesgerichtshof.de (Stand: 24.02.2020); BGH, 4 StR 311/17, Urteil vom 01.03.2018, Rn. 22 ff. – im Internet abrufbar: www.bundesgerichtshof.de (Stand: 24.02.2020); *Hörnle*, NJW 2018, 1576 (1578); *Eisele*, JZ 2018, 549 (553 f.); *Zopfs*, DAR 2018, 375 (376); *Jäger*, JA 2018, 468 (471); *Schneider*, NStZ 2018, 528 (530 f.); *Preuß*, NZV 2018, 345 (347); *Steinert*, SVR 2019, 326 (329).
- Für eine tatsächlich gleichmäßige Risikoverteilung müsste es bspw. zu einer frontalen Kollision zwischen zwei gleich schnell fahrenden Fahrzeugen desselben Modells mit gleicher (Sicherheits-) Ausstattung kommen. Denn sofern schon einzelne Parameter voneinander abweichen, kann es zu einer deutlichen Verschiebung der Risikoverteilung zulasten eines der Fahrer kommen.
- Siehe zu den Raserfahrzeugen: C.III.1.c) [S. 52].

energieabsorbierenden Front seines Wagens in die wenig widerstandsfähige Seite des seinen Weg kreuzenden Opferfahrzeugs hinein, womit er im Vergleich zum Opfer wesentlich besser vor den möglichen Unfallfolgen geschützt ist. Dieser Schutz des Rasers wird oft durch die sehr gute passive Sicherheit des Raserfahrzeugs zusätzlich erhöht. Regelmäßig ist der Raser bei einem Unfall also weit weniger gefährdet als das Opfer.[1016]
Mit den ihnen bewussten äußerst hohen Renngeschwindigkeiten und sonstigen Umständen sprechen keine gegenteiligen Indizien dafür, dass die Berliner Raser die naheliegend tödliche Wirkung einer Kollision mit Fußgängern oder Fahrzeugen verkannt hätten. Aufgrund der tatsächlich guten Fahreigenschaften und passiven Sicherheitstechnik fühlten sich die Raser in ihren Fahrzeugen gleichzeitig sehr sicher.[1017] Selbst bei der (Seiten-) Kollision mit einem anderen Auto gingen sie nach ihren Vorstellungen deshalb und zusätzlich wegen ihrer vorteilhaften Unfallposition von Schäden am eigenen Fahrzeug sowie durchaus nennenswerten, nicht aber tödlichen Verletzungen für sich und die Mitfahrerin aus.[1018] Dass einer der Raser beim Rennen nicht angeschnallt war, könnte zwar als persönliche Gefährdungssteigerung eingestuft werden. Doch ist dies hier kein durchgreifendes Indiz, denn er konnte den Sicherheitsgurt deshalb nicht angelegt haben, weil er von der Sicherheit seines Autos überzeugt war, den Gurt als lästige Schikane empfand oder einfach nach außen hin cool tun

1016 - Tatsächlich stützend: Die unter C.II.3. [S. 42] aufgezählten Beispielsfälle illegaler Straßenrennen mit tödlichen Folgen der Jahre 2015 – 2021 verliefen alle wie die hier beschriebenen Unfallkonstellationen.
- Rechtlich stützend: LG Berlin, (532 Ks) 251 Js 52/16 (9/18), Urteil vom 26.03.2019 (unveröffentlicht), S. 62 f. u. 68; LG Berlin, (529 Ks) 251 Js 52/16 (6/20), Urteil vom 02.03.2021, Rn. 262 f. – im Internet abrufbar: www.juris.de (Stand: 28.12.2022); LG Kleve, 140 Ks – 507 Js 281/19 – 6/19, 140 Ks 6/19, Urteil vom 17.02.2020, Rn. 79 – im Internet abrufbar: www.juris.de (Stand: 27.11.2020); *Kubiciel/Hoven*, NStZ 2017, 439 (441 f.); *Puppe*, JR 2018, 323 (327); *Schneider*, NStZ 2018, 528 (531).

1017 LG Berlin, (535 Ks) 251 Js 52/16 (8/16), Urteil vom 27.02.2017, Rn. 243 f. – im Internet abrufbar: www.juris.de (Stand: 30.04.2020); *Kubiciel/Hoven*, NStZ 2017, 439 (441 f.); *Grünewald*, JZ 2017, 1069 (1071).

1018 Stützend: LG Berlin, (532 Ks) 251 Js 52/16 (9/18), Urteil vom 26.03.2019 (unveröffentlicht), S. 62 f. u. 68; LG Berlin, (529 Ks) 251 Js 52/16 (6/20), Urteil vom 02.03.2021, Rn. 263 – im Internet abrufbar: www.juris.de (Stand: 28.12.2022); *Puppe*, JR 2018, 323 (327); *Schneider*, NStZ 2018, 528 (531); *Kubiciel/Hoven*, NStZ 2017, 439 (441 f.).

wollte.[1019] Eine vergleichbare Schlussfolgerung ergibt sich für die bestehende Liebe der Raser zu ihrem eigenen Fahrzeug, die eine engere Beziehung zu sein schien als zur Freundin[1020]. Denn obwohl die Unversehrtheit des Fahrzeugs bei den Rasern einen hohen Stellenwert einnahm, spricht sein schonungsloser Einsatz beim Rennen gegen seine Priorisierung über allem anderen.[1021] Auf Basis der sachgedanklichen Vorstellungen der Berliner Raser mit Bezug zum tatsächlichen Unfallverlauf ergibt die Gefährdungsanalyse für das Opfer höchste Gefährdungsgrade von Leib und Leben sowie seinem Eigentum. Demgegenüber rechneten die Raser für sich und die Mitfahrerin nur mit geringeren Gefährdungen ihrer Rechtsgüter und nicht mit einer nennenswerten Lebensgefahr. Die bei einer Kollision unumgänglichen Schäden am eigenen Fahrzeug gewichteten sie aufgrund der individuellen Wichtigkeit dabei als überdurchschnittlich bedeutend. Im Vergleich überwiegen insgesamt die Gefährdungen der Opferinteressen deutlich die der Raserinteressen.[1022]

Im zweiten Schritt ist vom Gericht zu prüfen, welche Handlungsmotive den Raser zur Raserei bewogen haben und wie stark diese ausgeprägt waren. Bei Straßenrennen steht dabei vor allem der Wille zum Rennsieg im Mittelpunkt. Die ermittelten Motive werden sodann in Beziehung zur vorherigen Gefährdungsanalyse gesetzt. Je nach Dominanz der Motive des Rasers – zuvorderst

---

1019 Stützend: BGH, 4 StR 158/17, Urteil vom 01.03.2018, Rn. 19 – im Internet abrufbar: www.bundesgerichtshof.de (Stand: 14.05.2019); LG Berlin, (535 Ks) 251 Js 52/16 (8/16), Urteil vom 27.02.2017, Rn. 244 – im Internet abrufbar: www.juris.de (Stand: 30.04.2020); *Walter*, NStZ 2013, 673 (679).

1020 Stützend: LG Berlin, (535 Ks) 251 Js 52/16 (8/16), Urteil vom 27.02.2017, Rn. 222 u. 287 – im Internet abrufbar: www.juris.de (Stand: 30.04.2020).

1021 Stützend: LG Berlin, (535 Ks) 251 Js 52/16 (8/16), Urteil vom 27.02.2017, Rn. 245 – im Internet abrufbar: www.juris.de (Stand: 30.04.2020); MüKo-StGB – *Schneider*, § 212 Rn. 25; *Kubiciel/Hoven*, NStZ 2017, 439 (441 f.).

1022 - Mit zumindest ähnlicher Argumentation zustimmend: BGH, 4 StR 482/19, Urteil vom 18.06.2020, Rn. 36 ff. – im Internet abrufbar: www.bundesgerichtshof.de (Stand: 26.10.2020); LG Berlin, (535 Ks) 251 Js 52/16 (8/16), Urteil vom 27.02.2017, Rn. 242 ff. – im Internet abrufbar: www.juris.de (Stand: 30.04.2020); LG Berlin, (532 Ks) 251 Js 52/16 (9/18), Urteil vom 26.03.2019 (unveröffentlicht), S. 62 f. u. 68; *Zopfs*, DAR 2018, 375 (376); *Kubiciel/Hoven*, NStZ 2017, 439 (441 f.); *Grünewald*, JZ 2017, 1069 (1071).
- Zu einer deutlich größeren und mitunter vorsatzausschließenden Gefährdung der Raserinteressen kommend: Schönke/Schröder – *Sternberg-Lieben/Schuster*, § 15 StGB Rn. 87a; *Walter*, NJW 2017, 1350 (1350 f.); *Momsen*, KriPoZ 2018, 76 (85); *Jäger/Bönig*, HRRS 2020, 122 (124 f.).

seines Siegeswillens – werden die Gefährdungsindizien in ihrer Wirkung entweder weiter gestützt, in Frage gestellt oder widerlegt. Auf den Punkt gebracht: Wie weit geht der Raser, um sein Ziel zu erreichen?[1023]
Die Berliner Rennfahrer wollten mit ihrer Raserei allgemein vor allem ihr Ansehen und ihren Selbstwert steigern sowie ihr Sensation Seeking befriedigen. Doch gerade die angestrebte Aufwertung der eigenen Person erreicht nur, wer das Rennen gewinnt und seinen Konkurrenten in die Schranken weist. Deshalb und nochmals verstärkt durch die Fokussierung auf das aktuelle Geschehen besaßen beide Berliner Rennfahrer einen alles andere dominierenden Willen zum Rennsieg.[1024]
Die vorgestellte Eigengefährdung mit der Gefährdung von Mitfahrerin und eigenem Fahrzeug entfaltet hier, isoliert betrachtet, kaum eine vorsatzkritische Indizwirkung, weil die Berliner Raser ihre eigenen Interessen im Gegensatz zu denen des Opfers bei einem möglichen Unfall nur wenig gefährdet sahen. Gleichzeitig besaßen sie einen unbedingten Siegeswillen, der, für sich genommen, Eventualvorsatz nahelegt. Zusammengenommen ordneten die Raser die vorgestellten Gefährdungen für sich und das Opfer ihren vorherrschenden Handlungsmotiven unter, was nicht nur die vorsatzkritische Eigengefährdung relativiert, sondern insgesamt für ihren Tötungsvorsatz spricht.[1025]

(ff) Vor- und Nachtatverhalten

Dem sonstigen Verhalten des Handelnden vor und nach der Tat kann ebenfalls eine Indizwirkung für den Vorsatz zukommen. Zum potenziell bedeutsamen Vor- und Nachtatverhalten gehört vor allem, ob der Täter die Tat vorbereitet oder spontan gehandelt hat, welche Vorkehrungen er getroffen bzw. welche späteren

1023 Stützend: BGH, 4 StR 482/19, Urteil vom 18.06.2020, Rn. 41 ff. – im Internet abrufbar: www.bundesgerichtshof.de (Stand: 26.10.2020); LG Hamburg, 621 Ks 12/17, Urteil vom 19.02.2018, Rn. 478 – im Internet abrufbar: www.juris.de (Stand: 30.04.2020); LG Kleve, 140 Ks – 507 Js 281/19 – 6/19, 140 Ks 6/19, Urteil vom 17.02.2020, Rn. 103 f. – im Internet abrufbar: www.juris.de (Stand: 27.11.2020); *Steinert*, SVR 2019, 326 (329); *Schneider*, NStZ 2018, 528 (531); *Preuß*, NZV 2018, 345 (347); *Hörnle*, NJW 2018, 1576 (1578); *Zopfs*, DAR 2018, 375 (376).

1024 Siehe auch schon: D.II.1.c)ee)(2)(b)(dd) [S. 345] mit Fußnote 1000.

1025 Zustimmend: BGH, 4 StR 482/19, Urteil vom 18.06.2020, Rn. 36 ff. – im Internet abrufbar: www.bundesgerichtshof.de (Stand: 26.10.2020); LG Berlin, (532 Ks) 251 Js 52/16 (9/18), Urteil vom 26.03.2019 (unveröffentlicht), S. 61 ff.; LG Berlin, (529 Ks) 251 Js 52/16 (6/20), Urteil vom 02.03.2021, Rn. 260 ff. – im Internet abrufbar: www.juris.de (Stand: 28.12.2022).

Rettungsmaßnahmen er ergriffen hat, um einen Erfolgseintritt zu verhindern, welche Vorerfahrungen er mit vergleichbarem Verhalten besessen und wie er sich vor, während bzw. nach der Tat geäußert hat. Tatvorbereitungen sprechen eher für, spontanes Handeln eher gegen Vorsatz. Erfolgsverhinderungsbemühungen durch entsprechende Vorkehrungen bzw. nachträgliche Rettungsmaßnahmen sind eher vorsatzkritisch einzustellen.[1026]

Dass Rettungsmaßnahmen nach der Tathandlung einen Rücktritt vom Versuch (§ 24) begründen können, schließt ihre mögliche Indizwirkung für den Vorsatz nicht aus. Denn erst recht will eine Person, die – im Gegensatz zum Zurücktretenden – von Anfang an ohne Vorsatz handelt, den von ihr nicht gewollten Erfolg verhindern, sodass sie ebenfalls Rettungsmaßnahmen ergreift. Zumindest bei der Raserei sind Erfolgsverhinderungsbemühungen während des Tatverlaufs aber weit weniger eindeutig und nicht unbedingt als vorsatzkritisches Indiz einzubeziehen.[1027] Denn selbst wenn ein Raser beim Erkennen des Opfers eine Vollbremsung bzw. ein Ausweichmanöver zum Vermeiden einer Kollision einleitet, will er offensichtlich einen Unfall verhindern. Allerdings kann er damit auch nur die ihm drohenden negativen Unfallfolgen vermeiden wollen, was einem Eventualvorsatz, bei dem der Raser den unerwünschten Erfolg zugunsten seiner höheren Ziele in Kauf nimmt, nicht entgegensteht. In Raserfällen kann somit aus spontanen Erfolgsverhinderungsbemühungen des Rasers nicht auf seinen fehlenden Vorsatz geschlossen werden. Allenfalls können sie solche Indizien auf Beweisebene bestätigen, die den Vorsatz im Rahmen der Gesamtbetrachtung ohnehin schon in Frage stellen.[1028]

1026 BGH, NStZ 2010, 571 (572); BGH, NStZ 2013, 581 (583); BGH, NStZ 2015, 216 (216 f.); BGH, NStZ 2017, 22 (23); BGH, BeckRS 2018, 23062, Rn. 19 ff.; BGH, NStZ 2020, 349 (350); BeckOK-StGB – *Kudlich*, § 15 Rn. 23; Lackner/Kühl – *Kühl*, § 15 StGB Rn. 25; *Schneider*, NStZ 2018, 528 (529 f.); *Zehetgruber*, KriPoZ 2018, 358 (359); *Momsen*, KriPoZ 2018, 76 (86); *Vavra/Holznagel*, ZJS 2018, 559 (564 f.); *Preuß*, NZV 2017, 105 (106).

1027 Anders wohl BGH, 4 StR 311/17, Urteil vom 01.03.2018, Rn. 22 ff. – im Internet abrufbar: www.bundesgerichtshof.de (Stand: 24.02.2020) und dem zustimmend *Preuß*, NZV 2018, 345 (350); *Pschorr*, jurisPR-StrafR 15/2020, Anm. 3.

1028 - Stützend: LG Kleve, 140 Ks – 507 Js 281/19 – 6/19, 140 Ks 6/19, Urteil vom 17.02.2020, Rn. 81 – im Internet abrufbar: www.juris.de (Stand: 27.11.2020); *Bosch*, Jura 2018, 1225 (1234).
- Kurzfristige Erfolgsverhinderungsbemühungen des Rasers können ausnahmsweise dann gegen Eventualvorsatz sprechen, wenn der Raser sie in der konkreten Situation rechtzeitig umsetzt und ihm dadurch weitergehende Nachteile für sein

Das Rennen vom Berliner Kurfürstendamm war zwischen den beiden Rasern nicht geplant und wurde direkt auf der Straße verabredet. Zwar fiel der Startschuss spontan, doch war es bis zur relevanten Tathandlung – dem Zu- und Einfahren in die Unfallkreuzung mit Maximalgeschwindigkeit bei Rot – buchstäblich noch ein weiter Weg. Dabei intensivierte sich das Rennen zwischen den Rasern, indem beide bewusst zunehmend (noch) schneller und riskanter fuhren. Zum Rennbeginn lag der fragliche Tötungsvorsatz jedenfalls noch nicht vor, sondern entwickelte sich allenfalls im Rennverlauf. Das für den Vorsatz relevante Tatverhalten ging bei der Intensivierung des Rasens insofern von der anfänglichen Spontanität des Rennstarts in eine akut geplante Rennfortsetzung über.[1029]

Vor dem Rennen trafen die Raser keine Vorkehrungen, um Unfälle allgemein zu verhindern. Ebenso bemühten sie sich während des Rennens beim Zufahren auf die Unfallkreuzung bei Rot in keiner Weise um ein Verhindern einer möglichen Kollision, sondern fuhren fast durchweg mit maximaler Geschwindigkeit ohne zu bremsen und ohne andere Verkehrsteilnehmer – etwa durch Hupen – zu warnen. Als die Raser das Opfer bemerkten, führten sie keine Fahrmanöver zum Verhindern der Kollision aus, was ihnen aufgrund der kurzen Reaktionsmöglichkeit wohl auch gar nicht mehr möglich war. Nach dem Unfall bemühte sich keiner von ihnen um die (objektiv aussichtslose) Rettung des Opfers, obwohl sie bei ihren Verletzungen imstande gewesen wären, Erste Hilfe zu leisten.[1030]

Über konkrete Äußerungen der Raser im Zusammenhang mit dem Rennen ist lediglich bekannt, dass einer von ihnen direkt nach dem Unfall immer wieder fragte: „Wie konnte das passieren?" Zeitgleich suchte der andere Raser wortlos nach seinem Handy und irrte um sein zerstörtes Fahrzeug herum. Beide schienen noch nicht realisiert zu haben, dass ein Unbeteiligter in die Kollision

---

schnelles Vorankommen erwachsen als ohne bzw. mit dem unbedingt erforderlichen Vermeidungsverhalten. (Beispiel: Der Raser bremst wegen eines die Straße betretenden Fußgängers abrupt bis zum Stillstand ab, obwohl zum Verhindern der Kollision erkennbar auch ein schwächeres Abbremsen nicht bis zum Stillstand gereicht hätte.).

1029 Stützend: LG Berlin, (535 Ks) 251 Js 52/16 (8/16), Urteil vom 27.02.2017, Rn. 247 u. 91 ff. – im Internet abrufbar: www.juris.de (Stand: 30.04.2020); LG Berlin, (532 Ks) 251 Js 52/16 (9/18), Urteil vom 26.03.2019 (unveröffentlicht), S. 59 u. 65 f.; *Wrage*, in: FS Wolf, 547 (553).

1030 Stützend: LG Berlin, (535 Ks) 251 Js 52/16 (8/16), Urteil vom 27.02.2017, Rn. 230, 234 u. 110 ff. – im Internet abrufbar: www.juris.de (Stand: 30.04.2020).

verwickelt und noch an der Unfallstelle gestorben war. Die Desorientierung des einen und das ständige Fragen nach den Unfallgründen des anderen deuten auf den ersten Blick darauf hin, der Unfall hätte beide Raser unvorbereitet getroffen und keiner hätte damit gerechnet oder dies gar gewollt. Tatsachlich standen beide Raser durch die Kollision, bei der sie auch selbst verletzt worden waren, unter (psychischem) Schock. Der fragende Raser meint sogar, sich aufgrund einer dadurch ausgelösten Amnesie nicht mehr an die Tat erinnern zu können. Ein Schockzustand infolge von Unfällen im Straßenverkehr ist nichts Ungewöhnliches – erst recht nicht, wenn es sich wie hier um einen Hochgeschwindigkeitsunfall handelt – und kann beim Betroffenen unabhängig vom vorherigen Wissen und Wollen eintreten.[1031] Personen unter Schock verhalten sich in der Regel weit weniger rational als unter normalen Umständen und sind desorientiert mit der Situation überfordert, weil ihre aktuellen Wahrnehmungen bzw. Überlegungen infolge des Erlebten erheblich überlagert werden.[1032] Demnach können hier aus dem Verhalten der Raser direkt nach dem Unfall keine belastbaren Schlüsse gegen einen Tötungsvorsatz gezogen werden.[1033] Allgemein sind beide Fahrer aufgrund ihrer festgestellten Vorerfahrungen mit dem Rasen und beständigen Interaktionen mit Gleichgesinnten der Berliner Raser-Szene zuzuordnen. Allein daraus lassen sich aber keine Rückschlüsse auf den im Raum stehenden Vorsatz ziehen, weil dieser für jeden Handelnden individuell zu bestimmen ist und bloße Generalisierungen unzulässig sind. Trotzdem ist ihre Szenezugehörigkeit nicht bedeutungslos, denn aus ihr können sich mithilfe des Wissens um verbreitete Strukturen und Personengemeinsamkeiten innerhalb der Raser-Szene bzw. entsprechender Subkulturen vorsatzrelevante Gesichtspunkte ergeben. Sofern diese Aspekte vom Gericht – wie hier – schon im Rahmen anderer Vorsatzindizien verarbeitet wurden, kann

---

1031 Siehe dazu die Erläuterungen zu „Akute Belastungsreaktion“ gemäß der Klassifizierung F43.0 der ICD-10-GM und stützend *Schneider*, Facharzt Psychiatrie, S. 389 f. sowie *Schnyder*, Die psychosozialen Folgen schwerer Unfälle, S. 3 f. u. 8.

1032 Siehe dazu die Erläuterungen zu „Akute Belastungsreaktion“ gemäß der Klassifizierung F43.0 der ICD-10-GM und stützend *Schneider*, Facharzt Psychiatrie, S. 390 sowie *Schnyder*, Die psychosozialen Folgen schwerer Unfälle, S. 3 f. u. 8.

1033 - Stützend: LG Berlin, (535 Ks) 251 Js 52/16 (8/16), Urteil vom 27.02.2017, Rn. 248, 110 ff. u. 166 ff. – im Internet abrufbar: www.juris.de (Stand: 30.04.2020); *Schneider*, NStZ 2018, 528 (530 in Fn. 28).
- Dagegen: *Jäger*, JA 2017, 786 (787 f.); *Sasse*, NJ 2017, 384 (387 f.); *Gründel*, ZJS 2019, 211 (213 in Fn. 26).

ihre Zugehörigkeit immerhin die Anwendung entsprechender Erfahrungssätze stützen und ein umfassenderes Bild der Persönlichkeit der Berliner Raser zeichnen.[1034]

Somit sprechen einige Aspekte des Vortatverhaltens der Berliner Raser eher für, andere eher gegen ihren Vorsatz. Das Nachtatverhalten besitzt hingegen keine belastbare Aussagekraft, sodass dem Vor- und Nachtatverhalten hier insgesamt keine Indizwirkung hinsichtlich des Tötungsvorsatzes zukommt.

(gg) Zusammenführende Gesamtbetrachtung

Es hat sich gezeigt, dass viele vorsatzrelevante Aspekte der Raserei ambivalent sind und sie erst im Zusammenhang mit anderen Aspekten eine belastbare Grundlage für die Indizwirkung im Rahmen der Gesamtbetrachtung des Vorsatzes bilden.

Führt man die hier gewonnen Erkenntnisse zum illegalen Straßenrennen auf dem Berliner Kurfürstendamm zusammen, ergeben sich für die Frage nach dem Tötungsvorsatz der Raser folgende Feststellungen:

Die von den Rasern ausgeführten Tathandlungen des Rennfahrens waren in höchstem Maße gefährlich. Das konkrete Fahrverhalten mit schwersten Verkehrsverstößen im städtischen Gebiet Berlins sorgte für eine hohe Einzel- und Gesamtwahrscheinlichkeit eines Unfalls, in dessen Folge ein Unfallgegner höchstwahrscheinlich zu Tode kommen konnte. Dieses Indiz der äußerst hohen objektiven Gefährlichkeit des Tatverhaltens wiegt für den Tötungsvorsatz der Raser sehr schwer.

Demgegenüber unterschätzten die Berliner Raser diese Gefährlichkeit in hohem Maße, was vor allem an ihrer Selbstüberhöhung, Risikoaffinität, Verhaltensvorerfahrung und dem akuten Geschwindigkeitsrausch lag. Die Unterschätzung ging aber nicht so weit, dass die Raser die bestehenden Gefahren für ein Opfer völlig verkannt hätten. Denn die relevanten Tatumstände erfassten sie im sachgedanklichen Mitbewusstsein und waren sich auch der Grundgefährlichkeit ihrer Verhaltensweisen bewusst. Bei den offensichtlichen Gefährdungsaspekten konnten sich die Raser nicht der Erkenntnis der Gefahr für einen folgenschweren Unfall eines anderen Verkehrsteilnehmers entziehen. Die

---

1034 Stützend: BGH, 4 StR 399/17, Urteil vom 01.03.2018, Rn. 30 – im Internet abrufbar: www.bundesgerichtshof.de (Stand: 24.02.2020); LG Berlin, (535 Ks) 251 Js 52/16 (8/16), Urteil vom 27.02.2017, Rn. 215 u. 87 ff., 197 – im Internet abrufbar: www.juris.de (Stand: 30.04.2020); MüKo-StGB – *Schneider*, § 212 Rn. 24 f. (insb. mit Fn. 129); *Eisele*, JZ 2018, 549 (552 f.); *Steinert*, SVR 2019, 326 (328); *Hörnle*, NJW 2018, 1576 (1578).

starke Gefahrunterschätzung spricht als Indiz zwar deutlich gegen einen Vorsatz der Raser, schließt dabei aber weder ihr Wissen noch ihr Wollen bzgl. des Todeserfolgs vollkommen aus.

Ebenfalls eine herausragende Bedeutung nahm der Siegeswille der Rennfahrer ein. Denn gerade dieser Wille bewegte sie als zentrales Handlungsmotiv zu ihrem konkreten Fahrverhalten. Um seine weitergehenden mit der Raserei verfolgten Ziele wie Ansehens- und Selbstwertsteigerung zu erreichen, musste jeder Raser das Rennen gewinnen. Ein Unfall hätte einem solchen Sieg entgegengestanden, weil der Rennfahrer dadurch nicht nur Rennnachteile erlitten, sondern seine Rechtsgüter in Form des eigenen Fahrzeugs, Körpers und Lebens sowie die der Mitfahrer gefährdet hätte. Doch zeichnet sich der hier im Raum stehende Eventualvorsatz dadurch aus, dass es für ihn gerade keines bestimmten Tatmotivs bedarf und die Erfolgsherbeiführung dem Handelnden sogar unerwünscht sein kann. Den Berliner Rasern war ein Unfall wegen seiner möglichen nachteiligen Folgen für sie selbst sowie für andere Personen unerwünscht, doch gingen sie für sich und die Mitfahrerin jedenfalls nicht von einem tödlichen Ausgang aus. Vor allem war ihr Verhalten aber von dem unbedingten Siegeswillen geleitet, dem sie als dominantes Handlungsmotiv selbstfixiert alle möglichen Nachteile unterordneten, indem sie ihr Rennen mit maximalem Einsatz ohne jegliche Rücksicht intensivierend fortführten. Trotz der vorgestellten Eigengefährdung spricht der unbedingte Siegeswille der Raser für ihren Tötungsvorsatz.

Das Verhalten der Berliner Raser vor und nach der Tat weist verschiedene Aspekte auf, die wegen ihrer Mehrdeutigkeiten keine belastbaren Rückschlüsse auf den Vorsatz zulassen.

Aus der Gesamtbetrachtung aller vorsatzrelevanten Tataspekte mit ihrer jeweiligen Bedeutung und ihrem jeweiligen Gewicht ergibt sich insgesamt ein Überwiegen der Indizien, die dafür sprechen, dass die Berliner Raser die hinreichend konkrete Möglichkeit eines tödlichen Unfalls durch ihr Verhalten sachgedanklich erkannt und sich mit dem Tod des Opfers bewusst abgefunden, ihn also in Kauf genommen haben. Damit lässt sich für sie ein Wissen und Wollen der entsprechenden Tatbestandsverwirklichung feststellen, was die Voraussetzungen des Eventualvorsatzes erfüllt.

Zugleich hatten die Raser auch Vorsatz hinsichtlich der konkreten Gefährdungen von Eigentum, Leib und Leben anderer Menschen.[1035] Ebenfalls lässt sich

1035 Denn der Verletzungsvorsatz enthält auch den Gefährdungsvorsatz, weil jeder Verletzung notwendig eine Gefährdung des entsprechenden Rechtsguts vorausgeht (siehe schon D.II.1.b)aa)(4)(a) [S. 218] mit Fußnote 608).

so ihr Vorsatz hinsichtlich der Körperverletzung – aber nicht Tötung – der in einem der Rennfahrzeuge sitzenden Mitfahrerin begründen.

Wichtig für die Feststellung des Vorsatzes ist schon allgemein, dass er vom Gericht für den Zeitpunkt der tatbestandlichen Ausführungshandlung belegt wird (§§ 8, 16). Ein Vorwurf von Vorsatz davor (sog. dolus antecedens) oder danach (sog. dolus subsequens) ist für die Strafbarkeit irrelevant. Aus diesem Koinzidenz- bzw. Simultanprinzip folgt auch, dass der Handelnde zum Handlungszeitpunkt noch Verhaltensalternativen besitzen muss und damit über die Straftatbestandsverwirklichung bestimmen kann.[1036]
Bereits aus diesem Grund musste das erste Urteil des Landgerichts Berlin zum Straßenrennen auf dem Kurfürstendamm[1037] aufgehoben werden, weil die angeklagten Raser zum Zeitpunkt des ermittelten Vorsatzes nach Sachverhaltsfeststellungen des Gerichts „[…] absolut unfähig [waren] noch zu reagieren […]“.[1038] Tatsächlich hat sich der Vorsatz der Berliner Raser erst im Laufe des Rennens entwickelt, lag aber rechtzeitig zum Tatzeitpunkt beim Zufahren auf die für sie Rot zeigende Ampel an der Unfallkreuzung vor, als beide Fahrer den Unfall noch durch alternatives Fahrverhalten wie Abbremsen hätten vermeiden können. Indem sie die konkrete Möglichkeit eines tödlichen Unfalls erkannten und sich damit abfanden, individualisierten sie das Opfer zwar nicht, bestimmten es aber der Gattung nach und konkretisierten es damit im Sinne des unbestimmteren Vorsatzes hinreichend. Der tatsächlich stattfindende Kausalverlauf wich dabei nicht wesentlich von den Vorstellungen der Raser ab.

1036 BGHSt 6, 329 (331); BGHSt 10, 151 (152 f.); BGH, 4 StR 399/17, Urteil vom 01.03.2018, Rn. 13 – im Internet abrufbar: www.bundesgerichtshof.de (Stand: 24.02.2020); LK – *Vogel/Bülte*, § 15 StGB Rn. 52 ff.; *Fischer*, § 15 StGB Rn. 3; Schönke/Schröder – *Sternberg-Lieben/Schuster*, § 15 StGB Rn. 48; *Joecks/Jäger*, § 15 StGB Rn. 6; *Wessels/Beulke/Satzger*, StR AT, Rn. 316 ff.; B/W/M/E (AT) – *Eisele*, Rn. 11/35 ff.; *Heinrich*, StR AT, Rn. 289 ff.

1037 LG Berlin, (535 Ks) 251 Js 52/16 (8/16), Urteil vom 27.02.2017 – im Internet abrufbar: www.juris.de (Stand: 11.04.2020).

1038 - Zitat: LG Berlin, (535 Ks) 251 Js 52/16 (8/16), Urteil vom 27.02.2017, Rn. 101 – im Internet abrufbar: www.juris.de (Stand: 11.04.2020).
- So zu Recht das Revisionsurteil BGH, 4 StR 399/17, Urteil vom 01.03.2018, Rn. 14 f. – im Internet abrufbar: www.bundesgerichtshof.de (Stand: 24.02.2020).
- Zustimmend: *Steinle*, Verbotene Kraftfahrzeugrennen, S. 61 f.; *Eisele*, JZ 2018, 549 (550); *Jäger*, JA 2018, 468 (470); *Ternig*, jM 2018, 258 (259).

(c) Zusammenfassung

Insgesamt ist festzuhalten: Raser können Tötungsvorsatz haben.

Die für die Raserfälle essentielle Abgrenzung zwischen Eventualvorsatz und bewusster Fahrlässigkeit bleibt aber eine der schwierigsten Probleme des Strafrechts. Dennoch konnte hier über die Raserei hinaus gezeigt werden, dass die Lösung in einer zweistufigen Vorsatzprüfung besteht: Dabei beschreibt die erste Begriffsebene die materiell-rechtlichen Voraussetzungen des Vorsatzes und die zweite Anwendungsebene die dafür erforderlichen tatsächlich-psychischen Prozesse des Handelnden mit deren Feststellung im Strafprozess. Als Mindestvoraussetzungen für den (Eventual-) Vorsatz ist materiell-rechtlich erforderlich, dass die hinreichend konkrete Möglichkeit der Tatbestandsverwirklichung mit den relevanten Tatumständen erkannt (= Wissen) und in Kauf genommen wird (= Willen). Tatsächlich erkennt der Handelnde die Möglichkeit der Tatbestandsverwirklichung und weiß von den Tatumständen, wenn die entsprechenden Informationen entweder in seinem aktiven Bewusstsein durch ein Daran-Denken präsent sind (= bewusstes Wissen) oder als unbewusst verarbeitete Informationen des sachgedanklichen Mitbewusstseins unmittelbar verfügbar sind (= mitbewusstes Wissen). Auf Grundlage dieses Wissens nimmt er die Tatbestandsverwirklichung tatsächlich in Kauf und will sie somit, wenn seine Verhaltensentscheidung durch ein aktuell reflektiertes Willensergebnis eine solche subjektive Zielrichtung hat, dass er sich mit der Verwirklichung des Tatbestands abfindet oder ihr gleichgültig gegenübersteht (= bewusstes Wollen). Diese Voraussetzungen sind im Strafprozess festzustellen, indem alle relevanten (objektiven und subjektiven) Umstände der einzelnen Tat als Indizien mithilfe einschlägiger Erfahrungssätze in eine Gesamtbetrachtung eingestellt werden. Einige Indizien können dabei so schweres Gewicht haben, dass sie allein das Wissen oder den Willen des Handelnden hinsichtlich der Tatbestandsverwirklichung ausschließen können. Ansonsten gelangt man je nach Überwiegen der für oder gegen das Wissen und Wollen sprechenden Aspekte zu einem ebenso nachvollziehbaren Ergebnis, das den Vorsatz des Handelnden ohne vernünftige Zweifel feststellt oder widerlegt.

Zwar wird es sich bei dem Vorsatz eines Rasers nicht um dolus directus 1. und 2. Grades handeln, doch bleibt Eventualvorsatz für alle Formen des Rasens sowohl im Zusammenhang mit illegalen Straßenrennen als auch der Einzelraserei möglich und das unabhängig davon, ob der Raser einer Raser-Szene angehört oder nicht. Durch eine Bejahung des Vorsatzes ergeben sich selbst für Raserfälle ohne

Unfall Möglichkeiten von Versuchsstrafbarkeiten, die – begrenzt durch das unmittelbare Ansetzen – entsprechend strafwürdiges Verhalten erfassen.
Die Rennfahrer vom Berliner Kurfürstendamm handelten demnach mit Tötungsvorsatz.
Zu betonen ist, dass der Tötungsvorsatz im Zusammenhang mit Raserei nicht den Regelfall, sondern die Ausnahme darstellt. Denn selbst beim Berliner Straßenrennen, das sich als extremer Fall der Raserei einstufen lässt, ist der Tötungsvorsatz der Raser – wie gesehen – nicht evident.[1039] Demgegenüber kommt man bspw. bei dem illegalen Straßenrennen auf dem Kölner Auenweg übereinstimmend mit dem Landgericht Köln lediglich zu einer fahrlässigen Tötung.[1040] Allerdings ist auch in solchen weniger extremen Fällen der Raserei zu beachten, dass trotz fehlendem Tötungsvorsatz Raum für Vorsatz der Raser hinsichtlich Körperverletzungen bzw. Sachbeschädigungen bleiben kann. Denn im Verhältnis wiegen zahlreiche vorsatzkritische Indizien bei leichteren Unfallfolgen weniger schwer und häufig ist die anschauliche Wahrscheinlichkeit des Erfolgseintritts höher. In wohl fast jedem Fall hat der Raser so zumindest Vorsatz hinsichtlich der konkreten Gefährdungen potenziell betroffener Rechtsgüter.

Offenkundig kommt dem Beurteilenden bei der Feststellung des Vorsatzes ein gewisser Spielraum zu, sodass ein absolut sicheres Ergebnis nicht erreicht wird. Das Streben nach der einzigen Wahrheit ist nicht nur für die Abgrenzung von Vorsatz und Fahrlässigkeit ein hehres Ziel, denn ohne Wahrheit ist Gerechtigkeit nicht möglich. Trotzdem kann mehr als praktische Gewissheit jenseits vernünftiger Zweifel nicht erreicht werden.[1041]

(3) Mordmerkmale (§ 211)

Tötet der Raser vorsätzlich gemäß § 212, kann er dabei auch Mordqualifikationen des § 211 II verwirklichen. Entgegen teilweise vertretener Ansicht[1042] ist § 211 kein eigenständiger, sondern ein sich auf § 212 beziehender Qualifikationstatbestand[1043].

1039 Ebenso zum Tötungsvorsatz: *Steinle*, Verbotene Kraftfahrzeugrennen, S. 59.

1040 - LG Köln, 117 KLs 19/15, Urteil vom 14.04.2016 – im Internet abrufbar: www.justiz.nrw.de (Stand: 24.06.2020).
- Siehe dazu bereits: D.II.1.c)aa) [261].

1041 Grundlegend: *Aichele*, JRE 27 (2019), 269 (269 ff.).

1042 BGHSt 1, 368 (370 f.); BGHSt 6, 329 (330); BGHSt 22, 375 (377 f.); BGHSt 36, 231 (233); BGHSt 50, 1 (5); BGH, NStZ 2006, 34 (35); BGH, NStZ 2006, 288 (289 f.); BGH, StV 2008, 342 (342 f.).

1043 *Fischer*, § 211 StGB Rn. 6; Schönke/Schröder – *Eser/Sternberg-Lieben*, § 211 StGB Rn. 1; Lackner/Kühl – *Kühl*, § 211 StGB Rn. 16; LK – *Rissing-van Saan/*

(a) Mord mit gemeingefährlichen Mitteln (§ 211 II Var. 7)

Bei einer vorsätzlichen Tötung im Rahmen eines illegalen Straßenrennens oder der Einzelraserei kommt das verwendete Kraftfahrzeug als gemeingefährliches Mittel nach § 211 II Var. 7 in Betracht. Ein gemeingefährliches Mittel ist jedes Tötungsmedium, dessen Wirkung der Täter bei seiner Anwendung nicht beherrscht, sodass eine Lebensgefahr für eine Mehrzahl von Menschen geschaffen wird.[1044] Dabei genügt eine generelle Gefährdung des Lebens[1045] mehrerer, vom Täter nicht individualisierter Personen, die sich in der konkreten Tatsituation tatsächlich realisieren können muss[1046].

Für die Gemeingefährlichkeit kommt es bei den Raserfällen darauf an, inwieweit der Raser sein Fahrzeug noch beherrschen kann, wie viele andere Personen sich in dessen Einflussbereich befinden und welche Unfallfolgen ihnen drohen. Wenn sich der tödliche Unfall an einem ansonsten menschenleeren Ort ereignet bzw. dort keine anderen Fahrzeugführer unterwegs sind, ist die Gemeingefährlichkeit bereits wegen der Personenanzahl ausgeschlossen. Andererseits kann für die notwendige Anzahl der Personen schon ein einzelnes, mit mehreren Personen besetztes Fahrzeug genügen.[1047] Die relevante Fahr- und Unfallphysik hängt von diversen äußeren Faktoren ab. Wesentlich dafür ist neben den Umständen der Situation (Straßenverlauf, Verkehr, Umgebung) auch das Raserfahrzeug selbst, das sich nach seiner Art in Fahrzeugmasse, -volumen

---

Zimmermann, § 211 StGB Rn. 1; Matt/Renzikowski – *Safferling*, Vor §§ 211 ff. StGB Rn. 6; A/W/H/H (BT) – *Hilgendorf*, Rn. 2/26; *Kindhäuser/Schramm*, StR BT 1, Rn. 1/2 f.; *Gössel/Dölling*, StR BT 1, Rn. 1/7 ff.; *Wessels/Hettinger/Engländer*, StR BT 1, Rn. 25 f.

1044 BGHSt 34, 13 (14); BGH, NStZ 2007, 330 (330); BGH, NStZ-RR 2017, 143 (143); S/S/W-StGB – *Momsen*, § 211 Rn. 63; LK – *Rissing-van Saan/Zimmermann*, § 211 StGB Rn. 141 f.; A/W/H/H (BT) – *Hilgendorf*, Rn. 2/52; *Wessels/Hettinger/Engländer*, StR BT 1, Rn. 57; *Kindhäuser/Schramm*, StR BT 1, Rn. 2/36 f.

1045 Teilweise wird hier auch eine Körperverletzungsgefahr als ausreichend angesehen, doch ist dem wegen der Schutzrichtung des § 211 (= Lebensschutz) und der höchsten Strafandrohung (= lebenslange Freiheitsstrafe) eine Absage zu erteilen (vgl. MüKo-StGB – *Schneider*, § 211 Rn. 129 f.; Matt/Renzikowski – *Safferling*, § 211 StGB Rn. 61).

1046 BGHSt 38, 353 (354 f.); BGH, NStZ 2006, 167 (168); *Fischer*, § 211 StGB Rn. 59; Matt/Renzikowski – *Safferling*, § 211 StGB Rn. 60 ff.; MüKo-StGB – *Schneider*, § 211 Rn. 127 ff.; BeckOK-StGB – *Eschelbach*, § 211 Rn. 66 ff.

1047 - Stützend: MüKo-StGB – *Schneider*, § 211 Rn. 132; *Wilms*, Die Tötung, S. 178 f.; *Rengier*, StV 1986, 405 (409).
- Abweichend: SK-StGB – *Sinn*, § 211 Rn. 61; *Zieschang*, in: FS Puppe, 1301 (1318).

und Fahreigenschaften unterscheiden kann (z. B. Auto oder Motorrad). Regelmäßig wird die Geschwindigkeit die wichtigste Rolle für die Gemeingefährlichkeit spielen. Denn in erster Linie entscheidet die Fahrgeschwindigkeit darüber, ob der Raser sein Fahrzeug noch halbwegs gezielt steuern und damit beherrschen kann oder ob es unbeherrschbar geworden ist. Je höher die Kollisionsgeschwindigkeit ist, desto größer und stärker fallen Unfallreichweite und -folgen aus. Der Gefahrbereich muss dabei räumlich weit gezogen werden, weil Unfallfahrzeuge und Trümmerteile bei Unfällen sehr weit geschleudert, sodass auch weiter entfernte Personen getroffen oder zusätzliche Folgeunfälle ausgelöst werden können. So können selbst verhältnismäßig kleinere und leichtere Kraftfahrzeuge bei entsprechenden Geschwindigkeiten tödlich auf mehrere Personen wirken, z. B. wenn ein Raser auf seinem Motorrad verunfallt und es in eine Menschengruppe geschleudert wird. Da die Geschwindigkeit aber nicht alleiniger Faktor ist, setzt die Gemeingefährlichkeit des Kraftfahrzeugs nicht zwingend einen Unfall bei extrem überhöhter Geschwindigkeit – wie im Berliner Raserfall – voraus.[1048]

In subjektiver Hinsicht muss der Täter in der konkreten Tatsituation auch die Unbeherrschbarkeit des benutzten Tatmittels und die sich daraus für eine Mehrzahl von Personen ergebende (generelle) Lebensgefährlichkeit zumindest in Kauf nehmen. Ist er sich dessen bewusst, was – wie bei den Berliner

---

1048 - Siehe zu den (physikalischen) Grundlagen: C.II.2. [S. 37] und C.III.2.a)aa) [S. 59].
- Grundsätzlich stützend: BGH, NStZ 2006, 503 (504); BGH, NStZ 2010, 515 (515); LG Berlin, (535 Ks) 251 Js 52/16 (8/16), Urteil vom 27.02.2017, Rn. 255 ff. – im Internet abrufbar: www.juris.de (Stand: 11.04.2020); LG Hamburg, 621 Ks 12/17, Urteil vom 19.02.2018, Rn. 522 ff. – im Internet abrufbar: www.juris.de (Stand: 29.11.2019); LG Berlin, (532 Ks) 251 Js 52/16 (9/18), Urteil vom 26.03.2019 (unveröffentlicht), S. 76 f.; LG Kleve, 140 Ks – 507 Js 281/19 – 6/19, 140 Ks 6/19, Urteil vom 17.02.2020, Rn. 107 – im Internet abrufbar: www.juris.de (Stand: 27.11.2020); *Bönig*, Verbotene Kraftfahrzeugrennen, S. 54 f.; A/W/H/H (BT) – *Hilgendorf*, Rn. 2/52; *Jahn*, JuS 2017, 700 (702); *Neumann*, Jura 2017, 160 (167); *Preuß*, NZV 2018, 345 (349).

Rasern[1049] – der Regelfall sein wird, liegt der für § 211 II Var. 7 erforderliche Vorsatz der Verwendung des gemeingefährlichen Mittels vor.[1050]

(b) Heimtückemord (§ 211 II Var. 5)

Daneben könnte die Tötung des Unfallopfers in Raserfällen heimtückisch erfolgen (§ 211 II Var. 5), weil der Unfall für das Opfer meist plötzlich und überraschend kommt.
Wer die auf der Arglosigkeit beruhende Wehrlosigkeit des Opfers bewusst ausnutzt, handelt nach der anerkannten Begriffsbestimmung heimtückisch. Arglos ist, wer sich keines Angriffs auf Leib oder Leben versieht; wehrlos, wessen Verteidigungsfähigkeit dadurch stark eingeschränkt ist. Grundsätzlich müssen beide Elemente zum Zeitpunkt der Tat, d. h. zu Beginn des ersten mit Tötungsvorsatz geführten Angriffs, zusammentreffen. Ein bewusstes Ausnutzen liegt vor, wenn der Täter die Tatsituation insofern richtig erkennt, als dass ihm bewusst wird, er verübe einen Angriff auf ein arg- und wehrloses Opfer; dabei genügt dolus eventualis.[1051]
Wegen der absoluten Strafandrohung der lebenslangen Freiheitsstrafe in § 211 I ist das relativ weite Merkmal der Heimtücke von Verfassungswegen restriktiv auszulegen.[1052] Weitgehend anerkannt ist das zusätzliche Erfordernis des Tötens

---

1049 - Zustimmend: LG Berlin, (535 Ks) 251 Js 52/16 (8/16), Urteil vom 27.02.2017, Rn. 254 ff. – im Internet abrufbar: www.juris.de (Stand: 30.04.2020); LG Berlin, (532 Ks) 251 Js 52/16 (9/18), Urteil vom 26.03.2019 (unveröffentlicht), S. 76 f.; siehe auch Fußnote 1048.
- Dagegen ablehnend: LG Berlin, (529 Ks) 251 Js 52/16 (6/20), Urteil vom 02.03.2021, Rn. 305 – im Internet abrufbar: www.juris.de (Stand: 28.12.2022).

1050 BeckOK-StGB – *Eschelbach*, § 211 Rn. 73; LK – *Rissing-van Saan/Zimmermann*, § 211 StGB Rn. 145; SK-StGB – *Sinn*, § 211 Rn. 63; A/W/H/H (BT) – *Hilgendorf*, Rn. 2/52; *Kubiciel/Hoven*, NStZ 2017, 439 (443).

1051 BGHSt 2, 251 (254); BGHSt 6, 120 (121); BGHSt 11, 139 (143 f.); BGHSt 20, 301 (301 f.); BGHSt 32, 382 (383 ff.); BGHSt 34, 358 (358 f.); BGHSt 39, 353 (368); *Fischer*, § 211 StGB Rn. 34 ff.; LK – *Rissing-van Saan/Zimmermann*, § 211 StGB Rn. 93 ff.; MüKo-StGB – *Schneider*, § 211 Rn. 149 ff.; Schönke/Schröder – *Eser/Sternberg-Lieben*, § 211 StGB Rn. 22 ff.; NK-GStR – *Duttge*, § 211 StGB Rn. 13 ff.; *Kindhäuser/Schramm*, StR BT 1, Rn. 2/23 ff.; *Wessels/Hettinger/Engländer*, StR BT 1, Rn. 59 ff.

1052 BVerfGE 45, 187 (260 ff.); BVerfGE 50, 5 (9); BGH, NStZ 1981, 181 (181 f.); Schönke/Schröder – *Eser/Sternberg-Lieben*, § 211 StGB Rn. 22; Lackner/Kühl – *Kühl*, § 211 StGB Rn. 6; *Kett-Straub*, JuS 2007, 515 (516).

in feindlicher Willensrichtung.[1053] Über andere Einschränkungen besteht hingegen keine Einigkeit, sodass sich die Rechtsprechung mit dieser Definition begnügt, aber in besonderen Fällen bei der Strafzumessung eine Strafmilderung nach der sog. Rechtsfolgenlösung vornimmt[1054]. Demgegenüber stellen andere Literaturmeinungen weitergehende Anforderungen an den Begriff der Heimtücke, wozu vor allem ein verwerflicher Vertrauensbruch[1055] oder ein tückisch-verschlagenes Vorgehen[1056] gehört. Tatsächlich wird ein restriktives Verständnis der Heimtücke mit der traditionellen Definition noch nicht erreicht, weil so jeder Überraschungsangriff heimtückisch wäre. Eine Korrektur über die Rechtsfolgenlösung ist aus rechtsdogmatischen Gründen sowie mit Blick auf Art. 20 III und 103 II GG abzulehnen.[1057] Obwohl das besondere Unrecht des Heimtückemords gegenüber dem Totschlag vor allem objektiv in der geringen Verteidigungs- und Fluchtmöglichkeit des Opfers und damit der nochmals erhöhten Lebensgefahr besteht,[1058] wird es daneben in subjektiver Hinsicht auch durch die besondere Verwerflichkeit dieses täterschaftlichen Vorgehens mit begründet.[1059]

1053 BGHSt 9, 385 (389 f.); BGHSt 11, 139 (143); BGHSt 30, 105 (119); BGHSt 37, 376 (376 ff.); BGHSt 64, 111 (116 ff.); Matt/Renzikowski – *Safferling*, § 211 StGB Rn. 40 u. 49; MüKo-StGB – *Schneider*, § 211 Rn. 197 ff.; NK-GStR – *Duttge*, § 211 StGB Rn. 13 u. 19; *Kindhäuser/Schramm*, StR BT 1, Rn. 2/23 u. 2/31; *Wessels/Hettinger/Engländer*, StR BT 1, Rn. 60 f. u. 71; Maurach/Schroeder/Maiwald (BT 1) – *Hoyer*, Rn. 2/45.

1054 BGHSt 30, 105 (116 ff.); BGHSt 48, 255 (256 f. u. 262 f.); BGH, StV 1990, 496 (496 f.); BGH, NStZ 2005, 154 (155); BGH, NStZ-RR 2006, 200 (201).

1055 Schönke/Schröder – *Eser/Sternberg-Lieben*, § 211 StGB Rn. 26 ff.; *Schmidhäuser*, Gesinnungsmerkmale, S. 233 ff.; *Jakobs*, JZ 1984, 996 (997 f.); *Otto*, JR 1991, 382 (383); *Miehe*, JuS 1996, 1000 (1004).

1056 NK-StGB – *Neumann/Saliger*, § 211 Rn. 72; *Hillenkamp*, in: FS Rudolphi, 463 (477 ff.); *Wessels/Hettinger/Engländer*, StR BT 1, Rn. 68; *Klesczewski*, StR BT, Rn. 2/55; *Lackner*, NStZ 1981, 348 (349); *Spendel*, JR 1983, 269 (272 f.).

1057 Stützend: BeckOK-StGB – *Eschelbach*, § 211 Rn. 58.1 f.; Schönke/Schröder – *Eser/Sternberg-Lieben*, § 211 StGB Rn. 10b; A/W/H/H (BT) – *Hilgendorf*, Rn. 2/17 f.; *Hassemer*, JZ 1983, 967 (968 f.); *Köhler*, JuS 1984, 762 (767 ff.); *Küper*, JuS 2000, 740 (747).

1058 BGHSt 11, 139 (143 f.); BGHSt 33, 363 (365); LK – *Rissing-van Saan/Zimmermann*, § 211 StGB Rn. 95; MüKo-StGB – *Schneider*, § 211 Rn. 149; Matt/Renzikowski – *Safferling*, § 211 StGB Rn. 40; Maurach/Schroeder/Maiwald (BT 1) – *Hoyer*, Rn. 2/43.

1059 *Fischer*, § 211 StGB Rn. 33; BeckOK-StGB – *Eschelbach*, § 211 Rn. 36; *Wessels/Hettinger/Engländer*, StR BT 1, Rn. 59; *Schmidhäuser*, Gesinnungsmerkmale, S. 232 ff.; *Spendel*, JR 1983, 269 (272 f.); *Otto*, JR 1991, 382 (383).

Deshalb ist es angebracht, Heimtücke nur bei dem bewussten Missbrauch des Überraschungseffekts anzunehmen, was über eine strikte Anwendung des Ausnutzungsbewusstseins bzw. über das tückisch-verschlagene Vorgehen erfolgen kann. Demzufolge muss sich der Täter bei seinem Angriff das Überraschungsmoment zielgerichtet zunutze machen. Dafür reicht Eventualvorsatz aus, doch darf der Täter die Überraschungssituation nicht nur unabhängig von der Tatbegehung einfach als gegeben hinnehmen, sondern die Überraschung des Opfers muss für ihn handlungsrelevant sein.[1060]

Gerade im Straßenverkehr zeigen sich die Auswirkungen dieses begrenzten Heimtückeverständnisses und warum es angemessen ist: Fährt z. B. ein Fahrer nachts mit überhöhter Geschwindigkeit über eine rote Ampel, an der gerade ein Fußgänger mit Kopfhörern bei Grün die Straße betritt, und nimmt einen tödlichen Zusammenstoß mit ihm in Kauf – etwa weil er nicht bremsen will, um möglichst bald Zuhause zu sein – wäre er bei einem entsprechenden Unfall nach der traditionellen Definition wegen Heimtückemordes strafbar. Denn der Fußgänger betritt regelkonform die Straße und bemerkt das herannahende Auto wegen seiner Kopfhörer nicht, womit er arg- und wehrlos ist. Dabei erkennt der Fahrer diese Umstände richtig und die Opfersituation ist ihm bewusst. Allerdings war das für die Arglosigkeit des Opfers notwendige Überraschungsmoment für den Täter in keiner Form handlungsleitend, denn es hat bei seiner Verhaltensentscheidung, die rote Ampel trotz des Fußgängers zu überfahren, keine Rolle gespielt. Nur das Bewusstsein der Überraschungssituation begründet aber nicht das für die absolute Freiheitsstrafe notwendige Gesamtunrecht des restriktiv zu handhabenden Heimtückemordes. Das gilt in gleicher Weise für die Raserfälle: Zwar sind sich die mit Tötungsvorsatz handelnden Raser der Tat- und Opfersituation bewusst, doch machen sie sich das Überraschungsmoment nicht gezielt zunutze. Der für das Opfer unvorhergesehene Angriff beruht dann nur auf der für das Rasen typischen hohen Geschwindigkeiten und schnell wechselnden Verkehrssituationen, womit er schlicht bei Gelegenheit der Raserei eintritt. Entgegen der überwiegenden Ansicht, die Heimtücke

---

1060 - Stützend: NK-StGB – *Neumann/Saliger*, § 211 Rn. 72; *Wessels/Hettinger/Engländer*, StR BT 1, Rn. 61 u. 68; *Klesczewski*, StR BT, Rn. 2/55; *Lackner*, NStZ 1981, 348 (349); *Spendel*, JR 1983, 269 (271 ff.).
- Im Ergebnis ähnlich: BGH, 4 StR 403/20, Urteil vom 04.02.2021, Rn. 26 ff. – im Internet abrufbar: www.bundesgerichtshof.de (Stand: 28.12.2022).

in solchen Fällen bejaht,[1061] scheidet damit eine Strafbarkeit nach §§ 212, 211 II Var. 5 für Raserfälle in aller Regel aus[1062].

(c) Mord aus sonst niedrigen Beweggründen (§ 211 II Var. 4)

Ein Täter handelt aus sonst niedrigen Beweggründen, wenn sein bewusstseinsdominantes Tatmotiv von hemmungsloser Eigensucht geprägt ist und nach allgemeiner rechtlich-sittlicher Wertung auf besonders verachtenswerter tiefster Stufe steht. Ein niedriger Beweggrund liegt nahe, wenn das Tatmotiv in einem eklatanten Missverhältnis zur Tötung steht und nicht einmal ansatzweise nachvollziehbar ist. Eine solche Beurteilung erfolgt anhand einer Gesamtwürdigung aller inneren und äußeren für die Verhaltensentscheidung maßgeblichen Aspekte (Tatumstände, Täterpersönlichkeit, Gefühlslage, Lebensverhältnisse). Der Täter muss die die Verwerflichkeit begründenden Faktoren erfassen und sich ihrer als beherrschbare Beweggründe für sein eigenes Handeln bewusst sein, ohne sie dabei als niedrig im Rechtssinne einstufen zu müssen. Niedrige Beweggründe können auch bei einer eventualvorsätzlichen Tötung vorliegen, weil ein Tötungsmotiv nicht vom Grad des Wissens und Willens der Tötung abhängt.[1063]

Bei den Raserfällen muss ermittelt werden, welche Tatmotive des Rasers bewusstseinsdominant sind. Für einen Raser steht nicht die Tötung eines anderen Menschen im Mittelpunkt seiner Raserei, sondern in aller Regel der

1061 BGH, 4 StR 399/17, Urteil vom 01.03.2018, Rn. 33 – im Internet abrufbar: www.bundesgerichtshof.de (Stand: 24.02.2020); BGH, 4 StR 482/19, Urteil vom 18.06.2020, Rn. 52 ff. – im Internet abrufbar: www.bundesgerichtshof.de (Stand: 26.10.2020); LG Berlin, (532 Ks) 251 Js 52/16 (9/18), Urteil vom 26.03.2019 (unveröffentlicht), S. 74 ff.; LG Berlin, Az. 540 Ks 7/18, becklink 2013516; *Preuß*, NZV 2018, 345 (349); *Gründel*, ZJS 2019, 211 (217 f.); *Bönig*, Verbotene Kraftfahrzeugrennen, S. 51 f.

1062 Im Ergebnis zustimmend: *Walter*, NStZ 2018, 412 (412).

1063 BGHSt 35, 116 (126 f.); BGHSt 47, 128 (130); BGHSt 56, 11 (18 f.); BGH, NJW 1967, 1140 (1141); BGH, NJW 1993, 1665 (1665); MüKo-StGB – *Schneider*, § 211 StGB Rn. 70 ff.; Schönke/Schröder – *Eser/Sternberg-Lieben*, § 211 StGB Rn. 18 ff.; *Wessels/Hettinger/Engländer*, StR BT 1, Rn. 49 u. 54; Maurach/Schroeder/Maiwald (BT 1) – *Hoyer*, Rn. 2/37 ff.; A/W/H/H (BT) – *Hilgendorf*, Rn. 2/67 ff.; *Kubiciel/Hoven*, NStZ 2017, 439 (443 f.); *Preuß*, NZV 2017, 105 (106); *Neumann*, Jura 2017, 160 (167 f.).

persönliche Vorteil in Form des schnellen Vorankommens, der positiven Gefühle und der Aufwertung der eigenen Person.[1064]
Zwar ist die schnellere Fortbewegung gerade der Zweck des Straßenverkehrs, doch ändert sich das mit immer höheren Geschwindigkeiten und riskanterem Fahrverhalten, weil dadurch die Unfallrisiken und -folgen erheblich steigen. Wer diese Gefahren bewusst ignoriert und mit Tötungsvorsatz unter eklatanter Missachtung der Verkehrsregeln und ohne jegliche Rücksicht auf andere Verkehrsteilnehmer rast, nur um früher an sein Ziel zu kommen, sein Selbstwertgefühl zu steigern oder einfach Spaß zu haben, stellt seine eigenen unbedeutenden und kurzfristigen Vorteile über das Leben anderer Menschen. Zwar sind Ziele wie Anerkennung, Selbstwert und Spaß an sich nachvollziehbar und in der Gesellschaft sogar anerkannt, doch stehen sie gegenüber dem höchsten Rechtsgut des menschlichen Lebens in eklatantem Missverhältnis. Der Raser handelt also aus hemmungsloser Eigensucht und seine Tatmotive stehen nach allgemeiner rechtlich-sittlicher Wertung auf besonders verachtenswerter tiefster Stufe. Von diesen Motiven lässt sich der Raser bei seinem Handeln leiten und ist sich dieser Aspekte bei seiner eventualvorsätzlichen Tötung bewusst.[1065]
Ausnahmsweise könnte man im Rahmen der Gesamtabwägung zu einer anderen Bewertung kommen. Das käme z. B. in Betracht, wenn der Einzelraser deshalb rast, weil er einen Schwerverletzten ins Krankenhaus bringen, einem ernsthaft gefährdeten Angehörigen zur Hilfe eilen oder den Täter einer schweren Straftat dingfest machen will und so ein ehrenwertes Ziel zugunsten anderer verfolgt. Gegen niedrige Beweggründe bei einem Straßenrennen könnte z. B. sprechen, dass sich ein Fahrer durch sehr starke Provokation (dichtes Auffahren, Ausbremsen, Hupen, persönliche Beleidigung) von einem anderen Raser zu einem Kräftemessen hinreißen lässt und ihm mit seinem Sieg lediglich die Sinnlosigkeit des Fehlverhaltens aufzeigen will[1066].

1064 Siehe zu den Motiven der Raser insgesamt C.III.2. [S. 58] – dabei insbesondere C.III.2.b)bb)(5) [S. 85], (9) [S. 96], (10) [S. 100] – sowie weitergehend mit Tötungsbezug D.II.1.c)ee)(2)(b)(dd) [S. 345].

1065 Grundsätzlich stützend: BGH, 4 StR 482/19, Urteil vom 18.06.2020, Rn. 55 ff.; – im Internet abrufbar: www.bundesgerichtshof.de (Stand: 26.10.2020); LG Berlin, (532 Ks) 251 Js 52/16 (9/18), Urteil vom 26.03.2019 (unveröffentlicht), S. 78; LG Berlin, (529 Ks) 251 Js 52/16 (6/20), Urteil vom 02.03.2021, Rn. 300 ff. – im Internet abrufbar: www.juris.de (Stand: 28.12.2022); *Steinle*, Verbotene Kraftfahrzeugrennen, S. 67 ff.; *Bönig*, Verbotene Kraftfahrzeugrennen, S. 41 u. 56 f.; *Kubiciel/Hoven*, NStZ 2017, 439 (443 f.); *Preuß*, NZV 2017, 105 (106); *Neumann*, Jura 2017, 160 (167 f.).

1066 Stützend: *Preuß*, NZV 2017, 105 (106).

Von Ausnahmefällen abgesehen handeln Raser – wie auch im Berliner Fall[1067] – bei der vorsätzlichen Tötung aus sonst niedrigen Beweggründen i.S.d. § 211 II Var. 4.

(d) Mord zur Verdeckung einer Straftat (§ 211 II Var. 9)

Wenn ein Raser im Straßenverkehr vor der Polizei, die ihn kontrollieren oder festnehmen will, flieht und dabei vorsätzlichen einen tödlichen Unfall herbeiführt,[1068] kommt Mord zur Verdeckung einer Straftat gemäß § 211 II Var. 9 in Betracht. Der Täter handelt mit Verdeckungsabsicht, wenn er durch die Tötung erreichen will, dass eine (vorgestellte) vorherige Straftat nicht entdeckt wird oder er als Täter unerkannt bleibt bzw. entsprechende Beweise beseitigt werden.[1069] Als andere Straftaten, die einer Verfolgungsjagd vorausgehen und die ein Raser verdecken will, kommen vor allem Straßenverkehrsdelikte (z. B. Fahren ohne Fahrerlaubnis, Trunkenheit im Verkehr, gefährlicher Eingriff in den Straßenverkehr, Unfallflucht), Vermögensdelikte (z. B. Diebstahl, Raub, Erpressung), Betäubungsmittel-, Waffen- oder Schleusungsdelikte in Betracht. Gerade auch Taten der nach § 315d strafbaren Raserei gehen polizeilichen Verfolgungsfahrten voraus. Allerdings könnte fraglich sein, ob es sich dabei um eine andere Straftat i.S.d. § 211 II Var. 9 handelt, weil der Täter sein ursprüngliches Tatverhalten des Rasens auch bei der anschließenden Verfolgungsfahrt weiter fortsetzt, um vor der Polizei zu fliehen. So streitet man insbesondere bei Körperverletzungshandlungen, die der Täter intensiviert und die so in eine Tötung des Opfers übergehen, ob darin zwei Straftaten zu erblicken sind bzw. dafür eine Zäsur erforderlich ist.[1070] Die Sache hier liegt jedoch anders, weil

---

1067 - Zustimmend: LG Berlin, (532 Ks) 251 Js 52/16 (9/18), Urteil vom 26.03.2019 (unveröffentlicht), S. 77; LG Berlin, (529 Ks) 251 Js 52/16 (6/20), Urteil vom 02.03.2021, Rn. 300 – im Internet abrufbar: www.juris.de (Stand: 28.12.2022); siehe auch Fußnote 1065.
- Dagegen ablehnend: LG Berlin, (535 Ks) 251 Js 52/16 (8/16), Urteil vom 27.02.2017, Rn. 264 – im Internet abrufbar: www.juris.de (Stand: 30.04.2020).

1068 Siehe grundlegend zu den Flucht-/Verfolgerfällen: D.II.1.b)cc)(3)(c) [S. 250].

1069 Siehe: D.II.1.b)bb)(4) [S. 234].

1070 BGHSt 27, 346 (348 f.); BGHSt 35, 116 (117 ff.); BGH, NStZ 2015, 639 (640); BGH, NStZ 2017, 583 (583); BeckOK-StGB – *Eschelbach*, § 211 Rn. 89 f.; MüKo-StGB – *Schneider*, § 211 Rn. 234 ff.; *Fischer*, § 211 StGB Rn. 70 f.; Schönke/Schröder – *Eser/Sternberg-Lieben*, § 211 StGB Rn. 32a f.; Matt/Renzikowski – *Safferling*, § 211 StGB Rn. 73; *Rengier*, StR BT 2, Rn. 4/134 ff.; *Wessels/Hettinger/Engländer*, StR BT 1, Rn. 80; *Mitsch*, JuS 1997, 788 (792 f.).

die Tathandlung des Rasens durchgehend zu einem Ortswechsel führt, sodass die anderen Verkehrsteilnehmer als mögliche Tatopfer immer wieder wechseln und der Raser mit seiner fortschreitenden Raserei nicht weiter intensivierend dasselbe Opfer angreift. Selbst wenn der Raser schon bei seiner vorangehenden Raserei nach § 315d I Nr. 2 oder 3 Tötungsvorsatz hatte, bezog sich dieser trotz seiner unbestimmteren Form nicht auf alle anderen Verkehrsteilnehmer, sondern je nach Ort und Situation nur auf gewisse Personen.[1071] Somit beziehen sich die weiteren Angriffe und der entsprechende Tötungsvorsatz bei der anschließenden Flucht des Rasers vor der Polizei (§ 315d I Nr. 3) auf neue Opfer. Hinzu kommt, dass trotz Fortsetzung des Rasens durch den Eingriff der Polizei als Verfolger eine neue Situation entsteht. Denn dann bricht das ursprüngliche Straßenrennen oder Einzelrasen ab, weil die Polizei objektiv wie subjektiv alleiniger Gegner des Rasers wird und er (unerkannt) entkommen will. Strafbare Raserei nach § 315d, die einer tödlichen Flucht vor der Polizei vorausgeht, stellt somit ebenfalls eine andere Straftat dar, die der Raser nach § 211 II Var. 9 verdecken kann.[1072]

Dass ein Raser in aller Regel nur mit Eventualvorsatz handelt, schadet der Verdeckungsabsicht bei § 211 II grundsätzlich nicht, weil er trotz einer nur in Kauf genommenen Tötung für einen solchen möglichen Tötungsfall die zielgerichtete Absicht haben kann, damit die andere Straftat zu verdecken.[1073]

(4) Mittäterschaft (§ 25 II)

Wenn es bei einem illegalen Straßenrennen zu einem Unfall mit anderen Verkehrsteilnehmern kommt, wird das Opfer häufig durch die Kollision mit nur einem der Straßenrennfahrer geschädigt. Wie im Berliner Fall stellt sich dann die Frage, ob auch der andere Rennfahrer für den Erfolg – hier den Tod des Opfers – im Rahmen des Vorsatzdelikts verantwortlich ist. Das ist der Fall, wenn die Rennfahrer in Mittäterschaft handeln, weil demjenigen, der den

---

1071 Siehe dazu entsprechend: D.II.1.b)aa)(4)(a) [S. 218] und D.II.1.c)ee)(2)(a)(bb) [S. 302].

1072 Siehe insgesamt beispielhaft: LG Hamburg, 621 Ks 12/17, Urteil vom 19.02.2018, Rn. 522 ff. – im Internet abrufbar: www.juris.de (Stand: 29.11.2019); LG Berlin, Az. 540 Ks 7/18, becklink 2013516; LG Hannover, Az. 31 KLs 12/18, becklink 2011894.

1073 Stützend: BGHSt 11, 268 (269 f.); BGHSt 21, 283 (284 f.); BGH, StV 1983, 458 (459); BGH, NStZ 1985, 166 (166); BGH, NStZ 2004, 495 (496); LK – *Rissing-van Saan/Zimmermann*, § 211 StGB Rn. 56; *Fischer*, § 211 StGB Rn. 79a; *Wessels/Hettinger/Engländer*, StR BT 1, Rn. 78; Maurach/Schroeder/Maiwald (BT 1) – *Hoyer*, Rn. 2/36; *Mitsch*, JuS 1997, 788 (794).

objektiven Tatbestand nicht in eigener Person erfüllt, das Verhalten des anderen zugerechnet wird (§ 25 II).

Die Mittäterschaft nach § 25 II beschreibt ein bewusstes und gewolltes Zusammenwirken mehrerer Täter als gemeinschaftliche Straftatbegehung. Nach fast einhelliger Ansicht erfordert sie eine gemeinsame Tatbestandsverwirklichung als gemeinsam ausgeführte Tat, die auf Grundlage des gemeinsamen Tatentschlusses in Form des gemeinsamen Tatplans begangen wird.[1074]

(a) Gemeinsamer Tatplan

Der gemeinsame Tatplan erfordert ein gegenseitiges Einvernehmen der Mittäter über die gemeinsame Tatbegehung. Diese Voraussetzung wird teilweise als subjektives,[1075] teilweise als objektives Merkmal der Mittäterschaft eingestuft.[1076] Unterschiede ergeben sich daraus im Ergebnis jedoch nicht und für das gegenseitige Einvernehmen spielen sowohl objektive wie subjektive Aspekte eine Rolle.[1077]

Die meisten illegalen Straßenrennen finden spontan statt und selbst bei mehr oder weniger organisierten Rennen sprechen sich die Rennkonkurrenten kaum ausdrücklich ab. Etwaige Absprachen beschränken sich auf das Rennen (Startsignal, Streckenführung, Ziel, Regeln u. Ä.) und behandeln kaum mögliche Folgen wie tödliche Unfälle. Nach dem herrschenden Verständnis sind solche Fälle problematisch, weil sich das gegenseitige Einvernehmen der Täter für den gemeinsamen Tatplan nicht nur auf das gemeinsame Tatverhalten, sondern auch auf den jeweiligen tatbestandlichen Erfolg des Vorsatzdelikts beziehen

1074 BGHSt 6, 248 (249 f.); BGHSt 24, 286 (288); BGHSt 37, 289 (291); *Fischer*, § 25 StGB Rn. 23 f.; Schönke/Schröder – *Heine/Weißer*, § 25 StGB Rn. 61; S/S/W-StGB – *Murmann*, § 25 Rn. 32; *Wessels/Beulke/Satzger*, StR AT, Rn. 810 ff.; B/W/M/E (AT) – *Eisele*, Rn. 24/14 u. 25/53 ff.

1075 LK – *Schünemann/Greco*, § 25 StGB Rn. 195; BeckOK-StGB – *Kudlich*, § 25 Rn. 49; *Rengier*, StR AT, Rn. 44/10; *Wessels/Beulke/Satzger*, StR AT, Rn. 818; *Kühl*, StR AT, Rn. 20/103 f.

1076 Matt/Renzikowski – *Haas*, § 25 StGB Rn. 68; SK-StGB – *Hoyer*, § 25 Rn. 113; *Frister*, StR AT, Rn. 26/3; ähnlich auch Maurach/Gössel/Zipf (AT 2) – *Renzikowski*, Rn. 49/21.

1077 BGHSt 37, 289 (291 f.); BGH, NStZ-RR 2006, 37 (37 f.); BGH, NStZ-RR 2016, 136 (137); Matt/Renzikowski – *Haas*, § 25 StGB Rn. 66; *Fischer*, § 25 StGB Rn. 33; Schönke/Schröder – *Heine/Weißer*, § 25 StGB Rn. 71 f.; *Roxin*, AT 2, Rn. 25/189 ff.; *Wessels/Beulke/Satzger*, StR AT, Rn. 815 ff.; B/W/M/E (AT) – *Eisele*, Rn. 25/56 f.

muss.[1078] Einer anderen Ansicht genügt hingegen das Einvernehmen über das gemeinsame gefährliche Verhalten,[1079] wonach der gemeinsame Tatplan bei einem zwischen zwei Rasern verabredeten Rennen unzweifelhaft vorläge. Insbesondere wenn es den Tätern wie bei einem Straßenrennen um das gemeinsame Verhalten geht und die möglichen Folgen unerwünscht sind, erscheint es – erst recht bei spontanem Handeln – lebensfremd, dass die möglichen Folgen bei der Absprache zwischen ihnen explizit thematisiert werden. Andererseits muss das gegenseitige Einvernehmen nach ganz herrschender Meinung weder ausdrücklich noch vor Tatbeginn hergestellt werden, sondern die Täter können sich auch stillschweigend durch konkludentes Verhalten und noch während der Tatausführung über die gemeinsame Tatbegehung einigen.[1080] Richtigerweise erfordert jedes Einvernehmen einen Kommunikationsvorgang zwischen den Tätern, denn nur dadurch stellen sie ihre Übereinkunft zur gemeinsamen Begehung der spezifischen Tat her.[1081] Sich durch konkludentes Verhalten über die gemeinsame Erfolgsherbeiführung zu einigen, ist so recht leicht möglich und nur selten realitätsfern.

Dass sich das Einvernehmen nach herrschender Meinung nicht nur auf das gemeinsame Tatverhalten, sondern ebenfalls auf den Taterfolg beziehen muss, folgt aus der Tatbestandsbezogenheit der Mittäterschaft. § 25 II spricht von der gemeinschaftlichen Begehung der Straftat, was in jedem Fall die Verwirklichung des entsprechenden Straftatbestands voraussetzt.[1082] Bei Erfolgsdelikten muss der tatbestandliche Erfolg herbeigeführt werden, hier also der Tod des Opfers. Ließe man für den gemeinsamen Tatplan allein den Entschluss zum

---

1078 BGH, NStZ 2003, 85 (85); BGH, NStZ-RR 2006, 37 (37 f.); BGH, NStZ-RR 2016, 136 (137); BGH, 4 StR 482/19, Urteil vom 18.06.2020, Rn. 11 – im Internet abrufbar: www.bundesgerichtshof.de (Stand: 26.10.2020); BeckOK-StGB – *Kudlich*, § 25 Rn. 49; *Rengier*, StR AT, Rn. 44/11 ff.; B/W/M/E (AT) – *Eisele*, Rn. 25/56 f. u. 25/61a; *Puppe*, ZIS 2007, 234 (236).

1079 Maurach/Gössel/Zipf (AT 2) – *Renzikowski*, Rn. 49/27; *Frister*, StR AT, Rn. 26/3 und wohl auch *Hörnle*, NJW 2018, 1576 (1577).

1080 BGHSt 37, 289 (292); BGH, NStZ 2003, 85 (85); BGH, NStZ-RR 2016, 136 (137); Matt/Renzikowski – *Haas*, § 25 StGB Rn. 68; *Fischer*, § 25 StGB Rn. 33 f.; Schönke/Schröder – *Heine/Weißer*, § 25 StGB Rn. 72; *Roxin*, AT 2, Rn. 25/192; *Wessels/Beulke/Satzger*, StR AT, Rn. 815 f.; B/W/M/E (AT) – *Eisele*, Rn. 25/61.

1081 LK – *Schünemann/Greco*, § 25 StGB Rn. 195; SK-StGB – *Hoyer*, § 25 Rn. 130; *Roxin*, AT 2, Rn. 25/192; Maurach/Gössel/Zipf (AT 2) – *Renzikowski*, Rn. 49/31 f.; *Wessels/Beulke/Satzger*, StR AT, Rn. 815; *Puppe*, ZIS 2007, 234 (238).

1082 LK – *Hilgendorf*, § 11 StGB Rn. 79; SK-StGB – *Stein/Deiters*, § 11 Rn. 79; Matt/Renzikowski – *Sinner*, § 11 StGB Rn. 44 f.

gemeinsamen gefährlichen Verhalten genügen, wäre der Tatplan nicht mehr tatbestandsspezifisch.[1083] Demnach gäbe es z. B. bei einem Straßenrennen keinen Unterschied zwischen einem Plan zum gemeinsamen Fahren eines Rennens ohne Folgen (abstrakte Gefährdung; § 315d I Nr. 2), eines Rennens mit konkreter Gefährdung anderer (§ 315d II/IV) oder eines Rennens mit der Verletzung (§ 229; §§ 223 f.) oder gar Tötung eines anderen Menschen (§ 222; §§ 211 f.). Gerade wenn der gemeinsame Tatplan als (entscheidender) Grund für die gegenseitige Zurechnung des Verhaltens der Mittäter angesehen wird,[1084] muss diese Voraussetzung restriktiv gefasst werden, um eine zu weitgehende Haftung im Rahmen der Mittäterschaft abzuwenden. Nur wenn sich die Täter über das gemeinsame Tatverhalten und den entsprechenden Taterfolg abstimmen, schließen sie einen Tatplan, der die Grundlage der gemeinschaftlichen Begehung der konkreten Straftat i.S.d. § 25 II bildet.
Vereinbaren die Raser nicht schon zuvor ausdrücklich einen gemeinsamen Tatplan, können sie sich z. B. durch Gestikulieren oder bestimmte Fahraktionen während der Fahrt kommunikativ über die Durchführung eines Rennens einigen und sich auch erst in dessen Verlauf über das weitere gemeinsame Tatverhalten und die (mögliche) Erfolgsherbeiführung abstimmen. Allein aus der Verabredung zu einem illegalen Straßenrennen kann nicht auf die Verabredung einer gemeinsamen Erfolgsherbeiführung geschlossen werden.[1085] Gegen eine Übereinkunft der Rennfahrer zur gemeinsamen Erfolgsherbeiführung während des Rennens könnte sprechen, dass nach dem Rennstart jeder nur für sich möglichst schnell das Ziel erreichen will, um zu siegen. Wer erbittert gegeneinander kämpfe, werde sich mit dem Konkurrenten wohl kaum über die Herbeiführung möglicher Unfallfolgen beim Rennen einigen.[1086] Auf den ersten

---

1083 BGH, 4 StR 399/17, Urteil vom 01.03.2018, Rn. 27 – im Internet abrufbar: www.bundesgerichtshof.de (Stand: 24.02.2020); Schönke/Schröder – *Heine/Weißer*, § 25 StGB Rn. 72; Lackner/Kühl – *Kühl*, § 25 StGB Rn. 10; B/W/M/E (AT) – *Eisele*, Rn. 25/61a.

1084 S/S/W-StGB – *Murmann*, § 25 Rn. 37; Matt/Renzikowski – *Haas*, § 25 StGB Rn. 65 f.; Maurach/Gössel/Zipf (AT 2) – *Renzikowski*, Rn. 49/11 u. 49/21 f.; *Kühl*, StR AT, Rn. 20/117; *Wessels/Beulke/Satzger*, StR AT, Rn. 826; *Puppe*, ZIS 2007, 234 (236).

1085 BGH, 4 StR 399/17, Urteil vom 01.03.2018, Rn. 28 – im Internet abrufbar: www.bundesgerichtshof.de (Stand: 24.02.2020); BGH, 4 StR 482/19, Urteil vom 18.06.2020, Rn. 15 – im Internet abrufbar: www.bundesgerichtshof.de (Stand: 26.10.2020); *Jäger*, JA 2018, 468 (471); *Eisele*, JuS 2018, 492 (494); *Preuß*, NZV 2018, 345 (349); *Momsen*, KriPoZ 2018, 76 (83).

1086 *Momsen*, KriPoZ 2018, 76 (82 f.); *Wrage*, in: FS Wolf, 547 (553 f.).

Blick scheint dieser Einwand, der ähnlich schon beim Tötungsvorsatz der Raser erhoben wurde, schlüssig. Allerdings wurde dort auch festgestellt, dass weder der konkurrenzorientierte Siegeswille, die Überschätzung des eigenen Fahrkönnens, das Schädigungsrisiko für sich selbst und das eigene Auto noch die Nutzlosigkeit eines eigenen Unfalls den Tatbestandsvorsatz des Rasers ausschließen.[1087] Trotz Unerwünschtheit des Erfolgseintritts kann der Handelnde ihn in Kauf nehmen, um weitergehende Ziele wie den Rennsieg zu erreichen. In entsprechender Weise können sich die Rennkonkurrenten konkludent auf ein solches gefährliches Fahrverhalten mit den möglichen Folgen einigen, dass sie den Erfolg übereinstimmend abgestimmt in Kauf nehmen – nach dem Motto: „Alles oder nichts!". Selbst wenn ein Unfall für beide unerwünscht bleibt, schließt das keine entsprechende Übereinkunft aus.[1088]

Um den gemeinsamen Tatplan vor Gericht festzustellen, müssen die dazugehörigen Sachverhaltsaspekte ausgemacht werden. Da das notwendige Einvernehmen der Täter zur gemeinsamen Tatbegehung eine gegenseitige Übereinkunft durch Kommunikation erfordert, sind dafür die Umstände zu ermitteln, aus denen auf entsprechende Sachverhaltsaspekte geschlossen werden kann. Vor allem bei einer konkludent hergestellten Übereinkunft wird die Notwendigkeit der Indizienschlüsse deutlich.[1089]

Im Fall des illegalen Straßenrennens vom Berliner Kurfürstendamm bestehen keine Zweifel, dass die beiden Raser das Fahren des Rennens zumindest konkludent und damit das gemeinsame gefährliche Verhalten verabredet haben. Weit schwieriger ist die Frage, ob sie dabei auch über die gemeinsame Erfolgsherbeiführung, also den Tod des späteren Opfers übereinkamen. Mangels ausdrücklicher Absprachen zwischen den Rennfahrern kommt dafür nur eine Übereinkunft während des Rennens durch konkludentes Verhalten in Betracht. Das Rennen war äußerst gefährlich und die Raser erkannten trotz

---

1087 Siehe zu den Einwänden im Einzelnen D.II.1.c)ee)(2)(b)(cc) [S. 335], (dd) [S. 345] und (ee) [S. 349] sowie zum Ergebnis D.II.1.c)ee)(2)(c) [S. 364].

1088 Stützend: *Preuß*, NZV 2018, 345 (349); *Walter*, NStZ 2018, 412 (412); *Puppe*, JR 2018, 323 (326).

1089 - Grundsätzlich stützend: LK – *Schünemann/Greco*, § 25 StGB Rn. 195; *Roxin*, AT 2, Rn. 25/192; Maurach/Gössel/Zipf (AT 2) – *Renzikowski*, Rn. 49/31 f.; *Wessels/Beulke/Satzger*, StR AT, Rn. 815; *Puppe*, ZIS 2007, 234 (238).
- Siehe zu den Schwierigkeiten der Feststellungen bestimmter Sachverhaltsaspekte und den dafür notwendigen Indizienschlüssen die – insofern über den Vorsatz hinausgehenden – Grundlagen unter D.II.1.c)ee)(2)(b)(aa) [S. 323].

Gefahrunterschätzung die Möglichkeit von tödlichen Unfällen. Während des Rennens fuhren die Raser längere Zeit dicht nebeneinander, überholten sich immer wieder gegenseitig und überfuhren mehrere Ampeln bei Rot. Jeder richtete dabei seine eigenen Fahraktionen am Fahrverhalten des anderen aus, sodass sich beide Raser gegenseitig zu immer gefährlicherem Fahrverhalten provozierten. Gleichzeitig hatten beide einen unbedingten Willen zum Rennsieg, dem sie alles andere unterordneten. Einem Raser gelang es zum Rennende hin, sich einige Meter abzusetzen, doch gab sein Konkurrent nicht auf und versuchte mit maximaler Beschleunigung aufzuholen. Der Vorsprung verkleinerte sich, was auch der führende Raser erkannte und deshalb ebenfalls Vollgas gab, um in Führung zu bleiben. Obwohl die Raser die herannahende Unfallkreuzung nicht einsehen konnten und die Ampel für sie Rot zeigte, fuhren sie bewusst mit maximaler Geschwindigkeit darauf zu; keiner wollte nachgeben. Auch ohne Gesten gingen die Raser mit ihrem Fahrverhalten so kommunikativ aufeinander ein und trafen eine stillschweigende Willensübereinkunft, dass sie das Rennen mit maximalem Einsatz für den eigenen Sieg fortsetzen. Dafür sollte trotz der erkannten tödlichen Unfallgefahren keine Rücksicht auf andere Verkehrsteilnehmer genommen und gemeinsam bei Rot über die Kreuzung gefahren werden. Damit kamen die Raser nicht nur über das gemeinsame Rennverhalten überein, sondern waren sich auch rechtzeitig, als der Erfolg noch vermeidbar war, über die mögliche gemeinsame Herbeiführung des Todes eines anderen Verkehrsteilnehmers durch einen Unfall einig. Mit diesem gegenseitigen Einvernehmen über die gemeinsame Begehung eines Tötungsdelikts hatten die Raser einen gemeinsamen Tatplan i.S.d. § 25 II.[1090]

(b) Gemeinsame Tatausführung

Für die gemeinsame Tatausführung muss jeder Mittäter in Ausführung des Tatplans einen für die Tatbegehung fördernden Beitrag erbringen.[1091]

1090 - Siehe zu vielen der hier relevanten Indizien bereits entsprechende Ausführungen im Rahmen des Vorsatzes unter D.II.1.c)ee)(2)(b) [S. 322].
- Stützend: LG Berlin, (532 Ks) 251 Js 52/16 (9/18), Urteil vom 26.03.2019 (unveröffentlicht), S. 73; *Grünewald*, NJW 2020, 2906 (2907).
- Dagegen: LG Berlin, (529 Ks) 251 Js 52/16 (6/20), Urteil vom 02.03.2021, Rn. 288 – im Internet abrufbar: www.juris.de (Stand: 28.12.2022); *Wrage*, in: FS Wolf, 547 (553 f.); *Eisele*, JuS 2018, 492 (494); *Jäger/Bönig*, HRRS 2020, 122 (128 ff.); *Steinert*, NStZ 2020, 608 (609).

1091 BGHSt 37, 106 (129 f.); BGHSt 49, 189 (193); S/S/W-StGB – *Murmann*, § 25 Rn. 42; Lackner/Kühl – *Kühl*, § 25 StGB Rn. 11; *Fischer*, § 25 StGB Rn. 31 ff.; *Wessels/Beulke/Satzger*, StR AT, Rn. 819; *Roxin*, AT 2, Rn. 25/198.

Genaue Einzelheiten dieser Voraussetzung sind aber ungeklärt. So streitet man u. a. darüber, ob der Tatbeitrag im Ausführungsstadium der Tat erbracht werden,[1092] wie wesentlich er für die Tatbegehung sein[1093] und ob ein Mittäter zwingend am Tatort anwesend sein muss.[1094] Für diese Fragen ist bedeutsam, wie man die Mittäterschaft (§ 25 II) von der Beihilfe (§ 27 I) abgrenzt. Allerdings besteht schon grundlegend keine Einigkeit darüber, was die Täterschaft gegenüber der bloßen Teilnahme auszeichnet. Nach der herrschenden Ansicht in der Literatur ist jemand (Mit-) Täter, wenn er Tatherrschaft besitzt, wenn er also das Tatgeschehen als Zentralgestalt beherrscht und so die Deliktsverwirklichung nach seinem Willen ablaufen lassen kann.[1095] Demgegenüber vertritt die Rechtsprechung die normative Kombinationstheorie, bei der sie die Abgrenzung anhand des Täterwillens vornimmt, der im Rahmen einer wertenden Gesamtbetrachtung basierend auf der Tatherrschaft bzw. dem Willen dazu, dem Umfang des Tatbeitrags und dem Interesse am Taterfolg ermittelt wird.[1096]

1092 - Dafür: LK – *Schünemann/Greco*, § 25 StGB Rn. 205 f.; *Renzikowski*, Restriktiver Täterbegriff, S. 102 f.; *Becker*, Das gemeinschaftliche Begehen, S. 51 ff.; *Rudolphi*, in: FS Bockelmann, 369 (372 ff.); *Roxin*, AT 2, Rn. 25/198; *Puppe*, GA 2013, 514 (522 f.).
- Dagegen: BGHSt 14, 123 (128 f.); BGHSt 28, 346 (347 ff.); BGHSt 37, 289 (292 f.); Schönke/Schröder – *Heine/Weißer*, § 25 StGB Rn. 67; S/S/W-StGB – *Murmann*, § 25 Rn. 43; *Fischer*, § 25 StGB Rn. 32; *Stratenwerth/Kuhlen*, StR AT, Rn. 12/93 f.; *Wessels/Beulke/Satzger*, StR AT, Rn. 823; B/W/M/E (AT) – *Eisele*, Rn. 25/81.

1093 BGHSt 34, 124 (125); BGH, NStZ-RR 2002, 74 (75); BGH, NStZ 2003, 253 (254); BGH, NStZ-RR 2016, 335 (335); LK – *Schünemann/Greco*, § 25 StGB Rn. 211; Matt/Renzikowski – *Haas*, § 25 StGB Rn. 78 ff.; Schönke/Schröder – *Heine/Weißer*, § 25 StGB Rn. 66; *Fischer*, § 25 StGB Rn. 32 f.; *Roxin*, AT 2, Rn. 25/211 ff.; B/W/M/E (AT) – *Eisele*, Rn. 25/80.

1094 - Dafür: NK-StGB – *Schild*, § 25 Rn. 139 f.; *Becker*, Das gemeinschaftliche Begehen, S. 168; *Freund/Rostalski*, StR AT, Rn. 10/36 ff.
- Dagegen: BGH, NStZ-RR 2002, 74 (75); BGH, NStZ 2003, 253 (254); BGH, NStZ-RR 2016, 335 (335); LK – *Schünemann/Greco*, § 25 StGB Rn. 207; Schönke/Schröder – *Heine/Weißer*, § 25 StGB Rn. 67; *Roxin*, AT 2, Rn. 25/200.

1095 *Roxin*, AT 2, Rn. 25/10 ff.; S/S/W-StGB – *Murmann*, Vor §§ 25 ff. Rn. 7 f.; Lackner/Kühl – *Kühl*, Vor § 25 StGB Rn. 4 u. 6; LK – *Schünemann/Greco*, § 25 StGB Rn. 43 ff.; *Wessels/Beulke/Satzger*, StR AT, Rn. 806 ff.; *Rengier*, JuS 2010, 281 (281 f.); *Hörnle*, NJW 2018, 1576 (1577).

1096 BGHSt 2, 150 (151); BGHSt 8, 393 (395 f.); BGHSt 28, 346 (348 f.); BGHSt 37, 289, (291 ff.); BGHSt 45, 270 (296); BGHSt 51, 324 (324); BGH, NJW 2004, 3051 (3053); BGH, NStZ 2010, 445 (447); BGH, NStZ-RR 2019, 117 (118).

Darüber hinaus existieren zahlreiche andere Abgrenzungstheorien, die entweder eigenständige Ansätze verfolgen oder an bestehende anknüpfen[1097].

Bei illegalen Straßenrennen stellt sich für die Mittäterschaft der Rennfahrer die Frage, ob beide einen für die gemeinsame Tatausführung ausreichenden eigenen Tatbeitrag erbringen. Unproblematisch ist das für den Fahrer, der mit dem Opfer kollidiert und so den Taterfolg durch sein Verhalten unmittelbar herbeiführt. Fraglich ist das allerdings für seinen Rennkonkurrenten, der – wie im Berliner Fall – zwar sein Fahrverhalten verabredungsgemäß ausführt, aber nicht mit dem Opfer zusammenstößt und damit den Taterfolg nicht unmittelbar bewirkt. Um herauszufinden, ob das Verhalten des zweiten Rasers ein für die gemeinsame Tatbegehung genug fördernder Beitrag ist, könnte es auf die aufgeworfenen Streitfragen zur Abgrenzung von Mittäterschaft und Beihilfe ankommen. Allerdings brauchen diese allgemeinen Streitfragen hier nicht entschieden werden, wenn es sich bei Straßenrennen um eine Sonderkonstellation der Mittäterschaft handelt, die – bei bestimmten Grundannahmen zu § 25 II – eigenständig gelöst wird.
Die alternative und additive Mittäterschaft stellen solche Sonderkonstellationen dar. Bei der alternativen Mittäterschaft ist geplant, dass der Erfolg nur durch einen Mittäter – man weiß vorher nicht welcher – herbeigeführt wird und der ebenfalls tatbereite andere Mittäter nicht zum Zuge kommt. Das ist z. B. der Fall, wenn unbekannt ist, ob das Opfer den einen oder den anderen Weg wählt, weshalb an jedem Weg ein Mittäter lauert und nur der Mittäter das Opfer tötet, an dessen Weg es vorbeikommt. Bei einer additiven Mittäterschaft verabreden die Mittäter, dass sie ihre gleichartigen Tatbeiträge gleichzeitig erbringen, um das Gelingen des Tatplans wahrscheinlicher zu machen, doch führt nicht jeder Beitrag zum Erfolg. Das ist z. B. der Fall, wenn drei Mittäter gleichzeitig aus der Ferne auf das Opfer schießen und nur zwei Kugeln das Opfer tödlich treffen. Zusätzlich kann es zu Kausalitätsfragen kommen, wenn sich nicht aufklären lässt, wessen Tatbeitrag (im Beispielsfall wessen abgefeuerte Kugel) den Erfolg herbeigeführt hat. Teilweise wird eine additive Mittäterschaft nur für diese Fälle mit fraglicher Kausalität diskutiert.[1098] Das ist jedoch ein zu enges Verständnis, weil die additive Mittäterschaft durch die tatsächlichen Umstände begründet wird, die nicht vom Kausalitätsnachweis abhängen.[1099] Des Weiteren

---

1097 Siehe dazu im Überblick: NK-StGB – *Schild*, § 25 Rn. 24; *Roxin*, AT 2, Rn. 25/33 ff.

1098 HdS – *Waßmer*, § 49 Rn. 110; *Herzberg*, Täterschaft und Teilnahme, S. 56 ff.; Maurach/Gössel/Zipf (AT 2) – *Renzikowski*, Rn. 49/71.

1099 Stützend: SK-StGB – *Hoyer*, § 25 Rn. 111; MüKo-StGB – *Joecks/Scheinfeld*, § 25 Rn. 229; *Wessels/Beulke/Satzger*, StR AT, Rn. 839; *Rengier*, StR AT, Rn. 44/49.

kommt ihr auch bei bekanntem Kausalverlauf eine Bedeutung auf Rechtsebene zu, indem sie durch eine Verhaltenszurechnung die Strafbarkeit des/der nicht den Erfolg herbeiführenden Mittäter wegen des vollendeten Erfolgsdelikts ermöglichen könnte.[1100] Entscheidende Gemeinsamkeit beider Sonderkonstellationen ist, dass sich der Tatbeitrag eines Mittäters im Nachhinein als für die Erfolgsherbeiführung überflüssig darstellt.[1101]
Lassen sich illegale Straßenrennen wie das Rennen vom Kurfürstendamm als Sonderkonstellation der alternativen oder additiven Mittäterschaft einstufen? Im Berliner Fall fuhren beide Rennfahrer (fast) nebeneinander und (nahezu) gleichzeitig in die Unfallkreuzung ein. Im Gegensatz zu den Mittätern in den gängigen Beispielsfällen der alternativen und additiven Mittäterschaft ist der Taterfolg für die Raser nicht das gewünschte Ziel ihres Verhaltens. Sofern sich die Raser wie hier im Tatplan auf die gemeinsame Herbeiführung des möglichen Taterfolgs geeinigt haben, macht diese subjektive Differenz für den jeweiligen Tatbeitrag und die gemeinsame Tatausführung aber keinen Unterschied. Ein relevanter Unterschied in der gemeinsamen Tatausführung könnte zwischen dem Straßenrennen und der alternativen Mittäterschaft hingegen darin bestehen, dass neben dem ersten ebenso der zweite Berliner Rennfahrer seine Tathandlung gemäß dem Tatplan ausführte, indem er in die Kreuzung einfuhr. Demgegenüber kommt es bei der alternativen Mittäterschaft grundsätzlich nur zur Ausführung der Tathandlung eines Mittäters, weil das Opfer ausschließlich in seinen Einflussbereich tritt. Allgemein wird dabei vor allem an die verschiedenen Örtlichkeiten angeknüpft, an denen das Opfer erscheinen kann und die von den Tätern selbstständig abgedeckt werden. Auch das ist im Berliner Fall anders, weil dort beide Rennfahrer zur selben Zeit am gleichen Ort waren, an dem sich das Opfer befand. Insofern stimmt die Rennkonstellation mit der Ausgangssituation der additiven Mittäterschaft überein, weil dabei verabredungsgemäß alle Mittäter durch die gleichzeitig ausgeführten und übereinstimmenden Tathandlungen auf das Opfer am gleichen Ort einwirken. Dieser Einstufung steht nicht entgegen, dass beim Straßenrennen nur zwei Fahrer gemeinsam handelten, sich in den gängigen Beispielsfällen der

---

1100 Stützend: SK-StGB – *Hoyer*, § 25 Rn. 111; *Wessels/Beulke/Satzger*, StR AT, Rn. 839; *Kindhäuser/Zimmermann*, StR AT, Rn. 40/5; *Rengier*, StR AT, Rn. 44/49.

1101 NK-StGB – *Schild*, § 25 Rn. 139; S/S/W-StGB – *Murmann*, § 25 Rn. 42; HdS – *Waßmer*, § 49 Rn. 105 ff.; *Böhringer*, Fahrlässige Mittäterschaft, S. 212 ff.; *Roxin*, AT 2, Rn. 25/229 ff.; Maurach/Gössel/Zipf (AT 2) – *Renzikowski*, Rn. 49/71 ff.; B/W/M/E (AT) – *Eisele*, Rn. 25/84 f.; *Wessels/Beulke/Satzger*, StR AT, Rn. 838 f.; *Kindhäuser/Zimmermann*, StR AT, Rn. 40/5; *Rengier*, StR AT, Rn. 44/48 ff.

additiven Mittäterschaft aber mehr als zwei Mittäter zusammentun[1102]. Wie bei der alternativen Mittäterschaft spielt die Anzahl der Mittäter keine unterscheidende Rolle, weil die Abgrenzung anhand der entsprechenden Planung, Ausführung und Handlungsfolgen der einzelnen Tatbeiträge der Mittäter erfolgt. Des Weiteren führte nur die Tathandlung eines der Berliner Rennfahrer zum Taterfolg, wohingegen sich die ebenfalls verabredete des anderen für den unmittelbaren Erfolgseintritt im Nachhinein als überflüssig darstellte. Damit erfüllt das Rennen die tatsächlichen Voraussetzungen der additiven Mittäterschaft und betrifft das gleiche Grundproblem. Das Rennen vom Berliner Kurfürstendamm stellt eine Konstellation der additiven Mittäterschaft dar.

Wie gesehen, hängt die Einordnung eines Straßenrennens als Sonderkonstellation der Mittäterschaft von zahlreichen Fallaspekten ab. Liegt kein zum Berliner Rennen vergleichbarer Fall vor, weil die Rennfahrer nicht (fast) gleichzeitig, sondern erst nacheinander mit einigem Abstand den Unfallort erreichen, fehlt es an der Gleichzeitigkeit der Tatausführung der Mittäter. Außerdem kann dann nur ein Raser am Ort des Geschehens auf das Opfer einwirken, denn der Einflussbereich des anderen liegt (noch oder schon) örtlich woanders. Kollidiert bereits der erste Raser mit dem Opfer und führt den Erfolg herbei, wird der zweite Raser abbremsen und seine verabredete Tathandlung gar nicht erst vornehmen. Nur wenn der Führende die spätere Unfallstelle unfallfrei passiert und der zurückliegende Rennfahrer dort anschließend mit dem Opfer kollidiert, nehmen beide Fahrer ihre jeweils verabredete Tathandlung vor. In beiden Fällen führt nur die Tathandlung eines Rennfahrers zum Taterfolg, wohingegen sich die gleichartige des anderen – gleichgültig ob ausgeführt oder nicht – für den Erfolgseintritt als überflüssig darstellt. Beide diese Fallvarianten decken sich eher mit der Konstellation der alternativen Mittäterschaft. Allerdings wird zwischen den Rasern entsprechend der additiven Mittäterschaft beim Rennen gerade nicht von vornherein verabredet, dass nur einer die Tathandlung vornimmt. Darüber hinaus kommt es in der zweiten Fallvariante zur Ausführung der zweiten Tathandlung durch den zweiten Raser. Im Allgemeinen werden solche Konstellationen aufgrund dieser Unterschiede teilweise nicht der alternativen Mittäterschaft zugeordnet, sondern eigenständig behandelt.[1103] Man kann

---

1102 *Herzberg*, Täterschaft und Teilnahme, S. 56; *Roxin*, AT 2, Rn. 25/229; Maurach/Gössel/Zipf (AT 2) – *Renzikowski*, Rn. 49/71; *Wessels/Beulke/Satzger*, StR AT, Rn. 839.

1103 *Roxin*, AT 2, Rn. 25/233; HdS – *Waßmer*, § 49 Rn. 111; dagegen für eine Gleichbehandlung LK – *Schünemann/Greco*, § 25 StGB Rn. 216.

für diese Konstellationen, die zwischen alternativer und additiver Mittäterschaft liegen,[1104] allgemein den Begriff „Reserve-Mittäterschaft" verwenden.[1105] Denn der zweite Mittäter führt seine Tathandlung als Reservemann zusätzlich zum ersten aus und bewirkt den Erfolg nur dann, wenn das nicht schon dem ersten Mittäter mit seiner Tathandlung gelingt.[1106] Straßenrennen, bei denen die Rennfahrer nicht (fast) gleichzeitig, sondern erst nacheinander mit einigem Abstand den Unfallort erreichen und der Taterfolg dort nur durch einen der Fahrer herbeigeführt wird, sind Konstellationen der Reserve-Mittäterschaft.

Mit der Einordnung eines Rennens als Sonderkonstellation der additiven Mittäterschaft oder Reserve-Mittäterschaft steht aber noch nicht fest, wie diese Fälle i.S.d. § 25 II zu behandeln sind. Denn es bleibt die Frage, ob auch die zweite Person, die den Erfolg nicht herbeiführt, in Ausführung des Tatplans einen für die Tatbegehung genug fördernden Beitrag erbringt und damit eine gemeinsame Tatausführung vorliegt. Die Antwort ist umstritten:
Bei der additiven Mittäterschaft wird – wie auch bei der alternativen Mittäterschaft – mehrheitlich eine gemeinsame Tatausführung angenommen,[1107] dagegen teilweise abgelehnt.[1108] Die verschiedenen Begründungen der Ablehnung stützen sich letztlich auf das Argument, dass nur derjenige die Tat begeht bzw. genug fördert, der den Erfolg durch seine Tathandlung kausal herbeiführt.[1109] Dem tritt die herrschende Auffassung entgegen und lässt eine Kausalität zwischen dem Gesamtprojekt und dem Taterfolg genügen.[1110] Erst recht wenn man den

1104 HdS – *Waßmer*, § 49 Rn. 111.

1105 In Anlehnung an die Bezeichnung „Reserveschützefall" in LK – *Schünemann/Greco*, § 25 StGB Rn. 216 und gleichbedeutend HdS – *Waßmer*, § 49 Rn. 111.

1106 Stützend: LK – *Schünemann/Greco*, § 25 Rn. 216; HdS – *Waßmer*, § 49 Rn. 111; *Roxin*, AT 2, Rn. 25/233.

1107 SK-StGB – *Hoyer*, § 25 Rn. 111; LK – *Schünemann/Greco*, § 25 StGB Rn. 228; S/S/W-StGB – *Murmann*, § 25 Rn. 42; *Roxin*, AT 2, Rn. 25/230 ff.; Maurach/Gössel/Zipf (AT 2) – *Renzikowski*, Rn. 49/71 ff.; B/W/M/E (AT) – *Eisele*, Rn. 25/84 f.; *Wessels/Beulke/Satzger*, StR AT, Rn. 838 f.; *Kindhäuser/Zimmermann*, StR AT, Rn. 40/5; *Rengier*, StR AT, Rn. 44/49 f.

1108 MüKo-StGB – *Joecks/Scheinfeld*, § 25 Rn. 229; NK-StGB – *Schild*, § 25 Rn. 139; *Becker*, Das gemeinschaftliche Begehen, S. 167; *Böhringer*, Fahrlässige Mittäterschaft, S. 228 f.

1109 MüKo-StGB – *Joecks/Scheinfeld*, § 25 Rn. 229; *Böhringer*, Fahrlässige Mittäterschaft, S. 218 u. 228 f.; *Becker*, Das gemeinschaftliche Begehen, S. 167.

1110 LK – *Schünemann/Greco*, § 25 StGB Rn. 218; S/S/W-StGB – *Murmann*, § 25 Rn. 42; SK-StGB – *Hoyer*, § 25 Rn. 111; *Knauer*, Die Kollegialentscheidung,

gemeinsamen Tatplan als entscheidenden Grund für die gegenseitige Zurechnung des Verhaltens im Rahmen der Mittäter ansieht, sind die Tatbeiträge – unabhängig von ihrer jeweiligen Kausalität – in Verbindung zu sehen.[1111] Aus einem Kausalitätserfordernis der Einzelbeiträge für den Taterfolg folgt nämlich nicht zwingend, dass die Gesamttat durch den jeweiligen Tatbeitrag genügend gefördert wird. Denn der Kausalitätsbegriff wird grundsätzlich sehr weit verstanden,[1112] weshalb auch reine Hilfshandlungen kausal zum Taterfolg führen können, obwohl sie weder allein noch im Gesamtzusammenhang eine Tat nennenswert beeinflussen.[1113] Des Weiteren geht die herrschende Meinung zu Recht davon aus, dass die Beurteilung der Tatbeiträge grundsätzlich ex ante (auf Basis des Tatplans) und nicht ex post (auf Basis der tatsächlichen Tatausführung) erfolgt.[1114] Die einzelnen Tatbeiträge werden erst durch den gemeinsamen Tatplan der Mittäter aufeinander abgestimmt und damit zur gemeinsamen Tatbegehung. Häufig sind in einem Tatplan nicht nur Tatbeiträge vorgesehen, die zwingend und unmittelbar zum Taterfolg führen. Vielmehr gehört es zur Lebenswirklichkeit, dass vor allem umfangreiche bzw. komplexe Tatplanungen weitergehende Tatbeiträge vorsehen, um den gewünschten Taterfolg wahrscheinlicher zu machen oder die unerkannte Tatbegehung durch die Mittäter zu ermöglichen

S. 157 f.; Maurach/Gössel/Zipf (AT 2) – *Renzikowski*, Rn. 49/34 u. 49/71 f.; *Roxin*, AT 2, Rn. 25/213 u. 25/230; *Rengier*, StR AT, Rn. 44/49.

1111 S/S/W-StGB – *Murmann*, § 25 Rn. 37; Matt/Renzikowski – *Haas*, § 25 StGB Rn. 65 f.; Maurach/Gössel/Zipf (AT 2) – *Renzikowski*, Rn. 49/11 u. 49/21 f.; *Kühl*, StR AT, Rn. 20/117; *Wessels/Beulke/Satzger*, StR AT, Rn. 826; *Dencker*, Kausalität und Gesamttat, S. 161 ff.; *Puppe*, ZIS 2007, 234 (236).

1112 Siehe dazu: D.II.1.b)aa)(3)(a) [S. 207] mit Fußnote 568.

1113 - Beispiel: Ein Schütze (oder in der Konstellation der additiven Mittäterschaft auch mehrere Schützen) will das Opfer aus der Ferne mit einem Präzisionsgewehr töten. Verabredungsgemäß begleitet ihn ein Helfer, der wegen der langen Wartezeit auf das Opfer vor Ort nicht nur ein Erfrischungsgetränk serviert, sondern dem Schützen nach Aufforderung auch seine Brille reicht. Ohne die Brille hätte der Schütze das Opfer nicht getroffen, doch hätte er sich die Brille einfach selbst nehmen können.
- Weiterführend: Ansonsten würde sich das umstrittene Problem, ob das Hilfeleisten im Rahmen der Beihilfe (§ 27) für den Erfolg der Haupttat kausal sein muss, gar nicht stellen. (Ausführlich dazu: LK – *Schünemann/Greco*, § 27 StGB Rn. 1 ff.)

1114 LK – *Schünemann/Greco*, § 25 Rn. 213 u. 218; SK-StGB – *Hoyer*, § 25 Rn. 111; S/S/W-StGB – *Murmann*, § 25 Rn. 42; Schönke/Schröder – *Heine/Weißer*, § 25 StGB Rn. 70; *Knauer*, Die Kollegialentscheidung, S. 149 ff.; *Roxin*, AT 2, Rn. 25/212.

(z. B. Wache halten). So werden bestimmte Risikofaktoren für die Tat, die eintreten können aber nicht müssen (z. B. Tatentdeckung), abgesichert. Indem ein Mittäter diese Risikofaktoren mit seinem Tatbeitrag verringert und für einen weiteren Eingriff bereitsteht (z. B. Warnen der Mittäter), beeinflusst auch er das Gesamtprojekt. Die Förderung der gesamten Tat allein in seinem tatsächlich erbrachten Tatbeitrag zu sehen, verkennt die Bedeutung seines weitergehenden Eingriffspotenzials. Denn gemäß dem Tatplan sollte er im Fall der Fälle einen weitergehenden Tatbeitrag leisten, den er dann auch tatsächlich erbringen und die Tat so stärker beeinflussen würde. Nicht selten hängt es dabei nur vom Zufall ab, ob der Mittäter insofern aktiv werden muss oder nicht. Bei einer Beurteilung der Tatbeiträge ex post auf Basis der tatsächlichen Tatausführung hinge eine Mittäterschaft so mitunter vom Zufall ab, obwohl der Handelnde seinen Beitrag wie im Plan vorgesehen erbracht hat und gleichzeitig weitergehende Risiken für die Tat abgewendet hätte. Nur eine Beurteilung ex ante kann die Bedeutung der geplanten Tatbeiträge für die gemeinsame Tatbegehung und die Tat insgesamt vollständig erfassen.[1115]

Beurteilt man die bei der additiven Mittäterschaft erbrachten Tatbeiträge auf dieser Grundlage, stellen sie sich als gleichwertig dar, weil gemäß dem Tatplan jeder den vorgesehenen Erfolg auf die gleiche Art herbeiführen soll. Die Tatbeiträge werden zusammen ausgeführt, um die Erfolgsaussichten des Gesamtprojekts zu erhöhen. Obwohl schon der Tatbeitrag eines Mittäters den Erfolg herbeiführen kann, wird durch jeden anderen die Wahrscheinlichkeit des Erfolgseintritts und damit das Risiko für das Opfer gesteigert. Da jeder einzelne Tatbeitrag für die Erfolgsherbeiführung entscheidend sein kann, wenn die anderen Mittäter das Ziel verfehlen, kommt jedem Tatbeitrag ex ante die gleiche, für den Erfolg wesentliche Funktion im Gesamtprojekt zu.[1116]

Wendet man die Grundsätze auf die Reserve-Mittäterschaft an, ergibt sich für die fraglichen Tatbeiträge ein entsprechendes Bild. Zwar sollen die Tatbeiträge laut Plan nicht gleichzeitig, sondern je nach Fehlgehen des vorherigen Tatbeitrags gestaffelt ausgeführt werden, doch sind sie ebenfalls gleichartig. Dabei

---

1115 Stützend: LK – *Schünemann/Greco*, § 25 StGB Rn. 213 u. 218; SK-StGB – *Hoyer*, § 25 Rn. 111; S/S/W-StGB – *Murmann*, § 25 Rn. 42; *Knauer*, Die Kollegialentscheidung, S. 147 ff.; *Roxin*, AT 2, Rn. 25/211 f.; B/W/M/E (AT) – *Eisele*, Rn. 25/85.

1116 LK – *Schünemann/Greco*, § 25 StGB Rn. 218; SK-StGB – *Hoyer*, § 25 Rn. 111; S/S/W-StGB – *Murmann*, § 25 Rn. 42; *Knauer*, Die Kollegialentscheidung, S. 157 f.; *Roxin*, AT 2, Rn. 25/230; B/W/M/E (AT) – *Eisele*, Rn. 25/84 f.; *Wessels/Beulke/Satzger*, StR AT, Rn. 839; *Kindhäuser/Zimmermann*, StR AT, Rn. 40/5; *Rengier*, StR AT, Rn. 44/49.

steht jeder Mittäter im Falle des Versagens des vorher tätig gewordenen Mittäters bereit und wird den Erfolg dann mit der Ausführung seines eigenen Beitrags herbeiführen. Planmäßig erhöht jeder nachgelagerte Beitrag eines weiteren Mittäters die Wahrscheinlichkeit des Erfolgseintritts und damit das Risiko für das Opfer. Auch hier kann jeder Tatbeitrag für die Erfolgsherbeiführung entscheidend sein, wenn die vorherigen fehlschlagen. Trotz ihrer Staffelung stellen sich so alle Tatbeiträge gemäß dem Tatplan für das Gesamtprojekt ex ante als wesentlich dar.[1117]
Damit erbringen auch die Täter, die den Taterfolg nicht selbst herbeiführen, bei einer additiven Mittäterschaft und Reserve-Mittäterschaft in Ausführung des gemeinsamen Tatplans einen für die Tatbegehung genug fördernden Beitrag. Sie führen die Tat gemeinsam aus, sodass diese Sonderkonstellationen insgesamt Mittäterschaft nach § 25 II darstellen.

Für illegale Straßenrennen folgt daraus, dass auch der zweite Rennfahrer, der nicht mit dem Opfer kollidiert, einen für die Tatbegehung genug fördernden Tatbeitrag erbringt, womit eine gemeinsame Tatausführung der Raser vorliegt. Mehrheitlich wird diesem Ergebnis zumindest insoweit zugestimmt, dass bei einem Straßenrennen eine gemeinsame Tatausführung der Rennfahrer stattfinden kann und damit die mittäterschaftliche Begehung eines Erfolgsdelikts möglich ist. Als Begründung dafür dient aber nicht die additive Mittäterschaft bzw. Reserve-Mittäterschaft als Sonderkonstellationen des § 25 II, sondern es werden die umstrittenen allgemeinen Kriterien zur Abgrenzung von (Mit-)Täterschaft und Teilnahme herangezogen.[1118]
Explizit für den Berliner Fall tritt der Bundesgerichtshof der Annahme einer gemeinsamen Ausführung der Tötung durch die Berliner Raser entgegen. Allgemein könne der Tatbeitrag eines Beteiligten die Tatausführung nicht mehr fördern, wenn er das Tatgeschehen nicht beeinflusse, weil für den Taterfolg schon anderweitig alles getan sei. So liege der Fall hier: Nach Fassung des gemeinsamen Tatplans hätte der nicht mit dem Opfer kollidierende Raser einen Unfall durch eine Gefahrenbremsung zwar selbst noch verhindern können, doch hätte

1117 - Stützend: LK – *Schünemann/Greco*, § 25 StGB Rn. 213 u. 216; SK-StGB – *Hoyer*, § 25 Rn. 109 f. u. 120; S/S/W-StGB – *Murmann*, § 25 Rn. 42; Schönke/Schröder – *Heine/Weißer*, § 25 StGB Rn. 70; *Knauer*, Die Kollegialentscheidung, S. 149 u. 157 f.
- Dagegen: *Roxin*, AT 2, Rn. 25/233; *Becker*, Das gemeinschaftliche Begehen, S. 167 f.; differenzierend HdS – *Waßmer*, § 49 Rn. 111.

1118 *Hörnle*, NJW 2018, 1576 (1577); *Puppe*, JR 2018, 323 (326); *Grünewald*, NJW 2020, 2906 (2907); *Preuß*, NZV 2020, 523 (523);

dies nichts am weiteren Geschehen geändert. Er habe so keinen Einfluss auf das Tatverhalten seines Konkurrenten und damit die Erfolgsherbeiführung gehabt. Es komme alleine auf die Bremsmöglichkeit seines Konkurrenten zur Unfallvermeidung an, von der man nicht ausgehen könne. Demnach erbringe der nicht mit dem Opfer kollidierende Raser keinen Tatbeitrag zur Förderung des Erfolgseintritts.[1119]

Tatsächlich wurde der gemeinsame Tatplan zwischen den Rasern aber rechtzeitig beschlossen, als sie den Unfall und damit den Taterfolg noch vermeiden konnten.[1120] Kein anderes Ergebnis ergibt sich aus den Feststellungen des Landgerichts, die dem Urteil des Bundesgerichtshofs zugrunde liegen. Denn wenn der führende Raser demnach eine Kollision mit einer Gefahrenbremsung hätte verhindern können,[1121] hätte auch sein Konkurrent, der zwar etwas schneller fuhr, aber gleichzeitig einige Meter zurücklag, noch rechtzeitig bremsen können. Der Einwand, dass der Tatbeitrag des nicht mit dem Opfer kollidierenden Rasers keinen Einfluss auf den durch den anderen Raser herbeigeführten Taterfolg habe, steht einer gemeinsamen Tatsauführung der Berliner Raser nicht entgegen. Damit der Tatbeitrag eines Mittäters die gemeinsame Tatbegehung genug fördert, muss nämlich nach überwiegender und von der Rechtsprechung geteilter Meinung der Beitrag weder erfolgskausal sein, noch muss der Mittäter den Taterfolg zu jeder Zeit alleine verhindern können.[1122] Gleichzeitig wird mit diesem Einwand verkannt, dass es sich bei dem Rennen um einen Fall der additiven Mittäterschaft handelt. Diese zeichnet sich gerade durch die Unabhängigkeit der einzelnen Tatbeiträge voneinander für den Taterfolgs aus, denn jeder Mittäter kann den Erfolg absprachegemäß selbst herbeiführen. Indem die Raser gleichzeitig mit weit überhöhter Geschwindigkeit und bei Rot in die Kreuzung einfuhren, erbrachten sie gleichwertige Tatbeiträge, wovon jeder die Wahrscheinlichkeit des Erfolgseintritts gemäß ihrem gemeinsamen Tatplan erhöhte. Jeder Tatbeitrag stellte sich damit unabhängig von seinen tatsächlichen

---

1119 BGH, 4 StR 482/19, Urteil vom 18.06.2020, Rn. 16 ff. – im Internet abrufbar: www.bundesgerichtshof.de (Stand: 26.10.2020); mit ähnlicher Argumentation bereits den Tatplan verneinend *Jäger/Bönig*, HRRS 2020, 122 (130).

1120 Siehe soeben: D.II.1.c)ee)(4)(a) [S. 375].

1121 LG Berlin, (532 Ks) 251 Js 52/16 (9/18), Urteil vom 26.03.2019 (unveröffentlicht), S. 74.

1122 BGH, NJW 1991, 1068 (1068 f.); BGH, NStZ 1995, 120 (120); BGH, NStZ-RR 2002, 74 (75); BGH, NStZ-RR 2016, 335 (335); Schönke/Schröder – *Heine/Weißer*, § 25 StGB Rn. 66 ff.; BeckOK-StGB – *Kudlich*, § 25 Rn. 46; *Fischer*, § 25 StGB Rn. 32 f. u. 41; *Roxin*, AT 2, Rn. 25/211 ff.; Maurach/Gössel/Zipf (AT 2) – *Renzikowski*, Rn. 49/34; B/W/M/E (AT) – *Eisele*, Rn. 25/80 und explizit zum Berliner Raserfall *Preuß*, NZV 2020, 523 (523).

Auswirkungen als Förderung der gemeinsamen Tatbegehung dar. Somit war es schlicht irrelevant, dass der nicht mit dem Opfer kollidierende Raser seinen Konkurrenten nach Beschluss des gemeinsamen Tatplans möglicherweise nicht mehr vom Einfahren in die Kreuzung und damit von der Erfolgsherbeiführung hätte abhalten können.
Die zwei Berliner Raser vom Kurfürstendamm erbrachten so beide in Ausführung des Tatplans einen für die Tatbegehung fördernden Beitrag. Sie führten die Tat gemeinsam aus.

(c) Subjektiver Tatbestand

Jeder Mittäter hat die subjektiven Merkmale in eigener Person zu erfüllen. Das setzt je nach Deliktstatbestand neben Vorsatz ggf. noch besondere subjektive Merkmale voraus (z. B. niedrige Beweggründe bei § 211 II). Der notwendige Vorsatz des Mitttäters muss sich auf die die Mittäterschaft begründenden Voraussetzungen (§ 25 II) beziehen. Wie sonst genügt Eventualvorsatz.[1123]
Zwar ist man sich bei der Einordnung des gemeinsamen Tatplans als subjektive oder objektive Voraussetzung uneins, doch macht dies im Ergebnis keinen Unterschied. Da der gemeinsame Tatplan ein gegenseitiges Einvernehmen der Mittäter über die gemeinsame Tatbegehung erfordert, müssen die Mittäter den Plan sowieso bewusst und gewollt beschließen. Denn das Abstimmen untereinander mittels der dafür notwendigen Kommunikation zwischen ihnen kann nicht unbewusst oder ungewollt erfolgen.[1124]
Für den Vorsatz ist entscheidend, dass der Mittäter seinen Tatbeitrag bewusst und gewollt bei der gemeinsamen Tatausführung zur Verwirklichung des gemeinsamen Tatplans erbringt. Ein Wissen und Wollen des Mittäters nur hinsichtlich seiner verabredeten Handlung reicht dabei nicht aus, sondern er muss wissen und wollen, dass seine Handlung als einer von noch weiteren

1123 BGH, NStZ-RR 2019, 249 (249); MüKo-StGB – *Joecks/Scheinfeld*, § 25 Rn. 233; SK-StGB – *Hoyer*, § 25 Rn. 133; Schönke/Schröder – *Heine/Weißer*, § 25 StGB Rn. 71 u. 99; Maurach/Gössel/Zipf (AT 2) – *Renzikowski*, Rn. 49/21 f. u. 49/76 ff.; *Wessels/Beulke/Satzger*, StR AT, Rn. 824; *Kindhäuser/Zimmermann*, StR AT, Rn. 40/9; *Walter*, NStZ 2018, 412 (412).

1124 - Siehe dazu auch: D.II.1.c)ee)(4)(a) [S. 375].
- Stützend: Schönke/Schröder – *Heine/Weißer*, Vor §§ 25 ff. StGB Rn. 78; MüKo-StGB *Joecks/Scheinfeld*, § 25 Rn. 233 u. 237; *Becker*, Das gemeinschaftliche Begehen, S. 156 ff.; *Dencker*, Kausalität und Gesamttat, S. 148 ff.; *Steckermeier*, Der Tatentschluss von Mittätern, S. 188 ff.; *Knauer*, Die Kollegialentscheidung, S. 147 ff.; *Rengier*, StR AT, Rn. 44/10 ff.; *Frister*, StR AT, Rn. 26/3 u. 26/34.

Tatbeiträgen anderer Mittäter das verabredete Gesamtprojekt entsprechend fördert.[1125]
Wie sonst beim Vorsatz ist auch hier die Feststellung der subjektiven Sachverhaltsaspekte problematisch, die die materiell-rechtlichen Voraussetzungen des Wissens und Wollens der Mittäterschaft erfüllen. Die subjektiven Tataspekte müssen folglich mithilfe der objektiven Umstände erschlossen werden.[1126]

Im Berliner Fall kamen beide Raser konkludent über das weitere gemeinsame Rennverhalten überein und waren sich dabei über die mögliche gemeinsame Herbeiführung des Todes eines anderen Verkehrsteilnehmers durch einen Unfall einig. Jeder Raser wusste, dass er seinen Tatbeitrag durch sein Einfahren mit weit überhöhter Geschwindigkeit bei roter Ampel erbringt und der andere verabredungsgemäß den gleichen Teil zur Planverwirklichung beiträgt. Um zu siegen, wollte jeder Raser das Rennen ohne Rücksicht auf Verluste fortsetzen und seine Tathandlung entsprechend ausführen. Zwar ging es jedem Raser somit in erster Linie um seinen individuellen Rennsieg, doch nahmen beide zumindest in Kauf, dass die eigene Tathandlung als ein notwendiger Teil des weiteren Rennens das geplante Gesamtprojekt förderte. Jeder Raser erbrachte seinen Tatbeitrag bewusst und gewollt im Rahmen der gemeinsamen Tatausführung zur Verwirklichung des gemeinsamen Tatplans. Beide Berliner Raser hatten damit Vorsatz hinsichtlich der die Mittäterschaft begründenden Voraussetzungen.[1127]

(d) Zwischenergebnis

Somit war das tödliche Rennen vom Berliner Kurfürstendamm eine von den Rasern gemeinsam ausgeführte Tat, die auf Grundlage ihres gemeinsamen Tatplans begangen wurde. Die Raser begingen die Straftat gemeinschaftlich und waren Mittäter. Dem zweiten Rennfahrer, der nicht mit dem Opfer kollidierte und den Tod als tatbestandlichen Erfolg nicht selbst unmittelbar herbeiführte, kann damit gemäß § 25 II das tödliche Verhalten des ersten Rennfahrers im

---

1125 Schönke/Schröder – *Heine/Weißer*, § 25 StGB Rn. 71 u. 99; Matt/Renzikowski – *Haas*, § 25 StGB Rn. 98; MüKo-StGB – *Joecks/Scheinfeld*, § 25 Rn. 233; Maurach/Gössel/Zipf (AT 2) – *Renzikowski*, Rn. 49/76; *Frister*, StR AT, Rn. 26/34; *Steckermeier*, Der Tatentschluss von Mittätern, S. 201.

1126 Siehe entsprechend: D.II.1.c)ee)(2)(b)(aa) [S. 323].

1127 Siehe zu vielen der hier relevanten Indizien bereits entsprechende Ausführungen im Rahmen des Vorsatzes unter D.II.1.c)ee)(2)(b) [S. 322] sowie zu den Aspekten des Tatentschlusses zusätzlich auch D.II.1.c)ee)(4)(a) [S. 375].

Rahmen des vorsätzlichen Tötungsdelikts zugerechnet werden; beide Mittäter sind für den Tod des Opfers verantwortlich.

Allgemein lässt sich festhalten, dass mehrere Raser im Rahmen eines gemeinsamen Straßenrennens Mittäter nach § 25 II sein können, sodass dann grundsätzlich[1128] jeder für einen beim Rennen herbeigeführten Erfolg haftet.

(5) Ergebnis

Kommt es in Folge von Einzelraserei oder illegalen Straßenrennen zu einem Verkehrsunfall, bei dem eine andere Person getötet wird, und hat der Raser diese Tötung vorsätzlich herbeigeführt, macht er sich wegen Totschlags (§ 212) und regelmäßig ebenso wegen Mordes (§ 211) strafbar.
So auch im Raserfall vom Berliner Kurfürstendamm: Der erste Rennfahrer hat das Opfer durch die Kollision infolge seines Rennverhaltens (eventual-) vorsätzlich mit einem gemeingefährlichen Mittel und aus sonst niedrigen Beweggründen getötet, womit er nach §§ 211, 212 I strafbar ist. Der zweite Rennfahrer ist ebenfalls wegen Mordes strafbar, weil er Tötungsvorsatz besaß, aus sonst niedrigen Beweggründen handelte und ihm als Mittäter das tötende Verhalten seines Rennkonkurrenten nach § 25 II zuzurechnen ist. Sofern die Mittäterschaft doch verneint wird, womit dem zweiten Rennfahrer das Verhalten seines Konkurrenten nicht zugerechnet werden kann, ist er nur wegen versuchten Mordes strafbar[1129].

d) Konkurrenzen

Treffen bei einer Tat mehrere Tatbestände aufeinander, ist ihr gegenseitiges Verhältnis schon allein wegen des gerichtlichen Folgenausspruchs im Wege der Konkurrenzen zu bestimmen. Dabei gibt es nicht nur Konkurrenzverhältnisse zwischen verschiedenen Tatbeständen, sondern auch zwischen Tatbestandsvarianten innerhalb eines Delikts.[1130]

1128 Es gelten die üblichen weiteren Grenzen der Mittäterschaft. Für eine Zurechnung darf insb. kein Mittäterexzess vorliegen (vgl. nur Schönke/Schröder – *Heine/Weißer*, § 25 StGB Rn. 100; siehe als konkretes Beispiel D.II.1.b)cc)(4) [S. 256]).

1129 So das dritte Urteil des Landgerichts Berlin: LG Berlin, (529 Ks) 251 Js 52/16 (6/20), Urteil vom 02.03.2021, Rn. 284 ff. – im Internet abrufbar: www.juris.de (Stand: 28.12.2022), folgend auf BGH, 4 StR 482/19, Urteil vom 18.06.2020, Rn. 9 ff. – im Internet abrufbar: www.bundesgerichtshof.de (Stand: 26.10.2020).

1130 MüKo-StGB – *von Heintschel-Heinegg*, Vor § 52 Rn. 8 ff.; Schönke/Schröder – *Sternberg-Lieben/Bosch*, Vor §§ 52 ff. StGB Rn. 1 ff.; NK-StGB – *Puppe*, Vor § 52 Rn. 1; *Kretschmer*, JA 2019, 581 (582 f.).

Die bei einer Raserei unweigerlich verwirklichten Straßenverkehrsordnungswidrigkeiten sind gegenüber weitergehenden Straftaten gemäß § 21 I 1 OWiG subsidiär. Nicht in dieser materiellen Tateinheit[1131] stehende andere Verkehrsverstöße sind davon aber nicht betroffen und bleiben genauso sanktionierbar, wie wenn eine mögliche Strafverhängung unterbleibt (§ 21 II OWiG).

Bei § 315d stellen sich zuerst tatbestandsinterne Konkurrenzfragen[1132]. Noch einfach ist das Verhältnis der Absatzvarianten untereinander zu bestimmen, denn aufgrund der Spezialität geht die jeweils qualifiziertere/schwerere Form im Rahmen der Gesetzeskonkurrenz vor. Das Grunddelikt des § 315d I besitzt dabei drei Tatvarianten, wovon Nr. 2 und 3 Formen der tatsächlichen Raserei und Nr. 1 rennförderndes Organisationsverhalten beschreiben. Wer nicht nur ein Rennen ausrichtet (Nr. 1 Var. 1), sondern auch durchführt (Nr. 1 Var. 2), begeht nur eine einheitliche, umfassende Tat nach § 315d I Nr. 1. Mit der Verwirklichung von Nr. 1 geht in der Regel auch eine Teilnahme i.S.d. §§ 26 f. an dem folgenden Straßenrennen (Nr. 2) einher. Diese tritt aber hinter der täterschaftlich verwirklichten Organisationsvariante der Nr. 1 zurück, es sei denn, es kommt beim Rennen als Haupttat zum Eintritt einer qualifizierenden Folge nach § 315d II/IV oder V. Sofern ein Rennorganisator auch selbst an dem Rennen als Rennfahrer gemäß Nr. 2 teilnimmt, steht die Organisation nach Nr. 1 gemäß überzeugender Betrachtung damit in klarstellender Idealkonkurrenz (§ 52 I). Ein Fahrer, der demgegenüber ohne Organisationsleistung lediglich am Rennen nach Nr. 2 teilnimmt, erfüllt nicht gleichfalls auch Nr. 1. Die Einzelraserei nach Nr. 3 bildet gegenüber der Rennvariante der Nr. 2 einen subsidiären Auffangtatbestand, ist ansonsten aber eigenständig.[1133]
Bis auf § 315d I Nr. 1 weisen alle Tatbestandsvarianten des § 315d einen Dauerdeliktscharakter auf. Das hat vor allem bei den Qualifikationen zur Folge, dass im Rahmen des Rennens oder der Einzelraserei auch mehrere – sogar nacheinander und zulasten verschiedener Opfer – herbeigeführte Erfolge

---

1131 *Krenberger/Krumm*, § 21 OWiG Rn. 2; Göhler – *Gürtler/Thoma*, § 21 OWiG Rn. 3 f.; NK-GVR – *Mielchen*, § 21 OWiG Rn. 3 ff.

1132 Grundlegend zum (streitigen) Problem innertatbestandlicher Konkurrenzen: *Altenhain*, ZStW 107 (1995), 382 (382 ff.).

1133 LG Deggendorf, 1 Ks 6 Js 5538/18, Urteil vom 22.11.2019, Rn. 255 – im Internet abrufbar: www.juris.de (Stand: 07.07.2020); BeckOK-StGB – *Kulhanek*, § 315d Rn. 79; Schönke/Schröder – *Hecker*, § 315d StGB Rn. 17; MüKo-StGB – *Pegel*, § 315d Rn. 44; JurisPK-StVR – *Weiland*, § 315d StGB Rn. 138 f.; *Fischer*, § 315d StGB Rn. 26.

eine einheitliche Tat des § 315d bilden, wenn es dabei zu keiner Zäsur kommt. Inwieweit eine einheitliche Fahrt mehrere einzelne Rennen bzw. Rasereiteile umfasst und damit nur eine durchgehende Verwirklichung von § 315d I Nr. 2 oder 3 vorliegt, hängt ebenfalls von Zäsuren bzw. dem gefassten Tatentschluss des Fahrers ab. Ist etwa im Rahmen eines Gesamtwettbewerbs von vornherein geplant, mehrere Einzelrennen oder Rennetappen zu absolvieren, fasst der Rennfahrer regelmäßig einen entsprechend weiten Tatentschluss, der nur durch eine entsprechende Zäsur (wie z. B. Rennabbruch, schwerer Unfall, langes Pausieren über Nacht, Einschreiten der Sicherheitsbehörden) unterbrochen wird. Wird nach Ende des geplanten Gesamtwettbewerbs oder nach einer Zäsur ein neuer Tatentschluss für weitere Rennen gefasst, liegt eine neue Tat in Tatmehrheit (§ 53 I) zur vorherigen vor. Entsprechendes gilt für die Einzelraserei.[1134]

Da § 315d das Unrecht der Raserei spezifisch erfasst, ist Tateinheit (§ 52 I) anzunehmen, soweit die tatbestandsmäßige Handlung zugleich andere Straftatbestände verwirklicht. Je nach Fallkonstellation besteht so Idealkonkurrenz mit Fahren ohne Fahrerlaubnis (§ 21 StVG), Trunkenheit im Verkehr (§ 316), Nötigung (§ 240), Straßenverkehrsgefährdung (§ 315c), gefährlichem Eingriff in den Straßenverkehr (§ 315b), Sachbeschädigung (§ 303), Körperverletzung (§§ 223 ff.) und Tötung (§§ 211, 212). Fahrlässige Körperverletzungen (§ 229) oder fahrlässige Tötungen (§ 222) werden von § 315d V im Wege der speziellen Gesetzeskonkurrenz verdrängt. Bei einer fahrlässigen Herbeiführung auch der konkreten Gefahr stehen die Fahrlässigkeitsdelikte wegen ihres eigenständigen Erfolgsvorwurfs hingegen in Tateinheit mit § 315d IV und werden nicht verdrängt. Kommt es beim Rasen zu einem Unfall, der den weiteren Tatverlauf wesentlich beeinflusst, sorgt der Unfall – vergleichbar zu § 316 – für eine Zäsur.[1135] Darauffolgendes Verhalten wie Unfallflucht (§ 142) und erneutes

---

1134 LG Deggendorf, 1 Ks 6 Js 5538/18, Urteil vom 22.11.2019, Rn. 260 ff. – im Internet abrufbar: www.juris.de (Stand: 07.07.2020); LG Arnsberg, 2 Ks 15/19, Urteil vom 20.01.2020, Rn. 313 f. u. 341 – im Internet abrufbar: www.juris.de (Stand: 13.11.2020); BeckOK-StGB – *Kulhanek*, § 315d Rn. 80 f.; JurisPK-StVR – *Weiland*, § 315d StGB Rn. 140 f.; Schönke/Schröder – *Hecker*, § 315d StGB Rn. 17; *Fischer*, § 315d StGB Rn. 26; MüKo-StGB – *Pegel*, § 315d Rn. 44.

1135 - Beispielhaft zur Wesentlichkeit von Unfällen: Wenn ein Raser ein anderes Fahrzeug beim Rasen kaum wahrnehmbar touchiert und seine Raserei ohne weitere Auswirkungen fortsetzen kann, dann beeinflusst ein solcher Unfall den Tatverlauf nicht wesentlich. Demgegenüber wird der Tatverlauf wesentlich beeinflusst, womit eine Zäsur durch den Unfall erfolgt, wenn die Kollision so stark ausfällt, dass der Raser sie im Fahrzeug deutlich wahrnimmt bzw. sie das Rasen

Rasen (§ 315d) stellen dann eine neue Tat dar und stehen folglich in tatmehrheitlicher Realkonkurrenz (§ 53 I) zur vorherigen Raserei.[1136]

Abseits von § 315d bleibt es bei den üblichen Konkurrenzverhältnissen: Bei den Verkehrsstraftaten verdrängt ein Inneneingriff nach § 315b regelmäßig § 315c, wovon beide in Tateinheit zu sowohl fahrlässigen als auch vorsätzlichen Erfolgsdelikten der Sachbeschädigung, Körperverletzung und Tötung stehen; Nötigungen stehen gleichermaßen in Tateinheit zu all diesen Delikten.[1137] Wie immer geht im Rahmen entsprechender Delikte wegen (materieller) Subsidiarität Vorsatz gegenüber Fahrlässigkeit, Vollendung gegenüber Versuch und Täterschaft gegenüber Teilnahme vor.[1138]

e) Gesamtergebnis

Für die Raserei können sich in ihren unterschiedlichen Erscheinungsformen sehr weitreichende Strafbarkeiten ergeben. Die Strafbarkeit des Rasers hängt davon ab, ob und wenn ja welche fremden Rechtsgüter durch das Rasen konkret gefährdet oder auch verletzt werden und ob dem Raser insofern Vorsatz oder Fahrlässigkeit vorgeworfen werden kann.[1139]

Bleibt die Raserei folgenlos, bestehen bei vorsätzlicher Teilnahme an illegalen Straßenrennen oder Einzelraserei nur Strafbarkeiten nach § 315d I Nr. 2 oder 3,[1140]

---

beeinträchtigt (z. B. durch deutlichen Geschwindigkeitsverlust, Ausbrechen des Fahrzeugs, fahrerhebliche Schäden am Fahrzeug).
- Allgemein zur Zäsur durch Unfälle beim Fahrzeugführen: LK – *König*, § 315c StGB Rn. 212 u. § 316 Rn. 253a.

1136 LG Deggendorf, 1 Ks 6 Js 5538/18, Urteil vom 22.11.2019, Rn. 256 f. – im Internet abrufbar: www.juris.de (Stand: 07.07.2020); BeckOK-StGB – *Kulhanek*, § 315d Rn. 82 ff.; JurisPK-StVR – *Weiland*, § 315d StGB Rn. 142 ff.; Schönke/Schröder – *Hecker*, § 315d StGB Rn. 17; *Fischer*, § 315d StGB Rn. 26; MüKo-StGB – *Pegel*, § 315d Rn. 45 f.; *Zieschang*, JA 2016, 721 (726).

1137 Schönke/Schröder – *Hecker*, § 315b StGB Rn. 18 u. § 315c StGB Rn. 53; BeckOK-StGB – *Kudlich*, § 315b Rn. 39 ff. u. 315c Rn. 85; Lackner/Kühl – *Heger*, § 240 StGB Rn. 27; Hentschel/König/Dauer – *König*, § 315b StGB Rn. 32 u. § 315c StGB Rn. 70.

1138 MüKo-StGB – *von Heintschel-Heinegg*, Vor § 52 Rn. 46 ff.; Schönke/Schröder – *Sternberg-Lieben/Bosch*, Vor §§ 52 ff. StGB Rn. 109, 114 u. 120 f.; Lackner/Kühl – *Kühl*, Vor §§ 52 ff. StGB Rn. 26; *Kretschmer*, JA 2019, 666 (668).

1139 Siehe allgemein zum Vorsatz und seiner Abgrenzung zur Fahrlässigkeit: D.II.1.c) ee)(2) [S. 292].

1140 Siehe: D.II.1.a)cc)(1) [S. 123] und D.II.1.a)cc)(2) [S. 165].

sofern es dabei gegenüber anderen Verkehrsteilnehmern nicht zu Nötigungen gemäß § 240 I kommt.[1141] Das bloße Ausrichten oder Durchführen eines Kraftfahrzeugrennens führt zu einer selbstständigen Strafbarkeit nach § 315d I Nr. 1.[1142] Lässt sich jedoch keiner dieser Straftatbestände bejahen, bleibt die Raserei straflos und kann nur gemäß den missachteten Verkehrsvorschriften als Ordnungswidrigkeiten geahndet werden.[1143]

Kommt es bei illegalen Straßenrennen oder Einzelraserei zur konkreten Gefährdung von Leben oder Leib anderer Menschen oder fremder Sachen mit bedeutenden Werten, besteht bei vorsätzlichem Verhalten eine Strafbarkeit nach der Qualifikation des § 315d I Nr. 2/3, II.[1144] Begeht ein Raser in diesem Zusammenhang einen Verkehrsverstoß gemäß § 315c I Nr. 2, ist er daneben wegen Straßenverkehrsgefährdung strafbar.[1145] Findet andererseits eine bewusste Zweckentfremdung des Raserfahrzeugs für einen verkehrsfeindlichen Inneneingriff statt, ist ein gefährlicher Eingriff in den Straßenverkehr nach § 315b I zu bejahen.[1146] Handelt ein Raser hinsichtlich der konkreten Gefährdung ohne Vorsatz aber fahrlässig, ist er nach § 315d I Nr. 2/3, II, IV und ggf. § 315c I Nr. 2, III Nr. 1 strafbar.[1147]

Durch eine ausschließlich fahrlässige Tatbegehung mit Verletzung fremder Rechtsgüter infolge eines Unfalls macht sich der Raser bei Körperverletzungen lediglich nach § 229 und bei Tötungen nach § 222 sowie – auch schon bei Sachbeschädigungen – ggf. nach § 315c I Nr. 2, III Nr. 2 strafbar.[1148] Führt ein Fahrer hingegen durch seine Raserei vorsätzlich eine konkrete Gefahr herbei, die sich durch den Unfall in einer schweren Gesundheitsschädigung oder dem Tod eines anderen Menschen oder Gesundheitsschädigungen einer großen Menschenzahl verwirklicht, ist er bei Fahrlässigkeit hinsichtlich der schweren Folge nach der Erfolgsqualifikation des § 315d I Nr. 2/3, II, V strafbar.[1149] Handelt ein Raser auch hinsichtlich entsprechender Schädigungserfolge mit Vorsatz,

---

1141 Siehe: D.II.1.a)bb) [S. 117].
1142 Siehe: D.II.1.a)cc)(3) [S. 192].
1143 Siehe: D.II.1.a)aa) [S. 115].
1144 Siehe: D.II.1.b)cc) [S. 236].
1145 Siehe: D.II.1.b)aa) [S. 202].
1146 Siehe: D.II.1.b)bb) [S. 226].
1147 Siehe: D.II.1.b)cc) [S. 236] und D.II.1.b)aa) [S. 202].
1148 Siehe: D.II.1.c)aa) [S. 261] und D.II.1.b)aa) [S. 202].
1149 Siehe: D.II.1.c)bb) [S. 266].

macht er sich nach den dazugehörigen Vorsatzdelikten strafbar. Hinsichtlich Sachschäden ist dann § 303 I erfüllt.[1150] Bei Körperverletzungen verwirklicht er §§ 223, 224 I Nr. 2 Var. 2 und häufig zugleich § 224 I Nr. 5 sowie beim jedenfalls fahrlässigen Herbeiführen darüber hinausgehender schwerer Folgen auch § 226 I oder § 227 I.[1151] Eine vorsätzliche Tötung führt zu einer Strafbarkeit wegen Totschlags (§ 212 I) und in aller Regel auch wegen Mordes (§§ 211, 212 I), weil die Tötung zumeist mit einem gemeingefährlichen Mittel (§ 211 II Var. 7) und aus sonst niedrigen Beweggründen (§ 211 II Var. 4) begangen wird.[1152]

Die Strafbarkeit nach einem Erfolgsdelikt besteht nicht, wenn der durch den Raser herbeigeführte Erfolg ihm nicht zugerechnet werden kann. Ein Ausschluss der Zurechnung liegt vor allem bei einer wirksamen eigenverantwortlichen Selbstgefährdung oder einverständlichen Fremdgefährdung des Opfers vor.[1153] Demgegenüber kann einem Raser unter bestimmten Voraussetzungen auch ein Erfolg zugerechnet werden, der im Rahmen einer Verfolgungsjagd durch die den Raser verfolgende Polizei herbeigeführt wird[1154].

Sind an der Tat mehrere beteiligt, was bei illegalen Straßenrennen zwingend ist, ergeben sich auch für die weiteren Tatbeteiligten gemäß den Grundsätzen von Täterschaft und Teilnahme mögliche Strafbarkeiten nach den dargestellten Delikten. Eine Teilnahme – also Anstiftung (§ 26) und Beihilfe (§ 27) – ist dabei an jedem Vorsatzdelikt möglich. Täterschaft kommt abgesehen von § 315d I Nr. 1 nur für Personen in Betracht, die sich als Fahrzeugführer an der Raserei beteiligen.[1155] Unter entsprechenden Voraussetzungen machen sich alle Rennfahrer selbst nach § 315d I Nr. 2, II/IV bzw. V strafbar, weil jeder von ihnen gemäß der Tatbestandsstruktur für den eingetretenen Erfolg verantwortlich ist.[1156] Hingegen macht sich ein Rennfahrer, der den tatbestandlichen Erfolg nicht unmittelbar herbeiführt, nur dann nach den anderen Vorsatzdelikten strafbar, wenn die Raser Mittäter sind und der Erfolg ihm so nach § 25 II zugerechnet werden kann[1157].

1150 Siehe: D.II.1.c)cc) [S. 283].
1151 Siehe: D.II.1.c)dd) [S. 284].
1152 Siehe: D.II.1.c)ee) [S. 290].
1153 Siehe: D.II.1.b)aa)(3)(b) [S. 209].
1154 Siehe: D.II.1.b)cc)(3)(c) [S. 250].
1155 Siehe: D.II.1.a)cc)(3) [S. 192] und D.II.1.b)cc)(3)(b) [S. 244].
1156 Siehe: D.II.1.b)cc)(3)(b) [S. 244] und D.II.1.c)bb)(5) [S. 279].
1157 Siehe: D.II.1.c)ee)(4) [S. 374].

Ohne Erfolgseintritt bleibt bei den vorsätzlichen Erfolgsdelikten Raum für Versuchsstrafbarkeiten. Wie allgemein bedarf es dafür als Grundvoraussetzung der jeweiligen Versuchsstrafbarkeit des Delikts und der Raser muss mit Tatentschluss unmittelbar zur entsprechenden Tat ansetzen. Eine zu weit gehende Versuchsstrafbarkeit im Zusammenhang mit Raserfällen wird durch eine restriktive Handhabung des unmittelbaren Ansetzens – parallel zu den sog. Fallen-Konstellationen – verhindert.[1158] Unter entsprechenden Umständen können sich vorsätzlich handelnde Raser wegen versuchter Sachbeschädigungen (§ 303), Körperverletzungen (§§ 223 ff.) und Tötungen (§§ 211, 212) strafbar machen.

Das seit dem 13. Oktober 2017 geltende „Sechsundfünfzigste Strafrechtsänderungsgesetz – Strafbarkeit nicht genehmigter Kraftfahrzeugrennen im Straßenverkehr" hat abgesehen von der Einführung des § 315d als „Verbotene Kraftfahrzeugrennen" keine anderen Strafbarkeiten verändert. Insofern sind all jene sowohl für frühere als auch heutige Fälle der Raserei in gleicher Form relevant. Mit § 315d existiert nun aber ein darüber hinausgehender Straftatbestand, der fast das gesamte Spektrum der Raserei als illegale Straßenrennen und Einzelraserei mit all ihren Folgen durch die verschiedenen Tatvarianten und Qualifikationen abdeckt. Selbst das beim folgenlosen Rasen begangene Unrecht ist insbesondere wegen der davon ausgehenden großen Gefahren für andere Verkehrsteilnehmer so schwerwiegend, dass es die Hochstufung von einem ehemals nur ordnungswidrigen hin zu einem jetzt strafbaren Verhalten überzeugend begründet. Entsprechendes gilt für die Qualifikationstatbestände, denn zwar war die Herbeiführung dazugehöriger Erfolge zumeist schon nach anderen Straftatbeständen strafbar, doch deckten letztere das mit der Tat verwirklichte Unrecht häufig nur teilweise ab. So stellt § 315d für das Verhalten des Rasens insgesamt eine angemessene und wichtige Erweiterung der Strafbarkeiten dar.[1159]

2. Fahrerlaubnisrechtliche Maßnahmen

Aus der Begehung der Ordnungswidrigkeiten und Straftaten erwachsen für die Raser auch Konsequenzen hinsichtlich der Berechtigung zum Führen von erlaubnispflichtigen Kraftfahrzeugen. Durch das 56. Strafrechtsänderungsgesetz wurden in diesem Zusammenhang einige Änderungen vorgenommen[1160].

1158 Siehe: D.II.1.c)ee)(2)(a)(ee) [S. 317].

1159 Siehe insofern zu § 315d: D.II.1.a)cc) [S. 122], D.II.1.b)cc) [S. 236] und D.II.1.c)bb) [S. 266].

1160 Siehe zu den jeweiligen Änderungen im Einzelnen: BGBl. I 2017, S. 3532.

a) *Maßnahmen auf Grundlage des Fahreignungs-Bewertungssystems*

§ 4 StVG regelt in Verbindung mit §§ 40 ff. FeV das Fahreignungs-Bewertungssystem, in dem die Fahreignung der jeweiligen Fahrzeugführer anhand von Punkten bewertet wird. Bei bestimmten Verkehrsverstößen werden für den Fahrer je nach Schwere entsprechende Punkte vergeben und im Fahreignungsregister eingetragen (§§ 28 ff. StVG, §§ 59 ff. FeV). Je nach Gesamtpunktezahl ergreift die zuständige Fahrerlaubnisbehörde stufenweise die vorgesehenen Maßnahmen: Bei insgesamt vier bzw. fünf Punkten wird der Betroffene ermahnt, bei sechs bzw. sieben Punkten wird er verwarnt und ab acht Punkten wird ihm seine Fahrerlaubnis entzogen (§ 4 V 1 StVG). Mit der Entziehung der Fahrerlaubnis erlischt sie (§ 3 II 1 StVG) und kann erst sechs Monate nach Wirksamkeit der Entziehung wieder erteilt werden (§ 4 X 1 StVG). Eine Neu-Erteilung setzt in aller Regel ein positives Gutachten im Rahmen einer Medizinisch-Psychologischen-Untersuchung voraus, das die Eignung des Fahrers zum Führen von Kraftfahrzeugen positiv feststellt (§ 4 X 4 StVG).

Wie die einzelnen Ordnungswidrigkeiten und Straftaten, die im Zusammenhang mit der Raserei begangen werden, als Verkehrsverstöße nach dem Fahreignungs-Bewertungssystem eingestuft werden, ist in § 40 FeV mit Anlage 13 geregelt. Das 56. Strafrechtsänderungsgesetz hat dabei die früher lediglich ordnungswidrige Teilnahme an Kraftfahrzeugrennen (§ 29 I StVO a. F.) in lfd. Nr. 2.2.9 der Anlage 13 (FeV) aufgehoben und stattdessen § 315d in den Alternativen der Straßenrennteilnahme und Einzelraserei als lfd. Nrn. 1.6 und 2.1.6 eingefügt. Sofern im Rahmen des § 315d vom Gericht die Fahrerlaubnis entzogen oder eine isolierte Sperre angeordnet wird, folgt daraus ein Eintrag von drei Punkten (lfd. Nr. 1.6). Trifft das Gericht keine solche Maßnahme, werden zwei Punkte eingetragen (lfd. Nr. 2.1.5), was der früheren Eintragung für Kraftfahrzeugrennen (lfd. Nr. 2.2.9 a. F.) entspricht.
Ganz ohne Vorgängervorschrift wurde § 315d in der Nr. 1.1 in Anlage 12 zu § 34 FeV aufgenommen, womit Raserei während der Probezeit weitere Folgen nach sich zieht (§ 2a StVG).

b) *Fahrverbot nach § 25 StVG oder § 44 StGB*

Gemäß § 25 I 1 StVG kann dem Fahrer für bestimmtes ordnungswidriges Fahrverhalten durch die zuständige Verwaltungsbehörde oder durch das Gericht für bis zu drei Monate verboten werden, Kraftfahrzeuge zu führen. Bei der Begehung von Straftaten (auch unabhängig vom Straßenverkehr) kann das Strafgericht gemäß § 44 I ein Fahrverbot von bis zu sechs Monaten aussprechen. Das

Fahrverbot ist eine Nebenfolge bzw. -strafe, weil es nur zusammen mit einer Geldbuße oder Hauptstrafe verhängt werden kann und der Sanktionierung selbst dient. Das Fahrverbot hat Denkzettel- sowie Besinnungscharakter und soll die Verkehrssicherheit als weniger einschneidende Maßnahme zur Fahrerlaubnisentziehung fördern.[1161]

Sofern in der Vergangenheit keine Straftaten mit der Raserei verwirklicht wurden, konnte ein Fahrverbot nur nach § 25 I 1 StVG im Zusammenhang mit der Ahndung der Verkehrsordnungswidrigkeiten verhängt werden. Die dafür notwendige grobe oder beharrliche Verletzung der Pflichten eines Kraftfahrzeugführers ist in der Regel bei den in § 4 BKatV angeführten Verstößen gegeben. Vor der Gesetzesänderung fiel die ordnungswidrige Teilnahme an einem Kraftfahrzeugrennen nach § 29 I StVO a. F. darunter, die in der Regel mit einem Fahrverbot von einem Monat versehen war.
Nunmehr ermöglicht die Strafbarkeit nach § 315d I Nr. 2 und 3 die Verhängung eines Fahrverbots nach § 44 I für das Rasen. Wegen des Charakters des Fahrverbots als Nebenstrafe gelten dafür die allgemeinen Strafzumessungsregeln.[1162] Eine Fahrverbotsanordnung kommt für die Teilnahme an Kraftfahrzeugrennen und für Einzelraserei erst recht in Betracht, wenn sie zur Einwirkung auf den Täter oder zur Verteidigung der Rechtsordnung erforderlich erscheint oder hierdurch die Verhängung einer Freiheitsstrafe oder ihre Vollstreckung vermieden werden kann (§ 44 I 2). In aller Regel wird das Gericht ein mehrmonatiges Fahrverbot anordnen, für dessen Höhe sich bzgl. einzelner Verkehrsverstöße an den Regelanordnungen der BKatV orientiert werden kann[1163], wenn es dem Raser nicht die Fahrerlaubnis entzieht.

c) Entziehung der Fahrerlaubnis nach § 3 StVG

Die Fahrerlaubnisbehörde hat gemäß § 3 I 1 StVG i.V.m. § 46 I FeV die Fahrerlaubnis zu entziehen, wenn sich ein Fahrer als ungeeignet oder nicht befähigt

1161 - Lackner/Kühl – *Kühl*, § 44 StGB Rn. 1; Schönke/Schröder – *Kinzig*, § 44 StGB Rn. 1; MüKo-StVR – *Schwerdtfeger*, § 44 StGB Rn. 1 ff.; MüKo-StVR – *Asholt*, § 25 StVG Rn. 1 ff.; Hentschel/König/Dauer – *König*, § 44 StGB Rn. 2 ff. u. § 25 StVG Rn. 11.
- Siehe zur Anpassung des § 44 I bzgl. der Regelanordnung eines Fahrverbots die Verbesserungsvorschläge unter H.I. [S. 445] mit Fußnote 1298.

1162 BeckOK-StGB – *von Heintschel-Heinegg*, § 44 StGB Rn. 8; S/S/W-StGB – *Claus*, § 44 Rn. 18 ff.; Lackner/Kühl – *Kühl*, § 44 StGB Rn. 6; Schönke/Schröder – *Kinzig*, § 44 StGB Rn. 18a; Hentschel/König/Dauer – *König*, § 44 StGB Rn. 6.

1163 BeckOK-StGB – *von Heintschel-Heinegg*, § 44 StGB Rn. 10; Hentschel/König/Dauer – *König*, § 44 StGB Rn. 7b.

zum Führen von Kraftfahrzeugen erweist. Zu der Eignung gehört gemäß § 2 IV 1 StVG und § 46 I 2 FeV vor allem auch, dass der Fahrer nicht erheblich bzw. wiederholt gegen verkehrsrechtliche Vorschriften oder gegen Strafgesetze verstößt. Die allgemeinen Regeln des § 3 StVG zur Entziehung der Fahrerlaubnis gehen den spezielleren Regelungen des Fahreignungs-Bewertungssystem grundsätzlich nach, wobei § 4 V 1 Nr. 3 StVG eine bindende Fiktion der Nichteignung zum Führen von Kraftfahrzeugen aufstellt.[1164] Dennoch kann die Behörde dem Fahrer ausnahmsweise schon vor Erreichen der Acht-Punkte-Grenze die Fahrerlaubnis infolge seiner begangenen Verkehrsverstöße gemäß § 3 I 1 StVG entziehen, wenn diese so schwer wiegen, dass sie bereits seine Nichteignung begründen.[1165] Das 56. Strafrechtsänderungsgesetz hat an alledem nichts geändert.

Mit seiner Raserei begeht der Raser in aller Regel schwere Verkehrsverstöße, die sich je nach Strecke zu einer Vielzahl aufsummieren können. Selbst wenn dabei keine konkrete Gefährdung oder Schädigung anderer Verkehrsteilnehmer eintritt, ist die Raserei sehr gefährlich. Da der Raser die Straßenverkehrssicherheit so in hohem Maße und aus egoistischen Gründen beeinträchtigt,[1166] lässt bereits eine erstmalige Verwirklichung von § 315d I Nr. 2 oder 3 ernsthafte Zweifel an seiner Eignung zum Führen von Kraftfahrzeugen aufkommen, womit die Entziehung seiner Fahrerlaubnis nach § 3 I 1 StVG i.V.m. § 46 I FeV möglich ist.

d) Entziehung der Fahrerlaubnis nach § 69 StGB und Anordnung einer Sperre nach § 69a StGB

Das Strafgericht hat einem Fahrer seine Fahrerlaubnis gemäß § 69 I 1 zu entziehen, wenn er eine rechtswidrige Tat begangen hat, die beim Führen eines Kraftfahrzeugs erfolgte, damit im Zusammenhang stand oder bei der Pflichten eines Kraftfahrzeugführers verletzt wurden, und sich daraus ergibt, dass er zum Führen von Kraftfahrzeugen ungeeignet ist. Gleichzeitig ist gemäß § 69a I 1 eine Sperre von sechs Monaten bis zu fünf Jahren für die Neuerteilung der Fahrerlaubnis zu bestimmen. Ist diese Zeitspanne zur Abwehr der von dem

---

1164 - Hentschel/König/Dauer – *Dauer*, § 3 StVG Rn. 16 u. § 4 StVG Rn. 76; B/H/H/J – *Hühnermann*, § 4 StVG Rn. 20; Bachmeier/Müller/Rebler – *Müller*, § 3 StVG Rn. 27 ff.
- Siehe zum Fahreignungs-Bewertungssystem soeben: D.II.2.a) [S. 398].

1165 Hentschel/König/Dauer – *Dauer*, § 3 StVG Rn. 16 u. § 4 StVG Rn. 76; B/H/H/J – *Hühnermann*, § 4 StVG Rn. 20; Bachmeier/Müller/Rebler – *Müller*, § 3 StVG Rn. 27 ff.

1166 Siehe dazu insgesamt: D.II.1.a)cc)(1)(a)(cc) [S. 128] und D.II.1.a)cc)(2)(a) [S. 165].

Täter drohenden Gefahr nicht ausreichend, kann die Sperre für immer, also lebenslang, angeordnet werden (§ 69a I 2). Besitzt der Fahrer keine Fahrerlaubnis, weil er entweder nie eine erworben hatte oder sie ihm schon wirksam entzogen wurde, ist eine isolierte Sperre nach § 69a I 3 anzuordnen. Eine Sperre kann gemäß § 69a VII vorzeitig aufgehoben werden, wenn die Person zum Führen von Kraftfahrzeugen wieder geeignet ist.

Bei der Entziehung der Fahrerlaubnis und der Anordnung einer Sperre handelt es sich um Maßregeln der Besserung und Sicherung (§ 61 Nr. 5). Diese dienen allein der Sicherung des Straßenverkehrs als Schutz der Allgemeinheit vor dem für den Straßenverkehr ungeeigneten Fahrer. Da sie keinen strafenden oder strafähnlichen Charakter besitzen und die Nichteignungsprognose sowohl den Grund als auch die Bemessungsgrenze der Maßregeln bildet, kommt es für ihre Anordnung und Dauer grundsätzlich nicht auf die Schuld des Fahrers, die Tatschwere oder generalpräventive Aspekte an. Dem Gericht bleibt es aber gestattet, die spezialpräventiven Wirkungen der Maßregeln bei Bemessung der Strafe für den Täter zu berücksichtigen.[1167]

Die Nichteignung zum Führen von Kraftfahrzeugen muss sich aus der Tat des Fahrers ergeben. Sie kann in körperlichen, geistigen und charakterlichen Mängeln begründet liegen und ist im Rahmen einer umfassenden Gesamtwürdigung mit Blick auf die allgemeine Verkehrssicherheit zu bestimmen (§ 69 I). Ein Fahrer ist aufgrund charakterlicher Mängel zum Führen von Kraftfahrzeugen ungeeignet, wenn er eine grundsätzliche Bereitschaft besitzt, die Sicherheit des Straßenverkehrs seinen kriminellen Zielen unterzuordnen. § 69 II nennt schwerwiegende Straßenverkehrsdelikte als Regelbeispiele, die den charakterlichen Mangel und damit die Nichteignung nach § 69 I 1 indizieren. Statt der von § 69 I 1 geforderten umfangreichen Feststellung des Eignungsmangels genügt in diesen Fällen eine summarische Prüfung, nach der nur ausnahmsweise eine Anordnung der Maßregeln unterbleiben kann.[1168]

1167 - BGH, NJW 2005, 1957 (1957 ff.); BGH, NStZ-RR 2003, 74 (74 f.); MüKo-StGB – *von Heintschel-Heinegg/Huber*, § 69 StGB Rn. 62; Schönke/Schröder – *Kinzing*, § 69 StGB Rn. 2 f.; Lackner/Kühl – *Heger*, § 69 StGB Rn. 1 u. § 69a StGB Rn. 2; Hentschel/König/Dauer – *König*, § 69 StGB Rn. 1 u. § 69a StGB Rn. 1 ff.; NK-GVR – *Kerkmann*, § 69 StGB Rn. 1, 5 u. § 69a StGB Rn. 1.

1168 - BGH, NJW 2005, 1957 (1957 ff.); BGH, NStZ-RR 2003, 74 (74 f.); Schönke/Schröder – *Kinzing*, § 69 StGB Rn. 29 ff.; Lackner/Kühl – *Heger*, § 69 StGB Rn. 5 ff.; Hentschel/König/Dauer – *König*, § 69 StGB Rn. 11 ff.; NK-GVR – *Kerkmann*, § 69 StGB Rn. 8 ff. u. 24 f.

Zu den von § 69 II aufgeführten Verkehrsstraftaten gehörte bisher nur die Gefährdung des Straßenverkehrs (§ 315c), die mit Raserei in Zusammenhang stehen kann. Mit dem 56. Strafrechtsänderungsgesetz und der Einführung von § 315d wurden die Regelbeispiele mit § 69 II Nr. 1a entsprechend erweitert. Zwar konnte die Fahrerlaubnis eines Rasers auch schon früher nach § 69 I 1 entzogen werden, selbst wenn er § 315c nicht verwirklicht hatte. Allerdings bedurfte es dafür immer einer verkehrsrelevanten Straftat (z. B. § 240, § 229), die mangels Indizierung eine höhere Begründungsschwelle für die Entziehung der Fahrerlaubnis setzte. § 69 II Nr. 1a macht nunmehr die Entziehung der Fahrerlaubnis und Anordnung einer Sperre (§ 69a I)[1169] in Fällen des § 315d zur Regel. Ebenso wird damit eine vorläufige Entziehung der Fahrerlaubnis durch ein Gericht nach § 111a I 1 StPO sowie eine Sicherstellung des Führerscheins durch die Polizei vor Ort wegen Gefahr im Verzug nach §§ 94 I, II, III, 98 I 1, 111a StPO erleichtert[1170].

3. Einziehung der Tatfahrzeuge

Als weitere Rechtsfolge einer jeden Straftat kommt die Anordnung der Einziehung nach §§ 73 ff. in Betracht.

a) Die Einziehung im Allgemeinen

Mit dem Anfang Juli 2017 in Kraft getretenen „Gesetz zur Reform der strafrechtlichen Vermögensabschöpfung",[1171] das die „Richtlinie 2014/42/EU des Europäischen Parlaments und des Rates vom 3. April 2014 über die Sicherstellung und Einziehung von Tatwerkzeugen und Erträgen aus Straftaten in der Europäischen Union"[1172] umsetzt,[1173] wurden der 7. Titel des StGB (§§ 73 ff.) und damit zusammenhängende Gesetze (vor allem §§ 111b ff., 421 ff. und 459g ff. StPO) umfassend neu geregelt. Die nun geltenden einheitlicheren und vereinfachten Einziehungsvorschriften bieten umfassendere Befugnisse, einem Täter entsprechende Eigentums- und Vermögenswerte zu entziehen.

- Siehe zur weiteren Ergänzung der Regelbeispiele in § 69 II die Verbesserungsvorschläge unter H.I. [S. 445] mit Fußnote 1299.

1169 - Ausführlich zur Sperrdauer im Zusammenhang mit illegalen Straßenrennen: *Bönig*, Verbotene Kraftfahrzeugrennen, S. 244 ff.
- Siehe zur Anpassung der Sperrdauer des § 69a I die Verbesserungsvorschläge unter H.I. [S. 445] mit Fußnote 1300.

1170 Siehe zur Sicherstellung bereits: C.IV.2. [S. 105].

1171 BGBl. I 2017, S. 872.

1172 ABl. L 127 vom 29.4.2014, S. 39 ff.

1173 BT-Drs. 18/11640, S. 1.

Das Institut der Einziehung, das nicht nur im Strafrecht existiert, beruht auf dem Grundsatz „Verbrechen soll sich nicht lohnen!" und soll zur Tatprävention beitragen. Wenn alle Eigentums- bzw. Vermögenswerte des Täters, die in Zusammenhang mit der Tat stehen, eingezogen werden, wird ihm der wirtschaftliche Anreiz für die Tat genommen. Denn mit einer wirksamen Einziehung geht das Eigentum an dem eingezogenen Gegenstand bzw. die Inhaberschaft des eingezogenen Rechts ohne Ausgleich vom Täter auf den Staat oder den berechtigten Dritten über (§ 75).[1174]

Der Charakter von Einziehungen nach §§ 74 ff. ist nicht endgültig geklärt. Ihrer Grundkonzeption nach wird man einerseits von einem strafenden/strafähnlichen und andererseits von einem sichernden Charakter ausgehen können. Eine konkrete Einziehung kann schwerpunktmäßig auch nur einen dieser Zwecke verfolgen, was von den jeweils notwendigen Einziehungsvoraussetzungen und den (beabsichtigten) Auswirkungen auf den Betroffenen abhängt.[1175]

Prozessual findet die Einziehung im Rahmen des Strafverfahrens gegen den Täter nach den Vorgaben der §§ 73 ff. StGB und §§ 421 ff. StPO statt. Sofern wegen der Straftat keine bestimmte Person verfolgt oder verurteilt werden kann, bleibt die Durchführung eines selbstständigen Einziehungsverfahrens nach § 76a StGB und §§ 435 ff. StPO möglich. Gegenstände können zur Sicherung der Einziehung bereits zuvor beschlagnahmt werden (§ 111b StPO i.V.m. §§ 73 ff. StGB), wozu bei Gefahr im Verzug auch die Staatsanwaltschaft sowie die Polizei vor Ort befugt sind (§ 111j I StPO).

b) Einziehung von Tatfahrzeugen bei Tätereigentum – § 74 StGB

Systematisch unterscheiden die Einziehungsvorschriften danach, um welche Einziehungsgegenstände oder -werte es sich handelt und wer faktischer oder berechtigter Inhaber dieser Vermögenspositionen ist. In §§ 73 bis 73e geht es um die Einziehung von Taterträgen und ihren Wertersatz, wohingegen die §§ 74, 74a und 74c Tatprodukte, -mittel und -objekte betreffen.

1174 BT-Drs. 18/11640, S. 75 u. 77; BGHSt 51, 65 (67); BGHSt 64, 146 (150); BeckOK-StGB – *Heuchemer*, § 73 Rn. 1; LK – *Lohse*, Vor §§ 73-76b StGB Rn. 2; S/S/W-StGB – *Heine*, § 73 Rn. 1 f. u. 7; *Fischer*, Vor §§ 73-76a StGB Rn. 2.

1175 BGH, NJW 1983, 2710 (2710 f.); BGH, NStZ 2018, 526 (526); Schönke/Schröder – *Eser/Schuster*, Vor §§ 73 ff. StGB Rn. 19 ff. u. § 74 StGB Rn. 17: LK – *Lohse*, § 74 StGB Rn. 4 ff.; S/S/W-StGB – *Heine*, § 74 Rn. 2 f.; Lackner/Kühl – *Heger*, § 74 StGB Rn. 1.

In den Raserfällen kommt das Kraftfahrzeug des Rasers als potenzieller Einziehungsgegenstand (bzw. dessen Ersatz als Einziehungswert) in Betracht, weil es die einzige Vermögensposition ist, die mit der Tat in Zusammenhang steht. Da das Raserfahrzeug zum Rasen gebraucht wird, könnte es ein einziehungsfähiges Tatmittel sein (§ 74 I Var. 2). Jedoch gehören Tatobjekte (§ 74 II), auch Beziehungsgegenstände genannt, nicht zu den Tatmitteln, denn sie sind insofern keine Mittel zur Tatbegehung, sondern vielmehr notwendige Gegenstände der Tat selbst. Um den jeweiligen Tatbestand überhaupt erfüllen zu können, muss sich der Handelnde des entsprechenden Tatobjektes bedienen. Das ist bei den Straßenverkehrsdelikten das vom Fahrer geführte Fahrzeug. Bei anderen Tatbeständen, die sich nicht in dieser Weise auf einen Gegenstand beziehen und damit auch anders verwirklicht werden können, ist das Fahrzeug Tatmittel. Es kommt also auf den mit der Raserei verwirklichten Tatbestand an, ob das Raserfahrzeug ein Tatmittel i.S.d. § 74 I Var. 2 (so bspw. bei § 223 und § 212) oder ein Tatobjekt i.S.d. § 74 II (so bspw. bei § 315c und § 315d) darstellt.[1176]

Vor dem 56. Strafrechtsänderungsgesetz war eine Einziehung des Raserfahrzeugs nur möglich, wenn es aufgrund der begangenen Straftat als Tatmittel eingestuft werden konnte. Denn die Einziehung eines Tatobjekts nach § 74 II setzt eine besondere gesetzliche Ermächtigung voraus, die es früher für Raserfahrzeuge nicht gab. Im Rahmen der Gesetzesänderung wurde mit § 315f eine entsprechende Rechtsgrundlage eingeführt.[1177] Damit können Raserfahrzeuge nicht mehr nur bei Unfällen[1178] als Tatmittel (§ 74 I Var. 2), sondern nun auch

---

1176 Stützend: RGSt 21, 431 (432); BGHSt 10, 28 (29 ff.); S/S/W-StGB – *Heine*, § 74 Rn. 4 ff; Schönke/Schröder – *Eser/Schuster*, § 74 StGB Rn. 5 ff.; *Fischer*, § 74 StGB Rn. 9 ff.; JurisPK-StVR – *Weiland*, § 315 f StGB Rn. 4; *Niehaus*, DAR 2018, 247 (247 f.); *Mitsch*, DAR 2017, 70 (73); *Rebler*, DAR 2016, 422 (423); *Zehetgruber*, NJ 2018, 360 (366); *Steinle*, Verbotene Kraftfahrzeugrennen, S. 185; *Bönig*, Verbotene Kraftfahrzeugrennen, S. 248.

1177 - BGBl. I 2017, S. 3532.
- Systematisch wenig überzeugend hat der Gesetzgeber die neue Einziehungsvorschrift nicht im direkten Anschluss an den Straftatbestand des § 315d als neuen § 315e, sondern als neuen § 315f geregelt.

1178 Theoretisch war und ist eine Einziehung des Raserfahrzeugs als Tatmittel auch bei einer Raserei ohne Unfall möglich, wenn der Raser eine Nötigung nach § 240 I, II (siehe D.II.1.a)bb) [S. 117]) begeht. Diese Fälle sind jedoch praktisch irrelevant, auch weil die Fahrzeugeinziehung unter dem Aspekt des Verhältnismäßigkeitsgrundsatzes (§ 74 f I) dann besonders fraglich erscheint.

in andern Fällen des Rasens als Tatobjekt gemäß § 74 II i.V.m. § 315f S. 1 eingezogen werden.[1179]

Eine Einziehung des Raserfahrzeugs als Tatmittel nach § 74 I Var. 2 oder als Tatobjekt nach § 74 II erfordert, dass es mit der vorsätzlichen Straftat im Zusammenhang steht. Der Raser muss das entsprechende Vorsatzdelikt (auch der Versuch ist ausreichend) tatbestandsmäßig, rechtswidrig und schuldhaft verwirklicht haben[1180]. Für § 74 II erfordert das gemäß § 315f S. 1 die Strafbarkeit wegen der Teilnahme an einem Kraftfahrzeugrennen oder der Einzelraserei nach § 315d I Nr. 2 oder 3.

Weitere Einziehungsvoraussetzung ist gemäß § 74 III, dass der Gegenstand dem Raser zum Zeitpunkt der tatrichterlichen[1181] Entscheidung gehört oder zusteht. Die dinglichen Herrschaftsrechte am Gegenstand bestimmen sich dabei nach dem bürgerlichen Recht[1182].

Der Verhältnismäßigkeitsgrundsatz ist bei der Einziehung nach § 74 von besonderer Bedeutung, denn eine Einziehung kann beim Betroffenen je nach Gegenstand zu massiven ökonomischen Verlusten führen. Zwar ist der Grundsatz der Verhältnismäßigkeit als allgemeines Verfassungsprinzip immer zu beachten, doch hat der Gesetzgeber für die fakultative Einziehung nach § 74 mit § 74f eine nochmals präzisierte Regelung zur Verhältnismäßigkeit getroffen. Gemäß § 74f I 1 darf eine Einziehung nach § 74 nicht angeordnet werden, wenn sie zur begangenen Tat und zum Vorwurf gegenüber dem Täter außer Verhältnis steht. Kann der Zweck der Einziehung durch eine weniger einschneidende Maßnahme erreicht werden, kann der Täter die Einziehung abwenden, indem er die vom Gericht angewiesene Alternativmaßnahme erfüllt (§ 74f I S. 2 ff.).[1183]

1179 Stützend: JurisPK-StVR – *Weiland*, § 315 f StGB Rn. 4 ff.; BeckOK-StGB – *Kulhanek*, § 315 f Rn. 3 f.; *Niehaus*, DAR 2018, 247 (247 f.); *Mitsch*, DAR 2017, 70 (73); *Rebler*, DAR 2016, 422 (423); *Zehetgruber*, NJ 2018, 360 (366); *Steinle*, Verbotene Kraftfahrzeugrennen, S. 185 ff.

1180 RGSt 29, 130 (131 f.); BGHSt 8, 205 (212 f.); BGHSt 23, 64 (68); LK – *Lohse*, § 74 StGB Rn. 9; S/S/W-StGB – *Heine*, § 74 Rn. 11; *Fischer*, § 74 StGB Rn. 18; Lackner/Kühl – *Heger*, § 74 StGB Rn. 3.

1181 BGHSt 8, 205 (212); *Fischer*, § 74 StGB Rn. 19; Schönke/Schröder – *Eser/Schuster*, § 74 StGB Rn. 24; Lackner/Kühl – *Heger*, § 74 StGB Rn. 7-8; SK-StGB – *Wolters*, § 74 [a. F.] Rn. 20.

1182 BGHSt 24, 222 (225 ff.); *Fischer*, § 74 StGB Rn. 19; LK – *Lohse*, § 74 StGB Rn. 30; BeckOK-StGB – *Heuchemer*, § 74 Rn. 5; SK-StGB – *Wolters*, § 74 [a. F.] Rn. 17.

1183 BVerfGE 24, 367 (404 f.); BGHSt 16, 285 (285 ff.); BGHSt 53, 69 (70 f.); KG Berlin, NStZ-RR 2010, 58 (59); Schönke/Schröder – *Eser/Schuster*, § 74 f StGB Rn. 1 ff.;

Die hier im Raum stehende Einziehung des Raserfahrzeugs ist unter Verhältnismäßigkeitsgesichtspunkten problematisch, weil solche Fahrzeuge zumeist nicht nur einen sehr hohen Wert aufweisen, sondern dadurch auch die persönliche Mobilität eingeschränkt wird. Der mit der Kraftfahrzeugeinziehung erfolgende Eingriff in Art. 14 I 1 und Art. 2 I GG wiegt somit schwer. Dem steht aber eine Tat gegenüber, die schon bei Raserei ohne Erfolgseintritt für andere hochgefährlich ist und aus egoistischen Motiven begangen wird. Selbst bei folgenloser Raserei und einem Fahrzeugwert im sechsstelligen Eurobereich ist eine Einziehung demnach grundsätzlich nicht unverhältnismäßig i.S.d. § 74f I 1. Die vom Gesetzgeber explizit geschaffene Einziehungsmöglichkeit des Raserfahrzeugs nach § 315f S. 1 stützt diese Sichtweise zusätzlich.[1184]

Der Gesetzgeber begründet die Einziehung von Raserfahrzeugen nach § 315f damit, dass sich Mitglieder der Raser-Szene über die Geschwindigkeit ihrer Fahrzeuge definierten und deshalb besonders von deren Einziehung zu beeindrucken seien.[1185] Diese Einschätzung trifft zu, denn tatsächlich profilieren sich viele Raser über ihre Fahrzeuge und identifizieren sich mit diesen.[1186] So liegt der Zweck der Einziehung schwerpunktmäßig in einer repressiven und präventiven Einwirkung auf die Raser. Unweigerlich stehen neben diesem Strafcharakter auch Sicherungsaspekte, denn die Allgemeinheit wird vor den Gefahren eines erneuten Rasens mit diesem Fahrzeug geschützt.[1187]

Mildere Maßnahmen wie die Anordnung der Fahrzeugveräußerung (§ 74f I 2, 3 Nr. 3) können keins dieser Ziele in gleicher Weise erreichen, weil sich der Raser von dem Verkaufserlös ein neues vergleichbares Fahrzeug kaufen könnte. An weiterer Raserei würde er so nicht gehindert, womit keine Sicherung

---

Fischer, § 74 StGB Rn. 22 u. § 74 f StGB Rn. 2 ff.; LK – *Lohse*, § 74 f StGB Rn. 3 ff.; Lackner/Kühl – *Heger*, § 74 f StGB Rn. 1 f.; S/S/W-StGB – *Heine*, § 74 f Rn. 1 f.; JurisPK-StVR – *Weiland*, § 315 f StGB Rn. 43 ff.

1184 Stützend: LG Berlin, 511 Qs 126/18, Beschluss vom 29.01.2019, Rn. 31 ff. – im Internet abrufbar: www.juris.de (Stand: 17.12.2020); JurisPK-StVR – *Weiland*, § 315 f StGB Rn. 45; BeckOK-StGB – *Kulhanek*, § 315 f StGB Rn. 6 ff.; *Niehaus*, DAR 2021, 357 (357 f.); *Rebler*, DAR 2016, 422 (427); *Winkelmann*, NZV 2019, 541 (541); *Steinle*, Verbotene Kraftfahrzeugrennen, S. 190 ff.; *Bönig*, Verbotene Kraftfahrzeugrennen, S. 249.

1185 BT-Drs. 18/10145, S. 11.

1186 Siehe dazu insbesondere: C.III.1.c) [S. 52] und C.III.2.b)bb)(9) [S. 96].

1187 Grundsätzlich stützend: LG Berlin, 511 Qs 126/18, Beschluss vom 29.01.2019, Rn. 31 ff. – im Internet abrufbar: www.juris.de (Stand: 17.12.2020); BeckOK-StGB – *Kulhanek*, § 315 f Rn. 2; JurisPK-StVR – *Weiland*, § 315 f StGB Rn. 54 f.; *Rebler*, DAR 2016, 422 (424 f.).

stattfände. Dabei spielt der Wert des Fahrzeugs keine Rolle. Gleichzeitig würde sich die repressive Wirkung auf den Raser auf die finanziellen Nachteile und den emotionalen Verlust des Fahrzeugs durch die Veräußerung beschränken. Folglich ist die Einziehung des Raserfahrzeugs auch mit Blick auf § 74f I 2 und 3 verhältnismäßig.[1188]
Weiteren Bedenken wird im Hinblick auf die Verhältnismäßigkeit der Einziehung von Rechtswegen schon dadurch begegnet, dass die Einziehung bei ihrer strafenden Ausrichtung im Rahmen der gesamten Strafzumessung mit zu berücksichtigen ist. Denn die durch die Hauptstrafe und die Einziehung dem Täter zugefügten negativen Folgen müssen kumuliert schuldangemessen sein. Dazu ist die Hauptstrafe für die begangene Raserei bei gleichzeitiger Einziehung des Raserfahrzeugs entsprechend abzusenken und zwar umso mehr, je stärker die Einziehung auf den Täter strafend wirkt.[1189]

Insgesamt kann das Kraftfahrzeug eines Täters, mit dem er in strafbarer Weise gerast ist, durch das Strafgericht eingezogen werden. War dies früher nur in wenigen Fällen zulässig (§ 74 I Var. 2), ist die Einziehung heute gemäß §§ 74 II, 315f S. 1 grundsätzlich bei jedem Straßenrennen und bei jeder Einzelraserei i.S.d. § 315d möglich.

1188 - Grundsätzlich zustimmend: OLG Köln, III-1 RVs 40/20, III-1 RVs 42/20, 1 RVs 40/20, 1 RVs 42/20, Urteil vom 05.05.2020, Rn. 21 – im Internet abrufbar: www.juris.de (Stand: 17.12.2020); *Niehaus*, DAR 2018, 247 (249).
- Dagegen vor allem mit Blick auf die Fahrzeugwerte kritisch(er) LG Berlin, 511 Qs 126/18, Beschluss vom 29.01.2019, Rn. 37 ff. – im Internet abrufbar: www.juris.de (Stand: 17.12.2020); JurisPK-StVR – *Weiland*, § 315 f StGB Rn. 47 ff.; BeckOK-StGB – *Kulhanek*, § 315 f Rn. 9; *Bönig*, Verbotene Kraftfahrzeugrennen, S. 253 ff., wobei zumindest der Vorbehalt der Einziehung nach § 74 f I 2 ff. mit einer Anweisung gemäß § 74 f I 3 Nr. 3 als möglich angesehen wird, dass der Eigentümer sein Fahrzeug zu einem Mindestpreis veräußert und ggf. ein Teil des Erlöses der Staatskasse zufließt.

1189 Stützend: BGH, StV 2011, 726 (726); BGH, StV 2013, 565 (565); BGH, NStZ 2018, 526 (526); BeckOK-StGB – *Kulhanek*, § 315 f Rn. 7; JurisPK StVR – *Weiland*, § 315 f StGB Rn. 54 f.; Lackner/Kühl – *Heger*, § 74 StGB Rn. 1; Schönke/Schröder – *Eser/Schuster*, § 74 StGB Rn. 28 f.; LK – *Lohse*, § 74 StGB Rn. 4 f. u. 48; S/S/W-StGB – *Heine*, § 74 Rn. 3 u. 17.

c) Einziehung von Tatfahrzeugen bei Dritteigentum – § 74a StGB

Häufig sind die Raser aber nicht (Allein-) Eigentümer des geführten Fahrzeugs,[1190] weshalb es bei ihnen nicht nach § 74 eingezogen werden kann. Gleichwohl ist nach § 74a eine Einziehung bei Dritten möglich, die nicht selbst Tatbeteiligte sind – ansonsten gilt für sie wiederum § 74. Eine solche Dritteinziehung verlangt eine spezifische gesetzliche Ermächtigung, die sich auf die Vorschrift des § 74a als Rechtsgrundverweisung[1191] bezieht. Erst mit § 315f S. 2 wurde ein solches Gesetz für Raserfahrzeuge eingeführt, weshalb vor dem 56. Strafrechtsänderungsgesetz eine Einziehung des im Dritteigentum stehenden Tatfahrzeugs ausgeschlossen war. §§ 74a, 315f ermöglichen eine Einziehung des Raserfahrzeugs beim Dritten, wenn er als Eigentümer entweder leichtfertig dazu beigetragen hat, dass das Fahrzeug als Tatobjekt für eine Tat nach § 315d I Nr. 2 oder 3 verwendet wurde (§ 74a Nr. 1) oder er es in Kenntnis der Umstände, die eine Einziehung zugelassen hätten, in verwerflicher Weise erworben hat (§ 74a Nr. 2). Im Verfahren ist der Dritte gemäß § 424 I StPO Einziehungsbeteiligter.

aa) Quasi-Beihilfe (§ 74a Nr. 1)

Der Eigentümer hat gemäß § 74a Nr. 1 zur Verwendung des Raserfahrzeugs als Tatobjekt beigetragen, wenn er es dem Raser überlassen und die Raserei so kausal gefördert[1192] hat. Dabei muss der Dritte mindestens leichtfertig gehandelt haben. Leichtfertigkeit erfordert einen im Verhältnis zur einfachen Fahrlässigkeit wesentlich erhöhten und mit der groben Fahrlässigkeit des Zivilrechts vergleichbaren Fahrlässigkeitsgrad, also einen besonders schweren Sorgfaltspflichtverstoß, dessen Folgen jedem einleuchten müssen, wobei der Handelnde diese im Verkehr erforderliche Sorgfalt aus Gleichgültigkeit oder besonderem Leichtsinn außer Acht lässt[1193].

1190 Siehe: C.III.1.c) [S. 52].

1191 BeckOK-StGB – *Heuchemer*, § 74a Rn. 3; JurisPK-StVR – *Weiland*, § 315 f StGB Rn. 10; *Fischer*, § 74a StGB Rn. 9; LK – *Lohse*, § 74a StGB Rn. 7; Schönke/Schröder – *Eser/Schuster*, § 74a StGB Rn. 3; *Niehaus*, DAR 2018, 247 (248).

1192 Schönke/Schröder – *Eser/Schuster*, § 74a StGB Rn. 5; LK – *Lohse*, § 74a StGB Rn. 15 ff.; *Fischer*, § 74a StGB Rn. 4; S/S/W-StGB – *Heine*, § 74a StGB Rn. 3; BeckOK-StGB – *Heuchemer*, § 74a Rn. 9.

1193 BGHSt 33, 66 (67); BGH, NZWiSt 2019, 192 (193); OLG Karlsruhe, NJW 1974, 709 (710); Matt/Renzikowski – *Gaede*, § 15 StGB Rn. 45; Schönke/Schröder – *Sternberg-Lieben/Schuster*, § 15 StGB Rn. 205; Lackner/Kühl – *Kühl*, § 15 StGB

Zweifelsohne ist die Überlassung von – auch hochmotorisierten – Fahrzeugen im Rahmen von Leihe, Miete, Leasing grundsätzlich erlaubt. Leichtfertig handelt der Eigentümer dabei erst, wenn sich die Verwendung des Fahrzeugs zu einer Rasertat gemäß § 315d I Nr. 2 oder 3 nach den Umständen bzw. seinem Wissen aufdrängt und er diese naheliegende Möglichkeit besonders leichtsinnig verkennt oder aus Gleichgültigkeit ignoriert. Dabei muss die Teilnahme am Kraftfahrzeugrennen oder die Einzelraserei des Rasers vom Eigentümer lediglich im Allgemeinen, also in groben Umrissen, vorhersehbar sein.[1194] Die notwendigen Anhaltspunkte können sich aus verschiedenen Umständen ergeben, insbesondere wenn der Raser Andeutungen macht, dass er mit dem Fahrzeug rasen werde oder wenn der Eigentümer auf andere Art und Weise erfährt, dass mit seinem Fahrzeug Einzelraserei oder ein illegales Straßenrennen geplant ist. Die Umstände können auch in der Person des Fahrzeugnutzers liegen, wenn sie ihn als einen Fahrer erscheinen lassen, bei dem naheliegend mit Raserei zu rechnen ist. Das ist vor allem der Fall, wenn der Fahrer in der Vergangenheit schon wegen Raserei aufgefallen ist bzw. einer Raser-Szene angehört, er allgemein sehr aggressiv fährt bzw. häufig grob verkehrswidrig gegen Geschwindigkeitsvorschriften verstößt und/oder er Eigenschaften bzw. Motive besitzt, die in Zusammenhang mit dem Straßenverkehr stehen und Rasen in erheblicher Weise begünstigen können (z. B. Geschwindigkeitserleben als Sensation Seeking, Angeben zur Selbstwertsteigerung).[1195] Die personenbezogenen Umstände dürften für den Eigentümer des Raserfahrzeugs regelmäßig nur im familiären oder freundschaftlichen Umfeld sowie in sonstigen Nahverhältnissen (z. B. Arbeitsverhältnis mit Bezug zum Straßenverkehr) erkennbar sein. Bei üblichen Miet- und Leasingkonstellationen beschränkt sich der Kontakt zwischen Vermieter/Leasinggeber und Raser hingegen in der Regel auf den Vertragsabschluss, bei dem abseits der Fahrzeugmerkmale sowie von Identität, Geschlecht, Alter und Zahlungsfähigkeit keine weiteren persönlichen

---

Rn. 55; LK – *Lohse*, § 74a StGB Rn. 15 f.; S/S/W-StGB – *Heine*, § 74a StGB Rn. 3; Jauernig – *Stadler*, § 276 BGB Rn. 33; Grüneberg – *Grüneberg*, § 276 BGB Rn. 14 u. § 277 BGB Rn. 5; *Roxin/Greco*, AT 1, Rn. 24/87; *Wessels/Beulke/Satzger*, StR AT, Rn. 1107; *Niehaus*, DAR 2018, 247 (249).

1194 Stützend: BGH, NZWiSt 2019, 192 (193); OLG Karlsruhe, NJW 1974, 709 (710); LK – *Lohse*, § 74a StGB Rn. 15; *Fischer*, § 74a StGB Rn. 4; BeckOK-StGB – *Heuchemer*, § 74a Rn. 10; S/S/W-StGB – *Heine*, § 74a StGB Rn. 3; NK-StGB – *Saliger*, § 74a [a. F.] Rn. 6; *Niehaus*, DAR 2018, 247 (249).

1195 Siehe zu den möglichen Faktoren insgesamt C.III. [S. 47] sowie im Einzelnen insbesondere C.III.1.a) [S. 49], d) [S. 54] und C.III.2.b)bb)(5) [S. 85], (9) [S. 96].

Merkmale des Rasers eine Rolle spielen.[1196] Eine Pflicht zur Aufklärung der persönlichen Lebensumstände und Eigenschaften des Vertragspartners kann vom Eigentümer bei alltäglichen Geschäften nicht verlangt werden, denn es gilt grundsätzlich der Vertrauensgrundsatz. Aus § 21 StVG ergibt sich aber die Pflicht, bei der Überlassung eines Fahrzeugs zu kontrollieren, ob der Empfänger eine gültige Fahrerlaubnis besitzt; das gilt auch für Überlassungen im persönlichen Umfeld. Da erhebliche Geschwindigkeitsverstöße zu den häufigsten Gründen jedenfalls für Fahrverbote zählen,[1197] drängt sich für den Eigentümer bei fehlendem Führerschein des Fahrzeugempfängers oder ohne dessen Kontrolle hinreichend auf, dass das Fahrzeug zum Rasen nach § 315d I Nr. 2 oder Nr. 3 verwendet werden könnte.
Damit ist eine Einziehung des im Dritteigentum stehenden Raserfahrzeugs nach §§ 74a Nr. 1, 315f grundsätzlich in allen Leih-, Miet-, Leasing- und sonstigen Überlassungskonstellationen möglich, wenn der Eigentümer durch seine Fahrzeugüberlassung trotz entsprechender Anhaltspunkte leichtfertig strafbare Raserei mit seinem Fahrzeug ermöglicht hat.

bb) Verwerflicher Erwerb (§ 74a Nr. 2)

§ 74a Nr. 2 soll eine Einziehung des Gegenstands auch in den Fällen ermöglichen, in denen sich die Eigentumsverhältnisse nach der Straftatbegehung geändert haben.[1198] Diese Einziehungsmöglichkeit kommt für ein Raserfahrzeug zum Tragen, wenn der Raser während der Tat (noch) Eigentümer war und sein Fahrzeug danach veräußert. Naheliegend soll mit der Veräußerung des Fahrzeugs vor allem seine Einziehung verhindert werden.[1199] Der Erwerber kann ein Fremder, eine dem Raser nahestehende Person oder ein anderer Raser aus der Szene sein, wobei gerade Personen der beiden letztgenannten Gruppen den Raser mit dem Eigentumswechsel bei der beabsichtigten Verhinderung der Einziehung unterstützen wollen[1200]. In solchen Fällen ist es nicht ausgeschlossen, dass der veräußernde Raser als Gegenleistung nur einen Teil des Marktwerts des Fahrzeugs

---

1196 Stützend: *Bleckat*, NStZ 2020, 715 (716); *Niehaus*, DAR 2018, 247 (249).
1197 Siehe dazu C.II.1. [S. 30] mit insbesondere Fußnote 27.
1198 LK – *Lohse*, § 74a StGB Rn. 19; S/S/W-StGB – *Heine*, § 74a StGB Rn. 5; *Fischer*, § 74a StGB Rn. 5; Gürtler – *Gürtler/Thoma*, § 23 OWiG Rn. 9.
1199 Stützend: BT-Drs. 18/10145, S. 11.
1200 Stützend: BT-Drs. 18/10145, S. 11.

erhält oder bei einer Schenkung komplett auf eine Gegenleistung verzichtet, weil die Veräußerung nur zum Rechtsschein erfolgen soll.[1201]
Die Einziehung nach § 74a Nr. 2 setzt voraus, dass der Neueigentümer das Raserfahrzeug in verwerflicher Weise erworben hat und er beim Erwerb die Umstände kannte, die eine Einziehung des Fahrzeugs beim Raser zugelassen hätten. Der Erwerber muss also insbesondere die Verwendung des Fahrzeugs zu der nach § 315d I Nr. 2 oder 3 strafbaren Raserei durch den veräußernden Raser zumindest für möglich gehalten haben. Verfolgte der Neueigentümer mit dem Erwerb jedenfalls auch das Ziel, die Einziehung beim Raser zu verhindern, erwarb er das Fahrzeug in verwerflicher Weise.[1202]

cc) Verhältnismäßigkeit

Die Dritteinziehung täterfremder Gegenstände ist strafähnlich und weist einen vorwiegend repressiven Charakter auf.[1203] Da der Eigentümer in Fällen des § 74a ein an der Straftat Unbeteiligter ist, bedarf es bei der Einziehung beim Dritten als Eingriff in Art. 14 I 1 und Art. 2 I GG für die Verhältnismäßigkeit besonders rechtfertigender Gründe. Schon die Anordnungsvoraussetzungen des § 74a tragen dem Grundsatz der Verhältnismäßigkeit Rechnung, als sich der Eigentümer zwar nicht an der Tat im strafrechtlichen Sinn beteiligt, er aber doch schuldhaft die Verwendung seines Eigentums zur Begehung einer Straftat ermöglicht oder die Einziehung des zuvor tätereignen Gegenstandes vereitelt haben muss. Des Weiteren nimmt das Gericht bei seiner Ermessensentscheidung zur Einziehung eine besondere Prüfung der Verhältnismäßigkeit gemäß § 74f vor.[1204]

1201 Stützend: *Winkelmann*, NZV 2019, 541 (541).

1202 Stützend: BeckOK-StGB – *Heuchemer*, § 74a Rn. 13 ff.; *Fischer*, § 74a StGB Rn. 6 ff.; LK – *Lohse*, § 74a StGB Rn. 23 ff.; S/S/W-StGB – *Heine*, § 74a StGB Rn. 5 ff.; Lackner/Kühl – *Heger*, § 74a StGB Rn. 3; SK-StGB – *Wolters*, § 74a [a. F.] Rn. 8 ff.; *Steinle*, Verbotene Kraftfahrzeugrennen, S. 188 f.

1203 Schönke/Schröder – *Eser/Schuster*, § 74a StGB Rn. 1; LK – *Lohse*, § 74a StGB Rn. 2; S/S/W-StGB – *Heine*, § 74a StGB Rn. 1; Lackner/Kühl – *Heger*, § 74a StGB Rn. 1; *Niehaus*, DAR 2018, 247 (248 f.).

1204 - Stützend: BGH, StV 1983, 107 (107); SK-StGB – *Wolters*, § 74a [a. F.] Rn. 2; BeckOK-StGB – *Heuchemer*, § 74a Rn. 1 ff.; LK – *Lohse*, § 74a StGB Rn. 28; *Piper*, NZV 2017, 70 (74 f.); *Niehaus*, DAR 2018, 248 (249); *Steinle*, Verbotene Kraftfahrzeugrennen, S. 190 f.; *Bönig*, Verbotene Kraftfahrzeugrennen, S. 251.
- Siehe zur Verhältnismäßigkeit auch schon: D.II.3.b) [S. 403].

Im Fall des § 74a Nr. 2 dürfte gerade bei Fahrzeugerwerbern aus der Raser-Szene eine Einziehung regelmäßig gerechtfertigt sein, weil ihre Schutzwürdigkeit durch ihr gesteigertes rechtmissbilligendes Verhalten erheblich reduziert ist. Weniger klar, aber dennoch nicht nur in Ausnahmefällen wird die Dritteinziehung des Raserfahrzeugs nach § 74a Nr. 1 möglich sein.[1205] Trotz des Charakters dieser Dritteinziehung als strafähnliche Maßnahme muss nämlich die Sicherung der Allgemeinheit vor zukünftigen Taten nach § 315d berücksichtigt werden. Außerdem kann sich der Dritte seiner Verantwortung als Eigentümer für eine bei unsachgemäßer Verwendung äußerst gefährliche Sache nicht einfach mit einem Verweis auf Art. 14 I GG entziehen, wenn entsprechend ernstzunehmende Anhaltspunkte bestehen. Denn wie Art. 14 II GG sagt: Eigentum verpflichtet.

dd) Verhältnis von § 74 und § 74a StGB

Wie im Rahmen der §§ 74 f. ein Fall zu lösen ist, in dem mehrere Personen Miteigentümer des Einziehungsgegenstands sind, ist nicht unumstritten. Auch im Zusammenhang mit Raserfahrzeugen ist es überzeugend, den Miteigentumsbruchteil des Täters nach § 74 und die anderen Bruchteile der Dritten nach § 74a bei ihnen einzuziehen. Dafür müssen jeweils die entsprechenden Einziehungsvoraussetzungen erfüllt sein. Sofern das hinsichtlich bestimmter Miteigentumsbruchteile nicht der Fall ist, steht dies der Einziehung der anderen Miteigentumsbruchteile am Raserfahrzeug aber nicht entgegen.[1206]

Unter Umständen kann es zweifelhaft sein, wer Eigentümer des Raserfahrzeugs ist. Da die Eigentumslage über die Anwendung von § 74 als Einziehung beim Täter oder von § 74a als Einziehung beim Dritten und somit über die jeweiligen Einziehungsvoraussetzungen entscheidet, ist ihre gerichtsfeste Bestimmung grundsätzlich notwendig. Allerdings wird für Zweifelsfälle eine wahlweise Einziehung nach § 74 und § 74a i.S.d. Wahlfeststellung zugelassen. Für eine wirksame Einziehung des Raserfahrzeugs müssen dann die

---

1205 Zustimmend: *Niehaus*, DAR 2018, 247 (249); *Steinle*, Verbotene Kraftfahrzeugrennen, S. 192.

1206 BGH, NStZ 1991, 496 (496); OLG Karlsruhe, NJW 1974, 709 (710 f.); Schönke/Schröder – *Eser/Schuster*, § 74 StGB Rn. 21; LK – *Lohse*, § 74 StGB Rn. 35; Lackner/Kühl – *Heger*, § 74 StGB Rn. 7-8; SK-StGB – *Wolters*, § 74 [a. F.] Rn. 17; NK-StGB – *Saliger*, § 74 [a. F.] StGB Rn. 6.

Einziehungsvoraussetzungen des § 74 bzw. des § 74a nach jeder möglichen Eigentumslage erfüllt sein.[1207]

d) Sonstige Einziehungsmöglichkeiten

Daneben kann für das Raserfahrzeug eine Einziehung nach § 74b oder § 74c relevant sein.

aa) Sicherungseinziehung – § 74b StGB

Eine Sicherungseinziehung von Gegenständen ist nach § 74b I möglich, wenn diese nach ihrer Art und den Umständen die Allgemeinheit gefährden (Var. 1) oder die Gefahr besteht, dass sie der Begehung rechtswidriger Taten dienen werden (Var. 2). Eine solche Einziehung dient dem Schutz vor den von den Gegenständen ausgehenden Gefahren und verfolgt Sicherungszwecke.[1208] § 74b geht dabei § 74a vor[1209].

Für die Sicherungseinziehung von Raserfahrzeugen, die als Tatobjekte ausschließlich i.V.m. § 315f einziehungsfähig sind, kommt nur § 74b I Var. 2 in Betracht. Denn selbst hochmotorisierte Kraftfahrzeuge dienen an sich der Fortbewegung und sind keine für die Allgemeinheit generell gefährlichen Gegenstände i.S.d. § 74b I Var. 1 wie etwa Waffen, Gifte, Sprengstoffe und radioaktive Materialien.[1210] § 74b I Var. 2 stellt dagegen auf die Gefährlichkeit des Gegenstands ab, dass er durch seine konkrete Verwendung der Begehung rechtswidriger Taten dient. Dabei spielt es keine Rolle, welche zukünftigen Straftaten im Raum stehen und von wem (einziehungsbegründenden Täter, Eigentümer oder anderen Person) diese rechtswidrigen Taten mit dem Gegenstand begangen werden können. Eine Gefahr i.S.d. § 74b I Var. 2 liegt nur bei einer zumindest

---

1207 LK – *Lohse*, § 74a StGB Rn. 27; Schönke/Schröder – *Eser/Schuster*, § 74a StGB Rn. 14; BeckOK-StGB – *Heuchemer*, § 74a Rn. 17; SK-StGB – *Wolters*, § 74a [a. F.] Rn. 12.

1208 Schönke/Schröder – *Eser/Schuster*, § 74b StGB Rn. 2; *Fischer*, § 74b StGB Rn. 2; LK – *Lohse*, § 74b StGB Rn. 1; BeckOK-StGB – *Heuchemer*, § 74b Rn. 1; S/S/W-StGB – *Heine*, § 74a Rn. 1 u. § 74b Rn. 1; *Rebler*, DAR 2016, 422 (424 f.).

1209 *Fischer*, § 74a StGB Rn. 2; LK – *Lohse*, § 74a StGB Rn. 25; Schönke/Schröder – *Eser/Schuster*, § 74a StGB Rn. 14; *Niehaus*, DAR 2018, 247 (248).

1210 LK – *Lohse*, § 74b StGB Rn. 4 f.; S/S/W-StGB – *Heine*, § 74b Rn. 6; BeckOK-StGB – *Heuchemer*, § 74b Rn. 2; *Fischer*, § 74b StGB Rn. 5; *Eser*, Die strafrechtlichen Sanktionen, S. 258 ff.; *Rebler*, DAR 2016, 422 (426); *Niehaus*, DAR 2018, 247 (248); *Steinle*, Verbotene Kraftfahrzeugrennen, S. 189.

naheliegenden Möglichkeit vor, dass der Gegenstand der Straftatbegehung dienen wird. Allgemeine Annahmen reichen nicht aus, sondern es bedarf dafür konkreter Anhaltspunkte. Insofern begründet die erstmalige Verurteilung des den Gegenstand verwendenden Täters wegen einer (auch schweren) Straftat nicht automatisch eine Gefahr für zukünftige Taten. Bei mehrmaligen Verurteilungen kann hingegen von einer erneuten Tatbegehung mit dem verwendbaren Gegenstand ausgegangen werden.[1211]

Bei der Prognose der zukünftigen Verwendung des Fahrzeugs hat das Gericht zuerst zu klären, wie wahrscheinlich ein Raser erneut Zugriff auf das Fahrzeug erlangen kann. Wenn der Fahrzeugeigentümer keine effektiven Maßnahmen gegen eine erneute Verwendung des Fahrzeugs durch einen Raser ergreift – wobei bloße Zusagen nicht belastbar sind[1212] – kann in Leih-, Miet-, Leasing- und sonstigen Überlassungskonstellationen regelmäßig von einer ernstzunehmenden Wahrscheinlichkeit der erneuten Fahrzeugnutzung ausgegangen werden. Bei einer wahrscheinlichen Fahrzeugüberlassung ist dann das zukünftige Fahrverhalten des jeweiligen Rasers zu untersuchen. Anhaltspunkte für erneutes Rasen können sich wie bei § 74a Nr. 1 – hier aber aus richterlicher Perspektive –[1213] aus konkreten Plänen und Äußerungen des Rasers, seiner vergangenen Fahrweise – namentlich welche Verkehrsstraftaten und -ordnungswidrigkeiten er in welchem Zeitraum begangen hat – sowie seinen Persönlichkeitseigenschaften und Lebensumständen ergeben. Besonders wichtig sind zurückliegende Straftaten der Raserei, weil das Kraftfahrzeug vom Raser dann naheliegend erneut für solche rechtswidrige Taten nach § 315d verwendet werden könnte. Lassen sich beim Raser dominante Rasercharakteristika ausmachen und weist sein Verkehrsverhalten keine davon abweichenden Unauffälligkeit auf, dürfte für die Prognose selbst bei erstmaliger Verurteilung des Rasers nach § 315d I Nr. 2 oder 3 von der naheliegenden Gefährlichkeit

1211 BGHSt 23, 64 (69); BGH, VRS 50 [1976], 38, (39); OLG Oldenburg, NJW 1971, 769 (770); LK – *Lohse*, § 74b StGB Rn. 2 u. 6 ff.; Schönke/Schröder – *Eser/Schuster*, § 74b StGB Rn. 5 f.; JurisPK-StVR – *Weiland*, § 315 f StGB Rn. 38 f.; BeckOK-StGB – *Heuchemer*, § 74b Rn. 3; S/S/W-StGB – *Heine*, § 74b Rn. 7; Lackner/Kühl – *Heger*, § 74b StGB Rn. 1a; *Rebler*, DAR 2016, 422 (426); *Niehaus*, DAR 2018, 247 (248).

1212 Stützend: LG Siegen, NStZ 1990, 338 (338 f.); JurisPK-StVR – *Weiland*, § 315 f StGB Rn. 53; LK – *Lohse*, § 74 f StGB Rn. 13; Schönke/Schröder – *Eser/Schuster*, § 74 f StGB Rn. 9.

1213 - Das Gericht trifft seine Prognose auf Grundlage der ermittelten Tatsachen und anhand der aktuellen wissenschaftlichen Erkenntnisse – siehe zu diesen Erkenntnissen hinsichtlich der Rasercharakteristika C.III. [S. 47].
- Siehe zu den einzelnen Anhaltspunkten auch schon: D.II.3.c)aa) [S. 408].

i.S.d. § 74b I Var. 2 auszugehen sein. Gleiches gilt, wenn sich beim Raser zwar keine besonderen Rasercharakteristika ausmachen lassen, er aber in näherer Vergangenheit schon diverse Verkehrsverstöße begangen hat und wegen mehrerer Verkehrsstraftaten verurteilt wurde.

Kommt das Gericht bei seiner Prognose zu dem Ergebnis, dass bei dem Raserfahrzeug die Gefahr besteht, es werde zur Begehung weiterer rechtswidriger Taten verwendet, kann das Kraftfahrzeug auch unter den in § 74b I Nr. 1 und 2 genannten Umständen zur Sicherung eingezogen werden. In Raserfällen wird ein schuldloses Handeln des Täters oder Teilnehmers (Nr. 1) kaum vorliegen, dafür aber die Konstellation des Tatunbeteiligten als Eigentümer des Raserfahrzeugs (Nr. 2). Letztere betrifft die bereits behandelten Dritteigentümerkonstellationen, wobei für eine Sicherungseinziehung im Gegensatz zu § 74a keine Leichtfertigkeit oder kein verwerfliches Vorgehen des Dritteigentümers notwendig ist. Der Sicherungszweck geht nämlich grundsätzlich vor und Aspekte der Schwere der einziehungsbegründenden Tat und der Schuld des Täters sind insofern weniger ausschlaggebend.[1214] Dennoch gilt weiterhin der Verhältnismäßigkeitsgrundsatz, für den zusätzlich der Sicherungszweck mit dem Grad der prognostizierten Gefährdung gegenüber den Einziehungsfolgen beim Betroffenen abzuwägen ist[1215].
Dabei spielt es auch eine Rolle, dass der Einziehungsbetroffene für die Einziehung gemäß § 74b II angemessen zu entschädigen ist.[1216] Allerdings wird nach § 74b III Nr. 1 dann keine Entschädigung gewährt, wenn der Dritteigentümer entsprechend zu § 74a Nr. 1 oder 2 gehandelt hat[1217]. Nur in Härtefällen kann trotzdem eine Entschädigung erfolgen (§ 74b III 2). Doch selbst wenn dem Dritteigentümer demnach keine Entschädigung für die Einziehung des

1214 BGHSt 20, 253 (255 f.); BGHSt 21, 66 (67 ff.); Schönke/Schröder – *Eser/Schuster*, § 74b StGB Rn. 2 u. 7; LK – *Lohse*, § 74b StGB Rn. 1 u. 3; JurisPK-StVR – *Weiland*, § 315 f StGB Rn. 46; *Eser*, Die strafrechtlichen Sanktionen, S. 247 f.

1215 BGHSt 21, 66 (67 ff.); JurisPK-StVR – *Weiland*, § 315 f StGB Rn. 46; Schönke/Schröder – *Eser/Schuster*, § 74b StGB Rn. 7; S/S/W-StGB – *Heine*, § 74b Rn. 12; *Fischer*, § 74b StGB Rn. 9 u. § 74 f StGB Rn. 4 f.; SK-StGB – *Wolters*, § 74a [a. F.] Rn. 29; *Eser*, Die strafrechtlichen Sanktionen, S. 358 ff.; *Rebler*, DAR 2016, 422 (427); *Steinle*, Verbotene Kraftfahrzeugrennen, S. 192.

1216 BeckOK-StGB – *Heuchemer*, § 74b Rn. 4 ff.; Schönke/Schröder – *Eser/Schuster*, § 74b StGB Rn. 9; S/S/W-StGB – *Heine*, § 74b Rn. 1; SK-StGB – *Wolters*, § 74 f [a. F.] Rn. 2; *Stree*, Deliktsfolgen und Grundgesetz, S. 124 ff.

1217 Siehe dazu: D.II.3.c)aa) [S. 408] und bb) [S. 410].

(teuren) Raserfahrzeugs gewährt wird, bedeutet das nicht automatisch, dass eine Sicherungseinziehung unverhältnismäßig wäre.

bb) Einziehung des Wertersatzes – § 74c StGB

Sofern die Einziehung des Raserfahrzeugs nicht möglich ist, kann das Gericht nach § 74c I die Einziehung eines Geldbetrags in der Höhe des Fahrzeugwerts beim Täter oder Teilnehmer anordnen. Dafür muss der Tatbeteiligte die Einziehung des früher ihm gehörenden Fahrzeugs durch Veräußerung, Verbrauch oder auf andere Weise vereitelt haben. Eine Anordnung ist zwar nach § 74c II auch zulässig, wenn der Gegenstand durch den Tatbeteiligten mit dem Recht eines Dritten belastet wurde, dessen Erlöschen das Gericht nicht oder nur mit einer Entschädigung anordnen kann, doch wird diese Variante in Raserfällen keine Rolle spielen.

Für die Einziehung des Wertersatzes nach § 74c I muss die Einziehung des Raserfahrzeugs direkt nach der Tat des Rasers gemäß § 74 möglich gewesen sein. Erst im Anschluss darf eine Einziehung des Fahrzeugs nach § 74, § 74a und § 74b unmöglich geworden sein. Der Raser hat die Einziehung i.S.d. § 74c I dann vereitelt, wenn er – was der praktisch bedeutsamste Fall sein wird – das Eigentum am Fahrzeug an eine andere tatunbeteiligte Person übertragen hat. Keine Vereitelung liegt hingegen vor, sofern das Fahrzeug auch nach dem Eigentümerwechsel gemäß § 74a Nr. 2 oder 74b I Nr. 2 beim Dritten eingezogen werden kann.[1218]

Die Anordnung der Einziehung des Wertersatzes nach § 74c I liegt im pflichtgemäßen Ermessen des Gerichts und hat für den Täter Strafcharakter. Dabei stellt sie eine Ersatzsanktion (keine Geldstrafe) dar und ist bei der Zumessung der Hauptstrafe zu berücksichtigen. Für die Höhe des einzuziehenden Wertersatzes ist zwar grundsätzlich der aktuelle Verkehrswert des nicht einziehbaren Gegenstands anzusetzen, der gemäß § 74c III auch geschätzt werden kann, doch steht dem Gericht auch insofern ein Ermessen zu. Für jede Ermessensentscheidung ist neben dem allgemeinen Verhältnismäßigkeitsgrundsatz auch die Angemessenheit hinsichtlich der Tat und Schuld des Täters, der Vorwerfbarkeit

---

1218 Stützend: BGHSt 4, 62 (64 f.); BGHSt 33, 233 (233); LK – *Lohse*, § 74c StGB Rn. 5 ff.; Schönke/Schröder – *Eser/Schuster*, § 74c StGB Rn. 3 ff.; Lackner/Kühl – *Heger*, § 74c StGB Rn. 2; *Fischer*, § 74c StGB Rn. 2 ff.; BeckOK-StGB – *Heuchemer*, § 74c Rn. 5 ff.; JurisPK-StVR – *Weiland*, § 315 f StGB Rn. 57 ff.

der Einziehungsvereitelung und der persönlichen Folgen durch die Einziehung des Wertersatzes zu beachten.[1219]

Ein im Gesamtzusammenhang mit § 74c I rechtlich problematischer Aspekt ist, dass eine Einziehung des Wertersatzes durch jede Möglichkeit der Einziehung des Tatgegenstands – also auch beim Dritten – ausgeschlossen wird.[1220] Zwar ist der Ansatz „Original vor Ersatz" nachvollziehbar, doch wird gerade bei Raserkonstellationen deutlich, warum er nicht ausnahmslos überzeugt: Wird das Raserfahrzeug in Dritteigentumskonstellationen nach § 74a eingezogen, wirkt die Einziehung repressiv nur auf den Dritteigentümer. Der Täter selbst, der durch seine Tat überhaupt erst die Grundlage der Einziehung schafft, wird von dieser Maßnahme nicht betroffen. Obwohl dem Dritten im Zusammenhang mit der Tat (§ 74a Nr. 1) oder der Einziehung (§ 74a Nr. 2) ein persönlicher Vorwurf gemacht werden kann, bleibt dieser doch weit hinter dem Schuldvorwurf an den Täter zurück. Besser, und wie von den Einziehungsregelungen grundsätzlich vorgesehen, sollte die Einziehung mit ihrer Wirkung primär auf den Täter und erst im nachrangigen Schritt auf andere Personen gerichtet sein. Verfolgt die konkrete Einziehung Sicherungszwecke, tritt der Vorrang zwar zugunsten des Schutzes der Allgemeinheit überzeugend zurück, was vor allem bei § 74b, aber auch in bestimmten Fällen des § 74a akut wird. Erfolgt die Einziehung in den anderen Fällen des § 74a aber ohne Sicherungszweck, stellt sich die Frage, warum statt der Dritteinziehung nicht die Einziehung des Wertersatzes nach § 74c beim Täter vorrangig ist. Jedenfalls ist es bei der nachträglichen Eigentumsübertragung vom Täter auf den Dritten (§ 74a Nr. 2) ausnahmsweise angebracht, die Einziehung des Wertersatzes beim Täter nach § 74c I vorrangig anzuordnen und von der Einziehung beim Dritteigentümer nach § 74a Nr. 2 zu dessen Entlastung abzusehen. Denn der Täter erhält in aller Regel eine geldwerte Gegenleistung für die Eigentumsübertragung des Fahrzeugs, so wie es in dem mit dem Dritten geschlossenen Kaufvertrag verabredet wird (§ 433 BGB). Würde das Raserfahrzeug beim Dritten nach wirksamer Eigentumsübertragung eingezogen, verlöre er das Fahrzeug und erlitte damit

1219 BGHSt 3, 163 (164); BGHSt 28, 369 (370); LK – *Lohse*, § 74c StGB Rn. 4 u. 14 ff.; Schönke/Schröder – *Eser/Schuster*, § 74c StGB Rn. 2 u. 8 ff.; Lackner/Kühl – *Heger*, § 74c StGB Rn. 1a ff.; *Fischer*, § 74c StGB Rn. 2 u. 8 ff.; NK-StGB – *Saliger*, § 74c [a. F.] Rn. 2 u. 9 f.

1220 BGHSt 8, 98 (100 f.); BGHSt 28, 369 (370); LK – *Lohse*, § 74c StGB Rn. 7; Matt/Renzikowski – *Altenhain/Fleckenstein*, § 74c StGB Rn. 4; *Fischer*, § 74c StGB Rn. 5; S/S/W-StGB – *Heine*, § 74c Rn. 3.

eine entsprechende Vermögenseinbuße. Abhängig von der Höhe der erhaltenen Gegenleistung erführe der Raser womöglich gar keine Nachteile, weil er sogar den vom Dritten erhaltenen Kaufpreis behalten dürfte. Zwar stellt schon die Gefahr einer Beschlagnahme und Einziehung einen Rechtsmangel i.S.d. § 435 S. 1 BGB dar,[1221] der bereits durch die Rasertat am Fahrzeug begründet wird. Demnach ist das Fahrzeug bei Gefahrübergang mangelhaft, womit der Dritte an sich gemäß §§ 437 Nr. 2, 323 I BGB vom Kaufvertrag zurücktreten oder gemäß §§ 437 Nr. 3, 280 I, III, 281 I 1 BGB Schadensersatz statt der (ganzen) Leistung verlangen könnte. Allerdings hält der Dritte in den Fällen einer späteren Einziehung nach § 74a Nr. 2 solche Umstände, die die Einziehung des Fahrzeugs beim Raser zuvor zugelassen hätten, jedenfalls für möglich und will mit dem Erwerb zumindest auch die Einziehung des Fahrzeugs verhindern.[1222] So hat er Kenntnis über den Rechtsmangel, womit seine Mängelgewährleistungsrechte aus dem Kaufvertrag gegenüber dem Raser nach § 442 I 1 BGB ausgeschlossen sind. Gleichwohl trifft den Raser als Täter der einziehungsbegründenden Tat und als an der Vereitelung der Einziehung Beteiligten ein viel größerer Schuldvorwurf als den Dritten. Wenn der Raser bei einer solchen Dritteinziehung aber nicht einmal mit zivilrechtlichen Folgen seitens des Fahrzeugerwerbers konfrontiert würde, ginge der Zweck einer Einziehung des Raserfahrzeugs ihm gegenüber fehl. Denn sowohl die Einziehung beim Täter als auch die beim Dritten ist strafähnlich und weist (schwerpunktmäßig) einen repressiven Charakter auf, wovon der Raser hier nicht betroffen wäre, sodass die Einziehung allein gegenüber dem Dritten wirken würde. Bei Vorrang des § 74c I gegenüber § 74a Nr. 2 trifft der Strafcharakter der Einziehung des Wertersatzes für das Raserfahrzeug hingegen den Raser und lässt gleichzeitig das Eigentum des Dritten unberührt.

Diese Ausnahme vom Vorrang der Einziehung des Tatgegenstands bleibt jedoch von vornherein außer Betracht, wenn der Dritte das Fahrzeug dem Raser nach der Eigentumsübertragung wiederum tatsächlich überlässt oder beide bewusst einen Kaufpreis vereinbaren, der weit unter dem marktüblichen Wert des Fahrzeugs liegt. Denn in erster Konstellation schützt die Einziehung des Raserfahrzeugs beim Dritten die Allgemeinheit vor erneuter Raserei und dient so Sicherungszwecken. In zweiter Konstellation könnten die Beteiligten

---

1221 RGZ 105, 390 (391 f.); RGZ 111, 86 (88 f.); BGHZ 113, 106 (112 f.); BGH, NJW 2017, 1666 (1666 ff.); BeckOK-BGB – *Faust*, § 435 Rn. 15; Jauernig – *Berger*, § 435 BGB Rn. 5.

1222 Siehe dazu: D.II.3.c)bb) [S. 410].

sonst die repressive Wirkung einer Einziehung weitgehend umgehen, indem sie eine möglichst kleine Gegenleistung für das Fahrzeug vereinbaren, die allein als Wertersatz beim Raser eingezogen werden könnte. Eine solche Disposition über die Einziehung und ihre Folgen durch kollusives Zusammenwirken der Beteiligten soll aber gerade durch die Vorschriften der §§ 74a Nr. 2 und 74c verhindert werden. Auch die hier entwickelte Ausnahme vom Einziehungsgrundsatz „Original vor Ersatz" soll die Einziehung und ihre Folgen nicht beschränken, sondern nur ihre zweckgerichtete Adressierung in besonderen Konstellationen sicherstellen.

e) Ergebnis

Rast ein Raser mit seinem eigenen Fahrzeug, kann dieses schon bei folgenloser Teilnahme an einem Kraftfahrzeugrennen (§ 315d I Nr. 2) oder Einzelraserei (Nr. 3) nach § 74 i.V.m. § 315f S. 1 eingezogen werden, womit er das Eigentum und die tatsächliche Verfügungsgewalt darüber verliert (§ 75 I Nr. 1). Die strafende Wirkung einer solchen Einziehung auf den Raser ist bei der Bemessung seiner Hauptstrafe zu berücksichtigen. Ist ein Dritter Eigentümer des Raserfahrzeugs, kann dieses bei Gefahr der erneuten Tatverwendung zur Sicherung (mit ggf. Entschädigung) nach §§ 74b, 315f eingezogen werden. Liegen die Voraussetzungen einer Sicherungseinziehung nicht vor, ist eine Einziehung beim Dritteigentümer nach §§ 74a, 315f möglich, wenn ihn ein entsprechendes Verschulden trifft. Zumindest der Wertersatz kann beim Täter nach § 74c eingezogen werden, wenn er die Einziehung seines Raserfahrzeugs vereitelt hat. Jede dieser Einziehungen liegt im Ermessen des Strafgerichts, das bei seiner Entscheidung den Verhältnismäßigkeitsgrundsatz zu beachten hat. Dieser steht der Einziehung auch äußerst hochpreisiger Fahrzeuge aber nicht (per se) entgegen. Insgesamt hat das 56. Strafrechtsänderungsgesetz einen weitreichenden Rahmen für die Einziehungen von Raserfahrzeugen geschaffen.

III. Verschärfte Sanktionen als Folge

Vergleicht man die Sanktionen für Raserei in all ihren Erscheinungsformen vor und nach den Änderungen des 56. Strafrechtsänderungsgesetzes, ist insgesamt eine Sanktionsverschärfung festzustellen. Sofern die Schwelle der Strafbarkeit durch den Raser überschritten wird, können nun in der Regel nicht nur fahrerlaubnisrechtliche Maßnahmen (Fahrverbot oder Entziehung der Fahrerlaubnis) früher bzw. länger verhängt werden. Insbesondere ist die Einziehung des bei der Tat verwendeten Raserfahrzeugs nun in wesentlich mehr Fällen möglich und das sogar unabhängig von der Eigentumslage. Maßgeblich für die Sanktionsverschärfungen ist vor allem die Einführung der Strafbarkeit des Rasens nach § 315d. Die Teilnahme an einem nicht erlaubten Kraftfahrzeugrennen und die Einzelraserei waren früher ohne weitere Folgen nur Ordnungswidrigkeiten und sind jetzt Straftaten, die mit Geld- oder Freiheitsstrafe bedroht sind. Selbst bei konkreten Gefährdungen blieb es früher nicht selten bei Sanktionen nach den ordnungswidrigkeitsbewährten Verkehrsvorschriften, was mit § 315d jetzt ebenfalls der Vergangenheit angehört. Die neue Vorschrift sorgt des Weiteren in vielen der Fälle für erhebliche Strafverschärfungen, in denen es durch die Raserei zu fahrlässigen Unfällen mit Schäden für andere Verkehrsteilnehmer kommt. Keine weiter strafschärfende Wirkung entfaltet die Reform aber, wenn der Raser die Schädigungen anderer vorsätzlich herbeiführt. Insgesamt müssen Raser seit dem 13. Oktober 2017 also meistens mit weitaus schärferen Sanktionen für ihr Rasen rechnen.

E. Auswirkungen der Maßnahmen gegen Raserei

Dass der Staat die beschriebenen Maßnahmen nach geltendem Recht ergreifen kann, sagt noch nichts darüber aus, ob dadurch auch tatsächlich der Raserei entgegengewirkt wird. Deshalb soll im Folgenden kriminologisch untersucht werden, welche Auswirkungen diese und weitere Maßnahmen gegen das Rasen haben könn(t)en.

I. Staatliche Sanktionen

Zu den Sanktionen, mit denen der Staat auf die Raserei regieren kann, gehören die Strafe, die fahrerlaubnisrechtlichen Maßnahmen sowie die Einziehung des Raserfahrzeugs.

Infolge der Strafverschärfungen durch § 315d drohen den Rasern nun regelmäßig weitaus härtere Sanktionen für ihr Rasen. Diese schärferen Geld- oder Freiheitsstrafen bedeuten wesentlich schwerwiegendere Nachteile, die den für die Raserei wahrgenommenen Vorteilen gegenüberstehen. Nach der Rational-Choice-Theorie müsste dies bei einer persönlichen Abwägung in Form der Kosten-Nutzen-Analyse dazu führen, dass sich der Fahrer bewusst eher gegen das Rasen entscheidet.[1223] Doch ist der Mensch – wie gleichfalls festgestellt – kein (reiner) homo oeconomicus, der all seine Verhaltensentscheidungen immer rational nach Vor- und Nachteilsabwägungen trifft, zumal er selbst dann die erhöhte Sanktion in Kauf nehmen kann. Speziell die Gründe und Motive zu rasen sind sehr vielfältig und den Rasern geht es vor allem um Geschwindigkeitserleben, Profilierung und Selbstwertsteigerung, wobei mögliche negative Folgen zumeist kaum berücksichtigt werden.[1224] Schon allgemein ist in der Kriminologie anerkannt, dass eine schärfere Strafe nicht automatisch zu weniger Kriminalität führt.[1225] Die von einer (erhöhten) Strafdrohung bezweckte

---

1223 Siehe dazu und zu den (folgenden) Grenzen: C.III.2.a)cc) [S. 61] und D.II.1.a)cc)(1)(a)(aa) [S. 123].

1224 Siehe dazu allgemein C.III.2. [S. 58] und im Einzelnen insbesondere C.III.2.b)bb)(5) [S. 85], (8) [S. 95] und (9) [S. 96].

1225 *Meier*, Kriminologie, Rn. 9/75 u. 9/83; *Bussmann*, Wirtschaftskriminologie, Rn. 923; *Streng*, Strafr. Sanktionen, Rn. 324 ff.; *Eisenberg/Kölbel*, Kriminologie, Rn. 42/5 f. u. 42/11 ff.; *Meier*, Strafr. Sanktionen, S. 27 ff.; *Neubacher*,

(größere) Abschreckung im Sinne der negativen Spezialprävention[1226] muss für das Rasen deshalb bezweifelt werden.[1227] Diese Betrachtung deckt sich einerseits mit den immer weiter steigenden Zahlen erfasster illegaler Raserei und das sowohl nach der Einführung des § 315d als auch der Verurteilung der Berliner Raser vom Kurfürstendamm wegen Mordes.[1228] Obwohl gegen beide – in Untersuchungshaft gesessenen – Täter eine lebenslange Freiheitsstrafe verhängt und über fast alle Medienkanäle darüber berichtet wurde, was zu einem breiten Echo in Gesellschaft und Politik führte, war in der Folge weder in Berlin noch anderswo ein spürbarer Rückgang illegaler Straßenrennen feststellbar. Daraus lässt sich folgern, dass selbst hohe Strafdrohungen grundsätzlich nur wenig Einfluss auf die Verhaltensentscheidungen von Rasern haben und weiterhin die anderen Gründe zu rasen überwiegen. Dass jeder Raser durch die Verbüßung einer Haftstrafe in Zukunft von weiteren Rasertaten stärker abgeschreckt wird, muss ebenfalls bezweifelt werden. Zwar weisen Verkehrsstraftäter eine der niedrigsten Rückfallquoten auf,[1229] doch ist es kriminologisch allgemein bestätigt, dass ein (längerer) Freiheitsentzug nicht zwingend zu weniger Rückfällen führt.[1230] Gleichwohl sorgt eine Verurteilung zu einer Freiheitsstrafe

---

Kriminologie, Rn. 14/6 ff.; *Müller*, in: FS Geppert, 405 (412); *Prittwitz*, in: FS Singer, 525 (530 f.); *Bundesministerium der Justiz*, Legalbewährung nach strafrechtlichen Sanktionen, S. 18, 77 ff. u. 196 ff.

1226 Allgemein zu allen Strafzwecken: BVerfGE 45, 187 (253 ff.); BGHSt 20, 264 (266 f.); BGHSt 24, 40 (44 ff.); LK – *Weigend*, Einleitung StGB Rn. 56 ff.; *Fischer*, § 46 StGB Rn. 2a ff.; Schönke/Schröder – *Kinzig*, Vor §§ 38 ff. StGB Rn. 2 ff.; *Hassemer*, in: FS Schroeder, 51 (55 ff.); *Wessels/Beulke/Satzger*, StR AT, Rn. 21 ff.; *Roxin/Greco*, AT 1, Rn. 3/59 ff.; *Meier*, Strafr. Sanktionen, S. 25 u. 35 ff.; *Kunz/Singelnstein*, Kriminologie, Rn. 20/1 ff.; *Bock*, Kriminologie, Rn. 854 ff.

1227 Zustimmend: *Prittwitz*, in: FS Singer, 525 (530 f.).

1228 - Siehe zur Verbeitung der Raserei allgemein C.II.1. [S. 30] und zur Entwicklung der erfassten Fälle von § 315d im Einzelnen dort Fußnote 34 und 35.
- Siehe zur öffentlichen und juristischen Aufarbeitung des Berliner Raserfalls: C.II.3. [S. 42], C.IV.3. [S. 108] und D.II.1.c)ee) [S. 290].

1229 *Bundesministerium der Justiz*, Legalbewährung nach strafrechtlichen Sanktionen, S. 18, 77 ff. u. 196 ff.; *Reiff*, Straßenverkehrsdelinquenz in Deutschland, S. 462 f.; *Eisenberg/Kölbel*, Kriminologie, Rn. 57/46; *Neubacher*, Kriminologie, Rn. 14/11 u. 18/2; *Kunz/Singelnstein*, Kriminologie, Rn. 20/36.

1230 *Bundesministerium der Justiz*, Legalbewährung nach strafrechtlichen Sanktionen, S. 19, 49 f. u. 137 ff.; *Neubacher*, Kriminologie, Rn. 14/9 ff.; *Kunz/Singelnstein*, Kriminologie, Rn. 20/36 ff.; *Bock*, Kriminologie, Rn. 856 f.; *Eisenberg/Kölbel*, Kriminologie, Rn. 42/18 ff.; *Walter/Neubacher*, Jugendkriminalität, Rn. 553 u. 557.

ohne Bewährung für eine entsprechende Sicherung der Allgemeinheit vor dem Raser. Indem § 315d das Rasen umfassend unter Strafe stellt und schon für das Grunddelikt eine Freiheitsstrafe von bis zu zwei Jahren vorsieht, kann die Sicherungswirkung einer Haftstrafe nun auch bei Rasertaten ohne Folgen greifen, was vor allem bei Wiederholungstätern einen wesentlichen Unterschied bedeutet. Und selbst wenn die Strafe einen Raser nicht individuell abschreckt, wirkt sie zumindest dem negativen Erfahrungs- bzw. Lerneffekt entgegen. Denn erfährt der Raser keine angemessene Sanktion für sein regelwidriges Verhalten, nimmt er es verstärkt als vorteilhaft wahr, was zukünftige Raserei begünstigen und entsprechende Verhaltensmuster festigen kann[1231].
Daneben zeigt der Staat mit § 315d nicht nur den Rasern, sondern der ganzen Gesellschaft, dass er Raserei (nun) als erheblich sozialschädlich ansieht und deshalb verstärkt sanktioniert. Vor allem die Hochstufung folgenloser Straßenrennen und Einzelraserei von bloßen Ordnungswidrigkeiten zu Straftaten macht deutlich, dass Rasen entgegen der früheren schlichten „übermäßigen Straßennutzung“[1232] bzw. Geschwindigkeitsübertretung kein Kavaliersdelikt (mehr) ist. Dieses Signal, dass der Staat Raserei nicht toleriert, dürfte der vor allem in der Raser-Szene verbreiteten Wahrnehmung, der Staat könne den Rasern nichts anhaben,[1233] entgegenwirken. Von der Gesellschaft wird das Rasen allgemein als bedeutendes und mitunter wachsendes Problem wahrgenommen. Aufgrund dessen sowie den tatsächlichen Gefahren der bewussten Raserei und den teilweise schwerwiegenden Unfallfolgen in Kombination mit den umfassenden Medienberichterstattungen und Diskussionen dazu, ist davon auszugehen, dass – vor allem bei illegalen Straßenrennen – die früheren Strafdrohungen für das empfundene Unrecht in der Gesellschaft nicht als angemessen galten. Die durch das 56. Strafrechtsänderungsgesetz erfolgten Strafverschärfungen werden deshalb eher dem gesellschaftlichen Rechtsempfinden entsprechen. Im Sinne der positiven Generalprävention vermag diese

---

1231 Siehe zum Lerneffekt und weitergehend C.III.2.b)bb)(3) [S. 80] sowie beispielhaft dazu LG Berlin, (535 Ks) 251 Js 52/16 (8/16), Urteil vom 27.02.2017, Rn. 184 u. 186 – im Internet abrufbar: www.juris.de (Stand: 30.04.2020).

1232 So die Überschrift des § 29 I StVO a. F., in dem das Verbot von Straßenrennen vor den Gesetzesänderungen geregelt war.

1233 - Stützend: *Brings/Fuchs*, DPolBl 2/17, 20 (21 f.); *Fuchs*, in: Verkehrsüberwachung, 28 (28 f.); *Kubiciel*, jurisPR-StrafR 15/2017, Anm. 1; *Verkehrstechnisches Institut*, Von der Play-Station auf die Autobahn, S. 42 ff.; *Focus (Online)*, Interview mit Nico Klassen; *Welt (Online)*, Illegale Autorennen.
- Siehe auch: C.III.2.a)dd)(3) [S. 65].

repressive(re) Vergeltung der Raserei die Normgeltung zu bekräftigen und so positiv auf das gesellschaftliche Rechtsbewusstsein einzuwirken, was letztlich das Vertrauen der Allgemeinheit in die Rechtsordnung fördern kann.[1234]

Die fahrerlaubnisrechtlichen Maßnahmen, die gegen die Raser getroffen werden können,[1235] zielen ihrem jeweiligen Charakter nach auf die Prävention im Sinne des Ausschlusses der Raser vom Straßenverkehr zum Schutze der anderen Verkehrsteilnehmer. Nur das Fahrverbot weicht als Nebenfolge/-strafe davon ab und soll als repressive Sanktion auf den Fahrer einwirken. Allerdings wird man auch Fahrerlaubnisentziehungen eine tatsächliche Strafwirkung insofern nicht absprechen können, als sich jede verkehrsausschließende Maßnahme für den betroffenen Fahrer als Zufügung eines Übels darstellt. Häufig wird die Untersagung des Kraftfahrzeugführens sogar gegenüber der Strafe als größeres Übel empfunden, weil dadurch die individuelle Mobilität des Fahrers erheblich eingeschränkt wird. Mit dem Führerschein wird dem Betroffenen so ein großes Stück seiner modernen Freiheit genommen.[1236]
Dementsprechend können fahrerlaubnisrechtliche Maßnahmen an sich eine umfassend präventive Wirkung haben. Wenn sie schon allgemein als Übel empfunden werden, dann sollte das erst recht bei autoaffinen Personen wie den Rasern gelten, für die das Fahren ihres Kraftfahrzeugs wichtiger Lebensbestandteil ist. Obwohl die Maßnahmen des Ausschlusses vom Verkehr in direkter Verbindung zum Fehlverhalten des Fahrzeugführers stehen und sie durch das 56. Strafrechtsänderungsgesetz für Fälle der Raserei deutlich erweitert wurden, lässt sich ihre Vollstreckung aber nur schwer sicherstellen. Der betroffene Fahrer muss zwar seinen Führerschein abgeben, indem dieser vom Staat sichergestellt und anschließend verwahrt/eingezogen wird (§ 44 II/§ 69 III).[1237]

1234 - Siehe zur positiven Generalprävention grundlegend schon D.II.1.a)cc)(1)(a)(aa) [S. 123] mit Fußnote 290.
- Siehe zu der gesellschaftlichen Wahrnehmung der Raserei sowie der öffentlichen Berichterstattung und Diskussionen: C.II.3. [S. 42].
- Weiter stützend: BGH, NJW 2017, 3011 (3013); *Ruhs*, SVR 2018, 286 (290); *Kubiciel*, jurisPR-StrafR 15/2017, Anm. 1; *Müller*, Stellungnahme im BT, S. 2

1235 Siehe insgesamt dazu: D.II.2. [S. 397].

1236 OLG Frankfurt, NJW 1968, 1793 (1794); *Heinz*, in: FS Geppert, 187 (214); *Neubacher*, Kriminologie, Rn. 18/4; *Eisenberg/Kölbel*, Kriminologie, Rn. 39/12 ff.; *Bellardita*, DAR-Extra 2017, 739 (740); *König*, DAR 2018, 604 (607); *Lempp*, SVR 2017, 20 (20 ff.); *Reiff*, Straßenverkehrsdelinquenz in Deutschland, S. 120.

1237 *Fischer*, § 44 StGB Rn. 35 u. § 69 StGB Rn. 52 f.; Schönke/Schröder – *Kinzig*, § 44 StGB Rn. 20 u. § 69 StGB Rn. 63; Matt/Renzikowski – *Bußmann*, § 44 StGB

Allerdings kann auch ein fehlender Führerschein nicht das Fahrverbot bzw. die fehlende Fahrerlaubnis durchsetzen, denn ein Fahrer wird dadurch nicht tatsächlich am Führen eines Kraftfahrzeugs gehindert. Da sich die meisten Raser wegen der rasereifördernden Gründen nur wenig von einer Sanktionsdrohung abschrecken lassen – zumal die Straftat des Fahrens ohne Fahrerlaubnis (§ 21 StVG) gegenüber der begangenen bzw. zukünftigen Straftat der Raserei (§ 315d StGB) deutlich leichter wiegt –, muss jedenfalls bezweifelt werden, dass jeder Raser der staatlichen Maßnahmenanordnung nachkommt und das Führen von Kraftfahrzeugen tatsächlich unterlässt. Dann entfällt aber die präventive Wirkung der fahrerlaubnisrechtlichen Maßnahmen weitestgehend.

Dieses Problem ist nicht neu, weshalb der Gesetzgeber schon frühzeitig mit § 21 III StVG i.V.m. § 74 StGB die Möglichkeit geschaffen hat, das Kraftfahrzeug, mit dem der Täter ohne Fahrerlaubnis gefahren ist, einzuziehen und damit die weitere Benutzung tatsächlich zu verhindern. Mit den umfassenden Möglichkeiten der Einziehung von Raserfahrzeugen nach § 315f i.V.m. §§ 74 ff. geht der Gesetzgeber für alle Raserfälle nach § 315d einen entsprechenden Weg.[1238] Wissenschaftliche Untersuchungen, die die Wirkung der Einziehung von Fahrzeugen auf zukünftiges Verkehrsverhalten statistisch untersuchen, gibt es nur sehr wenige und diese zeigen kein einheitliches Bild.[1239] Nach Ansicht des Gesetzgebers sind die „Mitglieder der‚ Raser-Szene', die sich über die Geschwindigkeit ihrer Fahrzeuge definieren, [... aber] besonders nachhaltig durch deren Einziehung zu beeindrucken."[1240] Dem stimmen sowohl Juristen und Kriminologen wie vor allem auch erfahrene Polizeibeamte insofern zu, dass die Einziehung des Raserfahrzeugs die am besten auf Raser einwirkende Sanktion ist.[1241] Tatsächlich ist die ermöglichte Einziehung ein entscheidender Bestandteil der staatlichen Sanktionen gegen das Rasen, deren Wirkung auf die Raser gerade in Fällen unfallfreier Raserei sogar über die Hauptstrafe hinausgehen kann, wenn sie selbst Eigentümer des Fahrzeugs sind oder es zumindest häufiger verwenden.

Rn. 16; Matt/Renzikowski – *Eschelbach*, § 69 StGB Rn. 63 f.; *Zeitler*, Rpfleger 2000, 486 (487).

1238 Siehe insgesamt zur Einziehung: D.II.3. [S. 402].

1239 *Worrall/Tibbetts*, Justice Quarterly 4/23 (2006), 530 (541 ff.); *Leal/Watson/Armstrong*, in: Canadian Road Safety Conference, [S. 11 ff.].

1240 BT-Drs. 18/10145, S. 11.

1241 *Ceffinato*, ZRP 2016, 201 (202); *Piper*, NZV 2017, 70 (74 f.); *Jansen*, NZV 2017, 214 (220); *Niehaus*, DAR 2018, 247 (250); *Kubiciel*, jurisPR-StrafR 16/2016, Anm. 1; *Fuchs*, in: Verkehrsüberwachung, 28 (29); *Schlanstein*, DPolBl 2/17, 3 (8); *Baldarelli*, DPolBl 2/17, 12 (15 f.).

Denn viele Raser identifizieren sich stark mit ihrem Fahrzeug,[1242] vor allem weil sie ihren Selbstwert maßgeblich darüber generieren sowie häufig schon viel damit erlebt haben. Hinzu kommt, dass die Raser meist sehr viel Geld in ihre Fahrzeuge investiert und sie nicht selten mit Tuning zusätzlich individualisiert haben. Mit der Einziehung wird einerseits diese enge Verbindung zwischen dem Raser und seinem Fahrzeug aufgebrochen und ihm andererseits die Möglichkeit genommen, seinem wichtigen Lebensinhalt des Kraftfahrzeugfahrens und Rasens mit diesem Fahrzeug weiter nachzugehen. Man nimmt ihm gewissermaßen sein Lieblingsspielzeug weg.[1243] Die Maßnahme setzt somit direkt am Problem an, nämlich dem Kraftfahrzeug als Mittel zur Profilierung und Selbstwertsteigerung sowie zum Erleben von Geschwindigkeit. Wie weit die Abschreckungswirkung der Einziehung reicht, lässt sich nicht genau sagen. Wie schon bei den anderen Maßnahmen liegt es nahe, dass die bloße Androhung der Einziehung einen Raser wegen der rasereifördernden Gründe wenig vom Rasen abhalten wird. Anders könnte es nach einer erfolgten Anordnung und Vollstreckung der Einziehung des Raserfahrzeugs sein, weil der Raser dadurch für ihn spürbare Konsequenzen erfährt, die er nicht umgehen kann. Weitergehend als allein mit der Hauptstrafe setzt der Staat damit das Signal, dass Raserei eine gewichtige Straftat ist und er umfassend dagegen vorgeht. In jedem Fall wird durch die Einziehung des Raserfahrzeugs eine bedeutende Sicherungswirkung erreicht und die Allgemeinheit tatsächlich vor den Gefahren des Rasens mit diesem Fahrzeug geschützt.

Praktisch ändern alle Maßnahmen und Sanktionsverschärfungen jedoch nichts daran, dass weiterhin ein recht niedriges Entdeckungsrisiko und damit auch ein niedriges Sanktionsrisiko für die Raser besteht. Denn die Kontrolldichte im Straßenverkehr ist gering und selbst bei einem Unfall kann der Raser versuchen, unerkannt vom Unfallort zu entkommen.[1244] Die Entdeckung des strafbaren Verhaltens ist aber nicht nur praktische Voraussetzung für eine Sanktionierung, sondern spielt insbesondere auch bei der präventiven Wirkung

---

1242 Siehe dazu und weitergehend zu den Raserfahrzeugen: C.III.1.c) [S. 52].

1243 So auch: BeckOK-StGB – *Kulhanek*, § 315 f Rn. 2; *Schulz-Merkel*, in: 58. Deutscher Verkehrsgerichtstag, 155 (161); *Jansen*, NZV 2017, 214 (220); *Steinert*, SVR 2021, 113 (115).

1244 - Siehe zur geringen Kontrolldichte: C.III.1.a) [S. 49], C.III.1.d) [S. 54], C.III.2.a) cc) [S. 61] und C.III.2.b)bb)(4) [S. 83].
- Siehe zur Flucht nach einem Raserunfall beispielhaft die unter C.II.3. [S. 42] geschilderten Fälle von illegalen Straßenrennen aus 2017 (Fn. 75), 2018 (Fn. 76) und 2019 (Fn. 77).

von Sanktionen eine wichtige Rolle. Kriminologische Untersuchungen zeigen allgemein, dass die Abschreckungswirkung einer Maßnahme grundsätzlich von der subjektiven Entdeckungswahrscheinlichkeit abhängt und die Sanktion desto abschreckender wirkt, je mehr der Handelnde von der Entdeckung und folglich auch der Sanktionierung seines unerlaubten Verhaltens ausgeht.[1245] Durch verstärkte (sichtbare) Kontroll- und Verfolgungsmaßnahmen werden in der Regel nicht nur die Entdeckungen und damit die Sanktionierungen objektiv ausgeweitet, sondern es kann oftmals auch das subjektive Entdeckungs- und Sanktionsrisiko erhöht werden. So wird das Wirkpotenzial der Sanktionen möglichst ausgeschöpft.[1246]

Für die Raserei folgt daraus, dass die Wirkungen der Sanktionen durch ein intensiviertes und zielgerichtetes Vorgehen gegen Raser erhöht werden können. Dabei kommt der Polizei eine Schlüsselrolle zu, weil sie Raser entdecken, möglichst umfassend Beweise sichern und zulässige Sofortmaßnahmen ergreifen kann. Dafür sollte vor allem an bekannten Raserstrecken und -treffpunkten sowie auch nachts verstärkt kontrolliert werden, weil zumeist dort/dann besonders gefährliche Raserei – insbesondere illegale Kraftfahrzeugrennen – stattfindet. Daneben ist die Überprüfung von Fahrzeugen auf unzulässige technische Veränderungen sinnvoll, denn die Übergänge zwischen Poser-/Tuning-Szene und Raser-Szene sind fließend. Es versteht sich von selbst, dass es für dieses intensivierte Vorgehen gegen Raserei einer personell und materiell gut ausgestatteten Polizei bedarf, deren Beamte auf das Thema Raserei und Kfz spezialisiert sind. Vorbilder für einen so erhöhten Verfolgungs- und Sanktionsdruck auf Raser sind die in einigen deutschen Großstädten eingerichteten Sondereinheiten.[1247]

1245 *Meier*, Kriminologie, Rn. 9/83 ff.; *Eisenberg/Kölbel*, Kriminologie, Rn. 41/11 ff.; *Neubacher*, Kriminologie, Rn. 8/11 f.; *Bussmann*, Wirtschaftskriminologie, Rn. 923; *Göppinger*, Kriminologie, Rn. 30/57; *Kaiser*, Kriminologie, Rn. 31/35; *Kunz/Singelnstein*, Kriminologie, Rn. 12/27 f.; *Bock*, Kriminologie, Rn. 868; *Raiser*, Rechtssoziologie, S. 259; *Müller*, in: FS Geppert, 405 (412 f.).

1246 - *Meier*, Kriminologie, Rn. 9/83 ff.; *Eisenberg/Kölbel*, Kriminologie, Rn. 41/16 ff.; *Neubacher*, Kriminologie, Rn. 3/14 u. 8/11; *Bock*, Kriminologie, Rn. 866 u. 868; *Bussmann*, Wirtschaftskriminologie, Rn. 923 u. 939; *Meier*, Strafr. Sanktionen, S. 28 ff.; *Raiser*, Rechtssoziologie, S. 259; *Müller*, in: FS Geppert, 405 (412 ff.); *Prittwitz*, in: FS Singer, 525 (530 f. u. 541); *Schade*, in: Verkehrsüberwachung, 11 (12 f.).
- Siehe dazu auch schon: C.III.2.a)cc) [S. 61].

1247 - Siehe zur Verbreitung der Raserei: C.II.1. [S. 30].
- Siehe zur Poser-/Tuning- und Raser-Szene: C.III.2.a)dd)(3) [S. 65].

Es ist eine – wenn auch nicht unumstrittene – kriminologische Grundannahme, dass je schneller eine Strafe auf eine Tat folgt, desto intensiver die strafende Wirkung beim Täter ausfällt.[1248] Deshalb sollten von der Polizei in Raserfällen die rechtlichen Möglichkeiten der Sofortmaßnahmen direkt vor Ort ausgeschöpft werden, was vor allem für die Sicherstellung des Fahrzeugs und des Führerscheins des Rasers gilt.[1249] Bei schweren Unfällen bzw. Flucht(versuchen) kann sogar die Untersuchungshaft (§§ 112 ff. StPO) statthaft sein, sodass der Raser bei entsprechenden Haftgründen von der Polizei unmittelbar nach seiner Raserei festgenommen werden und in Haft verbleiben kann. Die Wirkung einer später vom Gericht bestätigten Sanktion wird durch die (vorläufige) Sofortmaßnahme zeitlich weit nach vorne verlegt, womit der Raser die Sanktionsfolgen faktisch unmittelbar nach seinem Fehlverhalten erfährt. Wie bei allen Straftaten versteht es sich auch bei der Raserei von selbst, dass das dazugehörige Strafverfahren möglichst zeitnah abgeschlossen werden sollte (Art. 6 I 1 EMRK).

- Siehe zu den polizeilichen Maßnahmen und Sondereinheiten gegen Raserei: C.IV.2. [S. 105].
- In diesem Zusammenhang sollte auch die Rolle der sonstigen Verkehrsbehörden, die Geschwindigkeitskontrollen durchführen bzw. mit deren Auswertungen und entsprechenden Sanktionierungen befasst sind, nicht unterschätzt werden. Denn durch solche Kontrollen wird die allgemeine Kontrolldichte und damit das objektive Entdeckungsrisiko für die Raser erhöht. Des Weiteren können in diesem Rahmen auch die Verkehrsbehörden mit strafbarer Raserei – vor allem der Einzelraserei – konfrontiert werden, sodass sie entsprechende Strafverfahren anzustoßen haben.

1248 - BT-Drs. 7/551, S. 34 f.; BGHSt 30, 98 (101); OLG Düsseldorf, NStZ 1994, 198 (199); Meyer-Goßner/Schmitt – *Schmitt*, Vor § 417 StPO Rn. 3; *Schatz*, in: FS Ostendorf, 797 (804 ff.); *Mann*, Beschleunigungspotential, S. 15 ff.; *Putzke*, Beschleunigtes Verfahren, S. 56 ff.; HAGuK – *Bliesener*, S. 93 ff.; *Streng*, Jugendstrafrecht, Rn. 22 u. 574; *Beulke/Swoboda*, Jugendstrafrecht, Rn. 805 f.; *Rose*, NStZ 2013, 315 (317); *Ostendorf*, ZJJ 2014, 253 (253 f.).
- Siehe dazu auch Richtlinie 6 zu § 43 JGG und Richtlinie II.1. zu §§ 82-85 JGG.

1249 - Siehe umfassend zur Einziehung D.II.3. [S. 402], wobei gemäß § 111b I 2 StPO die Beschlagnahme des Gegenstands zur Sicherung der Einziehung sogar erfolgen ***soll***, wenn dringende Gründe für das Vorliegen der Einziehungsvoraussetzungen bestehen (hier gemäß §§ 111b, 111j I StPO i.V.m. §§ 74 ff. StGB).
- Siehe zur Sicherstellung des Führerscheins (gemäß §§ 94 I, II, III, 98 I 1, 111a StPO i.V.m. § 69 StGB) sowie des Fahrzeugs zu Beweiszwecken (gemäß § 94 I, II, 98 I 1 StPO) bereits: C.IV.2. [S. 105].

Die möglichen Wirkungen einer tatsächlichen Sanktion auf einen Raser hängen maßgeblich auch vom Vorgehen der Staatsanwaltschaft und des Gerichts ab, denn sie bestimmen die Art und Stärke der individuell verhängten Maßnahmen. Werden die mittlerweile vom Gesetz vorgesehenen, umfassenden Sanktionsmöglichkeiten im Rahmen des Ermessens konsequent umgesetzt, können die Sanktionen ihr Wirkpotenzial gegen zukünftiges Rasen möglichst entfalten. Tatsächlich zeigen neuere Strafurteile, dass Raser nicht nur theoretisch, sondern auch praktisch mit deutlich schärferen Sanktionen für ihr Rasen belegt werden als früher.[1250] Gerade an der Maßnahme der Fahrzeugeinziehung, die – obwohl sie eine vergleichsweise nachhaltige Wirkung verspricht – in den entsprechenden Raserfällen bisher nur selten angeordnet wird[1251], wird aber deutlich, dass diese Entwicklung ein noch nicht abgeschlossener Prozess ist.

II. Weitere Maßnahmen

Rasen ist als ganzheitliches Problem zu begreifen, sodass neben den staatlichen Sanktionen noch weiterführende Maßnahmen Auswirkungen auf die Raserei haben könn(t)en.[1252]

Von den Straßenbehörden werden Anpassungen von Straßenführung und -gestaltung im Allgemeinen vorgenommen, um vor allem für eine Geschwindigkeitsreduktion der Fahrzeuge an entsprechenden Stellen zu sorgen.[1253] Dafür kommen insbesondere Boden(sch)wellen, Verkehrsinseln und Fahrbahnverengungen in Betracht, die sich auch nachträglich meist gut in die Straße

---

1250 - Beispielhaft zur folgenlosen Raserei: LG Berlin, (562) 236 AR 157/18 Ns (65/18), Urteil vom 04.12.2018 – im Internet abrufbar: www.juris.de (Stand: 17.11.2020).
- Beispielhaft zu Raserei mit Todesfolge: LG Deggendorf, 1 Ks 6 Js 5538/18, Urteil vom 22.11.2019 – im Internet abrufbar: www.juris.de (Stand: 07.07.2020).
- Siehe im Vergleich dazu früher: C.IV.3. [S. 108] mit insbesondere Fußnote 257.

1251 - Eine Einziehung bspw. ablehnend: OLG Hamm, 2 Ws 107-109/20, Beschluss vom 18.08.2020 – im Internet abrufbar: www.justiz.nrw/BS/nrwe2 (Stand: 16.09.2020) übereinstimmend mit der Vorinstanz.
- Eine Einziehung bspw. gar nicht erst in Betrecht ziehend: OLG Stuttgart, NJW 2019, 2787 (2787) übereinstimmend mit der Vorinstanz.
- Dagegen gehen *Fromm*, SVR 2019, 49 (50) und *Steinle*, Verbotene Kraftfahrzeugrennen, S. 195 von einer großen Bedeutung der Einziehung von Raserfahrzeugen in der Praxis aus, was zumindest (aktuell) fraglich erscheint.

1252 Zustimmend z. B.: *Prittwitz*, in: FS Singer, 525 (541).

1253 Siehe zu den Maßnahmen der angepassten Straßenführung und -gestaltung bereits: C.IV.1. [S. 104].

integrieren lassen und je nach Ausgestaltung eine schnelle Über-/Durchfahrt verhindern. Diese baulichen Maßnahmen können genauso an für Raserei geeigneten und bekannten Straßen umgesetzt werden, sodass sich die Strecke danach nicht mehr oder zumindest weniger zum Rasen eignet. Eine Alternative zu den baulichen Maßnahmen kann im Installieren von stationären Geschwindigkeitsmessanlagen (Blitzer) gesucht werden.[1254] Doch selbst wenn bestimmte Straßen rasereiunfreundlich gestaltet sind, werden die Gefahren im Zweifel nur lokal beseitigt. Denn die Raser können einfach auf andere, zum Rasen besser geeignete Strecken ausweichen, sodass es – wie allgemein bei der Kriminalität bekannt[1255] – zumeist nur zu einer Verlagerung des Tatverhaltens kommt.

Die staatliche Verfolgung von Verstößen gegen die allgemeinen Verkehrsvorschriften kann auch im Zusammenhang mit der Raserei eine Rolle spielen. Wie festgestellt, zeigen Raser im alltäglichen Straßenverkehr einen aggressiveren bzw. riskanteren Fahrstil. Ohne Sanktionierung von deutlich überhöhter Geschwindigkeit, riskantem Überholen, dichtem Auffahren oder dem Missachten von Verkehrszeichen bzw. -signalen abseits des Rasens kann es bei den Rasern zu einem negativen Lerneffekt kommen, der das regelwidrige und aggressive Verkehrsverhalten verfestigen und weitergehend zu entsprechenden Gewohnheiten führen kann. Da dies wiederum zur Raserei beitragen kann,

---

1254 Der Einfluss der klassischen stationären Geschwindigkeitsmessanlagen auf die Kraftfahrzeugführer ist wegen des nur kleinen Erfassungsbereichs räumlichen sehr begrenzt. Mit der Einführung von Geschwindigkeitsmessungen durch Abschnittskontrollen – ebenso als Section-Control bezeichnet, bei der die Geschwindigkeit nicht nur punktuell, sondern über eine längere Strecke im Durchschnitt gemessen wird – kann der Überwachungsbereich erheblich vergrößert werden. Im Gegensatz zu einigen anderen europäischen Ländern befindet sich in Deutschland noch kein solches System im Regelbetrieb, auch weil es (mangels Gesetzesgrundlage) an dessen Zulässigkeit rechtliche Bedenken gibt. (OVG Lüneburg, NJW 2019, 2951 (2951 ff.); VG Hannover, BeckRS 2019, 3285; *Müller*, NZV 2019, 279 (279 ff.); *Eisenberg/Kölbel*, Kriminologie, Rn. 41/25; *UDV*, Verkehrsregelakzeptanz, S. 63, 110 f. u. 113 f.; *Lipphard*, in: Verkehrsüberwachung, 8 (8); *Blindenbacher*, in: Verkehrsüberwachung, 16 (17 ff.); *ETSC*, Managing Speed, S. 17 f. u. 22 ff.).

1255 *Eisenberg/Kölbel*, Kriminologie, Rn. 41/17 u. 52/20; *Jehle*, in: Das sogenannte Böse, 11 (51); *Killias*, in: Kommunale Kriminalintervention, [S. 5]; *Fetzer/Zöller*, NVwZ 2007, 775 (778 f.); *KFN*, Ergebnisse der Evaluation der polizeilichen Videoüberwachung, S. 11; *Verkehrstechnisches Institut*, Von der Play-Station auf die Autobahn, S. 41.

vermögen angemessene Sanktionierungen[1256] für verkehrsordnungswidriges Verhalten diesem Lerneffekt entgegenzuwirken.[1257]

Da viele Raser jung und noch nicht lange im Besitz ihrer Fahrerlaubnis sind,[1258] könnte über altersabhängige Leistungsbegrenzungen von Fahrzeugen oder leistungsbezogene Stufenfahrerlaubnisse wie beim Motorrad auch für Pkw diskutiert werden.[1259] Ob diese Maßnahmen Rasen wirklich vorbeugen können, ist jedoch zu bezweifeln. Denn einerseits kann auch mit einem leistungsschwachen Fahrzeug – vor allem im städtischen Bereich – gerast werden und andererseits können die Vorgaben faktisch leicht umgangen werden, indem sich der junge Raser – wie es allgemein jetzt schon passiert[1260] – ein leistungsstarkes Fahrzeug etwa von einem älteren Familienmitglied oder Freund besorgt.

Ein Bereich, der auf den ersten Blick wenig mit Raserei zu tun haben scheint, sind die Lärmemissionen von Kraftfahrzeugen.
Die meisten Raser wollen mit ihrem Rasen anderen Personen imponieren und so ihren eigenen Selbstwert steigern.[1261] Damit das überhaupt gelingen kann, müssen die Raser ihr potenzielles Publikum erst einmal auf sich aufmerksam machen. Aufmerksamkeit im Straßenverkehr ist gerade im Stand und bei stadtüblichen Geschwindigkeiten am einfachsten über laute Fahrzeuggeräusche

1256 Mit Blick auf höchste Geschwindigkeitsübertretungen überrascht es, dass der Bußgeldkatalog ab einer Überschreitung der zulässigen Höchstgeschwindigkeit um mehr als 70 km/h keine weitere Sanktionserhöhung mehr vorsieht (Tabelle 1 lit. c des Anhangs zu Nummer 11 der Anlage zu § 1 Absatz 1 BKatV). Zwar wird es sich bei so hohen Überschreitungen regelmäßig um Fälle von Raserei nach § 315d Nr. 2 oder 3 handeln, doch ist nicht ersichtlich, warum der Gesetzgeber für ordnungswidrige Fälle höchster Geschwindigkeitsüberschreitungen die im Bußgeldkatalog sonst nach Geschwindigkeiten ausdifferenzierten Sanktionssteigerungen nicht weiter fortsetzt.

1257 - Siehe zur allgemeinen Fahrweise der Raser: C.III.1.d) [S. 54].
- Siehe zur Kontrolle und Sanktionierung von Verkehrsordnungswidrigkeiten: C.IV.2. [S. 105] und D.II.1.a)aa) [S. 115].
- Siehe insofern zum Lerneffekt und zu Gewohnheiten C.III.2.b)bb)(3) [S. 80] sowie beispielhaft dazu LG Berlin, (535 Ks) 251 Js 52/16 (8/16), Urteil vom 27.02.2017, Rn. 184 u. 186 – im Internet abrufbar: www.juris.de (Stand: 30.04.2020).

1258 Siehe: C.III.1.a) [S. 49].

1259 Beispielhaft: *Klein*, in: 58. Deutscher Verkehrsgerichtstag, 145 (150 f.).

1260 Siehe: C.III.1.c) [S. 52].

1261 Siehe dazu allgemein C.III.2. [S. 58] und im Einzelnen insbesondere C.III.2.a) dd)(3) [S. 65] und C.III.2.b)bb)(9) [S. 96].

zu erhalten. Mit plötzlich auftretenden lauten Geräuschen kann nämlich der menschliche Schreckreflex angesprochen werden, der die Aufmerksamkeit der Person zum Selbstschutz automatisch auf die Geräuschquelle als (vermeintliche) Gefahr richtet.[1262] Selbst wenn die Geräusche nicht plötzlich auftreten bzw. sie dem Menschen nicht unbekannt sind, sorgt seine natürliche Neugier dafür, dass er sich einer Aufmerksamkeitsfokussierung darauf nur schwer entziehen kann.[1263] Ob bzw. wie stark diese verankerten Muster getriggert werden, hängt neben der Reizintensität von den konkreten Situationsumständen und Persönlichkeitseigenschaften des Betroffenen ab.[1264] Dies machen sich neben den Posern ebenso die Raser zunutze, indem sie mit ihren Fahrzeugen bewusst für laute Motorengeräusche, Reifenquietschen und/oder Musikbeschallung sorgen. Auch wenn sich die umherstehenden Personen davon nicht beeindrucken lassen, richten sich ihre Blicke durch die Geräuschkulisse doch häufig auf die Raser. Mit der so auf sich, ihr Fahrzeug und ihre Fahrmanöver gelenkten Aufmerksamkeit können die Raser aus ihrer Sicht – wie beabsichtigt – anderen imponieren und ihr Selbstwertgefühl steigern. Dementsprechend kann ein Raser durch eine höhere Lautstärke seines Fahrzeugs größere Aufmerksamkeit herbeiführen, womit nach seinen Vorstellungen auch die Wirkungen seines Rasens gesteigert werden können. Im Umkehrschluss heißt das, dass eine Verringerung der (maximalen) Lautstärke von Raserfahrzeugen das Potenzial hätte, der Raserei entgegenzuwirken.

Die Fahrzeuge der Raser besitzen häufig viel Leistung und gerade leistungsstarke Fahrzeuge mit Verbrennungsmotor zeichnen sich durch besonders laute und sportliche Motoren- und Auspuffgeräusche aus. Zwar existieren nationale und internationale Rechtsvorschriften, die auf einen emissionsarmen Straßenverkehr gerichtet sind und Vorgaben für Lärmemissionen von Kraftfahrzeugen machen. Allerdings zeigen Messungen unter realistischen Bedingungen, dass insbesondere sportliche bzw. leistungsstarke Kraftfahrzeuge trotz Einhaltung der technischen Vorgaben Lärmemissionen erreichen können, die die sonst

1262 *Karnath/Thier*, Neuropsychologie, S. 530 ff.; *Birbaumer/Schmidt*, Biologische Psychologie, S. 725 f.; *Förstl/Hautzinger/Roth*, Neurobiologie psychischer Störungen, S. 527; Enzyklopädie der Psychologie – *Fröhlich*, Bd. C/IV/2 S. 189 ff.; *Spiegel*, Die obere Hälfte des Motorrads, S. 169.

1263 Stützend: Enzyklopädie der Psychologie – *Schneider*, Bd. C/IV/4 S. 119 u. 128; *Becker-Carus/Wendt*, Allgemeine Psychologie, S. 520 f.; *Schmalt/Langens*, Motivation, S. 159 ff.

1264 Siehe die vorangegangenen Fußnoten 1262 und 1263.

vorgeschriebenen Grenzwerte bei weitem übersteigen.[1265] Um die Lautstärke von Raserfahrzeugen zukünftig zu reduzieren und damit der Raserei entgegenwirken zu können, müssten folglich die Vorgaben zu Geräuschemission von Neufahrzeugen umfassend angepasst werden. Durch Fahrzeugkontrollen wird schon heute darauf hingewirkt, dass Fahrzeughalter die geltenden Vorgaben nicht durch unzulässige technische Veränderungen am Fahrzeug missachten.[1266] Mittlerweile fordert auch der Bundesrat in seiner „Entschließung [...] zur wirksamen Minderung und Kontrolle von Motorradlärm"[1267] zumindest für Motorräder solche und noch weitreichendere Maßnahmen. Insgesamt würden entsprechend angepasste Vorschriften zu Lärmemissionen von neuen Kraftfahrzeugen mit der Zeit nicht nur für einen Rückgang des allgemeinen Verkehrslärms sorgen, sondern hätten gleichzeitig auch das Potenzial, dem Rasen und Posen entgegenzuwirken.[1268]

Meist werden in Zusammenarbeit mit nichtstaatlichen Institutionen Kampagnen bzw. Aufklärungsveranstaltungen als Präventionsmaßnahmen gegen Raserei durchgeführt.[1269] Zwar sind sich wissenschaftliche Untersuchungen nicht völlig darin einig, ob bzw. wie solche Präventionskampagnen gegen oder für das anvisierte Thema wirken, doch geht man überwiegend davon aus, dass die gewünschten Verhaltensänderungen durch die richtige Art und Gestaltung der Kampagnen gefördert werden können. Auf Grundlage dieser Erkenntnisse bietet sich für die Raserei eine Problemsensibilisierung mit einem emotionsbasierten Ansatz an, um das Risikobewusstsein und die -wahrnehmung der Personen entsprechend positiv zu beeinflussen. Je besser dabei eine genaue Adressierung der (potenziellen) Raser als zuvorderst junge Männer mit ihren spezifischen Lebensumständen, Persönlichkeitsmerkmalen, Handlungsmotiven und ihrer Fahrweise gelingt, desto mehr Erfolg verspricht eine Kampagne.[1270]

1265 *Umweltbundesamt*, Überprüfung der Geräuschemissionen, S. 112 ff. (und ausführlich im Einzelnen S. 55 ff.).

1266 Siehe dazu: C.IV.2. [S. 105].

1267 BR-Drs. 125/20 (B).

1268 Der gesamte Komplex der Lärmemissionen mit den gesetzlichen Vorgaben für Kraftfahrzeuge und deren Umsetzung wird weiterführend im Anhang 4 unter H.IV. [S. 460] erläutert. Diese teils sehr technischen Erörterungen und gewonnen Erkenntnisse liegen hier insgesamt zugrunde. Darüber hinaus beinhalten sie weitergehende Ansätze für allgemeingültige Anpassungen der Maßnahmen gegen Lärmemissionen von Kraftfahrzeugen.

1269 Siehe zu bereits bestehenden Aufklärungsmaßnahmen: C.IV.4. [S. 110].

1270 - Stützend: *Franzke*, Kriminalistik 2017, 362 (368); *Huguenin*, in: 7. ADAC/BASt-Symposium, [S. 5 f.]; *Verkehrstechnisches Institut*, Von der Play-Station auf die

Da Medien Einfluss auf das Verhalten des Medienkonsumenten ausüben und so Raserei durch entsprechende Inhalte fördern können, könnte über eine Verpflichtung der Betreiber von Internetplattformen (allen voran YouTube, Facebook, Instagram und TikTok) zum Sperren bzw. Löschen von rasereiermutigenden Inhalten nachgedacht werden. Dabei ginge es in erster Linie um Videos von realen illegalen Straßenrennen oder Einzelraserei, die mit Kameras aus Sicht der Fahrer oder vom Straßenrand aus aufgenommen werden. Durch solche Videos, die nicht selten eine große Reichweite besitzen, können die Zuschauer zum Nachahmen angeregt werden, denn gerade Jüngere sind für den Medieneffekt anfällig und könnten sich die Raser sogar als persönliche Vorbilder nehmen. Gleichzeitig kann sich der Raser öffentlichkeitswirksam wie gewünscht als (vermeintlich) cooler, mutiger und bewundernswerter Siegertyp darstellen und so sein Selbstwertgefühl steigern. Mitunter erzielt er als Video-Uploader durch die Klicks sogar zusätzliche Einkünfte. Die Regelung und Umsetzung einer gesetzlichen Verpflichtung von Internetplattformen zum Sperren bzw. Löschen von rasereiermutigenden Inhalten im Einzelnen wären allerdings schwierig.[1271]

Autobahn, S. 46; *Bönig*, Verbotene Kraftfahrzeugrennen, S. 274; *Rundmo/Iversen*, Safety Science 42 (2004), 1 (8 ff.); *C/P/K*, AAaP 43 (2011), 1323 (1330); *W/S/V*, AAaP 103 (2017), 85 (89 f.); *U.S. DoJ*, Street Racing, S. 17 f.
- Siehe zu den Eigenschaften der Raser und den Gründen zum Rasen insgesamt: C.III. [S. 47].

1271 - Siehe zu den Effekten von Medien und Vorbildern sowohl allgemein als auch spezifisch zum Rasen: C.III.2.a)dd)(5) [S. 68].
- Beispielhaft zur Raserei mit Bezug zum Internet ist der Fall des Youtubers „Alpi", der bei einer seiner gefilmten rasanten Motorradfahrten einen Fußgänger überfuhr: BGH, 4 StR 311/17, Urteil vom 01.03.2018, Rn. 2 ff. – im Internet abrufbar: www.bundesgerichtshof.de (Stand: 22.08.2020) und mit Hintergrundbericht *Stern (Online)*, Kult-Youtuber verurteilt.
- Das Sperren bzw. Löschen von Online-Inhalten mit Raserei kann auf Internetplattformen häufig schon heute wegen Verstößen gegen die plattforminternen Richtlinien als Darstellung von gefährlichen bzw. illegalen Inhalten erfolgen (siehe bspw.: *Google*, Youtube – Richtlinien zu schädlichen oder gefährlichen Inhalten). Allerdings liegt das im Ermessen der Betreiber, die grundsätzlich erst nach Meldungen solcher Inhalte von (registrierten) Nutzern aktiv werden. Für eine Verpflichtung von Internetplattformen zum Sperren bzw. Löschen von rasereiermutigenden Inhalten böte es sich an, das Gesetz zur Verbesserung der Rechtsdurchsetzung in sozialen Netzwerken (Netzwerkdurchsetzungsgesetz – NetzDG) entsprechend zu erweitern.

Als weitere Maßnahme gegen Raserei wird die staatlich- oder privat-organisierte Ermöglichung bzw. Ausweitung legaler Raserei für Interessierte in sicherer Umgebung diskutiert (z. B. gesondert erlaubte Rennsportveranstaltungen auf gesperrten und abgesicherten Flächen). Wissenschaft und Praxis sind sich über die Wirkungen dieser Maßnahme uneinig, doch deuten Untersuchungen mehrheitlich auf positive Effekte hin.[1272] Einige Gründe der Raserei könnten mit legalem Rasen naheliegend bedient werden, so vor allem das Sensation Seeking, die Freude am Fahren, die Verbesserung der Fahrfähigkeiten und der Zustand des Geschwindigkeitsrausches bzw. ggf. Flows. Inwieweit noch andere Motive der Raser – wie z. B. die meist dominante Selbstdarstellung und -aufwertung – dadurch betroffen wären, ist hingegen fragwürdig. Hinzu kommt, dass Raserei häufig aus dem Verkehrsgeschehen heraus spontan-provoziert stattfindet und es schon heute Möglichkeiten zur legalen Raserei gibt (vor allem sog. Touristenfahrten auf offiziellen Rennstrecken). Für eine abschließende Beurteilung dieser und anderer fraglicher Maßnahmen bedarf es also weitergehender und praxisorientierter Untersuchungen zu ihrer Wirksamkeit gegen Raserei.

III. Ergebnis

Insgesamt sind die vom Staat heute ergriffenen Maßnahmen gegen Raserei sehr viel weitreichender als früher. Insbesondere das 56. Strafrechtsänderungsgesetz ermöglicht umfassende Sanktionsmöglichkeiten auf verschiedenen Ebenen, wodurch entsprechende Maßnahmen regelmäßig ein deutlich größeres Wirkpotenzial besitzen. Dieses Potenzial kann durch verstärkte und zielgerichtete Kontrollmaßnahmen gegen Raser sowie durch konsequente Sanktionierungen (weiter) ausgeschöpft werden. Darüber hinaus vermögen weitere Maßnahmen wie angepasste Straßengestaltung, Aufklärungskampagnen und strengere Grenzwerte von Lärmemissionen für Kraftfahrzeuge als ganzheitlicher Problemansatz gegen die Raserei zu wirken. Selbstverständlich wird nicht jeder Raser von den Maßnahmen erreicht werden, denn dafür sind die Gründe des Rasens zu individuell. Und trotzdem erscheinen all die Maßnahmen insgesamt geeignet, mit der Zeit für einen Rückgang der Raserei sorgen zu können.

1272 *Focus (Online)*, Interview mit Nico Klassen; *Wong*, Behavioral Medicine 2/38 (2012), 54 (61); *U.S. DoJ*, Street Racing, S. 24 ff.; *Leigh*, CIiCJ 3/7 (1995), 388 (391 u. 393); *W/S/V*, AAaP 103 (2017), 85 (90).

F. Resümee

Raserei ist in ihren Formen der illegalen Straßenrennen und Einzelraserei[1273] auf Deutschlands Straßen gerade nachts durchaus präsent, macht am gesamten Verkehrsgeschehen aber lediglich einen sehr geringen Anteil aus. Insbesondere wegen der hohen Fahrgeschwindigkeiten kommt es dabei nicht selten zu Zwischenfällen mit teilweise schweren Unfällen häufig auch unter Beteiligung anderer Verkehrsteilnehmer. Trotz des geringen Anteils an allen Unfällen im deutschen Straßenverkehr führt das Rasen doch zu bedeutsamen immateriellen und materiellen Schäden. Gerade die in den Medien besonders präsenten tödlichen Unfälle infolge von illegalen Straßenrennen sorgen bei der Bevölkerung dafür, dass die tatsächliche Verbreitung und Folgen dieser Raserei als beträchtlich wahrgenommen werden. Obwohl diese Wahrnehmung im Verhältnis zu anderen Verkehrsgefahren über die Realität hinausgeht, stellt Raserei insgesamt ein ernstzunehmendes Problem in der heutigen Gesellschaft dar.[1274]

Zu den Rasern zählen fast ausschließlich Männer, die meist sehr autozentriert und geschwindigkeitsaffin sind sowie mit leistungsstarken und hochwertigen Kraftfahrzeugen einen aggressiven Fahrstil an den Tag legen. Sie weisen häufig zahlreiche verkehrsordnungswidrige Vorbelastungen auf und waren in vergleichsweise viele Verkehrsunfälle verwickelt. Vor allem die Rennfahrer sind dabei mit einem Alter von meist 18 bis zu 30 Jahren recht jung, besitzen überwiegend einen türkischen, südosteuropäischen oder arabischen Migrationshintergrund und stammen aus Familien mit einem geringeren sozialen Status. In aller Regel wohnen sie noch Zuhause bei ihren Eltern und haben keine gute Schul-/Ausbildung, weshalb sie aktuell gar keiner oder nur einer geringqualifizierten Beschäftigung nachgehen, womit ihre verfügbaren finanziellen Mittel entsprechend begrenzt sind. Obwohl Raserei meist spontan stattfindet, gibt es ebenfalls organisierte Rennen, die häufig von einer Raser-Szene ausgehen, der sich interessierte Raser, aber auch weitere Sympathisanten in einer eher losen Organisationsform angeschlossen haben.[1275]

Aus welchen Gründen Raser rasen, kann nicht allgemeingültig beantwortet werden. Denn die Verhaltensentscheidung zum Rasen beruht auf einem

1273 Siehe zum Begriff des Rasens: C.I. [S. 27].
1274 Siehe: C.II. [S. 30].
1275 Siehe: C.III.1. [S. 48].

komplexen Zusammenwirkung verschiedener Faktoren, bei der einzelne Handlungsaspekte mal mehr, mal weniger dominant sind. Je nach Ausprägung wirkt ein Faktor also rasereifördernd, neutral oder mitunter sogar rasereihemmend. Die potenziellen Entscheidungsfaktoren für das Rasen entstammen den Gebieten der Biologie (z. B. Genetik, Gehirnanatomie, Hormonstatus, Evolution), der Psyche (z. B. Emotionen, Persönlichkeitsneigungen/-störungen, Flow), der Persönlichkeitsentwicklung (z. B. Erziehung, Medien, Selbstfixierung), des sozialen Umfelds (z. B. gesellschaftliche Gruppen, erwartbares Verhalten, Kultur), der Persönlichkeit (z. B. Einstellungen, Sensation Seeking, Regelakzeptanz), der tatsächlichen bzw. wahrgenommenen Umgebung (z. B. Fahrumgebung, Risikounterschätzung, Sanktionen) sowie der persönlichen Absichten (z. B. Freude am Fahren, Selbstprofilierung und -aufwertung). Gerade das Geschwindigkeitserleben, das Sensation Seeking sowie die Selbstdarstellung mit der Steigerung des persönlichen Selbstwertes und der bei illegalen Straßenrennen aufkommende Vergleichswettkampf werden als Motive in der Regel eine wichtige Rolle spielen.[1276]

Erlaubt war Raserei noch nie, doch stellte sie ohne eine konkrete Gefährdung oder Schädigung fremder Rechtsgüter früher lediglich ordnungswidrigkeitsbewährte Verkehrsregelverstöße dar, die mit einem Bußgeld geahndet werden konnten.[1277] Nur in Ausnahmefällen verwirklichten die Raser dabei den Straftatbestand der Nötigung (§ 240)[1278] und selbst beim Eintritt einer konkreten Gefährdung war eine Strafbarkeit wegen der zusätzlichen Anforderungen an das Verkehrsfehlverhalten nach § 315b oder § 315c keineswegs immer gegeben.[1279] Mit dem im Oktober 2017 in Kraft getretenen „Sechsundfünfzigsten Strafrechtsänderungsgesetz – Strafbarkeit nicht genehmigter Kraftfahrzeugrennen im Straßenverkehr" hat der Bundesgesetzgeber den neuen § 315d eingeführt, um andere Verkehrsteilnehmer vor Raserei und den davon ausgehenden Gefahren zu schützen. Dieser Schutz der höchstwertigen Rechtsgüter wie Gesundheit und Leben bildet zusammen mit dem von den Rasern durch die Raserei verwirklichten erheblichen Unrecht den Strafgrund des neuen Straftatbestands.[1280] Nun macht sich schon strafbar, wer mit seinem Kraftfahrzeug an einem nicht erlaubten Kraftfahrzeugrennen teilnimmt (§ 315d I Nr. 2)[1281] oder

1276 Siehe: C.III.2. [S. 58].
1277 Siehe: D.II.1.a)aa) [S. 115].
1278 Siehe: D.II.1.a)bb) [S. 117].
1279 Siehe: D.II.1.b)aa) [S. 202] und D.II.1.b)bb) [S. 226].
1280 Siehe: D.II.1.a)cc)(1)(a)(cc) [S. 128] und D.II.1.a)cc)(2)(a) [S. 165].
1281 Siehe: D.II.1.a)cc)(1) [S. 123].

als einzelner Kraftfahrzeugführer grob verkehrswidrig mit nicht angepasster Geschwindigkeit und rücksichtslos fährt, um eine höchstmögliche Geschwindigkeit zu erreichen (§ 315d I Nr. 3).[1282] Für dieses abstrakte Gefährdungsdelikt drohen dem Raser jetzt bis zu zwei Jahre Freiheitsstrafe und sogar bis zu fünf/drei Jahre Haft, wenn durch seine Raserei jemand anderes vorsätzlich/fahrlässig konkret gefährdet wird (§ 315d II/IV).[1283] Wird durch das vorsätzliche Rasen fahrlässig eine andere Person schwer verletzt bzw. getötet oder werden dadurch zahlreiche Menschen verletzt, ist damit eine Strafbarkeit nach der Erfolgsqualifikation des § 315d V gegeben und Raser können dann mit bis zu zehn Jahren Freiheitsstrafe bestraft werden.[1284] Nach alter Rechtslage lag die Strafe in solchen Fällen nur bei höchstens fünf Jahren Haft, denn mehr sahen die erfüllten Fahrlässigkeits- (§ 229 oder § 222)[1285] und etwaig verwirklichten konkreten Gefährdungsdelikte (§ 315c oder § 315b)[1286] nicht vor. Nur wenn der Raser den Unfallerfolg vorsätzlich herbeigeführt hat, war und ist eine nochmals höhere Strafe möglich: Bei einer Verletzung liegt die Höchststrafe je nach Verletzungsgrad gemäß §§ 223, 224 ebenfalls bei zehn oder im Falle von §§ 223, 224, 226 bei bis zu fünfzehn Jahren Freiheitsstrafe;[1287] wird das Opfer bei dem vorsätzlichen Raserunfall getötet, ist der Raser jedenfalls wegen Totschlags (§ 212) strafbar und kann häufig sogar wegen Mordes (§§ 212, 211) zu einer lebenslangen Freiheitsstrafe verurteilt werden[1288].

Allerdings fällt es gerade in Raserfällen schwer, zwischen (Eventual-) Vorsatz und (bewusster) Fahrlässigkeit des Rasers abzugrenzen, weil es dafür auf seine subjektiv-individuellen Vorstellungen und Ziele ankommt. Vorsatz erfordert, dass der Täter von der hinreichend konkreten Möglichkeit der Tatbestandsverwirklichung jedenfalls mitbewusst weiß und die Tatbestandserfüllung bewusst willentlich zumindest in Kauf nimmt. Allgemein gehen Raser nicht von einem Unfall aus, weil sie sich für überragende Fahrer halten, mit der Raserei möglichst schnell sein wollen und bei einem Unfall wahrscheinlich auch selbst geschädigt würden. Trotzdem können sie eine Schädigung anderer Verkehrsteilnehmer in Kauf nehmen, wenn sie sich mit der konkreten Möglichkeit der Schädigung anderer abfinden, um ihre eigenen Ziele (z. B. den Rennsieg) zu

1282 Siehe: D.II.1.a)cc)(2) [S. 165].
1283 Siehe: D.II.1.b)cc) [S. 236].
1284 Siehe: D.II.1.c)bb) [S. 266].
1285 Siehe: D.II.1.c)aa) [S. 261].
1286 Siehe: D.II.1.b)aa) [S. 202] und D.II.1.b)bb) [S. 226].
1287 Siehe: D.II.1.c)dd) [S. 284].
1288 Siehe: D.II.1.c)ee) [S. 290].

erreichen. Im Prozess muss das Gericht für die Vorsatzfeststellung im Rahmen einer Gesamtbetrachtung von den objektiven Tataspekten als Indizien auf die erforderlichen subjektiven Tataspekte als festzustellende psychische Vorgänge des Handelnden schließen.[1289]
Neben dem Vorsatz als einem grundlegenden Problem der strafbaren Raserei ist bei Straßenrennen zusätzlich fraglich, wie der Rennkonkurrent, der den tatbestandsmäßigen Erfolg nicht in eigener Person unmittelbar herbeiführt, zu bestrafen ist. Da sich die Rennfahrer auf das Rennen eingelassen haben und sich in dessen Verlauf gegenseitig zu riskanterem Rasen provozieren sowie sich dabei zumeist konkludent auf ein solch gefährliches Fahrverhalten mit entsprechend möglichen Folgen einigen, kann auf dieser Grundlage ein bei dem Rennen herbeigeführter Erfolg grundsätzlich allen Rennfahrern zugerechnet werden. Jedenfalls bei den vorsätzlichen Erfolgsdelikten erfolgt dies über die Mittäterschaft (§ 25 II).[1290] Der neue § 315d I Nr. 2 bildet mit den Qualifikationen der Absätze 2, 4 und 5 demgegenüber eine Ausnahme, weil er mit seinen Normbesonderheiten der weiten Tathandlung und der Konstitutivtäterschaft eine individuelle Erfolgszurechnung für jeden beteiligten Rennfahrer schon innerhalb des Delikts ermöglicht[1291].
Für Raserfälle wie etwa das tödliche Straßenrennen vom Berliner Kurfürstendamm oder vom Kölner Auenweg zeigen sich bedeutende Unterschiede zwischen alter und neuer Rechtslage: Während das Landgericht Köln beide Raser damals nur wegen fahrlässiger Tötung (§ 222) verurteilen konnte,[1292] wären sie heute wegen Tötung infolge eines verbotenen Kraftfahrzeugrennens gemäß § 315d I Nr. 2, II, V zu verurteilen. Damit wäre anstatt des damaligen Strafrahmens, der von einer Geldstrafe bis zu fünf Jahren Freiheitsstrafe reichte, heute eine Strafe zwischen einem und zehn Jahren Haft zu verhängen. Im Berliner Fall wurden die Täter vom Landgericht Berlin schon in erster Instanz – im Ergebnis richtig – wegen mittäterschaftlichen Mordes zu einer lebenslangen Haftstrafe verurteilt

---

1289 Siehe: D.II.1.c)ee)(2) [S. 292].

1290 - Siehe insofern zur Zurechnung bei vorsätzlichen Erfolgsdelikten: D.II.1.c)ee)(4) [S. 374].
- Siehe zur Zurechnung bei fahrlässigen Erfolgsdelikten: D.II.1.c)aa) [S. 261].

1291 Siehe: D.II.1.b)cc)(3)(b) [S. 244] und D.II.1.c)bb)(5) [S. 279].

1292 - LG Köln, 117 KLs 19/15, Urteil vom 14.04.2016 – im Internet abrufbar: www.justiz.nrw/BS/nrwe2 (Stand: 17.04.2018).
- Siehe dazu auch: D.II.1.c)aa) [S. 261].

(§ 211).[1293] Dies entspricht auch der neuen Rechtslage, die aber zu einer Abweichung führen würde, wenn die Raser keinen Tötungsvorsatz hätten bzw. ihnen dieser nicht nachgewiesen werden könnte. Nach damaligem Recht wären beide dann lediglich wegen fahrlässiger Tötung (§ 222) in Tateinheit (§ 52) mit Gefährdung des Straßenverkehrs (§ 315c I Nr. 2 lit. a und d) mit Geldstrafe oder bis zu fünf Jahren Freiheitsstrafe zu bestrafen, wohingegen sie nach neuem Recht gemäß § 315d I Nr. 2, II, V zu einer Haftstrafe von einem bis zu zehn Jahren zu verurteilen wären. Insgesamt sorgt der neue § 315d so in den meisten Raserfällen für eine deutliche Strafverschärfung im Vergleich zu früher, was sowohl für folgenlose, konkret gefährdende und schädigende Raserei gilt.

Eine weitere Sanktionsverschärfung sieht das 56. Strafrechtsänderungsgesetz vor, indem es die Einziehung der bei der Raserei verwendeten Kraftfahrzeuge ermöglicht. Durch eine wirksame Einziehung geht das Eigentum an dem eingezogenen Gegenstand ohne Ausgleich auf den Staat über (§ 75 I). Zuvor war das nur in sehr wenigen Fällen der Raserei möglich, doch nun stellt die Einziehungsmöglichkeit gemäß § 315f i.V.m. § 74 ff. den (theoretischen) Regelfall bei einer nach § 315d I Nr. 2/3 strafbaren Raserei dar. Dafür muss der Raser nicht einmal selbst Eigentümer des Raserfahrzeugs sein, sondern unter weitergehenden Voraussetzungen kann auch ein im Dritteigentum stehendes Fahrzeug eingezogen werden.[1294]
Verschärfungen gibt es ebenfalls bei den fahrerlaubnisrechtlichen Sanktionen. Zwar konnte Raserei schon früher durch Eintragungen im Fahreignungs-Bewertungssystem, Verhängung von Fahrverboten bzw. Entziehungen der Fahrerlaubnisse sanktioniert werden, doch solange sie nur als ordnungswidriges Verhalten galt, waren diese Sanktionsmöglichkeiten sehr begrenzt. Die neue strafrechtliche Erfassung der Raserei (§ 315d) ermöglicht weitergehend nun in aller Regel führerscheinrechtliche Sanktionen wie Fahrverbot (§ 44) und Entziehung der Fahrerlaubnis (§ 69) bzw. Sperre für deren Erteilung (§ 69a).[1295]

1293 - LG Berlin, (535 Ks) 251 Js 52/16 (8/16), Urteil vom 27.02.2017 – im Internet abrufbar: www.juris.de (Stand: 14.05.2018) und darauffolgend auch LG Berlin, (532 Ks) 251 Js 52/16 (9/18), Urteil vom 26.03.2019 (unveröffentlicht).
- Siehe auch: D.II.1.c)ee)(5) [S. 391].

1294 Siehe: D.II.3. [S. 402].

1295 Siehe: D.II.2. [S. 397].

Insgesamt sind die Sanktionen für das unerlaubte Verhalten des Rasens nach neuer Rechtslage meist wesentlich weiter und schärfer als zuvor.[1296] Das 56. Strafrechtsänderungsgesetz kann deshalb vor allem wegen der neuen §§ 315d und 315f als Meilenstein des Verkehrsstrafrechts angesehen werden. In der Theorie müsste das Rasen wegen der Sanktionsverschärfungen erheblich zurückgehen, weil sie eine entsprechende spezial- und generalpräventive Wirkung entfalten. Tatsächlich besteht für die Raser aber ein recht niedriges Entdeckungsrisiko und die abschreckende Wirkung der Sanktionen wird darüber hinaus durch die individuellen Gründe zu rasen überlagert oder gar vollständig verdrängt. Gleichwohl ist insbesondere die Einziehung des Fahrzeugs eine durchaus vielversprechende Sanktion, weil die Raser meist eine sehr enge Bindung zu ihrem Fahrzeug haben und es zugleich buchstäblich aus dem Verkehr gezogen wird. Die bestehenden Wirkpotenziale der Sanktionen können indes durch eine zielgerichtete und konsequente Verfolgung des Rasens ausgeschöpft werden. Im Rahmen eines ganzheitlichen Lösungsansatzes bieten noch weitere Maßnahmen wie etwa angepasste Straßengestaltungen, Aufklärungskampagnen und strengere Grenzwerte von Lärmemissionen für Kraftfahrzeuge zusätzliches Potenzial, Menschen vom Rasen abzuhalten.[1297]

1296 Siehe: D.III. [S. 419].
1297 Siehe: E. [S. 421].

G. Der Blick in die Zukunft

Letzten Endes darf man deshalb optimistisch davon ausgehen, dass sich das gesellschaftliche Problem der Raserei durch die mittlerweile verfügbaren Maßnahmen mit der Zeit reduzieren wird. Zum Schutz seiner Bürger sollte der Staat mit all seinen Institutionen seinen dabei bestehenden Spielraum auf rechtlicher und tatsächlicher Ebene weiter nutzen, um das noch bestehende Optimierungspotenzial im Kampf gegen die Raserei auszuschöpfen. Doch wie groß die Anstrengungen des Staates gegen die Raserei auch sein mögen, muss akzeptiert werden, dass sich illegale Straßenrennen und Einzelraserei niemals vollständig verhindern lassen werden – so wie Kriminalität ganz allgemein.

H. Anhänge

I. Anhang 1: Vorgeschlagene Änderungen des Strafgesetzbuches (StGB)

Im Folgenden werden aufbauend auf die vorangegangenen Befunde Änderungen von bestimmten Rechtsvorschriften des StGB vorgeschlagen, die im Zusammenhang mit der Raserei stehen bzw. die Systematik der Straßenverkehrsdelikte betreffen.

Die vorgeschlagenen Änderungen sind in der jeweiligen Norm durch *kursive und unterstrichene Fettschrift* kenntlich gemacht:

§ 44

Fahrverbot[1298]

(1) [1]Wird jemand wegen einer Straftat zu einer Freiheitsstrafe oder einer Geldstrafe verurteilt, so kann ihm das Gericht für die Dauer von einem Monat bis zu sechs Monaten verbieten, im Straßenverkehr Kraftfahrzeuge jeder oder einer bestimmten Art zu führen. [2]Auch wenn die Straftat nicht bei oder im Zusammenhang mit dem Führen eines Kraftfahrzeugs oder unter Verletzung der Pflichten eines Kraftfahrzeugführers begangen wurde, kommt die Anordnung eines Fahrverbots namentlich in Betracht, wenn sie zur Einwirkung auf den Täter oder zur Verteidigung der Rechtsordnung erforderlich erscheint oder hierdurch die Verhängung einer Freiheitsstrafe oder deren Vollstreckung vermieden werden kann. [3]Ein Fahrverbot ist in der Regel anzuordnen, wenn in den Fällen ***des § 69 Abs. 2*** die Entziehung der Fahrerlaubnis nach § 69 unterbleibt.

(…)

1298 - Begründung der Anpassung: Es ist nicht ersichtlich, warum die Regelvermutung des § 44 I 3 für die Anordnung eines Fahrverbots nur für Rauschtaten nach § 315c oder § 316 und nicht für alle Straßenverkehrsstraftaten gilt, wenn der Entzug der Fahrerlaubnis nach § 69 unterbleibt. So enthält § 69 II selbst eine umfassende Regelvermutung für eben weitere Verkehrsstraftaten, die trotz des anderen Maßnahmencharakters der Fahreraubnisentziehung hier bei § 44 als mildere Maßnahme übernommen werden sollte. Denn weder in der objektiven Gefährlichkeit noch im begangenen Unrecht bestehen solche Unterschiede zwischen Rauschtaten und den anderen Straßenverkehrstaten, dass dies bei der regelmäßigen Anordnung des Fahrverbot zu einer sinnvollen oder gar zwingenden Unterscheidung führt.
- Siehe allgemein zum Fahrverbot: D.II.2.b) [S. 398].

§ 69

Entziehung der Fahrerlaubnis[1299]

(1) [1]Wird jemand wegen einer rechtswidrigen Tat, die er bei oder im Zusammenhang mit dem Führen eines Kraftfahrzeugs oder unter Verletzung der Pflichten eines Kraftfahrzeugführers begangen hat, verurteilt oder nur deshalb nicht verurteilt, weil seine Schuldunfähigkeit erwiesen oder nicht auszuschließen ist, so entzieht ihm das Gericht die Fahrerlaubnis, wenn sich aus der Tat ergibt, dass er zum Führen von Kraftfahrzeugen ungeeignet ist. [2]Einer weiteren Prüfung nach § 62 bedarf es nicht.

(2) Ist die rechtswidrige Tat in den Fällen des Absatzes 1 ein Vergehen

1. der Gefährdung des Straßenverkehrs (§ 315c),

1a. desverbotenen Kraftfahrzeugrennens (§ 315d),

1b. des gefährlichen Eingriffs in den Straßenverkehr (§ 315b), der aus dem Straßenverkehr heraus begangen wurde,

2. der Trunkenheit im Verkehr (§ 316),

3. des unerlaubten Entfernens vom Unfallort (§ 142), obwohl der Täter weiß oder wissen kann, dass bei dem Unfall ein Mensch getötet oder nicht unerheblich verletzt worden oder an fremden Sachen bedeutender Schaden entstanden ist, oder

4. des Vollrausches (§ 323a), der sich auf eine der Taten nach den Nummern 1 bis 3 bezieht,

so ist der Täter in der Regel als ungeeignet zum Führen von Kraftfahrzeugen anzusehen.

(...)

1299 - Begründung der Anpassung: Wie unter D.II.1.b)bb) [S. 226] dargestellt, kann bestimmtes Fahrverhalten einen gefährlichen Eingriff in den Straßenverkehr nach § 315b darstellen. Gerade durch eine solche verkehrsfeindliche Pervertierung erweist sich der Fahrer als für den Straßenverkehr ungeeignet, weshalb zur Sicherung des Straßenverkehrs als Schutz der Allgemeinheit eine Entziehung seiner Fahrerlaubnis in der Regel zu erfolgen hat. Das muss folglich auch dann möglich sein, wenn der Fahrer dabei keine andere der bisher in § 69 II genannten Verkehrsstraftaten verwirklicht.
- Siehe allgemein zur Entziehung der Fahrerlaubnis: D.II.2.d) [S. 400].

§ 69a

Sperre für die Erteilung einer Fahrerlaubnis[1300]

(1) [1]Entzieht das Gericht die Fahrerlaubnis, so bestimmt es zugleich, dass für die Dauer von sechs Monaten bis zu ***zehn*** Jahren keine neue Fahrerlaubnis erteilt werden darf (Sperre). [2]Die Sperre kann für immer angeordnet werden, wenn zu erwarten ist, dass die gesetzliche Höchstfrist zur Abwehr der von dem Täter drohenden Gefahr nicht ausreicht. [3]Hat der Täter keine Fahrerlaubnis, so wird nur die Sperre angeordnet.

(…)

1300 - Begründung der Anpassung: Die Differenz der bisherigen maximalen zeitigen Sperre von fünf Jahren und der lebenslangen Sperre für die Neuerteilung einer Fahrerlaubnis ist so groß, dass eine Sicherung des Straßenverkehrs als Schutz der Allgemeinheit vor dem für den Straßenverkehr ungeeigneten Fahrer mitunter nicht angemessen erfolgen kann. Die vorgeschlagene Erhöhung der zeitigen Sperre in § 69a I 1 auf bis zu zehn Jahre würde für eine angemessene(re) Sperrdauer in solchen Fälle sorgen, in denen die gerichtliche Nichteignungsprognose zwar nicht eine lebenslange aber eine über fünf Jahre hinausgehende drohende Gefahr durch den Fahrer ergibt. Gerade in Raserfällen ist dies bedeutsam, weil die Gerichte häufig mit der Sperrdauer eher zurückhaltend sind (siehe C.IV.3. [S. 108]). So wurde nicht einmal im besonders schweren Berliner Raserfall eine lebenslange Sperre für die Rennfahrer rechtskräftig angeordnet, obwohl das verkehrspsychologische Gutachten für den untersuchten Raser feststellte, dass die Fahreignung klar zu verneinen sei und sich diese auch nicht durch verkehrstherapeutische Maßnahmen in den nächsten fünf Jahren herstellen lasse, sofern es überhaupt zu einem Therapieerfolg komme [LG Berlin, (535 Ks) 251 Js 52/16 (8/16), Urteil vom 27.02.2017, Rn. 187 f. – im Internet abrufbar: www.juris.de (Stand: 14.05.2018); LG Berlin, (532 Ks) 251 Js 52/16 (9/18), Urteil vom 26.03.2019 (unveröffentlicht), S. 80 f.; LG Berlin, (529 Ks) 251 Js 52/16 (6/20), Urteil vom 02.03.2021, Rn. 324 f. – im Internet abrufbar: www.juris.de (Stand: 28.12.2022)]. Diese Zurückhaltung der Gerichte hinsichtlich der Sperrdauer ist auch deshalb nicht nachvollziehbar, weil eine – auch lebenslange – Sperre nach § 69a VII vorzeitig aufgehoben werden kann, wenn sich die Person zum Führen von Kraftfahrzeugen vorzeitig wieder als geeignet erweist.
- Siehe allgemein zur Sperre für die Erteilung einer Fahrerlaubnis: D.II.2.d) [S. 400].

§ 315

Gefährliche Eingriffe in den Bahn-, Schiffs- und Luftverkehr[1301]

(…)

(3) Auf Freiheitsstrafe nicht unter einem Jahr ist zu erkennen, wenn der Täter

1. in der Absicht handelt,
   a) einen Unglücksfall herbeizuführen oder
   b) eine andere Straftat zu ermöglichen oder zu verdecken, oder
2. durch die Tat eine schwere Gesundheitsschädigung ***oder den Tod*** eines anderen Menschen oder eine Gesundheitsschädigung ***von mindestens zehn*** Menschen verursacht.

(…)

1301 - Begründung der Anpassungen, die über den geltenden § 315b III und den vorgeschlagenen neuen § 315c III auch für die Straßenverkehrsdelikte eine Rolle spielen: Das aktuelle Merkmal der großen Menschenzahl in § 315 III Nr. 2 ist hinsichtlich der genauen Verletztenanzahl bei einer weiten Bandbreite an Meinungen äußerst umstritten. Im Interesse der Rechtssicherheit sollte deshalb eine gesetzlich exakte Festlegung erfolgen, wobei unter Berücksichtigung der Gefahrenlage im öffentlichen Verkehr eine Zahl von mindestens 10 Menschen angemessen erscheint. Des Weiteren ist im Moment der Tod als Erfolg von § 315 III Nr. 2 nicht umfasst, was zu der paradoxen Folge führt, dass bei einer fahrlässigen Herbeiführung der schweren Gesundheitsschädigung eines anderen Menschen § 315 III Nr. 2 erfüllt ist, wohingegen bei einem fahrlässigen Todeseintritt neben § 222 nur Raum für den Grundtatbestand des § 315(b) I bleibt. Zur angemessenen Erfassung des im letztgenannten Fall verwirklichten Unrechts und der Herstellung einer einheitlichen Gesetzessystematik ist deshalb der Tod als schwere Folge mit in § 315 III Nr. 2 aufzunehmen.
- Siehe genauer zur Begründung und allgemein zu den Qualifikationen des § 315(b) III: D.II.1.b)bb)(4) [S. 234].

§ 315b

Gefährliche Eingriffe in den Straßenverkehr[1302]

(…)

(2) Handelt der Täter unter den Voraussetzungen des § 315 Abs. 3, so ist die Strafe Freiheitsstrafe von einem Jahr bis zu zehn Jahren, in minder schweren Fällen Freiheitsstrafe von sechs Monaten bis zu fünf Jahren.

(…)

1302 Siehe allgemein zu § 315b im Zusammenhang mit dem Führen eines Kraftfahrzeugs: D.II.1.b)bb) [S. 226].

§ 315c

Gefährdung des Straßenverkehrs[1303]

(1) Wer im Straßenverkehr

1. ein Fahrzeug führt, obwohl er
   a) infolge des Genusses alkoholischer Getränke oder anderer berauschender Mittel oder
   b) infolge geistiger oder körperlicher Mängel nicht in der Lage ist, das Fahrzeug sicher zu führen, oder

2. grob verkehrswidrig und rücksichtslos
   a) die Vorfahrt nicht beachtet,
   b) falsch überholt oder sonst bei Überholvorgängen falsch fährt,
   c) an Fußgängerüberwegen falsch fährt,
   d) an unübersichtlichen Stellen, an Straßenkreuzungen, Straßeneinmündungen oder Bahnübergängen zu schnell fährt,
   e) an unübersichtlichen Stellen nicht die rechte Seite der Fahrbahn einhält,
   f) auf Autobahnen oder Kraftfahrstraßen wendet, rückwärts oder entgegen der Fahrtrichtung fährt oder dies versucht oder
   g) haltende oder liegengebliebene Fahrzeuge nicht auf ausreichende Entfernung kenntlich macht, obwohl das zur Sicherung des Verkehrs erforderlich ist,

und dadurch Leib oder Leben eines anderen Menschen oder fremde Sachen von bedeutendem Wert gefährdet, wird mit Freiheitsstrafe bis zu fünf Jahren oder mit Geldstrafe bestraft.

1303 - Begründung der Anpassungen:
   - Im Gegensatz zu § 315b III existiert in § 315c bisher keine Qualifikation, die entsprechend zu § 315 III insbesondere einen tatsächlichen Erfolgseintritt strafschärfend berücksichtigt. Das bei einer (fahrlässigen) Erfolgsherbeiführung gegenüber dem schlichten § 315c I deutlich gesteigerte Unrecht wird so nicht angemessen erfasst, auch weil der Strafrahmen der mitverwirklichten Fahrlässigkeitsdelikte nicht hierüber hinausgeht [zustimmend: *Bönig*, Verbotene Kraftfahrzeugrennen, S. 237]. Wenn sich der Gesetzgeber für eine weiterführende Qualifikation bei einem gefährlichen Eingriff in den Straßenverkehr entschieden hat, sollte deshalb konsequenter Weise eine entsprechende Qualifikation auch für § 315c eingeführt werden. Aufgrund der Allgegenwärtigkeit von Verstößen gegen Straßenverkehrsvorschriften und der Tatsache dass

~~(2) *In den Fällen des Absatzes 1 Nr. 1 ist der Versuch strafbar.*~~

(3) ***Handelt der Täter unter den Voraussetzungen des § 315 Abs. 3, so ist die Strafe Freiheitsstrafe von sechs Monaten bis zu zehn Jahren, in minder schweren Fällen Freiheitsstrafe von drei Monaten bis zu fünf Jahren.***

(4) Wer in den Fällen des Absatzes 1 die Gefahr fahrlässig verursacht, ***wird mit Freiheitsstrafe bis zu drei Jahren oder mit Geldstrafe bestraft.***

(5) ***Wer in den Fällen des Absatzes 1*** fahrlässig handelt und die Gefahr fahrlässig verursacht, wird mit Freiheitsstrafe bis zu zwei Jahren oder mit Geldstrafe bestraft.

---

schon kleine Fehler im Straßenvekehr zu schweren Folgen führen können, sollte die einzuführende qualifizierte Straßenverkehrsgefährdung jedoch entgegen § 315b III kein Verbrechen (§ 12 I) darstellen und einen entsprechend reduzierten Mindeststrafrahmen von lediglich sechs Monaten Freiheitsstrafe festschreiben.

- Der aktuelle § 315c III unterscheidet in seinem Strafrahmen nicht zwischen der Vorsatz-Fahrlässigkeits-Kombination (Nr. 1) und einer rein fahrlässigen Begehung (Nr. 2), wogegen § 315b dies mit Abs. 4 und 5 entsprechend tut. Aufgrund des höheren Gesamtunrechts der Vorsatz-Fahrlässigkeits-Kombination gegenüber der rein fahrlässigen Begehung und zur Herstellung einer einheitlichen Gesetzessystematik der Straßenverkehrsdelikte sollte hier eine Strafrahmendifferenzierung wie bei § 315b IV und V erfolgen, wobei entsprechend ein Strafrahmen von bis zu drei Jahren Freiheitsstrafe für die Vorsatz-Fahrlässigkeits-Kombination des § 315c gerechtfertigt ist. (Siehe dazu ausführlich: D.II.1.a)cc)(1)(a)(dd) [S. 134].).

- Siehe allgemein zur Gefährdung des Straßenverkehrs: D.II.1.b)aa) [S. 202].

§ 315d

Raserei[1304]

(1) Wer im Straßenverkehr

~~*1. ein nicht erlaubtes Kraftfahrzeugrennen ausrichtet oder durchführt,*~~

2. als Kraftfahrzeugführer an einem nicht erlaubten Kraftfahrzeugrennen teilnimmt ***und dabei weitere Regeln des fließenden Straßenverkehrs missachtet*** oder

3. sich als Kraftfahrzeugführer grob verkehrswidrig und rücksichtslos ***zu schnell*** fortbewegt, um eine ***möglichst hohe*** Geschwindigkeit zu erreichen,

wird mit Freiheitsstrafe bis zu zwei Jahren oder mit Geldstrafe bestraft.

(1a) Ein Kraftfahrzeugführer bewegt sich im Sinne des Absatzes 1 Nummer 3 in der Regel jedenfalls dann grob verkehrswidrig zu schnell fort, wenn er die

---

1304 - Begründung der Anpassungen:
- Die eigenständige Variante des Ausrichtens bzw. Durchführens eines Kraftfahrzeugrennens ist nicht nötig, weil sie bereits als Anstiftung (§ 26) bzw. Beihilfe (§ 27) zur Haupttat der Teilnahme am Kraftfahrzeugrennen (§ 315d I Nr. 2) erfasst wird. § 315d I Nr. 1 kann damit gestrichen werden, ebenso wie die dazugehörige Versuchsstrafbarkeit des Abs. 3, die aktuell eine Strafbarkeit zu weit ins Vorfeld einer ernstzunehmenden abstrakten Gefahr ausdehnt. (Siehe dazu jeweils ausführlich: D.II.1.a)cc)(3)(a) [S. 193].).
- Von der Teilnahme an einem nicht erlaubten Kraftfahrzeugrennen geht nur dann eine die Strafbarkeit hinreichend begründende Gefahr aus, wenn dabei auch weitere Regeln des fließenden Straßenverkehrs missachtet werden. Diese Voraussetzung sollte mit in § 315d I Nr. 2 aufgenommen werden. (Siehe dazu ausführlich: D.II.1.a)cc)(1)(d)(aa) [S. 143]).
- Im Tatbestand der Einzelraserei nach § 315d I Nr. 3 sollte klargestellt werden, dass sowohl eine nicht angepasste Geschwindigkeit als auch eine Überschreitung der maximal zulässigen Geschwindigkeit eine zu schnelle Fortbewegung darstellt (siehe ausführlich: D.II.1.a)cc)(2)(c) [S. 169]) und dass sich die Raserabsicht auf die Erzielung (lediglich) einer möglichst hohen Geschwindigkeit beziehen muss (siehe ausführlich: D.II.1.a)cc)(2)(g) [S. 176]). Darüber hinaus sollte die grob verkehrswidrige Geschwindigkeitsüberschreitung durch eine Regelvermutung mit abgestuften Geschwindigkeiten konkretisiert werden. Indem diese Ergänzung des neuen Abs. 1a nur offensichtlich sehr schwerwiegende Geschwindigkeitsüberschreitungen erfasst, aber zugleich Ausnahmen von diesen Regelfällen in besonderen Einzelfällen zulässt, trägt sie unter Aufrechterhaltung des gerichtlichen Entscheidungsspielraums erheblich zur Rechtssicherheit bei. (Siehe dazu ausführlich: D.II.1.a)cc)(2)(d) [S. 171].)

in der Situation erlaubte Höchstgeschwindigkeit überschreitet und zwar bei einer erlaubten Geschwindigkeit von

1. maximal 50 km/h um mindestens weitere 50 km/h,
2. maximal 80 km/h um mindestens weitere 70 km/h,
3. maximal 100 km/h um mindestens weitere 80 km/h oder
4. mehr als 100 km/h um mindestens weitere 90 km/h.

(2) Wer ***durch ein Handeln nach*** Absatz 1 Nummer 2 oder 3 Leib oder Leben eines anderen Menschen oder fremde Sachen von bedeutendem Wert gefährdet, wird mit Freiheitsstrafe bis zu fünf Jahren oder mit Geldstrafe bestraft.

~~***(3) Der Versuch ist in den Fällen des Absatzes 1 Nummer 1 strafbar.***~~

(4) Wer in den Fällen des Absatzes 2 die Gefahr fahrlässig verursacht, wird mit Freiheitsstrafe bis zu drei Jahren oder mit Geldstrafe bestraft.

(5) [I]Verursacht der Täter in den Fällen des Absatzes 2 durch die Tat ~~***den Tod oder***~~ eine schwere Gesundheitsschädigung eines anderen Menschen oder eine Gesundheitsschädigung ***von mindestens zehn*** Menschen, so ist die Strafe Freiheitsstrafe von einem Jahr bis zu zehn Jahren~~***, in minder schweren Fällen***~~

- Bei der Qualifikation des § 315d II ist klarstellend zu ergänzen, dass für diese weitergehende Strafbarkeit entsprechend zu den anderen Straßenverkehrsdelikten zwischen dem Grundtatbestand des § 315d I Nr. 2/3 und der konkreten Gefährdung ein spezifischer Zurechnungszusammenhang bestehen muss (siehe ausführlich: D.II.1.b)cc)(3)(a) [S. 242]).
- Bei der Erfolgsqualifikation des § 315d V ist der aktuelle Strafrahmen mit einer Mindeststrafe von einem Jahr und einer Höchststrafe von zehn Jahren Freiheitsstrafe im Vergleich zu ähnlichen Erfolgsqualifikationen wie § 221 I, III; § 227; § 239 I, IV eher niedrig angesetzt. Jedenfalls ist für die Herbeiführung des Todes eines anderen Menschen durch die vorsätzliche und rücksichtslose Raserei hinsichtlich dieser Gesetzessystematik und des vom Raser verwirklichten Unrechts eine erhöhte Freiheitsstrafe von mindestens zwei bis zu maximal zwölf Jahren angemessen/er. (Siehe dazu auch: D.II.1.c)bb)(1) [S. 266] mit Fußnote 750.)
- Ein minder schwerer Fall der erfolgsqualifizierten Raserei ist kaum vorstellbar, denn dafür müsste die Tat insgesamt (so) stark unterhalb des Durchschnitts sonst üblicher Fälle dieser Art liegen, dass der normale Strafrahmen wegen der besonders überwiegenden strafmildernden Umstände nicht angemessen ist. Da die Untergrenze des Strafrahmens mit einem Jahr jedoch vergleichsweise schon recht niedrig angesetzt ist, braucht es für eine unrechts- und schuldangemessene Strafe auch in leichten Fällen des § 315d V keines zusätzlich minder schweren Falls. (Siehe dazu auch: D.II.1.c)bb)(6) [S. 281].)

~~***Freiheitsstrafe von sechs Monaten bis zu fünf Jahren***~~. [2]***Verursacht der Täter in den Fällen des Absatzes 2 durch die Tat den Tod eines anderen Menschen so ist auf Freiheitsstrafe von zwei bis zu zwölf Jahren zu erkennen.***

(6) Verursacht der Täter in den Fällen des Absatzes 4 durch die Tat eine der in Absatz 5 bezeichneten Folgen, so ist die Strafe Freiheitsstrafe von sechs Monaten bis zu sieben Jahren.[1305]

- Der vorgeschlagene neue § 315d VI regelt eine über Abs. 5 hinausgehende Erfolgsqualifikation, die auf § 315d IV als Grunddelikt verweist, sodass der Raser auch dann einer verschärften Strafandrohung unterliegt, wenn er die konkrete Gefährdung, die in den Erfolg mündet, nur fahrlässig herbeiführt. Aktuell wird diese Fallkonstellation zwar von § 315 IV und je nach schwerer Folge von § 229 bzw. § 222 erfasst, doch geht das hier verwirklichte Unrecht darüber hinaus. Ursprünglich hatte auch der Gesetzgeber das so gesehen, doch wurde dieser Teil des Gesetzesentwurfs später ohne Begründung gestrichen. Zugleich lassen sich in der Rechtsprechung mitunter Tendenzen ausmachen, dass bei einem Kraftfahrzeugrennen (§ 315d I Nr. 2) der spezifische Zurechnungszusammenhang bzw. der Vorsatz des § 315d II für den zweiten Rennfahrer, der die konkrete Gefährdung nicht selbst unmittelbar herbeiführt, sehr eng gefasst wird [BGH, 4 StR 224/20, Beschluss vom 08.12.2021, Rn. 15 ff. – im Internet abrufbar: www.bundesgerichtshof.de (Stand: 28.12.2022); LG Arnsberg, 2 Ks 15/19, Urteil vom 20.01.2020, Rn. 334 f. – im Internet abrufbar: www.juris.de (Stand: 13.11.2020)]. Davon abgesehen, dass diese Einschränkungen mit Blick auf den umfassenden Strafgrund der Norm und die weitgehende Gefährlichkeit von Straßenrennen über Gebühr erfolgen, sorgt dies im Ergebnis nicht selten für einen Entfall der Strafbarkeit des zweiten Rennfahrers nach § 315d II und damit auch Abs. 5, womit nur § 315d IV und das jeweilige fahrlässige Erfolgsdelikt bestehen bleiben. Insgesamt ist es deshalb konsequent, bei der Herbeiführung einer schweren Folge durch das Rasen wie in den Fällen des § 315d II eine Erfolgsqualifikation auch für die fahrlässige konkrete Gefährdung nach § 315d IV einzuführen, deren Strafrahmen unrechtsangemessen über der Strafdrohung von § 315d II/IV und § 222 aber unter der von § 315d V liegt. (Siehe dazu ausführlich: D.II.1.c)bb)(4) [S. 276].)

- Eine Höchststrafe von sieben bzw. zwölf Jahren Freiheitsstrafe mag als unüblich kritisiert werden. Allgemein stellt sich aber die Frage, warum der Gesetzgeber im Bereich hoher Haftstrafen nur Abstufungen in 5-Jahresschritten (5, 10, 15) vornimmt. Mit den hier vorgeschlagenen weiteren Zwischenwerten (7, 12) können die teilweise unterschiedlichen Unrechtsgehalte verschiedener Taten sowohl innerhalb bestimmter Delikte als auch deliktsübergreifend schon von Gesetzeswegen auf Rechtsfolgenseite besser abgebildet werden.

1305 Einen in Teilen ähnlichen Vorschlag zur Anpassung des § 315d macht konkret auch *Bönig*, Verbotene Kraftfahrzeugrennen, S. 223 f. u. 259.

II. Anhang 2: Berechnung des Anteils der zu schnell fahrenden Fahrzeuge gemäß Messungen der Unfallforschung der Versicherer in vier deutschen Großstädten

In den vier deutschen Großstädten Berlin, Köln, München und Hamburg hat die Unfallforschung der Versicherer (UDV) für den Gesamtverband der Deutschen Versicherungswirtschaft (GDV) an insgesamt 190 innerstädtischen Straßen die Geschwindigkeit von 2.150.910 Kraftfahrzeugen untersucht. Die Messungen fanden an jeder der 190 Strecken an teilweise unterschiedlichen Tagen für jeweils 24 Stunden statt, wobei in Berlin 2014, in Köln 2015, in München 2016 und in Hamburg 2017 gemessen wurde.

Für die Verbreitung der Raserei (Abschnitt C.II.1.) ergeben die Berechnungen auf Grundlage dieser Messergebnisse, dass von allen im Stadtgebiet gemessenen Fahrzeugen nach Abzug der Toleranz insgesamt zirka 16 % zu schnell gefahren sind.

Die Ergebnisse der Messungen und ihre statistische Auswertung zusammengefasst:

	Berlin[1306]	**Köln**[1307]	**München**[1308]	**Hamburg**[1309]	**insgesamt**
Anzahl insgesamt gemessener Straßen	44	54	49	43	190
Anzahl gemessener Fahrzeuge an Tempo 50 Strecken	397.369	290.174	537.145	443.795	1.668.483
Anteil der zu schnell Fahrenden an Tempo 50 Strecken[1310]	4 %	12 %	16 %	18 %	12,5 %
Anzahl gemessene Fahrzeuge an Tempo 30 Strecken	77.635	53.545	25.544	46.255	202.979
Anteil der zu schnell Fahrenden an Tempo 30 Strecken[1310]	17 %	27 %	44 %	54 %	35,5 %
Anzahl gemessener Fahrzeuge in Tempo 30 Zonen	7.654	16.964	100.910	15.317	140.845
Anteil der zu schnell Fahrenden in Tempo 30 Zonen[1310]	≈ 25 %	22 %	37 %	41 %	≈ 31 %
Anzahl gemessener Fahrzeuge an sonstigen Strecken mit Geschwindigkeitsbeschrän-kungen	9.534	10.656	5.683	7.199	33.072
Anteil der zu schnell Fahrenden an sonstigen Strecken[1310]	≈ 73 %	≈ 64 %	≈ 88 %	≈ 55 %	70 %
Anzahl insgesamt gemessener Fahrzeuge	597.744	371.318	669.282	512.566	2.150.910
Anteil der zu schnell Fahrenden insgesamt	≈ 6 %	≈ 16 %	≈ 21 %	≈ 22 %	≈ 16 %

1306 *UDV*, Geschwindigkeitsmessungen in Berlin, S. 2 ff.
1307 *UDV*, Geschwindigkeitsmessungen in Köln, S. 2 ff.
1308 *UDV*, Geschwindigkeitsmessungen in München, S. 2 ff.
1309 *UDV*, Geschwindigkeitsmessungen in Hamburg, S. 2 ff.
1310 Bei den Messungen wurde eine Toleranz von 5 km/h angenommen, sodass mindestens 6 km/h schneller als die erlaubte Höchstgeschwindigkeit gefahren werden musste, um als zu schnell Fahrender registriert zu werden.

III. Anhang 3: Berechnung der durch Raserei verursachten Unfallkosten

Die durch Raserei im Jahr 2019 insgesamt verursachten Unfallkosten (K_{Ras}) errechnen sich aus den addierten Unfallkosten für Personenschäden (K_P) und den Unfallkosten für Sachschäden (K_s) der durch Raserei (mit) verursachten Unfälle. Die zugrundeliegenden Werte der Unfälle und Unfallfolgen durch das Rasen entstammen den Zahlen und Berechnungen der Abschnitte C.II.1. und C.II.2.,[1311] die aktuellen Durchschnittszahlen zu den volkswirtschaftlichen Kosten von Straßenverkehrsunfällen in Deutschland wurden von der Bundesanstalt für Straßenwesen ermittelt[1312]:

- Kosten für Personenschäden (K_P) = Anzahl der Leichtverletzten · Kostensatz Leichtverletzte + Anzahl der Schwerverletzten · Kostensatz Schwerverletzte + Anzahl der Getöteten · Kostensatz Getötete

$$K_P = 1.102 \cdot 5.092 + 377 \cdot 116.701 + 28 \cdot 1.146.989$$

$$K_P = 81.723.353$$

- Kosten für Sachschäden (K_s) = Anzahl der Unfälle mit Personenschäden · Kostensatz Sachschäden für Unfälle mit Personenschäden + Anzahl der schwerwiegenden Unfälle mit Sachschäden · Kostensatz Sachschäden für schwerwiegende Unfälle mit Sachschäden + (Anzahl aller Sachschadensunfälle ohne schwerwiegende Schäden · Anteil der Raserunfälle an allen anderen Verkehrsunfällen) · Kostensatz für übrige Sachschadensunfälle

$$K_s = 1.075 \cdot 17.161 + 536 \cdot 23.241 + \left(2.316.329 \cdot 0{,}0044\right) \cdot 6.095$$

$$K_S \approx 93.024.562$$

1311 Die Verkehrsunfallstatistik erfasst bei Unfällen mit nur Sachschäden, bei denen es zu keinen schwerwiegenden Schäden kommt und die nicht unter dem Einfluss von berauschenden Mitteln begangen wurden, nicht das Fehlverhalten von Fahrzeugführern als Unfallursache (*Statistisches Bundesamt*, Verkehrsunfälle 2019, S. 11). Da aber auch solche Unfälle mit auf Raserei zurückgehen können und diese Zahlen insofern unbekannt sind, müssen sie hier anhand des Anteils der Raserunfälle an allen anderen Verkehrsunfällen (0,44 %) in Bezug auf die Gesamtanzahl der Unfälle ohne Personen- und schwerwiegende Sachschäden (*Statistisches Bundesamt*, Verkehrsunfälle 2019, S. 44) angesetzt werden.

1312 *BASt*, Volkswirtschaftliche Kosten.

- Unfallkosten (K_{Ras}) = Kosten für Personenschäden + Kosten für Sachschäden

$$K_{Ras} = K_P + K_S$$

$$K_{Ras} = 81.723.353 + 93.024.562$$

$$K_{Ras} = 174.747.915$$

Als Folgen der Raserei (Abschnitt C.II.2.) ergeben sich Unfallkosten in Höhe von insgesamt fast 175 Mio. Euro.

IV. Anhang 4: Weiterführende Ausführungen zu Lärmemissionen von Kraftfahrzeugen

Die folgenden ausführlichen Erörterungen zum gesamten Komplex der Lärmemissionen mit den gesetzlichen Vorgaben für Kraftfahrzeuge und deren Umsetzung liegen dazugehörigen Ausführungen unter E.II. insgesamt zugrunde.[1313] Darüber hinaus beinhalten sie weitergehende Ansätze für allgemeingültige Anpassungen der Maßnahmen gegen Lärmemissionen von Kraftfahrzeugen:

Schon seit langem gibt es Rechtsvorschriften, die für einen möglichst emissionsarmen Straßenverkehr sorgen sollen. So besagt auf der einen Seite die Grundregel des § 1 II StVO, Verkehrsteilnehmer haben sich auch so zu verhalten, dass kein anderer mehr, als nach den Umständen unvermeidbar, belästigt wird. Des Weiteren verbietet § 30 I StVO konkret die Verursachung von unnötigem Lärm bei/durch Benutzung von Kraftfahrzeugen, was grundsätzlich auch unnötiges Hin- und Herfahren innerorts mit einschließt. Ein Verstoß gegen diese Vorschrift stellt eine Ordnungswidrigkeit dar (§ 24 I StVG i.V.m. §§ 49 I Nr. 25, 30 I StVO), die (gemäß lfd. Nr. 117 bzw. 118 der Anlage zu § 1 I BKatV) mit 80 € bzw. 100 € Geldbuße geahndet wird. Auf der anderen Seite legen zusätzlich andere Rechtsvorschriften konkrete Grenzwerte für Lärmemissionen von Kraftfahrzeugen fest, die ein Fahrzeug für seine Betriebserlaubnis/EU-Typengenehmigung[1314] einhalten muss, wobei letztere wiederum Voraussetzung für die individuelle Fahrzeugzulassung zum Straßenverkehr ist (§ 1 I StVG, § 3 I FZV).[1315] Auch dabei gilt der allgemeine Grundsatz, Kraftfahrzeuge müssen so beschaffen sein, dass die Geräuschentwicklung das nach dem jeweiligen Stand der Technik unvermeidbare Maß nicht übersteigt (siehe beispielhaft § 49 I StVZO). Da die allermeisten Kraftfahrzeuge eine EU-Typengenehmigung besitzen, müssen sie die in den dazugehörigen EU-Rechtsverordnungen[1316] festgelegten Anforderungen

1313 Siehe E.II. [S. 429].

1314 Die Begrifflichkeiten sind in § 2 Nr. 4, 5 und 6 FZV erläutert, wobei nach aktuellem EU-Recht (nun) die EU-Typengenehmigung die (frühere) EG-Typengenehmigung darstellt.

1315 Hentschel/König/Dauer – *Dauer*, § 1 StVG Rn. 34 u. § 3 FZV Rn. 7; MüKo-StVR – *Huppertz*, § 1 StVG Rn. 4 f. u. § 3 FZV Rn. 3; B/H/H/J – *Hühnermann*, § 1 StVG Rn. 2a; Bachmeier/Müller/Rebler – *Müller*, § 1 StVG Rn. 8 ff.; Bachmeier/Müller/Rebler – *Heinrich/Rebler*, § 3 FZV Rn. 1.

1316 - Für Kraftfahrzeuge der Klassen M (wie klassische Pkw), N und O:
Verordnung (EU) 2018/858 des Europäischen Parlaments und des Rates vom 30. Mai 2018 über die Genehmigung und die Marktüberwachung von

erfüllen, wozu auch die konkreten Vorgaben für die Lärmemissionen[1317] zählen. Diese Regelungen sind dabei sehr technisch, komplex und beruhen in Teilen auf weiterführenden internationalen Vereinbarungen[1318].
Auf den ersten Blick scheinen die Grenzwerte für die Lärmemissionen von Kraftfahrzeugen recht streng zu sein und dem Grundsatz der Lärmminimierung zu genügen. Tatsächlich zeigen allerdings über diese Vorschriften hinausgehenden Messungen, dass – insbesondere sportliche bzw. leistungsstarke – Kraftfahrzeuge weit höhere Werte erreichen können, gleichwohl sie die vorgeschriebenen Grenzwerte für die EU-Typengenehmigung einhalten. So wurde bei den Messungen durch eine andere Fahrweise bzw. einen anderen Fahrmodus beim Schalldruckpegel (L_{pA} in $dB(A)$) in der Spitze ein Unterschied von 31 dB(A) im Vergleich zu Messdurchgängen nach Vorschrift ermittelt, was rechnerisch einer Vorbeifahrt von ca. 1.290 ($\approx 2^{10,\bar{3}}$) Fahrzeugen nach Vorschrift entspricht. Unabhängig davon, ob es sich bei den gemessenen Fahrzeugen um Autos oder Motorräder handelte, überschritten alle Kraftahrzeuge in diesen realen Messungen die geltenden Grenzwerte erheblich. Hinzu kommt, dass die Grenzwerte nur den maximalen Schalldruckpegel vorschreiben, dieser

---

Kraftfahrzeugen und Kraftfahrzeuganhängern sowie von Systemen, Bauteilen und selbstständigen technischen Einheiten für diese Fahrzeuge, zur Änderung der Verordnungen (EG) Nr. 715/2007 und (EG) Nr. 595/2009 und zur Aufhebung der Richtlinie 2007/46/EG [ABl. L 151 vom 14.6.2018, S. 1 ff.].
- Für Kraftfahrzeuge der Klassen L (wie klassische Motorräder [L3e]): Verordnung (EU) Nr. 168/2013 des Europäischen Parlaments und des Rates vom 15. Januar 2013 über die Genehmigung und Marktüberwachung von zwei- oder dreirädrigen und vierrädrigen Fahrzeugen [ABl. L 60 vom 2.3.2013, S. 52 ff.].

1317 - Für Kraftfahrzeuge der Klassen M (wie klassische Pkw) und N gilt speziell: Verordnung (EU) Nr. 540/2014 des Europäischen Parlaments und des Rates vom 16. April 2014 über den Geräuschpegel von Kraftfahrzeugen und von Austauschschalldämpferanlagen sowie zur Änderung der Richtlinie 2007/46/EG und zur Aufhebung der Richtlinie 70/157/EWG [ABl. L 158 vom 27.5.2014, S. 131 ff.].
- Für Kraftfahrzeuge der Klassen L (wie klassische Motorräder [L3e]) trifft die bereits angeführte Verordnung (EU) Nr. 168/2013 (siehe vorangegangene Fußnote 1316) die Lärmvorgaben.

1318 Dazu gehören vor allem die UNECE-Regelungen, die auf dem von der Wirtschaftskommission der Vereinten Nationen für Europa (United Nations Economic Commission for Europe – UNECE) beschlossenen „Agreement concerning the Adoption of Uniform Conditions of Approval and Reciprocal Recognition of Approval for Motor Vehicle Equipment and Parts, done at Geneva on 20 March 1958“ [E/ECE/324 und E/ECE/TRANS/505] beruhen.

aber nur ein Einflussfaktor von mehreren für die vom Menschen empfundene Lästigkeit eines Geräusches darstellt. Folglich sagt die Einhaltung der Geräuschemissionsvorschriften gemäß den geltenden Anforderungen der EU-Typengenehmigung für Kraftfahrzeuge insgesamt nur sehr wenig darüber aus, wie viele Geräuschemissionen Fahrzeuge in der Realität verursachen. Tatsächlich können diese weitaus höher liegen.[1319]

Es ist kein Geheimnis und wissenschaftlich erwiesen, dass (Verkehrs-) Lärm negative Auswirkungen auf die Psyche und den Körper der davon betroffenen Menschen hat, was bei großer bzw. beständiger Belastung sogar zu ernsthaften Folgen für die Gesundheit führen kann.[1320] Besonders Anwohner von stark befahrenen Straßen sind diesen Risiken ausgesetzt, wozu nicht selten Raser sowie Poser vor allem durch das Herbeiführen von kurzzeitigen Spitzenwerten der Lärmbelastung mit beitragen. Selbst wenn der (Verkehrs-) Lärm auf von ihm weniger betroffene Personen keine gesundheitlichen Auswirkungen hat, wird er doch in der Regel als störend bzw. belästigend empfunden. Die kraftfahrzeugführenden Lärmverursacher sehen das anders, weil für sie allgemein – was nicht nur für Raser und Poser gilt – gerade ein lauter und sportlicher Sound des Fahrzeugs positive charakteristische Emotionen auslöst und transportiert[1321].

Neue strengere Regeln zu Lärmemissionen von Kraftfahrzeugen existieren (noch) nicht. Gleichwohl fordert der Bundesrat in seiner „Entschließung […] zur wirksamen Minderung und Kontrolle von Motorradlärm"[1322] weitreichende Maßnahme hinsichtlich Geräuschemissionen von Motorrädern. Dazu gehören zuvorderst neue Grenzwerte für Geräuschemissionen bei der Genehmigung für Neufahrzeuge auf EU- und internationaler Ebene, die in allen Fahrzuständen einzuhalten sind (Real Driving Sound Emissions).[1323] Des Weiteren sollen Systeme zur individuellen Einstellung der Lautstärke bzw. des Klangbildes des Fahrzeugs durch den Fahrer (sog. Sound-Design) verboten sowie bessere

---

1319 *Umweltbundesamt*, Überprüfung der Geräuschemissionen, S. 112 ff. (und ausführlich im Einzelnen S. 55 ff.).

1320 Uexküll – *Sopko*, S. 1180; *Umweltbundesamt*, Überprüfung der Geräuschemissionen, S. 197 f.; *Unfallkasse Sachsen-Anhalt*, Sicherheitsforum 1/2005, 2 (2 ff.).

1321 *Umweltbundesamt*, Überprüfung der Geräuschemissionen, S. 197 f.; *Handelsblatt (Online)*, Für den guten Ton; *Neue Westfälische (Online)*, Der perfekte Auto-Sound; *Brings/Fuchs*, DPolBl 2/17, 20 (21).

1322 BR-Drs. 125/20 (B).

1323 BR-Drs. 125/20 (B), S. 3.

Messverfahren mit weitergehenden Eingriffsbefugnissen der Polizei vor Ort und härtere Sanktionen bei Verstößen eingeführt werden[1324].
Definitiv zuzustimmen ist dem Bundesrat in der Notwendigkeit der Einführung strengerer und in jedem Fahrzeugzustand einzuhaltender Grenzwerte von Geräuschemissionen für neue Motorräder (alte Typengenehmigungen/Betriebserlaubnisse genießen dabei weiterhin Bestandsschutz). Dabei ist allerdings kein überzeugender Grund ersichtlich, warum diese überarbeiteten Regeln nur für neue Motorräder und nicht auch für neue Autos sowie vergleichbare Kraftfahrzeuge gelten sollen, wenn doch alle die bisherigen Grenzwerte auf der Straße überschreiten. Allgemein besitzen die alten Vorschriften diverse Regelungslücken, vor allem weil sie einerseits nur bestimmte Fahrweisen berücksichtigen und sich andererseits das Endergebnis der Prüfung aus den verschiedenen Messungen zusammensetzt.[1325] Deshalb muss durch die neu einzuführenden Prüfverfahren sichergestellt werden, dass die zukünftigen Grenzwerte auch unter realen Bedingungen wirklich in jedem Fahr(zeug)zustand zu jeder Zeit eingehalten werden. Daneben sollten niedrigere Durchschnittsgrenzwerte festgelegt werden, um auch die Geräuschemissionen der Fahrzeuge unter normalen bzw. alltäglichen Fahrbedingungen angemessen zu erfassen. Grenzwerte sind dabei allgemein nicht nur anhand des Schalldruckpegels, sondern zusätzlich bzw. vor allem anhand der psychoakustischen Lästigkeit der Geräuschemissionen festzulegen. Denn die sich hier maßgeblich aus Lautheit (*N* in *sone*), Rauigkeit (*R* in *asper*) und Schärfe (*S* in *acum*) zusammensetzende Lästigkeit kann gemäß der Psychoakustik die von einem akustischen Reiz ausgelöste subjektive Empfindung beim Menschen deutlich besser beschreiben.[1326] Bei den durchgeführten Messungen konnten nämlich bei Auswertung der Lästigkeit ebenso große Unterschiede im Vergleich zu den

1324 BR-Drs. 125/20 (B), S. 4 f.

1325 Bspw. sind Volllastfahrten nur in bestimmten Geschwindigkeitsbereichen vorgesehen, bestimmte Fahrzeugmodi (wie Sportmodus) werden nur teilweise erfasst, Szenarien des bewussten Verursachens möglichst großer Geräuschemissionen bleiben unberücksichtigt und eine Überschreitung der Grenzwerte bei bestimmten Messungen kann durch eine Unterschreitung bei anderer Messung kompensiert werden (siehe: *Umweltbundesamt*, Überprüfung der Geräuschemissionen, S. 56 ff.).

1326 Handbuch Fahrzeugakustik – *Zeller*, S. 252 u. 255 ff.; *Pflüger/Brandl/Bernhard/Feitzelmayer*, Fahrzeugakustik, S. 32 ff.; *Umweltbundesamt*, Überprüfung der Geräuschemissionen, S. 66 ff.; *Fiebig/Genuit*, in: Fortschritte der Akustik, 199 (199 ff.).

Vorschriftsfahrten gezeigt werden, sodass die tatsächliche Lästigkeit für den Menschen das Normalmaß um ein Vielfaches übersteigen kann.[1327] Wie hoch oder eher niedrig neue Grenzwerte für ein annehmbares Belästigungs- und geschütztes Gesundheitsniveau der Bevölkerung anzusetzen sind, muss wissenschaftlich noch umfassend ermittelt werden. Auf dieser Grundlage ist es dann Aufgabe der (deutschen) Politik, für eine Umsetzung der hier vorgeschlagenen Regelverbesserungen zur Reduktion der Geräuschemissionen von Kraftfahrzeugen auf internationaler Ebene zu sorgen.
Das vom Bundesrat befürwortete Verbot des (negativen) Sound-Designs bei Kraftfahrzeugen ist an sich zu begrüßen, würde aber mit der Umsetzung der soeben dargestellten neuen Grenzwerte und -prüfungen der Geräuschemissionen obsolet, weil jeder insofern einstellbare Sound im/am Kraftfahrzeug davon mit umfasst wäre. Dagegen ist für Elektrofahrzeuge ein angemessenes Sound-Design mitunter sogar notwendig, damit Passanten das Fahrzeug akustisch wahrnehmen können. Wichtiger wäre deshalb den Herstellern vorzuschreiben, dass eine Veränderung der Geräuschemissionen der Fahrzeuge im Vergleich zu ihrem (geprüften) Originalzustand weder elektronisch noch mechanisch einfach herbeizuführen ist. Bspw. war es vor allem bei Motorradfahrern beliebt, den sog. dB-Killer, der für eine erhebliche Lärmreduktion am Fahrzeugauspuff und so überhaupt für die Einhaltung der Grenzwerte sorgt, auszubauen, um mit der Maschine eine möglichst laute Geräuschkulisse zu erzeugen.[1328] Zwar sind mittlerweile nur noch fest verbaute dB-Killer zugelassen,[1329] doch sollte

---

1327 *Umweltbundesamt*, Überprüfung der Geräuschemissionen, S. 112 ff. (und ausführlich im Einzelnen S. 70 ff.).

1328 - Ein solcher Ausbau des dB-Killers war in der jüngeren Vergangenheit mit einfachem Werkzeug ohne Probleme innerhalb kürzester Zeit möglich. Obwohl diese Fahrzeugveränderung gegen die Fahrzeugzulassungsvorschriften verstößt und folglich die EU-Typengenehmigung/Betriebserlaubnis des Fahrzeugs erlischt (§ 19 II 2 Nr. 3, VII StVZO), war der kontrollierenden Polizei eine Sicherstellung des Motorrads aus Verhältnismäßigkeitsgründen kaum möglich. Denn die Fahrer führten den ausgebauten dB-Killer bei der Fahrt in aller Regel mit, konnten ihn so vor Ort einfach wieder einbauen und damit den vorgeschriebenen Fahrzeugzustand wiederherstellen.
- *Umweltbundesamt*, Überprüfung der Geräuschemissionen, S. 44 u. 74 ff.; *Az-online.de*, Wenn die Biker den Stöpsel ziehen; *Deutschlandfunk (Online)*, Lärmgrenzwerte werden kaum kontrolliert.

1329 - Für werksseitige/originale Schalldämpferanlagen:
Delegierte Verordnung (EU) 2016/1824 der Kommission vom 14. Juli 2016 zur Änderung der Delegierten Verordnung (EU) Nr. 3/2014, der Delegierten

zukünftig auch für andere Manipulationen an allen Kraftfahrzeugen sichergestellt werden, dass die geltenden Regeln nicht einfach umgangen werden können.
Eine Verbesserung der aktuellen technischen bzw. rechtlich zulässigen Messverfahren der Polizei vor Ort bei (vermuteten) Geräuschemissionsüberschreitungen sollte schon mit Blick auf mehr Rechtssicherheit für betroffene Bürger und Polizeibeamte stattfinden. Die vom Bundesrat darüber hinaus geforderte Erweiterung der Befugnisse der Polizei für solche Lärmverstöße ist hingegen nicht erforderlich, weil das betroffene Fahrzeug bereits nach aktueller Rechtslage sichergestellt werden kann.[1330] Die ebenfalls angeregten Sanktionsverschärfungen für erhebliche Lärmemissionssteigerungen infolge von Fahrzeugmanipulationen erscheinen zumindest für solche Fälle nicht unbedingt notwendig, in denen dadurch schon die EU-Typengenehmigung/Betriebserlaubnis des Fahrzeugs erlischt[1331], der Fahrer das Fahrzeug trotzdem vorsätzlich in Betrieb nimmt und die Polizei bei der Kontrolle von ihrer Befugnis der Sicherstellung Gebrauch macht. Deutlich intensiver als die Geldbuße von 180 € für den Fahrer bzw. 270 € für den Fahrzeughalter[1332] wirken nämlich die

---

Verordnung (EU) Nr. 44/2014 und der Delegierten Verordnung (EU) Nr. 134/2014 hinsichtlich der Anforderungen für die funktionale Sicherheit des Fahrzeugs, der Anforderungen an die Bauweise von Fahrzeugen und der allgemeinen Anforderungen sowie der Anforderungen an die Umweltverträglichkeit und die Leistung der Antriebseinheit – Anhang III Ziffer (5) a) 2.4. [ABl. L 279 vom 15.10.2016, S. 39 f.].
- Für nicht originale Austauschschalldämpferanlagen:
Regelung Nr. 92 der Wirtschaftskommission der Vereinten Nationen für Europa (UNECE) — Einheitliche Bedingungen für die Genehmigung von nicht originalen Austauschschalldämpferanlagen (NORESS) für Fahrzeuge der Klassen L_1, L_2, L_3, L_4 und L_5 hinsichtlich der Geräuschemissionen [2018/1707] – Regelung 6.3.1. [ABl. L 290 vom 16.11.2018, S. 165 f.].

1330 Siehe dazu ausführlich: C.IV.2. [S. 105].

1331 Siehe dazu ausführlich Fußnote 247.

1332 Gemäß § 24 I StVG i.V.m. §§ 69a II Nr. 1b, 19 II 2 Nr. 3, V 1 StVZO handelt ordnungswidrig, wer ein Fahrzeug, dessen Betriebserlaubnis erloschen ist, auf öffentlichen Straßen in Betrieb nimmt bzw. dessen dortige Inbetriebnahme als Halter anordnet oder zulässt. Das gleiche gilt gemäß § 19 VII StVZO für die EU-Typengenehmigung. Aber nur wenn dadurch auch die Umwelt oder die Verkehrssicherheit wesentlich beeinträchtigt wird, ist für den Fahrer nach lfd. Nummer 214b.2 oder 214a.2 bzw. für den Halter nach lfd. Nr. 189b.2 oder 189a.2 der Anlage zu § 1 I BKatV im Regelfall eine Geldbuße von 90 € bzw. 135 € zu

sofortige Sicherstellung des Fahrzeugs sowie die sich in aller Regel danach anschließenden Maßnahmen der Verwahrung, Begutachtung und Mängelbeseitigung, die dem Betroffenen zusätzlich in Rechnung gestellt werden.[1333] Eher wäre es noch angebracht, die erwähnte Sanktionierung für das In-Betrieb-Setzen/-Lassen eines Fahrzeugs mit erloschener EU-Typengenehmigung/Betriebserlaubnis nicht nur bei einer daraus folgenden wesentlichen Beeinträchtigung der Verkehrssicherheit oder der Umwelt[1334], sondern per se anzuordnen, weil ein solches Vorgehen in jedem Fall einen Verstoß gegen eine wesentliche Verkehrs(verwaltungs)vorschrift darstellt.

Insgesamt würden entsprechend angepasste Vorschriften zu Lärmemissionen von Kraftfahrzeugen mit der Zeit nicht nur für einen Rückgang des allgemeinen Verkehrslärms sorgen, sondern hätten gleichzeitig auch das Potenzial, dem Rasen und Posen entgegenzuwirken.

verhängen. Bei Vorsatz ist die Regelbuße zu verdoppeln (§ 3 IVa BKatV), sodass hier dann 180 € für den Fahrer bzw. 270 € für den Halter fällig werden.

1333 - Zu den Maßnahmen in der Praxis: *Baldarelli*, DPolBl 2/17, 12 (12 f.); *Brings/Fuchs*, DPolBl 2/17, 20 (21 f.); *FAZ (Online)*, Mit hundert durch die Stadt, S. 4 f.; *Welt (Online)*, Ein Jahr Soko Autoposer.
- Siehe auch: E.I. [S. 421].

1334 Siehe: Fußnote 1332.

FORMALE ERLÄUTERUNGEN

Zum Zitieren:
Steht eine Fußnote am Ende eines Absatzes, bezieht sie sich auf den gesamten Absatz. Steht eine Fußnote am Ende eines Satzes, bezieht sie sich auf den gesamten Satz. Entsprechend bezieht sich eine Fußnote nur auf den vorangegangenen Satzteil, wenn sie im Satz hinter einem Satzzeichen oder direkt vor dem Schlusspunkt des Satzes steht. Eine Fußnote direkt vor dem Schlusspunkt des letzten Satzes eines Absatzes bezieht sich demnach auf diesen letzten Satz. Wenn sich eine Fußnote ansonsten vor einem Satzzeichen bzw. direkt hinter einem Wort befindet, bezieht sie sich nur auf den vorangegangenen Satzteil bis zum vorherigen Satzzeichen oder nur auf das jeweilige Wort bzw. jeweils auf die dazugehörige Sinneinheit. Die Fußnoten sind eigenständig und überlagern sich nicht. In nicht wenigen Fußnoten findet sich die Bezeichnung „stützend". Damit wird deutlich gemacht, dass die im Text getroffenen Aussagen weitergehende Folgerungen sind, die auf den in der Fußnote nachgewiesenen Quellen beruhen, ohne dass die Quellen diese(lben) Aussagen selbst treffen (Bsp.: [Quelle] je höher die Geschwindigkeit desto höher die Unfallwahrscheinlichkeit – [Text] Unfallwahrscheinlichkeit beim Rasen hoch). Alternativ wird „stützend" auch verwendet, wenn sich die Aussagen bzw. Folgerungen bereits aus vorangegangenen Erörterungen oder dem Gesetz ergeben und dies von den angegebenen Quellen bestätigt wird. Die Bezeichnung „grundsätzlich stützend" verdeutlicht im erstbeschriebenen Sinn entsprechend, dass die aufgeführten Quellen zwar die Grundlage bilden, die daraus gezogenen Folgerungen im Text aber weit über die Quellenaussagen hinausgehen (Bsp.: [Quelle] Grenzwert ist dort fragwürdig – [Text] Grenzwert ist hier zu erhöhen, weil schon dort unangemessen und veraltet).

Zu den Absätzen:
Es werden zwei verschiedene Typen von Absätzen verwendet. Dabei zeigt der größere Absatz einen (vergleichsweise) größeren inhaltlichen Wechsel an.

Zu den Gesetzesbezeichnungen:
Zugunsten einer besseren Lesbarkeit und Übersichtlichkeit des Textes wird für die Paragrafen des Strafgesetzbuches auf deren Gesetzesbezeichnung „StGB" verzichtet.

Zu den Verweisen:
Die zahlreichen Verweise auf andere Textpassagen sollen die bestehenden Zusammenhänge aufzeigen und entsprechende Erörterungen fruchtbar machen. Dabei wird auf den jeweiligen Abschnitt verwiesen, der auf der angegebenen Seite beginnt.

Zum Stichwortverzeichnis:
Das detaillierte Stichwortverzeichnis soll bei der Suche nach konkreten inhaltlichen Aspekten das zügige Auffinden der relevanten Textpassage(n) ermöglichen. Um übermäßige Seitenaufzählungen zu vermeiden, wird im Index auch dann nur eine (Start-) Seitenzahl angegeben, wenn der Suchbegriff über die verweisende Textseite hinaus auf der/den folgenden Seite/n inhaltlich weiter ausgeführt wird. Entsprechendes gilt auch für Verweise auf übergeordnete Gliederungsebenen, die dann auch untergeordnete Gliederungsebenen umfassen können.

LITERATURVERZEICHNIS

AAA Foundation for Traffic Safety (Hrsg.), How risky is it?, An assessment of the relative risk of engaging in potentially unsafe driving behaviors, Washington 2006

Aargauer Zeitung (Online), Raser, Wer sind die Raser: Der Phänotyp des Schnellfahrers, abrufbar im Internet: *https://www.aargauerzeitung.ch/schweiz/wer-sind-die-raser-der-phaenotyp-des-schnellfahrers-101004123* (Stand: 09.08.2018) [zitiert: *AZ (Online)*, Raser]

ADAC (Online), Illegale Autorennen, abrufbar im Internet: *https://www.adac.de/verkehr/recht/verkehrsvorschriften-deutschland/illegale-autorennen/* (Stand: 13.01.2021)

Aichele, Alexander, Jenseits jeden vernünftigen Zweifels, Die Herstellung subjektiver Gewissheit in A. G. Baumgartens Theorie der Zurechnung, JRE 27 (2019), 269

Altenhain, Karsten, Der Zusammenhang zwischen Grunddelikt und schwerer Folge bei den erfolgsqualifizierten Delikten, GA 1996, 19

Altenhain, Karsten, Die Verwirklichung mehrerer Tatbestandsalternativen: Einzelverbrechen oder Idealkonkurrenz?, ZStW 107 [1995], 382

Alternativ-Entwurf eines Strafgesetzbuches, Allgemeiner Teil, 2. Auflage, Tübingen 1969

Altvater, Gerhard, Rechtsprechung des BGH zu den Tötungsdelikten, NStZ 1998, 342

Amelung, Knut, Zurechenbarkeit einer fahrlässigen Tötung bei Brandstiftung, Anmerkung zum Urteil des BGH vom 08.09.1993 (3 StR 341/93), NStZ 1994, 338

Anderson, Craig A. / Berkowitz, Leonard / Donnerstein, Edward / Huesmann, L. Rowell / Johnson, James D. / Linz, Daniel / Malamuth, Neil M. / Wartella, Ellen, The Influence of Media Violence on Youth, Psychological Science in the Public Interest 3/4 (2003), 81 [zitiert: *A/B/D/H*, PSiPI 3/4 (2003), 81]

Arians, Edith, Zum Begriff des Handelns, um die höchstmögliche Geschwindigkeit zu erreichen i.S.d. § 315d Abs. 1 Nr. 3 StGB, jurisPR-StrafR 13/2020, Anm. 4

Aronson, Elliot / Wilson, Timothy D. / Akert, Robin M., Sozialpsychologie, 8. Auflage, München 2014

Artkämper, Heiko / Dannhorn, Reinhold, Argumentation zur Feststellung oder Ablehnung eines bedingten Tötungsvorsatzes – mit Anm. zum Urteil des BGH vom 16.5.2013 – 3 StR 45/13, NStZ 2015, 241

Arzt, Gunther / Weber, Ulrich / Heinrich, Bernd / Hilgendorf, Eric, Strafrecht, Besonderer Teil, Lehrbuch, 4. Auflage, Bielefeld 2021 [zitiert: *A/W/H/H* (BT) – *Bearbeiter*]

Autobild (Online), Raser-Urteile: Berlin und Köln, 13 Jahre Haft für Berliner Raser, abrufbar im Internet: *https://www.autobild.de/artikel/raser-urteile-berlin-und-koeln-3945026.html* (Stand: 03.12.2018)

Autobild (Online), Soko Autoposer: Polizei gegen illegales Tuning, So geht die Polizei gegen Poser vor, abrufbar im Internet: *https://www.autobild.de/artikel/soko-autoposer-polizei-gegen-illegales-tuning-13067433.html* (Stand: 30.11.2018)

Az-online.de, Wenn die Biker den Stöpsel ziehen, Anwohner leiden unter Motorrad-Lärm / Wer den Auspuff manipuliert, verliert den Versicherungsschutz, abrufbar im Internet: *https://www.az-online.de/uelzen/stadt-uelzen/wenn-biker-stoepsel-ziehen-10062321.html* (Stand: 03.04.2021)

Bächli-Biétry, Jaqueline, Von Rasern und anderen Schnellfahrern – Gibt es einen Unterschied?, in: Schwarzenegger, Christian / Nägeli, Rolf (Hrsg.), 5. Züricher Präventionsforum – Raser, Risikofahrer und andere kriminelle Verkehrsteilnehmer, Zürich 2012, 122

Bächli-Biétry, Jaqueline / Mayer, Claus, Sind Raser heilbar?, in: Schaffhauser, René (Hrsg.), Jahrbuch zum Strassenverkehrsrecht 2006, St. Gallen 2006, 11

Bachmeier, Werner / Müller, Dieter / Rebler, Adolf (Hrsg.), Verkehrsrecht Kommentar, 3. Auflage, Köln 2017

Baier, Helmut, Die versuchte Tötung durch Einsatz einer Giftfalle – BGHSt 43, 177, JA 1999, 771

Baldarelli, Marcello, «Denn Sie wissen (nicht), was sie tun», Fehlende Einsicht, Gleichgültigkeit, Kickgefühl – Illegale Autorennen sind eine Herausforderung für die Polizei, Deutsches Polizeiblatt (DPolBl) 2/2017, 2

Baldarelli, Marcello, Nachhaltiges und konsequentes Vorgehen garantieren den Erfolg, Polizeiliches Einschreiten zur Unterbindung illegaler Rennen und begleitende Anordnungen, Deutsches Polizeiblatt (DPolBl) 2/2017, 12

Banse, Rainer, Aggressivität, Straftaten und Fahreignung: Empirische Zusammenhänge und Implikationen für die Fahreignungsbegutachtung, in: Müller, Karin / Dittmann, Volker / Schubert, Wolfgang / Mattern, Rainer (Hrsg.), Fehlverhalten als Unfallfaktor – Kriterien und Methoden der Risikobeurteilung, 7. Gemeinsames Symposium der DGVP und DGVM am 9. und 10. September 2011 in Potsdam, Deutsche Gesellschaft für Verkehrspsychologie e. V.

(DGVP) und Deutsche Gesellschaft für Verkehrsmedizin e. V. (DGVM), Mit Satellitensymposium der Deutschen Gesellschaft für Verkehrsmedizin am 8. September 2011 in Potsdam, Bonn 2012, 23

Banse, Rainer / Koppehele-Gossel, Judith / Rebetez, Christine / Böhme, Heidrun / Schubert, Wolfgang, Abschlussbericht: Persönlichkeit, Einstellungen und Fahrverhalten bei jungen Autofahrern, Ergebnisse einer sechsjährigen Längsschnittstudie, Bonn 2014 [zitiert: *B/K-G/R/B/S*, Abschlussbericht] {abrufbar im Internet: *https://www.psychologie.uni-bonn.de/de/unser-institut/abteilungen/sozial-und-rechtspsychologie/forschungsprojekte/banse_abschlussbericht_2014* (Stand: 13.01.2021)}

Banse, Rainer / Schmidt, Alexander F. / Imhoff, Roland, Aggression from the Perspective of the Reflective-Impulsive Model: Testing Predictions Using Indirect Measures, in: Deutsch, Roland / Gawronski, Bertram / Hofmann, Wilhelm (Hrsg.), Reflective and impulsive determinants of human behavior, New York 2017, 239

Barthelmess, Wolfgang, Illegale Autorennen aus verkehrspsychologischer Sicht, NZV 2019, 289

Baumann, Jürgen / Weber, Ulrich / Mitsch, Wolfgang / Eisele, Jörg, Strafrecht, Allgemeiner Teil, Lehrbuch, 13. Auflage, Bielefeld 2021 [zitiert: B/W/M/E (AT) – *Bearbeiter*]

Bayerischer Rundfunk (Online), Die Story: Einblicke in die Raserszene in Bayern, abrufbar im Internet: *https://www.youtube.com/watch?v=sK7ttI3gfwk* (Stand: 12.01.2021)

Bayerisches Polizeiverwaltungsamt (Online), Jahresstatistik 2019 des Bayerischen Polizeiverwaltungsamtes, abrufbar im Internet: *https://www.polizei.bayern.de/verwaltungsamt/verkehr/statistik/index.html/314197* und *https://www.polizei.bayern.de/content/3/1/4/1/9/7/stat_internet_2019.pdf* (Stand jeweils: 23.05.2021)

Beck'scher Online-Kommentar BGB, Stand: 01.11.2022, 64. Edition, München 2022, abrufbar im Internet: *https://beck-online.beck.de/?vpath=bibdata%2fkomm%2fBeckOKBGB_64%2fcont%2fBECKOKBGB%2ehtm* [zitiert: BeckOK-BGB – *Bearbeiter*]

Beck'scher Online-Kommentar OWiG, Stand: 01.10.2022, 36. Edition, München 2022, abrufbar im Internet: *https://beck-online.beck.de/?vpath=bibdata%2fkomm%2fBeckOKOWiR_36%2fcont%2fBECKOKOWIR%2ehtm* [zitiert: BeckOK-OWiG – *Bearbeiter*]

Beck'scher Online-Kommentar StGB, Stand: 01.11.2022, 55. Edition, München 2022, abrufbar im Internet: *https://beck-online.beck.de/?vpath=bibdata%2fkomm%2fBeckOKStGB_55%2fcont%2fBECKOKSTGB%2ehtm* [zitiert: BeckOK-StGB – *Bearbeiter*]

Beck'scher Online-Kommentar StPO, mit RiStBV und MiStra, Stand: 01.10.2022, 45. Edition, München 2022, abrufbar im Internet: *https://beck-online.beck.de/?vpath=bibdata%2fkomm%2fBeckOKStPO_45%2fcont%2fBECKOKSTPO%2ehtm* [zitiert: BeckOK-StPO – *Bearbeiter*]

Becker, Christian, Das gemeinschaftliche Begehen und die sogenannte additive Mittäterschaft, Baden-Baden 2009

Becker-Carus, Christian / Wendt, Mike, Allgemeine Psychologie, Eine Einführung, 2. Auflage, Heidelberg 2017

Beeli, Gian / Koeneke, Susan / Gasser, Katja / Jäncke, Lutz, Brain stimulation modulates driving behavior, Behavioral and Brain Functions 34/4 (2008), [Einzeldokument], abrufbar im Internet: *https://behavioralandbrainfunctions.biomedcentral.com/track/pdf/10.1186/1744-9081-4-34.pdf* (Stand: 25.07.2020) [zitiert: *B/K/G/J*, BBF 34/4 (2008), [S.]]

Bellardita, Alessandro, Gesetzesänderung: Verlängerung des Fahrverbots auf sechs Monate – Verhältnis von § 44 zu § 69 StGB: „Wird hier eine Lücke geschlossen?", DAR-Extra 2017, 739

Berk, Laura E., Entwicklungspsychologie, 7. Auflage, Hallbergmos 2020

Berliner Kurier (Online), Kudamm, Heerstraße, Stadtring: Die Raserstrecken der PS-Idioten, abrufbar im Internet: *https://www.berliner-kurier.de/berlin/polizei-und-justiz/kudamm--heerstrasse--stadtring-die-raserstrecken-der-ps-idioten---31070364* (Stand: 05.12.2018)

Berliner Morgenpost (Online), Autorennen, Zahl der Raser auf Berlins Straßen nimmt zu, abrufbar im Internet: *https://www.morgenpost.de/berlin/article227347387/Illegale-Autorennen-in-Berlin-Zahl-der-Raser-nimmt-zu.html* (Stand: 12.01.2021)

Berliner Morgenpost (Online), Auktion, Nach Clan-Razzia in NRW: Nobelkarossen unterm Hammer, abrufbar im Internet: *https://www.morgenpost.de/vermischtes/article227571149/Nach-Clan-Razzia-in-NRW-Nobelkarossen-unterm-Hammer.html* (Stand: 14.01.2021)

Berliner Zeitung (Online), Chronologie, Tote und Verletzte bei illegalen Autorennen, abrufbar im Internet: *https://www.berliner-zeitung.de/berlin/chronologie--tote-und-verletzte-bei-illegalen-autorennen-24693064* (Stand: 14.05.2018)

Berliner Zeitung (Online), Illegale Autorennen, Wie kommen die Raser an so teure Autos?, abrufbar im Internet: *https://www.berliner-zeitung.de/berlin/polizei/illegale-autorennen-wie-kommen-die-raser-an-so-teure-autos--25941198* (Stand: 10.08.2018)

Bernstorff, J. H. Graf von, Deviantes Verkehrsverhalten, Ein kognitiv-behaviorales Erklärungsmodell und seine therapeutische Anwendung am

Beispiel FiaZ, Verkehrszeichen für Mobilität und Umwelt 4/29 (2013), 27, [Autorenversion], abrufbar im Internet: *http://psygut.org/wp-content/uploads/2017/04/Verkehrszeichen.pdf* (Stand: 25.07.2020) [zitiert: *Graf von Bernstorff*, Verkehrszeichen 4/29 (2013), 27 [S.]]

Beulke, Werner / Swoboda, Sabine, Jugendstrafrecht, Eine systematische Darstellung, 16. Auflage, Stuttgart 2022

Beulke, Werner / Swoboda, Sabine, Strafprozessrecht, 15. Auflage, Heidelberg 2020

Beullens, Kathleen / Roe, Keith / Bulck, Jan Van den, Video Games and Adolescents' Intentions to Take Risks in Traffic, Journal of Adolescent Health 43 (2008), 87

bfu – Beratungsstelle für Unfallverhütung (Hrsg.), Verhalten, Einstellungen und Unfallerfahrungen von Motorradfahrern, Eine Längsschnittstudie über 10 Jahre, Bern 2008

Bing News (Online), Illegales Straßenrennen, abrufbar im Internet: *https://www.bing.com/news/search?q=Illegales+Stra%C3%9Fenrennen&qs=n&form=QBNT&sp=-1&pq=illegales+stra%C3%9Fenrennen&sc=8-23&sk=&cvid=EA4AE4F7A3AD4CE788FF80C4B4BEF643* (Stand: 06.01.2021)

Birbaumer, Niels / Schmidt Robert, Biologische Psychologie, 7. Auflage, Heidelberg 2010

Blanke-Roeser, Constantin, Kraftfahrzeugrennen iSd neuen § 315 d StGB, JuS 2018, 18

Bleckat, Alexander, Einziehung von Kraftfahrzeugen bei Straftaten nach § 315 d StGB, NStZ 2020, 715

Bliesener, Thomas, Beschädigte Seelen – Frühkindliche Sozialisations- und spätere Verhaltensstörungen, in: Jehle, Jörg-Martin (Hrsg.), Das sogenannte Böse, Das Verbrechen aus interdisziplinärer Perspektive, Baden-Baden 2020, 149

Blindenbacher, Wolfgang, Methoden der Geschwindigkeitsüberwachung, in: Deutscher Verkehrssicherheitsrat e. V. (Hrsg.), Verkehrsüberwachung, Staatliche Bevormundung oder Fürsorge?, Bonn 2019, 16

Bock, Michael, Kriminologie, Für Studium und Praxis, 5. Auflage, München 2019

Bockelmann, Paul, Bemerkungen über das Verhältnis des Strafrechts zur Moral und zur Psychologie, in: Kaufmann, Arthur (Hrsg.), Gedächtnisschrift für Gustav Radbruch, 21.11.1878– 23.11.1949, Göttingen 1968, 252

Bockelmann, Paul, Verkehrsstrafrechtliche Aufsätze und Vorträge, Hamburg 1967

Böhringer, Jacob, Fahrlässige Mittäterschaft, Ein Beitrag zum Verhältnis von Zurechnung und Beteiligung bei Vorsatz- und Fahrlässigkeitsdelikten, Baden-Baden 2017

Bönig, Tina, Verbotene Kraftfahrzeugrennen, Eine rechtsdogmatische Erörterung, Hamburg 2021

Boetticher, Arne von, Strafbarkeit nicht genehmigter Kraftfahrzeugrennen im Straßenverkehr, Stellungnahme für den Ausschuss für Recht und Verbraucherschutz des Deutschen Bundestages – Öffentliche Anhörung am 21. Juni 2017, abrufbar im Internet: *https://www.bundestag.de/blob/510636/a29eaab1f94ed288f29fa72a35f99c66/boetticher-data.pdf* (Stand: 20.02.2019)

Bosch, Nikolaus, Bedingter Vorsatz und Indizienbeweis, Jura 2018, 1225

Bosch, Nikolaus, Gefährlicher Eingriff in den Straßenverkehr, JA 2006, 900

Bosch, Nikolaus, Gesundheitsschädlicher Stoff, §§ 224 I Nr. 1, 227 StGB: Gesundheitsschädlichkeit von Stoffen des täglichen Bedarfs und Vorhersehbarkeit einer durch ihre Beibringung verursachte Todesfolge, JA 2006, 743

Böse, Martin, Anmerkung zum Beschluss des BGH vom 03.02.2016 (4 StR 594/15), Gefährliche Körperverletzung mittels eines gefährlichen Werkzeugs, ZJS 2017, 110

Böse, Martin, Der Beginn des beendeten Versuchs – Die Entscheidung des BGH zur "Giftfalle", JA 1999, 342

BR24 (Online), Prozess um mutmaßliches Autorennen mit Todesfall, abrufbar im Internet: *https://www.br.de/nachrichten/bayern/prozess-um-mutmassliches-autorennen-mit-todesfall,Srm3mFH* (Stand: 28.12.2022)

BR24 (Online), Raserprozess in München: Angeklagter zeigt Reue, abrufbar im Internet: *https://www.br.de/nachrichten/bayern/raserprozess-in-muenchen-angeklagter-zeigt-reue,SLsXcPP* (Stand: 12.01.2021)

Brammsen, Joerg, Inhalt und Elemente des Eventualvorsatzes – Neue Wege in der Vorsatzdogmatik?, JZ 1989, 71

Brandenstein, Martin / Kury, Helmut, Die Verkehrsdelinquenz im Spannungsfeld von Recht, Medien und Verhaltensgewohnheiten, NZV 2005, 225

Brings, Andreas / Fuchs, Rainer, Illegale Autorennen, Polizeiliche Maßnahmen und Fragestellungen der polizeilichen Praxis am Beispiel des Polizeipräsidiums Köln, Deutsches Polizeiblatt (DPolBl) 2/2017, 20

Bülte, Jens / Krell, Paul, § 315d Abs. 1 Nr. 3 StGB vor dem Bundesverfassungsgericht, Zur Grenze zwischen rechtspolitischer und verfassungsrechtlicher Kritik, GA 2022, 601

Bundesanstalt für Straßenwesen (Hrsg.), Begutachtungsleitlinien zur Kraftfahreignung, Stand: 31.12.2019, Bergisch Gladbach 2020 [zitiert: *BASt*, Begutachtungsleitlinien]

{abrufbar im Internet: *https://bast.opus.hbz-nrw.de/opus45-bast/frontdoor/deliver/index/docId/2330/file/M115-2019.pdf* (Stand: 15.01.2021)}

Bundesanstalt für Straßenwesen (Hrsg.), Einflussfaktoren auf das Fahrverhalten und das Unfallrisiko junger Fahrerinnen und Fahrer, Bergisch Gladbach 2012 [zitiert: *BASt*, Einflussfaktoren]

{abrufbar im Internet: *https://bast.opus.hbz-nrw.de/opus45-bast/frontdoor/deliver/index/docId/566/file/M229b.pdf* (Stand: 14.08.2021)}

Bundesanstalt für Straßenwesen (Hrsg.), Nutzerseitiger Fehlgebrauch von Fahrerassistenzsystemen, Bergisch Gladbach 2007 [zitiert: *BASt*, Nutzerseitiger Fehlgebrauch]

{abrufbar im Internet: *https://bast.opus.hbz-nrw.de/opus45-bast/frontdoor/deliver/index/docId/239/file/F63.pdf* (Stand: 24.01.2021)}

Bundesanstalt für Straßenwesen (Hrsg.), Rennspiele am Computer: Implikationen für die Verkehrssicherheitsarbeit, Zum Einfluss von Computerspielen mit Fahrzeugbezug auf das Fahrverhalten junger Fahrer, Bergisch Gladbach 2006 [zitiert: *BASt*, Rennspiele am Computer]

{abrufbar im Internet: *http://bast.opus.hbz-nrw.de/volltexte/2011/214/pdf/M181.pdf* (Stand: 14.05.2019)}

Bundesanstalt für Straßenwesen (Hrsg.), Tempolimits auf Bundesautobahnen 2015, Schlussbericht zum Arbeitsprogramm-Projekt F1100.6110020, Bergisch Gladbach 2017 [zitiert: *BASt*, Tempolimits auf Bundesautobahnen]

{abrufbar im Internet: *https://bast.opus.hbz-nrw.de/opus45-bast/frontdoor/deliver/index/docId/1898/file/V1_BAB_Tempolimit_2015_Kurzfassung.pdf* (Stand: 14.06.2018)}

Bundesanstalt für Straßenwesen (Hrsg.), Volkswirtschaftliche Kosten von Straßenverkehrsunfällen in Deutschland – 2019, Bergisch Gladbach 2021 [zitiert: *BASt*, Volkswirtschaftliche Kosten]

{abrufbar im Internet: *https://www.bast.de/BASt_2017/DE/Statistik/Unfaelle/volkswirtschaftliche_kosten.html* (Stand: 14.05.2021)}

Bundesministerium für Justiz und Verbraucherschutz (Hrsg.), Legalbewährung nach strafrechtlichen Sanktionen, Eine bundesweite Rückfalluntersuchung 2013 bis 2016 und 2004 bis 2016, Berlin 2020

Bundesministerium für Verkehr und digitale Infrastruktur (Hrsg.), FIS – Forschungs-Informations-System, Mobilität und Verkehr, Integrierte

Verkehrspolitik, -ökonomie, Verkehrsinfrastruktur, Verkehrswege und Verkehrsanlagen, Bauliche Maßnahmen zur Verkehrsberuhigung, abrufbar im Internet: *https://www.forschungsinformationssystem.de/servlet/is/343772/?markers=8,213&xOffset=-209* (mit weiterführenden Verlinkungen; Stand: 30.11.2018) [zitiert: *Bundeministerium für Verkehr*, Bauliche Maßnahmen zur Verkehrsberuhigung]

Bung, Jochen, Wissen und Wollen im Strafrecht, Zur Theorie und Dogmatik des subjektiven Tatbestands, Frankfurt a. M. 2009

Burgstaller, Manfred, Das Fahrlässigkeitsdelikt im Strafrecht, Unter besonderer Berücksichtigung der Praxis in Verkehrssachen, Wien 1974

Burmann, Michael / Heß, Rainer / Hühnermann, Katrin / Jahnke, Jürgen, Straßenverkehrsrecht, Kommentar, mit StVO nebst CSgC und eKFV, dem StVG, den wichtigsten Vorschriften der StVZO und der FeV, dem Verkehrsstraf- und Ordnungswidrigkeitenrecht, dem Schadensersatzrecht des BGB, Zivilprozessrecht und Versicherungsrecht, der Bußgeldkatalog-Verordnung sowie Verwaltungsvorschriften, 27. Auflage, München 2022 [zitiert: *B/H/H/J – Bearbeiter*]

Bussmann, Kai-Detlef, Wirtschaftskriminologie I, Grundlagen – Markt- und Alltagskriminalität, München 2016

Bussmann, Kai-Detlef, Zur Dogmatik erfolgsqualifizierter Delikte nach dem Sechsten Strafrechtsreformgesetz, GA 1999, 21

Ceffinato, Tobias, Ausdehnung des Verkehrsstrafrechts auf illegale Kraftfahrzeugrennen, ZRP 2016, 201

Chaloupka-Risser, Christine / Risser, Ralf / Zuzan, Wolf-Dietrich, Verkehrspsychologie, Grundlagen und Anwendung, Wien 2011 [zitiert: *C-R/R/Z*, Verkehrspsychologie]

Cohen, Albert K., Abweichung und Kontrolle, München 1968

Cohen, Albert K., Kriminelle Jugend, Zur Soziologie jugendlichen Bandenwesens, Hamburg 1961

Constantinou, Elena / Panayiotou, Georgia / Konstantinou, Nikos / Loutsiou-Ladd, Anthi / Kapardis, Andreas, Risky and aggressive driving in young adults: Personality matters, Accident Analysis and Prevention 43 (2011), 1323 [zitiert: *C/P/K*, AAaP 43 (2011), 1323]

Coyne, Sarah / Stockdale, Laura, Growing Up with Grand Theft Auto: A 10-Year Study of Longitudinal Growth of Violent Video Game Play in Adolescents, Cyberpsychology, Behavior, and Social Networking 1/24 (2021), 11 [zitiert: *Coyne/Stockdale*, CBaSN 1/24 (2021), 11]

Csíkszentmihályi, Mihály, Das flow-Erlebnis, Jenseits von Angst und Langeweile: im Tun aufgehen, Stuttgart 1985

Dahlke, Felix / Hoffmann-Holland, Klaus, Die Strafgesetzgebung zu "Einzelrasern" in § 315d Abs. 1 Nr. 3 StGB, KriPoZ 2018, 306

Dahlke, Felix / Hoffmann-Holland, Klaus, Strafrechtliche Grenzziehung für Kraftfahrzeugrennen, KriPoZ 2017, 35

Das Erste (Online), W wie Wissen, Denken Frau und Mann wirklich unterschiedlich?, abrufbar im Internet: *https://www.daserste.de/information/wissen-kultur/w-wie-wissen/gehirn-mann-frau-100.html* (Stand: 02.04.2021)

Degenhart, Christoph, Staatsrecht I, Staatsorganisationsrecht, Mit Bezügen zum Europarecht, 38. Auflage, Heidelberg 2022

Dencker, Friedrich, Kausalität und Gesamttat, Berlin 1996

Deng, Mingming / Chan, Alan H. S. / Wu, Feng / Wang, Jun, Effects of racing games on risky driving behaviour, and the significance of personality and physiological data, Injury Prevention 21 (2015), 238

Der Spiegel (Online), Tödliche Raserei: Illegale Autorennen (SPIEGEL TV für ARTE Re:), abrufbar im Internet: *https://www.youtube.com/watch?v=Nk-eWLnMHy8* (Stand: 12.01.2021)

Der Spiegel (Online), Tödliches Vergnügen, Illegale Autorennen in Köln, abrufbar im Internet: *http://www.spiegel.de/panorama/koeln-illegale-autorennen-ein-toedliches-vergnuegen-a-1043978.html* (Stand: 08.08.2018)

Der Spiegel (Online), Unfall vor KaDeWe, Unbeteiligter stirbt bei illegalem Autorennen in Berlin, abrufbar im Internet: *http://www.spiegel.de/panorama/justiz/berlin-unbeteiligter-stirbt-bei-illegalem-autorennen-vor-kadewe-a-1075006.html* (Stand: 14.05.2018)

Der Spiegel (Online), Urteil gegen YouTube-Raser "Alpi", Tödlich, aber nicht mörderisch, abrufbar im Internet: *http://www.spiegel.de/panorama/justiz/bremen-raser-alpi-wegen-fahrlaessiger-toetung-verurteilt-a-1132575.html* (Stand: 03.12.2018)

Der Spiegel (Online), Verkehrspsychologe über Raser, «Die leben in einer Parallelwelt», abrufbar im Internet: *https://www.spiegel.de/panorama/gesellschaft/verkehrspsychologe-ueber-raser-und-poser-die-leben-in-einer-parallelwelt-a-03883751-9c5e-48c5-a4be-647a31589032* (Stand: 30.01.2021)

Der Tagesspiegel (Online), Bilanz zu organisierter Kriminalität, Polizei beschlagnahmt 123 Autos von Clankriminellen, abrufbar im Internet: *https://www.tagesspiegel.de/berlin/polizei-justiz/bilanz-zu-organisierter-kriminalitaet-in-berlin-polizei-beschlagnahmt-123-autos-von-clankriminellen/25856996.html* (Stand: 13.01.2021)

Der Tagesspiegel (Online), Nach tödlichem Straßenrennen in Berlin, Zweiter Unfallfahrer aus der City West wegen Totschlags verhaftet, abrufbar im

Internet: *https://www.tagesspiegel.de/berlin/polizei-justiz/nach-toedlichem-strassenrennen-in-berlin-zweiter-unfallfahrer-aus-der-city-west-wegen-tot schlags-verhaftet/13037002.html* (Stand: 30.01.2021)

Der Tagesspiegel (Online), Raser-Bilanz der Polizei, Die Zahl illegaler Autorennen in Berlin steigt deutlich, abrufbar im Internet: *https://www.tagesspie gel.de/berlin/raser-bilanz-der-polizei-die-zahl-illegaler-autorennen-in-ber lin-steigt-deutlich/25498390.html* (Stand: 06.01.2021)

Der Tagesspiegel (Online), Rowdy-Autorallye, Gumball-Rennen abgebrochen, abrufbar im Internet: *https://www.tagesspiegel.de/gesellschaft/panorama/rowdy-autorallye-gumball-rennen-abgebrochen/842842.html* (Stand: 06.01.2021)

Deutsche Welle (Online), Illegale Autorennen: Motive und Abschreckung, Nach dem Raser-Urteil, abrufbar im Internet: *https://www.dw.com/de/illeg ale-autorennen-motive-und-abschreckung/a-48069345* (Stand: 01.02.2021)

Deutscher Anwaltverein (DAV), Stellungnahme des Deutschen Anwaltvereins durch die Ausschüsse Strafrecht und Verkehrsrecht, zu dem Aussetzungs- und Vorlagebeschlusses des AG Villingen-Schwenningen zu § 315d Abs. 1 Nr. 3 StGB (2 BvL 1/20), abrufbar im Internet: *https://anwaltverein.de/de/newsroom/sn-48-20-strafnorm-f%C3%BCr-raserf%C3%A4lle-verfas sungswidrig?file=files/anwaltverein.de/downloads/newsroom/stellungnah men/2020/dav-sn-nr-48-2020-ag-villingen-schwenningen-2-bvl-1-20.pdf* (Stand: 20.10.2020)

Deutscher Anwaltverein (DAV), Stellungnahme des Deutschen Anwaltvereins durch die Ausschüsse Strafrecht und Verkehrsrecht, zum Gesetzentwurf des Bundesrates für ein Strafrechtsänderungsgesetz – Strafbarkeit nicht genehmigter Kraftfahrzeugrennen im Straßenverkehr (BT-Drucksache 18/10145; Stand: 26.10.2016), abrufbar im Internet: *https://www.bundes tag.de/blob/510638/4f4aaed896e447436ba7916ce74b722f/pinar_dav-data.pdf* (Stand: 20.02.2019)

Deutscher Verkehrssicherheitsrat e. V. (Hrsg.), Gefühlswelten im Straßenverkehr, Emotionen, Motive, Einstellungen, Verhalten, Bonn 2002 [zitiert: *DVR*, Gefühlswelten]

{abrufbar im Internet: *https://www.dvr.de/fileadmin/downloads/dvr-schrift enreihe/Schriftenreihe-Verkehrssicherheit-10.pdf* (Stand: 28.01.2021)}

Deutschlandfunk (Online), Lärmgrenzwerte werden kaum kontrolliert, Motorräder, abrufbar im Internet: *https://www.deutschlandfunk.de/moto rraeder-laermgrenzwerte-werden-kaum-kontrolliert.697.de.html?dram:art icle_id=299294* (Stand: 03.04.2021)

Deutschlandfunk (Online), Psychologe über Illegale Autorennen, Raser zeigen kein Schuldbewusstsein, abrufbar im Internet: *https://www.deutschlandfunkkultur.de/psychologe-ueber-illegale-autorennen-raser-zeigen-kein.1008.de.html?dram:article_id=377520* (Stand: 27.01.2021)

Deutschlandfunk (Online), Raser-Szene in Deutschland, "Sie gehen bewusst in diese Risikosituationen", abrufbar im Internet: *https://www.deutschlandfunk.de/raser-szene-in-deutschland-sie-gehen-bewusst-in-diese.1148.de.html?dram:article_id=464001* (Stand: 18.01.2021)

Diekmann, Andreas, Empirische Sozialforschung, Grundlagen, Methoden, Anwendungen, 17. Auflage, Hamburg 2007

Díez Ripollés, José Luís, Symbolisches Strafrecht und die Wirkungen der Strafe, ZStW 113 [2001], 516

Dreher, Sonja, Eingriff in den Straßenverkehr durch bewusste Zweckentfremdung – BGH, NJW 2003, 1613, JuS 2003, 1159

Dreier, Horst (Hrsg.), Grundgesetz, Kommentar, Band 3: Artikel 83–146, 3. Auflage, Tübingen 2018

Dubisthalle.de (Online), 43 Raser auf der A14 erwischt, abrufbar im Internet: *https://dubisthalle.de/43-raser-auf-der-a14-erwischt* (Stand: 15.09.2018)

Duden, Duden Online-Wörterbuch, abrufbar im Internet: *https://www. duden.de/woerterbuch* (Stand: 22.04.2022)

Duttge, Gunnar, Fahrlässige Tötung bei illegalem Autorennen, NStZ 2009, 690

DWDS, Digitales Wörterbuch der deutschen Sprache, DWDS-Wörterbuch, abrufbar im Internet: *https://www.dwds.de/wb* (Stand: 04.01.2021)

Ebbert, Monika, Kontrollillusionen und Leistungsmotiv, Wuppertal 2013

Eckstein, Ken, Das gefährliche Werkzeug als Mittel zum Zweck der Körperverletzung, NStZ 2008, 125

Edlbauer, Benedikt, Der Stich ins Herz, JA 2008, 725

Eisele, Jörg, Bedingter Tötungsvorsatz bei verbotenen Kraftfahrzeugrennen?, JZ 2018, 549

Eisele, Jörg, Der Tatbestand der Gefährdung des Straßenverkehrs (§ 315c StGB), JA 2007, 168

Eisele, Jörg, Lebensgefährliches Verhalten im Straßenverkehr, KriPoZ 2018, 32

Eisele, Jörg, Strafrecht – Besonderer Teil I, Straftaten gegen die Person und die Allgemeinheit, 6. Auflage, Stuttgart 2021

Eisele, Jörg, Strafrecht AT: Abgrenzung Vorsatz und Fahrlässigkeit, "Berliner Raserfall", JuS 2018, 492

Eisenberg, Ulrich / Kölbel, Ralf, Kriminologie, 7. Auflage, Tübingen 2017

Engisch, Karl, Untersuchungen über Vorsatz und Fahrlässigkeit im Strafrecht, Berlin 1930

Engländer, Armin, Der Gefahrenzusammenhang bei der Körperverletzung mit Todesfolge, GA 2008, 669

Engländer, Armin, Selbsttötung in «mittelbarer Täterschaft», Jura 2004, 234

Enzyklopädie der Psychologie, Themenbereich C: Theorie und Forschung, Serie I: Biologische Psychologie, Band 3: Psychoendokrinologie und Psychoimmunologie, Göttingen 1999 [zitiert: Enzyklopädie der Psychologie – *Bearbeiter*, Bd. C/I/3]

Enzyklopädie der Psychologie, Themenbereich C: Theorie und Forschung, Serie I: Biologische Psychologie, Band 6: Biologische Grundlagen der Psychologie, Göttingen 2002 [zitiert: Enzyklopädie der Psychologie – *Bearbeiter*, Bd. C/I/6]

Enzyklopädie der Psychologie, Themenbereich C: Theorie und Forschung, Serie IV: Motivation und Emotion, Band 1: Theorie und Formen der Motivation, Göttingen 1983 [zitiert: Enzyklopädie der Psychologie – *Bearbeiter*, Bd. C/IV/1]

Enzyklopädie der Psychologie, Themenbereich C: Theorie und Forschung, Serie IV: Motivation und Emotion, Band 2: Psychologie der Motive, Göttingen 1983 [zitiert: Enzyklopädie der Psychologie – *Bearbeiter*, Bd. C/IV/2]

Enzyklopädie der Psychologie, Themenbereich C: Theorie und Forschung, Serie IV: Motivation und Emotion, Band 4: Motivation, Volition und Handlung, Göttingen 1996 [zitiert: Enzyklopädie der Psychologie – *Bearbeiter*, Bd. C/IV/4]

Enzyklopädie der Psychologie, Themenbereich C: Theorie und Forschung, Serie VI: Sozialpsychologie, Band 2: Soziale Motive und soziale Einstellungen, Göttingen 2016 [zitiert: Enzyklopädie der Psychologie – *Bearbeiter*, Bd. C/VI/2]

Enzyklopädie der Psychologie, Themenbereich C: Theorie und Forschung, Serie VII: Kulturvergleichende Psychologie, Band 1: Theorie und Methoden der kulturvergleichenden Psychologie, Göttingen 2007 [zitiert: Enzyklopädie der Psychologie – *Bearbeiter*, Bd. C/VII/1]

Enzyklopädie der Psychologie, Themenbereich D: Praxisgebiete, Serie VI: Verkehrspsychologie, Band 2: Anwendungsfelder der Verkehrspsychologie, Göttingen 2009 [zitiert: Enzyklopädie der Psychologie – *Bearbeiter*, Bd. D/VI/2]

Epping, Volker / Hillgruber, Christian (Hrsg.), Grundgesetz, Kommentar, 3. Auflage, München 2020

Eser, Albin, Die strafrechtlichen Sanktionen gegen das Eigentum, Dogmatische und rechtspolitische Untersuchungen zu Einziehung, Unbrauchbarmachung und Gewinnverfall, Tübingen 1969

European Transport Safety Council (Hrsg.), Managing Speed, Towards Safe and Sustainable Road Transport, Brüssel 2008 [zitiert: *ETSC*, Managing Speed]

{abrufbar im Internet: *https://etsc.eu/managing-speed-towards-safe-and-sust ainable-road-transport/* (Stand: 14.05.2018)}

Express (Online), 19-jährige Radlerin in Lebensgefahr, Die Kölner PS-Rambos! Das Bild des Grauens, abrufbar im Internet: *https://www.express.de/koeln/19-jaehrige-radlerin-in-lebensgefahr-die-koelner-ps-rambos--das-bild-des-grauens-1396402* (Stand: 14.05.2018)

Express (Online), Auenweg in Köln-Mülheim, Schwerer Unfall mit Radfahrerin, War es ein illegales Autorennen?, abrufbar im Internet: *https://www.expr ess.de/koeln/auenweg-in-koeln-muelheim-schwerer-unfall-mit-radfahrerin--war-es-ein-illegales-autorennen--1387880* (Stand: 14.05.2018)

Express (Online), Das Todesrennen von Moers, So erlebten Anwohner den Horror-Unfall, abrufbar im Internet: *https://www.express.de/duesseldorf/das-todes-rennen-von-moers-so-erlebten-anwohner-den-horror-unfall-32415 790?cb=1610453741184* (Stand: 12.01.2021)

Express (Online), Illegales Rennen, 19-jährige Radfahrerin nach Raser-Unfall in Mülheim gestorben, abrufbar im Internet: *https://www.express.de/koeln/illegales-rennen-19-jaehrige-radfahrerin-nach-raser-unfall-in-muelheim-gestorben-1354272* (Stand: 14.05.2018)

Fahl, Christian, Das Ende der Hemmschwellentheorie – Ein Nachruf, JuS 2013, 499

Fahl, Christian, Werfen eines Gullydeckels, Anmerkung zum Urteil des LG Rostock vom 16.09.1996 (I KLs 19/96), NStZ 1997, 392

Fahrmeir, Ludwig / Heumann, Christian / Künstler, Rita / Pigeot, Iris / Tutz, Gerhard, Statistik, Der Weg zur Datenanalyse, 8. Auflage, Berlin 2016 [zitiert: *F/H/K/P/T*, Statistik]

Fetzer, Thomas / Zöller, Mark, Verfassungswidrige Videoüberwachung, Der Beschluss des BVerfG zur geplanten Überwachung des Regensburger Karavan-Denkmals durch Videotechnik, NVwZ 2007, 775

Fiebig, André / Genuit, Klaus, Der Einsatz der Psychoakustik zur Bewertung von Umweltgeräuschen, in: Deutsche Gesellschaft für Akustik e. V. – DEGA (Hrsg.), Fortschritte der Akustik, DAGA 2015 Nürnberg, 41. Jahrestagung für Akustik, 16.–19. März 2015, Berlin 2015, 199

{abrufbar im Internet: *http://pub.dega-akustik.de/DAGA_2015/data/artic les/000278.pdf* (Stand: 15.06.2021)}

Finn, Peter / Bragg, Barry W. E., Perception of the risk of an accident by young and older drivers, Accident Analysis and Prevention 4/18 (1986), 289 [zitiert: *Finn/Bragg*, AAaP 18 (1986), 289]

Fischer, Peter / Greitemeyer, Tobias, Music and Aggression: The Impact of Sexual-Aggressive Song Lyrics on Aggression-Related Thoughts, Emotions, and Behavior Toward the Same and the Opposite Sex, Personality and Social Psychology Bulletin 9/32 (2006), 1165 [zitiert: *Fischer/Greitemeyer*, PSPB 9/32 2006, 1165]

Fischer, Peter / Greitemeyer, Tobias / Morton, Thomas / Kastenmüller, Andreas / Postmes, Tom / Frey, Dieter / Kubitzki, Jörg / Odenwälder, Jörg, The Racing-Game Effect: Why Do Video Racing Games Increase Risk-Taking Inclinations?, Personality and Social Psychology Bulletin 10/35 (2009), 1395 [zitiert: *F/G/M/K*, PSPB 10/35 (2009), 1395]

Fischer, Peter / Kubitzki, Jörg / Guter, Stephanie / Frey, Dieter, Virtual Driving and Risk Taking: Do Racing Games Increase Risk-Taking Cognitions, Affect, and Behaviors?, Journal of Experimental Psychology 1/13 (2007), 22 [zitiert: *F/K/G/F*, JoEP 1/13 (2007), 22]

Fischer, Peter / Vingilis, Evelyn / Greitemeyer, Tobias / Vogrincic, Claudia, Risk-Taking and the media, Risk Analysis 5/31 (2011), 699 [zitiert: *F/V/G/V*, Risk Analysis 5/31 (2011), 699]

Fischer, Thomas, Strafgesetzbuch, mit Nebengesetzen, 69. Auflage, München 2022

Focus (Online), Interview mit Nico Klassen, Ex-Raser packt aus: "Das Mord-Urteil wird illegale Autorennen nicht stoppen", abrufbar im Internet: *http://www.focus.de/politik/deutschland/interview-mit-nico-klassen-ex-raser-packt-aus-das-mord-urteil-wird-illegale-autorennen-nicht-stoppen_id_6716860.html* (Stand: 08.08.2018)

Focus (Online), Razzia in mehreren Bundesländern, Schlag gegen Autoschieber: Ermittler beschlagnahmen 25 Luxusautos und Motoryacht, abrufbar im Internet: *https://www.focus.de/panorama/welt/razzia-in-mehreren-bundeslaendern-beschlagnahmt-luxusautos-motoryacht-uhren-und-bargeld_id_12140636.html* (Stand: 13.01.2021)

Focus (Online), Streng geheim und lebensgefährlich, Todesserie durch illegale Autorennen: "Sie haben keinen Respekt vor dem Leben anderer", abrufbar im Internet: *https://www.focus.de/panorama/welt/sie-lassen-sich-nicht-aufhalten-todesserie-durch-illegale-autorennen-die-raser-haben-keine-angst-zu-sterben_id_4833262.html* (Stand: 10.08.2018)

Focus (Online), Tödliche Unfälle in Berlin, Unbeteiligter stirbt bei Autorennen nahe dem Kudamm, abrufbar im Internet: *https://www.focus.de/regional/berlin/toedliche-verkehrsunfaelle-unfall-in-berlin-riss-ein-illegales-strassenrennen-eine-unbeteiligte-person-in-den-tod_id_5252481.html* (Stand: 14.05.2018)

Focus (Online), Tödliches Autorennen, Zwei Jahre Haft auf Bewährung und 30.000 Euro Strafe, abrufbar im Internet: *https://www.focus.de/panorama/vermischtes/toedliches-autorennen-zwei-jahre-haft-auf-bewaehrung-und-30000-euro-strafe_aid_401114.html* (Stand: 30.01.2021)

Focus (Online), Unglück in Dresden, Junge (6) offenbar durch Autorennen getötet – Mann (31) in Wohnung festgenommen, abrufbar im Internet: *https://www.focus.de/panorama/welt/in-dresden-verdacht-auf-illegales-rennen-sechsjaehriger-wird-von-auto-erfasst-und-stirbt_id_12348994.html* (Stand: 12.01.2021)

Focus (Online), Verfolgungsjagd in Berlin, Clanmitglieder rasen bei Straßenrennen durch Gegenverkehr – und rammen Radfahrer, abrufbar im Internet: *https://www.focus.de/panorama/welt/verfolgungsjagd-in-berlin-kreuzberg-clanmitglieder-rasen-bei-strassenrennen-durch-gegenverkehr-und-rammen-radfahrer_id_11728253.html* (Stand: 13.01.2021)

Förstl, Hans / Hautzinger, Martin / Roth, Gerhard (Hrsg.), Neurobiologie psychischer Störungen, Heidelberg 2006

Franke, Ulrich, Stellungnahme, zum Entwurf eines Strafrechtsänderungsgesetzes, abrufbar im Internet: *https://www.bundestag.de/blob/511254/99a5bca74334ba0ee41a998c211de1ce/franke-data.pdf* (Stand: 20.02.2019)

Frankfurter Allgemeine (Online), Immer mehr Raser auf deutschen Straßen, Polizei besorgt, abrufbar im Internet: *https://www.faz.net/aktuell/gesellschaft/kriminalitaet/polizei-besorgt-zahl-illegaler-autorennen-steigt-16906429.html* (Stand: 09.11.2020) [zitiert: *FAZ (Online)*, Polizei besorgt]

Frankfurter Allgemeine (Online), Mit hundert durch die Stadt, Illegale Autorennen, abrufbar im Internet: *http://www.faz.net/aktuell/gesellschaft/kriminalitaet/illegale-autorennen-mit-hundert-durch-die-stadt-14282029.html* (Stand: 08.08.2018) [zitiert: *FAZ (Online)*, Mit hundert durch die Stadt]

Franzke, Bettina, Jung, männlich und im Geschwindigkeitsrausch?, Sozialwissenschaftliche Erklärungsansätze zu illegalen Autorennen, Kriminalistik 2017, 362

Freund, Georg, Normative Probleme der "Tatsachenfeststellung", Eine Untersuchung zum tolerierten Risiko einer Fehlverurteilung im Bereich subjektiver Deliktsmerkmale, Heidelberg 1987

Freund, Georg / Rostalski, Frauke, Strafrecht Allgemeiner Teil, Personale Strafrechtslehre, 3. Auflage, Berlin 2019

Frisch, Wolfgang, Gegenwartsprobleme des Vorsatzbegriffs und der Vorsatzfeststellung, am Beispiel der AIDS-Diskussion, in: Geppert, Klaus / Dehnicke, Diether (Hrsg.), Gedächtnisschrift für Karl-Heinz Meyer, Berlin 1990, 533

Frisch, Wolfgang, Offene Fragen zum dolus eventualis, NStZ 1991, 23

Frisch, Wolfgang, Tatbestandsmäßiges Verhalten und Zurechnung des Erfolgs, Heidelberg 1988

Frisch, Wolfgang, Vorsatz und Risiko, Grundfragen des tatbestandsmäßigen Verhaltens und des Vorsatzes. Zugleich ein Beitrag zur Behandlung außertatbestandlicher Möglichkeitsvorstellungen, Köln 1983

Frister, Helmut, Strafrecht Allgemeiner Teil, Ein Studienbuch, 9. Auflage, München 2020

Fromm, Ingo, Aus der Praxis des Verkehrsjuristen 2019, SVR 2019, 49

Fuchs, Rainer, Illegale Kraftfahrzeugrennen., Ein Bericht aus der Praxis, in: Deutscher Verkehrssicherheitsrat e. V. (Hrsg.), Verkehrsüberwachung, Staatliche Bevormundung oder Fürsorge?, Bonn 2019, 28

Fuchs, Rainer, Stellungnahme für den Ausschuss für Recht und Verbraucherschutz des Deutschen Bundestages, abrufbar im Internet: *https://www.bundestag.de/blob/511250/37b000a47bc45bc5fd8ec567fa764a8a/fuchs-data.pdf* (Stand: 20.02.2019)

Gallas, Wilhelm, Zum gegenwärtigen Stand der Lehre vom Verbrechen, ZStW 67 [1955], 1

Gallas, Wilhelm, Zur Struktur des strafrechtlichen Unrechtbegriffs, in: Kaufmann, Arthur / Bemmann, Günter / Krauss, Detlef / Volk, Klaus (Hrsg.), Festschrift für Paul Bockelmann, zum 70. Geburtstag am 7. Dezember 1978, München 1979, 155

Geilen, Gerd, Unmittelbarkeit und Erfolgsqualifizierung, in: Stratenwerth, Günter / Kaufmann, Armin / Geilen, Gerd / Hirsch, Hans Joachim / Schreiber, Hans-Ludwig / Jakobs, Günter / Loos, Fritz (Hrsg.), Festschrift für Hans Welzel zum 70. Geburtstag, am 25. März 1974, Berlin 1974, 655

Gentile, Douglas A. / Anderson, Craig A. / Yukawa, Shintaro / Ihori, Nobuko / Saleem, Muniba / Ming, Lim Kam / Shibuya, Akiko / Liau, Albert K. / Khoo, Angeline / Bushman, Brad J. / Huesmann, L. Rowell / Sakamoto, Akira, The Effects of Prosocial Video Games on Prosocial Behaviors: International Evidence From Correlational, Longitudinal, and Experimental Studies, Personality and Social Psychology Bulletin 6/35 (2009), 752 [zitiert: *G/A/Y/I*, PSPB 6/35 (2009), 752]

Geppert, Klaus, Zur Abgrenzung von Vorsatz und Fahrlässigkeit, insbesondere bei Tötungsdelikten, Jura 2001, 55

Gerhold, Sönke, Zur Notwendigkeit einer teleologisch-restriktiven Auslegung der gemeinschaftlich begangenen gefährlichen Körperverletzung nach § 224 I Nr. 4 StGB, Jura 2010, 379

Gerhold, Sönke / Meglaglu, Sager, Verbotene Kraftfahrzeugrennen nach § 315d StGB im Lichte des Allgemeinen Teils, ZJS 2018, 321

Gerrig, Richard J. / Dörfler, Tobias / Roos, Jeanette (Hrsg.), Psychologie, 21. Auflage, Hallbergmoos 2018

Gib Acht im Verkehr (Online), Illegale Autorennen, abrufbar im Internet: *http://www.gib-acht-im-verkehr.de/0002_verkehrssicherheit/0002b_junge_fahrer/autorennen.htm* (Stand: 14.05.2018)

Gib Acht im Verkehr (Online), NO GAME! – eine Kampagne von Gib Acht Im Verkehr, abrufbar im Internet: *https://no-game.gib-acht-im-verkehr.de/* (Stand: 05.12.2021)

Global Road Safety Partnership (Hrsg.), Speed management, A road safety manual for decision-makers and practitioners, Genf 2008

GMX (Online), Fast die Hälfte der Verkehrstoten starb durch Raser, abrufbar im Internet: *https://www.gmx.net/magazine/panorama/haelfte-verkehrstoten-starb-raser-34343008* (Stand: 04.02.2020)

Gniewosz, Burkhard / Titzmann, Peter F. *(Hrsg.)*, Handbuch Jugend, Psychologische Sichtweise auf Veränderungen in der Adoleszenz, Stuttgart 2018 [zitiert: Handbuch Jugend – *Bearbeiter*]

Godenzi, Gunhild / Bächli-Biétry, Jaqueline, Tötungsvorsatz wider Willen – Die Praxis des Bundesgerichts bei Raserdelikten, in: Schaffhauser, René (Hrsg.), Jahrbuch zum Strassenverkehrsrecht 2009, St. Gallen 2009, 561

Göhler, Erich *(Begr.)*, Gesetz über Ordnungswidrigkeiten, 18. Auflage, München 2021

Google News (Online), Illegales Straßenrennen, abrufbar im Internet: *https://news.google.com/search?q=Illegales%20Stra%C3%9Fenrennen&hl=de&gl=DE&ceid=DE%3Ade* (Stand: 06.01.2021)

Google, Youtube – Richtlinien zu schädlichen oder gefährlichen Inhalten, abrufbar im Internet: *https://support.google.com/youtube/answer/2801964* (Stand: 04.04.2021)

Göppinger, Hans (Begr.), Kriminologie, 6. Auflage, München 2008

Gössel, Karl Heinz, Dogmatische Überlegungen zur Teilnahme am erfolgsqualifizierten Delikt nach § 18 StGB, in: Warda, Günter / Waider, Heribert / Hippel, Reinhard von / Meurer, Dieter (Hrsg.), Festschrift für Richard Lange zum 70. Geburtstag, Berlin 1976, 219

Gössel, Karl Heinz, Zur Abgrenzung der Vorbereitung vom Versuch, Anmerkung zum Urteil des BGH vom 16.09.1975 (1 StR 264/75), JR 1976, 249

Gössel, Karl Heinz / Dölling, Dieter, Strafrecht Besonderer Teil 1, Straftaten gegen Persönlichkeits- und Gemeinschaftswerte, 2. Auflage, Heidelberg 2004

Graul, Eva, Der praktische Fall – Strafrecht: Alkohol am Steuer, JuS 1992, 321

Greitemeyer, Tobias, Exposure to music with prosocial lyrics reduces aggression: First evidence and test of the underlying mechanism, Journal of Experimental Social Psychology 1/47 (2011), 28 [zitiert: *Greitemeyer*, JoESP 1/47 (2011), 28]

Greitemeyer, Tobias / Osswald, Silvia, Prosocial video games reduce aggressive cognitions, Journal of Experimental Social Psychology 4/45 (2009), 896 [zitiert: *Greitenmeyer/Osswald*, JoEP 4/45 (2009), 896]

Grieger, Stefan / Hohenstein, Tanja, Welchen Reformbedarf gibt es?, in: Deutscher Verkehrssicherheitsrat e. V. (Hrsg.), Verkehrsüberwachung, Staatliche Bevormundung oder Fürsorge?, Bonn 2019, 28

Gropp, Walter, Die fahrlässige Verwirklichung des Tatbestandes einer strafbaren Handlung – miteinander oder nebeneinander, Überlegungen zur so genannten «fahrlässigen Mittäterschaft», GA 2009, 265

Gründel, Johannes, Kraftfahrzeugrennen vor deutschen Gerichten, Was man aus und mit den Raserfällen des BGH lernen kann, ZJS 2019, 211

Grüneberg, Bürgerliches Gesetzbuch, mit Nebengesetzen, 81. Auflage, München 2022

Grünewald, Anette, Anmerkung zum Urteil des LG Berlin vom 27.02.2017 ((535 Ks) 251 Js 52/16 (8/15)), JZ 2017, 1069

Grünewald, Anette, Mordvorwurf bei illegalem Autorennen – Berliner Raserfall, Anmerkung zum Urteil des BGH vom 18.06.2020 (4 StR 482/19), NJW 2020, 2906

Häder, Michael, Empirische Sozialforschung, Eine Einführung, 4. Auflage, Wiesbaden 2019

Hamburger Morgenpost (Online), Kampf gegen Poser und Raser, Auf Streife mit den PS-Proll-Jägern, abrufbar im Internet: *https://www.mopo.de/hamburg/kampf-gegen-poser-und-raser-auf-streife-mit-den-ps-proll-jaegern-28593126* (Stand: 05.12.2018)

Handbuch des Strafrechts, Band 2: Strafrecht Allgemeiner Teil I, Heidelberg 2020 [zitiert: HdS – *Bearbeiter*]

Handbuch des Strafrechts, Band 3: Strafrecht Allgemeiner Teil II, Heidelberg 2021 [zitiert: HdS – *Bearbeiter*]

Handelsblatt (Online), Für den guten Ton, Schöner dröhnen: Wie Hersteller am Motorsound tüfteln, abrufbar im Internet: *https://www.handelsblatt.com/mobilitaet/motor/fuer-den-guten-ton-schoener-droehnen-wie-hersteller-am-motorsound-tuefteln/3115430-all.html* (Stand: 02.04.2021)

Hardtung, Bernhard, Die Körperverletzungsdelikte, JuS 2008, 960

Harré, Niki, Risk Evaluation, Driving, and Adolescents: A Typology, Developmental Review 2/20 (2000), 206

Harré, Niki / Foster, Susan / O'Neill, Maree, Self-enhancement, crash-risk optimism and the impact of safety advertisements on young drivers, British Journal of Psychology 96 (2005), 215

Hartung, Fritz, "Fremde Sache von bedeutendem Wert" in den §§ 315 a, 315 c und 315 d n. F., NJW 1966, 15

Hassemer, Winfried, Anmerkung zum Beschluss des BGH vom 02.08.1983 (5 StR 503/83), JZ 1983, 967

Hassemer, Winfried, Kennzeichen des Vorsatzes, in: Dornseifer, Gerhard / Horn, Eckhard / Schilling, Georg / Schöne, Wolfgang / Struensee, Eberhard / Zielinski, Diethart (Hrsg.), Gedächtnisschrift für Armin Kaufmann, München 1989, 289

Hassemer, Winfried, Strafrecht, Prävention, Vergeltung. Eine Beipflichtung, in: Hoyer, Andreas / Müller, Henning Ernst / Pawlik, Michael / Wolter, Jürgen (Hrsg.), Festschrift für Friedrich-Christian Schroeder zum 70. Geburtstag, Heidelberg 2006, 51

Heckhausen, Jutta / Heckhausen, Heinz (Hrsg.), Motivation und Handeln, 5. Auflage, Heidelberg 2018

Heckler, Andreas, Versuchsbeginn bei Erforderlichkeit der Mitwirkung des Opfers – Giftfalle, NStZ 1999, 79

Hedderich, Jürgen / Sachs, Lothar, Angewandte Statistik, Methodensammlung mit R, 17. Auflage, Berlin 2020

Heghmanns, Michael, Bedingter Tötungsvorsatz, Anmerkung zum Urteil des BGH vom 22.3.2012 (4 StR 558/11), ZJS 2012, 826

Heinrich, Bernd, Strafrecht – Allgemeiner Teil, 7. Auflage, Stuttgart 2022

Heinz, Wolfgang, Strafrechtliche Sozialkontrolle der Straftaten im Straßenverkehr – aktuelle rechtsstaatliche Befunde, in: Geisler, Claudius / Kraatz, Erik / Kretschmer, Joachim / Schneider, Harmut / Sowada, Christoph (Hrsg.), Festschrift für Klaus Geppert zum 70. Geburtstag am 10. März 2011, Berlin 2011, 187

Henn, Arne, Der subjektive Tatbestand der Straftat – Teil 1: Der Vorsatzbegriff, JA 2008, 699

Hentschel, Peter / König, Peter / Dauer, Peter, Straßenverkehrsrecht, Straßenverkehrsgesetz, Elektromobilitätsgesetz, Straßenverkehrs-Ordnung, Fahrerlaubnis-Verordnung, Fahrzeug-Zulassungsverordnung, Straßenverkehrs-Zulassungs-Ordnung, EG-Fahrzeuggenehmigungsverordnung (Auszug), Elektrokleinstfahrzeuge-Verordnung, Gesetzesmaterialien,

Verwaltungsvorschriften und einschlägige Bestimmungen des StGB und der StPO, 46. Auflage, München 2021

Hering, Ekbert / Martin, Rolf / Stohrer, Martin, Physik für Ingenieure, 12. Auflage, Berlin 2016

Hertel, Florian, Von Kanarienvögeln und Schnappsdrosseln, Jura 2011, 391

Herzberg, Philipp Yorck, Aggression im Straßenverkehr, in: Schlag, Bernhard (Hrsg.), Verkehrspsychologie, Mobilität – Sicherheit – Fahrassistenz, Lengerich 2004, 177

Herzberg, Philipp Yorck / Schlag, Bernhard, Aggression und Aggressivität im Straßenverkehr, Zeitschrift für Sozialpsychologie 2/37 (2006), 73 [zitiert: *Herzberg/Schlag*, ZfSp 2/37 (2006), 73]

Herzberg, Philipp Yorck / Schlag, Bernhard, Sensation Seeking und Verhalten im Straßenverkehr, in: Roth, Marcus / Hammelstein, Philipp (Hrsg.), Sensation Seeking – Konzeption, Diagnostik und Anwendung, Göttingen 2003, 162

Herzberg, Rolf Dietrich, Der Anfang des Versuchs bei mittelbarer Täterschaft, JuS 1985, 1

Herzberg, Rolf Dietrich, Setzt "vorsätzliches Handeln" (§ 15 StGB) ein "Wollen" der Tatbestandsverwirklichung voraus?, JZ 2018, 122

Herzberg, Rolf Dietrich, Täterschaft und Teilnahme, Eine systematische Darstellung anhand von Grundfällen, München 1977

Herzberg, Rolf Dietrich, Zum Fahrlässigkeitsdelikt in kriminologischer Sicht, in: Felters, Thomas / Pfeiffer, Christian / Steinhilper, Gernot (Hrsg.), Kriminalpolitik und ihre wissenschaftlichen Grundlagen, Festschrift für Professor Dr. Hans-Dieter Schwind zum 70. Geburtstag, Heidelberg 2006, 317

Herzog, Felix, Gesellschaftliche Unsicherheit und strafrechtliche Daseinsvorsorge, Studien zur Vorverlegung des Strafrechtsschutzes in den Gefährdungsbereich, Heidelberg 1991

Herzog, Felix, Mörderisches Rasen?, Zur Strafbarkeit von Teilnehmern an illegalen Autorennen mit tödlichem Ausgang, in: Stein, Ulrich / Greco Luís / Jäger, Christian / Wolter, Jürgen (Hrsg.), Systematik in Strafrechtswissenschaft und Gesetzgebung, Festschrift für Klaus Rogall zum 70. Geburtstag am 10. August 2018, Berlin 2018, 147

Hillenkamp, Thomas, Die Bedeutung von Vorsatzkonkretisierungen bei abweichendem Tatverlauf, Göttingen 1971

Hillenkamp, Thomas, Verkehrsgefährdung durch Gefährdung des Tatbeteiligten – OLG Stuttgart, NJW 1976, 1904, JuS 1977, 166

Hillenkamp, Thomas, Zum Heimtückemord in Rechtfertigungslagen, in: Rogall, Klaus / Puppe, Ingeborg / Stein, Ulrich / Wolter, Jürgen (Hrsg.),

Festschrift für Hans-Joachim Rudolphi zum 70. Geburtstag, Neuwied 2004, 463

Hippel, Robert von, Deutsches Strafrecht, In 2 Bänden, Band 2: Das Verbrechen, Allgemeine Lehren, Neudruck der Ausgabe Berlin 1930, Aalen 1971

Hippius, Kerstin / Joswig, Uta, Sensation seeking und Risikobereitschaft von Kraftfahrern, in: Schlag, Bernhard (Hrsg.), Empirische Verkehrspsychologie, Lengerich 1999, 92

Hirsch, Hans Joachim, Der «unmittelbare» Zusammenhang zwischen Grunddelikt und schwerer Folge beim erfolgsqualifizierten Delikt, in: Herzberg, Rolf Dietrich (Hrsg.), Festschrift für Dietrich Oehler zum 70. Geburtstag, Köln 1985, 111

Hirsch, Hans Joachim, Die subjektive Versuchstheorie, ein Wegbereiter der NS-Strafrechtsdoktrin, JZ 2007, 494

Hirsch, Hans Joachim, Zur Problematik des erfolgsqualifizierten Delikts, GA 1972, 65

Hirschi, Travis, Causes of Delinquency, Berkeley 1969

Hoffmann-Holland, Klaus, Strafrecht Allgemeiner Teil, 3. Auflage, Tübingen 2015

Holte, Hardy, Aggressionen im Straßenverkehr und Verkehrsklima – Häufigkeit, Ursachen und Maßnahmen, in: Deutscher Verkehrsgerichtstag – Deutsche Akademie für Verkehrswissenschaft – e. V. (Hrsg.), 58. Deutscher Verkehrsgerichtstag 2020 – Veröffentlichung der auf dem 58. Deutschen Verkehrsgerichtstag vom 29. bis 31. Januar 2020 in Goslar gehaltenen Vorträge, Referate und erarbeiteten Empfehlungen, Hamburg 2020, 125

Horn, Eckhard, Konkrete Gefährdungsdelikte, Köln 1973

Hörnle, Tatjana, Vorsatzfeststellung in "Raser-Fällen", NJW 2018, 1576

Horswill, Mark S. / Waylen, Andrea E. / Tofield, Matthew I., Drivers' Ratings of Different Components of Their Own Driving Skill: A Greater Illusion of Superiority for Skills That Relate to Accident Involvement, Journal of Applied Social Psychology 1/34 (2004), 177 [zitiert: *Horswill/Waylen/Tofield*, JoASP 1/34 (2004), 177]

Hoven, Elisa, Eine Betrachtung von geltendem Recht und Reformvorschlägen, Zur strafrechtlichen Bewertung Illegaler Autorennen, Deutsches Polizeiblatt (DPolBl) 2/2017, 26

Hruschka, Joachim, Über Schwierigkeiten mit dem Beweis des Vorsatzes, in: Gössel, Karl Heinz / Kauffmann, Hans (Hrsg.), Strafverfahren im Rechtsstaat, Festschrift für Theodor Kleinknecht zum 75. Geburtstag am 18. August 1985, München 1985, 191

Huguenin, Raphael Denis, Das Unfallrisiko junger Fahrer – Bestandsaufnahme und Überlegungen zu wirksamen Gegenmaßnahmen, in: 7. ADAC/BASt-Symposium 2009 Referate/Reports, Sicher Fahren in Europa, Baden-Baden 2010, [Autorenversion], abrufbar im Internet: *https://bast.opus.hbz-nrw.de/frontdoor/index/index/docId/273* (Stand: 25.07.2020) [zitiert: *Huguenin*, in: 7. ADAC/BASt-Symposium, [S.]]

Institut français des sciences et technologies des transports, de l'aménagement et des réseaux (Hrsg.), European road users' risk perception and mobility, The SARTRE 4 survey, Arcueil Cedex 2004 [zitiert: *IFSTTAR*, Satre 4]

{abrufbar im Internet: *http://www.attitudes-roadsafety.eu/home/results/?tx_airfilemanager_pi1%5Bpath%5D=Results%2FSARTRE4%3A%20Publications%2FAnalyses%20reports* (Stand: 23.05.2018)}

Institut National de Recherche sur les Transports et leur Sécurité (Hrsg.), European drivers and road risk, SARTRE 3 reports, Part 1: Report on principal analyses, Arcueil Cedex 2004 [zitiert: *INRETS*, Satre 3]

{abrufbar im Internet: *http://www.attitudes-roadsafety.eu/home/results/?tx_airfilemanager_pi1%5Bpath%5D=Results%2FSARTRE%203%20results%2FS3_reports* (Stand: 18.05.2018)}

Jäger, Christian, Mit Vollgas (und Vorsatz?) ins Verderben, JA 2022, 1044

Jäger, Christian, Strafrecht zwischen virtueller und realer Gewalt, – zugleich eine Besprechung des BGH-Beschlusses vom 22.03.2012 (Fall Winnenden) –, in: Esser, Robert / Günther, Hans-Ludwig / Jäger, Christian / Mylonopoulos, Christo / Öztürk, Bahri (Hrsg.), Festschrift für Hans-Heiner Kühne, zum 70. Geburtstag am 21. August 2013, Heidelberg 2013, 3

Jäger, Christian, Too Fast and Furious – Die Todesraser vom Kurfürstendamm, JA 2017, 786

Jäger, Christian, Too Fast and Furious – Die Todesraser vom Kurfürstendamm reloaded, JA 2018, 468

Jäger, Christian / Bönig, Tina, Der "Ku'damm-Raser"-Fall, Eine Besprechung des zweiten Urteils des LG Berlin vom 26. März 2019 – (532 Ks) 251 Js 52/16 (9/18), HRRS 2020, 122

Jahn, Matthias, Strafrecht BT: Verbotene Kraftfahrzeugrennen, StGB §§ 315 d I Nr. 3 | Erste Richtervorlage wegen Verfassungswidrigkeit des "Einzelraserparagrafen", JuS 2020, 277

Jahn, Matthias, Strafrecht: Folgenhaftes illegales Autorennen als Mord – Kurfürstendamm, Tötungsvorsatz und Mordmerkmale bei Beteiligung an einem folgenschweren spontanen Autorennen im Innenstadtbereich, JuS 2017, 700

Jahn, Matthias / Brodowski, Dominik, Das Ultima Ratio-Prinzip als strafverfassungsrechtliche Vorgabe zur Frage der Entbehrlichkeit von Straftatbeständen, ZStW 129 [2017], 363

Jäker, Carsten, Kick oder Kickstart – Sind illegale Autorennen eine neue Droge, Illegale Autorennen – Störung oder Jugendwahnsinn? Ein psychologischer Erklärungsversuch des Phänomens, Deutsches Polizeiblatt (DPolBl) 2/2017, 3.

Jakobs, Günther, Anmerkung zum Urteil des BGH vom 04.07.1984 (3 StR 199/84), JZ 1984, 996

Jakobs, Günther, Das Strafrecht zwischen Funktionalismus und "alteuropäischem" Prinzipdenken, ZStw 107 [1995], 843

Jakobs, Günther, Strafrecht, Allgemeiner Teil, Die Grundlagen und die Zurechnungslehre, Lehrbuch, 2. Auflage, Berlin 1991

Jäncke, Lutz, Impulskontrolle beim Autofahren aus der Sicht der Neuropsychologie, in: Müller, Karin / Dittmann, Volker / Schubert, Wolfgang / Mattern, Rainer (Hrsg.), Fehlverhalten als Unfallfaktor – Kriterien und Methoden der Risikobeurteilung, 7. Gemeinsames Symposium der DGVP und DGVM am 9. und 10. September 2011 in Potsdam, Deutsche Gesellschaft für Verkehrspsychologie e. V. (DGVP) und Deutsche Gesellschaft für Verkehrsmedizin e. V. (DGVM), Mit Satellitensymposium der Deutschen Gesellschaft für Verkehrsmedizin am 8. September 2011 in Potsdam, Bonn 2012, 28

Jäncke, Lutz / Brunner, Béatrice / Esslen, Michaela, Brain activation during fast driving in a driving simulator: the role of the lateral prefrontal cortex, NeuroReport 11/19 (2008), 1127

Jansen, Scarlett, Der Gesetzesentwurf zur Strafbarkeit bei nicht genehmigten Autorennen – eine systematische Betrachtung, NZV 2017, 214

Jansen, Scarlett, Im Rausch der Geschwindigkeit(-sbegriffe), Eine kritische Betrachtung des § 315 d I Nr. 3 StGB, NZV 2019, 285

Jansen, Scarlett, Schriftliche Stellungnahme zur Sachverständigenanhörung im Ausschuss für Recht und Verbraucherschutz des Deutschen Bundestages, Kraftfahrzeugrennen im Straßenverkehr, abrufbar im Internet: *https://www.bundestag.de/blob/510858/f1912ef2785a7c33ac2e4d3a6f823e2d/jansen-data.pdf* (Stand: 20.02.2019)

Jansen, Scarlett, Zur Strafbarkeit des (Einzel-)Rasens, Zugleich Anmerkung zu HRRS 2021 Nr. 342, HRRS 2021, 412

Jarass, Hans Dieter / Pieroth, Bodo, Grundgesetz für die Bundesrepublik Deutschland, Kommentar, 17. Auflage, München 2022

Jauernig, Othmar (Begr.), Bürgerliches Gesetzbuch, mit ROM-I-, Rom-II-VO, EuUnthVO/HUntProt und EuErbVO, Kommentar, 18. Auflage, München 2021

Jehle, Jörg-Martin, Wie sieht die Verbrechenswirklichkeit aus und wie können wir Kriminalität begrenzen?, Eine kriminologische Einführung, in: Jehle, Jörg-Martin (Hrsg.), Das sogenannte Böse, Das Verbrechen aus interdisziplinärer Perspektive, Baden-Baden 2020, 11

Jescheck, Hans-Heinrich / Weigend, Thomas, Lehrbuch des Strafrechts, Allgemeiner Teil, 5. Auflage, Berlin 1996

Joecks, Wolfgang / Jäger, Christian, Strafgesetzbuch, Studienkommentar, 13. Auflage, München 2021

Juris PraxisKommentar Straßenverkehrsrecht, StVG | StVO | Zivilrecht | Ordnungswidrigkeiten- und Strafrecht | StVZO | FeV | FZV, 2. Auflage, Stand: 01.12.2021, Saarbrücken 2022, abrufbar im Internet: *https://www.juris.de/perma?d=jpk-StrVerkR-TITEL* [zitiert: JurisPK-StVR – *Bearbeiter*]

Kaiser, Günther, Kriminologie, Ein Lehrbuch, 3. Auflage, Heidelberg 1996

Kaiser, Robert, Zum Beweis des Vorsatzes, ZStW 132 [2020], 780

Kamm, Simone, Die fahrlässige Mittäterschaft, Berlin 1999

Kämpfe, Bettina / Weller, Gert / Schlag, Bernhard, Einfluss verschiedener Verkehrswegegestaltungen auf die Verübung von Fahrfehlern, in: Schlag, Bernhard (Hrsg.), Verkehrspsychologie, Mobilität – Sicherheit – Fahrassistenz, Lengerich 2004, 30

Kargl, Walter, Der strafrechtliche Vorsatz auf Basis der kognitiven Handlungstheorie, Frankfurt a. M. 1993

Karlsruher Kommentar zum Gesetz über Ordnungswidrigkeiten, 5. Auflage, München 2018 [zitiert: KK – *Bearbeiter*]

Karnath, Hans-Otto / Thier, Peter *(Hrsg.)*, Neuropsychologie, 2. Auflage, Heidelberg 2006

Kaspar, Johannes, Grundprobleme der Fahrlässigkeitsdelikte, JuS 2012, 112

Katila, Ari / Keskinen, Esko / Hatakka, Mika, Conflicting goals of skid training, Analysis and Prevention 6/28 (1996), 785 [zitiert: *Katila/Keskinen/Hatakka*, AAaP 6/28 (1996), 785]

Kett-Straub, Gabriele, Die Tücken der Heimtücke in der Klausur, JuS 2007, 515

Killias, Martin, Erklärung und Prävention von Verbrechen anhand situativer Faktoren, in: Kommunale Kriminalprävention, ausgewählte Beiträge des 9. Deutschen Präventionstages (17. und 18. Mai 2004 in Stuttgart), Mönchengladbach 2005, [Einzeldokument], abrufbar im Internet: *https://www.praeventionstag.de/dokumentation/download.cms?id=97&datei=killias_F98.pdf* (Stand 14.03.2020) [zitiert: *Killias*, in: Kommunale Kriminalprävention, [S.]]

Kindhäuser, Urs / Hilgendorf, Eric, Nomos Kommentar, Strafgesetzbuch, Lehr- und Praxiskommentar, 9. Auflage, Baden-Baden 2022

Kindhäuser, Urs / Schramm, Edward, Strafrecht, Besonderer Teil I, Straftaten gegen Persönlichkeitsrechte, Staat und Gesellschaft, 10. Auflage, Baden-Baden 2022

Kindhäuser, Urs / Zimmermann, Till, Strafrecht, Allgemeiner Teil, 10. Auflage, Baden-Baden 2022

Klammer, Bernd, Empirische Sozialforschung, Eine Einführung für Kommunikationswissenschaftler und Journalisten, Konstanz 2005

Klein, Ernst, Illegale Kfz-Rennen – Alleinraser, in: Deutscher Verkehrsgerichtstag – Deutsche Akademie für Verkehrswissenschaft – e. V. (Hrsg.), 58. Deutscher Verkehrsgerichtstag 2020 – Veröffentlichung der auf dem 58. Deutschen Verkehrsgerichtstag vom 29. bis 31. Januar 2020 in Goslar gehaltenen Vorträge, Referate und erarbeiteten Empfehlungen, Hamburg 2020, 145

Klesczewski, Diethelm, Ordnungswidrigkeitenrecht, Ein Lehrbuch, 2. Auflage, München 2016

Klesczewski, Diethelm, Strafrecht – Besonderer Teil, Lehrbuch zum Strafrecht der Bundesrepublik Deutschland, Tübingen 2016

Klesczewski, Diethelm, Zwischenverfahren in Bußgeldsachen, in: Deutscher Verkehrsgerichtstag – Deutsche Akademie für Verkehrswissenschaft – e. V. (Hrsg.), 58. Deutscher Verkehrsgerichtstag 2020 – Veröffentlichung der auf dem 58. Deutschen Verkehrsgerichtstag vom 29. bis 31. Januar 2020 in Goslar gehaltenen Vorträge, Referate und erarbeiteten Empfehlungen, Hamburg 2020, 173

Knauer, Christoph, Die Kollegialentscheidung im Strafrecht, Zugleich ein Beitrag zum Verhältnis von Kausalität und Mittäterschaft, München 2001

Knight, Stacey / Cook, L. J. / Olson, L. M., The fast and the fatal: street racing fatal crashes in the United States, Injury Prevention 10 (2004), 53

Koehl, Felix, Konkretisierung des Tatbestandsmerkmals der "höchstmöglichen Geschwindigkeit" im Rahmen des § 315 d Abs. 1 Nr. 3 StGB, SVR 2018, 471

Köhler, Michael, Zur Frage der Billigung des tatbestandlichen Erfolgs beim Totschlagsversuch, Anmerkung zum Urteil des BGH vom 16.07.1980 (2 StR 127/80), JZ 1981, 35

Köhler, Michael, Zur Strafbarkeit des Mordes bei "außergewöhnlichen Umständen" – BGHSt 30,105, JuS 1984, 762

Köhler, Sina-Mareen / Krüger, Heinz-Hermann / Pfaff, Nicolle (Hrsg.), Handbuch Peerforschung, Opladen 2016 [zitiert: Handbuch Peerforschung – *Bearbeiter*]

König, Peter, Aktuelle obergerichtliche Rechtsprechung zum Verkehrsstraf- und -ordnungswidrigkeitenrecht, DAR 2017, 362

König, Peter, Aktuelle obergerichtliche Rechtsprechung zum Verkehrsstraf- und -ordnungswidrigkeitenrecht, DAR 2020, 362

König, Peter, Das strafgerichtliche Fahrverbot neuer Prägung, DAR 2018, 604

Koriath, Heinz, Über den Vorsatz und wie man ihn beweisen könnte, in: Koriath, Heinz / Krack, Ralf / Radtke, Henning / Jehle, Jörg-Martin (Hrsg.), Grundfragen des Strafrechts, Rechtsphilosophie und die Reform der Juristenausbildung, Wissenschaftliches Kolloquium aus Anlass des 70. Geburtstages von Prof. Dr. Fritz Loos am 23. Januar 2009, Göttingen 2010, 103

Kraftfahrtbundesamt (Online), Bestand an allgemeinen Fahrerlaubnissen 2019, Bestand an allgemeinen Fahrerlaubnissen im ZFER am 1. Januar 2019 nach Geschlecht, Lebensalter und Fahrerlaubnisklassen, abrufbar im Internet: *https://www.kba.de/DE/Statistik/Kraftfahrer/Fahrerlaubnisse/Fahrerlaubnisbestand/2019/2019_fe_b_tabellen.html?nn=3508640&fromStatistic=3508640&yearFilter=2019&fromStatistic=3508640&yearFilter=2019* (Stand: 09.08.2018)

Kraftfahrtbundesamt (Online), Bestand im Fahreignungsregister 2019, durch Auswahl, abrufbar im Internet: *https://www.kba.de/DE/Statistik/Kraftfahrer/Verkehrsauffaelligkeiten/Bestand_FAER_VZR/bestand_faer_node.html* (Stand: 27.11.2021)

Kraftfahrtbundesamt (Online), Bestand nach Fahrzeugklassen und Aufbauarten 2019, Bestand an Kraftfahrzeugen und Kraftfahrzeuganhängern am 1. Januar 2019 nach Bundesländern und Fahrzeugklassen absolut, abrufbar im Internet: *https://www.kba.de/DE/Statistik/Fahrzeuge/Bestand/FahrzeugklassenAufbauarten/2019/2019_b_tabellen.html?nn=3524712&fromStatistic=3524712&yearFilter=2019&fromStatistic=3524712&yearFilter=2019* (Stand: 27.11.2021)

Kraftfahrtbundesamt (Online), Fahrerlaubniserteilungen 2019, Erteilungen von allgemeinen Fahrerlaubnissen im Jahr 2019 nach Geschlecht, Lebensalter und Fahrerlaubnisklassen, abrufbar im Internet: *https://www.kba.de/DE/Statistik/Kraftfahrer/Fahrerlaubnisse/Fahrerlaubniserteilungen/2019/2019_fe_e_tabellen.html?nn=3510850&fromStatistic=3510850&yearFilter=2019&fromStatistic=3510850&yearFilter=2019* (Stand: 27.11.2021)

Kraftfahrtbundesamt (Online), Fahrerlaubnisse Jahresbilanz 2019, durch Auswahl, abrufbar im Internet: *https://www.kba.de/DE/Statistik/Kraftfahrer/Fahrerlaubnisse/Jahresbilanz_Fahrerlaubnisse/ueberblick_node.html* (Stand: 27.11.2021)

Kraftfahrtbundesamt (Online), Zugang in das Fahreignungsregister (FAER), Eintragungen von Verkehrsverstößen in den Jahren 2011 bis 2020 nach ausgewählten Deliktgruppen, abrufbar im Internet: *https://www.kba.de/DE/Statistik/Kraftfahrer/Verkehrsauffaelligkeiten/Zugang%20FAER/2020/2020_faer_z_zeitreihen.html?nn=3508988&fromStatistic=3508988&yearFilter=2020&fromStatistic=3508988&yearFilter=2020* (Stand: 27.11.2021)

Kraftfahrtbundesamt (Online), Zugang in das Fahreignungsregister (FAER) 2018, Eintragungen von Verkehrsverstößen im Jahr 2018 nach Bundesländern und ausgewählten Delikten, abrufbar im Internet: *https://www.kba.de/DE/Statistik/Kraftfahrer/Verkehrsauffaelligkeiten/Zugang%20FAER/2018/2018_faer_z_tabellen.html?nn=3508988&fromStatistic=3508988&yearFilter=2018&fromStatistic=3508988&yearFilter=2018* (Stand: 27.11.2021)

Kraftfahrtbundesamt (Online), Zugang in das Fahreignungsregister (FAER) 2019, Eintragungen von Verkehrsverstößen im Jahr 2019 nach Bundesländern und ausgewählten Delikten, abrufbar im Internet: *https://www.kba.de/DE/Statistik/Kraftfahrer/Verkehrsauffaelligkeiten/Zugang%20FAER/2019/2019_faer_z_tabellen.html?nn=3508988&fromStatistic=3508988&yearFilter=2019&fromStatistic=3508988&yearFilter=2019* (Stand: 27.11.2021)

Kraftfahrtbundesamt (Online), Zugang in das Fahreignungsregister (FAER) 2020, Eintragungen von Verkehrsverstößen im Jahr 2020 nach Bundesländern und ausgewählten Delikten, abrufbar im Internet: *https://www.kba.de/DE/Statistik/Kraftfahrer/Verkehrsauffaelligkeiten/Zugang%20FAER/2020/2020_faer_z_tabellen.html?nn=3508988&fromStatistic=3508988&yearFilter=2020&fromStatistic=3508988&yearFilter=2020* (Stand: 27.11.2021)

Krahé, Barbara, Was fasziniert uns an Verbrechen? Was stößt uns ab, und wie wirkt Kriminalität in den Medien?, in: Jehle, Jörg-Martin (Hrsg.), Das sogenannte Böse, Das Verbrechen aus interdisziplinärer Perspektive, Baden-Baden 2020, 281

Krell, Paul, Zwischen Bewährungs- und lebenslanger Freiheitsstrafe: illegale Autorennen mit Todesfolge vor dem 4. BGH-Strafsenat, HRRS 2018, 237

Krenberger, Benjamin, "Höchstmögliche Geschwindigkeit" im Rahmen des § 315 d I Nr. 3 StGB, NZV 2018, 483

Krenberger, Benjamin, Polizeiliche Verfolgungsfahrt als Fahrzeugrennen?, NZV 2019, 317

Krenberger, Benjamin / Krumm, Carsten, Ordnungswidrigkeitengesetz, Kommentar, 7. Auflage, München 2022

Kretschmer, Joachim, Die gefährliche Körperverletzung (§ 224) anhand neuer Rechtsprechung, Jura 2008, 916

Kretschmer, Joachim, Konkurrenzlehre (§§ 52 und 53 StGB) im Strafrecht – Teil I, JA 2019, 581

Kretschmer, Joachim, Konkurrenzlehre (§§ 52 und 53 StGB) im Strafrecht – Teil II, JA 2019, 666

Krey, Volker / Hellmann, Uwe / Heinrich, Manfred, Strafrecht Besonderer Teil, Studienbuch in systematisch-induktiver Darstellung, Band 1: Besonderer Teil ohne Vermögensdelikte, 17. Auflage, Stuttgart 2021

Krey, Volker / Esser, Robert, Deutsches Strafrecht Allgemeiner Teil, Studienbuch in systematisch-induktiver Darstellung, 7. Auflage, Stuttgart 2022

Kriminologisches Forschungsinstitut Niedersachsen e. V. (Hrsg.), Ergebnisse der Evaluation der polizeilichen Videoüberwachung in Nordrhein-Westfalen gemäß § 15a PolG NRW, Forschungsbericht Nr. 143, Hannover 2018 [zitiert: *KFN*, Ergebnisse der Evaluation der polizeilichen Videoüberwachung]

Krumm, Carsten, Bußgeldverfahren wegen "Nicht angepasster Geschwindigkeit" – keine Auffang-OWi!, DAR 2018, 710

Kubiciel, Michael, Die Strafbarkeit von "Solorennen" nach § 315d Abs. 1 Nr. 3 StGB, jurisPR-StrafR 13/2017, Anm. 2

Kubiciel, Michael, Kriminalisierung illegaler Autorennen – Der Gesetzesantrag zur Einführung von Straftatbeständen gegen nicht genehmigte Kraftfahrzeugrennen im Straßenverkehr, jurisPR-StrafR 16/2016, Anm. 1

Kubiciel, Michael, Voraussetzungen der Strafaussetzung zur Bewährung bei fahrlässiger Tötung im Straßenverkehr, jurisPR-StrafR 15/2017, Anm. 1

Kubiciel, Michael / Hoven, Elisa, Die Strafbarkeit illegaler Straßenrennen mit Todesfolge, NStZ 2017, 439

Kudlacek, Max, Das Flow-Erleben beim Autofahren, Untersuchung eines Phänomens, Saarbrücken 2009

Kudlich, Hans, Ein Schnäpschen in Ehren – die Giftfalle des Apothekers – BGH, NJW 1997, 3453, JuS 1998, 596

Kudlich, Hans, Ich fahr ja schon, so schnell ich kann!, § 315 d I Nr. 3 StGB: Ziel, eine höchstmögliche Geschwindigkeit zu erreichen beim Einzelrasen, JA 2019, 631

Kühl, Kristian, Das Unrecht als Kern der Straftat, in: Esser, Robert / Günther, Hans-Ludwig / Jäger, Christian / Mylonopoulos, Christo / Öztürk, Bahri (Hrsg.), Festschrift für Hans-Heiner Kühne, zum 70. Geburtstag am 21. August 2013, Heidelberg 2013, 15

Kühl, Kristian, Strafrecht Allgemeiner Teil, 8. Auflage, München 2017

Kuhlen, Lothar, Zum Strafrecht der Risikogesellschaft, GA 1994, 347

Kulhanek, Tobias, Verbotene Kraftfahrzeugrennen, § 315 d StGB, Jura 2018, 561

Kunz, Karl-Ludwig / Mona, Martino, Rechtsphilosophie, Rechtstheorie, Rechtssoziologie, Eine Einführung in die theoretischen Grundlagen der Rechtswissenschaft, 2. Auflage, Bern 2015

Kunz, Karl-Ludwig / Singelnstein, Tobias, Kriminologie, Eine Grundlegung, 8. Auflage, Bern 2021

Küper, Wilfried, "Heimtücke" als Mordmerkmal – Probleme und Strukturen, JuS 2000, 740

Küper, Wilfried, Der Täter als "Werkzeug" des Opfers? – BGH, NJW 2003, 2326 und OLG Nürnberg, NJW 2003, 454, JuS 2004, 757

Küper, Wilfried, Die gemeinschaftliche Körperverletzung im System der Konvergenzdelikte, GA 1997, 301

Küper, Wilfried, Lebensgefährdende Behandlung, Gefährdungs- oder Gefährlichkeitsdelikt?, in: Weigend, Thomas / Küpper, Georg (Hrsg.), Festschrift für Hans Joachim Hirsch zum 70. Geburtstag am 11. April 1999, Berlin 1999, 595

Küpper, Georg, Unmittelbarkeit und Letalität, Zum Tatbestand der Körperverletzung mit Todesfolge, in: Weigend, Thomas / Küpper, Georg (Hrsg.), Festschrift für Hans Joachim Hirsch zum 70. Geburtstag am 11. April 1999, Berlin 1999, 615

Küpper, Georg, Zum Verhältnis von dolus eventualis, Gefährdungsvorsatz und bewusster Fahrlässigkeit, ZStW 100 [1988], 758

Küpper, Georg, Zur Abgrenzung der Täterschaftsformen, GA 1998, 519

Kusche, Carsten, Die Strafbarkeit illegaler Rasereien im Straßenverkehr nach § 315 d StGB n. F., NZV 2017, 414

Lackner, Karl, Strafrahmen bei Heimtücke, Anmerkung zum Beschluss des BGH vom 19.05.1981 (GSSt 1/81), NStZ 1981, 348

Lackner, Karl / Kühl, ***Kristian***, Strafgesetzbuch, Kommentar, 29. Auflage, München 2018

Lamnek, Siegfried / Krell, Claudia, Qualitative Sozialforschung, Mit Online-Material, 6. Auflage, Basel 2016

Langer, Ellen J., The illusion of Control, Journal of Personality and Social Psychology 2/32 (1975), 311 [zitiert: *Langer*, JoPaSP 2/32 (1975), 311]

Lasson, Maximilian, Eigenverantwortliche Selbstgefährdung und einverständliche Fremdgefährdung, Überblick über einen nach wie vor aktuellen Streit in der Strafrechtsdogmatik, ZJS 2009, 359

Leal, Nerida L. / Watson, Barry C., The road safety implications of illegal street racing and associated risky driving behaviours: An analysis of offences and offenders, Accident Analysis and Prevention 43 (2011), 1547 [zitiert: *Leal/ Watson*, AAaP 43 (2011), 1547]

Leal, Nerida L. / Watson, Barry C. / Armstrong, Kerry A., Managing illegal street racing and associated risky driving behaviour: An Australian perspective, in: Proceedings of the 20th Canadian Multidisciplinary Road Safety Conference, 6–9 June 2010, Niagara Falls 2010, [Autorenversion], abrufbar im Internet: *https://eprints.qut.edu.au/34445/* (Stand: 16.09.2019) [zitiert: *Leal/Watson/Armstrong*, in: Canadian Road Safety Conference, [S.]]

Leary, Mark R. / Hoyle, Rick H. (Hrsg.), Handbook of individual differences in social behaviour, New York 2009 [zitiert: Handbook of individual differences – *Bearbeiter*]

Lederer, Jenny, Hemmschwellen im Strafrecht, Eine übergreifende Untersuchung der Hemmschwellen bei Sexualdelikten und Totschlag, Berlin 2011

Leigh, Andrew, Youth and Street racing, Current Issues in Criminal Justice 3/7 (1995), 388 [zitiert: *Leigh*, CIiCJ 3/7 (1995), 388]

Leipold, Klaus / Tsambikakis, Michael / Zöller, Mark (Hrsg.), Anwalt-Kommentar StGB, 3. Auflage, Heidelberg 2020 [zitiert: AnwKom-StGB – *Bearbeiter*]

Leipziger Kommentar, Strafgesetzbuch, Großkommentar, Band 1: Einleitung, §§ 1 bis 18, 13. Auflage, Berlin 2020 [zitiert: LK – *Bearbeiter*]

Leipziger Kommentar, Strafgesetzbuch, Großkommentar, Band 2: §§ 19 bis 31, 13. Auflage, Berlin 2021 [zitiert: LK – *Bearbeiter*]

Leipziger Kommentar, Strafgesetzbuch, Großkommentar, Band 6: §§ 69 bis 79b, 13. Auflage, Berlin 2020 [zitiert: LK – *Bearbeiter*]

Leipziger Kommentar, Strafgesetzbuch, Großkommentar, Band 7/1: §§ 211–231, 12. Auflage, Berlin 2019 [zitiert: LK – *Bearbeiter*]

Leipziger Kommentar, Strafgesetzbuch, Großkommentar, Band 7/2: §§ 232–241a, 12. Auflage, Berlin 2015 [zitiert: LK – *Bearbeiter*]

Leipziger Kommentar, Strafgesetzbuch, Großkommentar, Band 17: §§ 306 bis 322, 13. Auflage, Berlin 2021 [zitiert: LK – *Bearbeiter*]

Lempp, Volker, Die Angst des Straftäters vor dem Fahrverbot, SVR 2017, 20

Lipphard, Detlef, Einleitung, in: Deutscher Verkehrssicherheitsrat e. V. (Hrsg.), Verkehrsüberwachung, Staatliche Bevormundung oder Fürsorge?, Bonn 2019, 8

Loos, Fritz, Grenzen der Umsetzung der Strafrechtsdogmatik in der Praxis, in: Immenga, Ulrich (Hrsg.), Rechtswissenschaft und Rechtsentwicklung, Ringvorlesung von Professoren der Juristischen Fakultät der Georg-August-Universität Göttingen, Göttingen 1980, 261

Lotz, Martin, Die einverständliche, beidseitig bewusst fahrlässige Fremdschädigung, Berlin 2017

Löwe-Rosenberg, Die Strafprozessordnung und das Gerichtsverfassungsgesetz, Großkommentar, Band 3/1: §§ 94–111a, 27. Auflage, Berlin 2019

Löwe-Rosenberg, Die Strafprozessordnung und das Gerichtsverfassungsgesetz, Großkommentar, Band 7: §§ 256–295, 27. Auflage, Berlin 2021

Ludwig, Michael, Verkehrstherapie, Eine Einführung in die Psychotherapie auf Basis der Verkehrspsychologie und der Kognitiven Verhaltenstherapie, Bonn 2017

Maatz, Kurt Rüdiger, Nötigung im Straßenverkehr, NZV 2006, 337

Mann, Holger, Beschleunigungspotential im Jugendstrafverfahren, Frankfurt a. M. 2004

Manssen, Gerrit, Halterhaftung in Deutschland, Grundgesetz kontra Verkehrssicherheit?, ZfV 2010, 28

Matt, Holger / Renzikowski, Joachim (Hrsg.), Strafgesetzbuch, Kommentar, 2. Auflage, München 2020

Matthews, Michael L. / Moran, Andrew R., Age differences in male drivers' perception of accident risk: The role of perceived driving ability, Accident Analysis and Prevention 18 (1986), 299 [zitiert: *Matthews/Moran*, AAaP 18 (1986), 299]

Matz, Cornelia, Vorbilder in den Medien, Ihre Wirkungen und Folgen für Heranwachsende, Frankfurt a. M. 2005

Maurach, Reinhart / Gössel, Karl Hein / Zipf, Heinz / Dölling, Dieter / Laue, Christian / Renzikowski, Joachim, Strafrecht Allgemeiner Teil, Teilband 2: Erscheinungsformen des Verbrechens und Rechtsfolgen der Tat, 8. Auflage, Heidelberg 2014 [zitiert: Maurach/Gössel/Zipf (AT 2) – *Bearbeiter*]

Maurach, Reinhart / Schroeder, Friedrich-Christian / Maiwald, Manfred / Hoyer, Andreas / Momsen, Carsten, Strafrecht Besonderer Teil, Teilband 1: Straftaten gegen Persönlichkeits- und Vermögenswerte, 11. Auflage, Heidelberg 2019 [zitiert: Maurach/Schroeder/Maiwald (BT 1) – *Bearbeiter*]

Maurach, Reinhart / Schroeder, Friedrich-Christian / Maiwald, Manfred, Strafrecht Besonderer Teil, Teilband 2: Straftaten gegen Gemeinschaftswerte, 10. Auflage, Heidelberg 2012

Maurach, Reinhart / Zipf, Heinz, Strafrecht Allgemeiner Teil, Teilband 1: Grundlehren des Strafrechts und Aufbau der Straftat, 8. Auflage, Heidelberg 1992

Mayer, Patrick Manfred, Der "Renncharakter" des § 315d Abs. 1 Nr. 3 StGB: Zur Absicht, "eine höchstmögliche Geschwindigkeit zu erreichen", jurisPR-StrafR 16/2018, Anm. 2

McKenna, Frank P., It won't happen to me: Unrealistic optimism or illusion of control?, British Journal of Psychology 84 (1993), 39

Meier, Bernd-Dieter, Kriminologie, 6. Auflage, München 2021

Meier, Bernd-Dieter, Strafrechtliche Sanktionen, 5. Auflage, Heidelberg 2019

Melzer, Wolfgang / Hermann, Dieter / Sandfuchs, Uwe / Schäfer, Mechthild / Schubarth, Wilfried / Daschner, Peter (Hrsg.), Handbuch Aggression, Gewalt und Kriminalität bei Kindern und Jugendlichen, Bad Heilbrunn 2015 [zitiert: HAGuK – *Bearbeiter*]

Merkur.de (Online), Raserunfall von Kalteck, Bundespolizist und Mitangeklagter verurteilt: fünf Jahre Haft nach tödlichem Autorennen, abrufbar im Internet: *https://www.merkur.de/bayern/kalteck-bundespolizist-strassenrennen-prozess-raser-unfall-deggendorf-bayern-strafe-zr-13214875.html* (Stand: 12.01.2021)

Meyer, Stefanie, LG Berlin: Höchstmögliche Geschwindigkeit nach § 315d I Nr. 3 StGB ist nicht die objektive Höchstleistung des Pkw, Urteilsanmerkung, FD-StrafR 2018, 412502

Meyer-Goßner, Lutz / Schmitt, Bertram, Strafprozessordnung, Gerichtsverfassungsgesetz, Nebengesetze und ergänzende Bestimmungen, 65. Auflage, München 2022

Miehe, Olaf, Der praktische Fall – Strafrecht: Ein Ausbruch, der nichts einbrachte, JuS 1996, 1000

Mitsch, Wolfgang, Verjährung von Bestechungsdelikten und Beendigung der Tat, Jura 2009, 534

Mitsch, Wolfgang, Der Versuch der erfolgsqualifizierten Teilnahme an einem verbotenen Kraftfahrzeugrennen, in: Barton, Stephan / Eschelbach, Ralf / Hettinger, Michael / Kempf, Eberhard / Krehl, Christoph / Salditt, Franz (Hrsg.), Festschrift für Thomas Fischer, München 2018, 253

Mitsch, Wolfgang, Die Strafbarkeit illegaler Rennen de lege lata et ferenda, DAR 2017, 70

Mitsch, Wolfgang, Erfolgszurechnung bei tödlichem Wettrennen im Straßenverkehr, JuS 2013, 20

Mitsch, Wolfgang, Gerechtfertigtes Einzelrasen, JuS 2020, 924

Mitsch, Wolfgang, Strafrechtsverschärfung für "Raser, Gaffer und Co.", DAR 2017, 677

Mitsch, Wolfgang, Straftatverdeckung mit bedingtem Tötungsvorsatz als Mordversuch - BGHSt 41, 358, JuS 1997, 788

Momsen, Carsten, Voluntatives Vorsatzelement und psychologisches Schuldmoment, Die Diskussion um die sog. "Raser-Fälle" als Ausdruck einer sich wandelnden Strafkultur?, KriPoZ 2018, 76

MSN (Online), Prozess nach tödlichem Autorennen, Raser will aussagen, abrufbar im Internet: *https://www.msn.com/de-de/nachrichten/politik/prozess-nach-t%C3%B6dlichem-autorennen-raser-will-aussagen/ar-BB19JN7b* (Stand: 12.01.2021)

Müller, Dieter, "Section Control" – eine neue Überwachungstechnik im verkehrsrechtlichen Zwielicht?, NZV 2019, 279

Müller, Henning Ernst, Stellungnahme, zu den Gesetzesvorhaben, abrufbar im Internet: *https://www.bundestag.de/blob/511214/4b6b0250fe17650d33cc0f83cb45deac/mueller-data.pdf* (Stand: 20.02.2019)

Müller, Henning Ernst, Systemgerechtigkeit und Normakzeptanz im Straßenverkehrsrecht unter besonderer Berücksichtigung der Geschwindigkeitsüberschreitung, in: Geisler, Claudius / Kraatz, Erik / Kretschmer, Joachim / Schneider, Harmut / Sowada, Christoph (Hrsg.), Festschrift für Klaus Geppert zum 70. Geburtstag am 10. März 2011, Berlin 2011, 405

Müller, Kai, Die Konvergenz der Bandendelikte, GA 2002, 318

Münchener Kommentar zum Strafgesetzbuch, Band 1: §§ 1–37 StGB, 4. Auflage, München 2020 [zitiert: MüKo-StGB – *Bearbeiter*]

Münchener Kommentar zum Strafgesetzbuch, Band 2: §§ 38–79b StGB, 4. Auflage, München 2020 [zitiert: MüKo-StGB – *Bearbeiter*]

Münchener Kommentar zum Strafgesetzbuch, Band 4: §§ 185–262 StGB, 4. Auflage, München 2021 [zitiert: MüKo-StGB – *Bearbeiter*]

Münchener Kommentar zum Strafgesetzbuch, Band 6: §§ 298–358 StGB, 4. Auflage, München 2022 [zitiert: MüKo-StGB – *Bearbeiter*]

Münchener Kommentar zum Straßenverkehrsrecht, Band 1: Verkehrsstrafrecht, Verkehrsverwaltungsrecht, Auszüge aus: StVG, StVO, FeV, FZV, StVZO, EG-FGV, StGB, StPO, PflVG, PflVAuslG, EmoG, München 2016 [zitiert: MüKo-StVR – *Bearbeiter*]

Münchener Kommentar zur Strafprozessordnung, Band 2: §§ 151–332 StPO, München 2016 [zitiert: MüKo-StPO – *Bearbeiter*]

Murmann, Uwe, Die Selbstverantwortung des Opfers im Strafrecht, Berlin 2005

Murmann, Uwe, Grundkurs Strafrecht, Allgemeiner Teil, Tötungsdelikte, Körperverletzungsdelikte, 7. Auflage, München 2022

Murmann, Uwe, Zur Einwilligungslösung bei der einverständlichen Fremdgefährdung, in: Paeffgen, Hans-Ullrich / Böse, Martin / Kindhäuser, Urs / Stübinger, Stephan / Verrel Torsten / Zaczyk, Rainer (Hrsg.), Strafrechtswissenschaft als Analyse und Konstruktion, Festschrift für Ingeborg Puppe zum 70. Geburtstag, Berlin 2011, 767

Müsseler, Jochen / Rieger, Martina (Hrsg.), Allgemeine Psychologie, 3. Auflage, Berlin 2017

Myers, David G., Psychologie, 3. Auflage, Heidelberg 2014

Mylonopoulos, Christos, Über das Verhältnis von Handlungs- und Erfolgsunwert im Strafrecht, Eine Studie zur Entwicklung der personalen Unrechtslehren, Köln 1981

Mylonopoulos, Christos, Vorsatz als Dispositionsbegriff, in: Freund, Georg / Murmann, Uwe / Bloy, René / Perron, Walter (Hrsg.), Grundlagen und Dogmatik des gesamten Strafrechtssystems, Festschrift für Wolfgang Frisch zum 70. Geburtstag, Berlin 2013, 349

Nestler, Nina / Lehner, Stefan, Was ist so besonders an Sonderdelikten?, Jura 2017, 403

Nestler-Tremel, Cornelius, Anmerkung zum Beschluss des BGH von 25.09.1990 (4 StR 359/90), StV 1992, 273

Neubacher, Frank, Kriminologie, 4. Auflage, Baden-Baden 2020

Neue Westfälische (Online), Der perfekte Auto-Sound, Ton-Design, abrufbar im Internet: *https://www.nw.de/nachrichten/thema/mobilitaet_der_zukunft/22809312_Der-perfekte-Auto-Sound.html* (Stand: 02.04.2021)

Neue Züricher Zeitung (Online), Fehlendes Einfühlungsvermögen, abrufbar im Internet: *https://www.nzz.ch/articleeyldn-1.125671* (Stand: 08.08.2018) [zitiert: *NZZ (Online)*, Fehlendes Einfühlungsvermögen]

Neue Züricher Zeitung (Online), Interview, «Raser gehören therapiert und bestraft», abrufbar im Internet: *https://www.nzz.ch/mobilitaet/auto-mobil/raser-gehoeren-therapiert-und-sanktioniert-ld.1388551* (Stand: 09.08.2018) [zitiert: *NZZ (Online)*, Interview]

Neumann, Laura Katharina Sophia, Klassische und aktuelle Probleme der Strafbarkeit nicht genehmigter Kraftfahrzeugrennen, Jura 2017, 160

Nicolai, Florian, Die Abgrenzung von bedingtem Vorsatz und bewusster Fahrlässigkeit in der Strafrechtsklausur, JA 2019, 31

Niehaus, Holger, Einziehung von an illegalen Autorennen beteiligten Mietfahrzeugen (§ 315 f StGB), DAR 2018, 247

Niehaus, Holger, Einziehung von Kfz nach verbotenen Kraftfahrzeugrennen – zugleich Anmerkungen zu OLG Hamm, DAR 2021, 343 sowie LG Bochum, DAR 2021, 346 (beide in diesem Heft), DAR 2021, 357

Nomos (Hand-) Kommentar Gesamtes Strafrecht, StGB | StPO | Nebengesetze, 5. Auflage, Baden-Baden 2022 [zitiert: NK-GStR – *Bearbeiter*]

Nomos (Hand-) Kommentar Grundgesetz, für die Bundesrepublik Deutschland, 13. Auflage, Baden-Baden 2022 [zitiert: NK-GG – *Bearbeiter*]

Nomos Kommentar Gesamtes Verkehrsrecht, Verkehrszivilrecht | Versicherungsrecht | Ordnungswidrigkeiten- und Strafrecht | Verkehrsverwaltungsrecht, 3. Auflage, Baden-Baden 2022 [zitiert: NK-GVR – *Bearbeiter*]

Nomos Kommentar Strafgesetzbuch, Band 1: §§ 1–79b, 5. Auflage, Baden-Baden 2017 [zitiert: NK-StGB – *Bearbeiter*]

Nomos Kommentar Strafgesetzbuch, Band 2: §§ 80–231, 5. Auflage, Baden-Baden 2017 [zitiert: NK-StGB – *Bearbeiter*]

Nomos Kommentar Strafgesetzbuch, Band 3: §§ 232–358, 5. Auflage, Baden-Baden 2017 [zitiert: NK-StGB – *Bearbeiter*]

Norddeutscher Rundfunk (Online), Unfall bei Barsinghausen: Gutachten soll Ursache klären, abrufbar im Internet: *https://www.ndr.de/nachrichten/niedersachsen/hannover_weser-leinegebiet/Unfall-bei-Barsinghausen-Gutachten-soll-Ursache-klaeren,barsinghausen426.html* (Stand: 28.12.2022) [zitiert: NDR (Online), Unfall in Barsinghausen]

Nowrousian, Bijan, Abgrenzung von Mit- und Nebentäterschaft bei einem illegalen Kraftfahrzeugrennen, Anmerkung zum Beschluss des BGH vom 08.12.2021 (4 StR 224/20), NZV 2022, 292

Nowrousian, Bijan, Kraftfahrzeugrennen bei kurzer Renndistanz, Anmerkung zum Beschluss des KG Berlin vom 18.05.2022 (3 Ss 16/22), NZV 2022, 522

Nurullah, Abu Sadat / Makol-Abdul, Pute Rahimah / Rahman, Saodah Abd., Gender and Motivations for Street Racing in Malaysia, Journal of Sociological Research 1/3 (2012), 67 [zitiert: *N/M-A/R*, JoSR 1/3 (2012), 67]

Obermann, Torsten, Polizeiflucht als illegales (Einzel-)Rennen – endlich Klarheit?, NZV 2021, 344

Organisation for Economic Co-operation and Development / European Conference of Ministers of Transport (Hrsg.), Speed Management, Paris 2006 [zitiert: *OECD/ECMT*, Speed Management]

{abrufbar im Internet: *https://www.itf-oecd.org/sites/default/files/docs/06speed.pdf* (Stand: 14.05.2018)}

Organisation for Economic Co-operation and Development / European Conference of Ministers of Transport (Hrsg.), Young Drivers, The Road to Safety, Paris 2006 [zitiert: OECD/ECMT, Young Drivers]

{abrufbar im Internet: *https://www.itf-oecd.org/sites/default/files/docs/06youngdrivers.pdf* (Stand: 14.05.2018)}

Ostendorf, Heribert, Beschleunigung im Jugendstrafverfahren – notwendiges Postulat oder Eröffnung des "kurzen Prozesses", ZJJ 2014, 253

Ostendorf, Heribert, Der Missbrauch von Opfern zum Zwecke der Strafschärfung, HRRS 2009, 158

Ostendorf, Heribert, Grundzüge des konkreten Gefährdungsdelikts, JuS 1982, 426

Otto, Harro, Mittäterschaft beim Fahrlässigkeitsdelikt, Jura 1990, 47

Otto, Harro, Versuch und Rücktritt bei mehreren Tatbeteiligten (1. Teil), JA 1980, 641

Otto, Harro, Zur Frage heimtückisch begangenen Mordes, Anmerkung zum Urteil des BGH vom 09.01.1991 (3 StR 205/90), JR 1991, 382

Papula, Lothar, Mathematik für Ingenieure und Naturwissenschaftler, Band 3: Vektoranalysis, Wahrscheinlichkeitsrechnung, Mathematische Statistik, Fehler- und Ausgleichsrechnung, 7. Auflage, Wiesbaden 2016

Paul, Carsten, Die Rechtsprechung des Bundesgerichtshofs in Verkehrsstrafsachen und Bußgeldverfahren, DAR 2017, 678

Petermann, Franz / Niebank, Kay / Scheithauer, Herbert, Entwicklungswissenschaft, Entwicklungspsychologie – Genetik – Neuropsychologie, Heidelberg 2004

Pflüger, Martin / Brandl, Franz / Bernhard, Ulrich / Feitzelmayer, Karl, Fahrzeugakustik, Wien 2010

Piper, Bernd, Strafbarkeit nicht genehmigter Kraftfahrzeugrennen?, NZV 2017, 70

Platzgummer, Winfried, Die Bewußtseinsform des Vorsatzes, Eine strafrechtsdogmatische Untersuchung auf psychologischer Grundlage, Wien 1964

Polizei Berlin (Online), Verkehrssicherheitslage 2020 in Berlin, abrufbar im Internet: *https://www.berlin.de/polizei/aufgaben/verkehrssicherheit/verkehrsunfallstatistik/* (Stand: 27.07.2021)

Polizei Köln (Online), Null Toleranz für Raser, abrufbar im Internet: *https://koeln.polizei.nrw/artikel/null-toleranz-fuer-raser* (Stand: 09.08.2018)

Polizei NRW (Online), Crash Kurs NRW, abrufbar im Internet: *https://polizei.nrw/artikel/crash-kurs-nrw-0* (Stand: 05.12.2018)

Polizei NRW (Online), Verkehrsunfallstatistik auf Tiefstand (2020), Pressemitteilung, abrufbar im Internet: *https://polizei.nrw/presse/verkehrsunfallstatis tik-auf-tiefstand* (Stand: 05.12.2018)

Preuß, Tamina, Die aktuelle Rechtsprechung des BGH zu illegalen Kraftfahrzeugrennen mit tödlichen Folgen, NZV 2018, 345

Preuß, Tamina, Die Strafbarkeit nicht genehmigter Kraftfahrzeugrennen de lege lata und de lege ferenda, NZV 2017, 105

Preuß, Tamina, Eigengefährdung als vorsatzkritisches Indiz bei riskantem Verhalten im Straßenverkehr ("Ku'damm-Raser-Fall"), Anmerkung zum Urteil des BGH vom 18.06.2020 (4 StR 482/19), NZV 2020, 523

Preuß, Tamina, Ein Jahr Strafbarkeit verbotener Kraftfahrzeugrennen nach § 315 d StGB, Eine erste Bilanz, insbesondere zur Strafbarkeit des "Einzelrasens", NZV 2018, 537

Preuß, Tamina, Tötung infolge eines illegalen Kraftfahrzeugrennens als Mord?, Eine Anmerkung zu LG Berlin, Urteil vom 27.2.2017 – 535 Ks 8/17 (nicht rechtskräftig), NZV 2017, 303

Preuß, Tamina, Zurechnung des Gefährdungserfolgs bei illegalen Kraftfahrzeugrennen, Anmerkung zum Urteil des BGH vom 11.11.2021 – 4 StR 511/20, NZV 2022, 133

Prittwitz, Cornelius, Fahrlässiges morden?, in: Tölle, Antje G. I. / Benedict, Jörg / Koch, Harald / Klawitter, Stephan / Paulus, Christoph G. / Preetz, Friedrich (Hrsg.), Selbstbestimmung: Freiheit und Grenzen, Festschrift für Reinhard Singer zum 70. Geburtstag, Berlin 2021, 525

Pschorr, Simon, Rasen kann doch Mord sein, jurisPR-StrafR 15/2020, Anm. 3

Puppe, Ingeborg, Anmerkung zum Beschluss des OLG Stuttgart vom 19.04.2011 (2 Ss 14/11), JR 2012, 164

Puppe, Ingeborg, Beweisen oder Bewerten, Zu den Methoden der Rechtsfindung des BGH, erläutert anhand der neuen Rechtsprechung zum Tötungsvorsatz, ZIS 2014, 66

Puppe, Ingeborg, Der gemeinsame Tatplan der Mittäter, ZIS 2007, 234

Puppe, Ingeborg, Die Architektur der Beteiligungsformen, GA 2013, 514

Puppe, Ingeborg, Die Erfolgszurechnung im Strafrecht, dargestellt an Beispielsfällen aus der höchstrichterlichen Rechtsprechung, Baden-Baden 2000

Puppe, Ingeborg, Rasen im Straßenverkehr und Tötungsvorsatz, Drei Entscheidungen des 4. Strafsenats des Bundesgerichtshofs, JR 2018, 323

Puppe, Ingeborg, Zurechenbarkeit der Todesfolge einer Körperverletzung, Anmerkung zum Urteil des BGH vom 30.06.1982 (2 StR 226/82), NStZ 1983, 22

Putzke, Holm, Beschleunigtes Verfahren bei Heranwachsenden, Zur strafprozessualen Ausprägung des Erziehungsgedanken in der Adoleszenz, Holzkirchen 2004

Quarch, Matthias, Zurückhaltende Auslegung des "Einzelraser-Paragraphen" geboten, NZV 2019, 314

Radtke, Henning / Hoffmann, Maike, Die Verantwortungsbereiche von Schädiger und Geschädigtem bei sog. «Retterschäden», GA 2007, 201

Raiser, Thomas, Grundlagen der Rechtssoziologie, 6. Auflage, Tübingen 2013

Raithel, Jürgen, Jugendliches Risikoverhalten, Eine Einführung, 2. Auflage, Wiesbaden 2011

Raithel, Jürgen, Unfallursache: Jugendliches Risikoverhalten, Verkehrsgefährdung Jugendlicher, psychosoziale Belastungen und Prävention, München 1999

Raithel, Jürgen / Widmer, Andreas, Deviantes Verkehrsverhalten, Grundlagen, Diagnostik und verkehrspsychologische Therapie, Göttingen 2012

Ranft, Otfried, Delikte im Straßenverkehr, Jura 1987, 608

Rath, Jürgen, Grundfälle zum Unrecht des Versuchs, JuS 1998, 1106

Rath, Jürgen, Grundfälle zum Unrecht des Versuchs, JuS 1999, 140

rbb24 (Online), Raser fährt mit 77 Stundenkilometern durch 30er-Zone, Berlin-Charlottenburg, abrufbar im Internet: *https://www.rbb24.de/panorama/beitrag/2020/12/berlin-charlottenburg-raser-30er-zone-fahrverbot.html* (Stand: 04.01.2021)

rbb24 (Online), Raser-Statistik, Berlin bei illegalen Autorennen ganz weit vorn, abrufbar im Internet: *https://www.rbb24.de/panorama/beitrag/2020/08/raser-illegale-autorennen-statistik-berlin-.html* (Stand: 04.01.2021)

Rebler, Adolf, Die Einziehung des Tatfahrzeugs nach § 21 Abs. 3 StVG, DAR 2016, 422

Rebler, Adolf, Die strafrechtliche und verkehrsrechtliche Behandlung von illegalen Rennen, SVR 2018, 415

Rebler, Adolf, Nötigung im Straßenverkehr, DAR 2011, 372

Rechberger, Daniela, Verkehrstherapie bei Fahrern von illegalen Autorennen, Illegale Autorennen und Raser – eine Einführung in die Verkehrstherapie und dem Wege zurück zur Fahrerlaubnis, Deutsches Polizeiblatt (DPolBl) 2/2017, 23

Rehbinder, Manfred, Rechtssoziologie, Ein Studienbuch, 8. Auflage, München 2014

Reiff, Andreas, Straßenverkehrsdelinquenz in Deutschland, Eine empirische Untersuchung zu Deliktformen, Sanktionierung und Rückfälligkeit, Göttingen 2015

Rengier, Rudolf, Kraftfahrzeugrennen mit Todesfolge und anderen schweren Folgen (§ 315d Abs. 5 StGB) – Ein Tatbestand mit beschränkter Reichweite, in: Böse, Martin / Schumann, Kay H. / Toepel, Friedrich (Hrsg.), Festschrift für Urs Kindhäuser zum 70. Geburtstag, Baden-Baden 2019, 779

Rengier, Rudolf, Das Mordmerkmal «mit gemeingefährlichen Mitteln», Zugleich Besprechung von BGH v. 13.2.1985 – 3 StR 525/84 = StRVert 1985, 280, StV 1986, 405

Rengier, Rudolf, Die öffentlich-rechtliche Genehmigung im Strafrecht, ZStW 101 [1989], 874

Rengier, Rudolf, Eigenverantwortliche Selbstgefährdung im Straßenverkehr, Anmerkung zum Urteil des OLG Celle vom 25.04.2012 (31 Ss 7/12), StV 2013, 30

Rengier, Rudolf, Erfolgsqualifizierte Delikte und verwandte Erscheinungsformen, Tübingen 1986

Rengier, Rudolf, Kein Ende der Erfolgshaftung bei den erfolgsqualifizierten Delikten, in: Geisler, Claudius / Kraatz, Erik / Kretschmer, Joachim / Schneider, Harmut / Sowada, Christoph (Hrsg.), Festschrift für Klaus Geppert zum 70. Geburtstag am 10. März 2011, Berlin 2011, 479

Rengier, Rudolf, Strafrecht Allgemeiner Teil, 14. Auflage, München 2022

Rengier, Rudolf, Strafrecht Besonderer Teil II, Delikte gegen die Person und die Allgemeinheit, 23. Auflage, München 2022

Rengier, Rudolf, Täterschaft und Teilnahme – Unverändert aktuelle Streitpunkte, JuS 2010, 281

Renzikowski, Joachim, Eigenverantwortliche Selbstgefährdung, einverständliche Fremdgefährdung und ihre Grenzen, Besprechung zu BGH v. 20. 11. 2008 – 4 StR 328/08 (BGH HRRS 2009 Nr. 93), HRRS 2009, 347

Renzikowski, Joachim, Ist psychische Kausalität dem Begriff nach möglich?, in: Paeffgen, Hans-Ullrich / Böse, Martin / Kindhäuser, Urs / Stübinger, Stephan / Verrel Torsten / Zaczyk, Rainer (Hrsg.), Strafrechtswissenschaft als Analyse und Konstruktion, Festschrift für Ingeborg Puppe zum 70. Geburtstag, Berlin 2011, 201

Renzikowski, Joachim, Restriktiver Täterbegriff und fahrlässige Beteiligung, Tübingen 1997

Renzikowski, Joachim / Berndt, Dominik, Zur Auslegung der Strafnorm des § 315d Abs. 1 Nr. 3 StGB, Anmerkung zum Beschluss des BGH vom 17.02.2021 (4 StR 225/20), JZ 2021, 794

Rhodes, Nancy / Pivikc, Kelly, Age and gender differences in risky driving: The roles of positive affect and risk perception, Accident Analysis and Prevention 43 (2011), 923 [zitiert: *Rhodes/Pivikc*, AAaP 43 (2011), 923]

Rinio, Carsten, Erforderliche Feststellungen für eine Verurteilung wegen der Teilnahme an einem verbotenen Kraftfahrzeugrennen, NZV 2018, 478

Rissing-van Saan, Ruth, Der bedingte Tötungsvorsatz und die Hemmschwellentheorie des Bundesgerichtshofs, in: Geisler, Claudius / Kraatz, Erik / Kretschmer, Joachim / Schneider, Harmut / Sowada, Christoph (Hrsg.), Festschrift für Klaus Geppert zum 70. Geburtstag am 10. März 2011, Berlin 2011, 497

Rohracher, Hubert, Einführung in die Psychologie, 13. Auflage, München 1988

Rönnau, Thomas, Grundwissen – Strafrecht: Vorsatz, JuS 2010, 675

Rönnau, Thomas, Grundwissen – Strafrecht: Der strafrechtliche Rechtsgutsbegriff, JuS 2009, 209

Rose, Frank Guido, Wenn die (Jugend-)Strafe der Tat nicht auf dem Fuße folgt, Die Auswirkung von Verfahrensverzögerungen im Jugendstrafverfahren, NStZ 2013, 315

Rost, Detlef H. / Sparfeldt, Jörn R. / Buch, Susanne R., Handwörterbuch Pädagogische Psychologie, 5. Auflage, Weinheim 2018 [zitiert: HPP – *Bearbeiter*]

Rostalski, Frauke, Der (straf-)rechtliche Umgang mit illegalen Kraftfahrzeugrennen, Überlegungen de lege lata und de lege ferenda, GA 2017, 585

Roxin, Claus, Strafrecht Allgemeiner Teil, Band 2: Besondere Erscheinungsformen der Straftat, München 2003

Roxin, Claus, Zum Schutzzweck der Norm bei fahrlässigen Delikten, in: Lackner, Karl / Leferenz, Heinz / Schmidt, Eberhard / Welp, Jürgen / Wolff, Ernst Amadeus (Hrsg.), Festschrift für Wilhelm Gallas zum 70. Geburtstag, am 22. Juli 1973, Berlin 1973, 241

Roxin, Claus, Zum Strafgrund der Teilnahme, in: Küper, Wilfried / Welp, Jürgen (Hrsg.), Beiträge zur Rechtswissenschaft, Festschrift für Walter Stree und Johannes Wessels zum 70. Geburtstag, Heidelberg 1993, 365

Roxin, Claus, Zur Normativierung des dolus eventualis und zur Lehre von der Vorsatzgefahr, in: Rogall, Klaus / Puppe, Ingeborg / Stein, Ulrich / Wolter, Jürgen (Hrsg.), Festschrift für Hans-Joachim Rudolphi zum 70. Geburtstag, Neuwied 2004, 243

Roxin, Claus / Greco, Luís, Strafrecht Allgemeiner Teil, Band 1: Grundlagen • Der Aufbau der Verbrechenslehre, 5. Auflage, München 2020

RP Online, Ein Fahrer flüchtig, Fußgänger stirbt bei illegalem Autorennen in Mönchengladbach, abrufbar im Internet: *https://rp-online.de/nrw/staedte/moenchengladbach/fussgaenger-stirbt-bei-illegalem-autorennen-in-moenchengladbach_aid-16428061* (Stand: 14.05.2018)

RP Online, Illegales Autorennen in Moers, Unfallfahrer raste mit Tempo 108, abrufbar im Internet: *https://rp-online.de/nrw/staedte/moers/raser-unfall-in-moers-anklage-steht-kurz-bevor_aid-44663331* (Stand: 12.01.2021)

Ruch, Willibald / Zuckerman, Marvin, Sensation Seeking and Adolescence, in: Raithel, Jürgen (Hrsg.), Risikoverhaltensweisen Jugendlicher, Formen, Erklärungen, Prävention, Opladen 2001, 97

Rudolphi, Hans-Joachim, Zur Tatbestandsbezogenheit des Tatherrschaftsbegriffs bei der Mittäterschaft, in: Kaufmann, Arthur / Bemmann, Günter / Krauss, Detlef / Volk, Klaus (Hrsg.), Festschrift für Paul Bockelmann, zum 70. Geburtstag am 7. Dezember 1978, München 1979, 369

Ruhs, Florian, Das sogenannte "Einzelrasen" als verbotenes Kraftfahrzeugrennen gemäß § 315d StGB, SVR 2018, 286

Rundmo, Torbjørn / Iversen, Hilde, Risk perception and driving behaviour among adolescents in two Norwegian counties before and after a traffic safety campaign, Safety Science 42 (2004), 1

Runter vom Gas (Online), Startseite, abrufbar im Internet: *https://www.runtervomgas.de* (Stand: 05.12.2018)

Runter vom Gas (Online), Stopp den Rasern, Im Einsatz mit der Projektgruppe "Rennen"., abrufbar im Internet: *https://www.runtervomgas.de/unterwegs/artikel/stopp-den-rasern.html* (Stand: 10.08.2018)

Saal, Martin, Zur strafrechtlichen Bewertung des "Auto-Surfens", NZV 1998, 49

Sachs, Michael (Hrsg.), Grundgesetz, Kommentar, 9. Auflage, München 2021

Sasse, Detlef, Illegales Autorennen in einer Ortschaft als gemeingefährliches Mittel, LG Berlin, Urteil vom 27. Februar 2017 – (535 Ks) 251 Js 51/16 (8/16), NJ 2017, 384

Satzger, Helmut, Der Vorsatz – einmal näher gebracht, Jura 2008, 112

Satzger, Helmut, Die eigenhändige Delikte, Jura 2011, 103

Satzger, Helmut, Die sog. «Retterfälle» als Problem der objektiven Zurechnung, Jura 2014, 695

Satzger, Helmut / Schluckebier, Wilhelm / Widmaier, Gunter (Hrsg.), StPO Strafprozessordnung, Mit GVG und EMRK, Kommentar, 5. Auflage, Köln 2022 [zitiert: S/S/W-StPO – *Bearbeiter*]

Satzger, Helmut / Schluckebier, Wilhelm / Widmaier, Gunter (Hrsg.), StGB Strafgesetzbuch, Kommentar, 5. Auflage, Köln 2021 [zitiert: S/S/W-StGB – *Bearbeiter*]

Schade, Jens, Die Notwendigkeit der Verkehrsüberwachung zur Regelbefolgung, in: Deutscher Verkehrssicherheitsrat e. V. (Hrsg.), Verkehrsüberwachung, Staatliche Bevormundung oder Fürsorge?, Bonn 2019, 11

Schärer, René, Erfahrungen der Polizeiautobahnstation Kaiserslautern, Eine Betrachtung der Szene um illegale Autorennen und polizeiliche Maßnahmen zur Verhinderung, Deutsches Polizeiblatt (DPolBl) 2/2017, 17

Schatz, Holger, Der Beschleunigungsgrundsatz im Jugendstrafrecht, in: Rotsch, Thomas / Brüning, Janique / Schady, Jan (Hrsg.), Strafrecht Jugendstrafrecht Kriminalintervention in Wissenschaft und Praxis, Festschrift für Heribert Ostendorf zum 70. Geburtstag am 7. Dezember 2015, Baden-Baden 2015, 797

Schefer, Lukas / Schülting, Jonas, Polizeiflucht als verbotenes Kraftfahrzeugrennen?, Zugleich Anmerkung zu OLG Stuttgart, Beschluss vom 04. Juli 2019 – 4 Rv 28 Ss 103/19, HRRS 2019, 458

Schewe, Günter, Reflexbewegung – Handlung – Vorsatz, Strafrechtsdogmatische Aspekte des Willensproblems aus medizinisch-psychologischer Sicht, Lübeck 1972

Schewe, Günter, Bewußtsein und Vorsatz, Neuwied 1967

Schlack, Andrés, Überlegungen zur sog. "psychischen Kausalität" am Beispiel des Betruges, in: Böse, Martin / Schumann, Kay H. / Toepel, Friedrich (Hrsg.), Festschrift für Urs Kindhäuser zum 70. Geburtstag, Baden-Baden 2019, 795

Schlag, Bernhard / Heger, Ralf, Ansätze einer psychologisch fundierten Straßengestaltung, in: Schlag, Bernhard (Hrsg.), Verkehrspsychologie, Mobilität – Sicherheit – Fahrassistenz, Lengerich 2004, 11

Schlanstein, Peter, Autorennen sind kein Partyspaß, Im Rausch der Geschwindigkeit, Deutsches Polizeiblatt (DPolBl) 2/2017, 3

Schlanstein, Peter, Kleine Knöllchen zeigen wenig Wirkung, in: Deutscher Verkehrssicherheitsrat e. V. (Hrsg.), Verkehrsüberwachung, Staatliche Bevormundung oder Fürsorge?, Bonn 2019, 22

Schlehofer, Horst, AIDS und Organspende, Ein Fall mit Schwerpunkten bei den Körperverletzungsdelikten, der objektiven Zurechnung und der Einwilligung, Jura 1989, 263

Schlehofer, Horst, Risikovorsatz und zeitliche Reichweite der Zurechnung beim ungeschützten Geschlechtsverkehr des HIV-Infizierten, NJW 1989, 2017

Schlehofer, Horst, Vorsatz und Tatabweichung, Zur Auslegung der §§ 16 Abs. 1 Satz 1, 22 StGB, Köln 1996

Schmalt, Heinz-Dieter / Langens, Thomas A., Motivation, 4. Auflage, Stuttgart 2009

Schmidhäuser, Eberhard, Gesinnungsmerkmale im Strafrecht, Tübingen 1958

Schmidhäuser, Eberhard, Strafrechtlicher Vorsatzbergriff und Alltagsgebrauch, in: Herzberg, Rolf Dietrich (Hrsg.), Festschrift für Dietrich Oehler zum 70. Geburtstag, Köln 1985, 135

Schmidt, Alexander F., Therapeutische Interventionen bei dissozialem und aggressivem Verhalten, in: Müller, Karin / Dittmann, Volker / Schubert, Wolfgang / Mattern, Rainer (Hrsg.), Fehlverhalten als Unfallfaktor – Kriterien und Methoden der Risikobeurteilung, 7. Gemeinsames Symposium der DGVP und DGVM am 9. und 10. September 2011 in Potsdam, Deutsche Gesellschaft für Verkehrspsychologie e. V. (DGVP) und Deutsche Gesellschaft für Verkehrsmedizin e. V. (DGVM), Mit Satellitensymposium der Deutschen Gesellschaft für Verkehrsmedizin am 8. September 2011 in Potsdam, Bonn 2012, 59

Schmidt-Bleibtreu, Bruno (Begr.), GG, Kommentar zum Grundgesetz, 15. Auflage, Köln 2022

Schnabel, Werner, Grundlagen der Straßenverkehrstechnik und Verkehrsplanung, Band 1: Straßenverkehrstechnik, 3. Auflage, Berlin 2011

Schneider, Anne, "The Fast and the Furious“, Zur Strafbarkeit von illegalen Autorennen bei Verletzung Unbeteiligter, ZJS 2013, 362

Schneider, Frank (Hrsg.), Facharzt Psychiatrie, Psychosomatik und Psychotherapie, 2. Auflage, Berlin 2017

Schneider, Hartmut, Mord durch illegales Autorennen, NStZ 2018, 528

Schneider, Wolfgang / Lindenberg, Ulman (Hrsg.), Entwicklungspsychologie, 8. Auflage, Weinheim 2018

Schnyder, Ulrich, Die psychosozialen Folgen schwerer Unfälle, Darmstadt 2000

Schönke, Adolf / Schröder, Horst (Begr.), Strafgesetzbuch, Kommentar, 30. Auflage, München 2019

Schroeder, Friedrich-Christian, Die Teilnahme des Beifahrers an der gefährlichen Trunkenheitsfahrt, JuS 1994, 846

Schroth, Ulrich, Anmerkung zum Urteil des BGH vom 18.04.2002 (3 StR 52/02), JR 2003, 250

Schroth, Ulrich, Die Differenz von dolus eventualis und bewußter Fahrlässigkeit, JuS 1992, 1

Schulz-Merkel, Philipp, Aggressivität im Straßenverkehr – Strafbarkeit und Rechtsfolgen verbotener Kraftfahrzeugrennen –, in: Deutscher Verkehrsgerichtstag – Deutsche Akademie für Verkehrswissenschaft – e. V. (Hrsg.), 58. Deutscher Verkehrsgerichtstag 2020 – Veröffentlichung der auf dem

58. Deutschen Verkehrsgerichtstag vom 29. bis 31. Januar 2020 in Goslar gehaltenen Vorträge, Referate und erarbeiteten Empfehlungen, Hamburg 2020, 155

Schulz-Merkel, Philipp, Aggressivität im Straßenverkehr, Strafbarkeit und Rechtsfolgen verbotener Kraftfahrzeugrennen, NZV 2020, 397

Schünemann, Bernd, Kritische Anmerkungen zur geistigen Situation der deutschen Strafrechtswissenschaft, GA 1995, 201

Schupp, Astrid / Schlag, Bernhard, Das Risiko, einen Unfall zu verursachen – Analyse für Männer und Frauen, für Beifahrerkonstellationen und Altersgruppen, in: Schlag, Bernhard (Hrsg.), Empirische Verkehrspsychologie, Lengerich 1999, 112

Schuster, Frank Peter, Stellungnahme zur öffentlichen Anhörung vor dem Ausschuss für Recht und Verbraucherschutz des Deutschen Bundestages am Mittwoch, dem 21. Juni 2017, abrufbar im Internet: *https://www.bundestag.de/blob/511216/35ff3dc802436f086aff295ce2586721/schuster-data.pdf* (Stand: 20.02.2019)

Schweiger, Theresa, Zur Tendenz der Normativierung der Vorsatzfeststellung am Beispiel der aktuellen Raser-Fälle, HRRS 2018, 407

Seier, Jürgen, Die Handlungseinheit von Dauerdelikten im Straßenverkehr – Bilanz und Analyse der höchst- und obergerichtlichen Rechtsprechung, NZV 1990, 129

Seier, Jürgen / Hillebrand, Katharina, Eingriff in den Straßenverkehr durch Einsatz des Fahrzeugs als Waffe, Anmerkung zum Urteil des BGH vom 20.02.2003 (4 StR 229/02), NZV 2003, 490

Sestir, Marc A. / Bartholow, Bruce D., Violent and nonviolent video games produce opposing effects on aggressive and prosocial outcomes, Journal of Experimental Social Psychology 4/45 (2009), 934 [zitiert: *Sestir/Bartholow*, JoEP 6/46 (2010), 934]

Shope, Jean T. / Bingham, C. Raymond, Teen Driving, Motor-Vehicle Crashes and Factors That Contribute, American Journal of Preventive Medicine 35 (2008), S261 [zitiert: *Shope/Bingham*, AJoPM 35 (2008), S261]

Sinn, Arndt, Notwehr gegen nicht sorgfaltswidriges Verhalten, GA 2003, 96

SK-StGB, Systematischer Kommentar zum Strafgesetzbuch, Band I: §§ 1–37 StGB, 9. Auflage, Köln 2017

SK-StGB, Systematischer Kommentar zum Strafgesetzbuch, Band II: §§ 38–79b StGB, 9. Auflage, Köln 2016

SK-StGB, Systematischer Kommentar zum Strafgesetzbuch, Band IV: §§ 174–241a StGB, 9. Auflage, Köln 2017

SK-StGB, Systematischer Kommentar zum Strafgesetzbuch, Band VI: §§ 303–358 StGB, 9. Auflage, Köln 2017

Smart, Reginald / Mann, Robert / Stoduto, Gina / Ialomiteanu, Anca / Wickens, Christine / Vingilis, Evelyn, Is there a link between street racing and mental health?, Australasian Psychiatry 2/20 (2012), 166 [zitiert: *S/M/S*, Australasian Psychiatry 2/20 (2012), 166]

Sowada, Christoph, Die erfolgsqualifizierten Delikte im Spannungsfeld zwischen Allgemeinem und Besonderem Teil des Strafrechts, Jura 1995, 644

Sowada, Christoph, Das sog. "Unmittelbarkeits"-Erfordernis als zentrales Problem erfolgsqualifizierter Delikte, Jura 1994, 643

Sowada, Christoph, Zum Mittäterexzess bei § 227 StGB, in: Hoyer, Andreas / Müller, Henning Ernst / Pawlik, Michael / Wolter, Jürgen (Hrsg.), Festschrift für Friedrich-Christian Schroeder zum 70. Geburtstag, Heidelberg 2006, 621

Spektrum (Online), Lexikon der Neurowissenschaft, abrufbar im Internet: *https://www.spektrum.de/lexikon/neurowissenschaft/* (Stand: 20.01.2021)

Spektrum (Online), Lexikon der Psychologie, abrufbar im Internet: *https://www.spektrum.de/lexikon/psychologie/* (Stand: 21.01.2021)

Spendel, Günter, "Heimtücke" und gesetzliche Strafe bei Mord, Zum Urteil des BGH v. 26.8.1982 – 4 StR 357/82, JR 1983, 269

Spiegel, Bernt, Die obere Hälfte des Motorrads, Über Einheit von Fahrer und Maschine, 8. Auflage, Stuttgart 2015

SR3 (Online), Nassweiler bremst Raser und Kriminelle aus, abrufbar im Internet: *https://www.sr.de/sr/sr3/themen/panorama/nassweiler_strassenschwelle_raser_100.html* (Stand: 14.01.2021)

Stadt Köln (Online), Null Toleranz für Raser – Schwerpunkte und Maßnahmen, abrufbar im Internet: *https://www.stadt-koeln.de/artikel/63114/index.html#* (Stand: 05.12.2018)

Stam, Fabian, Die Körperverletzung "mittels" eines gefährlichen Werkzeugs – Zugleich Besprechung von BGH, Beschl. v. 4.11.2014, Az. 4 StR 200/14 (= BGH NStZ-RR 2015, 244), NStZ 2016, 713

Stam, Fabian, Verbotene Kraftfahrzeugrennen nach § 315d StGB, StV 2018, 464

Statista (Online), Anzahl illegaler Autorennen in Nordrhein-Westfalen in den Jahren 2017 bis 2018, abrufbar im Internet: *https://de.statista.com/statistik/daten/studie/985184/umfrage/anzahl-illegaler-autorennen-in-nordrhein-westfalen/* (Stand: 01.02.2021)

Statistisches Bundesamt (Destatis), Sonderauswertung zu der Frage: "Wie viele Verkehrsunfälle und damit einhergehend wie viele Verunglückte (inkl. Verletzungsschwere) wurden 2019 durch zu hohe Geschwindigkeit als Unfallursache von Kraftfahrzeugführern (mit) verursacht?", unveröffentlicht

Statistisches Bundesamt (Destatis), Verkehr, Verkehrsunfälle 2019, Fachserie 8 Reihe 7, Wiesbaden 2020

Steckermeier, Kristina, Der Tatentschluss von Mittätern (§ 25 Absatz 2 StGB), Verlängerte Tatherrschaft als Zurechnungsgrund – eine empirisch gestützte Untersuchung, Baden-Baden 2015

Steinert, Philipp, Bedingter Tötungsvorsatz im Berliner "Raser-Fall", Anmerkung zum Urteil des BGH vom 18.06.2020 (4 StR 482/19), NStZ 2020, 608

Steinert, Philipp, Können Raser Mörder sein?, Bedingter Tötungsvorsatz kontra bewusste Fahrlässigkeit bei bewusster Eigengefährdung im Straßenverkehr, SVR 2019, 326

Steinert, Philipp, Verhältnismäßigkeit der Beschlagnahme von Kraftfahrzeugen zum Zwecke der Einziehung, Anmerkung zum Beschluss des OLG Hamm vom 18.08.2020 (2 Ws 107/20, 2 Ws 108/20, 2 Ws 109/20), SVR 2021, 113

Steinert, Philipp, Zu den Anforderungen einer Gefährdung von Leib oder Leben anderer Menschen bei verbotenen Kraftfahrzeugrennen, Anmerkung zum Beschluss des BGH vom 08.12.2021 (4 StR 224/20), SVR 2022, 310

Steinle, Sophie Marie, Verbotene Kraftfahrzeugrennen, Die Bestrafung von Rasern unter besonderer Berücksichtigung des § 315d StGB, Hamburg 2021

Stern (Online), Barsinghausen, Zwei Kinder sterben nach Unfall in Niedersachsen – Polizei vermutet illegales Autorennen, abrufbar im Internet: *https://www.stern.de/panorama/weltgeschehen/barsinghausen--illegales-autorennen--zwei-kinder-sterben-bei-unfall--31659572.html* (Stand: 28.12.2022)

Stern (Online), Kult-Youtuber verurteilt, Ein Motorrad als Waffe: Der Fall des Motovloggers Alpi, abrufbar im Internet: *https://www.stern.de/panorama/gesellschaft/alpi-faehrt--der-kult-motovlogger-und-sein-urteil-7231876.html* (Stand: 15.09.2020)

Sternberg-Lieben, Detlev / Sternberg-Lieben, Irene, Vorsatz im Strafrecht, JuS 2012, 976

Stevens, Alexander, Blaulicht und Martinshorn im Strafrecht, Voraussetzungen, Anwendbarkeit und Auswirkungen der §§ 35 und 38 StVO, Wiesbaden 2016

Stewart, Kathryn, Risk perception and risk prevention: Variations across populations and cultures, in: Müller, Karin / Dittmann, Volker / Schubert, Wolfgang / Mattern, Rainer (Hrsg.), Fehlverhalten als Unfallfaktor – Kriterien und Methoden der Risikobeurteilung, 7. Gemeinsames Symposium der DGVP und DGVM am 9. und 10. September 2011 in Potsdam, Deutsche Gesellschaft für Verkehrspsychologie e. V. (DGVP) und Deutsche Gesellschaft für Verkehrsmedizin e. V. (DGVM), Mit Satellitensymposium der

Deutschen Gesellschaft für Verkehrsmedizin am 8. September 2011 in Potsdam, Bonn 2012, 33

Stief, Matthias, Fortgeschrittenenklausur – Strafrecht: Brandstiftungsdelikte – Heißer Abriss, JuS 2009, 716

Strack, Fritz / Deutsch, Roland, Reflective and Impulsive Determinants of Social Behavior, Personality and Social Psychology Review 3/4 (2004), 220 [zitiert: *Strack/Deutsch*, PSPR 3/4 (2004), 220]

Strasser, Fedor, Die Zurechnung von Retter-, Flucht- und Verfolgerverhalten im Strafrecht, Berlin 2008

Stratenwerth, Günter, Einverständliche Fremdgefährdung bei fahrlässigem Verhalten, in: Paeffgen, Hans-Ullrich / Böse, Martin / Kindhäuser, Urs / Stübinger, Stephan / Verrel, Torsten / Zaczyk, Rainer (Hrsg.), Strafrechtswissenschaft als Analyse und Konstruktion, Festschrift für Ingeborg Puppe zum 70. Geburtstag, Berlin 2011, 1017

Stratenwerth, Günter, Zur Relevanz des Erfolgsunwertes im Strafrecht, in: Grünwald, Gerald / Miehe, Olaf / Rudolphi, Hans-Joachim / Schreiber, Hans-Ludwig (Hrsg.), Festschrift für Friedrich Schaffstein, zum 70. Geburtstag am 28. Juli 1975, Göttingen 1975, 177

Stratenwerth, Günter / Kuhlen, Lothar, Strafrecht Allgemeiner Teil, Die Straftat, 6. Auflage, München 2011

Stree, Walter, Deliktsfolgen und Grundgesetz, Zur Verfassungsmäßigkeit der Strafen und sonstigen strafrechtlichen Massnahmen, Tübingen 1960

Stree, Walter, Gefährliche Körperverletzung, Jura 1980, 281

Streng, Franz, Jugendstrafrecht, 5. Auflage, Heidelberg 2020

Streng, Franz, Strafrechtliche Sanktionen, Die Strafzumessung und ihre Grundlagen, 3. Auflage, Stuttgart 2012

Stuckenberg, Carl-Friedrich, Die Erfolgszurechnung in den "Verfolgerfällen", in: Paeffgen, Hans-Ullrich / Böse, Martin / Kindhäuser, Urs / Stübinger, Stephan / Verrel Torsten / Zaczyk, Rainer (Hrsg.), Strafrechtswissenschaft als Analyse und Konstruktion, Festschrift für Ingeborg Puppe zum 70. Geburtstag, Berlin 2011, 1039

Studer, David, Rasertum – Versuch einer Begriffsbestimmung und einige Fakten, in: Schwarzenegger, Christian / Nägeli, Rolf (Hrsg.), 5. Züricher Präventionsforum – Raser, Risikofahrer und andere kriminelle Verkehrsteilnehmer, Zürich 2012, 33

Stuttgarter Nachrichten (Online), Umweltminister missachtet Tempolimit – Rücktritt gefordert, Grünen-Politiker Franz Untersteller, abrufbar im

Internet: *https://www.stuttgarter-nachrichten.de/inhalt.gruenen-politiker-franz-untersteller-umweltminister-missachtet-tempolimit-57-km-h-zu-schnell.bd8e32cc-5bf7-4156-b1d3-3d0e11e2f3ee.html* (Stand: 04.01.2021)

Süddeutsche Zeitung (Online), Auf Deutschlands Straßen steigt die Zahl der Raser, abrufbar im Internet: *https://www.sueddeutsche.de/panorama/rasen-straftat-zunahme-1.4999843* (Stand: 09.11.2020) [zitiert: *SZ (Online)*, Auf Deutschlands Straßen]

Süddeutsche Zeitung (Online), Die Welt im Griff, abrufbar im Internet: *https://sz-magazin.sueddeutsche.de/leben/die-welt-im-griff-83868* (Stand: 26.01.2021) [zitiert: *SZ (Online)*, Die Welt im Griff]

Süddeutsche Zeitung (Online), Illegale Luxus-Rallye, "Wir wollten eine lustige Veranstaltung", abrufbar im Internet: *https://www.sueddeutsche.de/bayern/illegale-luxus-rallye-wir-wollten-eine-lustige-veranstaltung-1.186384* (Stand: 10.01.2019) [zitiert: *SZ (Online)*, Illegale Luxus-Rallye]

Süddeutsche Zeitung (Online), Kampf gegen illegale Autorennen, "Was gibt es Einfacheres, als sich über ein Auto zu definieren?", abrufbar im Internet: *https://www.sueddeutsche.de/panorama/illegale-autorennen-a66-statistik-1.5075989* (Stand: 13.01.2021) [zitiert: *SZ (Online)*, Kampf gegen illegale Autorennen]

Süddeutsche Zeitung (Online), Kriminalität – Mühldorf am Inn, Verdacht auf illegales Autorennen nach tödlichem Unfall, abrufbar im Internet: *https://www.sueddeutsche.de/bayern/kriminalitaet-muehldorf-am-inn-verdacht-auf-illegales-autorennen-nach-toedlichem-unfall-dpa.urn-newsml-dpa-com-20090101-210211-99-397743* (Stand: 28.12.2022) [zitiert: *SZ (Online)*, Verdacht auf illegales Autorennen nach tödlichem Unfall]

Süddeutsche Zeitung (Online), Mehr Raser auf Deutschlands Straßen, Auf Deutschlands Straßen steigt die Zahl der Raser, abrufbar im Internet: *https://www.sueddeutsche.de/panorama/rasen-straftat-zunahme-1.4999843* (Stand: 06.01.2021) [zitiert: *SZ (Online)*, Mehr Raser auf Deutschlands Straßen]

Süddeutsche Zeitung (Online), Raser zu fünf Jahren Haft verurteilt, abrufbar im Internet: *https://www.sueddeutsche.de/bayern/deggendorf-bayerischer-wald-prozess-autorennen-1.4693774* (Stand: 12.01.2021) [zitiert: *SZ (Online)*, Raser zu fünf Jahren Haft verurteilt]

Süddeutsche Zeitung (Online), Straßenrennen Modball 2007, Illegale Autorallye gestoppt, abrufbar im Internet: *https://www.sueddeutsche.de/auto/strassenrennen-modball-illegale-autorallye-gestoppt-1.567979* (Stand: 10.01.2019) [zitiert: *SZ (Online)*, Straßenrennen Modball]

Südwest Presse (Online), Interview, Experte: "Raser überschätzen ihre eigenen Fähigkeiten", abrufbar im Internet: *https://www.swp.de/suedwesten/landkreise/alb-donau/_raser-ueberschaetzen-ihre-eigenen-faehigkeiten_-23695423.html* (Stand: 09.08.2018) [zitiert: *SWP (Online)*, Interview]

SVZ (Online), Toter bei Raser-Unfall: Bewährungsstrafe für 21-Jährigen, Urteil aus Neubrandenburg, abrufbar im Internet: *https://www.svz.de/21435832* (Stand: 05.12.2018)

Tagesschau (Online), Mönchengladbach, Fußgänger bei illegalem Autorennen getötet, abrufbar im Internet: *https://www.tagesschau.de/inland/raser-toetet-fussgaenger-101.html* (Stand: 14.05.2018)

Tahir, Mohd Roslan Mohd / Sa'ari, Haziah / Johare, Rusnah, Illegal Street Racers' Behavior: The Proposed Theory, International Journal of Academic Research in Business and Social Sciences 7/7 (2007), 70 [zitiert: *Tahir/Sa'ari/Johare*, IJoARiBaSS 7/7 (2007), 70]

Taylor, John R., Klassische Mechanik, Ein Lehr- und Übungsbuch, Hallbergmoos 2014

Taylor, Shelley E. / Brown, Jonathon D., Illusion and Well-Being: A Social Psychological Perspective on Mental Health, Psychological Bulletin 2/103 (1988), 193

TAZ (Online), Illegale Autorennen, Die Jäger vom Kurfürstendamm, abrufbar im Internet: *https://www.taz.de/!5548541/* (Stand: 05.12.2018)

TAZ (Online), Psychologin über notorische Raser, "Das mickrige Ego aufpolieren", abrufbar im Internet: *https://taz.de/Psychologin-ueber-notorische-Raser/!5388560/* (Stand: 13.01.2021)

Ternig, Ewald, Mord im Straßenverkehr? Die Berliner "Raser-Entscheidung", jM 2018, 258

Thompson, Suzanne C., Illusions of Control: How We Overestimate Our Personal Influence, Current Directions in Psychological Science 6/8 (1999), 187 [zitiert: *Thompson*, CDiPS 6/8 (1999), 187]

Tipler,* Paul A. */ Mosca, Gene / Kersten, Peter / Wagner, Jenny (Hrsg.), Physik, für Studierende der Naturwissenschaften und Technik, 8. Auflage, Berlin 2019

Toepel, Friedrich, Sich Abfinden mit der Tatbestandsverwirklichung, in: Stuckenberg, Carl-Friedrich / Gärditz, Klaus Ferdinand (Hrsg.), Strafe und Prozess im freiheitlichen Rechtsstaat, Festschrift für Hans-Ullrich Paeffgen zum 70. Geburtstag am 2. Juli 2015, Berlin 2015, 177

T-Online, Ermittlungen in Dresden, Kind stirbt bei vermeintlichem Autorennen – Fahrer verhaftet, abrufbar im Internet: *https://www.t-online.de/nachrichten/panorama/id_88445464/dresden-kind-stirbt-bei-vermeintlichem-autorennen-fahrer-verhaftet-.html* (Stand: 12.01.2021)

Torka, Ronald, Nachtatverhalten und Nemo tenetur, Eine Untersuchung über die Grenzen "zulässiger Verteidigung" und die Relevanz des Nemo-tenetur-Prinzips bei der Strafzumessung selbstbegünstigenden Nachtatverhaltens gem. § 46 Abs. 2 StGB, Berlin 2020

Trepel, Martin, Neuroanatomie, Struktur und Funktion, 7. Auflage, München 2017

Trück, Thomas, Die Problematik der Rechtsprechung des BGH zum bedingten Tötungsvorsatz, NStZ 2005, 233

Tune it! Safe! (Online), Startseite, abrufbar im Internet: *https://www.tune-it-safe.de* (Stand: 05.12.2018)

U.S. Department of Justice – Office of Community Oriented Policing Services (Hrsg.), Problem-Oriented Guides for Police, Problem-Specific Guides Series, Guide No. 28: Street Racing, Washington 2004 [zitiert: *U.S. DoJ*, Street Racing]

Uexküll, Thure von (Begr.), Psychosomatische Medizin, Modell ärztlichen Denkens und Handelns, Studienausgabe, 6. Auflage, München 2008

Ulsenheimer, Klaus, Zur Problematik des Rücktritts vom Versuch erfolgsqualifizierter Delikte, in: Kaufmann, Arthur / Bemmann, Günter / Krauss, Detlef / Volk, Klaus (Hrsg.), Festschrift für Paul Bockelmann, zum 70. Geburtstag am 7. Dezember 1978, München 1979, 155

Umweltbundesamt (Hrsg.), Überprüfung der Geräuschemissionen von Motorrädern im realen Verkehr, Abschlussbericht, Dessau-Roßlau 2020

{abrufbar im Internet: *https://www.umweltbundesamt.de/publikationen/ueberpruefung-der-geraeuschemissionen-von* (Stand: 21.01.2021)}

Unfallforschung der Versicherer (Hrsg.), Geschwindigkeitsmessungen in Berlin, Pressekonferenz, Berlin 2014, abrufbar im Internet: *https://udv.de/de/publikationen/praesentationen/geschwindigkeitsmessungen-berlin* (Stand: 14.05.2018) [zitiert: *UDV*, Geschwindigkeitsmessungen in Berlin]

Unfallforschung der Versicherer (Hrsg.), Geschwindigkeitsmessungen in Hamburg, Pressekonferenz, Berlin 2017, abrufbar im Internet: *https://udv.de/de/publikationen/praesentationen/geschwindigkeitsmessungen-hamburg* (Stand: 14.05.2018) [zitiert: *UDV*, Geschwindigkeitsmessungen in Hamburg]

Unfallforschung der Versicherer (Hrsg.), Geschwindigkeitsmessungen in Köln, Pressekonferenz, Köln 2015, abrufbar im Internet: *https://udv.de/de/publikationen/praesentationen/geschwindigkeitsmessungen-koeln* (Stand: 14.05.2018) [zitiert: *UDV*, Geschwindigkeitsmessungen in Köln]

Unfallforschung der Versicherer (Hrsg.), Geschwindigkeitsmessungen in München, Pressekonferenz, Berlin 2016, abrufbar im Internet: *https://udv.de/de/publikationen/praesentationen/geschwindigkeitsmessungen-muenchen* (Stand: 14.05.2018) [zitiert: *UDV*, Geschwindigkeitsmessungen in München]

Unfallforschung der Versicherer (Hrsg.), Regelverstöße im Straßenverkehr, Häufigkeit • Schadenfolgen • Sanktionierung • Prävention, Berlin 2011 [zitiert: *UDV*, Regelverstöße im Straßenverkehr] {abrufbar im Internet: *https://udv.de/de/publikationen/forschungsberichte/regelverstoesse-im-strassenverkehr* (Stand: 14.05.2018)}

Unfallforschung der Versicherer (Hrsg.), Verkehrsregelakzeptanz und Enforcement, Berlin 2011 [zitiert: *UDV*, Verkehrsregelakzeptanz]

{abrufbar im Internet: *https://udv.de/de/publikationen/forschungsberichte/verkehrsregelakzeptanz-und-enforcement* (Stand: 15.05.2018)}

Unfallkasse Sachsen-Anhalt (Hrsg.), Lärm ist überall – sind Sie "ganz Ohr"?! und Auswirkungen von Lärm auf die Gesundheit, Sicherheitsforum 1/2005, Mitteilungsblatt der Unfallkasse Sachsen Anhalt, 2

Vaaranen, Heli / Wieloch, Neil, Car crashes and dead end careers: Leisure pursuits of the Finnish subculture of the kortteliralli street racing, Young 1/10 (2002), 42

Vavra, Rita / Holznagel, Sascha, Der bedingte Tötungsvorsatz als Klausurproblem, ZJS 2018, 559

Vavra, Rita / Holznagel, Sascha, Der bedingte Tötungsvorsatz in der Rechtsprechung des BGH, HRRS 2018, 467

Verkehrstechnisches Institut der Deutschen Versicherer (Hrsg.), Von der PlayStation auf die Autobahn: Auto-Tuning, illegale Auto-Rennen und reckless driving, Forschungsbericht 03/04, Berlin 2004

Verrel, Torsten, (Noch kein) Ende der Hemmschwellentheorie?, NStZ 2004, 309

Vingilis, Evelyn / Seeley, Jane / Wiesenthal, David L. / Wickens, Christine M. / Fischer, Peter / Mann, Robert E., Street racing video games and risk-taking driving: An Internet survey of automobile enthusiasts, Accident Analysis and Prevention 50 (2013), 1 [zitiert: *V/S/W*, AAaP 50 (2013), 1]

Vingilis, Evelyn / Smart, Reginald G., Street Racing: A neglected research area?, Traffic Injury Prevention 2/10 (2009), 148

Vollbrecht, Ralf / Wegener, Claudia (Hrsg.), Handbuch Mediensozialisation, Wiesbaden 2010 [zitiert: Handbuch Mediensozialisation – *Bearbeiter*]

Vollrath, Mark / Krems, Josef, Verkehrspsychologie, Ein Lehrbuch für Psychologen, Ingenieure und Informatiker, Stuttgart 2011

Wagner, Thomas, Das diagnostische Interview zur Beurteilung des Risikopotenzials im Straßenverkehr, in: Müller, Karin / Dittmann, Volker / Schubert, Wolfgang / Mattern, Rainer (Hrsg.), Fehlverhalten als Unfallfaktor – Kriterien und Methoden der Risikobeurteilung, 7. Gemeinsames Symposium der DGVP und DGVM am 9. und 10. September 2011 in Potsdam, Deutsche Gesellschaft für Verkehrspsychologie e. V. (DGVP) und Deutsche Gesellschaft für Verkehrsmedizin e. V. (DGVM), Mit Satellitensymposium der Deutschen Gesellschaft für Verkehrsmedizin am 8. September 2011 in Potsdam, Bonn 2012, 48

Wagner, Thomas / Keller, Martin, Impulsivität und riskantes Fahrverhalten bei Kraftfahrern in Deutschland und der Schweiz, ZVS 3/2016, 31

Walter, Jürgen, Verkehrspsychologie für die Praxis, Wie sich Verhalten im Straßenverkehr beeinflussen lässt, Ein Leitfaden für Praktiker, Kröning 2009

Walter, Michael / Neubacher, Frank, Jugendkriminalität, Eine systematische Darstellung, 4. Auflage, Stuttgart 2011

Walter, Tonio, Der vermeintliche Tötungsvorsatz von "Rasern", NJW 2017, 1350

Walter, Tonio, Die Lehre von der "einverständlichen Fremdgefährdung" und ihre Schwächen – eine Verteidigung der Rechtsprechung, NStZ 2013, 673

Walter, Tonio, Lebensgefährliches Verhalten im Straßenverkehr – Was man aus den Raser-Fällen für eine lex ferenda zu Vorsatz und Fahrlässigkeit lernen kann, Kommentar zum Beitrag von Prof. Dr. Jörg Eisele, KriPoZ 2018, 39

Walter, Tonio, Mord durch illegales Autorennen, Anmerkung zum Urteil des BGH vom 01.03.2018 (4 StR 399/17), NStZ 2018, 412

Warwitz, Siegbert A., Sinnsuche im Wagnis, Leben in wachsenden Ringen, Erklärungsmodelle für grenzüberschreitendes Verhalten, 2. Auflage, Baltmannsweiler 2016

WDR (Online), Unfälle durch illegale Autorennen fast verdoppelt, abrufbar im Internet: *https://www1.wdr.de/nachrichten/unfallbilanz-illegale-autorennen-100.html* (Stand: 30.11.2018)

Wegener, Claudia, Medien, Aneignung und Identität, "Stars" im Alltag jugendlicher Fans, Wiesbaden 2008

Wehrli, Lukas, Der Risikotäter im Straßenverkehr, strafrechtliche Möglichkeiten, abrufbar im Internet: *https://www.unilu.ch/fileadmin/fakultaeten/rf/institute/staak/MAS_Forensics/dok/Masterarbeiten_MAS_3/Wehrli_Lukas.pdf* (Stand: 03.12.2018)

Weigend, Thomas, Rennen und Rasen, in: Barton, Stephan / Eschelbach, Ralf / Hettinger, Michael / Kempf, Eberhard / Krehl, Christoph / Salditt, Franz (Hrsg.), Festschrift für Thomas Fischer, München 2018, 569

Weißer, Bettina, Gibt es eine fahrlässige Mittäterschaft?, JZ 1998, 230

Welt (Online), Ein Jahr Soko Autoposer, Sie sind der Schrecken der Auto-Angeber, abrufbar im Internet: *https://www.welt.de/regionales/hamburg/article181692048/Ein-Jahr-Soko-Autoposer-Sie-sind-der-Schrecken-der-Auto-Angeber.html* (Stand: 30.11.2018)

Welt (Online), Gehirn im Umbau, Die anstrengende Psyche der Pubertierenden, abrufbar im Internet: *https://www.welt.de/gesundheit/psychologie/article128168380/Die-anstrengende-Psyche-der-Pubertierenden.html* (Stand: 20.01.2021)

Welt (Online), Illegale Autorennen, Zur Raser-Szene gehören vor allem Hartz-IV-Empfänger, abrufbar im Internet: *https://www.welt.de/vermischtes/article151974186/Zur-Raser-Szene-gehoeren-vor-allem-Hartz-IV-Empfaenger.html* (Stand: 09.08.2018)

Welt (Online), Illegale Rennen, Die tödliche Raserei mit Carsharing-Autos, abrufbar im Internet: *https://www.welt.de/vermischtes/article144178287/Die-toedliche-Raserei-mit-Carsharing-Autos.html* (Stand: 10.08.2018)

Welt (Online), Illegale Straßenrennen, "Kontrollieren, wehtun" – Die Soko "Rennen" setzt massiv auf Abschreckung, abrufbar im Internet: *https://www.welt.de/politik/deutschland/article197592439/Raser-Mehr-Druck-und-Abschreckung-gegen-illegale-Autorennen.html* (Stand: 01.02.2021)

Welt (Online), Neuropsychologie, Das unterscheidet Männer- und Frauenhirne wirklich, abrufbar im Internet: *https://www.welt.de/gesundheit/psychologie/article168121456/Das-unterscheidet-Maenner-und-Frauenhirne-wirklich.html* (Stand: 19.01.2021)

Welt (Online), Taxi-Dieb verursacht Unfall, Todesraser von Hamburg wegen Mordes verurteilt, abrufbar im Internet: *https://www.welt.de/regionales/hamburg/article173732224/Taxi-Dieb-verursacht-Unfall-Raser-von-Hamburg-wegen-Mordes-verurteilt.html* (Stand: 03.12.2018)

Welzel, Hans, Das Deutsche Strafrecht, Eine systematische Darstellung, 11. Auflage, Berlin 1969

Werth, Lioba / Denzler, Markus / Mayer, Jennifer, Sozialpsychologie – Das Individuum im sozialen Kontext, Wahrnehmen – Denken – Fühlen, 2. Auflage, Berlin 2020

Wessels, Johannes / Beulke, Werner / Satzger, Helmut, Strafrecht Allgemeiner Teil, Die Straftat und ihr Aufbau, 52. Auflage, Heidelberg 2022

Wessels, Johannes / Hettinger, Michael / Engländer, Armin, Strafrecht Besonderer Teil 1, Straftaten gegen Persönlichkeits- und Gemeinschaftswerte, 46. Auflage, Heidelberg 2022

Wessels, Johannes / Hillenkamp, Thomas / Schuhr, Jan C., Strafrecht Besonderer Teil 2, Straftaten gegen Vermögenswerte, 45. Auflage, Heidelberg 2022

Westfalenpost (Online), Siegen: Raser mit 161 km/h auf HTS unterwegs, Verkehr, abrufbar im Internet: *https://www.wp.de/staedte/siegerland/siegen-raser-mit-161-km-h-auf-hts-unterwegs-id231231730.html* (Stand: 04.01.2021)

Wickens, Christine M. / Smart, Reginald G. / Vingilis, Evelyn / Ialomiteanu, Anca R. / Stoduto, Gina / Mann, Robert E., Street racing among the Ontario adult population: Prevalence and association with collision risk, Accident Analysis and Prevention 103 (2017), 85 [zitiert: *W/S/V*, AAaP 103 (2017), 85]

Wilms, Maresa, Die Tötung mit gemeingefährlichen Mitteln, Ein altes Mordmerkmal im Lichte neuer kriminalpolitischer Entwicklungen auf nationaler und europäischer Ebene, Baden-Baden 2011

Winkelmann, Andreas, "Polizeiflucht" als verbotenes Kraftfahrzeugrennen, NZV 2019, 315

Winkelmann, Andreas, Verbotene Kraftfahrzeugrennen in der Praxis der Amtsanwaltschaft Berlin, Berliner Anwaltsblatt (BerlAnwBl) 2020, 109

Winkelmann, Andreas, Verhältnismäßigkeit der Einziehung bei verbotenen Kraftfahrzeugrennen, NZV 2019, 541

Wissenschaftlicher Dienst des Bundestages, Führt die Nutzung gewalttätiger Computerspiele zu Aggressionen?, Ausarbeitung WD 9 - 223/06, Berlin 2006 [zitiert: *WD des BT*, Führt die Nutzung gewalttätiger Computerspiele zu Aggressionen?]

{abrufbar im Internet: *https://www.bundestag.de/resource/blob/412164/886df26854615 2fbf9e2b14908d01ba2/wd-9-223-06-pdf-data.pdf* (Stand: 18.01.2021)}

Witthöft, Jan / Hofmann, Michael / Petermann, Franz, Aggression im Straßenverkehr, Zeitschrift für Psychiatrie, Psychologie und Psychotherapie 4/2011, 311 [zitiert: *W/H/P*, ZfPPuP 4/2011, 311]

Wolter, Jürgen, Notwendige Teilnahme und straflose Beteiligung, JuS 1982, 343

Wolter, Jürgen, Zur Struktur der erfolgsqualifizierten Delikte, JuS 1981, 168

Wolters, Gereon, Versuchsbeginn bei Einsatz eines sich selbstschädigenden Tatmittlers, NJW 1998, 578

Wong, Li Ping, Factors Associated with Illegal Motorcycle Street Racing and Help-Seeking Intention, Behavioral Medicine 2/38 (2012), 54

Worrall, John L. / Tibbetts, Stephen G., Explaining San Diego's Decline in Illegal Street-Racing Casualties, Justice Quarterly 4/23 (2006), 530

Wrage, Nikolaus, Mittäterschaftlich begangener Mord durch unerlaubtes Autorennen? – LG Berlin NStZ 2017, 471, in: Bode, Thomas / Jakowczyk, Michał / Mrosk, Martin / Wrage, Nikolaus (Hrsg.), Festschrift für Gerhard Wolf, Berlin 2018, 547

ZDF (Online), Zu schnell in den Tod, Kampf gegen illegale Autorennen, abrufbar im Internet: *https://www.zdf.de/dokumentation/37-grad/37-zu-schnell-in-den-tod-100.html* (Stand: 12.01.2012)

Zehetgruber, Christoph, Bedingter Vorsatz und bewusste Fahrlässigkeit bei sog. "Renn-" bzw. "Raserfällen", KriPoZ 2018, 358

Zehetgruber, Christoph, Zur Strafbarkeit verbotener Kraftfahrzeugrennen nach § 315d StGB – Dogmatische Fallstricke und rechtspolitische Notwendigkeit einer diskussionswürdigen Strafnorm, NJ 2018, 360

Zeit (Online), Autorennen: Ist das Mord?, abrufbar im Internet: *https://www.zeit.de/2016/51/autorennen-berlin-mord-klage-urteil* (Stand: 10.08.2018)

Zeit (Online), Prozess in Kleve, 22-jähriger Raser nach Autorennen wegen Mordes verurteilt, abrufbar im Internet: *https://www.zeit.de/news/2020-02/17/prozess-um-toedliches-autorennen-in-moers-urteil-moeglich* (Stand: 12.01.2021)

Zeitler, Bernd, Auswirkungen des geänderten Straßenverkehrsrechts auf die Vollstreckung des Fahrerlaubnisentzuges, Rpfleger 2000,486

Zeller, Peter (Hrsg.), Handbuch Fahrzeugakustik, Grundlagen, Auslegung, Berechnung, Versuch, 3. Auflage, Wiesbaden 2018 [zitiert: Handbuch Fahrzeugakustik – *Bearbeiter*]

Zieschang, Frank, Anmerkung zum Urteil des BGH vom 11.11.2021 (4 StR 511/20), JZ 2022, 101

Zieschang, Frank, Das Mordmerkmal "mit gemeingefährlichen Mitteln", in: Paeffgen, Hans-Ullrich / Böse, Martin / Kindhäuser, Urs / Stübinger, Stephan / Verrel, Torsten / Zaczyk, Rainer (Hrsg.), Strafrechtswissenschaft als Analyse und Konstruktion, Festschrift für Ingeborg Puppe zum 70. Geburtstag, Berlin 2011, 1301

Zieschang, Frank, Die Gefährdungsdelikte, Berlin 1998

Zieschang, Frank, Die Strafbarkeit nicht genehmigter Kraftfahrzeugrennen im Straßenverkehr, JA 2016, 721

Zieschang, Frank, Illegale Kraftfahrzeugrennen und mittelbare Erfolgsherbeiführung, GA 2021, 313

Zimmermann, Frank, Die Straßenverkehrsgefährdung (§ 315 c StGB), JuS 2010, 22

Zinner, Dietmar, Das sogenannte Böse – Von Konrad Lorenz zur heutigen verhaltensbiologischen Aggressionsforschung, in: Jehle, Jörg-Martin (Hrsg.), Das sogenannte Böse, Das Verbrechen aus interdisziplinärer Perspektive, Baden-Baden 2020, 63

Zopfs, Jan, Aggressivität im Straßenverkehr – Teilbereich Illegale Autorennen/ Alleinraser, DAR 2020, 9

Zopfs, Jan, Die Eigengefährdung des "Rasers" als vorsatzkritischer Gesichtspunkt, DAR 2018, 375

Zopfs, Jan, Polizeiflucht als verbotenes Kraftfahrzeugrennen, Anmerkung zum Beschluss des OLG Stuttgart vom 04.07.2019 (4 Rv 28 Ss 103/19), NJW 2019, 2788

Zuckerman, Marvin, Sensation Seeking: Beyond the optimal level of arousal, Hillsdale 1979

STICHWORTVERZEICHNIS

H

I

K

U

V

W

www.ingramcontent.com/pod-product-compliance
Ingram Content Group UK Ltd.
Pitfield, Milton Keynes, MK11 3LW, UK
UKHW021923290926
8980IPUK00016B/1424

9 783631 918081